SPSS와
G*Power를 활용한

통계자료분석의
이해와 적용

임시혁 지음

아카데미프레스

머리말

현대의 거의 모든 학문은 과학으로 분류되는데 과학의 큰 특징 중의 하나는 실증적 자료에 근거한다는 것이다. 이러한 실증적 자료를 기술하고 분석하여 의미를 도출해 내는 도구 중의 하나가 통계학이라고 할 수 있다. 통계를 올바로 사용하기 위해서는 목적에 맞는 자료를 수집하고 수집한 자료에 적절한 통계방법을 선정하여 분석하고 그 결과를 학계에서 널리 통용되어 이해할 수 있는 형식으로 기술할 수 있어야 한다.

저자가 지난 수십년간 대학과 대학원에서 다양한 전공의 학생들을 대상으로 통계자료분석방법을 강의하면서 느낀 점은 대부분의 학생들이 수학적인 이론보다는 각 통계방법의 기본적 개념 이해에 기반을 둔 활용을 원한다는 것이다. 본서는 이러한 점을 염두에 두고 저자가 오랜 기간 동안 조금씩 보충하여 만들어 사용해 온 수업자료를 새로이 다듬어서 출간하게 된 것이다. 본서에서는 각 통계방법별로 기본 개념과 분석절차를 설명하고 실제 예시 자료를 사용하여 SPSS로 분석하는 과정을 단계별로 자세히 제시하고 그 결과를 해석하여 학술지나 보고서에 기술하는 방법을 보여 주는 방식으로 저술하였다. 따라서 깊은 수학적 배경 없이도 각종 통계분석의 개념을 이해하여 맹목적이고 기계적인 분석이 아닌 타당한 통계자료분석을 할 수 있게 한다는 목적을 염두에 두었다. 서술 방식은 수업시간에 설명하는 방식을 택하였으며, 중요한 개념은 반복적으로 제시하였다. 본서에서는 또한 연구설계와 연계하여 변수 간 관계의 측면에서 통계방법을 이해하고 분류하여 SPSS와 같은 통계분석용 소프트웨어에 자료 입력을 용이하도록 하였다. 그리고 기존의 가설검증(유의성 검증) 위주의 분석에서 각 학문영역에서 요구하는 효과의 크기 산출과 검증력 분석도 함께 다루었다.

현대의 통계자료분석에서는 통계분석용 소프트웨어의 사용이 필수적이다. 본서에서는 일반적인 분석에는 SPSS를, 검증력 분석에는 가장 널리 사용되는 전용 소프트웨어인 G*Power3를 사용하였다. SPSS의 경우는 버전이 달라도 사용자 대면화면에 근본적인 큰 차이가 없으므로 어떤 버전을 사용해도 무방할 것으로 생각되며 G*Power3는 무료 공개 소프트웨어이므로 자유롭게 내려받아 사용할 수 있다.

본서에서 다룬 통계방법은 기술통계와 기초적인 추리통계에서부터 중다회귀, 다원분산분석, 단순주효과 검증, 반복측정설계, 비모수통계검증, 가변수(dummy variable)와 일반선형모형, 측정도구의 신뢰도, 로지스틱회귀, 로그선형모형, 요즈음 많은 관심을 받고 있는 모형 중의 하나인 다층모형/위계선형모형, 그리고 다변량분석에 속하는 다변량분산분석 등이다. 일부 특수 모형을 제외하고는 널리 사용되는 대부분의 통계방법을 다루고 있으므로 각 분야의 학생들이나 연구자들이 널리 사용할 수 있기를 기대해 본다.

저자의 이러한 노력이나 기대에도 불구하고 아직도 미흡한 부분이 많을 것으로 생각된다. 이 책을 이용하시는 여러분들의 많은 질책과 고언을 기대해 보며 앞으로 더 개선해 가도록 노력할 것을 약속드린다.

한 권의 책이 나오기까지는 많은 분의 노력이 필요하다. 이 책의 전신인 수업자료들을 보고 정식 출판하도록 격려해 주고 조언해 준 여러 교수님들, 학부 학생들, 대학원생들, 그리고 세미나 참석자들에게 감사드린다. 이 책을 출판할 수 있도록 해 주신 아카데미프레스 여러분과 복잡한 기호가 포함된 수식이 많은 내용을 편집하고 교정을 위해 수고하신 분들에게도 진심으로 감사를 드린다. 마지막으로 늘 할아버지에게 생활의 활력과 기쁨을 주는 이재윤, 이수인, 홍로민에게 고마움을 전한다.

일락교정에서

임시혁

차례

1장 통계학의 기초개념과 연구설계

1. 통계학(統計學: statistics)이란?

일반인들이 이해하는 통계는 원시자료에서 산출된 어떤 통계치, 예를 들어 우리나라 경제성장률, 물가상승률, 대학진학률, 65세 이상 노인 비율 등을 지칭하는 경우가 많다. 그러나 보다 포괄적인 용어인 통계학(statistics)은 원시자료(raw data)를 분석하는 도구라고 할 수 있다. 현대의 거의 모든 학문은 과학으로 분류되는데 과학의 큰 특징 중의 하나는 실증적 자료에 근거한다는 점이다. 따라서 이러한 실증적 자료를 기술하고 분석하여 의미를 도출해 내는 도구 중의 하나가 통계학이라고 할 수 있다. 통계학은 자료를 분석하기 위한 여러 가지 통계적 절차와 방법으로 구성되어 있으며 주어진 상황을 이해하고 타당한 의사결정을 내리기 위해 어떻게 가장 적절한 자료를 수집하고, 통계방법을 선택하여 그 자료를 분석하고, 그 결과를 해석하고 보고하는지에 대한 이론적, 실제적 토대를 제공해 준다.

현대는 정보화 사회라고 한다. 전문적인 학술분야뿐만 아니라 일상생활에서도 통계에 기초한 수많은 주장들이 제기된다. 따라서 전문가로서 자신의 분야에서 자료를 분석하기 위해 적절한 통계방법을 선정하여 분석, 해석하여 기술하고 다른 연구자의 통계적 주장을 이해하고 그 적절성을 평가할 수 있어야 하며, 통계학에 종사하지 않은 일반인으로서도 수많은 통계적 주장들의 타당성을 이해할 수 있어야 한다.

예술과 과학으로서의 통계학(statistics as art & science)

통계학은 각 과학 분야의 자료를 분석하는 도구인 동시에 그 자신도 엄격한 과학에 속한다. 이는 일반적으로 따라야 하는 엄격한 규칙과 절차가 있으며, 객관성과 체계성이 요구된다는 의미이다. 또한 통계학은 전체 과학계를 통하여 인정되고 이해되는 일련의 표준적인 방법을 연구자에게 제공해 주며, 한 연구자가 사용한 통계방법은 다른 연구자들도 익숙하여 그 분석이 어떻게 이루어졌고 그 결과가 무엇을 의미하는지 정확하게 해석할 수 있게 해준다. 따라서 통계학은 과학자들에게 자료 분석을 위한 공통적 잣대와 도구를 제공해 준다고 할 수 있다.

그런데 통계학에는 이러한 과학적 측면과 더불어 예술적인 측면도 존재한다고 할 수 있다. 동일한 원시자료를 분석하더라도 분석하는 사람에 따라 서로 다른 다양한 의미를 도출해 낼 수 있으며, 따라서 다양한 시각과 창의성이 요구된다고 할 수 있다. 그런데 이 예술적인 측면은 오용(誤用: misuse, abuse)의 가능성을 내포하고 있다는 점을 유의할 필요가 있다. 과거나 지금이나 오도된 통계로 현실을 왜곡하고 타당하지 않은 주장으로 많은 사람들을 오도하는 경우가 많다. 이 측면에서 전설적인 다음과 같은 말을 경청할 필요가 있다:

> There are three kinds of lies; lies, damned lies, and statistics.
> 세상에는 세 가지 종류의 거짓말이 있다: 거짓말, 빌어먹을 거짓말, 그리고 통계.
> – Benjamin Disraeli

따라서 통계에 의한 주장에 대해서는 항상 건전한 의문(healthy skepticism)을 가지고 그 타당성을 점검해 볼 필요가 있다.

통계학 활용의 가상적인 예

사례 1: 어느 교육구청에서는 관할 초등학교 학생들을 대상으로 지난 해 실시한 신체검사 자료로 학년별, 남녀별로 체중의 평균, 표준편차를 산출하고, 체중의 분포에 대한 막대그래프를 작성하여 학생들의 체중 실태를 알아보았다.

사례 2: 어느 지자체의 어떤 정책에 대한 지지 정도를 알아보기 위하여 지자체 성인 유권자 100명을 대상으로 조사한 결과 95% 신뢰도에서 지자체 전체 지지비율은 45%, 오차는 ±5% 포인트로 지지율은 40%에서 50% 사이인 것으로 추정되었다.

사례 3: 어느 대학교에서는 최근의 경기 상황으로 보았을 때, 본교 학생들의 월 평균 생활비가 지금까지의 월 27만원과 달라졌을 것이라고 생각되어 본교생 30명을 대상으로 조사해 본 결과 평균은 25만원, 표준편차는 3만원이었다. 평균의 변화 2만원과 표준편차 3만원을 근거로 전교생의 평균이 변화했다고 할 수 있는지 통계방법으로 분석해 본 결과, 전교 학생들의 평균 생활비가 변화가 없는 경우, 우연에 의해 평균이 2만원 정도 차이가 날 확률은 0.1% 정도이므로 2만원 차이는 통계적으로 의미 있는 변화라고 결론지었다.

사례 4: 어느 교육구청에서는 남녀 교사 사이에 직업만족도에 차이가 있는지 알아보기 위하여 남녀 교사 각 30명을 선정하여 조사한 결과, 남자 교사의 만족도는 평균이 85점, 표준편차가 10점, 여자 교사는 평균이 82점, 표준편차는 12점으로 남자와 여자 사이에 3점 차이가 났다. 이를 근거로 남녀 간 직업만족도에 차이가 있는지 통계방법으로 분석해 본 결과, 남녀 전체 평균에 차이가 없는 경우, 우연에 의해 이 정도 차이가 날 확률이 약 30% 정도가 되는 것으로 나타나 3점 차이는 우연에 의해 나타날 수 있으므로 통계적으로 의미 있는 차이가 아니라는 결론을 내렸다.

2. 통계학의 기본 용어

모집단(母集團: population)과 표본(標本: sample)

연구자가 분석하려는 전체 집단을 모집단이라고 하며 전집(全集)이라고도 하는데 연구자가 모집단을 어떻게 정의하느냐에 따라 그 크기가 다양하다. 그런데 대개의 경우 이 모집단 전체 개체를 대상으로 분석하기 어려워 모집단에서 감당할 수 있는 적은 수의 연구대상을 선정하여 이 대상에 대해 연구를 수행하여 그 결과로 모집단에 대해 추론하게 된다. 모집단에서 연구대상으로 선정된 이 개체 집단을 표본이라고 한다. 따라서 표본은 모집단을 잘 대표할 수 있게 가능한 한 많은 수의 개체를 무작위로 뽑아야 한다.

앞의 사례에서 보면

모집단	표본
사례 1: 해당 교육구청의 전체 초등학생	해당 없음
사례 2: 해당 지자체의 전체 유권자	선정된 성인 유권자 100명
사례 3: 해당 대학교의 전체 학생	선정된 학생 30명
사례 4: 해당 교육구청의 전체 남자 교사 집단과	선정된 남자 교사 30명
여자 교사 집단 (2개의 모집단)	선정된 여자 교사 30명

표집(標集: sampling)

모집단에서 표본을 선정하는 모든 행위와 관련된 것을 표집이라고 한다. 표본은 선정된 개체의 집합을, 표집은 표본을 선정하는 행위 또는 이와 관련된 것을 지칭한다.

모수(母數: parameter)와 통계량(統計量: statistic)

모집단 분포의 특성을 나타내는 각종 통계치를 모수라고 하고, 표본의 특성을 나타내는 통계치를 통계량이라고 한다. 추정량(推定量: estimator)은 통계량과 마찬가지로 표본에서 구한 통계치로 모집단의 모수를 추정하기 위해 구한 것이라는 어감이 더 강조된 것으로 통계량과 동일한 의미로 사용된다. 관례적으로 모수는 그리스 문자로, 통계량은 알파벳으로 표현한다.

	모수	통계량(추정량)
평균(平均: mean)	μ	$\bar{X}$
표준편차(標準偏差: standard deviation)	σ	S
분산(分散: variance)	σ^2	S^2
상관계수(相關係數: correlation coefficient)	ρ	r

표집오차(標集誤差: sampling error)

뒤에서 논의할 추리통계에서는 모집단의 부분집합이라고 할 수 있는 표본에서 계산한 통계량(추정량)으로 모집단의 모수를 추정하기 때문에 필연적으로 통계량과 모수 사이에 차이(오차)가 생기게 되는데 이 차이를 표집오차라고 한다. 즉 표본을 뽑아서 계산한 통계량으로 모수를 추정하기 때문에 당연히 생기는 오차이다. 따라서 이 표집오차는 무언가 잘못되었다는 부정적인 의미가 아니라는 점을 주의할 필요가 있다.

3. 통계학의 분류

기술통계학(記述統計學: descriptive statistics)

원시자료 자체만으로는 그 의미를 파악하기 힘들기 때문에 자료가 가지고 있는 분포의 특성의 의미를 파악하고 보다 이해하기 쉽게 정리, 요약하는 목적으로 사용되는 통계적 방법이 기술통계학이다. 자료를 정리, 요약하기 위해서는 보통 두 가지 전략을 사용한다. 첫 번째는 각종 그래프나 표로 정리하는 시각적 방법이고 두 번째는 자료가 가지고 있는 특성, 정보를 나타내는 평균이나 표준편차 등, 통계치로 요약하는 방법이다. 앞에서 든 예에서 사례 1이 기술통계에 해당된다. 그런데 자료분석의 측면에서 각종 기법들을 동원하여 보다 적극적으로 자료의 특성을 파악하는 것을 탐색적 자료분석(探索的 資料分析: exploratory data analysis)이라고 한다. 사례 1에서 초등학교 학생들의 체중을 분석하여 체중 분포의 특성이나 과체중의 실태 등 다양한 특성들을 밝혀내는 것이 이에 해당된다고 할 수 있을 것이다.

추리통계학(推理統計學: inferential statistics)

추리통계학은 모집단에서 뽑은 표본에서 얻은 결과로 모집단의 특성에 대해 추론하는 통계학이다. 즉 표본에서 얻은 통계량으로 모집단의 모수를 추정하는 데 필요한 이론적 기반을 제공해 주는 통계학이라고 할 수 있다. 모집단의 부분 집합이라고 할 수 있는 표본으로 모집단 전체에 대해 추론하는 경우 필연적으로 오차, 즉 표집오차가 발생한다. 추리통계학은 이 오차의 크기에 대한 확률적 진술을 할 수 있게 해 주는 근거를 마련해 준다. 앞 사례에서 사례 2, 사례 3, 사례 4가 추리통계학에 해당된다. 만약 관심 모집단 전 개체에 대해 자료를 수집하여 분석하는 경우, 추리통계학은 필요가 없을 것이다. 통계학 내용의 거의 대부분은 추리통계학이다. 본 교재의 경우도 앞의 몇 장을 제외하면 모두 추리통계에 속한다.

그런데 자료분석의 측면에서 모집단의 모수에 대한 어떤 가설을 확인하기 위하여 표본의 자료를 분석하는 경우 이를 확인적 자료분석(確認的 資料分析: confirmatory data analysis)이라고 한다. 어떤 근거에 의해서 사례 3에서 **평균 생활비**가 달라졌을 것이라든지 사례 4에서 남녀 간 **직무만족도**에 차이가 있을 것이라는 가설을 확인하기 위해 추리통계 기법을 사용한 경우 이는 자료분석의 측면에서 확인적 자료분석이라고 할 수 있다.

모수통계학(母數統計學: parametric statistics)과 비모수(非母數: nonparametric)통계학

표본의 결과에서 모집단을 추론하는 추리통계학 중 모수통계학은 모집단의 분포에 대해 어떤 가정(假定: assumption)을 기반으로 한 것이며 주로 모집단이 정규분포(正規分布: normal distribution)를 한다고 가정한다. 반면 비모수통계학은 그러한 가정이 필요 없는 추리통계학이다.

빅데이터와 데이터 사이언스(big data & data science)

정보화 시대를 맞아 정부 부처, 산업계, 교육기관, 그리고 SNS와 인터넷 분야 등 사회의 각

영역에서 엄청난 자료가 생성되고 보관되어 활용 가능하게 되었다. 이러한 광범위한 자료에서 유용한 정보와 지식을 추출하여 활용하고 각 영역에서의 의사결정을 효율적으로 하는 데 활용하고자 하는 것이 데이터 사이언스의 영역이라고 할 수 있다. 자료 보관을 위한 컴퓨터 메모리 가격의 하락과 컴퓨터 능력의 비약적 향상, 자료 네트워크의 보편화, 그리고 자료들을 연결하고 분석하는 알고리즘의 개발 등의 결합은 과거에 비해 보다 광범위하고 심도 있는 분석을 가능하게 해 주어 다양한 영역에서 데이터 사이언스의 원리와 데이터 마이닝(data-mining) 기술 적용이 증가하고 있으며, 이 글을 쓰고 있는 현 시점에서 볼 때, 데이터 사이언스에 관한 관심은 폭발적이라고 할 수 있다. 2012년 10월 〈Harvard Business Review〉의 '**Data Scientist: The Sexiest Job of 21st Century**'라는 제목에서 이러한 현상의 일면을 볼 수 있다.

'데이터 사이언스'와 '데이터 마이닝' 용어는 상호 교환적으로 사용되기도 하지만 보다 거시적인 측면에서 보면 전자는 자료에서 정보와 지식을 추출하는 기본적인 원리의 집합이고 후자는 그러한 원리에 포함되어 있는 각종 기술적인 측면을 강조하는 면이 강하다고 할 수 있다. 하지만 최근에는 '데이터 사이언스' 용어로 통합되는 추세이다.

데이터 사이언스는 통계학 영역의 측면이 주류를 이루기는 하지만 다양한 영역의 학문이 통합된 다학제적(multidisciplinary) 성격이 매우 강하다고 할 수 있다. 데이터 사이언스를 구성하는 영역을 보면 통계학 영역이라고 할 수 있는 통계적 추론, 탐색적 자료 분석, 통계 모형, 자료 시각화(data visualization), 확률, 실험 설계 등과 함께 알고리즘(algorithms), 기계학습(machine learning), 최적화(optimization), 인공지능 등의 내용을 포함한다. 그리고 사회과학, 공학, 컴퓨터, 수학 등 각 학문영역의 전문적인 내용도 필요하다.

4. 통계분석용 소프트웨어

통계자료의 분석을 위해서는 통계자료 분석용 소프트웨어 사용이 필수적이다. 이로 인해 과거에는 거의 불가능했던 대량의 자료 및 복잡한 분석이 가능하게 되었다. 따라서 사용자는 구체적인 계산보다는 타당한 분석에 더 집중할 수 있게 되었다. 그러나 컴퓨터는 사용자의 명령대로만 수행할 뿐 분석목적과 해당 자료에 대해 타당한 분석이 이루어지는지에 대해서는 판단하지 못한다. 따라서 연구자는 필요한 통계적 지식이 필수적이며, 그 부족한 부분을 컴퓨터가 대신해 주지는 못한다. 그리고 타당한 결과를 얻기 위해서는 원천적으로 타당하고 충실한 자료를 수집해야 한다. 부실한 자료에서 컴퓨터가 요술을 부려 좋은 결과를 내어줄 수는 없는 것이다. 즉 'Garbage In, Garbage Out(쓰레기를 넣으면, 쓰레기가 나옴)'이다. 여기에 더 첨부한다면 '좋은 자료를 투입하여도 잘 못 분석하면 쓰레기가 나온다'는 것이다.

통계 소프트웨어는 그 종류가 매우 많지만 가장 널리 사용되는 범용(汎用: general) 소프트웨어에는 **SPSS**, **SAS**, **MINITAB** 등이 있으며 **MS-Excel**도 제한적이긴 하지만 통계분석용으로 사용할 수 있다. 특수용도 소프트웨어로는 구조방정식모형(構造方程式模型: Structural Equation Model)을 위한 **LISREL**, **Amos**, 다층모형(多層模型: Multilevel Model)을 위한 **HLM** 등이 있다. **Mplus, Stata**는 구조방정식, 다층모형, 혼합모형 그리고 문항반응이론 등을 다룰 수 있다.

그런데 위의 소프트웨어들은 상업용으로 그 가격이 상당한 수준이며, 컴퓨터 언어적인 측면에서는 매우 높은 수준의 언어에 속한다. 즉 대부분의 명령어들이 이미 구조화되어 있기 때문에 사용하기 편한 반면 사용자의 특별한 목적에 따른 세세한 조정이 어렵다는 단점이 있다. 그런데 개방형(開放形: open)이며 무료인 통계분석용 소프트웨어인 **R**(http://cran.r-project.org/)과 **Python**(http://www.python.org/)은 앞의 상업용보다는 사용이 복잡하고 배우기가 다소 어렵다는 단점이 있지만 융통성이 매우 높아 **C**나 **C+**와 같은 컴퓨터 언어처럼 사용할 수 있으며 **SPSS**나 **SAS**와 연계할 수도 있다. 앞으로 보다 높은 수준의 자료분석에 관심이 있는 경우 이 두 소프트웨어에 관심을 가져 볼 것을 강력히 권하고 싶다. 무엇보다도 무료이고 세계적으로 많은 사용자들이 커뮤니티를 형성하여 계속 발전하고 있으며, 위의 사이트에서 소프트웨어와 설명서 등을 내려받을 수 있고 수많은 관련 서적도 출판되어 있다. 또한 **R**과 **Python**은 앞에서 언급한 '데이터 사이언스'에서 가장 널리 사용되는 소프트웨어에 속한다.

5. 연구설계(研究設計: research design)와 통계학

실증적 자료를 기반으로 하는 각종 연구에서는 필연적으로 그 자료를 분석하기 위해 통계학을 적용해야 한다. 그런데 그러한 연구에서 자연 및 사회현상의 성격을 어떻게 보느냐와 연구가 무엇인가에 대한 시각(paradigm)에 따라 연구방법에 큰 차이가 있으며, 보통 양적(量的) 연구(quantitative research)와 질적(質的) 연구(qualitative research)로 분류한다. 다음 페이지의 표는 양적 연구와 질적 연구의 특성을 비교한 것이다.

질적 연구에서도 통계학이 필요하지만 양적 연구에서 통계학의 비중이 더 크므로 여기서는 양적 연구에 초점을 맞추어 통계학과의 연관성을 살펴본다. 통계학과 연관하여 논의를 전개하기 용이하도록 양적 연구를 다음과 같이 정의해 보자.

비교 기준	양적 연구	질적 연구
철학적 배경	경험주의, 실증주의	현상학, 해석학
탐구방법	연역적, top–down(하향식): 연구자는 자료로 가설과 이론을 검증	귀납적, bottom–up(상향식): 현장에서 수집한 자료로부터 새로운 가설과 근거이론(grounded theory) 생성
인간행동 및 현실에 대한 시각	규칙적이고 예측가능, 객관적(동일행동은 관찰자가 달라도 동일하다고 봄)	유동적, 역동적, 상황적, 맥락적, 주관적, 개인적, 사회적
공통적 연구목적	기술, 설명, 예측	기술, 탐색, 발견
초점	좁은 각도의 렌즈, 특정 가설의 검증	넓고 깊은 렌즈, 현상을 보다 넓고 깊게 이해하려고 함
관찰의 특성	통제된 상황, 원거리 유지, 객관적 관찰	자연적 환경에서 행동 연구, 근거리 참여, 공감적 이해
연구유형	실험연구, 조사연구, 상관연구, 인과비교연구	현상학, 문화기술지, 사례연구, 근거이론
연구설계	사전에 결정, 구체적, 고정적	대략적, 점진적인 정교화, 융통성
자료형태	구조적이고 타당한 도구로 정확하게 측정된 양적 자료	심층면접, 참여관찰, 현장노트, 개방형 질문 등의 질적 자료, 연구자가 일차적 자료 수집 도구
자료의 성격	변수	어휘, 이미지, 범주
자료분석	통계적 관련성 탐구	패턴, 주제, 전체적 특성 탐구
연구결과	외부자적 관점, 일반화 가능	특수한 결과, 내부자의 시각, 복수의 시각, 일반화 어려움
결과보고	통계적 보고서(각종 통계, 평균의 비교, 결과의 통계적 유의성 등)	맥락의 기술과 더불어 이야기식 보고와 연구대상자 발언의 직접적 인용

> 양적 연구란 변수((變數) 또는 변인(變因)의 상태(실태) 또는 변수 간의 관계를 과학적 방법으로 탐구하는 활동

위의 정의에서 밑줄 친 부분이 정의의 핵심적인 요소라고 할 수 있는데 이 중 과학적 방법으로 탐구하기 위해 연구를 계획하고 실행하기 위한 것이 연구설계로, 이는 연구방법 과목에서 따로 다루므로 여기서는 변수와 변수 간의 관계에 초점을 맞추어 보자.

변수(variable)

변수의 개념

변수란 개체에 따라 그 양(量: quantity) 또는 범주(範疇: category)가 다른 어떤 속성(屬性: attribute)을 가리킨다. 예를 들어 사람마다 지능이 다르므로 지능이 변수이다. 또는 사람에 따라 성별이 다르므로 성별이 변수이다.

변수의 분류

(1) 성격에 따라

① 양적 변수(quantitative variable): 변수의 값이 양인 변수이다.
예) 키, 지능, 동기, SES

② 범주형(질적) 변수(qualitative or categorical variable): 변수의 값이 범주이다.
예) 성별(남, 여), 수업방법(강의식, 토론식, 발표식)
범주형 변수의 경우, 변수와 변수의 값 구별이 중요하다. 위의 예에서 성별이 변수이고 남자와 여자가 변수의 값이다. 마찬가지로 수업방법이 변수이고 강의식, 토론식, 발표식이 변수의 값이다. 범주형 변수의 변수 값, 즉 범주를 하위수준이라고 한다. 위 예에서 변수 수업방법은 세 개의 하위수준으로 이루어져 있다.

(2) 변수의 역할, 기능에 따라

① 독립변수(獨立變數: independent variable): 변수 간의 인과관계에서는 원인 또는 영향을 미치는 변수, 상관관계에서는 예측을 해 주는 변수이다. 예를 들어 수업방법에 따라 성취에 차이가 있는가 하는 연구에서는 수업방법이, 성별에 따라 공간지각에 차이가 있는가에서는 성별이 독립변수이다. 실험연구의 경우 연구자에 의해 처치 또는 조작되는 변수이다. ($X \rightarrow Y$에서 X)

② 종속변수(從屬變數: dependent variable): 인과관계에서 결과 또는 영향을 받는 변수,

상관관계에서는 예측되는 변수로 앞의 예에서 성취와 공간지각이 종속변수이다. ($X \rightarrow Y$에서 Y)

③ 조절변수(調節變數: moderator variable): 주 독립변수와 종속변수 사이의 관계에 영향을 미친다고 생각되어 연구에 또 하나의 독립변수로 포함한 변수이다.

예) 학습방법(토론식, 강의식)이 성취에 미치는 효과가 학생의 성격(내향적, 외향적)에 따라 달라지리라 예상되어 성격을 연구에 또 하나의 독립변수로 포함시킨 경우 이를 조절변수라 하고 한 독립변수의 효과가 다른 독립변수의 값에 따라 달라질 때, 두 독립변수 사이에 상호작용(相互作用:interaction effect)이 있다고 한다.

④ 매개변수(媒介變數: intervening variable): 연구하고자 하는 독립변수와 종속변수 사이의 인과관계를 설명하기 위해 두 변수 사이에 가설적으로 존재하는 변수이다.

예) SES → 동기 → 성취: SES와 성취 간의 관계 탐구에서 SES가 먼저 동기에 영향을 미치고 이는 다시 성취에 영향을 미친다고 가정하였다면 동기가 매개변수가 된다.

⑤ 외재변수(外在變數: extraneous variable): 연구하고자 하는 독립변수가 아니면서 독립변수와 혼재하여 종속변수에 영향을 주거나 오차로 작용하기 때문에 올바른 인과관계 추정을 위해서는 통제해야 할 변수이다.

예) 수업방법(전통적 방법, 멀티미디어 방법)과 성취의 관계 연구에서 전통적 방법으로 수업한 집단과 멀티미디어 방법으로 수업한 집단의 성취의 평균을 비교하려고 하는 경우 각 집단의 지능 수준이 다르면 수업방법 외에 지능도 성취에 영향을 주어 이를 통제할 필요가 있으므로 지능이 외재(가외)변수가 된다.

변수의 측정(測定: measurement)과 척도(尺度: scale)

(1) 측정

측정은 일정한 규칙에 따라 각 개체별로 변수의 범주(범주형 변수) 또는 양을 결정하는 것이다. 범주형 변수의 경우 각 범주별로 숫자를 부여하면(예를 들어 근무지역에서 대도시 = 1, 중소도시 = 2, 읍면지역 = 3) 측정은 결국 각 개체별로 변수의 범주나 양에 해당하는 숫자를 부여하는 행위라고 할 수 있다.

(2) 측정의 척도

변수를 측정하기 위한 척도의 특성에 따라 측정된 변수 값의 성격이 달라지며, 그 성격에 따라 적용할 수 있는 통계방법이 달라진다.

① 명명(nominal)척도: 범주형 변수에서 각 범주별로 숫자를 부여하여 측정하여 얻은

변수 값으로 비록 숫자로 나타나지만 양적인 의미가 전혀 없어 연산이 불가능한 척도로 모든 범주형(질적) 변수가 여기에 속한다.

예) 성별: 남자(1), 여자(2) / 거주지역: 대도시(1), 중소도시(2), 읍면지역(3)

학습방법: 토론식(1), 강의식(2), 발표식(3)

② 서열(ordinal)척도: 변수의 값에 양적 순서는 있으나 그 간격이 동일하다고 볼 수 없는 척도이다. 엄격한 의미에서 서열척도도 연산이 불가능하다.

예) 등수: 1등, 2등, 3등, … / 경제수준: 부유층(1), 중산층(2), 서민층(3)

리커트(Likert) 척도: 교수는 강의준비를 철저히 해 온다(강의평가 문항)

전혀 아니다(1) 아니다(2) 그저 그렇다(3) 동의한다(4) 전적으로 동의한다(5)

③ 동간(interval)척도: 변수 값에 양적 순서도 있고 간격도 동일하지만 절대 영점이 없어 배수의 개념이 없는 척도이다. 온도의 경우 30도와 20도 차이는 20도와 10도의 차이와 동일하지만 30도는 10도의 3배라고 할 수 없다.

예) 온도(섭씨 온도, 화씨 온도)

④ 비율(ratio)척도: 변수 값에 동간성과 절대 영점이 있어 배수의 개념이 성립하는 척도이다.

예) 무게, 길이

(3) 척도 분류의 의의

가) 척도에 따라 적용할 수 있는 통계의 종류가 달라진다.

① 명명척도: 도수, 비율, χ^2(chi−square) 등의 방법으로 분석할 수 있다.

② 서열척도: 비모수통계학을 사용하거나 명명척도 또는 동간척도로 간주하여 분석한다. 서열척도에 속하는 리커트 척도의 경우 대부분 각 문항의 값을 합산하여 해당 변수의 값을 측정하고 평균 등 다양한 통계분석을 실시하는 등 동간척도로 간주하는 것이 일반적이다.

③ 동간척도 및 비율척도: 거의 비슷하게 분석할 수 있으며 다양하고 강력한 통계적 방법을 적용하여 분석할 수 있다.

나) 행동과학에서 관심사인 구인(構因: construct)의 경우, 비율척도는 거의 없다. 따라서 어떤 측정도구를 만드는 경우 가능한 동간성을 갖도록 노력해야 한다.

측정의 신뢰도(信賴度: reliability)와 타당도(妥當度: validity)

가족 수와 같은 변수는 변수의 의미도 명확하고 거의 오차 없이 측정할 수 있다. 그런데 지능, 창의성 등과 같은 변수는 그 의미가 추상적이고 관념적이며 직접 관찰할 수도 없다. 이러한 변수처럼 추정해서 있다고 가정하는 추상적인 개념인 구인(構因: construct)의 경우, 변수를 제대로 조작적으로 정의하여 신뢰롭고 타당하게 측정하였는가가 문제가 된다.

(1) 조작적 정의(operational definition)
추상적이고 관념적인 개념을 측정할 수 있도록 구체적인 행동으로 정의하는 것을 말한다. 예를 들어 아동의 폭력성이라는 변수를 측정하기 위해서 '한 시간 동안 자유롭게 놀게 했을 때, 다른 사람이 불쾌감을 느끼는 신체적인 행위의 횟수와 언어 사용 횟수'로 조작적 정의를 해 주면 측정이 가능하게 된다.

(2) 타당도
원래의 고전적 정의는 측정도구가 의도한 변수를 충실히 측정하고 있는 정도를 말하는 것으로, 예를 들어 창의성을 측정하였다면 그것이 지능이나 다른 것이 아닌 정말로 창의성을 측정하고 있는가를 따지는 것이다. 최근에는 타당도를 측정값에 근거한 추론이나 행동의 적합성을 뒷받침하는 경험적 증거와 이론적 합리성의 정도에 대한 종합적 판단으로 보며, 내용관련 증거, 준거관련 증거, 구인관련 증거 등으로 판단한다.

(3) 신뢰도
신뢰도란 한 측정도구가 측정하고자 하는 피험자의 특성을 얼마나 정확하게 측정하느냐의 정도를 말하며, 이는 측정의 오차가 얼마나 적으며, 일관성 있는 측정결과를 제공해 주느냐를 의미하며, 본 교재의 뒷부분의 장에서 논의한다.

변수 간의 관계: 인과관계(causal relationship) vs 상관관계(correlational relationship)

인과관계: $X \rightarrow Y$ (X가 원인(cause), Y가 결과(result))

(1) 인과관계 성립의 3가지 조건
- ① X와 Y 사이에 통계적(확률적) 관련성
- ② X가 Y보다 시간적으로 선행
- ③ X 이외의 다른 원인이 될 수 있는 변수가 통제
  통제되는 변수를 가외(외재)(extraneous)변수 또는 혼재(confounding)변수라고 한다.

상관관계: X와 Y 사이의 통계적 관련성 확인, 즉 위의 3가지 조건 중 ①만 확인

양적 연구의 설계와 변수 간의 관계

실험적 연구(experimental research)

- 원인변수 X(독립변수)를 처치 조작한 후 결과인 Y(종속변수)를 관찰
- X와 Y 사이의 인과관계 탐구가 주 목적

  3가지 조건 중 조건 ①은 통계방법으로 분석하여 확인

  조건 ②는 실험적 연구에서 자동적으로 만족

  조건 ③을 위해 실험설계에서 다양한 통제방법을 사용하며 비실험적 연구에 비해서 유리함

⇒ 인과관계를 탐구하기 위해서는 실험적 연구가 유리

- 조건 ③ 즉 통제의 정도에 따라

  진실험설계(true-experimental design): 무작위 배분으로 최대의 통제

  준실험설계(quasi-experimental design): 무작위 배분 대신 다른 방법으로 통제하여 ③의 조건을 주어진 상황 안에서 가능한 한 만족시켜 인과관계 유추

  전실험설계(pre-experimental design): 실험이긴 하지만 ③의 조건을 만족하기 어려워 인과관계를 유추하기 어려움. 따라서 사용하지 말아야 할 설계

비실험적 연구

(1) 상관연구(correlational research)

실험이 아니라 단순히 자료만 수집하여 변수 간의 통계적 관련성만 탐구하는 연구

(2) 인과비교연구(causal comparative research)

- 비실험적 자료로 인과관계 유추를 시도하는 연구
- 기존 연구의 결과, 관련 이론, 논리적 분석 등을 통해 조건 ②를 검토하고,
- 여러 가지 통계적 방법(공분산분석, 중다회귀분석, 경로모형, 구조방정식모형 등)이나 다른 여러 가지 방법으로 가외변인을 통제하여 조건 ③을 검토하고 동시에 통계적 관련성 ①을 검증하여 인과관계를 탐구
- 그러나 실험적 방법에 비해 인과관계 유추의 타당성에 한계가 있음
- 사후설계(ex post facto design), 소급연구(ex post facto research)라고도 함

⇒ 따라서 연구자는 먼저 자기 연구에서 다룰 변수가 무엇인지 파악하고 다음으로 인과관계를 연구할 것인지 상관관계를 연구할 것인지 결정하여 인과관계이면 실험적 연구나

인과비교연구를, 상관관계이면 실험 대신 자료만 수집하여 통계분석만 하는 상관연구 시행

⇒ SPSS 분석을 위한 입력을 위해서도 반드시 연구에 도입한 변수들을 파악하고 개체수 (cases, observations)를 확인해야 함

변수 간 통계적 관련성을 검증하는 통계방법

종속변수가 양적 변수인 경우

(1) 범주형(질적) 변수 → 양적 변수

- 예) 상관연구: 성별 → 공간지각, 교사근무지역(대, 중소, 읍면) → 직업만족도
  실험적 연구: 학습방법(수준별, 일체식) → 성취, 기억방법(A, B, C) → 기억량
- 통계방법: 범주형 변수의 하위수준에 의한 집단에 따라 양적 변수의 평균비교, 즉 집단 간 평균 비교
  t검증(두 집단), 일원 분산분석(변량분석)(ANOVA; F검증) (세 집단 이상)

(2) [범주형 변수, 범주형 변수] → 양적 변수

- 예) [근무지역(대, 중소, 읍면), 성별(남, 녀)] → 직업만족도
- 통계방법: 두 독립변수의 하위수준에 의한 집단에 따라 양적 변수의 평균 비교
  이원분산분석(two-way ANOVA)

(3) 양적 변수 → 양적 변수

- 예) 상관연구: 지능 → 성취, 국어성적 → 수학성적
  실험적 연구: 가열 온도 → 벽돌의 강도
- 통계방법
  관계의 방향(positive or negative), 관계의 강도, 관계의 형태 등이 관심사
  산포도(scatter plot)
  상관계수(correlation coefficient): $r = \dfrac{\Sigma(X-\overline{X})(Y-\overline{Y})}{\sqrt{\Sigma(X-\overline{X})^2\,\Sigma(Y-\overline{Y})^2}}$
  단순회귀(simple regression): $\hat{Y} = a + bX$

(4) [양적 변수, 양적 변수, … 양적 변수] → 양적 변수

- 예) [지능, SES, 동기] → 성취
- 통계방법: 중다회귀(multiple regression): $\hat{Y} = a + b_1X_1 + b_2X_2 + b_3X_3$

(5) [양적 변수, 범주형 변수] → 양적 변수

- 예) [수업방법(통합형, 수준별, 혼합형), 지능] → 성취
- 통계방법: 공분산(공변량)분석(ANCOVA: Analysis of Covariance)

(6) [양적, 양적, … 범주형, 범주형, …] → 양적 변수

- 종속변수가 양적 변수인 위 모두를 포함
- 일반선형모형(GLM: General Linear Models)이라고 함
- 따라서 위의 (1), (2), (3), (4), (5) 모두는 GLM에 속하여 GLM의 한 형태
- SPSS에서는 별도의 분석 메뉴가 있는 경우에도 GLM에서도 분석가능하며 이 경우 출력 정보의 종류는 다를 수 있음

(7) 종속변수가 여러 개의 양적 변수인 경우

- [양적, 양적, …, 범주형, 범주형, …, 범주형] → [양적, 양적 …, 양적]
- 다변량분석(multivariate analysis)
- SPSS에서는 GLM에서 분석
- 특히 독립변수가 범주형 변수인 경우: 다변량분산분석(multivariate ANOVA)

종속변수가 범주형(질적) 변수인 경우

(1) 범주형 변수 → 범주형 변수

- 예) 교사근무지역 → 가장 지지하는 교원단체(교총, 전교조, 기타, 미가입)
- 통계분석: 교차분석(독립성 검증: χ^2검증)

(2) [범주형, 범주형, …, 양적, 양적] → 범주형 변수

- 예) 교사의 근무지역, 성별, 직위, 근무연수, 자녀수, 재산정도 → 특정 교육정책 찬성 여부
- 통계방법: 로지스틱 회귀(logistic regression)
- 독립변수가 모두 범주형인 경우 또는 독립변수와 종속변수 구별 없이 범주형 변수 간의 관계가 주 관심사인 경우: 로그선형모형(loglinear model)/다원빈도분석
- 기타 범주형 변수에 대한 분석: 본 교재[범주형 변수의 분석] 참고

여러 변수 간의 인과관계

- 경로모형(path model)

종속, 독립 구분 없이 여러 양적 변수를 축약하여 기저의 요인 구조 탐색

- 탐색적 요인분석(exploratory factor analysis)
- 확인적 요인분석(confirmatory factor analysis)

여러 변수 간의 인과관계와 확인적 요인분석을 통합

- 구조방정식모형(SEM: Structural Equations Models)
- 분석용 소프트웨어: LISREL, Amos, Mplus, Stata 등

연구에서 통계의 기능

- 수집한 자료를 정리, 요약하여 의미 파악: 기술통계(descriptive statistics)
- 변수 간의 통계적 관련성 검증
- 자료로 분석한 결과로 변수 간에 통계적 관련성이 있다고 할 수 있는가?
  ⇒ 자료에서의 통계적 관계로 모집단에서도 통계적 관계가 있다고 할 수 있는가?
  ⇒ 추리통계(inferential statistics)
- 통계분석은 통계적 관련성 즉 인과관계의 첫 번째 조건만 검증할 수 있을 뿐이며, 인과관계, 상관관계는 결국 연구설계에 좌우

2장 SPSS의 개관

본 교재는 WINDOWS용 **IBM SPSS**에서 사용자 대면화면(user interface)의 언어로 영어를 선택하여 화면의 사진을 제시하며 기술하였다. 그리고 메뉴나 명령어는 **진한 글씨체**로 표시하였다. 메뉴나 명령어 설명 중에서 "→" 표시는 실제로 이 화살표를 입력하라는 것이 아니고 순서를 의미한다. 예를 들어 **File → Open → Data**의 의미는 **File, Open, Data** 순으로 클릭하라는 의미이다.

1. SPSS 시작

SPSS의 시작은 일반적인 Windows용 소프트웨어와 동일하다. SPSS를 처음 시작하면 〈그림 2-1〉과 같은 **SPSS Statistics Data Editor**(이후부터 **Data Editor**) 화면이 나타난다.

화면 위 부분의 메뉴 줄이나 도구 줄들은 다른 일반적인 Windows용 소프트웨어와 거의 동일하다. 처음에는 통계분석할 자료를 입력할 수 있는 이 데이터 편집기 화면만 있지만 분석을 진행해 나가면 **Syntax** 입력화면, 출력물(**Viewer**) 화면 등 다른 화면도 생성된다.

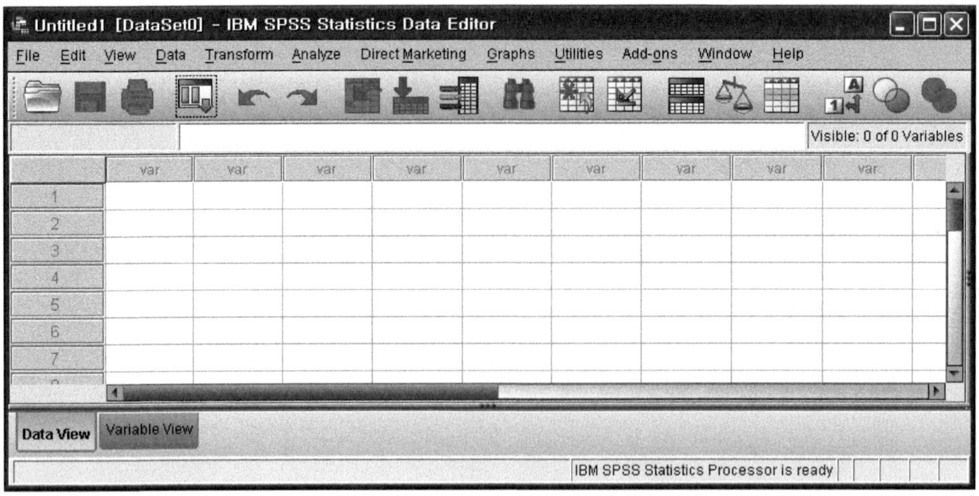

〈그림 2-1〉

만약 **대면화면(User Interface)**이나 **출력결과(Output)**의 언어를 바꾸고 싶으면 **Edit → Options**를 클릭하여 〈그림 2-2〉의 **Options** 화면에서 원하는 언어를 선택할 수 있다.

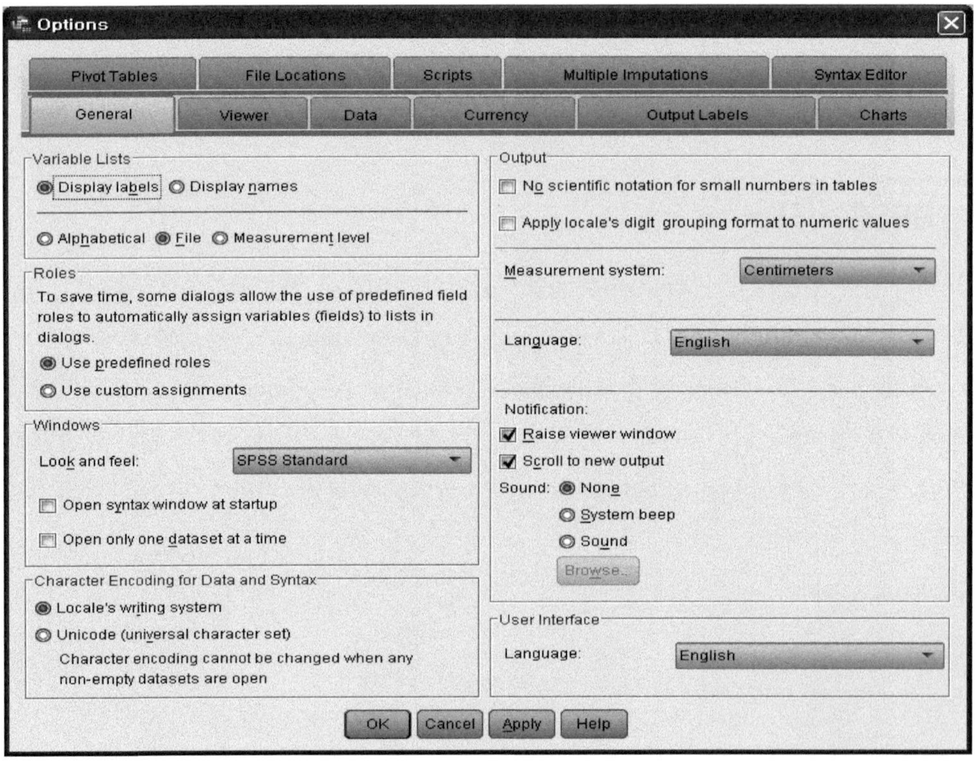

〈그림 2-2〉

2. SPSS 분석의 단계

SPSS를 이용하여 자료를 분석하는 과정은 크게 3단계로 이루어진다고 할 수 있다.

① 가장 첫 단계는 분석할 자료를 SPSS 시스템 내로 입력하는 것이다. 이 단계는 두 가지 방법으로 이루어진다. 가장 기본적인 방법은 위에서 본 데이터 편집기 화면에 직접 자료를 입력하는 방법이다. 다른 방법은 이미 만들어 보관하고 있는 자료 파일을 화면 메뉴의 **File**을 클릭해서 읽어 들이는 방법이다. 이 두 번째 방법을 통해서 이미 보관하고 있는 SPSS 파일은 물론 Text 파일이나 EXCEL 파일 등 거의 모든 다른 통계용 소프트웨어 파일을 읽어 들일 수 있다. 이 단계에서는 자료의 입력뿐만 아니라 변수의 이름을 부여하고 자료의 성격을 기술한다.

② 두 번째 단계에서는 입력된 자료를 가지고 원하는 통계분석을 실시하는 것이다.

③ 마지막으로는 분석결과를 검토, 편집, 출력 또는 저장하는 단계이다.

3. 자료의 입력

SPSS 분석의 가장 첫 단계는 분석할 자료를 입력하는 것이다. 다음의 〈표 2-1〉은 어느 교육청 관내에서 초등학교 6학년 남녀 각 20명을 무작위로 선정하여 평가한 가상적인 과학점수 자료이다. 이 자료는 남녀 각 20명의 번호와 성별, 수행평가 점수, 지필검사 점수로 이루어져 있다. 여기서 칸(column)을 이루고 있는 번호, 성별, 그리고 각 검사점수를 변수(variable)라고 하고 줄(row)을 이루는 각 학생 자료를 경우(case) 또는 관찰(observation)이라고 한다. 따라서 보기의 자료는 4개의 변수와 40개의 관찰치를 가지고 있는 셈이다.

위와 같은 자료를 SPSS에 입력하는 방법은 크게 두 가지가 있다. 가장 기초적인 방법은 앞에서 본 데이터 편집기 화면에서 직접 자료를 입력하는 것이고 또 하나는 다른 외부의 문서 편집기(word processor), 예를 들면 **한글**을 이용하여 자료를 입력하여 자료 파일로 저장한 뒤, **SPSS Statistics Data Editor** 화면에서 도구 줄의 **File**을 클릭하여 자료 파일을 읽어 들이는 방법이다. 그런데 사용자가 위의 자료에서 수행평가 점수와 지필검사 점수를 합한 총점도 분석하고자 하는 경우, 사용자가 직접 총점을 계산하여 입력할 수도 있지만 SPSS에게 두 점수를 합하여 총점을 구하게 하여 새로운 총점 변수를 생성하게 할 수도 있다.

〈표 2-1〉 가상적 자료

번호	성별	수행평가	지필검사	번호	성별	수행평가	지필검사
1	1	15	62	21	2	13	57
2	1	12	45	22	2	10	40
3	1	14	57	23	2	12	52
4	1	13	55	24	2	11	52
5	1	17	67	25	2	14	63
6	1	19	72	26	2	17	70
7	1	16	62	27	2	13	55
8	1	11	43	28	2	9	41
9	1	14	53	29	2	13	50
10	1	16	62	30	2	12	59
11	1	15	66	31	2	14	63
12	1	17	73	32	2	15	71
13	1	18	75	33	2	14	71
14	1	14	52	34	2	14	52
15	1	17	76	35	2	15	74
16	1	18	74	36	2	17	71
17	1	15	65	37	2	11	61
18	1	16	64	38	2	14	63
19	1	15	57	39	2	13	55
20	1	16	60	40	2	14	57

데이터 편집기 화면에서 직접 입력하기

SPSS Data Editor는 EXCEL 등의 화면과 유사하다. 화면에서 칸은 변수를, 줄은 경우를 나타낸다. 칸과 줄이 만나는 네모상자를 셀(cell)이라 하고 이 셀에 각 변수 값이 들어가게 된다. 변수 값을 쳐 넣기 위해서는 해당 셀을 클릭하여 선택하고 값을 입력한다. 따라서 처음엔 가장 왼쪽 위 셀을 선택하여 자료를 입력하고, 방향키(→←↑↓)를 이용하여 다른 셀로 이동하거나 마우스로 해당 셀을 클릭하여 이동한 후 계속 자료를 입력한다. 따라서 우리의 가상적 자료를 입력한 **Data Editor** 화면은 다음의 〈그림 2-3〉과 같이 될 것이다. 입력된 내용을 수정하려면 해당 셀을 클릭하여 수정하거나 다시 입력한다.

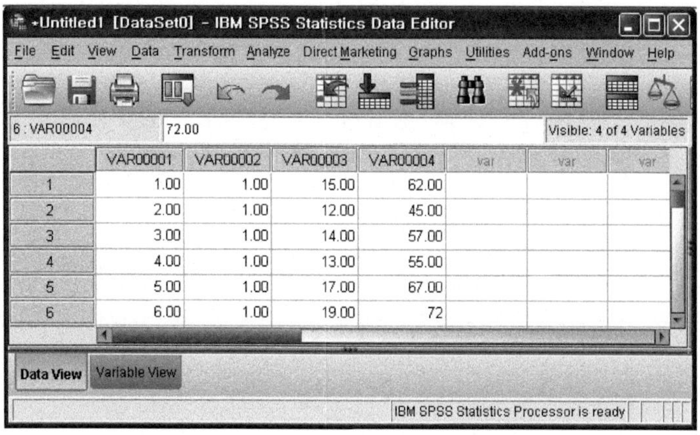

〈그림 2-3〉

〈그림 2−3〉에서 보는 바와 같이 자료를 입력하면 SPSS는 자동적으로 각 변수 이름을 순서대로 **var00001**, **var00002** 등으로 우선 부여한다. 물론 이 변수 이름을 그대로 사용할 수도 있지만 각 변수의 내용을 사용자가 기억하기 편리하도록 변수 이름을 변경하여 부여하는 것이 좋을 것이다. 변수 이름을 변경하기 위해서는 먼저 데이터 편집기 하단 왼쪽의 **Variable View**를 클릭한다. 그러면 다음의 〈그림 2−4〉와 같은 **Variable View** 화면이 나타난다.

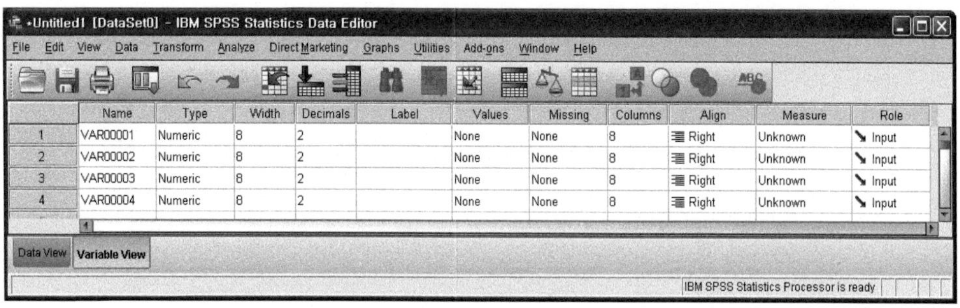

〈그림 2-4〉

변수 이름을 변경하려면 이 화면에서 해당 변수 이름 셀을 클릭하여 선택하고 새로운 이름을 입력한다. 변수 이름에 숫자도 사용가능하나 반드시 문자로 시작하여야 한다. 여기서 우선 변수 이름 **var0001**에서 **var0004**를 **번호, 성별, 수행, 지필**로 수정했다고 하자. 그런데 이 화면에서는 변수 이름뿐만 아니라 변수 이름에 대한 설명과 변수 값에 대한 설명, 그리고 결측값(missing values)에 대한 정보를 입력할 수 있다. 예를 들면, 변수 **수행**에 대한 보다 자세한 설명으로 **수행평가 점수**, 그리고 **성별**의 변수 값에서 1은 남자, 2는 여자를 나타낸다면 이를 **Label**과 **Values**에 입력할 수 있다. 이렇게 입력해 두면 분석결과의 출력물에 이 정보가 나타나 보다 용이하게 해석할 수가 있으며 추후에 변수의 정보를 기억하는 데 유리하다. 자료를 수집하다 보면 어떤 응답자가 특정 변수에 응답을 하지 않거나 자료 값을 구할 수 없어 결측이 생긴 경우 이를 결측값이라고 한다. SPSS에서는 결측값이 있는 경우 해당 셀에 '.'을 입력한다. 그런데 '.' 대신 다른 값으로 결측값을 나타낸 경우 이 정보를 **Variable View** 화면의 **Missing**에 입력한다. 〈그림 2-5〉는 변수 **수행**의 **Label**로 **수행평가 점수**, 수행평가 점수가 없는 경우 결측치로 99를, **성별** 변수에서 1은 남자, 2는 여자임을 표시한 화면을 보여 준다.

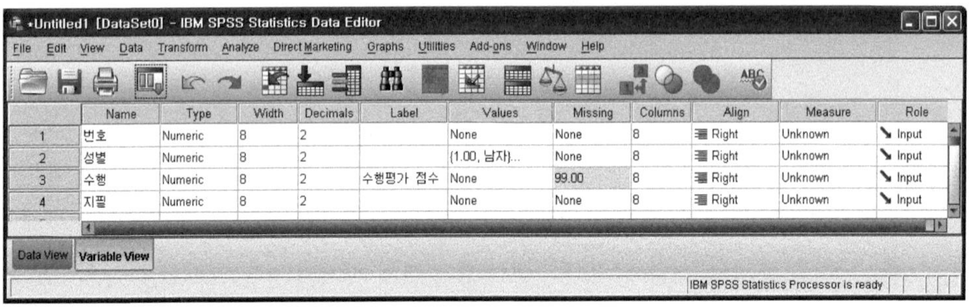

〈그림 2-5〉

다시 화면 하단의 **Data View**를 클릭하면 변수 이름이 변경된 다음의 〈그림 2-6〉의 화면으로 되돌아간다. 자료 입력이나 변수 이름 부여/변경은 어느 것을 먼저 해도 상관없다.

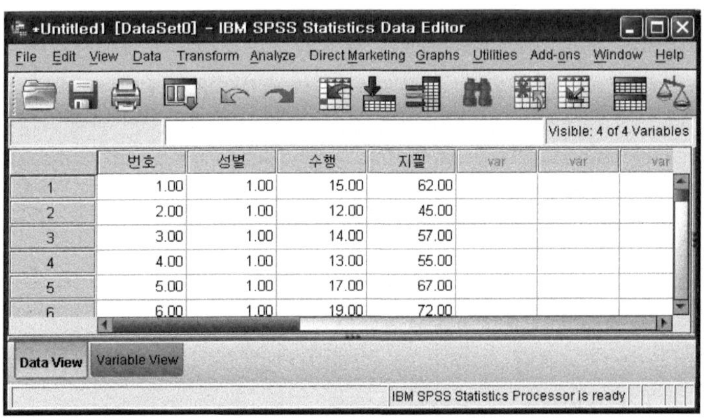

〈그림 2-6〉

일단 자료 입력과 변수 이름 부여가 끝나면 이를 저장해 두는 것이 좋다. 저장해 두면 다음 분석에는 이 자료와 변수를 그대로 불러내어 사용할 수 있기 때문이다. 저장을 위해서는 메뉴 줄에서 **File** → **Save** 또는 **File** → **Save As** …을 클릭하여 저장한다. SPSS 데이터 파일은 확장자가 **.sav**로 저장되며 후에 이를 다시 부를 때는 데이터 편집기 화면에서 **File** → **Open** → **Data**를 차례로 클릭한다.

다른 소프트웨어 데이터 파일 불러오기

Data Editor 화면에서 직접 자료를 입력하는 방법 외에 **한글**이나 **MS WORD** 같은 문서 편집기를 이용하여 자료를 입력해서 이를 자료 파일로 저장한 후 **Data Editor** 화면에서 읽어 들일 수 있다. SPSS는 SPSS가 생성한 파일 이외에 EXCEL이나 다른 소프트웨어에서 생성된 다양한 파일들도 읽어 들일 수 있다.

새로운 변수의 생성 및 변환

위 예의 자료에서 수행평가 점수와 지필검사 점수를 합하여 **총점**이라는 변수를 만들고 싶은 경우, 사용자가 직접 계산하여 일일이 입력할 수도 있겠지만 데이터 편집기 화면 메뉴 줄에서 **Transform** → **Compute Variable**을 클릭하여 다음의 〈그림 2-7〉과 같은 **Compute Variable** 화면을 띄워서 새 변수를 생성하는 것이 편리하다.

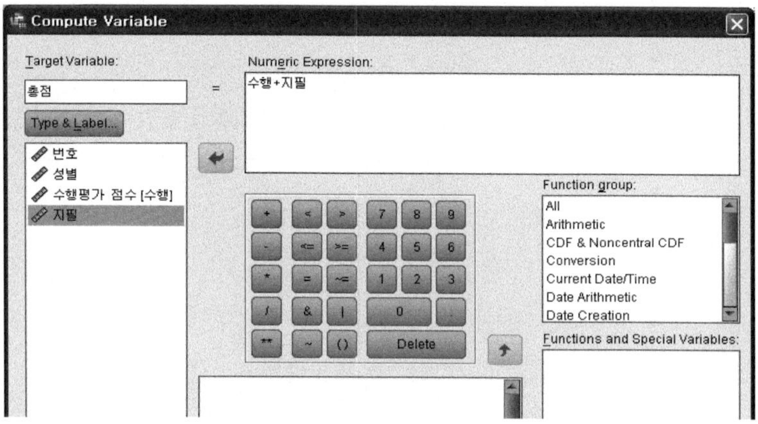

〈그림 2-7〉

먼저 화면 왼쪽 위의 **Target Variable** 상자에 새로 생성할 변수 이름을 입력한다. 보기에서는 **총점**이라는 이름을 입력하였다. 다음 **Numeric Expression** 상자에 이 변수를 정의하는 식을 입력한다. 〈그림 2-7〉에서는 **수행**과 **지필** 변수의 값을 합하여 **총점**이라는 변수를 새로 만들기 위해 **Numeric Expression** 상자에 **수행+지필**을 입력한 것을 볼 수 있다. 입력이 끝나 **OK** 아이콘을 클릭하여 〈그림 2-8〉의 데이터 편집기로 돌아가면 새로운 변수인 **총점**과 해당 변수의 값이 생성된 것을 확인할 수 있다.

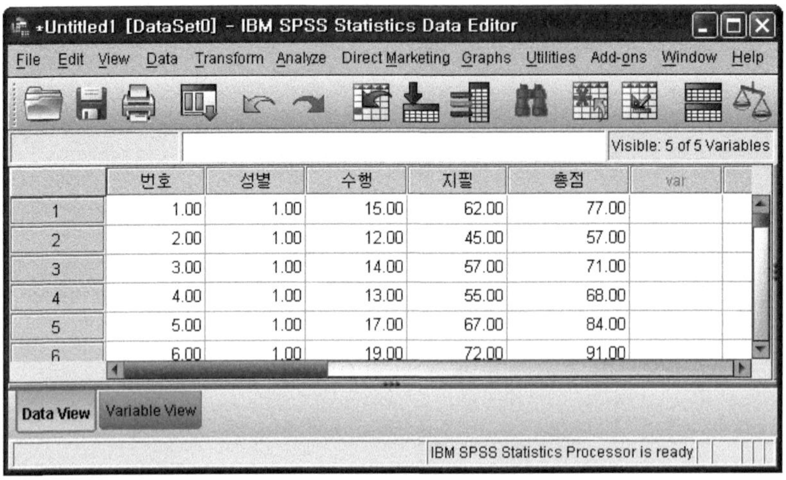

〈그림 2-8〉

4. 자료분석 단계의 개관

일단 데이터 편집기에 자료가 입력되어 필요한 자료 준비가 끝나면 다음 단계는 이 자료를 가지고 필요한 통계분석을 하는 것이다. 통계분석을 시행하는 방법은 두 가지가 있는데 화면의 메뉴에서 필요한 통계를 찾아 클릭하여 분석하는 **메뉴방법**과 명령문을 직접 입력하는 **Syntax 방법**이 그것이다. **Syntax 방법**은 SPSS가 수행할 통계분석 및 여러 선택사항을 직접 텍스트 프로그램으로 입력하는 것으로 과거의 SPSS 분석은 이 방법으로 이루어졌다. 메뉴방법은 이름 그대로 필요한 통계분석과 선택사항을 화면의 메뉴에서 선택하여 시행하는 것이다. 그런데 실제로는 메뉴방법도 SPSS 시스템 내부에서 선택한 메뉴를 **Syntax 프로그램**으로 번역한 다음 분석을 시행한다. 즉 **메뉴방법**은 선택된 메뉴에 따라 SPSS가 사용자 대신 해당 **Syntax 프로그램**을 만들어 주는 셈이다. 그러므로 경우에 따라서는 **메뉴방법**으로는 불가능하고 **Syntax 프로그램**으로만 수행할 수 있는 분석이나 선택사항이 있을 수 있다. 초보자의 경우는 **메뉴방법**이 더 편하겠지만 **Syntax 방법**에 익숙해지면 **Syntax 프로그램**을 직접 입력하는 것이 훨씬 간편한 방법이 될 수도 있다. 그러나 **Syntax 방법**에서는 SPSS **Syntax 프로그램** 작성방법을 학습하여야 한다는 것이 단점으로 지적될 수 있을 것이다. 본 교재에서 실제분석은 **메뉴방법**에 한정한다.

메뉴방법

다음의 〈그림 2-9〉처럼 데이터 편집기 화면의 메뉴 줄에서 **Analyze**를 클릭하면 각종 통계분석 종류의 메뉴가 나타나고 선택한 통계분석의 종류에 따라 다른 메뉴나 선택사항이 나타나거나 〈그림 2-10〉과 같이 필요한 정보를 입력할 대화상자 화면이 나타난다. 필요한 모든 정보를 입력하고 **OK** 아이콘을 클릭하면 선택한 통계분석이 수행되고 그 분석결과를 보여 주는 **SPSS Statistics Viewer**(이후부터 **Viewer**) 화면이 나타나게 된다.

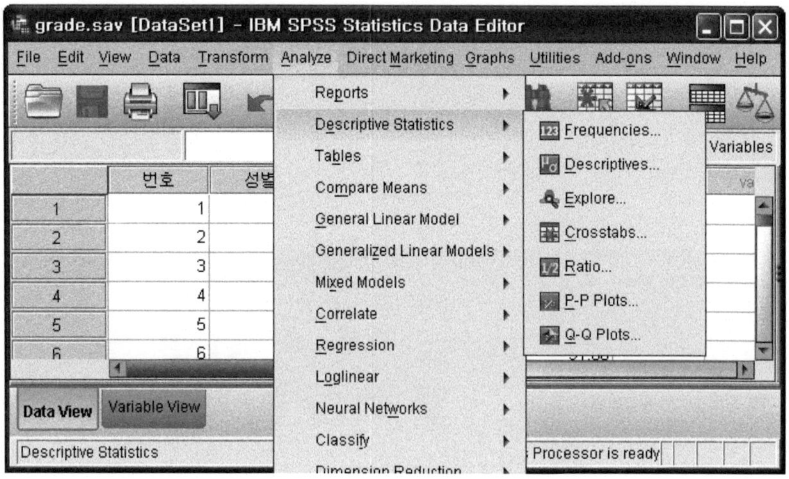

〈그림 2-9〉

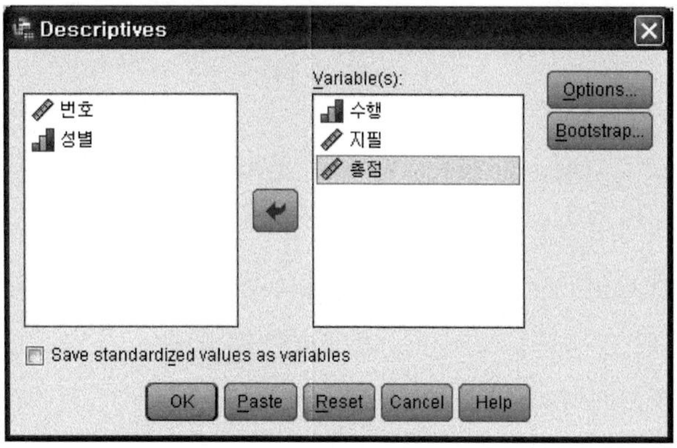

〈그림 2-10〉

Syntax 방법

필요한 통계분석 및 선택사항을 메뉴로 선정하지 않고 **Syntax 프로그램**으로 직접 입력하기 위해서는 먼저 **Syntax 프로그램**을 입력할 수 있는 **SPSS Statistics Syntax Editor**(이후부터 **Syntax Editor**) 화면을 불러와야 한다. 이 화면을 불러오기 위해서는 데이터 편집기 화면의 메뉴 줄에서 **File** → **New** → **Syntax**를 차례로 선택한다. 이 화면에 원하는 통계분석 및 선택사항을 나타내는 명령문을 입력한다. 이 화면은 간단한 문서 편집기의 기능을 가지고 있다. 한 번에 한 가지의 통계분석 명령문만 입력할 수도 있지만 여러 가지 통계분석 명령문을 동시에 입력하여 여러 통계분석을 한꺼번에 수행할 수도 있다. 이는 **메뉴방법**이 한 번에 한 가지만 할 수 있는 것과는 대조되는 명령문 방법의 장점이라고 할 수 있다. 다음의 〈그림 2-11〉은 앞 **메뉴방법**에서 예로 든 분석과 동일한 분석을 위한 명령문이 입력된 **Syntax Editor** 화면을 보여 주고 있다. 만약 메뉴에서 선택한 것을 번역한 **Syntax 프로그램**을 얻고 싶으면 각 분석 화면에서 **Paste** 버튼을 누르면 〈그림 2-11〉과 같이 프로그램이 나와 있는 **Syntax Editor** 화면이 나타난다.

〈그림 2-11〉

입력된 **Syntax 프로그램**을 수행하기 위해서 **Syntax Editor** 화면 상단의 메뉴에서 **Run**을 클릭하면 입력된 명령문들 중 실행할 명령문을 선택하는 메뉴가 나타난다. 원하는 명령문 영역을 선택하면 해당 통계분석이 이루어지고 분석결과가 담긴 **Viewer** 화면이 나타나게 된다. 이들 입력된 명령문들 또한 메뉴의 **File**을 클릭하여 저장해 두면 뒤에 다시 불러내어 동일한 분석을 하거나 수정하여 사용할 수 있다.

자료 파일의 분할

경우에 따라서는 자료 파일 중 일부 집단만 분석하거나 파일을 집단별로 나누어 분석할 필요가 있을 것이다. 예를 들어, 〈표 2-1〉의 자료에서 남자 자료만 가지고 분석하거나, 아니면 남녀별로 나누어 분석하고자 하는 경우이다. 이를 위해서는 두 경우 모두 분석을 하기 전에 먼저 **Data**를 클릭하여 파일 중 일부분을 선정하거나 나누어야 한다. 전자의 경우는 **Data → Select Cases**를 클릭하여 필요한 선택을 하고, 후자의 경우는 **Data → Split File**을 클릭하여 성별로 파일을 분할한다. 그 이후 **Analyze**에서 하고자 하는 분석을 실시하면, 전자의 경우는 남자의 분석결과만 출력되고, 후자의 경우는 남자와 여자를 따로 분석한 결과가 출력된다. 그러나 분석의 종류에 따라서는 파일을 나누지 않고 집단별로 분석할 수 있는 것도 있다.

그런데 여기서 조심할 점은 일단 파일을 분할하면 SPSS를 끝내지 않는 한 분할된 상태로 남아 있는다는 점이다. 분할하여 분석한 후 다시 전체를 대상으로 분석하고자 하는 경우에는 다시 **Data → Split File**을 클릭하여 합해 주어야 한다.

5. 분석결과의 처리

사용자가 데이터 편집기 화면에서 요구한 통계분석 결과는 **SPSS Viewer** 화면에 나타나게 된다. 다음의 〈그림 2-12〉는 앞 예에서 분석한 결과를 보여 주는 **SPSS Viewer** 화면이다. 앞 〈그림 2-9〉 및 〈그림 2-10〉에 의한 **메뉴방법**이나 〈그림 2-11〉에 의한 **Syntax 방법** 어느 쪽을 사용해도 동일한 결과를 얻을 수 있다.

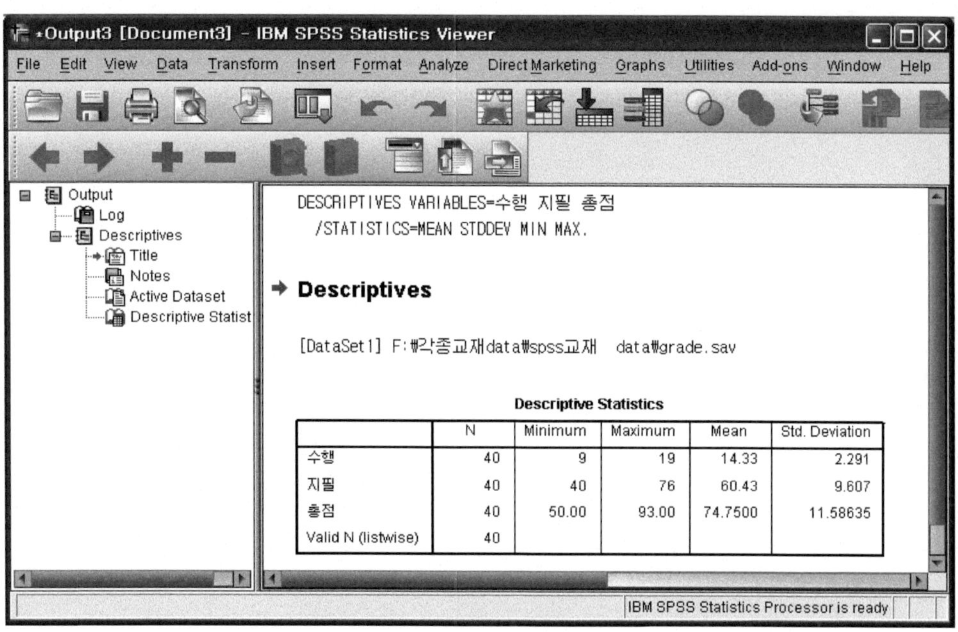

〈그림 2-12〉

Viewer 화면의 오른쪽 부분은 분석한 통계 출력물을, 왼쪽 부분은 출력 통계 내용의 개요나 표를 보여 준다. 이 개요를 이용하여 출력 내용에 대해 간단한 편집을 할 수 있다. 해당 아이콘을 클릭하면, 예를 들어 〈그림 2-12〉의 개요 부분에서 **Title**을 클릭하면 오른쪽 출력물의 제목에 해당하는 **Descriptives** 부분이 박스로 둘러싸이게 되고 **Delete** 자판을 누르면 이 부분이 지워지게 된다.

출력 내용을 프린트하려면 도구 줄에서 프린터를 선택하거나 메뉴 줄에서 **File → Print**를 클릭한다. **File → Print Preview**를 클릭하면 종이에 인쇄될 형태를 미리 화면에서 볼 수 있다. 분석결과를 파일로 저장하려면 메뉴 바의 **File**을 클릭하여 여러 저장방법 중의 하나를 선택할 수 있다. 또한 출력된 그래프나 표 등을 따다가 **한글**과 같은 다른 문서 편집기로 옮겨 활용하고 싶으면 해당 그래프나 표 위에 커서를 위치시키고 마우스의 오른쪽을 클릭하여 **Copy**나 **Cut**를 선택하여 클릭하고 해당 편집기로 가서 **붙이기**를 하면 선택한 그래프나 표가 이동된다.

계속해서 다른 분석을 하거나 다른 화면으로 이동하고 싶으면 메뉴 줄의 **Window**를 클릭하여 이동하고자 하는 화면을 선택한다. 모든 분석이 끝나서 SPSS를 종료하려면 **File → Exit**를 클릭하거나 화면 오른쪽 위의 **X** 모양의 종료 버튼을 클릭한다.

3장 기술통계: 집중화 경향과 변산도

기술통계(descriptive statistic)는 분석하고자 하는 자료의 성격과 분포, 그리고 자료가 가지고 있는 의미를 파악하기 위하여 전체 자료를 이해하기 쉽게 요약하는 통계이다. 자료의 요약은 크게 두 가지 범주로 나누어지는데 그 하나는 자료를 도수분포표나 그래프 등 시각적으로 요약하는 것이고 다른 하나는 원래 자료의 성격을 잘 나타내는 특성치로 요약하는 방법이다. 자료를 요약하는 특성치는 먼저 전체 자료가 주로 어느 점수에 모여 있는가, 즉 전체 자료를 대표하는 값이 무엇인가를 나타내는 집중화 경향과 자료들이 서로 얼마나 흩어져 있는가를 나타내는 변산도로 나누어진다.

1. 집중화 경향(central tendency)

개념

자료가 주로 어떤 점수에 모여 있는지, 자료 전체를 대표하는 값이 무엇인지를 나타내 주는 통계치로 평균(mean), 중앙값(median), 최빈값(mode) 등을 사용한다.

평균(mean)

① 정의: $\bar{X} = \frac{\Sigma X}{n}$, n은 표본의 크기

② 계산이 용이하고, 모든 자료가 이 값 산출에 기여하므로 가장 많은 정보를 지니고 있다(충분성).

③ 이론적으로 바람직한 속성을 지녀 추리통계에서 대표값으로 가장 널리 사용된다.

④ 각 점수와 평균과의 차이를 편차(deviation)라고 하며 이 편차의 합은 0이다.

$\Sigma(X - \bar{X}) = 0$

⑤ 특이치(outlier)의 영향을 많이 받으므로 특이치가 있는 경우에는 대푯값으로 적당하지 않다.

중앙값(median)

① 정의: 값을 크기 순서대로 배열했을 때, 가장 가운데 등수의 값으로 자료의 개수가 n일 때, $(n + 1)/2$번째의 값이다.

예) n이 홀수인 경우: 자료가 3, 5, 5, 6, 9, 12, 14, 17, 20이라면 $(n + 1)/2 = (9 + 1)/2 = 5$, 따라서 중앙값은 5번째인 9

예) n이 짝수인 경우: 자료가 3, 5, 5, 6, 9, 12, 14, 17, 20, 45라면, $(n + 1) / 2 = (10 + 1)/2 = 5.5$, 이 경우 5번째와 6번째 값의 평균인 $(9 + 12)/2 = 10.5$가 중앙값

② 특이치의 영향을 받지 않는다. 위의 두 번째 예에서 마지막 값이 45로 매우 크지만 중앙값에는 영향을 주지 않음을 알 수 있다.

최빈값(mode)

① 정의: 빈도수가 가장 많은 값 또는 범주로 평균이나 중앙값은 하나이지만 최빈값은 여러 개일 수도 있다.

② 특히 질적 변수(범주형 변수)에서도 사용할 수 있다.

예) 자료가 3, 5, 5, 5, 7, 8, 9의 경우 최빈값은 5

예) 우리 학급 종교를 조사한 결과 다음과 같은 결과가 나온 경우 종교의 범주 중 유교가 10명으로 가장 많으므로 종교의 최빈값은 유교가 되고 괄호의 숫자로 변수 값을 부여한 경우 최빈값은 2가 된다.

	불교 (1)	유교 (2)	기독교 (3)	이슬람 (4)	힌두교 (5)	무신앙 (6)	기타 (7)
학생수	8	10	7	0	0	4	5

2. 변산도(dispersion)

개념

집단 내 각 개체의 점수가 서로 얼마나 흩어져 서로 다른지의 정도를 나타내는 통계치로 범위, 사분범위, 평균편차, 표준편차, 분산 등을 사용한다.

범위(range)

① 정의: 범위 = 최댓값 − 최솟값(또는 최댓값 − 최솟값 + 1)

② 빨리 간단하게 계산할 수 있으나 최댓값과 최솟값만 범위 계산에 기여하고 가운데 값은 전혀 영향을 주지 않으므로 개체 차이의 정보가 충분히 반영되지 못한다는 단점이 있다.

③ 표준편차(S)의 근사치를 빨리 추산할 때 사용할 수도 있다: $S \doteq$ 범위/4

사분범위(IQR: interquartile range)

① 정의: IQR = $Q_3 - Q_1$

여기서 Q_3는 제3사분위수로 점수를 크기순으로 배열했을 때, 이 점수 위에 상위 25%, Q_1은 제1사분위수로 이 점수 밑에 하위 25%가 위치하는 점수이다. 따라서 중앙값은 Q_2로 제2사분위수가 되는 셈이 된다.

② IQR은 가운데 50% 점수대가 분포하는 범위로 특이치의 영향을 배제해 준다.

평균편차(mean deviation)

① 정의: 평균에서 각 점수까지의 거리, 즉 편차의 절대값의 평균이다.

$$\text{평균편차} = \frac{\Sigma|X - \bar{X}|}{n}, \; n\text{은 표본의 크기}$$

② 모든 점수가 평균편차 계산에 기여하여 많은 정보를 포함하고 있다.

③ 의미가 명백하여 이해하기 쉽다. 평균편차가 10점이라고 하면 각 개체의 점수가 평균점수에서 평균적으로 10점 차이가 난다는 의미로 쉽게 해석할 수 있다.

④ 절대치가 포함되어 연산이 불편하여 이론 개발에 어려움이 있어 추리통계에서는 거의 사용되지 않는다.

표준편차(standard deviation)와 분산(variance)

① 모집단의 표준편차 $\sigma = \sqrt{\frac{\Sigma(X-\mu)^2}{N}}$, μ는 모집단 평균, N은 모집단 크기

표본의 표준편차 $S = \sqrt{\frac{\Sigma(X-\bar{X})^2}{n-1}}$

② 표준편차는 평균편차와는 달리 그 물리적 의미를 설명하기 어렵지만 이론적으로 매우 바람직한 특성을 지녀 추리통계에서 변산도 통계로 분산과 더불어 가장 널리 사용된다.

③ 분산(또는 변량)은 표준편차를 제곱하여 제곱근을 없앤 것이다.

모집단의 분산 $\sigma^2 = \frac{\Sigma(X-\mu)^2}{N}$

표본의 분산 $S^2 = \frac{\Sigma(X-\bar{X})^2}{n-1}$

④ 항상 $\sigma^2(S^2) \geqq 0, \sigma(S) \geqq 0$

⑤ 원래의 변수 값에 상수를 가감하여도 표준편차나 분산은 변하지 않으며 상수를 곱하면 표준편차는 상수의 절대값의 배수로, 분산은 상수의 제곱배로 증가한다.

분산$(aX \pm b) = a^2$분산(X) 표준편차$(aX \pm b) = |a|$ 표준편차(X)

여기서 a, b는 임의의 상수

참고: $S^2 = \frac{\Sigma(X-\bar{X})^2}{n-1}$ 에서 $\Sigma(X-\bar{X})^2$은 제곱합(자승화)(SS: sum of squares)라고 불리며 $(n-1)$은 자유도(df: degree of freedom)라고 한다. 뒤에서 다룰 많은 통계적 모형들은 개체 간 종속변수 값의 차이(SS)를 연구에 포함된 독립변수로 설명, 예측하려는 측면이 있으므로 SS와 df는 중요한 관심사가 된다.

3. SPSS 예시자료의 분석

앞에서 보았던 제2장 〈표 2-1〉의 자료에서 수행평가 점수와 지필검사 점수를 합한 **총점**에 대해 기술통계를 구해보자. 이미 이 자료가 **SPSS 데이터 편집기(SPSS Data Editor)**에 입력이 완료되어 제2장의 〈그림 2-8〉의 상태까지 와 있다고 가정한다.

메뉴에서 원하는 기술통계를 선택하는 길은 여러 갈래가 있다. 먼저 데이터 편집기 화

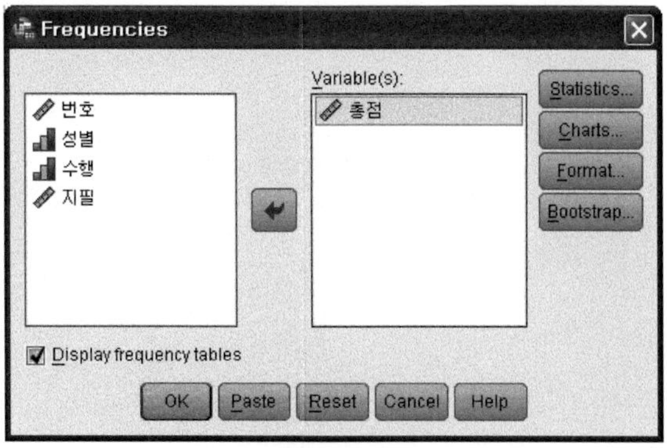

〈그림 3–1〉

면에서 **Analyze → Descriptive Statistics**를 클릭하여 **Frequencies**를 클릭하면 〈그림 3−1〉과 같은 대화상자가 나타난다.

왼쪽에 있는 변수 중 분석할 **총점**을 클릭하여 선택하고 가운데 화살표를 클릭하면 **총점** 변수 이름이 왼쪽에서 오른쪽으로 이동하는 것을 볼 수 있을 것이다. 그 다음 화면 옆의 **Statistics, Charts** 등을 클릭하여 원하는 통계량이나 도표를 선택하고 최종적으로 **OK**를 클릭하면 원하는 결과가 **SPSS Viewer** 화면에 나타나게 된다.

다음의 〈표 3−1〉 과 〈그림 3−2〉는 **SPSS Viewer** 화면에 나타난 결과의 일부를 보여 주고 있다. 〈표 3−1〉의 Statistics는 〈그림 3−1〉 화면의 **Statistics**를, 〈그림 3−2〉는 **Charts**에서 **Histograms**를 선택한 결과이다. **Analyze → Descriptive Statistics**에서 **Descriptive**를 선택하면 원하는 변수의 여러 가지 기술통계 값을 얻을 수 있다.

Analyze → Descriptive Statistics에서 **Explore**를 선정하면, 집단별로 간단한 기술통계 값과 더불어 줄기−잎 도표 및 상자도표도 구할 수 있다. 〈그림 3−3〉과 〈그림 3−4〉는 **Explore**를 선정하여 분석한 결과의 SPSS Viewer 화면 내용의 일부로 각각 집단 1의 줄기−잎 도표와 성별 상자도표(Box plot)를 보여 주고 있다. SPSS Data Editor 화면 메뉴의 **Graphs**를 통해서도 상자도표를 비롯한

〈표 3–1〉 Statistics 총점

N	Valid	40
	Missing	0
Mean		74.7500
Median		76.5000
Mode		77.00
Std. Deviation		11.58635
Variance		134.244
Skewness		−.282
Std. Error of Skewness		.374
Kurtosis		−.464
Std. Error of Kurtosis		.733
Range		43.00
Minimum		50.00
Maximum		93.00

보다 다양한 도표나 그래프를 얻을 수 있다.

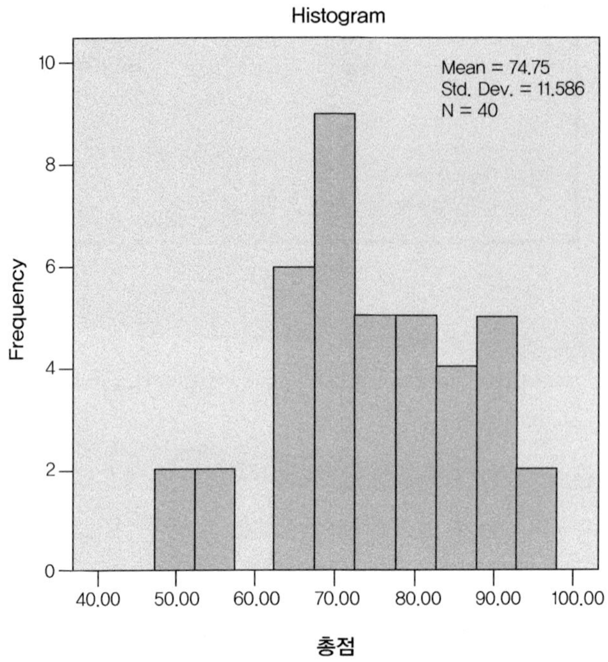

〈그림 3-2〉

총점Stem-and-Leaf Plot for
성별 = 1

Frequency	Stem &	Leaf
2.00	5.	47
3.00	6.	678
6.00	7.	126788
4.00	8.	0014
5.00	9.	01233

Stem width: 10.00
Each leaf: 1 case(s)

〈그림 3-3〉

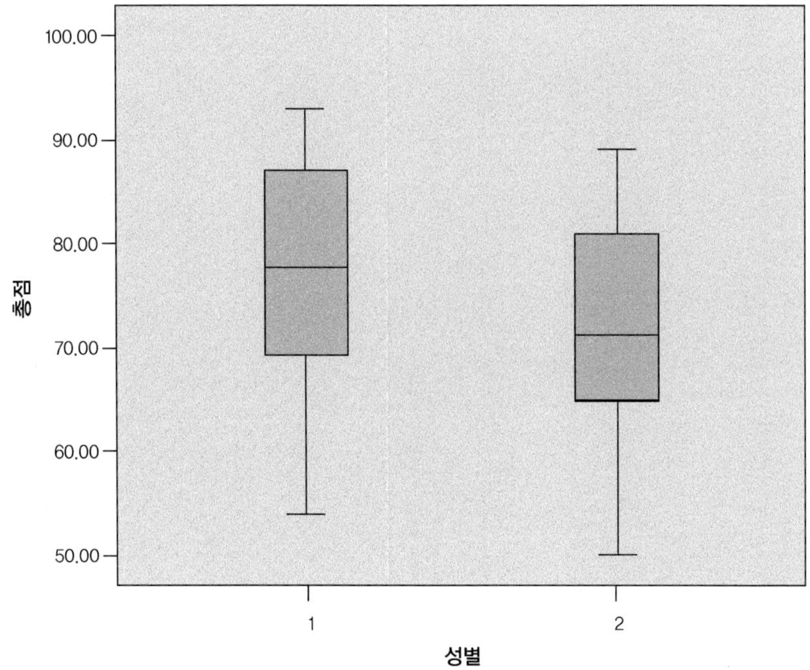

〈그림 3-4〉

4장 확률변수와 확률분포

1. 확률변수(random variable)

개체마다 그 양이 다르거나 범주가 다른 어떤 속성을 변수(variable)라고 정의한 바 있다. 그런데 한 변수가 어떤 값을 가질 것인가는 확률과 연계되어 있다. 예를 들어 우리나라 성인 남자 한 사람을 선정하여 그 키를 측정하였을 때 그 값이 165cm에서 175cm 사이에 있을 확률은 180cm에서 190cm 사이에 있을 확률보다는 높을 것이다. 만약 어떤 변수의 값 X가 특정 확률과 연계되어 나타날 때 이 변수를 확률변수라고 한다. 우리가 다룰 변수들은 모두 확률변수라고 할 수 있다.

이산확률변수(discrete random variable)와 연속확률변수(continuous random variable)

어느 대학 학생 5명을 선정하여 현재 원룸형태에 거주하는 학생 수를 조사하여 이를 X라고 하면 X값은 0, 1, 2, 3, 4, 5 중의 하나로 한정된 값을 가진다. 이렇게 변수 값의 수가 유한한 변수를 이산확률변수라고 한다. 반면 우리나라 성인 남자 1명을 선정하여 그 키를 측정하여 그 값을 X라고 하면 X가 가질 수 있는 값은 무한하다. 이와 같이 확률변수가 취할 수 있는 값이 일정한 구간 내에서도 무한한 경우 이를 연속확률변수라고 한다.

2. 확률분포(probability distribution)

어떤 확률변수 X가 취할 수 있는 모든 값들과 이 값들이 나타날 확률을 함께 나타낸 것을 확률분포라고 한다. 이산확률변수의 확률분포를 이산확률분포, 연속확률변수의 확률분포를 연속확률분포라고 하며 그 성격이 매우 다르다.

앞으로 우리가 다룰 확률분포는 모두 수학적인 이론적인 분포이다. 따라서 어떤 확률변수 X가 어떤 이론적 확률분포를 하는가를 알면 된다. 많은 이론적인 확률분포가 있지만 우리가 다룰 분포는 아래의 5가지이다.

- 이산확률분포: 이항분포(binomial distribution)
- 연속확률분포: 정규분포(normal distrobution)(Z분포), t분포, F분포, χ^2(chi−square)분포

이산확률분포

이산확률변수는 가질 수 있는 값이 한정되어 있기 때문에 〈그림 4−1〉과 같이 각 변수 값에 그 변수 값이 나타날 확률을 대응시킬 수 있으며 그 확률의 합은 1이 된다.

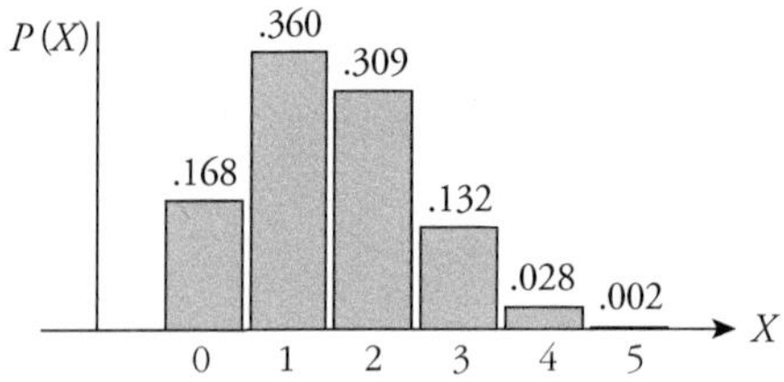

〈그림 4−1〉 이산확률분포

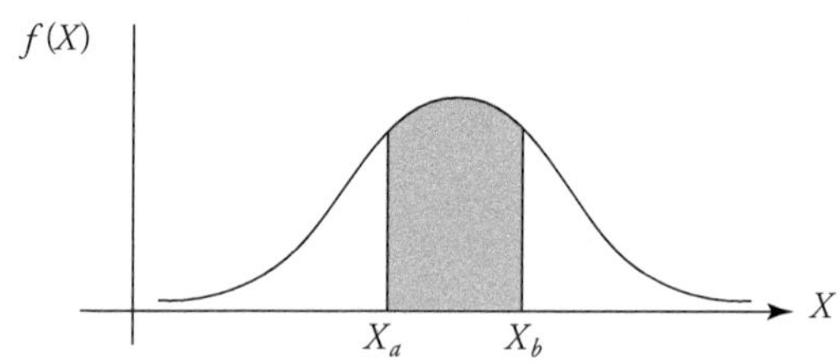

〈그림 4−2〉 연속확률분포

연속확률분포

연속확률변수는 가질 수 있는 값이 무한이기 때문에 각 변수 값에 확률을 대응시킬 수 없다. 예를 들어 우리나라 성인 남자 1명을 선정하여 키를 X라고 했을 때 그 값이 175.2cm일 확률을 구한다는 것은 비논리적이다. 따라서 연속확률변수에서는 특정 값의 확률이 아니라 구간의 확률을 구한다. 위의 예에서 키가 $170 \leqq X \leqq 180$일 확률을 구하는 것이다. 따라서 연속확률분포는 〈그림 4−2〉와 같이 $P(X_a \leqq X \leqq X_b)$가 함수 $f(X)$ 밑의 면적이 되는 어떤 함수로 나타낸다. 이 함수를 확률밀도함수(pdf: probability density function)라고 하며 앞에서 말한 바와 같이 이는 수학적인 이론적인 함수이며 정규분포, t분포, F분포, χ^2(chi−square)분포 등이 있다. 그리고 확률의 전체 합은 1이므로 확률밀도함수 밑의 면적의 합은 1이 된다.

그런데 주어진 함수에서 구간의 면적 즉 확률을 구하기 위해서는 적분을 해야 하지만 편의상 각 함수별 표(table)를 이용하여 구한다. 본 교재의 뒷부분에 Z, t, F, 그리고 χ^2 분포의 표가 나와 있다. SPSS로 자료를 분석하면 우리가 원하는 확률(대개 p값)을 출력해 주므로 실제 분석 상황에서 표를 이용해야 하는 경우는 드물다.

3. 이항분포(binomial distribution)

베르누이 시행(Bernoulli Trial)

어떤 시행이 다음의 조건을 갖출 때, 이를 베르누이 시행이라고 한다.

① 각 시행의 결과는 상호배타적(mutually exclusive)인 두 사건으로만 구성된다. 한 사건은 성공(S), 다른 사건은 실패(F)로 나타낸다.

② 성공의 확률을 $P(S) = p$라고 하면 실패의 확률은 $P(F) = q = 1 - p$가 되며 $p + q = 1$이다.

③ 각 시행은 서로 독립적이다. 즉 한 시행의 결과는 다음 시행의 결과에 영향을 주지 않는다.

예를 들어 주사위를 던져 1이 나오면 성공(S), 그 외에는 실패(F)라고 정의해 보자. 한 번 주사위를 던지는 시행을 하면 1이 나오거나 그 외 다른 수가 나오거나 둘 중 하나이므로 첫 번째 조건을 만족한다. 성공의 확률은 $P(S) = p = 1/6$, 실패의 확률은 $P(F) = q = 5/6$, $p + q = 1$로 두 번째 조건을 만족한다. 그리고 주사위를 여러 번 던졌을 때 앞에서 어떤 결과가 나왔는지가 다음의 결과에 영향을 주지 않으므로 세 번째 조건을 만족한다. 따라서 이 시행은 베르누이 시행이다. 그런데 주사위를 던져 1이 나오면 성공, 2가 나오면 실패라고 정의한 시행의 경우 조건 ①과 ②를 만족하지 못하므로 베르누이 시행이 아니다.

우리나라 성인 유권자 중 정당 A를 지지하는 비율이 0.4라고 하자. 이때 성인 유권자 1명을 선정하여 그 사람이 정당 A를 지지하면 성공, 아니면 실패라고 정의한 시행을 예를 들어 보자. 1명을 선정하여 정당 A의 지지여부를 알아보는 시행을 하면 그 사람이 지지하거나 아니면 지지하지 않거나 둘 중 하나이므로 첫 번째 조건을 만족하며 $p = 0.4$, $q = 0.6$, $p + q = 1$로 두 번째 조건을 만족한다. 그리고 1명을 선정하여 조사한 후 다시 1명을 선정하여 조사하면 앞사람의 지지여부가 뒷사람의 지지 여부에 영향을 주지 않으므로 이 시행은 베르누이 조건을 만족한다.

이항확률변수와 이항확률분포(이항분포)

n번의 베르누이 시행에서 성공의 횟수를 X라고 했을 때, 이 X를 이항확률변수라고 하고 각 X값이 나타날 확률은 특정한 분포를 가지는데 이를 이항확률분포, 줄여서 이항분포(binomial distribution)라고 한다. 앞 예에서 성인 유권자 30명을 뽑았을 때, A 정당 지지자 수를 X라고 해 보자. 먼저 한 사람을 뽑아 A 정당 지지자면 성공, 아니면 실패라고 정의한 시행은 베르누이 시행임을 위에서 이미 논의하였다. 그런데 30명을 뽑아 지지자 수를 X라 고 하였으므로 베르누이 시행을 30번, 즉 $n = 30$이고 지지자 수 X는 성공의 횟수이므로 X는 이항확률변수이고 X가 갖는 확률분포는 이항분포이다. 이항분포의 확률은 n과 p에 좌우되므로 어떤 이항확률변수 X의 분포는 $X \sim B(n, p)$로 나타내는 것이 관례이다.

이 이항분포는 추리통계에서 주로 모집단의 비율을 추정하는 데 이용한다. 앞의 예에서 유권자 30명 중에서 9명이 A 정당을 지지하는 것으로 나타났다면 표본에서 구한 지지 비율은 $\hat{p} = \frac{9}{30} = 0.3$으로 이 값으로 모집단의 비율을 추정하게 된다. 이 부분은 본 교재 제18장 범주형 변수(질적 변수) 분석에서 다룬다.

이항분포의 확률계산

이항분포의 확률은 크게 3가지 방법으로 구할 수 있다.

표를 이용

n과 p별로 각 X값에 대한 표를 이용하여 구하는 방법으로 본 교재에서는 이 표를 제시하지 않고 있다.

식을 이용

이항확률변수 X가 어떤 특정한 값 x를 가질 확률은 다음의 이항확률함수를 이용하여 구할 수 있다.

$$P(X = x) = {}_nC_x p^x (1 - p)^{n-x} \qquad \text{여기서 } {}_nC_x = \frac{n!}{x!(n-x)!}\text{이다.}$$

정규근사법

$p = 0.5$ 또는 n이 아주 크면 이항분포의 모양은 정규분포(normal distribution)와 비슷해진다. 앞의 두 가지 방법은 정확한 확률을 구할 수 있는 반면 복잡하고 번거롭다. 그런데 정규분포를 이용해 근사치를 구하면 보다 쉽게 확률을 구할 수 있지만 근사치이므로 오차가 생

긴다. SPSS에서 이항확률변수로 정확한 값을 구하고자 하는 경우 **option**에서 **Exact**를, 정규근사법을 이용하는 경우는 **Asymptotic**을 선택한다. **Exact**는 경우에 따라서는 시간이 매우 많이 걸릴 수도 있다.

이항분포의 기댓값과 분산

기댓값(평균) $\mu = E(X) = np$

분산 $\sigma^2 = V(X) = np(1-p) = npq$

표준편차 $\sigma = \sqrt{np(1-p)} = \sqrt{npq}$

4. 정규분포(normal distribution)

정규분포는 통계학에서 가장 중요한 확률분포라고 할 수 있다. 정규분포는 다음의 〈그림 4-3〉과 같이 종모양(bell shape)을 가지며 그 확률밀도함수는 다음과 같다.

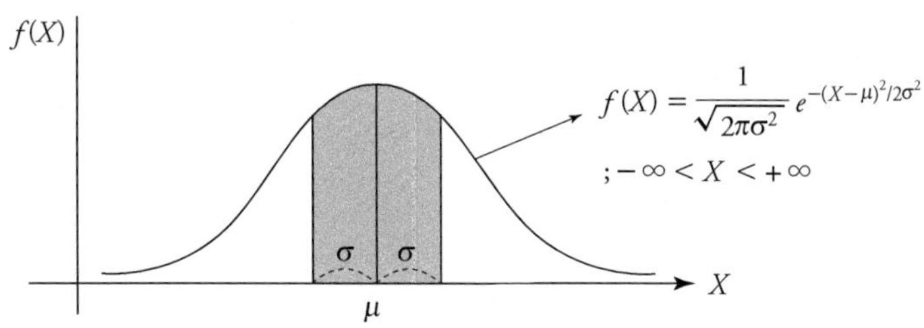

〈그림 4-3〉 정규분포

정규분포의 모양은 평균 μ와 분산 σ^2에 좌우되므로 정규분포를 하는 확률변수 X는 $X \sim N(\mu, \sigma^2)$으로 표시한다.

정규분포는 자연에서 실제로 존재하는 분포가 아니라 수학적인 이론적인 분포이지만 많은 자연현상에서 관찰되는 변수의 분포가 정규분포와 유사하다. 그리고 추리통계학의 모수통계에서는 거의 대부분 어떤 변수가 모집단에서 정규분포를 한다는 가정에서 출발하며 그 외 많은 확률분포(에를 들어, t나 F 등)가 이 가정에 근거하여 유도된다.

정규분포의 특징

① 정규분포의 모양과 위치는 분포의 평균(μ)과 분산(σ^2)으로 결정된다.

② 정규분포는 평균을 중심으로 좌우 대칭인 종모양이다.

③ 정규확률밀도함수는 X축에 닿지 않고 확률변수 X가 가질 수 있는 값의 범위는 $-\infty < X < +\infty$이다. 즉 X 축이 점근선이다.

④ 분포의 평균(μ)과 분산(σ^2)이 어떤 값을 갖더라도 곡선과 X축 사이의 전체 면적은 1이다.

정규분포에서의 확률계산과 표준정규분포(standard normal distribution)

정규분포에서의 확률은 다른 연속확률분포와 마찬가지로 표를 이용하여야 한다. 그런데 정규분포는 평균(μ)과 분산(σ^2)에 따라 달라지므로 모든 평균(μ)과 분산(σ^2)에 따라 표를 만들어야 하는데 이는 비현실적이다. 그런데 정규분포의 장점 중 하나는 표준정규분포를 이용하면 이 문제가 간단히 해결된다는 것이다.

어떤 확률변수 X가 평균이 μ이고 분산이 σ^2, 즉 $X \sim N(\mu, \sigma^2)$인 경우 X를 다음과 같이 선형변환(linear transformation)하여 Z를 구했을 때, 이 Z는 평균이 0, 분산이 1인 정규분포를 하게 되는데 이 Z의 분포를 표준정규분포 또는 Z분포라고 한다.

$$\text{If } X \sim N(\mu, \sigma^2) \text{ and } Z = \frac{X-\mu}{\sigma}\text{; then } Z \sim N(0, 1)$$

그런데 X와 Z에서의 확률은 다음과 같은 관계를 가진다.

$$\text{If } X \sim N(\mu, \sigma^2) \text{ and } Z_a = \frac{X_a-\mu}{\sigma}, Z_b = \frac{X_b-\mu}{\sigma};$$
$$\text{then } P(X_a \leqq X \leqq X_b) = P(Z_a \leqq Z \leqq Z_b)$$

즉 다음의 〈그림 4-4〉에서 X축에서의 면적은 Z축에서의 면적과 동일하다. 따라서 Z 확률표만 있으면 모든 정규분포의 확률은 X값을 Z값으로 변환하여 구할 수 있게 된다.

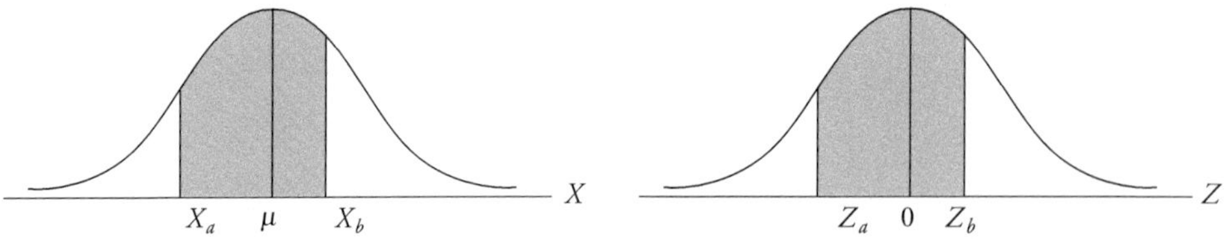

〈그림 4-4〉

예제

지능지수(IQ)는 평균이 100, 표준편차가 15인 정규분포를 한다. 즉 $X \sim N(100, 15^2)$

1) 인구 중 지능지수가 95에서 110 사이인 사람의 비율은? (이는 한 사람을 뽑았을 때, 그 지능지수가 95에서 110 사이일 확률과 동일한 의미)
2) 지능지수가 상위 10% 내에 속하기 위해서는 적어도 지수가 얼마나 되어야 할까?

표준점수

어떤 척도가 정규분포를 하는 경우, 그 분포의 평균과 표준편차를 이용하여 위와 같은 Z 점수를 산출했을 때 이를 표준점수라 하고 척도가 다른 두 점수를 비교하는 데 사용한다. 예를 들어 수학능력시험의 과학탐구영역 선택에서 물리, 화학, 생물, 지구과학의 각각은 재는 자가 다르다고 볼 수 있어 여기서 나오는 원점수를 직접 비교할 수 없으므로 대신 각각 표준점수 Z 점수를 산출하여 동일한 척도로 통일해서 비교하게 된다. 그런데 Z 점수는 대개 -3에서 $+3$점 사이에 99% 이상 존재하여 점수가 음수일 수도 있고 점수 범위도 6점 이내로 너무 좁은 문제점이 있다. 따라서 수학능력시험 등에서 실제로는 표준점수로 Z 보다는 다음과 같은 T 점수를 더 많이 이용한다.

$$T = 10Z + 50$$

이렇게 구한 T 표준점수는 평균이 50, 표준편차가 10점이 된다. 만약 평균이 M, 표준편차가 D인 표준점수 W를 만들려면 $W = M \times Z + D$로 변환하면 된다. 참고로 지능지수(IQ)도 평균이 100, 표준편차가 15인 표준점수이다.

5장 추리통계의 개념과 단일모집단 평균(μ)의 추정

1. 추리통계의 개념

추리통계의 두 가지 접근법: 신뢰구간 추정과 가설검증(유의성 검증)

추리통계학은 표본의 크기 n으로 표집한 표본에서 얻은 통계량(또는 추정량)으로 모집단의 모수를 추리하는 것과 관련된 통계(통계학에서는 관례적으로 모수를 대표하여 θ로, 해당 모수를 추정하기 위한 통계량을 $\hat{\theta}$로 표시함)로 예를 들어 표본의 평균 $\bar{X}$로 모집단의 평균 μ를 추정하는 경우 필연적으로 발생하는 오차(error), 즉 표집오차가 어느 정도의 크기로 나타날지에 대한 확률적 진술을 해 줄 수 있는 수학적 이론으로 구성된다고 할 수 있다. 모집단의 모수에 대한 추리는 모수에 대한 사전 가설이 있느냐 없느냐에 따라 크게 신뢰구간 추정(confidence interval estimation)과 가설검증(hypothesis test)(또는 유의성 검증(significance test))의 두 가지 접근법으로 이루어진다.

신뢰구간 추정은 모수에 관한 가설이 없는 경우로 예를 들어 어느 대학에서 재학생들의 한 달 평균 생활비 μ를 추정하기 위해 $n = 36$명을 표본으로 선정하여 계산해 본 결과 표본의 평균 $\bar{X} = 30$만, 표본의 표준편차 $S = 6$만을 얻은 경우 이를 근거로 95%의 신뢰도로 모집단 평균의 신뢰구간 30만 $\pm$ 2만 = (28만, 32만), 즉 28만 $\le \mu \le$ 32만으로 추정하는 것이다. 관례적으로 신뢰도는 95%와 99%가 널리 사용되며, 95% 신뢰구간의 의미는 동일한 표본의 크기로 계속해서 표본을 선정하여 신뢰구간을 계속 구하면 그 구간 중 95% 내에는 모집단의 평균이 포함된다는 의미이다. 신뢰도가 높을수록 구간이 넓어져 추정의 정밀성은 떨어진다. 이 신뢰구간은 해당 통계량의 표집분포와 표준오차의 정보로부터 산출한다.

가설검증은 모집단의 모수에 대해 사전에 가설을 설정하고 이를 표본의 통계량으로 검증하는 것이다. 위의 예에서 어느 대학 전체 학생의 평균 생활비는 전국의 평균인 27만원과 다를 것이다라는 가설을 설정하고, 이 가설을 검증하기 위해 해당 대학생에서 표본을 뽑아 평균 생활비를 산출하여 전국 평균과의 그 차이를 구해 이 가설을 검증하는 것이다. 만약 표본에서 구한 평균이 $\bar{X} = 30$만으로 3만원 차이가 나타났다면 이 차이로 모집단의 평균이 27만과 다르다(이를 대립가설이라고 하며 H_a 또는 H_1으로 표시함)고 할 수 있을까라는 문제에 답을 하기 위해 모집단에서는 차이가 없다(이를 영가설, 귀무가설이라고 함)고 했을 때, 표본의 선정 때문에 우연에 의해 이 정도의 차이(이를 표집오차라고 함)가 나타날 확률(이를 p값 또는 관찰유의도라고 함)을 구하는 전략을 택한다. 확률 p값이 극히 낮으면, 우연에 의해 이 정도의 차이가 나타날 확률이 극히 낮다는 의미이므로 모집단에서도 차이가 있다고 볼 수 있어 표본에서 나타난 차이는 통계적으로 유의하다(의미 있다)는 결론을 내린다.

이 확률이 극히 낮지 않으면 모집단에서 차이가 없는 경우에도 표본에서 이 정도의 차이는 우연에 의해 나타날 수 있다는, 즉 표집오차일 가능성이 있다는 의미이므로 표본의 결과는 통계적으로 유의하지 않다(의미가 없다)는 결론을 내리게 된다.

이때 p값이 어느 정도 되어야 극히 낮다고 할 수 있는가라는 문제가 생기는데 이는 연구자가 결정하며 관례적으로 0.05(5%) 또는 0.01(1%)로 설정하며, 이를 α값이라고 한다.

모든 가설검증은 동일한 논리로 진행되며 다음과 같이 정리할 수 있다.

가설검증의 논리

① 검증하고자 하는 가설, 즉 차이(효과, 관련성)가 있다는 가설을 H_a로 설정하고 차이가 없다는 영가설 H_o를 설정하여

② H_o가 참(true)이라고 가정했을 때(즉 모집단에서는 아무런 차이나 효과가 없다고 가정했을 때), 현재 내 자료 즉 표본에서 나타난 결과(차이, 효과 등)의 정도가 표집오차, 즉 우연일 확률(p)을 구해(즉 H_o가 참인 경우 표본의 결과가 충분히 일어날 수 있는 것인지, 아니면 매우 희귀한 경우인지 검토해)

③ p가 극히 낮으면(매우 희귀한 경우이면), 즉 p값을 연구자가 선정한 확률 α값(확률이 얼마 이하이면 극히 낮다고 할 것인지 연구자가 결정한 값으로 관례적으로 0.05, 0.01)과 비교하여 $p < \alpha$이면 그 차이나 효과가 표집오차가 아니라 모집단에서 존재하는 진짜 차이나 효과일 확률이 높다는 의미로 H_o를 기각하고 H_a를 채택하여 통계적으로 의미 있다, 유의하다(significant)는 결론을 내린다.

④ 반면 p가 극히 낮지 않으면(일어날 수 있는 경우이면), 즉 $p > \alpha$이면 우연일 가능

성/표집오차일 확률이 높다는 의미로 H_o 기각에 실패하여 H_a를 채택하지 못해 통계적으로 의미 없다, 유의하지 않다(not significant)는 결론을 내리게 된다.

여기서 모집단에서 아무런 차이나 관계가 없을 때 적어도 표본에서 얻은 결과가 나올 확률 p값을 구할 수 있는 통계수단이 필요하며 이를 검증통계량이라고 하고, Z검증, t검증, F검증, χ^2검증 (Chi-square검증) 등이 있으며 앞으로 논의하게 된다.

표집분포(sampling distribution)와 검증통계량(test statistic)

추리통계의 두 가지 접근법인 신뢰구간 추정과 가설검증을 수행하기 위해서는 표본의 크기 n으로 통계량 $\hat{\theta}$를 구해 모집단의 모수 θ를 추정할 때, 어느 정도의 오차가 어느 정도의 확률로 발생하는지의 정보가 필요하다. 그런데 이 정보를 알기 위해서는 역으로 모수 θ를 알고 있을 때, 표본의 크기 n으로 통계량 $\hat{\theta}$를 무한히 많이 구하면 $\hat{\theta}$는 θ를 중심으로 어떤 분포를 하는지를 알아야 한다. 이 분포를 $\hat{\theta}$의 표집분포라고 한다. 예를 들어 표본의 크기 n으로 $\bar{X}$를 구해 μ 추정 시 어느 정도의 오차가 어느 정도의 확률로 발생하는지 알기 위해서는 역으로 모집단 평균 μ를 알고 있는(예를 들어 $\mu = 27$) 모집단에서 동일 표본의 크기 n(예를 들어, $n = 36$)으로 $\bar{X}$를 무한히 많이 구하면 $\bar{X}$는 $\mu = 27$를 중심으로 어떤 분포를 하는지 알아야 하며 이를 $\bar{X}$의 표집분포라고 하는 것이다.

추리통계에서 핵심 사항은 모집단 모수 θ를 표본의 통계량(추정량) $\hat{\theta}$으로 추정 시 어느 정도의 오차가 어느 정도의 확률로 나타나는가를 나타내는 $\hat{\theta}$의 표집분포로 모수통계학에서는 거의 대부분 모집단은 정규분포한다고 가정하고 $\hat{\theta}$의 표집분포가 주 관심사가 되며 $\hat{\theta}$의 표집분포는 이론적인 수학적 분포로 정규분포 등이 있다.

검증통계량은 $\hat{\theta}$의 표집분포에서 실제 확률을 산출하기 위해서 계산하는 통계로 표준정규분포(Z), t분포, F분포, χ^2분포 등이 있으며 이 계산된 Z, t, F, χ^2 값으로 각 분포의 표(table)를 찾아보거나 통계 소프트웨어에서는 실제 확률값(p값)을 산출해 준다. 따라서 어떤 모수 θ를 추정량 $\hat{\theta}$로 추정할 때는 $\hat{\theta}$의 표집분포와 검증통계량이 무엇인지 알아야 하며, 가장 많이 사용되는 분포는 정규분포, t분포, F분포, χ^2분포 등이다.

표집오차(sampling error)

앞 장에서도 언급한 바 있지만 위 표집분포 설명에서 표본의 $\hat{\theta}$로 모집단의 θ를 추정하면 오차가 생기며 이는 표집에 따른 우연에 의한 오차, 즉 모집단 전체를 조사한 것이 아니라 표본으로 구했기 때문에 필연적으로 나타나는 오차로 이를 표집오차라고 한다. 따라서 여기서의 '오차'는 잘못된 것, 실수 등의 의미가 아니다. 결국 추리통계의 가설검증(유의성 검증)은 현재 나의 표본에 나타난 효과(차이, 관련성 등)는 표집에 따른 우연, 즉 표집오차인가 아니면 진짜 모집단에서 차이가 나기 때문인가를 따지는 것이라고 할 수 있다. 이 차이, 관련성 등이 표집오차일 확률(이를 p값이라고 함)이 극히 낮으면 진짜 효과일 가능성이 높으며 따라서 통계적으로 유의하다는 결론을 내리며, p가 극히 낮지 않으면 표집오차일 가능성이 높으므로 통계적으로 유의하지 않다는 결론을 내린다. 따라서 이 확률을 구할 수 있는 수단이 필요하며 이것이 앞에서 논의한 표집분포와 검증통계량인 것이다.

표준오차(SE: standard error)

추정량 $\hat{\theta}$로 모수 θ를 추정 시 생기는 오차, 즉 표집오차의 표준편차를 $\hat{\theta}$의 표준오차라고 한다. 따라서 표준오차는 오차의 표준편차를 줄인 말이라고 이해할 수 있다. 표준오차는 오차의 크기가 어느 정도로 왔다 갔다 하는가에 대한 정보를 제공해 주며, 표집분포와 검증통계량에서 p값을 구할 때 중요한 역할을 한다.

추정량의 조건

모집단의 모수 θ를 추정하기 위해서는 추정량 $\hat{\theta}$를 선정해야 한다. 예를 들어 모집단의 평균 μ를 추정하기 위해 추정량 $\overline{X}$를 사용한다. 그런데 다른 통계량을 사용하지 않고 왜 $\overline{X}$를 사용하는 것일까? 추정량 $\hat{\theta}$는 다음과 같은 조건을 만족할 때 바람직한 것으로 받아들여지고 있다.

불편성(不偏性: unbiasedness)/비편향성

추정량 $\hat{\theta}$로 모수 θ를 추정하면 두 값이 동일하지 않고 오차가 생길 수밖에 없다. 그런데 $\hat{\theta}$를 무수히 많이 구했을 때 그 평균이 모수 θ와 같을 때, 즉 $E(\hat{\theta}) = \theta$일 때 $\hat{\theta}$를 θ의 불편추정량이라고 한다. 일반적으로 다른 조건이 동일한 경우 불편추정량을 선택한다. $E(\overline{X}) = \mu$이므로 $\overline{X}$는 μ의 불편추정량이다. 그리고 $E(S^2) = \sigma^2$이므로 S^2은 σ^2의 불편추정량이다. 앞 기술통계의 장에서 표본의 분산을 $S^2 = \dfrac{\Sigma(X-\overline{X})^2}{n-1}$로 n 대신 $(n-1)$로 나눈 이유 중의 하나가 S^2이 σ^2의 불편추정량이 되게 하기 위해서이다.

효율성(效率性: efficiency)

다른 조건이 같을 때, 추정량 $\hat{\theta}$로 모수 θ를 추정 시 발생하는 오차가 작을수록 더 바람직하다. 모수 θ를 추정하기 위한 추정량의 후보로 $\hat{\theta}_1$와 $\hat{\theta}_2$가 있다고 했을 때, $V(\hat{\theta}_1) < V(\hat{\theta}_2)$이면 $\hat{\theta}_1$가 $\hat{\theta}_2$보다 더 효율적이라고 한다. $\bar{X}$와 S^2은 각각 μ와 σ^2을 추정하기 위한 가장 효율적인 추정량에 속한다.

충분성(充分性: sufficiency)

추정량이 자료가 가지고 있는 정보를 많이 포함할수록 충분성이 높아진다. 집중화 경향의 경우 평균은 모든 자료가 기여하여 하나의 값만 바뀌어도 평균값은 변하지만 중앙값은 크기 순서에 의해 결정되므로 순서가 바뀌지 않는 한 다른 값이 바뀌어도 변하지 않기 때문에 평균이 중앙값보다 충분성이 높다고 할 수 있다. 마찬가지로 변산도에서 분산은 모든 값이 기여하지만 범위는 최댓값과 최솟값만 기여하고 나머지 값은 전혀 영향을 주지 못하므로 분산이 범위보다 충분성이 높다.

일치성(一致性: consistency)

표본의 크기가 커질수록 통계량 $\hat{\theta}$가 확률적으로 모수 θ에 수렴하여 오차가 점점 작아질 때 해당 통계량은 일치성을 지닌다고 한다. $\bar{X}$와 S^2 모두 일치성을 지니고 있다.

2. 단일모집단 평균 μ에 관한 추정과 가설검증

$\bar{X}$의 표집분포

표본의 평균 $\bar{X}$로 단일모집단 평균 μ에 대한 신뢰구간을 추정하거나 가설을 검증하기 위해서는 먼저 $\bar{X}$의 표집분포가 필요하다. 모집단에서 어떤 변수 X가 평균이 μ이고 분산이 σ^2인 정규분포를 한다고 가정하자. 통계학에서는 이를 $X \sim N(\mu, \sigma^2)$로 표현한다. 다음 〈그림 5-1〉의 왼쪽과 같이 이 모집단에서 동일한 표본의 크기 n으로 표본을 뽑아 표본의 평균 $\bar{X}$를 무한히 구한다고 가정해 보자. 우리의 직관으로도 짐작할 수 있지만, 전체 모집단 평균이 μ이므로 $\bar{X}$는 μ를 중심으로 〈그림 5-1〉의 오른쪽 위와 같이 분포하며, 이 분포는 평균이 $E(\bar{X})=\mu$, 분산은 $V(\bar{X}) = \sigma^2/n$인 정규분포를 한다. 즉 $X \sim N(\mu, \sigma^2)$이면 $\bar{X} \sim N(\mu, \frac{\sigma^2}{n})$.

그런데 $\bar{X}$로 μ를 추정할 경우 오차는 $e = \bar{X} - \mu$이므로 오차의 평균과 분산은 $E(e) = E(\bar{X} - \mu) = \mu - \mu = 0$, $V(e) = V(\bar{X} - \mu) = V(\bar{X}) = \frac{\sigma^2}{n}$이 되므로 〈그림 5-1〉의 오른쪽 아래와 같이 오차의 분포는 $e \sim N(0, \frac{\sigma^2}{n})$가 되어 평균이 0, 분산은 σ^2/n인 정규분포를 하고

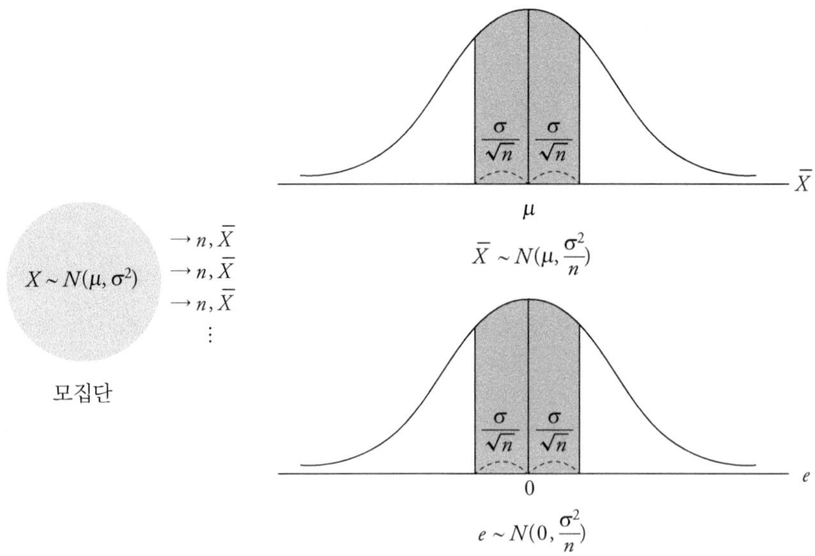

〈그림 5-1〉 $\bar{X}$ 및 오차 e의 표집분포

평균만 다를 뿐 분포의 모양은 $\bar{X}$와 동일하다.

$\bar{X}$의 표준오차(standard error of $\bar{X}$)

앞에서 논의한 바와 같이 어떤 통계량의 표준오차는 해당 통계량으로 모수 추정 시 생기는 오차의 표준편차이므로 $\bar{X}$의 표준오차는 $\bar{X}$로 μ 추정 시 생기는 오차의 표준편차이다. 위에서 이 오차의 표준편차, 즉 $\bar{X}$의 표준오차(SE)는 $SE(\bar{X}) = \sqrt{\sigma^2/n} = \sigma/\sqrt{n}$가 된다.

앞의 예에서 어느 대학 전체 학생의 평균 생활비 $\mu = 27$이고 표준편차가 $\sigma = 6$이라면

$$n = 25\text{으로 } \bar{X}\text{를 구한 경우 } SE = \sigma/\sqrt{n} = 6/\sqrt{25} = 1.2$$

$$n = 36\text{으로 } \bar{X}\text{를 구한 경우 } SE = \sigma/\sqrt{n} = 6/\sqrt{36} = 1$$

$$n = 100\text{으로 } \bar{X}\text{를 구한 경우 } SE = \sigma/\sqrt{n} = 6/\sqrt{100} = 0.6$$

으로 표본의 크기가 클수록 표준오차가 감소함을 알 수 있다.

중심극한정리(CLT: central limit theorem)

앞에서 $\bar{X}$의 표집분포의 논의에서 모집단이 정규분포를 해야만 $\bar{X}$도 정규분포를 하게 된다. 따라서 모집단이 정규분포를 한다는 가정이 필요하다. $\bar{X}$의 경우뿐만 아니라 대부분의 모수통계학에서도 이 가정이 필요하다. 그런데 모집단이 정규분포가 아니더라도 n이 충

분히 크면(보통 $n \geqq 30$) $\bar{X}$는 거의 정규분포를 하며 이를 중심극한정리라고 한다. 즉 n이 충분히 크면 모집단의 분포에 관계없이 $\bar{X} \cong N(\mu, \frac{\sigma^2}{n})$이다. 따라서 모집단이 정규분포를 한다는 가정을 확인하기 어려운 경우가 대부분이므로 가능한 한 표본의 크기를 크게 할 필요가 있다.

$\bar{X}$의 확률과 t분포

어떤 변수 X가 정규분포를 하는 경우 그 변수 값에 대한 확률을 계산하기 위해서는 표준정규분포 Z로 변환해야 한다. 즉 $X \sim N(\mu, \sigma^2)$인 경우 $Z = \frac{X-\mu}{\sigma}$로 변환하여 확률 값을 구할 수 있다. 정규분포하는 어떤 변수의 Z값은 그 변수의 값에 평균을 뺀 값을 그 변수의 표준편차로 나누어 산출한다. $\bar{X}$의 표집분포에서도 $\bar{X}$값에 대한 확률은 $\bar{X}$가 정규분포를 하므로 다음과 같이 Z값으로 변환해야 한다: $\bar{X} \sim N(\mu, \frac{\sigma^2}{n}) \Rightarrow Z = \frac{(\bar{X}-\mu)}{\sigma/\sqrt{n}}$.

그런데 위 식에서 Z값으로 변환하기 위해서는 모집단의 표준편차 σ값을 알고 있어야 한다. 뒤에서 논의하겠지만 대부분 추리통계 상황의 경우 모집단의 표준편차 σ값을 아는 경우는 드물다. 따라서 이 값을 모르는 경우 위 식에서 σ 대신 이 값을 가장 잘 추정하는 값인 표본의 표준편차 S를 사용하여 $t = \frac{(\bar{X}-\mu)}{S/\sqrt{n}}$로 t값을 구했을 때 이 값은 특별한 이론적 분포를 하며 이를 t분포라고 한다. Z 분포와 t분포의 모양은 거의 비슷하지만 표본을 뽑을 때마다 변하는 변수는 Z의 경우는 $\bar{X}$ 하나이지만 t의 경우는 $\bar{X}$와 S 두 개이므로 t분포가 Z분포보다 분산이 더 크다. 그런데 표본의 크기가 클수록 표본의 표준편차 S는 모집단의 표준편차 σ와 가까워지므로 t분포의 모양은 자유도 $(n-1)$에 따라 달라지며 $t = \frac{(\bar{X}-\mu)}{S/\sqrt{n}} \sim t_{n-1}$로 표현할 수 있다. 그리고 n이 아주 크면 S^2은 σ^2에 접근하므로 t분포는 Z분포와 거의 같아진다.

앞의 내용을 다음과 같이 정리해 보자.

$$\text{만약 } X \sim N(\mu, \sigma^2)\text{이면 } \bar{X} \sim N(\mu, \frac{\sigma^2}{n})\text{이다.}$$

그리고 $\bar{X}$에 관한 확률을 구하기 위해서는 다음과 같은 변환, 즉 검증통계량이 필요하다.

$$Z = \frac{(\bar{X}-\mu)}{\sigma/\sqrt{n}} \sim N(0, 1)\text{: 모집단의 표준편차 } \sigma\text{를 아는 경우}$$

$$t = \frac{(\bar{X}-\mu)}{S/\sqrt{n}} \sim t_{n-1}\text{: 모집단의 표준편차 } \sigma\text{를 모르는 경우}$$

가설검증의 단계

예를 들어 어느 대학의 전체 학생들 평균 생활비는 전국 대학생의 평균 생활비인 27만원과 다를 것이다라는 가설 즉 $\mu \neq 27$만원을 검증하기 위해 표본을 대상으로 조사한 결과 $n = 36$, $\bar{X} = 30$만, $S = 6$만(여기서 편의상 과거의 경험으로 모집단의 표준편차는 $\sigma = 5$만을 알고 있다고 가정한다)이라는 결과에서 30만 − 27만 = 3만으로 표본에서 나타난 3만원 차이로 전국의 평균과 차이가 있다고 할 수 있는가?

① 통계적 가설의 설정

검증하고자 하는 가설(연구가설)을 대립가설(alternative hypothesis)로 설정(H_a 또는 H_1)하고 아무 차이나 변화, 효과가 없다는 영가설(귀무가설: null hypothesis)을 설정(H_o)함

여기서 H_o와 H_a를 통계적 가설이라고 함

H_o: $\mu = 27$: 영(null)가설

H_a: $\mu \neq 27$: 대립(alternative)가설

② 유의수준(significance level)의 결정: α

가설검증의 논리 부분에서, 표본에서 나타난 결과(차이, 효과)가 표집오차(우연)일 확률이 "극히 낮으면"이라고 했는데 어느 정도 낮으면 극히 낮다고 할 것인지를 결정. 즉 H_o가 참인 경우 표집오차(우연)에 의해 표본의 통계치의 정도가 나올 확률이 어느 수준보다 낮으면 표집오차(우연)가 아니라 진짜 차이라고 할 것인가의 비교 확률을 α라고 하고 연구자가 결정. 관례적으로 $\alpha = .05, .01$ (주로 .05). 여기서는 $\alpha = .05$으로 설정해 보기로 함

③ 검증통계량(test statistic), 기각영역(rejection area), 임계치(critical value)의 결정

a) 검증통계량

논리부분에서 H_o가 참이라고 했을 때 표본에서 얻은 결과 정도가 나타날 확률을 구해야 하므로 이 확률을 구할 수 있는 수단이 검증통계량임

위 예의 경우 모집단 $X \sim N(\mu, \sigma^2)$에서 표본의 크기 n으로 $\bar{X}$를 구하면

$\bar{X} \sim N(\mu, \frac{\sigma^2}{n})$이고 $\bar{X}$의 확률을 구할 수 있는 검증통계량은 다음과 같음

$$Z = \frac{(\bar{X} - \mu)}{\sigma / \sqrt{n}} : Z\text{검증 (}\sigma\text{를 아는 경우)}$$

$$t = \frac{(\bar{X} - \mu)}{S / \sqrt{n}} : t\text{검증 (}\sigma\text{를 모르는 경우)}$$

위 예에서 경우 모집단의 표준편차 σ를 알고 있다면 검증통계량은 Z가 되고 이를 Z검증이라고 하며, 모르면 S를 사용하여 t검증이 됨. 이 예에서는 σ를 알고 있다고 가정해 봄

b) 기각영역 및 임계치의 결정

표본에서 얻은 통계량(여기서는 $\bar{X}$)의 정도가 나올 확률을 구하기 위해 검증통계량(여기서는 Z)을 구했을 때 그 값이 어느 정도 되어야 매우 희귀한 즉 확률이 매우 낮다고 할 수 있는지 판단할 수 있는 값을 결정해야 하며 이를 임계치라고 함. 앞에서 이 확률이 α보다 작으면 매우 희귀하다고 하였으므로 이 임계치는 $\pm Z_{\alpha/2}$가 됨. 본 예에서는 $\alpha = .05$이므로 표준정규분포(Z)표에서 임계치는 $\pm Z_{\alpha/2} = \pm Z_{0.05/2} = \pm Z_{0.025} = \pm 1.96$이 되고 Z값이 1.96보다 크거나 -1.96보다 작으면 매우 희귀한 경우, 즉 p값이 α값보다 작아 H_o를 기각하게 되므로 이 영역을 기각영역이라고 함 여기서 $Z_{\alpha/2}$는 $P(Z > Z_{\alpha/2}) = \alpha/2$를 의미함

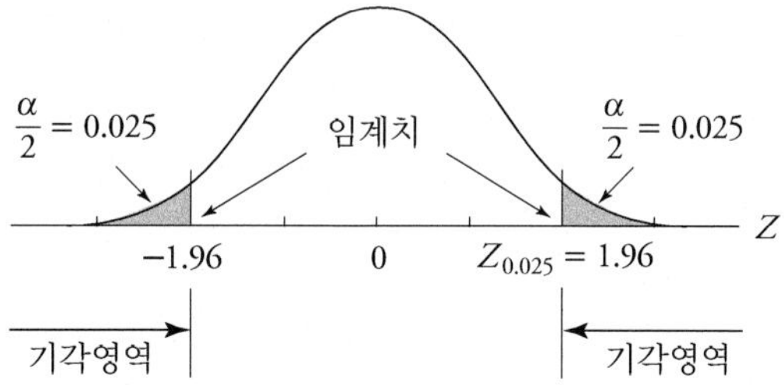

〈그림 5-2〉 임계치와 기각영역

④ **표본의 통계치에서 검증통계량 값 계산**

$n = 36, \bar{X} = 30, \mu = 27$ (H_o에서), $\sigma = 5$(알고 있다고 가정)

$$Z = \frac{(\bar{X} - \mu)}{\sigma / \sqrt{n}} = \frac{(30 - 27)}{5/\sqrt{36}} = 3.6$$

⑤ **의사결정 및 결론: 두 가지 방법**

a) 검증통계치와 임계치 비교 방법

- 검증통계치가 기각영역에 속하면 H_o 기각 성공 H_a 채택 성공: 통계적으로 유의함 속하지 않으면 H_o 기각 실패 H_a 채택 실패: 통계적으로 유의하지 않음
- 위 예에서 〈그림 5-2〉와 같이 $Z = 3.6 > +1.96$이므로 기각영역에 속함. 따라서 H_o: $\mu = 27$를 기각하고 H_a: $\mu \neq 27$를 채택. 따라서 이 대학의 표본 평균 30만원은 전국의

평균 27만원과 통계적으로 유의한 차이가 있다는 결론

- 만약 $\bar{X} = 28$이었다면 $Z = 1.2$로 기각영역에 속하지 않아 H_o 기각 실패하고 따라서 H_a 채택 실패하여 이 대학 표본평균 28은 27과 통계적으로 유의한 차이가 없다는 결론을 얻었을 것임

b) p값 계산하여 α와 비교하는 방법 (이 경우 앞 ③의 b) 단계 생략): 〈그림 5–3〉

- SPSS, SAS 등 통계 분석용 소프트웨어는 검증통계치와 임계치를 비교하는 것이 아니라 검증통계치로부터 p값을 산출하여 제시해 줌
- 만약 $p < \alpha$ 이면 H_o 기각 성공 H_a 채택 성공: 통계적으로 유의한 결과

  만약 $p \geqq \alpha$ 이면 H_o 기각 실패 H_a 채택 실패: 통계적으로 유의하지 않은 결과
- 위 예의 경우 Z = 3.6이므로 표준정규분포(Z)표에서 $P(Z > 3.6) = P(Z < -3.6) = .0002$

  따라서 $p = .0002 \times 2 = .0004$로 이 값을 $\alpha = .05$와 비교하면

  $p < \alpha$가 되어 H_o 기각 성공 H_a 채택 성공: 통계적으로 유의한 결과를 얻음
- 만약 $Z = 1.2$였다면 표준정규분포(Z)표에서 $P(Z > 1.2) = P(Z < -1.2) = .1151$, $p = .1151 \times 2 = .2302$로 $p > \alpha$가 되어 H_o 기각 실패 H_a 채택 실패: 통계적으로 유의하지 않은 결과를 얻음

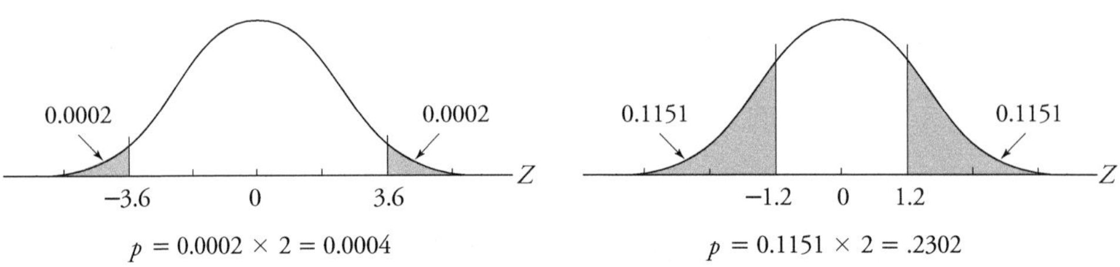

〈그림 5–3〉 p값의 산출

t검증

이 예에서 만약 모집단의 표준편차 σ값을 몰랐다면 Z 대신 검증통계량이 t가 되어 t검증이 된다. 이 경우 자유도 $df = n - 1 = 36 - 1 = 35$이므로 임계치는 t분포표에서 대략적인 값을 구하면 $t_{n-1,\alpha/2} = t_{35,\,0.025} = 2.030$이 된다.

그리고 검증통계치는 $t = \frac{(\bar{X} - \mu)}{S/\sqrt{n}} = \frac{(30 - 27)}{6/\sqrt{36}} = 3$이 되고 이는 임계치 2.030보다 크므로 기각영역에 속해 H_o를 기각하고 H_a를 채택하여 통계적으로 유의한 차이라는 결론을 얻게 된다.

왜 H_o로 가설검증?

우리가 검증하려는 연구가설이 H_a임에도 H_o를 설정하여 이로부터 출발하여 검증하는 이유는 크게 두 가지로 볼 수 있다. 먼저 논리적인 문제로 어떤 명제가 참임을 보이기보다는 거짓임을 보이기가 용이하다. 명제가 옳음을 보이기 위해 해당 명제를 지지하는 아무리 많은 사례(표본)를 보여 줘도 거짓인 사례가 있을 가능성이 있지만 명제가 거짓임을 보이는 것은 거짓인 사례 하나만 보여 줘도 된다. 즉 H_a가 참임을 보이기보다는 H_o가 거짓임을 보이기가 더 용이한 것이다. 더 실질적인 이유는 H_o가 확률계산의 기반을 제공해 주기 때문이다. 앞에서 H_o: $\mu = 27$에서 출발하면 $\bar{X}$의 확률분포를 통해 확률을 계산할 수 있지만 H_a: $\mu \neq 27$에서 출발하면 μ 값이 얼마인지 모르므로 확률계산이 불가능하다.

가설검증 결론의 진술

- H_o 기각 성공의 경우: H_a 채택 성공하고 따라서 H_a로 결론 진술하며 여기에 대해서는 논란이 없다. 앞 예에서 해당 대학의 전체 평균은 전국 평균과 다르다는 결론을 내릴 수 있다. (다르다는 주장을 뒷받침할 뿐 증명한 것은 아님. Research & Statistics provides evidence, not proof!)
- H_o 기각 실패의 경우

  Fisher의 입장

  - H_o 기각 실패하여 H_a를 채택할 수 없는 경우는 결정을 내릴 수 없는 상황이다.
  - 따라서 가설검증에서는 H_o를 기각하여 H_a를 채택하거나, 아니면 H_o 기각 실패하여 판단을 유보해야 한다.
  - 그러므로 결론은 H_a로 내린다.

    H_o 기각 성공 시: H_a 채택 (평균이 27과 차이가 있음)

    H_o 기각 실패 시: H_a 채택 실패 (평균이 27과 차이가 있다는 증거가 없음)

  Neyman & Pearson의 입장

  - H_o를 기각하면 H_a 채택하고 H_o 기각 실패하면 H_o 채택(accept)한다.
  - 여기서 H_o 채택의 의미는 H_o가 참임이 입증된 것으로 받아들인다는 것이 아니라 더 많은 자료로 달리 나타날 때까지 잠정적으로 받아들인다는 의미이다.
- 대부분의 통계학자들은 Fisher의 입장을 견지하고 있다.
- 두 입장을 통합하여
  - H_o 기각 성공 시에는 결론을 H_a 채택, 기각 실패 시 H_o 유지(retain H_o)

- 학술지: H_o 기각 성공 시에는 결론을 통계적으로 유의한 결과로 진술
  H_o 기각 실패 시에는 결론을 통계적으로 유의하지 않은 결과로 진술

양측검증[two-tailed(two-side/non directional) test]과 단측검증[one-tailed(one-side/directional) test]

- 양측검증: 검증 전 연구가설의 방향을 자신 있게 정할 수 없을 때 설정하며, 〈그림 5-4〉와 같이 기각영역이 양쪽에 있다.

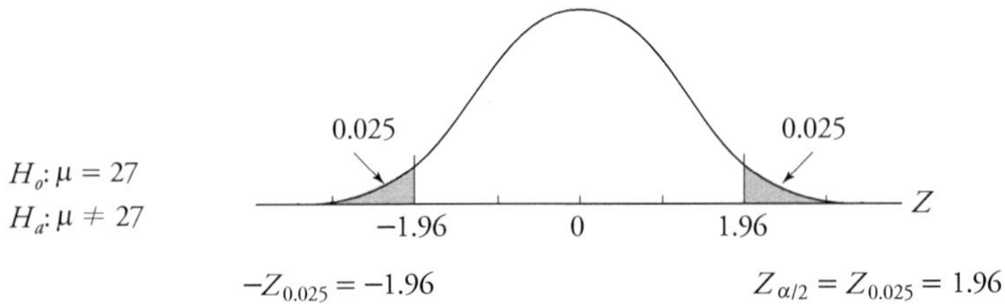

〈그림 5-4〉

- 단측검증: 검증 전에 사전연구, 관련이론, 논리적 분석 등으로 가설의 방향을 자신 있게 정할 수 있을 때 설정한다. 예를 들어 앞 예에서 연구자가 여러 가지 근거에 의해 해당 대학생 전체 평균이 27만원보다 높을(또는 낮을) 것이라는 가설을 세웠을 때이며 〈그림 5-5〉와 같이 기각영역이 한쪽에 있다.

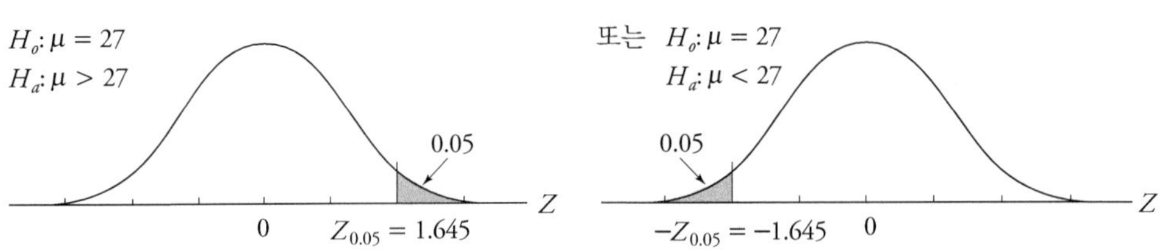

〈그림 5-5〉

- 방향을 확실히 잡을 수 있는 경우엔 단측검증이 검증력이 더 높지만 많은 연구의 경우 방향이 예상과 달라질 수 있으므로 일반적으로 양측검증을 실시한다.
  예) 금연교육의 유무 → 흡연자 수
  흡연자 수가 줄어들 것이라는 H_a를 설정할 수 있으나 금연교육이 오히려 흡연에 대한 호기심을 유발할 가능성도 있음

가설검증의 오류

- 통계적 결정(가설검증)은 부분(표본)의 정보로 전체(모집단)를 추리하는 것이므로 최종 의사결정에 오류가 있을 가능성이 있다.
- 그러나 통계적 결정의 특징은 자료에 의한 체계적 절차에 의해 결정하고 그 결정의 오류 가능성을 확률로 명시한다는 점이다.
  - 제1종 오류: H_o가 참임에도 불구하고 기각하여 발생하는 오류. 즉 차이, 변화, 효과 등이 없음에도 불구하고 있다고 결론을 내리는 오류. 오류 발생의 확률은 α로 연구자가 사전에 결정하며, 관례적으로 .05와 .01을 가장 많이 사용함
  - 제2종 오류: H_o가 거짓임에도 불구하고, 즉 차이나 효과 등이 있음에도 불구하고 H_o를 기각하지 못하여 그 차이를 발견하지 못하여 발생하는 오류. 이 오류의 확률을 β라고 하며, H_a 값을 모르기 때문에 추정하기 어려움. 실제 자료 분석에서는 검증력($1-\beta$)의 측면에서 β를 다룸

〈표 5-1〉 가설검증의 오류

가설검증 결과(표본)	Ho의 진위(모집단)	
	진(true)	위(False)
H_o 기각 성공	제1종 오류(확률: α)	올바른 결정(확률: $1-\beta$ = 검증력(power))
H_o 기각 실패	올바른 결정	제2종 오류(확률: β)

검증력(statitical power)

- 검증력은 거짓인 H_o를 기각하고 H_a를 채택할 확률, 즉 모집단에서 차이나 효과가 있을 때 그것을 가설검증에서 옳게 발견할 확률로 power = $1-\beta$임
- α는 없는 효과(차이, 변화)를 있다고 잘못 결론을 내릴 확률인 반면 검증력은 있는 효과를 올바로 발견할 확률
- 검증력은 α가 클수록, 표본이 클수록, 그리고 효과의 크기(차이, 변화)가 클수록 높아짐
- 원하는 α와 검증력, 그리고 발견하고자 하는 효과의 크기를 먼저 설정하여 이를 만족하는 표본의 크기 n을 산정하여 표본을 선정하는 것이 바람직하며 이를 검증력분석이라고 함

통계적 유의성과 실제적 유의성

① 통계적 유의성(statistical significance): 검증결과 $p < \alpha$로 H_o를 기각하고 H_a를 채택한 경우 통계적으로 유의하다고 함. 통계적으로 유의하다는 결론을 얻었다는 것은 표본에서 얻은 결과(차이)가 표본의 선정에 따른 우연에 의한 것이 아니라, 즉 표집오차가 아니라 실제로 모집단에서 존재할 확률이 높다는 의미. 두 집단의 평균을 비교하는 경우, 표본에서의 두 집단의 표본 평균 차이가 두 모집단의 평균이 동일함에도 불구하고 우연에 의한 것이 아니라 실제 두 모집단의 평균에 차이가 있을 확률이 높다는 의미. 그러나 통계적 유의성이 높다고 해서 즉, p 값이 매우 낮다고 해서 그 차이가 아주 큰 차이라거나 중요한 차이라는 의미는 아님. 표본의 크기 n이 아주 크면 조그마한 차이에도 통계적 유의성이 높음

② 실제적 유의성(practical significance): 통계적으로 유의하다는 결론, 즉 차이가 있다는 결론을 얻은 경우, 그 차이가 얼마나 큰 것인가에 관한 주관적 판단에 따른 유의성으로 실제적 중요성(importance)이라고도 하며, 교육분야에서는 교육적 유의성(중요성), 의료분야에서는 임상적 유의성(중요성) 등으로 분야마다 다른 이름으로 불리기도 함. 실제적 유의성을 판단하기 위한 기준으로 효과의 크기(effect size)를 산출하기도 함

3. μ의 신뢰구간 추정

어떤 변수 X가 평균 μ이고 분산 σ^2으로 정규분포를 하는 모집단에서 표본의 크기 n으로 표본평균 $\bar{X}$를 무수히 많이 구하면, 즉 표집분포를 구하면 $\bar{X} \sim N(\mu, \frac{\sigma^2}{n})$이다. 따라서 표본을 뽑아 $\bar{X}$를 구했을 때 그 값이 〈그림 5-6〉의 $\bar{X}$의 정규분포 그래프에서 구간 $-\overline{X_{\alpha/2}}$와 $\overline{X_{\alpha/2}}$ 사이에 들어갈 확률은 $1-\alpha$이다. 즉 $P(-\overline{X_{\alpha/2}} \le \bar{X} \le \overline{X_{\alpha/2}}) = 1-\alpha$이다.

그런데 $Z=\frac{(\bar{X}-\mu)}{\sigma/\sqrt{n}}$에서 $\bar{X} = \mu + Z\sigma/\sqrt{n}$이므로 〈그림 5-6〉에서의 임계치는 $\overline{X_{\alpha/2}} = \mu + Z_{\sigma/2}\sigma/\sqrt{n}$, $-\overline{X_{\alpha/2}} = \mu - Z_{\sigma/2}\sigma/\sqrt{n}$ 가 된다. 그런데 $\bar{X}$를 중심으로 〈그림 5-6〉처럼 $\bar{X} \pm Z_{\sigma/2}\sigma/\sqrt{n}$ 구간을 구했을 때 $\bar{X}$가 구간 $-\overline{X_{\alpha/2}}$와 $\overline{X_{\alpha/2}}$ 사이에 있는 경우 위의 구간 내에 모집단 평균 μ가 들어가고 그렇지 않은 경우에는 들어가지 않을 것이다. 그런데 $\bar{X}$가 $-\overline{X_{\alpha/2}}$와 $\overline{X_{\alpha/2}}$ 사이에 들어갈 확률이 $1-\alpha$이므로 결국 μ가 $\bar{X} \pm Z_{\sigma/2}\sigma/\sqrt{n}$ 사이에 들어갈 확률이 $1-\alpha$가 된다. 즉 $P(\bar{X} - Z_{\sigma/2}\sigma/\sqrt{n} \le \mu \le \bar{X} + Z_{\sigma/2}\sigma/\sqrt{n}) = 1-\alpha$가 된다.

이 $\bar{X} \pm Z_{\sigma/2}\sigma/\sqrt{n}$ 를 μ의 100(1 − α)% 신뢰구간이라고 한다.

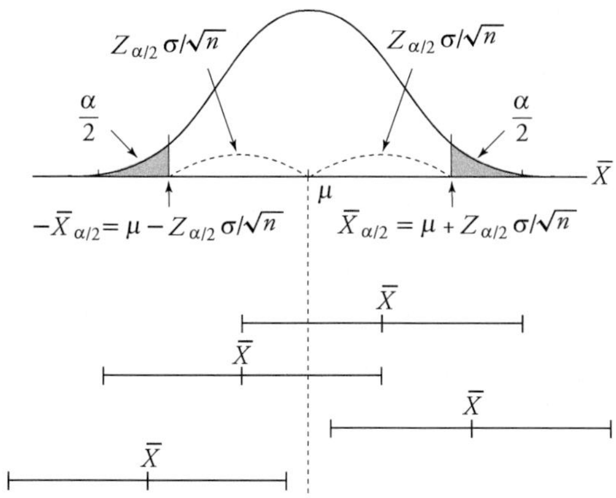

〈그림 5-6〉 μ의 100(1 − α)% 신뢰구간 산정

앞 가설검증의 예에서 해당 대학 학생들 전체 평균의 95% 신뢰구간을 구해 보자. 95% 신뢰구간이므로 100(1 − α)%에서 $\alpha = 0.05$이고 $Z_{\alpha/2} = Z_{.025} = 1.96$, $\bar{X} = 30$, $\sigma = 5$, 이 값들을 대입하면 $\bar{X} \pm Z_{\alpha/2}\sigma/\sqrt{n} = 30 \pm 1.96 \times 5/\sqrt{36} = 30 \pm 1.633 = (28.367, 31.633)$이 된다. 99%의 경우는 $Z_{\alpha/2} = Z_{.005} = 2.575$이므로 $30 \pm 2.575 \times 5/\sqrt{36} = 30 \pm 2.146 = (27.845, 32.146)$이 된다.

모집단의 표준편차를 모르는 경우에는 표본의 표준편차 S를 사용하고 Z 대신 t값을 사용하므로 μ의 100(1 − α)% 신뢰구간은 $\bar{X} \pm t_{n-1,\,\alpha/2}\,S/\sqrt{n}$가 된다. 앞의 예에서 모집단의 표준편차를 몰라 표본의 표준편차 $S = 6$을 사용한 경우 95% 신뢰구간은 $t_{35,\,.025} = 2.030$이므로 $\bar{X} \pm t_{n-1,\,\alpha/2}\,S/\sqrt{n} = 30 \pm 2.030 \times 6/\sqrt{36} = 30 \pm 2.030 = (27.970, 32.030)$이 되고 99% 신뢰구간은 $t_{35,\,.005} = 2.730$ 정도이므로 $30 \pm 2.730 \times 6/\sqrt{36} = 30 \pm 2.730 = (27.270, 32.730)$이 된다.

앞에서 이미 언급한 바와 같이 관례적으로 신뢰도는 95%와 99%가 널리 사용되며, 95% 신뢰구간의 의미는 동일한 표본의 크기로 계속해서 표본을 선정하여 신뢰구간을 계속 구하면 그 구간 중 95% 내에는 모집단의 평균이 포함된다는 의미이다. 신뢰도가 높을수록 구간이 넓어져 추정의 정밀성은 떨어진다. 위의 예에서도 95%보다 99%의 경우가 구간이 더 넓다.

가설검증과 신뢰구간의 비교

가설검증과 신뢰구간 추정은 우리에게 다른 측면의 정보를 제공하지만 공통적인 요소도 포함하고 있다. 앞의 가설검증의 예에서 $\alpha = 0.05$로 했을 때, 영가설 $H_o: \mu = 27$를 기각하여 확률적으로 $\mu = 27$일 가능성이 아주 낮다는 결론을 얻었다. 그런데 μ에 관한 95% 신뢰구간 안에도 27이 포함되어 있지 않아 $\mu = 27$일 가능성이 낮으므로 두 결론은 동일하다. 일반적으로 1종오류의 확률을 α로 설정하여 양측 가설검증을 한 경우, H_o를 기각하면 $100(1-\alpha)\%$ 신뢰구간 안에 H_o에서 설정한 값이 들어가지 않고 H_o를 기각하지 못한 경우 H_o에서 설정한 모수 값이 참일 가능성이 있으므로 신뢰구간 내에 H_o에서 설정한 값이 포함되어 동일한 정보를 제공한다.

4. SPSS 분석방법

단일모집단 평균에 대한 100(1 − α)% 신뢰구간 추정

$$\overline{X} \pm t_{n-1,\sigma/2}\, S/\sqrt{n}$$

단일모집단 평균에 대한 가설검증

통계적 가설

$H_o: \mu = W$

$H_a: \mu \neq W$ (양측검증)

또는

$\mu < W$ 또는 $\mu > W$ (단측검증)

가정

모집단은 정규분포를 한다. (정규성 가정)

검증통계량

$$t = \frac{(\overline{X}-\mu)}{S/\sqrt{n}} \sim t_{n-1}$$

예시자료

제2장 〈표 2−1〉의 자료에서, 동일 평가에 대한 도 전체 총점 평균은 70이라고 가정하자. 본 교육청 관내 6학년 학생들의 과학성취의 평균은 도 전체 평균과 차이가 있는지를 알아보기로 하자. 이 자료가 **SPSS 데이터 편집기(SPSS Data Editor)**에 입력이 완료되어 제2장 〈그림 2−8〉의 상태까지 와 있다고 가정한다.

분석방법

데이터 편집기 메뉴 줄에서 **Analyze → Compare Means → One-Sample T Test**를 클릭하면 다음의 〈그림 5−7〉과 같은 **One-Sample T Test** 대화상자가 나타난다.

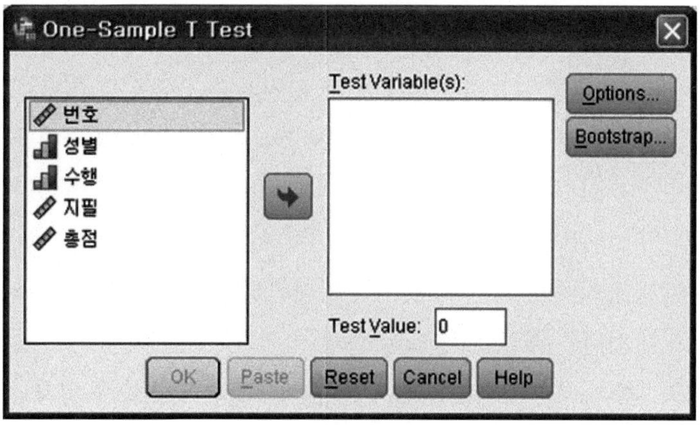

〈그림 5−7〉

대부분의 통계분석의 대화상자는 왼쪽에 전체 변수 이름이, 그리고 오른쪽에는 분석에 필요한 변수 이름을 옮겨 넣을 빈 상자들로 구성되어 있다. 이런 경우 왼쪽 상자에서 필요한 변수를 클릭하여 선정하고 가운데에 위치한 화살표 아이콘을 클릭하면 해당 변수가 왼쪽에서 오른쪽 상자로 이동하게 된다. 물론 오른쪽 빈 상자에 변수 이름을 직접 키보드로 입력해도 관계없다.

〈그림 5−8〉은 왼쪽에서 **총점**을 클릭하여 선정하고 가운데 화살표 아이콘을 클릭하여 오른쪽으로 이동한 결과를 보여 주고 있다. 그리고 화면 하단 **Test Value** 상자에는 가설검증할 값을 입력한다. 이 화면에는 70이 입력된 것을 볼 수 있다.

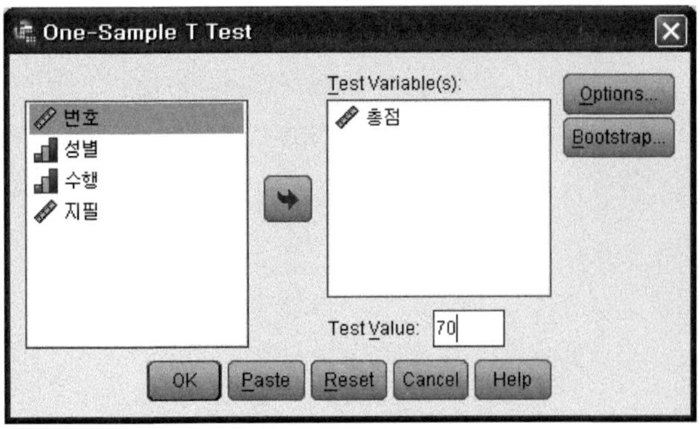

〈그림 5-8〉

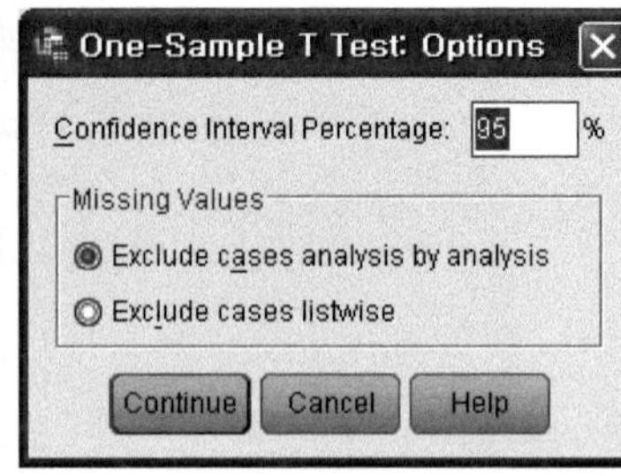

〈그림 5-9〉

다시 화면 우측의 **Options** 아이콘을 클릭하면 〈그림 5-9〉와 같은 **Options** 대화상자가 나타난다. 여기서는 특히 원하는 신뢰구간의 신뢰도를 정의할 수 있다. 화면에는 이미 자동적으로 95%가 선정되어 있는데 원하는 다른 신뢰도로 수정할 수 있다. 따라서 95% 신뢰구간을 얻고자 한다면 **Options**를 선택하지 않아도 자동적으로 이 구간을 구해 준다. 여기서 유의할 점은 이 신뢰구간은 평균과 **검증 값(test value)**에서 정의한 값과의 차이에 대한 것이라는 점이다. 모집단 평균 자체에 대한 신뢰구간을 구하고 싶으면 산출된 신뢰구간 상부 및 하부 한계 값에 검증 값을 더해 주거나 대화상자의 **검증 값(test value)**에 0을 입력해야 한다. 필요한 선택을 완료하고 **Continue**를 클릭하여 앞 대화상자로 돌아와 **OK**를 클릭하면 〈그림 5-10〉과 같은 분석결과를 **SPSS Viewer** 화면에서 볼 수 있다.

T-Test

One-Sample Statistics

	N	Mean	Std. Deviation	Std. Error Mean
총점	40	74.7500	11.58635	1.83196

One-Sample Test

	Test Value = 70					
					95% Confidence Interval of the Difference	
	t	df	Sig. (2-tailed)	Mean Difference	Lower	Upper
총점	2.593	39	.013	4.75000	1.0445	8.4555

〈그림 5-10〉

분석결과 보기

〈그림 5−10〉은 예시자료를 분석한 결과가 나타나 있는 뷰어 화면이다. 화면의 상단부에는 총점의 **평균(Mean)**과 **표준편차(Std. Deviation)**, 그리고 **평균의 표준오차(Std. Error Mean)**가 나와 있다. 하단부에는 t검증의 결과가 나와 있다. 먼저 검증통계치 t값이 2.593이고 자유도(df)는 39이다. 이 통계치에 대한 관찰 유의도 값 p는 0.013이다. 이 p값은 모집단의 평균이 70인 경우, 40명의 표본을 뽑아 평균을 구했을 때, 우연에 의해 표본의 평균이 모집단의 평균과 적어도 4.75점 차이가 날 확률을 의미한다. 이 확률이 아주 작은 것이라고 판단되면, 4.75 차이는 우연에 의해 생긴 것이라고 볼 수 없으며, 따라서 모집단의 평균이 70점이 아니라는 결론을 내린다. 이를 가설검증에서는 모집단의 평균이 70점이라는 귀무가설(또는 영가설)을 기각하고 평균이 70점이 아니라는 대립가설을 채택한다고 말한다. 그런데 이 p값이 그리 작은 값이 아니라면 우연에 의해 그 정도의 차이는 생길 수 있다는 의미이므로 귀무가설을 기각하지 못하고 따라서 이 교육청 관내의 초등학교 6학년생의 과학성취가 70과 다르다는 증거를 발견하지 못한 것이다. 그러면 이 확률이 어느 정도 되어야 아주 낮다고 할 것인가가 문제가 된다. 통계분석에서는 관례적으로 0.05 또는 0.01을 기준으로 하여 이보다 작으면 확률이 아주 낮다고 보고 판단을 내린다. 따라서 여기서의 p값 0.013은 0.05에 비해서 작으므로 우리는 귀무가설을 기각하고 이 관내의 평균은 70점과 다르다는 결론을 내릴 수 있는 것이다.

〈그림 5−10〉에는 또한 모집단 평균과 70점과의 차이에 대한 95% 신뢰구간이 주어져 있다. 이 구간이 (1.0445, 8.4555)이므로 원래 모집단 평균에 대한 95% 신뢰구간은 이 구간에 70을 더하면 (71.0445, 78.4555)가 된다.

효과의 크기

실제적 유의성의 판단 기준으로 사용되는 효과의 크기에 대해서는 뒤의 장에서 논의하겠지만 일단 단일집단 유의성 검증의 경우, 효과의 크기는 $d = \frac{|\bar{X} - W|}{S}$로 나타낼 수 있다. 따라서 $\bar{X} = 74.75$, $S = 11.586$이므로 효과의 크기 $d = (74.75 - 70)/11.586 = .41$로 추정된다. 다음의 〈그림 5−11〉은 **G*Power3**를 이용해 ES를 구한 것이다. **G*Power3**에 대해서는 뒷장에서 논의한다.

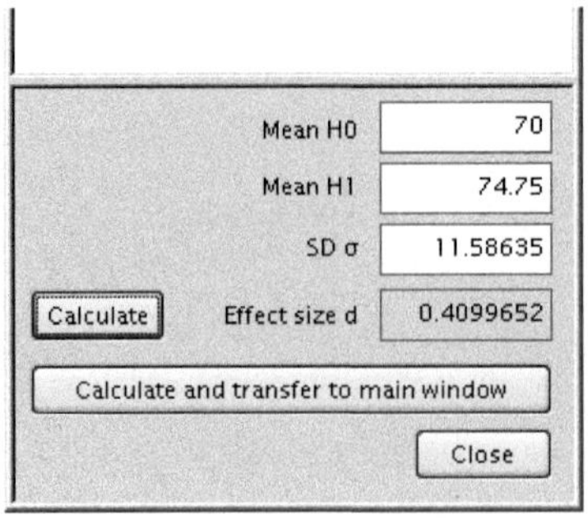

〈그림 5-11〉

분석결과의 기술

"표본으로 뽑힌 40명의 평균은 74.75, 표준편차는 11.59였으며, 도 전체 평균 70점과 평균 차이는 4.75점으로 통계적으로 유의한 차이였다: $t(39) = 2.593$, $p = .013$. 이 교육청 전체 평균의 95% 신뢰구간은 [71.045, 78.456]이었으며, 효과의 크기 $d = .41$로 Cohen의 기준으로 보았을 때 중간 정도의 크기에 가까웠다."

6장 실제적 유의성(효과의 크기)과 검증력 분석

1. 배경

실험연구와 비실험연구를 포함한 많은 양적 연구들에서 그 연구대상은 대부분 연구자가 탐구하고자 하는 전체 모집단이 아니라 그들을 대표하는 표본이다. 따라서 표본을 대상으로 분석한 통계결과를 근거로 모집단에 대한 연구결과의 의미를 파악하기 위해서 추리통계를 활용하게 된다.

추리통계는 크게 신뢰구간 추정과 가설검증(유의성 검증)의 두 가지 방법이 있는데 여기서 논의하고자 하는 효과의 크기나 검증력 분석은 가설 검증과 관련이 있다. 학습방법(강의식 vs 토론식)이 성취에 미치는 영향에 관한 연구를 예로 들어 본다면, 가설검증에서는 표본에서 나타난 학습집단 간 성취의 평균차이의 정도가 모집단에서는 차이가 없음에도 표본에 의한 우연(표집오차)에 의해 나타날 확률(p)을 구한다. 이 확률이 극히 낮으면 표본에서 나타난 차이는 우연이라고 보기 어렵기 때문에 통계적으로 유의하다는 결론을 내리게 된다. 이러한 검증과정에서는 먼저 모집단에서 차이가 없다는 영가설(H_o)과 차이가 있다는 대립가설(H_a)을 설정하고 H_o가 참일 때, 표본에서 얻은 결과의 정도가 나타날 확률 p를 계산하여 이 값이 극히 낮아서 연구자가 설정한 확률(α)보다 작으면 H_o를 기각하여 H_a를 채택한다. 이 경우 연구자는 참인 H_o를 잘못 기각하는 오류를 범할 가능성이 있으며 이를 제1종 오류라 하고 그 확률이 바로 α이다. 만약 p가 α보다 크면 H_o를 기각하지 못하고 따라서 H_a를 채택하지 못하게 되고 표본에서의 결과는 통계적으로 유의하지 않다는 결론을 내린다. 이러한 경우 연구자는 잘못된 H_o를 기각하지 않은 오류를 범할 가능성이 있으며 이를 제2종 오류라 하고 그 확률은 β라고 한다.

가설검증에서 H_o를 기각하여 통계적으로 유의한 차이가 있다는 결과를 얻은 경우, 또 하나의 관심사는 그 차이가 얼마나 큰 것이고 실제적으로나 교육적으로 얼마나 중요한 차이인가 하는 것이다. 이는 통계적으로 의미 있는 차이가 실제적으로 평균 차이가 크기 때문에 생길 수도 있지만 단순히 표본의 크기 n이 아주 커서 사소한 차이도 통계적으로 유의할 수 있기 때문에 문제가 되는 것이다. 반면에 H_0를 기각하지 못하여 두 집단 평균 차이가 유의하지 않다는 결론을 얻은 경우에는 정말 모집단에서 차이가 없어서 그런 것인가 아니면 차이가 있음에도 연구자의 설계에서 사용한 통계검증이 그 차이를 찾아낼 정도로 민감하지 못해서인가 하는 문제가 생긴다.

한 연구에서 이러한 통계적 분석 및 추론의 적절성을 그 연구의 통계적 결론 타당도(statistical conclusion validity)라고 한다. 통계적 결론 타당도는 연구에 사용한 통계분석 전반이 타당하였는가에 초점을 맞추는 것으로 네 가지 측면에서 검토할 수 있을 것으로 생각된다. 첫 번째는 자료의 성격에 맞는 통계방법을 사용하였는가 하는 점이다. 예를 들어 사용한 t검증이나, ANOVA, 중다회귀 등이 해당 자료에 적절하고 또 올바로 사용했는지 따져 보는 것이다. 둘째로, 통계적 유의성(statistical significance)에 관한 것이다. 이는 가설검증(유의성검증)에서 영가설(H_0)을 기각하여 통계적으로 유의한 결과를 얻었는가를 평가하는 것이다. 이 유의성을 위해 연구결과의 보고에서는 주로 p값을 제공하여 이 값을 연구자가 설정한 제1종 오류 확률 α(관례적으로 .05나 .01)와 비교하여 p값이 α보다 작으면 통계적으로 유의하다는 결론을 내리고 아니면 통계적으로 유의하지 않다는 결론을 내리게 된다.

검증결과가 통계적으로 유의한 경우, 앞에서 논의한 바와 같이 이 결과가 실제적으로 얼마나 중요한가를 검토하는 것이 통계적 결론 타당도의 세 번째 측면인 실제적 (달리 표현하면 교육분야의 경우 교육적; 의학분야의 경우 임상적) 유의성이다. 이 실제적 유의성을 논의할 때 가장 많이 이용하는 것이 효과의 크기(ES: effect size)이다.

네 번째는 사용한 통계검증이 독립변수가 종속변수에 미치는 영향, 즉 효과의 크기를 얼마나 민감하게 찾아낼 수 있는가 하는 통계검증력(statistical power)에 관한 것이다. 검증력은 한 통계검증이 모집단에서 실제적으로 차이가 있는 것을 차이가 있다고 옳게 결론을 내릴 확률로 power = 1 − β로 표시할 수 있으며, 한 연구에서 사용된 검증통계의 검증력을 따져 보는 것을 검증력 분석(power analysis)이라고 한다. 앞에서 논의한 바와 같이 이 검증력은 특히 통계적으로 유의한 결과를 얻지 못했을 때, 실제로 차이가 없기 때문인가 아니면 차이가 있음에도 불구하고 사용한 검증통계가 설계 단계에서부터 그 차이를 검출해 낼 능력이 부족해서인가 하는 점에서 문제가 된다.

통계적 결론 타당도를 구성하는 위 네 가지 요소들은 서로 독립적이 아니라 상호 밀접한 관계가 있으며 통계결과에 대한 중요한 정보를 나타낸다. 따라서 연구의 통계분석 결과 보고에서는 이들에 관한 정보를 제공해야 하며, 많은 학회에서도 이를 권고하고 있다. 그런데 대부분 연구결과 보고의 경우, 분석결과에 대한 통계적 유의성, 즉 p값만 제시하고 실제적 유의성을 나타내는 효과의 크기나 검증력 분석에 대한 논의는 거의 이루어지지 않고 있는 실정이다.

2. 실제적 유의성과 효과의 크기

자료 분석적인 측면에서 양적 연구를 실용적으로 정의하면 '연구는 변수 간의 관계를 과학적으로 탐구하는 것'이라고 할 수 있을 것이다. 여기서 양적 연구가 탐색하는 변수 간의 관계는 크게 인과관계와 상관관계로 생각해 볼 수 있다. 인과관계이든 상관관계이든 어느 쪽을 탐색하더라도 두 변수 간의 통계적 관련성은 기본 분석 대상이 된다. 양적 연구에서 변수 간에 통계적 관련성이 있는가는 근본적으로 탐구 대상을 잘 대표하는 표본에서 얻은 결과로 추리하게 된다. 이 역할을 통계에서 추리통계가 담당하게 된다. 추리통계에서 가설검증(유의성 검증)의 기본논리는 표본의 자료에서 나타난 변수 간의 통계적 관련성의 정도가 전체 집단에서는 없는 것이 표본의 특성에 의한 우연에 의해 일어날 확률(p값)을 구해 이를 근거로 판단을 하는 것이다. 이 확률이 극히 낮으면 이 관련성이 우연에 의한 것일 가능성이 극히 낮다는 의미이므로 통계적으로 유의하다는 결론을 내리게 된다. 앞에서도 언급한 바와 같이 이를 통계적 유의성이라고 한다. 달리 말하면 통계적 유의성은 표본에서 나타난 통계적 관련성의 정도가 표집에 따른 우연이 아니라 실제 모집단에서도 존재할 확률이 높다는 의미라고 할 수 있다.

연구결과의 보고 시 독자들은 실험연구의 경우 처치가 의도한 효과를 가져왔는가(통계적 유의성)와 더불어 그 효과가 어느 정도인지(실제적 유의성)에도 관심을 가진다. 비실험적 연구의 경우에도 통계적 관련성이 있는지, 있다면 어느 정도인지가 관심의 대상이 된다. 그런데 대부분의 연구 논문에서는 p값과 α(.05, .01)로 대변되는 통계적 유의성에 대해서만 관심을 가지고 있고 그 관련성의 정도 내지 크기에 대한 실제적 유의성에 대해서는 거의 주의를 기울이지 않는 경향이 있다. 관련성의 크기를 일반적으로 효과의 크기로 나타내는데 이 효과의 크기가 적절한 형태로 보고되고 해석될 때, 연구결과의 의미가 실제적이고 직설적이며, 연구문제와 가설에 대해 실질적인 연관성을 갖게 된다. 따라서 연구자들이 효과의 크기에 대한 정보를 효율적으로 제공하는 것은 자신들의 연구결과를 해당 분야의 측면과 연계하여 그 유의성을 기술하고, 이를 독자들이 쉽게 이해할 수 있는 효율적인 수단이 된다. 더군다나 효과의 크기는 표본의 크기의 영향이 혼재되지 않고 처치의 효과에 중점을 두기 때문에 지식의 축적에 대해 보다 과학적인 접근법이 된다. 따라서 효과의 크기는 효과성을 보고하고 해석하는 중요한 도구가 되는 것이다. 이러한 관련성의 강도를 나타내는 실제적 유의성을 보고하는 경우, 반드시 '효과의 크기'라는 용어를 사용하는 것이 바람직한데 이는 독자들로 하여금 실제적 유의성의 추정치가 보고되고 있음을 주의하게 해 주기 때문이다.

효과의 크기를 나타내는 지수는 통계적 유의성의 p값과는 달리 표본의 크기와는 독립적인 것으로 모집단 간의 평균 차이 또는 종속변수와 독립변수 사이의 관련성의 크기를 나타내는 표준화 지수를 주로 사용하며, 어떤 성격의 변수 간 관련성을 다루느냐에 따라 달라진다. 그런데 효과의 크기 지수 산출에서는 연구결과에서 단순히 실제적 유의성을 보고하기 위한 목적인지 아니면 뒤에서 논의할 검증력 분석을 위한 목적인지에 따라 산출하는 효과의 크기 지수 종류가 달라질 수 있다. 특히 후자의 경우는 Cohen이 제시한 효과의 크기 해석에 대한 기준이 있으므로 편리하다.

여기서는 먼저 유의성 검증에서 가장 많이 사용되는 검증통계 중 통계적으로 유의한 연구결과에서 실제적 유의성을 보고하기 위해 사용되는 효과의 크기 지수 산출과 그 강도의 해석 기준에 대해서 살펴보고 검증력 분석을 위한 효과의 크기에 대해서는 그 다음에 논의한다. 보고를 위한 용도의 ES 지수는 집단 간 평균 차이를 기반으로 하는 d−family와 상관계수나 분산분석표에서의 $R^2(\eta^2)$에 의한 R−family로 구분할 수 있다.

두 집단 평균비교에 대한 효과의 크기(독립 및 종속 표본)

원시평균점수 차이

사용하고 있는 척도의 의미나 단위가 명백한 경우, 원래의 원시점수 척도의 평균점수 차이를 효과의 크기로 제시할 수 있다. 예를 들면, 두 체중조절 프로그램의 효과 비교에서 평균 체중 감량 차이가 kg 단위로 표시된 경우 그 의미를 쉽게 이해할 수 있다. 그러나 독자들이 해당 척도에 대해 익숙하지 않거나 자체로서 의미 있는 척도가 아니면 측정 간 비교에 적합하지 않아 잠재적 유용성이 제한되며, 메타분석과 같은 연구결과 통합에도 제한이 있다.

표준화된 평균 차이

측정척도의 단위와 관계없이 해석이 가능한 표준화된 효과의 크기(ES; 이 이후로 ES 사용)로 평균 차이를 나타내는 경우 Cohen의 d를 주로 사용하며 다음과 같이 나타낼 수 있다.

$$d = \frac{|\mu_1 - \mu_2|}{\sigma}$$

여기서 μ_1과 μ_2는 두 모집단의 평균을, σ는 모집단 표준편차를 나타낸다.

모집단의 모수로 표현된 이 식을 표본에서 추정했을 때 이를 Hedges's g라고도 하며 다음과 같이 추정한다.

$$\text{Hedges's } g = \frac{|\bar{X}_1 - \bar{X}_2|}{\sqrt{\dfrac{(n_1-1)S_1^2 + (n_2-1)S_2^2}{n_1+n_2-2}}}$$

연구설계에서 통제집단이 명백한 경우는 Cohen's d의 모집단 표준편차로 통제집단의 표본표준편차를 사용할 수 있는데 이를 Glass's Δ라고 한다.

$$\text{Glass's } \Delta = \frac{|\bar{X}_1 - \bar{X}_2|}{S_{\text{control group}}}$$

두 종속집단의 경우에는 Hedges's g를 다음과 같이 나타낼 수 있다.

$$g = \frac{\bar{D}}{S_D}$$

여기서 $\bar{D}$는 차이점수의 평균, S_D는 차이점수의 표준편차를 나타낸다. 그런데 일부 학자들은 종속집단의 경우에도 사전검사나 통제 상황에 해당되는 점수의 표준편차를 사용하여 일종의 Glass's Δ를 구하는 것이 더 의미 있을 수도 있다고 주장하고 있다.

$$\text{Glass's } \Delta = \frac{\bar{D}}{S_{\text{pretest or control-state}}}$$

그런데 관례적으로 위의 모든 ES 지수는 Cohen의 d라고 부르며 본 교재에서도 d로 통일하여 사용한다.

d의 해석 기준

Cohen은 평균차이의 경우뿐만 아니라 여러 검증의 ES에 대해서도 기준치를 제시하고 있으며 가장 널리 사용되는 기준이 되고 있다. Cohen은 d가 .2 정도를 소효과, .5 정도를 중효과, .8 정도를 대효과로 분류하였다.

분산분석(변량분석)(ANOVA)에서의 효과의 크기

일원분산분석의 경우는 하나의 주효과, 이원분산분석에서는 각 독립변수의 주효과와 상호작용 효과 각각에 대해 η^2, η_p^2, ω^2 등으로 ES 지수를 구할 수 있다. 먼저 η^2는 다음과 같이 구할 수 있다.

$$\eta^2 = \frac{SS_{\text{effect}}}{SS_{\text{total}}}$$

이 값은 중다회귀분석에서의 R^2에 해당되는 값으로 종속변수의 전체 변량 중 해당 효과에 의해 설명 또는 예측되는 비율을 나타내며 R – family에 해당된다. 그런데 독립변수가 두 개 이상인 경우, 다른 효과의 수(주효과, 상호작용 효과)와 이들의 효과의 크기에 따라 특정 효과의 이 값이 달라질 수 있다. 따라서 어떤 연구자들은 다음과 같은 η_p^2(partial η^2)를 선호하기도 하며 SPSS의 경우는 이 값을 제공해 준다.

$$\eta_p^2 = \frac{\text{해당 요인의 } SS_{\text{effect}}}{(\text{해당 요인의 } SS_{\text{effect}} + SS_{\text{error}})}$$

η_p^2의 경우 각 효과크기의 합이 1을 초과할 수도 있다. 그런데 위의 두 값은 모집단 효과를 과대추정하는 경향이 있어 모집단 η^2에 대한 불편추정치를 구하고자 하는 경우에는 ω^2을 사용한다.

$$\omega^2 = \frac{SS_{\text{effect}} - df_{\text{effect}} MS_{\text{error}}}{MS_{\text{error}} + SS_{\text{total}}}$$

Cohen은 이들 지수 해석의 기준으로 η^2, η_p^2, ω^2 가 .01이면 소효과, .06을 중효과, .14를 대효과로 제시하였다.

상관계수 및 회귀분석에서의 효과의 크기

양적(연속) 변수와 양적 변수 간의 관련성의 크기를 나타내는 피어슨의 적률상관계수 ρ의 경우, 상관계수 값이 $-1 \leq \rho \leq +1$ 범위를 지니므로 ρ 자체를 ES의 지수로 사용하며, 표본의 상관계수 r로 추정한다. Cohen은 이 값이 .1 수준을 소효과, .3을 중효과, .5를 대효과로 제시하였다.

회귀분석에서는 종속변수와 독립변수들 간의 전반적 관련성의 강도를 나타내는 R^2를 ES 지수로 활용한다.

$$R^2 = \frac{SS_{\text{reg}}}{SS_{\text{total}}}$$

그리고 중다회귀모형에서 특정 k개의 독립변수 집단의 ES는 ΔR^2로 나타내며 이 값은 전체 독립변수를 다 포함한 모형의 R^2과 해당 독립변수를 제외한 모형의 R^2의 차이이다. Cohen의 기준치는 R^2와 ΔR^2 모두 .02가 소효과, .13이 중효과, .26이 대효과를 나타낸다. 이들 ES 지수 역시 R−family로 분류된다.

분할표(χ^2검증)에서의 효과의 크기

분할표에서 변수 간의 관련성 강도를 나타내는 ES 지수는 관련된 변수의 척도(명명척도, 서열척도 등)나 비대칭성 여부(독립변수와 종속변수로 구별 여부) 등에 따라 여러 가지가 있다. SPSS의 경우 Phi(ϕ), Cramer's V, Kendall's tau−$b(\tau_b)$와 tau−$c(\tau_c)$, Goodman & Kruskal's gamma(Γ), Cohen's kappa(κ), Goodman & Kruskal's lambda(λ), Goodman & Kruskal's tau(τ), Sommers's d 등을 산출해 준다. 그런데 이러한 값들은 그 값의 직관적 의미 해석이 어렵기 때문에 해당 분야에 매우 익숙하지 않은 경우 사용하지 않는 것이 바람직하다는 견해도 있으나 상당수의 전문가들은 Cramer's V를 권장하고 있으며, 보완적으로 승산비(odds ratio)도 함께 제공하는 것도 고려해 볼 수 있을 것이다.

Cohen은 검증력 분석을 위해 적합도 검증 전반의 χ^2검증에 대해 다음과 같은 ES 지수를 제안하였다.

$$w = \sqrt{\Sigma \frac{(\pi_0 - \pi_1)^2}{\pi_0}}$$

여기서 π_0는 H_o에 의한 모집단의 셀 비율(기대 비율), π_1은 H_a에 의한 셀 비율(관찰 비율)을 가리키며 실제 추정은 표본의 각 셀에서 해당 비율로 추정한다. Cohen은 w값이 .1이면 소효과, .3이면 중효과, .5이면 대효과로 기준치를 제시하였다.

ES 분석결과의 진술

통계적으로 유의한 결과가 나온 경우 ES 추정치를 산출하여 연구결과 보고에서 p값 등과 함께 기술할 수 있을 것이다. 본 교재 7장 '두 독립집단의 평균비교' 실습문제의 경우, 다음과 같이 보고할 수 있을 것이다.

> 서식환경에 따른 미로 찾기 시행 횟수의 평균에는 통계적으로 유의한 차이가 있었으며, $t(18) = 3.387$, $p = .003$, 효과의 크기 $d = 1.51$로 매우 큰 실제적 유의성을 보였다.

3. 검증력 분석

추리통계의 가설검증 또는 유의성 검증에서는 연구 처치의 효과 혹은 독립변수와 종속변수 간의 관련성에 대한 타당한 추론을 내리고자 한다. 이 경우 추리통계의 속성상 표본에서 얻은 결과를 가지고 모집단에 대한 추론을 도출하므로 항상 오류의 가능성을 내포하고 있다. 그 첫 번째 오류는 처치의 효과가 없거나 관련성이 없음에도 불구하고 있다는 결론을 내려 타당하지 않은 추론을 하는 경우이다. 이를 통계적 의사결정 이론에서는 제1종 오류라고 하며 그 확률을 α라고 한다. 연구자가 범할 수 있는 두 번째의 타당하지 못한 추론은 실제 처치 효과나 관련성이 있음에도 이를 발견하는 데 실패하는 경우이다. 이를 통계적 의사결정 이론에서는 제2종 오류라고 하고 그 확률을 β라고 한다. 통계검증력(statistical power)은 한 연구에서 처치의 효과가 없다는 영가설(H_o)을 올바르게 기각하여 제2종 오류를 피할 확률로 정의된다. 따라서 한 유의성 검증의 검증력은 $1 - \beta$로 나타낼 수 있다. α는 없는 효과나 관련성을 있다고 할 확률인 반면 검증력 $1 - \beta$는 존재하는 효과나 관련성을 올바로 포착해 낼 확률이라고 할 수 있다.

효율적인 연구설계의 기본 요구사항 중의 하나가 처치의 효과나 관련성, 즉 의미가 있다고 간주되는 최소의 효과를 포착할 확률이 높아야 하는 것이라고 할 때, 이에 대해 답을 해 주는 것이 바로 검증력인 것이다. 검증력이 부족한 유의성 검증은 H_o와 H_a를 신뢰롭게 구별할 수 없기 때문에 그 유용성에 제한이 있게 되고 제2종 오류를 범할 확률을 높여 연구의 통계적 결론 타당도의 주요 위협 요인이 된다.

최근까지 대부분의 연구논문에서는 제1종 오류의 확률 α에 대해서만 주의를 기울이고 검증력에 대해서는 거의 관심을 두지 않고 있었다. 많은 비용과 시간 및 자원이 요구되는 실험연구나 비실험연구에서, 연구설계의 검증력이 낮아 근원적으로 처음부터 처치의 효과나 관련성을 발견할 가능성이 매우 낮다면, 이런 연구를 수행하는 것은 문제가 많은 것이라고 할 수 있다.

검증력에 영향을 주는 요소

검증력에 영향을 주는 요소로는 표본의 크기 n, 제1종 오류의 확률 α, 검증의 방향(양측검증 대 단측검증), 효과의 크기(ES), 모집단의 표준편차 등이 있다. 먼저 검증력에 가장 큰 영향을 주는 것이 표본의 크기 n이라고 할 수 있다. 검증력은 n이 클수록 높아지며, n이 아주 크면 검증력이 매우 높아져 거의 대부분 H_o를 기각하게 되고 미미한 효과에도 통계적으로 유의한 결과를 얻게 된다. 이 점을 보완해 주는 것이 앞에서 논의한 ES이다.

검증력은 α값이 높을수록 높아진다. α값이 .01보다는 .05일 때 검증력이 더 높다. 또한 검증력은 ES가 클수록 높아진다. ES가 크다는 것은 H_o와 H_a 사이의 차이가 크다는 의미이므로 이 차이가 클수록 그 차이를 발견할 가능성이 높아지는 것이다. 따라서 역으로 한 연구에서 작은 ES가 예상되거나 또는 작은 ES도 검출하고자 하는 경우에는 높은 검증력이 필요하게 된다. 검증의 방향에 있어서는 효과의 방향을 옳게 설정한 경우 단측검증이 양측검증보다 검증력이 높다. 마지막으로 모집단의 표준편차가 작을수록 ES가 커지는 셈이 되므로 검증력이 높아진다. 따라서 보다 동질적인 집단을 사용한다거나 공변수(covariate)를 사용하여 오차변량을 축소하여 검증력을 높일 수 있다.

통계검증력 분석(statistical power analysis)의 형태

통계검증력 분석은 연구자가 계획한 연구설계의 검증력에 관한 분석을 시행하는 것이다. 검증력 분석은 연구자로 하여금 처치효과나 관련성을 포착하기에 충분한 검증력을 가질 수 있도록 연구를 설계하는 데 도움을 준다. 그런데 통계의 유의성 검증에서 제1종 오류 α는 연구자가 설정하는 데 비해서 검증력을 계산하기 위한 제2종 오류 β값은 산출하기가 용이하지 않다. 이는 이 값을 결정하기 위해서는 실제 모집단의 모수 값(H_a)을 알아야 하기 때문이다. 이는 H_a와 H_o의 차이, 즉 ES를 안다는 의미이다. 그런데 정확한 H_a 값을 안다면 논리적으로 애초부터 추리통계 즉 유의성 검증 자체를 시행할 필요가 없게 된다. 따라서 검증력 분석에서는 연구자가 발견하기를 기대하는 최소한의 ES, 또는 다른 방법에 의해 해당 내용분야의 ES를 추정해서 설정하여 검증력을 분석한다. 이러한 측면에서 검증력 분석은 제1종 오류와 제2종 오류 간의 균형을 이루는 절차이며, 통계적 유의성과 실제적 유의성을 서로 연계하는 것이라고 할 수 있다.

검증력 분석용 컴퓨터 소프트웨어 중의 하나인 **G*Power**의 저자들은 5가지 종류의 검증력 분석을 제시하고 있으나 실제 자료분석 측면에서는 이들 중 **사전 검증력 분석(a priori power analysis)**과 **사후 검증력 분석(post hoc power analysis)**, 그리고 사후 검증력 분석과 연관된 **소급(retrospective) 검증력 분석** 등 3가지가 관심의 대상이 된다.

사전 검증력 분석

사전 검증력 분석은 연구자가 유의수준(α)과 검증의 방향, 원하는 검증력과 ES 추정치를 사전에 설정하고, 이 설정한 검증력을 얻기 위해서는 어느 정도의 표본 크기 n이 필요한지를 분석을 통해서 결정하는 것이다. 따라서 사전분석은 연구가 실제로 시작되기 전에 검증력을 미리 알고 통제하는 효과적인 방법을 제공해 준다. 이는 연구자가 제1종 오류의 확률

α를 사전에 결정하는 것과 마찬가지로 제2종 오류의 확률 β와 검증력 $1-\beta$도 사전에 결정하는 것이 된다. 단지 차이가 나는 것은 H_a의 값을 모르기 때문에 연구자가 기대하는 또는 해당 분야에서의 전형적인 ES 추정치를 설정하여 H_a를 결정하고, 유의수준(α)과 검증의 방향을 주었을 때, 사전에 설정한 β와 검증력 $1-\beta$를 얻기 위해 필요한 표본의 크기를 결정하는 점이다. 이 분석으로 표본의 크기를 결정하고 연구를 수행하면, 유의한 결과를 얻은 경우에는 필요 이상으로 표본을 수집하여 과도하게 민감한 검증력(검증력이 너무 높은 검사) 때문일 가능성을 피할 수 있고, 유의하지 않은 결과를 얻은 경우에는 검증력이 너무 낮았기 때문이라는 비판을 피할 수 있는 장점이 있다. 따라서 거의 모든 전문가들은 가능하면 이 방법을 사용할 것을 권고하고 있으며, 일부 전문가들은 사전 검증력 분석이 포함된 다음과 같은 9단계 가설검증(유의성검증) 전략을 제시하고 있다:

① 영가설(귀무가설)(null hypothesis)의 진술: H_o
② 대립가설(alternative hypothesis)의 진술: H_a
③ 원하는 유의수준(level of significance)의 설정: α
④ 효과의 크기(effect size)의 설정: ES
⑤ 원하는 검증력의 설정: Power
⑥ 설정한 α, ES, Power를 만족하는 표본의 크기 결정: n
⑦ 표본자료를 수집하여 분석
⑧ 검증통계량을 산출하여 임계치와 비교하거나 p값 산출
⑨ H_o 기각 여부를 결정

위의 단계 중 ④, ⑤, ⑥의 단계가 사전 검증력 분석에 해당되는 것이라고 할 수 있다.

그런데 여기서 검증력을 어느 정도로 설정하는 것이 좋은가, 즉 어느 정도의 검증력이 바람직한가 하는 문제가 생긴다. 물론 높을수록 좋겠지만 그런 경우 전형적으로 표본의 크기가 커야 하기 때문에 비용이 많이 들게 된다. Cohen을 비롯하여 많은 전문가들은 거의 대부분 .8 정도를 기준으로 제시하고 있다. 이는 제2종 오류의 확률 β가 .2가 됨을 의미한다. 일부 전문가들은 관례적인 $\alpha = .05$에 대응하여 $\beta = .05$로 잡아 power $= 1 - \beta = .95$로 제안하기도 한다.

사후 검증력 분석

사후 검증력 분석은 연구가 이미 시행되어 표본을 수집하였거나, 아니면 여러 가지 제약상 수집할 표본의 크기가 한정되어 있는 경우, 주어진 n과, 설정된 α, 그리고 검출하고자

하는 ES에 대해 연구설계의 통계검증의 검증력이 어느 정도 되는지를 산출하는 것이다. 이 분석은 그 용어상 다소 혼선이 있으나, '사후'의 의미는 이미 연구를 수행했거나 했다고 가정하고 계획하고 있는 n을 사용하여 검증력이 얼마나 되는가를 탐구한다는 것이다. 그런데 여기서 조심할 것은 이미 연구를 수행한 경우 표본에서 얻은 ES 추정치를 사후 검증력 분석에 사용하는 것이 아니라 연구자가 미리 설정한 ES를 사용해야 한다는 것이다. 유의성 검증 후, 표본에서 얻은 ES로 검증력을 계산하는 경우, 이를 소급 검증력 분석이라고 한다.

사후 검증력 분석은 이미 발표된 연구결과에서 연구자들이 사용한 n을 근거로 검증력을 검토해 보거나 자원의 한계로 수집할 표본의 크기가 제한되어 있는 경우 검증력을 분석해 볼 때 사용될 수 있다.

소급 검증력 분석

소급 검증력 분석은 연구를 수행하고 난 후 통계적으로 유의한 결과가 나오지 않았을 때, 연구에서 수집한 표본의 크기 n과 표본 자료에서 산출한 ES로 검증력을 산출하는 것으로 이렇게 얻어진 검증력을 관찰 검증력(observed power)이라고도 한다. SPSS의 GLM에서 제공하는 검증력은 이 관찰 검증력이다. 원래 이 분석의 취지는 통계적으로 유의하지 않은 결과가 나온 경우, 추가적으로 검증력 분석을 하여 유의하지 않은 이유가 검증력의 부족 때문임을 보여 주기 위해서이다. 그러나 이 논리는 이론적으로 전혀 타당하지 않다. 이는 한 통계검증에서의 p값과 관찰 검증력 사이에는 완벽한 일대일 대응을 하기 때문에 추가적인 소급 검증력 분석이 유의하지 않은 결과를 설명하는 데 보완적으로 제공하는 정보가 전혀 없기 때문이다. 소급 검증력 분석은 메타분석에서와 같이 문헌결과를 평가하거나 후속 연구를 계획하는 데 참고로 하는 경우에는 유용한 도구가 될 수 있다.

ES의 추정 및 설정

표본에서 얻은 자료로 ES를 산출하여 사용하는 소급 검증력 분석과 달리 사전분석이나 사후분석 모두에서는 연구자가 모집단의 모수에 대한 합리적인 추정에 근거해서 사전에 ES를 설정해야 한다. ES 추정에는 몇 가지 방법들이 사용되고 있다. 먼저 해당 분야의 문헌을 고찰하여 기존의 연구에서 나타난 효과의 크기에서 추정할 수 있다. 기존 연구 자료를 찾기 힘든 경우 예비연구(pilot study)를 실시하여 ES를 추정할 수도 있다. 또 다른 방법은 여러 가지 근거에 의해서 연구자가 중요하다고 생각하고 있는 최소의 ES나 연구에서 검출하기를 원하는 최소의 ES를 개인적으로 설정하는 방법이다. 마지막으로 Cohen의 기준과 같은 특별한 관례를 이용하는 것이다. 앞에서 언급한 바와 같이 Cohen은 각 통계검증의 검증력 분석에 대해 ES 지수와 그 지수별로 소효과, 중효과, 대효과 수준을 제시하고 있다. 따라서 연구자는 원하는 ES의 수준을 결정하고 그 수준에 대응하는 ES 지수 값을 이용하여 검증력 분석을 하는 것이다. 그런데 이 방법은 ES를 추정할 다른 대안이 없는 경우에만 사용해야 하며, 그 기준 값도 해당 내용 영역별로 신중히 설정하여야 한다.

4. 효과의 크기와 검증력 분석의 방법 및 소프트웨어

SPSS에 의한 분석

SPSS의 메뉴 방법에서는 GLM의 **Options**에서 선택하면 표본의 자료에서 산출한 ES와 소급 검증력 분석에 의한 관찰 검증력(observed power)을 출력해 준다. GLM으로 분석할 수 없는 모형의 경우는 효과의 크기나 관찰 검증력을 출력할 수 없다. ES는 partial η^2 값을 제공해 주기 때문에 다른 형태의 ES 값은 partial η^2으로부터 변환하여 구해야 한다.

검증력의 경우는 관찰 검증력과 비중심성 모수(noncentrality parameters) 추정치를 제공해 준다. 다음의 〈그림 6-1〉은 본 교재 제7장의 〈그림 7-4〉 결과의 지필평가 분석에서 ES의 추정치와 관찰 검증력을 출력하기 위해 두 사항이 선택된 **GLM**의 **Options** 화면을 보여 주고 있으며, 〈표 6-1〉은 그 결과물을 보여 주고 있다.

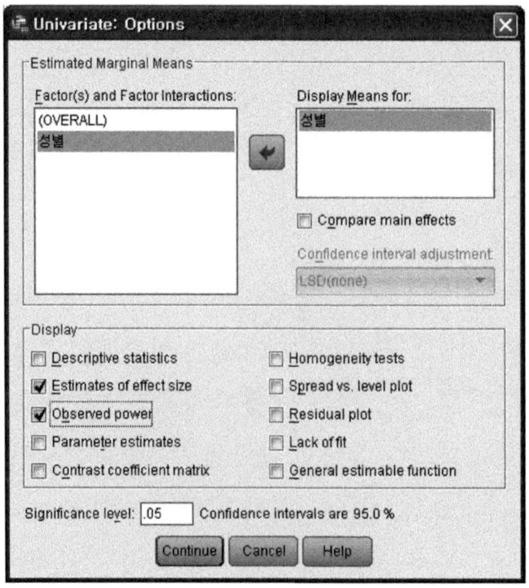

〈그림 6-1〉

〈표 6-1〉

Tests of Between-Subjects Effects

Dependent Variable : 지필

Source	Type III Sum of Squares	df	Mean Square	F	Sig.	Partial Eta Squared	Noncent. Parameter	Observed Powerb
Corrected Model	99.225a	1	99.225	1.077	.306	.028	1.077	.173
Intercept	146047.225	1	146047.225	1585.406	.000	.977	1585.406	1.000
성별	99.225	1	99.225	1.077	.306	.028	1.077	.173
Error	3500.550	38	92.120					
Total	149647.000	40						
Corrected Total	3599.775	39						

G*Power3에 의한 분석

검증력 분석 전용 소프트웨어로는 **NCSS**(http://www.ncss.com/pass), **G*Power3**(http://www.gpower.hhu.de) 등이 있으며, 특히 **G*Power3**는 개방형으로 프로그램과 설명서를 누구나 무료로 내려받을 수 있고 사용 방법도 비교적 용이하며 효과의 크기도 계산할 수 있다. 따라서 여기서는 **G*Power3**에 의한 검증력 분석에 대해서 살펴본다.

G*Power3는 SPSS와는 달리 사전 검증력과 사후 검증력 분석을 위한 것이기 때문에 원시 자료가 필요하지 않다. **G*Power3**를 비롯하여 Cohen의 방법에 기초한 주요 검증별 검증력 분석을 위한 ES 지수와 비중심성 모수, 그리고 ES 지수에 대한 Cohen의 기준은 다음의 〈표 6-2〉와 같으며, 내용 중 일부는 앞 2절의 내용과 중복된다.

사전 검증력 분석의 예

두 독립집단의 평균을 비교하는 독립집단 t검증의 경우를 예로 들어 보자. 만약 연구자가 유의수준 $\alpha = .05$로 양측검증을 실시하여 검증력 .8($\beta = .2$)로 적어도 중간 정도의 ES($d = .5$)를 검출하기를 원한다고 하자. **G*Power3**를 수행시키면 다음의 〈그림 6-2〉와 같은 화면을 얻는다. 제일 먼저 이 화면 중간의 왼쪽의 **Test family** 상자에서 적절한 검증 종류를 선택한다. 현재의 예에서는 **t tests**가 선정되어 있다. 다음으로 오른쪽 **Statistical test** 상자에서 구체적인 검증을 택한다. 여기서는 두 독립집단 평균차이(**Means: Difference between two independent means (two groups)**)를 선택하였다. 다음으로는 검증력 분석의 형태를 선정해 준다. 그림에서는 사전 검증력 분석인 **A priori**가 선택되어 있다. 계속해서 검증의 방

〈**표 6-2**〉 검증력 분석을 위한 ES, 비중심성 모수, Cohen의 기준

검증	ES 지수	비중심성 모수	Cohen의 기준		
			소	중	대
단일집단 평균 비교	$d = \frac{\mu - c}{\sigma}$	$\delta = d\sqrt{n}$	.2	.5	.8
두 종속집단 평균 비교	$d_z = \frac{\lvert \mu_{x-y} \rvert}{\sigma_{x-y}}$ $\sigma_{x-y} = \sqrt{\sigma_x^2 + \sigma_y^2 - 2\rho\sigma_x\sigma_y}$	$\delta = d_z\sqrt{n}$	.2	.5	.8
두 독립집단 평균 비교	$d = \frac{\mu_1 - \mu_2}{\sigma}$	$\delta = d\sqrt{\frac{n_1 n_2}{n_1 + n_2}}$	.2	.5	.8
ANOVA의 각 효과	$f = \sqrt{\frac{\eta^2}{1-\eta^2}}$	$\lambda = f^2 n$	.1	.25	.4
상관계수	상관계수 자체(ρ)	$\delta = \sqrt{\frac{\rho^2}{1-\rho^2}}\sqrt{n}$	.1	.3	.5
중다회귀 R^2	$f^2 = \frac{R^2}{1-R^2}$	$\lambda = f^2 n$	.02	.15	.35
중다회귀 ΔR^2	$f^2 = \frac{\Delta R^2}{1-R^2}$	$\lambda = f^2 n$	.02	.15	.35
교차표(χ^2)	$w = \sqrt{\Sigma \frac{(\pi_{1i} - \pi_{0i})^2}{\pi_{0i}}}$	$\lambda = w^2 n$	.1	.3	.5

향(단측(**One**) 또는 양측(**Two**)), 효과의 크기(d), 유의수준(α), 검증력($1 - \beta$), 그리고 두 집단 표본 크기의 비율을 차례로 해당 상자에 입력한다. 만약 연구자가 다른 정보에 의해 ES를 추정하여 입력하고자 하는 경우에는 G*Power3에서 ES를 계산할 수 있다. 이 경우에는 좌측 **Determine** ⇒ 버튼을 클릭하여 다음의 〈그림 6-3〉과 같은 ES 계산 화면을 추가적으로 불러 필요한 정보를 해당 상자에 입력하고 **Calculate and transfer to main window** 버튼을 클릭하면 계산된 ES 값이 〈그림 6-2〉의 ES 상자로 옮겨지게 된다. 그런데 〈그림 6-3〉 화면을 검증력 분석만이 아닌 ES 값 추정용으로도 사용할 수 있다. 이 경우엔 **Calculate** 버튼을 누르면 추정된 ES 값이 오른쪽 해당 상자에 나타나게 된다.

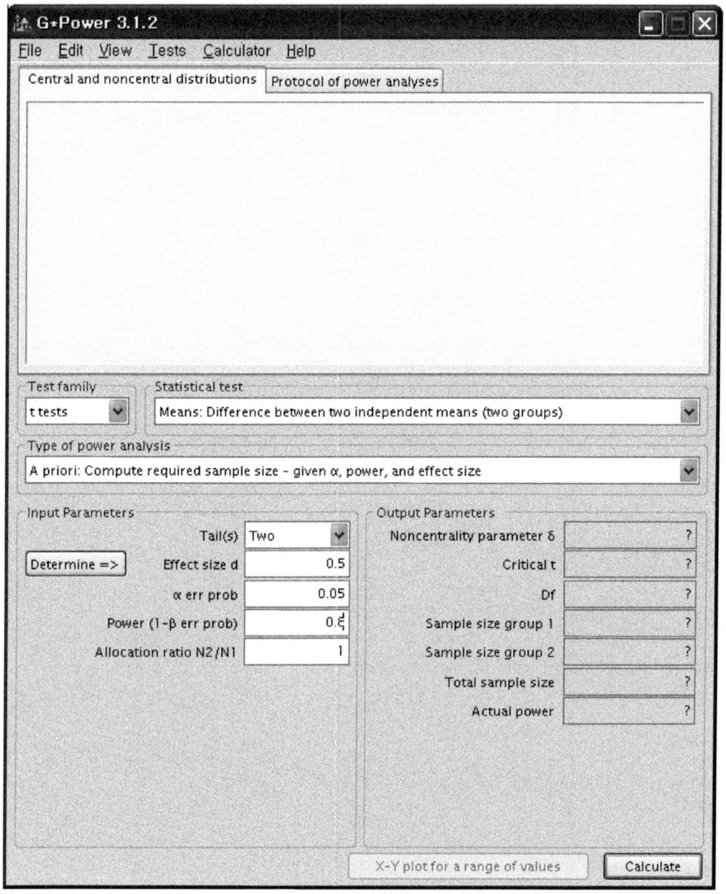

〈그림 6–2〉

〈그림 6–2〉 화면에서 필요한 정보를 다 입력한 후 좌측 하단의 **Calculate** 버튼을 클릭하면 〈그림 6–4〉의 결과를 얻는다. 이 결과에 의하면 원하는 조건에서 검증력 .8을 얻기 위해서는 각 집단의 표본의 크기가 적어도 64명으로 전체 128명이 필요하다는 것을 알 수 있다.

사전 검증력 분석결과의 기술: 사전 검증력 분석은 연구설계에서 필요한 표본의 크기를 결정하는 것이므로 논문에서는 '연구방법' 부분에서 기술하는 것이 바람직하며 위의 예의 경우 다음과 같이 기술할 수 있을 것이다.

> 중간정도 효과의 크기를 검증력 .8로 검증하기 위해서 각 집단별로 64명 총 128명을 연구대상자로 선정하였다.

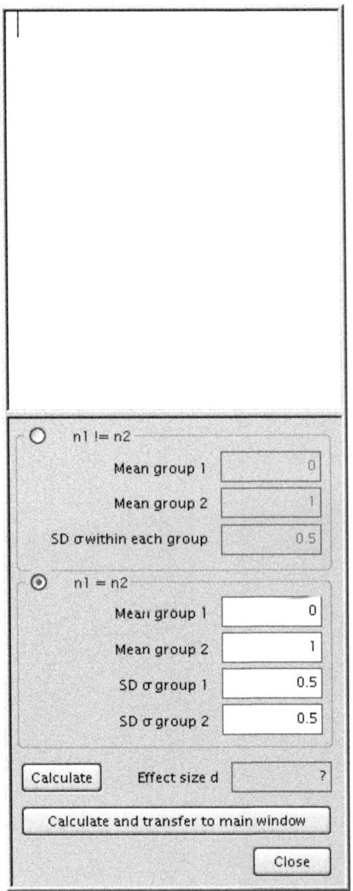

〈그림 6-3〉

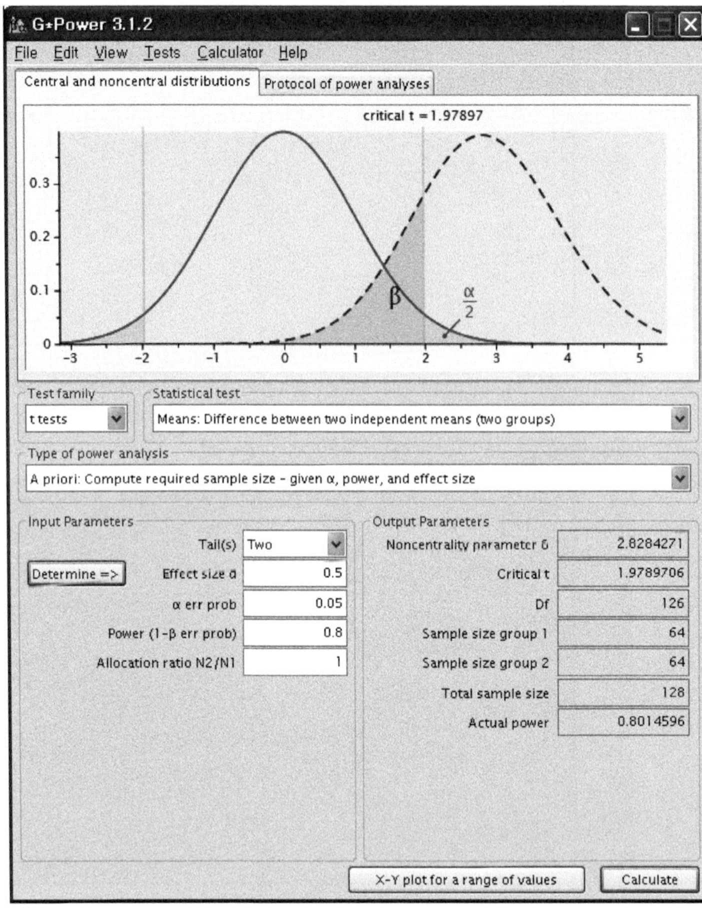

〈그림 6-4〉

사후 검증력 분석의 예

두 독립집단 t검증에서 연구자는 두 집단 표본의 크기를 각 30명씩 총 60명을 선정하여 연구를 시행하려고 계획하고 있는 경우를 가정해서, 양측검증에 유의수준을 .05로 하고, ES는 d = .5로 했을 때, 검증력이 어느 정도 될 것인지 추정해 보자. 다음의 〈그림 6-5〉는 검증력 분석의 형태로 **사후분석(post hoc)**을 선택하고 필요한 정보를 입력한 후 분석한 결과를 보여 주고 있다. 이 결과에 의하면 주어진 조건의 경우에 검증력이 .48 정도가 됨을 알 수 있다.

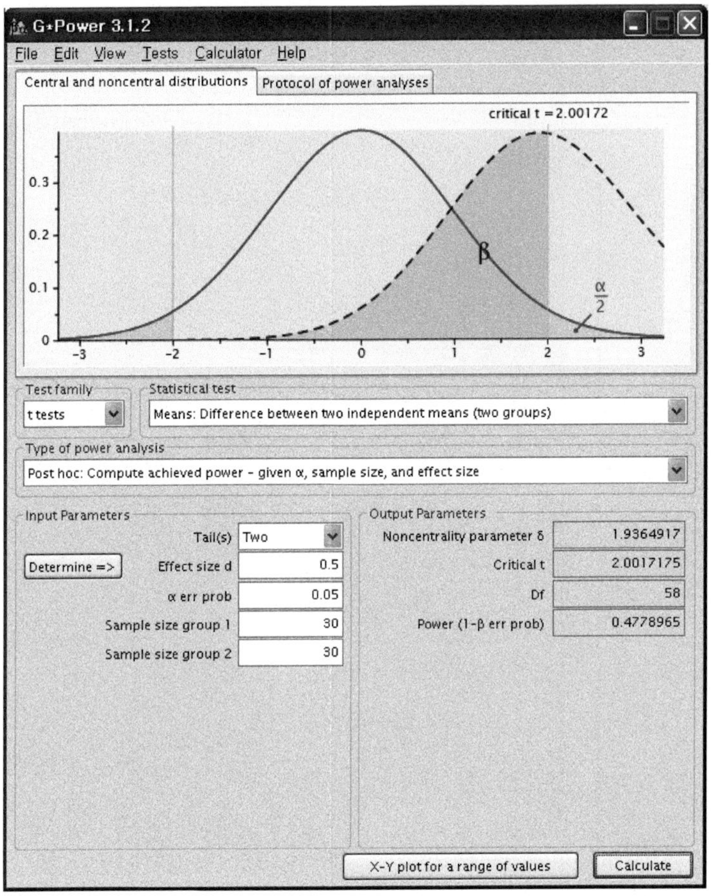

〈그림 6-5〉

소급 검증력 분석의 예

소급 검증력 분석은 사후 검증력 분석과 유사하지만 효과의 크기로 해당 연구의 표본자료를 이용한다는 점이 다르다. 이 경우에 산출한 검증력을 관찰 검증력이라고 한다는 것을 앞에서 언급한 바 있다. 여기서는 본 교재의 제7장 〈그림 7-4〉에서 두 집단의 지필평가 평균을 비교한 독립집단 t검증의 경우에 관찰 검증력을 분석해 보자. 먼저 연구의 결과 자료에서 ES를 산출해야 하므로 〈그림 6-6〉의 ES 계산 화면을 불러 제7장 〈그림 7-6〉의 자료값을 입력하여 ES의 크기를 구한 결과 d = .3281106이었다. 이를 사후검증과 동일한 주화면으로 옮겨 입력하고 표본의 크기 등 다른 필요한 정보도 입력하여 분석한 결과가 〈그림 6-7〉에 나와 있다. 분석결과 관찰 검증력은 .173 정도임을 알 수 있으며, 이는 앞 〈표 6-1〉의 SPSS 분석결과와 동일하다.

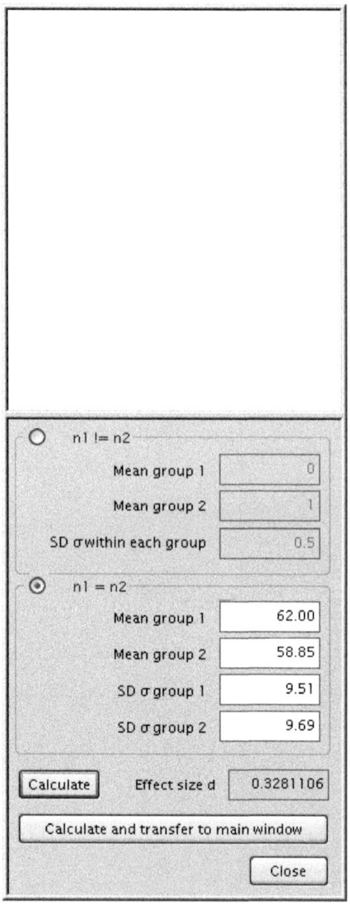

〈그림 6-6〉

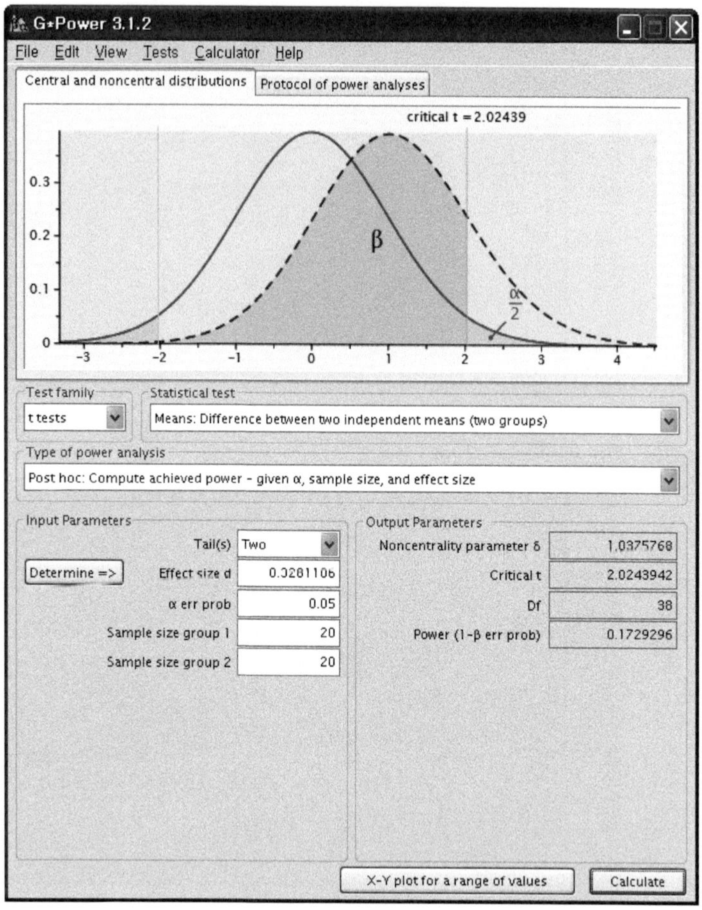

〈그림 6-7〉

5. 결론

양적 연구는 그 성격상 대부분 표본의 자료를 이용하게 되고 따라서 그러한 자료의 분석에 사용되는 추리통계는 가장 널리 사용되는 통계적 방법 중의 하나이다. 추리통계의 가설검증 또는 유의성 검증에서 지금까지의 주 관행은 p값과 제1종 오류의 확률인 α에 의존하는 통계적 유의성에만 의존하고 통계적 유의성에 수반되는 또 다른 주요한 측면인 실제적 유의성(교육적 중요성)에 대해서는 거의 주의를 기울이지 않았다. 또한 연구를 설계할 때, 처음부터 검증력을 검토하여 연구자가 기대하는 정도의 처치의 효과나 변수 간의 관련성이 존재하는 경우 그것을 발견할 수 있도록 하는 검증력 분석도 거의 행해지지 않고 있다.

연구자가 연구를 설계할 때, 먼저 기대하는 ES와 원하는 검증력을 설정하고, 이를 만족하기 위해 필요한 표본의 크기를 산정하는 사전 검증력 분석을 실시하여 자료를 수집하는 경우, 제1종 오류와 제2종 오류 모두를 고려할 수 있으며, 과도한 자료수집에 의한 자원의 낭비를 막고, 너무 작은 표본의 크기에 의한 낮은 검증력으로 애초부터 의미 있는 결과를 기대할 수 없는 연구를 시간과 비용 노력을 들여 수행할 가능성을 막을 수 있다.

또한 연구자는 연구에서 통계적으로 유의한 결과를 얻었을 경우에는 그 통계적 유의성 p값만이 아니라 그 결과의 정도가 실제적으로나 교육적으로 얼마나 큰 의미가 있는지에 대한 실제적 유의성을 효과의 크기로 보고하고 논의해야 할 것이다. 이 효과의 크기 보고는 사전 검증력 분석과 병행하는 경우 더 의미 있겠지만 검증력 분석을 시행하지 않은 경우에도 그 나름대로 의미가 있다고 할 것이다. ES 산출과 검증력 분석을 수행할 수 있는 **G*Power3**와 같은 개방형 무료 소프트웨어도 있으므로 이를 적극 활용하여 검증력 분석을 실시하고 유의한 결과에 대해서는 효과의 크기를 보고함으로써 더욱 의미 있는 연구가 되도록 해야 할 것이다.

7장 두 독립집단의 평균비교: 독립표본 t검증

두 독립집단의 평균에 차이가 있는지를 검증하기 위해서는 독립집단 t검증을 사용한다. 두 독립집단 평균차이는 집단을 나누는 변수 즉 범주형 변수와 평균을 나타내는 양적 변수 간의 관계로 해석할 수 있다. 즉 범주형 변수의 하위수준에 의한 집단 사이에 양적 변수의 평균에 차이가 있는가를 탐구하는 것이다.

두 독립집단의 평균의 차이가 있는지를 비교하는 경우는 상관연구와 실험연구 모두에서 발견할 수 있다. 상관연구의 예로, 남녀 사이에 언어능력에 차이가 있는지 알아보기 위하여 남녀 각 50명을 무작위로 선정하여 두 집단의 언어능력 점수의 평균을 비교하는 경우를 들 수 있는데, 집단을 나타내는 성별이 범주형 독립변수, 평균을 나타내는 언어능력이 양적 종속변수가 된다. 두 가지 학습방법 A, B의 효과를 비교하기 위하여 연구 대상자 100명을 무작위로 두 집단으로 나눈 뒤, 한 집단은 A방법으로 다른 집단은 B방법으로 일정기간 동안 학습한 뒤 두 집단의 성취를 측정해서 그 평균을 비교하는 경우는 실험연구에 해당된다. 여기서도 집단을 나누는 학습방법이 범주형 독립변수, 평균을 나타내는 성취점수가 양적 종속변수가 된다. 특히 이러한 실험연구의 경우에서는 비록 각 집단별 50명을 대상으로 연구하였지만 개념적으로는 각각 A방법과 B방법으로 학습한 무한의 두 모집단에서 각각 50명씩 표본을 선정하였다고 간주하는 것이다.

어느 경우이든 표본의 평균차이를 근거로 하여 두 모집단의 평균에 차이가 있는지를 추정하는 것이 주목적이라고 할 수 있다. 통계적인 측면에서 보면 두 표본의 평균차이 ($\overline{X_1} - \overline{X_2}$)로 두 모집단의 평균차이 ($\mu_1 - \mu_2$)를 추정하는 것이다.

두 독립집단의 평균을 비교하는 경우 SPSS로 분석하기 위해서는 집단을 나타내는 변수가 범주형 독립변수, 평균을 구한 변수가 양적 종속변수로 두 개의 변수를 확인하여 입력해야 한다.

1. 필요한 가정

두 독립집단 평균비교에 대한 t검증에는 다음의 3가지 가정이 필요하다.

정규성 가정: 두 모집단 모두 정규분포를 한다.
등분산성 가정 ($\sigma_1^2 = \sigma_2^2$): 두 모집단의 분산은 동일하다.
독립성 가정: 두 모집단은 서로 독립적이다.

정규성 가정은 모집단이 정규분포를 해야만 $\bar{X}$가 정규분포를 하고, $\bar{X}$가 정규분포를 해야만 이로부터 검증통계량 Z나 t를 유도할 수 있다. 단일모집단의 경우와 마찬가지로 두 모집단이 정규분포를 하지 않아도 중심극한정리에 의해 n_1과 n_2가 충분히 크면 $(\overline{X_1} - \overline{X_2})$도 거의 정규분포에 접근한다.

등분산성 가정은 두 모집단의 평균은 다를지 모르지만 분산은 같다고 가정하는 것이다. 이 가정은 검증통계량 t 유도에 수학적인 이유로 필요하기 때문이다.

독립성 가정은 두 집단이 서로 독립적으로 각 집단의 평균은 다른 집단의 평균의 영향을 받지 않는다는 의미이다. 예를 들어 음주가 운전 중 정지신호에 대한 반응속도에 미치는 영향을 알아보기 위해 성인 남자 60명을 선정하여 30명씩 두 집단으로 나누어 한 집단은 일정량의 술을 마시게 한 후, 그리고 다른 집단은 맑은 정신에서 운전 시뮬레이트에 태워 정지신호에 제동장치를 밟는 속도를 측정하여 평균을 비교한 경우는 서로 독립적이다. 그런데 30명을 선정하여 먼저 맑은 정신에서 실험을 하고 동일 집단에 대해 음주 후 실험을 하여 두 평균을 비교한 경우 비독립적으로 이러한 경우는 다음 장에서 다룬다.

2. $(\overline{X_1} - \overline{X_2})$의 표집분포

두 독립집단의 평균비교 추정은 표본의 평균차이 $(\overline{X_1} - \overline{X_2})$로 두 모집단의 평균차이 $(\mu_1 - \mu_2)$를 추정하는 것이므로 $(\overline{X_1} - \overline{X_2})$의 표집분포가 필요하다. 〈그림 7-1〉과 같이 두 모집단이 각각 평균이 μ_1, 분산이 σ_1^2, 그리고 평균이 μ_2, 분산이 σ_2^2인 정규분포를 한다고 하자. 각 모집단에서 표본의 크기 n_1과 n_2로 표본을 뽑아 표본의 평균 $\overline{X_1}$, $\overline{X_2}$를 구해 두 평균의 차이 $(\overline{X_1} - \overline{X_2})$를 구한다고 해 보자. 이 과정을 무한히 반복하여 $(\overline{X_1} - \overline{X_2})$를 무한히 구하여 그 분포, 즉 표집분포를 구하면 이 분포의 평균과 분산은 다음과 같다.

$$E(\overline{X_1} - \overline{X_2}) = \mu_1 - \mu_2 \qquad V(\overline{X_1} - \overline{X_2}) = \frac{\sigma_1^2}{n_1} + \frac{\sigma_2^2}{n_2}$$

위의 관계는 두 모집단의 분포와는 관계없이 항상 성립한다. 그런데 두 모집단이 정규분포를 하면 $(\overline{X_1} - \overline{X_2})$의 표집분포도 정규분포를 한다.

$$(\overline{X_1} - \overline{X_2}) \sim N\left(\mu_1 - \mu_2,\ \frac{\sigma_1^2}{n_1} + \frac{\sigma_2^2}{n_2}\right)$$

단일집단의 경우와 마찬가지로 두 모집단이 정규분포를 하지 않아도 중심극한정리에 의해 n_1과 n_2가 충분히 크면 $(\overline{X_1} - \overline{X_2})$도 거의 정규분포에 접근한다.

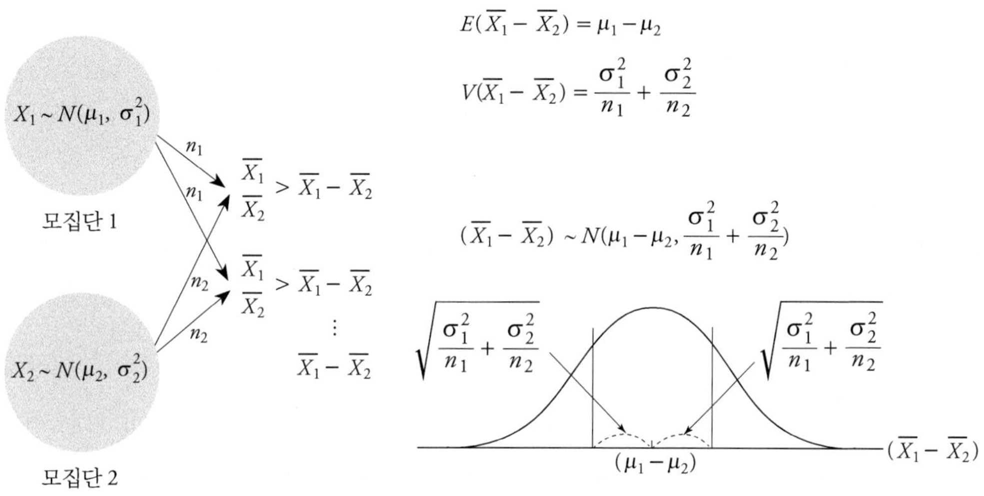

〈그림 7-1〉 $(\overline{X_1} - \overline{X_2})$의 표집분포

3. $(\overline{X_1} - \overline{X_2})$의 검증통계량

앞 장의 가설검증의 논리에서 논의한 바와 같이 우리의 표본에서 구한 $(\overline{X_1} - \overline{X_2})$ 값이 충분히 나타날 수 있는 표집오차인지 아니면 매우 드문 경우인지 알기 위해서는 $(\overline{X_1} - \overline{X_2})$의 표집분포에서 $(\overline{X_1} - \overline{X_2})$ 값의 확률을 구해야 한다. $(\overline{X_1} - \overline{X_2})$의 표집분포가 정규분포를 하므로 확률을 구하기 위해서는 먼저 Z로 변환해야 한다.

$$Z = \frac{(\overline{X_1} - \overline{X_2}) - (\mu_1 - \mu_2)}{\sqrt{\sigma_1^2/n_1 + \sigma_2^2/n_2}}$$

일반적으로 우리의 관심사는 μ_1과 μ_2가 같은가에 집중되어서 $H_o;\ \mu_1 - \mu_2 = 0$이므로 위의 식은 다음과 같이 나타낼 수 있다.

$$Z = \frac{(\overline{X_1} - \overline{X_2})}{\sqrt{\sigma_1^2/n_1 + \sigma_2^2/n_2}} \sim N(0, 1)\text{: 모집단의 } \sigma_1^2 \text{ 과 } \sigma_2^2 \text{ 을 알 때}$$

그러나 두 모집단의 분산을 모르는 경우에는 단일모집단의 경우처럼 σ_1^2과 σ_2^2 대신 표본의 분산 S_1^2과 S_2^2을 사용해야 한다. 그런데 앞 등분산성 가정에서 $\sigma_1^2 = \sigma_2^2$이므로 σ_1^2과 σ_2^2에 동일한 값을 넣어야 한다. 따라서 S_1^2과 S_2^2은 동일한 σ^2을 두 번 추정한 셈이 되므로 가장 적절한 값은 S_1^2과 S_2^2을 평균한 값 또는 통합한(pooled) 값을 넣어야 한다. S_1^2은 $(n_1 - 1)$개의 정보(자유도)가, S_2^2은 $(n_2 - 1)$개의 정보가 들어갔으므로 다음과 같이 일종의 가중평균 S_p^2를 구해 사용한다.

$$S_p^2 = \frac{(n_1 - 1)S_1^2 + (n_2 - 1)S_2^2}{(n_1 - 1) + (n_2 - 1)} = \frac{(n_1 - 1)S_1^2 + (n_2 - 1)S_2^2}{n_1 + n_2 - 2}$$

만약 $n_1 = n_2$이면 가중치가 동일하므로 위 식은

$$S_p^2 = \frac{S_1^2 + S_2^2}{2}$$

가 되며 이는 처음의 식에 $n_1 = n_2$를 대입하여도 같은 결과를 얻을 수 있다. σ_1^2과 σ_2^2 대신에 이 S_p^2 값을 사용하면 검증통계량은 다음과 같이 자유도 $df = (n_1 + n_2 - 2)$인 t검증이 된다.

$$t = \frac{(\overline{X_1} - \overline{X_2})}{\sqrt{S_p^2/n_1 + S_p^2/n_2}} = \frac{(\overline{X_1} - \overline{X_2})}{S_p\sqrt{1/n_1 + 1/n_2}} \sim t_{n_1 + n_2 - 2}\text{: 모집단의 } \sigma_1^2 \text{과 } \sigma_2^2 \text{을 모를 때}$$

$(\overline{X_1} - \overline{X_2})$의 표준오차(SE: standard error)

$$\text{SE of } (\overline{X_1} - \overline{X_2}) = \sqrt{\frac{\sigma_1^2}{n_1} + \frac{\sigma_2^2}{n_2}} \text{ : } \sigma_1^2 \text{과 } \sigma_2^2 \text{을 아는 경우}$$

$$\text{SE of } (\overline{X_1} - \overline{X_2}) = \sqrt{\frac{S_p^2}{n_1} + \frac{S_p^2}{n_2}} \text{ : } \sigma_1^2 \text{과 } \sigma_2^2 \text{을 모르는 경우}$$

신호(Signal)/잡음(Noise) 해석

두 독립집단 평균비교의 검증통계량 Z나 t는 다른 측면에서도 해석할 수 있다.

분자 $(\overline{X_1} - \overline{X_2})$는 두 집단 간 평균차이로 독립변수 효과가 반영된 것으로 Signal(Model)로 볼 수 있고, 분모는 집단 내 차이로 집단 내 분산이 반영된 것으로 이는 동일 집단 내에

서 차이로 독립변수의 효과와 관계없는 요소로 모형의 측면에서 보면 Noise(error)로 볼 수 있다.

따라서 Z와 t는 Signal 대 Noise의 비율 Signal/Noise로 해석할 수 있다. 즉 집단 간 평균 차이(Signal)가 의미 있으려면 집단 내 차이의 정도(Noise)와 비교해서 커야 하는 것이다.

4. 두 모집단 평균 차이 ($\mu_1 - \mu_2$)의 신뢰구간 추정

앞의 두 검증통계량으로부터 다음과 같이 100(1 −α)% 신뢰구간을 추정할 수 있다.

$$(\overline{X_1} - \overline{X_2}) \pm Z_{\alpha/2}\sqrt{\frac{\sigma_1^2}{n_1} + \frac{\sigma_2^2}{n_2}}$$: 모집단의 σ_1^2과 σ_2^2을 알 때

$$(\overline{X_1} - \overline{X_2}) \pm t_{(n_1 + n_2 - 2), \alpha/2}\sqrt{\frac{S_p^2}{n_1} + \frac{S_p^2}{n_2}}$$: 모집단의 σ_1^2과 σ_2^2을 모를 때

5. 등분산성 가정에 문제가 있는 경우

두 독립집단 t검증의 경우 두 모집단의 분산(변량: variance)이 동일하다는 등분산성 가정이 필요하다. 그런데 일반적으로 두 표본의 크기가 같은 경우 이 가정은 큰 문제가 되지 않는 것으로 알려져 있다. (검증통계량이 가정의 위반에도 크게 영향을 받지 않을 때 그 검증통계량이 해당 가정에 대해 robust하다(항내성이 크다)고 한다.) 그런데 SPSS의 t검증에서는 이 가정의 타당성을 Levene test로 검증한다. Levene test는 H_o: $\sigma_1^2 = \sigma_2^2$, H_a: $\sigma_1^2 \neq \sigma_2^2$을 검증하는 것이므로 이 검증이 유의하지 않으면 등분산성 가정에 큰 문제가 없다고 판단하여 앞 식과 같이 일반적인 t검증을 실시한다.

그런데 $n_1 \neq n_2$이고 동시에 Levene test 결과가 유의하면 등분산성 가정에 문제가 있으므로 두 분산이 같다고 가정하여 S_1^2과 S_2^2을 평균(pooling)하여 구한 S_p^2을 이용하여 t값을 산정한 앞의 식에는 문제가 있다. 이 경우 다음과 같이 t값은 원래의 S_1^2과 S_2^2으로 구하고 대신 자유도 df값을 교정해 준다.

$$t' = \frac{\overline{X}_1 - \overline{X}_2}{\sqrt{\dfrac{S_1^2}{n_1} + \dfrac{S_2^2}{n_2}}} \qquad df' = \frac{(S_1^2/n_1 + S_2^2/n_2)^2}{(S_1^2/n_1)^2/(n_1 - 1) + (S_2^2/n_2)^2/(n_2 - 1)}$$

여기서 t'는 Cochran-Cox의 t, df'는 Welch-Satterthwaite의 df라고 한다.

따라서 SPSS의 결과(〈그림 7-6〉)에서 먼저 Levene F검증결과를 보고 유의하지 않으면 ($p > .05$) 등분산성 가정에 문제가 없으므로 output(〈그림 7-6〉)의 **Equal variance assumed (등분산이 가정됨)** 줄의 결과를 해석하게 되며 이는 원래의 t의 값들에 해당된다. 만약 $n_1 \neq n_2$이고 동시에 Levene F검증결과가 유의하면 ($p < .05$) 등분산성 가정에 문제가 있으므로 output의 **Equal variance not assumed (등분산이 가정되지 않음)** 줄의 결과를 해석하면 되고 이는 식 t'들의 값에 해당된다. 그러므로 등분산성 가정에 문제가 있는 경우 분석결과의 기술에서 등분산성 가정이 만족하지 않아 t는 Cochran-Cox의 t, 자유도 Welch-Satterthwaite의 df를 사용하였다고 기술하고 이들 값을 제시해 준다. 이 경우 df'가 정수로 떨어지지 않으면 반올림하여 정수 값을 제시해 준다.

6. 가설검증과 신뢰구간 추정의 예

제2장 〈표 2-1〉의 자료는 해당 교육청 관내에서 초등학교 6학년 남녀 사이에 **수행**과 **지필** 성취에 차이가 있는지를 알아보기 위해 수집한 자료라고 가정해 보자.

가설검증/양측검증

① 통계적 가설의 설정

H_o: $\mu_1 = \mu_2$ 또는 $\mu_1 - \mu_2 = 0$ / H_a: $\mu_1 \neq \mu_2$ 또는 $\mu_1 - \mu_2 \neq 0$

② 유의수준의 결정: $\alpha = 0.05$

③ 검증통계량, 임계치, 기각영역의 설정

$(\overline{X_1} - \overline{X_2})$로 $(\mu_1 - \mu_2)$를 추정하고 σ_1^2과 σ_2^2을 모르므로 독립집단 t검증

$df = (n_1 + n_2 - 2) = 38$, t분포표에서 $t_{(n_1 + n_1 - 2),\alpha/2} = t_{38,.025} = 2.021$(표에 $df = 38$ 값이 없어서 $df = 40$ 값을 택함). 따라서 임계치와 기각영역은 다음과 같음

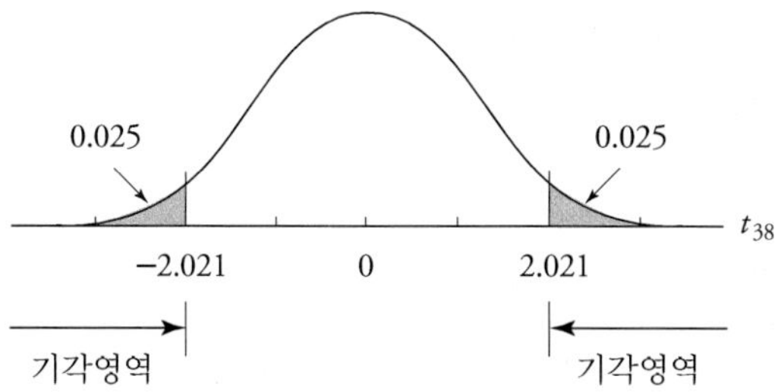

〈그림 7–2〉 양측검증의 임계치와 기각영역

④ 검증통계치 계산

수행의 경우

$\overline{X_1} = 15.40 \quad S_1 = 2.037 \quad S_1^2 = 4.147 \qquad \overline{X_2} = 13.25 \quad S_2 = 2.049 \quad S_2^2 = 4.197$

$$S_p^2 = \frac{S_1^2 + S_2^2}{2} = (4.147 + 4.197)/2 = 4.172$$

$$t = \frac{(\overline{X_1} - \overline{X_2})}{\sqrt{S_p^2/n_1 + S_p^2/n_2}} = \frac{(15.40 - 13.25)}{\sqrt{4.172/20 + 4.172/20}} = \frac{2.15}{0.646} = 3.328$$

지필의 경우

$\overline{X_1} = 62.00 \quad S_1 = 9.509 \quad S_1^2 = 90.421 \qquad \overline{X_2} = 58.85 \quad S_2 = 9.686 \quad S_2^2 = 93.818$

$$S_p^2 = \frac{S_1^2 + S_2^2}{2} = (90.421 + 93.818)/2 = 92.120$$

$$t = \frac{(\overline{X_1} - \overline{X_2})}{\sqrt{S_p^2/n_1 + S_p^2/n_2}} = \frac{(62.00 - 58.85)}{\sqrt{92.120/20 + 92.120/20}} = \frac{3.15}{3.035} = 1.038$$

⑤ 의사결정 및 결론

수행의 경우

$t = 3.328 > 2.021$이므로 기각영역에 속함. 따라서 H_o 기각하고 H_a 채택

⇒ 남녀 사이의 수행평가 평균에는 통계적으로 유의한 차이가 있었다.

지필의 경우

$t = 1.038 < 2.021$으로 기각영역에 속하지 않음. 따라서 H_o 기각 실패, H_a 채택 실패

⇒ 남녀 사이의 지필평가 평균에는 통계적으로 유의한 차이가 없었다.

가설검증/단측검증

연구자가 어떤 근거에 의해 남자의 평균이 여자의 평균보다 높을 것이라는 가설을 세웠다고 가정

① 통계적 가설의 설정

H_o: $\mu_1 = \mu_2$ 또는 $\mu_1 - \mu_2 = 0$ / H_a: $\mu_1 > \mu_2$ 또는 $\mu_1 - \mu_2 > 0$

② 유의수준의 결정: $\alpha = 0.05$

③ 검증통계량, 임계치, 기각영역의 설정

t분포표에서 $t_{n_1, n_2, \alpha} = t_{38, .05} = 1.684$(표에 $df = 38$ 값이 없어서 $df = 40$ 값을 택함). 따라서 임계치와 기각영역은 다음과 같음

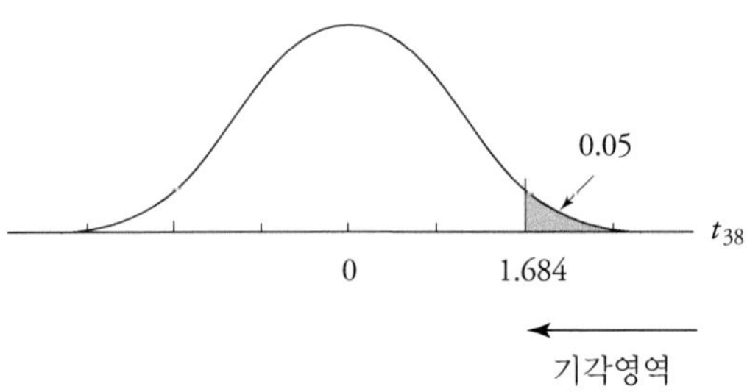

〈그림 7-3〉 단측검증의 임계치와 기각영역

④ 검증통계치 계산: 양측검증의 경우와 동일

⑤ 의사결정 및 결론

수행의 경우

$t = 3.328 > 1.684$이므로 기각영역에 속함. 따라서 H_o 기각하고 H_a 채택

⇒ 남자의 수행평가 평균이 여자의 수행평가 평균보다 통계적으로 유의하게 높았다.

지필의 경우

$t = 1.038 < 1.684$으로 기각영역에 속하지 않음. 따라서 H_o 기각 실패, H_a 채택 실패

⇒ 남자의 지필평가 평균은 여자의 지필평가 평균보다 통계적으로 유의하게 높지는 않았다.

$(\mu_1 - \mu_2)$의 95% 신뢰구간

신뢰구간 계산에 필요한 값들은 가설검증의 양측검증에서 이미 계산되어 있다.

수행의 경우

$$(\overline{X_1} - \overline{X_2}) \pm t_{(n_1+n_2-2),\alpha/2}\sqrt{\frac{S_p^2}{n_1}+\frac{S_p^2}{n_2}} = 2.15 \pm 2.021 \times 0.646$$

$$= 2.15 \pm 1.306 = (0.844, 3.456)$$

지필의 경우

$$(\overline{X_1} - \overline{X_2}) \pm t_{(n_1+n_2-2),\alpha/2}\sqrt{\frac{S_p^2}{n_1}+\frac{S_p^2}{n_2}} = 3.15 \pm 2.021 \times 3.035 = 3.15 \pm 6.134$$

$$= (-2.984, 9.284)$$

가설검증과 신뢰구간의 비교

앞 장에서 논의한 바와 같이 유의수준 α의 양측검증의 결과와 $100(1-\alpha)\%$ 신뢰구간에는 공통점이 있다. 수행의 경우 가설검증에서 남녀 사이의 평균에는 유의한 차이, 즉 0과 다르다는 결론을 얻었고, 신뢰구간 (0.844, 3.456) 안에도 0을 포함하고 있지 않다. 반면에 지필의 경우에는 남녀 사이의 평균에 유의한 차이를 발견하지 못해 평균차이가 0일 수도 있다는 의미이며 신뢰구간 (−2.984, 9.284) 안에 0을 포함하고 있다.

Signal/Noise 해석

수행평가의 표본 평균차이 2.15보다 지필평가의 평균차이 3.15가 더 큼에도 불구하고 수행평가 평균에 통계적으로 유의한 차이가 나타난 반면 지필평가에서는 유의한 차이가 나타나지 않은 것을 Signal/Noise 측면에서 해석해 볼 수도 있다. 수행평가의 경우는 각 집단의 표준편차가 2점 정도이지만 지필평가의 경우는 9점 정도로 평균차이에 비해 월등히 높게 나타나 Signal(평균차이)에 비해 Noise(집단 내 차이 즉 집단 내 표준편차)가 높아 평균차이에서 의미 있는 차이를 발견하지 못한 것이다.

7. SPSS 분석방법

이미 이 자료가 **SPSS Data Editor**에 입력이 완료되어 제2장 〈그림 2−8〉의 상태까지 와 있다고 가정한다.

데이터 편집기 메뉴 줄에서 **Analyze → Compare Means → Independent-Sample T Test**를 클릭하면 다음의 〈그림 7−4〉와 같은 **Independent-Sample T Test** 대화상자가 나타난다. 왼

쪽 상자의 변수 이름에서 검증할 종속변수인 **수행**을 클릭하여 선정한 뒤 가운데 화살표 중 위의 화살표를 클릭하면 **수행** 변수 이름이 왼쪽에서 오른쪽 위 **Test Variable(s)** 상자로 이동한다. 만약 **수행**뿐만 아니라 다른 변수, 예를 들어 **지필** 점수도 집단 간 차이의 *t*검증을 하고 싶으면 이들 변수들도 동시에 **Test Variable(s)** 상자로 이동시켜 검증할 수 있다. 다음은 집단을 나타내는 **성별** 변수를 선정하여 밑의 화살표를 클릭하면 **Grouping Variable** 상자로 이동한다. 이 때 집단 변수의 어떤 값이 어느 집단을 나타내는지를 정의하라는 의미로 **성별** 변수 이름 옆에 물음표(??)가 나타난다.

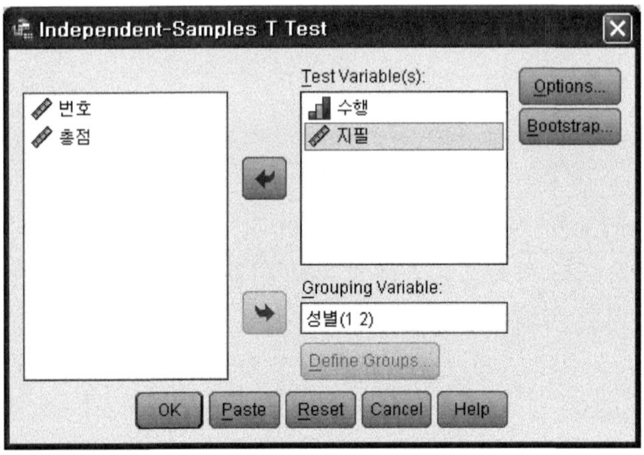

〈그림 7-4〉

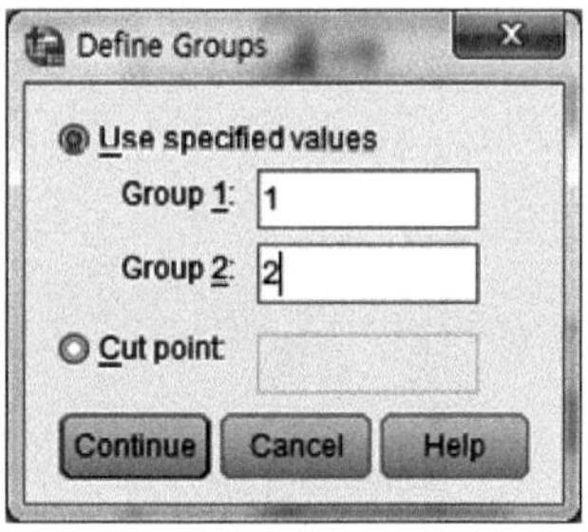

〈그림 7-5〉

집단 정의를 위해 대화상자 밑의 **Define Groups**를 클릭하면 다시 〈그림 7-5〉와 같은 **Define Groups** 대화상자가 나타난다. 여기에 집단 1은 변수 값이 1임을, 집단 2는 변수 값이 2임을 표시하고 **Continue**를 클릭하면 다시 〈그림 7-4〉로 돌아오며 현재 〈그림 7-4〉에는 이 단계까지 나타나 있다. 이 화면에서 **OK**를 클릭하면 *t*검증의 통계분석이 시행되고 그 결과가 뷰어 화면에 나타난다.

다음의 〈그림 7-6〉은 예시 자료를 분석한 결과를 나타낸 **Viewer** 화면의 일부이다.

먼저 상부의 표는 **성별**로 평균(mean)과 표준편차(Std. Deviation), 표준오차(Std. Error)를 보여 주고 있다. 여기서 **수행**의 경우 남자(1)가 여자(2)보다 표본 평균이 2.15점이, **지필**은 3.15점이 높음을 알 수 있다. *t*검증은 이러한 표본의 차이로 남녀 두 모집단의 평균이 다르다고 할 수 있느냐를 추론하는 것이라고 할 수 있다.

〈그림 7-6〉의 하부에는 먼저 **Levene의 등분산 검증(Levene's Test for Equality of Variance)**의 결과가 나와 있다. 이 검증은 두 모집단 *t*검증의 가정 중의 하나인 등분산 가정

을 검증하는 것이다. 만약 이 검증의 결과 두 모집단의 분산이 다르다는 증거가 없으면 등분산 가정이 타당한 것으로 간주하고 일반적인 t검증의 결과를 해석한다. 즉 표에서 **등분산이 가정됨(equal variances assumed)** 부분을 해석한다. 그러나 분산이 다르다는 증거가 있으면 반대로 **등분산이 가정되지 않음(equal variances not assumed)** 부분을 해석한다. 등분산이 가정되지 않은 경우의 t는 Cochran–Cox의 t, df는 Welch–Satterthwaite의 df임을 앞에서 언급한 바 있다. 예시의 경우, 분산이 같다는 귀무가설에 관한 F검증 결과 유의도가 각각 .900과 .845로 모두 분산이 동일하다는 귀무가설을 기각하지 못하여 분산이 다르다는 증거를 발견하지 못했다. 이는 상부의 표에서 두 집단의 표준편차를 보면 거의 동일한 값이므로 예상된 결과라고 할 것이다. 따라서 여기서는 일반적인 t검증의 결과 즉 **등분산이 가정됨(equal variances assumed)** 부분을 해석해야 할 것이다.

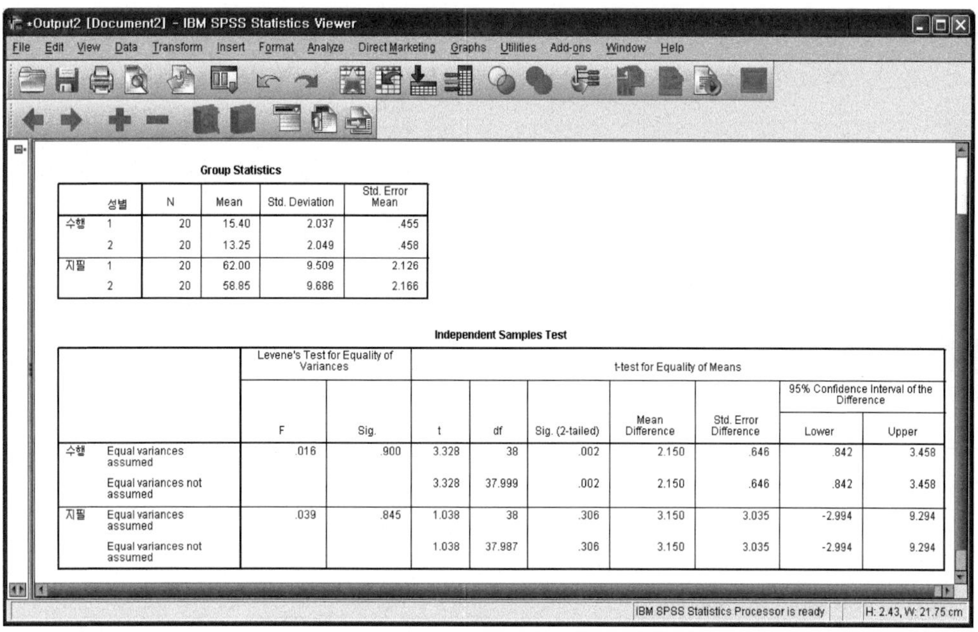

Group Statistics

	성별	N	Mean	Std. Deviation	Std. Error Mean
수행	1	20	15.40	2.037	.455
	2	20	13.25	2.049	.458
지필	1	20	62.00	9.509	2.126
	2	20	58.85	9.686	2.166

Independent Samples Test

		Levene's Test for Equality of Variances		t-test for Equality of Means						
									95% Confidence Interval of the Difference	
		F	Sig.	t	df	Sig. (2-tailed)	Mean Difference	Std. Error Difference	Lower	Upper
수행	Equal variances assumed	.016	.900	3.328	38	.002	2.150	.646	.842	3.458
	Equal variances not assumed			3.328	37.999	.002	2.150	.646	.842	3.458
지필	Equal variances assumed	.039	.845	1.038	38	.306	3.150	3.035	-2.994	9.294
	Equal variances not assumed			1.038	37.987	.306	3.150	3.035	-2.994	9.294

〈그림 7–6〉

우선 **수행**의 경우, 검증통계량 t값은 3.328, 자유도(df)는 38, 그리고 관찰 유의도 p(유의확률)의 값은 0.002이다. p값은 두 모집단의 평균이 같은 경우, 표본의 선정에 따른 우연에 의해 이러한 표본의 평균차이가 적어도 2.15가 나올 확률이 0.002라는 의미로 해석할 수 있다. 이 확률이 아주 작은 값이라면 2.15는 우연에 의해 차이가 난 것이 아니라 모집단의 평균이 다르기 때문이라고 결론지어 두 집단 사이에 유의한 차이가 있다고 결론짓는다. 만약 이 확률이 그리 낮은 값이 아니라면 두 모집단의 평균이 다르다고 주장할 수 있는 근거가 없어지는 것이다. 그러면 확률이 어느 정도 되어야 아주 낮다고 할 것인가가 문제가 된다. 통계분석에서는 관례적으로 0.05 또는 0.01을 기준으로 하여 이보다 작으면 확률이 아주 낮다고 보고 판단을 내린다. 따라서 예시 결과의 경우 p값 0.002는 이들 값보다 작으므로 두 평균의 차이 2.15는 유의한 차이라는 결론을 내린다. 표에서 평균차이 2.15는 두 표본 집단의 평균의 차이를 말하고 그 다음의 차이의 표준오차 .646은 t검증통계량의 분모의 값이다. 따라서 평균차이 2.15를 차이의 표준오차 .646으로 나누면 t값이 3.328이 됨을 확인할 수 있을 것이다. 마지막에 나와 있는 두 개의 값은 두 모집단의 평균차이에 대한 95% 신뢰구간을 나타낸다. 따라서 남녀 수행평가 평균성취 차이에 대한 95% 신뢰구간은 (.842, 3.458)이 된다.

지필의 경우는 $t(38) = 1.038$, $p = .306$으로 유의하지 않아 두 집단의 평균차이 3.15는 통계적으로 유의하지 않다. 그리고 **지필**의 95% 신뢰구간은 (−2.994, 9.294)가 된다.

여기서 한 가지 주목할 점은 유의한 평균차이가 나타난 **수행**의 경우 95% 신뢰구간 내에 0을 포함하지 않은 반면 차이가 유의하지 않은 **지필**의 경우는 0을 포함하고 있다. 이는 가설검증(유의성 검증)과 신뢰구간이 서로 동일한 정보를 포함하고 있음을 의미한다. 유의한 차이가 나타난 경우 차이가 0일 가능성이 극히 낮다는 의미이므로 신뢰구간 내에 0이 포함되지 않는 반면 차이가 유의하지 않은 경우 0일 가능성도 있다는 의미이므로 신뢰구간 내에 0이 포함된다. 이러한 관계는 유의수준 α 양측검증과 $100(1-\alpha)\%$ 신뢰구간 사이에서 성립된다.

앞 가설검증과 신뢰구간 추정에서 계산한 값과 SPSS 결과와 미세한 차이가 나는 것은 앞 계산에서는 t분포표에 $df = 38$ 값이 없어 $df = 40$ 값을 사용하였고, 계산과정에서 반올림을 했기 때문이다. 실제 $t_{40,\,0.025} = 2.0244$로 이 값을 사용하면 동일한 결과를 얻을 수 있다.

8. 효과의 크기와 검증력 분석

효과의 크기와 검증력 분석에 대해서는 제6장에서 자세하게 논의하므로 여기서는 간단히 유의한 결과가 나온 검증에 대해서는 효과의 크기를, 유의하지 않은 것은 사후 및 추후 검증력 분석을 **G*Power3** 프로그램을 이용하여 시행해 보기로 한다. 가장 바람직한 것은 연구자가 사전에 기대하는 ES와 검증력을 먼저 설정하고 이를 만족하기 위한 표본의 크기를 산정하는 사전 검증력 분석을 시행하는 것이다.

효과의 크기 산출

통계적으로 유의한 차이가 나타난 수행평가의 경우, 성별 차이에 의한 효과의 크기를 산출해 보자. 다음의 〈그림 7-7〉은 **G*Power3**에서 두 독립집단 *t*검증에 대한 ES 산출 창이다. 각 집단의 평균과 표준편차를 해당 상자에 입력한 후, **Calculate**를 클릭하여 ES d = 1.05가 산출된 것을 보여 준다.

d의 산출식인 Hedges의 식에 〈그림 7-6〉에서 산출된 값을 입력해서 구해도 동일한 값을 얻을 수 있다.

$$g = \frac{|\bar{X}_1 - \bar{X}_2|}{\sqrt{\dfrac{(n_1-1)S_1^2 + (n_2-1)S_2^2}{n_1+n_2-2}}} = \frac{|15.4 - 13.25|}{\sqrt{\dfrac{2.037^2 + 2.049^2}{2}}} = 1.05$$

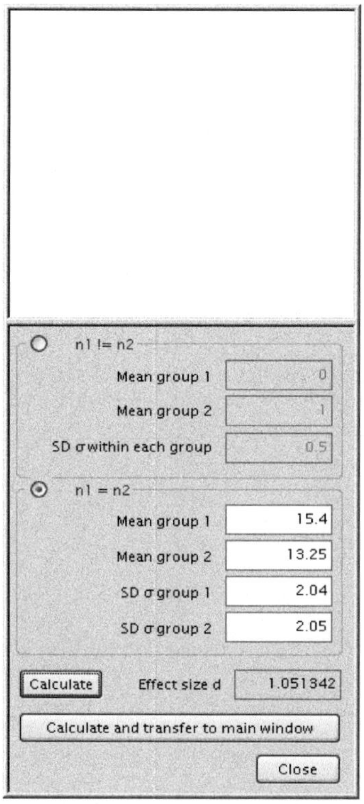

〈그림 7-7〉 G*Power3의 ES 산출 창

검증력 분석

통계적으로 유의하지 않은 결과가 나온 지필평가에 대해서 사후 검증력 분석(post hoc power analysis)과 소급 검증력 분석(retrospective power analysis)을 실시해 보자. 먼저 주어진 표본의 크기($n_1 = 20$, $n_2 = 20$)에서 유의수준 $\alpha = .05$, 양측검증으로 중간 정도의 ES인 $d = .5$ 정도의 효과를 기대한 경우의 검증력, 즉 사후검증력을 추정해 보자. 다음의 〈그림 7-8〉은 **G*Power3**에서 주어진 정보를 입력하고 **Calculate**를 클릭하여 검증력을 산출한 것이다. 이 결과에 의하면 중간 정도의 ES에 대한 이 연구의 검증력은 .34로 일반적인 기준치 .8보다 상당히 낮았음을 알 수 있다.

다음으로 추후 비슷한 내용의 연구를 대비하여 이 연구결과에서 얻은 ES가 전형적인 효과의 크기라고 가정했을 때, 이 연구의 관찰 검증력을 추정해 보자. 이를 소급 검증력 분석이라고 한다. 먼저 지필평가 분석결과에서 각 집단의 평균과 표준편차를 〈그림 7-7〉과 같은 ES 창에 입력하여 관찰된 ES를 산출하면 $d = .328$을 얻을 수 있다. 이 ES 값을 〈그림 7-8〉과 같은 창에 다른 정보와 입력하여 관찰 검증력을 구하면 .173을 얻을 수 있다.

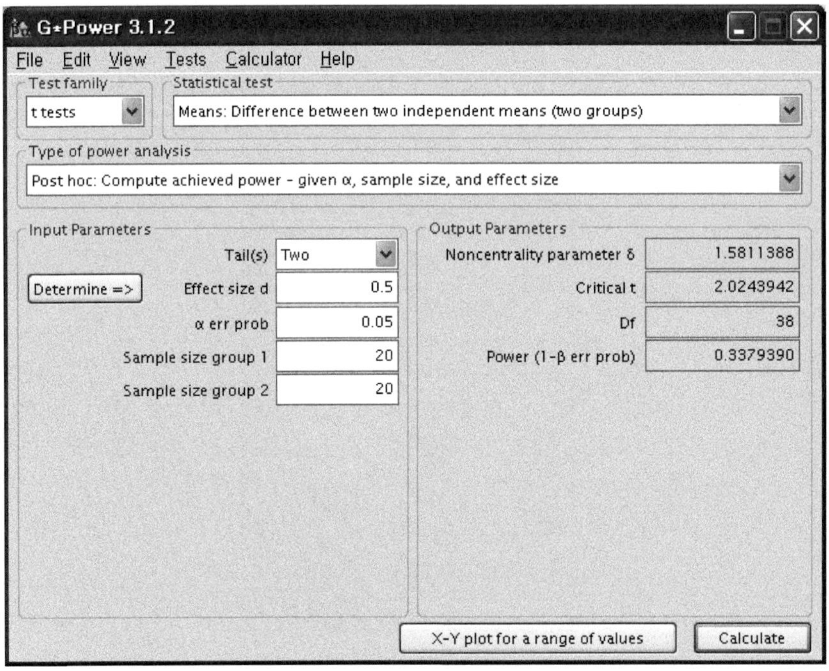

〈그림 7-8〉

9. 분석결과의 기술

분석결과를 학술지에 발표하거나 논문으로 작성하는 경우, 유의한 결과가 나온 수행평가 점수에 대한 분석 결과는 다음과 같이 진술할 수 있을 것이다.

> "남자와 여자의 수행평가 점수를 비교한 결과, 남자(M = 15.40, SD = 2.04)의 평균이 여자(M = 13.25, SD = 2.05)보다 2.15점 높았으며 이는 통계적으로 유의하였다: $t(38) = 3.328$, $p < 0.01$(또는 $p = .002$). 두 집단의 평균차이의 95% 신뢰구간은 2.15 ± 1.308 = (.842, 3.458)이었다. 효과의 크기는 $d = 1.05$로 Cohen의 기준으로 매우 높은 수준의 실제적 유의성을 보여 주었다."
>
> "수행평가 점수의 경우, 남자(M = 15.40, SD = 2.04)와 여자(M = 13.25, SD = 2.05) 사이에는 통계적으로 유의한 차이가 있었으며 ($t(38) = 3.328$, $p = 0.002$(또는 $p < .01$)), 평균차이의 95% 신뢰구간은 2.15 ± 1.308 = (.842, 3.458)이었다. 효과의 크기도 $d = 1.05$로 Cohen의 기준으로 매우 높은 수준의 실제적 유의성을 보여 주었다."

유의한 차이가 나타나지 않은 지필검사 점수에 대한 분석결과는 다음과 같이 진술할 수 있을 것이다.

> "남자와 여자의 지필검사 점수를 비교한 결과, 남자(M = 62.0, SD = 9.51)의 평균이 여자(M = 58.85, SD = 9.69)의 평균보다 3.15점 높았으나, 이는 통계적으로 유의하지 않았다: $t(38) = 1.038$, $p = .306$(또는 $p > .1$). 이 연구의 표본의 크기($n_1 = 20$, $n_2 = 20$)에 기초한 검증력 분석결과 중간 정도의 효과의 크기를 검출할 검증력은 .34로 일반적인 기준치 .8에 비해 상당히 부족하였다. 표본에서 얻은 효과의 크기 $d = .328$가 이 분야의 전형적인 효과의 크기라고 가정했을 때, 관찰 검증력은 .173으로 매우 낮았다. 이 효과의 크기에 대한 검증력이 80% 정도 되기 위해서는 각 집단별 표본의 크기로 147명, 전체 294명이 필요한 것으로 나타났다."

위의 진술에서는 유의한 경우 효과의 크기를, 유의하지 않은 경우 검증력 분석의 결과를 포함하고 있지만 대개의 연구자들은 이 내용을 무시하고 있는 실정이다.

경우에 따라서는 위 분석결과를 표와 함께 제시할 수도 있다. 표를 제시하는 경우, *p*값을 제시하거나 아니면 해당 *t*값에 *, ** 등을 붙여 표시할 수도 있다. 예를 들어 예시자료의 수행평가 점수, 그리고 지필검사 점수에 대한 남녀 간 비교의 결과는 다음의 두 가지 형식 중의 하나로 제시할 수 있다. 과거에 컴퓨터를 사용하지 않고 직접 *t*값을 계산하여 그 *p*값을 표를 이용하여 구한 경우에는 후자의 형식 〈표 7−2〉를 많이 사용했으나 지금은 컴퓨터에 의해 정확한 p값을 구할 수 있으므로 전자의 형식 〈표 7-1〉을 택하는 것이 바람직할 것이다. 이와 같이 표와 함께 제시하는 경우에는 설명 속에 구체적인 통계치는 제시하지 않을 수도 있다.

〈표 7-1〉

변수	집단	n	M	SD	평균차이	95% CI	t	p	ES(d)
수행평가	남자	20	15.40	2.04	2.15	(.842, 3.458)	3.328	0.002	1.05
	여자	20	13.25	2.05					
지필평가	남자	20	62.00	9.51	3.15	(−2.994, 9.294)	1.038	.306	
	여자	20	58.85	9.69					

〈표 7-2〉

변수	집단	n	M	SD	평균차이	95% CI	t	ES(d)
수행평가	남자	20	15.40	2.04	2.15	(.842, 3.458)	3.328**	1.05
	여자	20	13.25	2.05				
지필평가	남자	20	62.00	9.51	3.15	(−2.994, 9.294)	1.038	
	여자	20	58.85	9.69				

$^{*}p < 0.05$, $^{**}p < 0.01$

실습 문제

서식 환경에 따라 인지 발달에 차이가 나는지를 알아보고자 한다. 방금 태어난 쥐 20마리를 무작위로 10마리씩 두 집단으로 배분하여 한 집단은 자극이 풍부한 환경(사다리, 터널, 바퀴, 수영장, 화려한 색깔 등)을 갖춘 우리에서, 그리고 다른 집단은 아무 것도 없는 우리에서 사육하였다. 다 자란 후에 미로 찾기 훈련을 시키고 난 뒤, 최종적으로 각 쥐가 몇 번의 시도 만에 미로를 탈출하는지를 측정한 결과 다음과 같았다.

자극이 풍부한 우리 집단: 18 24 27 23 31 29 20 33 25 30
자극이 부족한 우리 집단: 37 27 26 31 35 43 40 36 28 39

1) 이 연구의 연구문제를 기술해 보시오.
2) 이 연구의 독립변수는? 그리고 하위수준은?
3) 이 연구의 종속변수는?
4) 이 연구의 설계를 기호로 표시하고 그 설계이름을 기술하시오.
5) 이 연구는 어떤 성격의 변수 간의 관계를 탐구하고 있는가? (즉 양적 변수, 질적 변수 등의 관계)
6) 이 연구는 실험연구인가, 상관연구인가?
7) SPSS를 이용하여 각 집단의 평균과 표준편차를 구하시오.
8) SPSS를 이용하여 두 집단의 평균에 차이가 있는지를 검증하시오.
9) 이 연구자는 여러 가지 제약으로 처음부터 각 집단별로 10마리의 쥐만 구할 수 있었다고 했을 때, 유의수준 .05, 단측검증으로 중간 정도의 효과의 크기를 검출할 수 있는 이 연구의 검증력을 G*Power3를 이용하여 구하시오.
10) G*Power3를 이용하여 이 연구결과의 효과의 크기 *d*를 구하고 해석하시오.
11) 분석결과를 기술하시오.

8장 두 종속집단(짝 이룬 집단)의 평균비교: 종속표본 *t*검증

앞 제7장에서는 독립적인 두 집단의 평균 차이에 대해 다루었다. 그런데 두 집단이 서로 독립적이 아닐 때에는 앞의 방법을 그대로 적용할 수 없다. 독립집단과 비독립집단의 예를 들어 보자.

어떤 회사에서 직무연수 프로그램의 효과를 알아보기 위한 연구

- 독립집단 설계의 경우
  연구대상자 40명을 선정하여 무작위로 두 집단으로 나눈 후 한 집단은 연수를 실시하고 다른 집단은 통제집단으로 연수 대신 다른 활동. 연수 후 두 집단의 직무능력 평균을 비교

- 종속집단 설계의 경우
  연구대상자 20명을 대상으로 연수 직전에 직무능력 사전검사를 실시하고 연수 직후에 직무능력 사후검사를 실시하여 사후검사 점수의 평균과 사전검사 점수의 평균을 비교

음주가 응급상황에 반응하는 시간에 영향을 주는가를 알아보기 위한 연구

- 독립집단 설계의 경우
  연구대상자 40명을 선정하여 무작위로 두 집단으로 나눈 후 한 집단은 음주 후, 다른 집단은 통제집단으로 맑은 정신으로 운전 시뮬레이트에서 빨간 신호등에 브레이크를 밟는 시간을 측정하여 두 집단의 반응속도 평균을 비교

- 종속집단 설계의 경우
  연구대상자 20명을 대상으로 먼저 맑은 정신으로 실험한 후 다시 음주 후 실험하여 두 반응속도의 평균을 비교

기혼 성인 남녀 사이의 가사노동 시간 비교

- 독립집단 설계의 경우
  기혼 성인 남녀 30명을 각각 선정하여 평균 가사노동 시간을 비교

- 종속집단 설계의 경우
  부부 30쌍을 선정하여 부인과 남편의 평균 가사노동 시간을 비교

위의 첫 번째와 두 번째의 종속집단 설계의 예에서는 사전검사 집단과 사후검사 집단은 동일한 구성원으로 이루어져 있고, 세 번째의 예에서 부부라는 관계이므로 종속집단이며, 또 양 집단의 구성원은 서로 짝을 지을 수 있으므로 짝 이룬 집단이라고도 한다. 따라서 독립집단의 경우 두 집단의 개체수, 즉 표본의 크기가 다를 수 있지만 종속집단의 경우는 서로 짝을 지을 수 있으므로 개체수가 동일하다.

종속집단 설계의 장점은 먼저 독립집단 설계에 비해 연구대상자의 수가 적어도 된다. 그리고 두 집단 연구대상자가 동일하므로 두 집단의 대상자 차이에 의한 평균차이가 통제되어 오차가 감소하여 검증력이 높아질 수 있다.

단점으로는 사전검사의 효과가 사후검사에도 영향을 주는 전이효과가 있는 경우에는 문제가 있으므로 이 설계를 사용하지 말아야 한다.

종속집단 평균비교 분석은 각 개체별로 두 집단 사이의 차이(D)를 구해 차이 점수로 이루어진 하나의 집단에 대해 단일 표본 t검증을 실시하므로 단일집단 t검증과 동일하다.

D = (사후검사 점수 − 사전검사 점수) 또는 D = (사전검사 점수 − 사후검사 점수)

$\bar{D}$: 차이 점수 D의 표본평균

S_D: 차이 점수 D의 표본 표준편차

μ_D: 차이 점수 D의 모집단 평균

1. 두 종속 모집단 평균 차이의 신뢰구간 추정

두 종속 모집단 평균 차이의 100(1 − α)% 신뢰구간은 다음과 같다.

$$\bar{D} \pm t_{n-1,\alpha/2}\, S_D/\sqrt{n}$$

2. 두 종속 모집단 평균 차이에 대한 가설검증

통계적 가설

H_o: $\mu_1 = \mu_2$ (또는 $\mu_D = 0$)

H_a: $\mu_1 \neq \mu_2$ (또는 $\mu_D \neq 0$) (양측검증)

또는

$\mu_1 < \mu_2$ 또는 $\mu_1 > \mu_2$ (단측검증)

가정

두 모집단은 정규분포를 한다. (정규성 가정)

두 모집단의 분산은 동일하다. (등분산성 가정)

검증통계량

$$t = \frac{\overline{D} - \mu_D}{S_D / \sqrt{n}} \sim t_{n-1}$$

3. SPSS 분석방법

다음의 〈표 8-1〉은 어느 회사에서 연수생 20명에 대한 직무연수 프로그램을 시작하기 전의 직무능력 검사 점수(사전검사)와 끝난 직후의 검사 점수(사후검사)의 가상적인 자료이다. 여기서 우리의 관심사는 연수 프로그램 전후에 직무능력 점수에 변화가 있었는지를, 즉 두 모집단의 평균에 차이가 있는지를 검증하고자 하는 것이다.

다음의 〈그림 8-1〉은 위의 자료를 입력한 **SPSS Data Editor** 화면의 일부이다. 자료 입력 시 주의해야 할 점은 짝을 이루는 자료가 하나의 케이스로 입력이 되어야 한다는 것이다. 예를 들어 부부 30쌍의 가사노동 시간을 조사했다면 한 부부가 한 케이스가 되는 것이다.

참고 연구대상자의 신변이 노출되지 않도록 무기명으로 자료를 수집해야 하는 경우 신변이 노출되지 않으면서 각 짝을 연결시킬 수 있는 방안을 강구해야 한다.

〈표 8-1〉

연수생	사전검사	사후검사	연수생	사전검사	사후검사
1	47	56	11	44	50
2	38	39	12	40	45
3	43	52	13	43	52
4	42	46	14	49	52
5	43	40	15	38	43
6	40	41	16	37	38
7	39	41	17	41	47
8	45	52	18	49	47
9	34	37	19	46	53
10	38	48	20	43	50

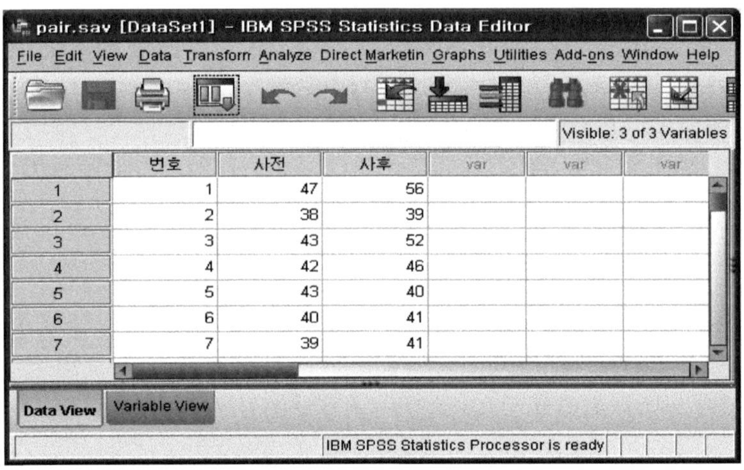

〈그림 8-1〉

편집기 화면의 메뉴 줄에서 **Analyze** → **Compare Means** → **Paired-Samples T Test**를 클릭하면 다음의 〈그림 8-2〉과 같은 대화상자가 나타난다. 왼쪽 상자에서 **사후**와 **사전**의 차이를 분석할 목적이면 **사후**를 먼저 오른쪽 상자로 옮기고 다음에 **사전**을 옮기면 그림에서처럼 오른쪽 상자에 두 변수 이름이 나타난다. 두 평균의 차이에 대한 신뢰구간의 신뢰도를 정의하기 위해서는 **Options**를 클릭하여 신뢰구간의 신뢰도를 정의할 수 있는데 여기서도 사용자가 따로 정의하지 않으면 자동적으로 95%가 설정된다. **Options** 화면에서

Continue를 클릭하여 앞 대화상자로 돌아와 여기서 **OK**를 클릭하면 분석결과가 담긴 〈그림 8－3〉의 **SPSS Viewer** 화면을 얻을 수 있다.

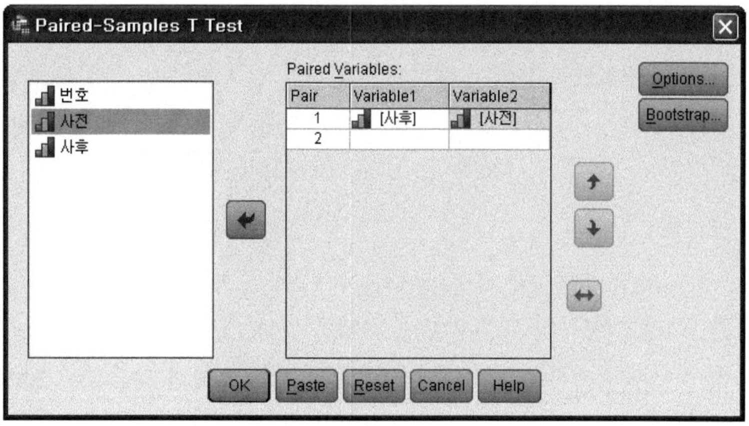

〈그림 8–2〉

〈그림 8－3〉은 예시자료의 분석결과가 나타난 **Viewer** 화면이다.

Paired Samples Statistics

		Mean	N	Std. Deviation	Std. Error Mean
Pair 1	사후	46.45	20	5.698	1.274
	사전	41.95	20	4.045	.905

Paired Samples Correlations

		N	Correlation	Sig.
Pair 1	사후 & 사전	20	.761	.000

Paired Samples Test

		Paired Differences					t	df	Sig. (2-tailed)
					95% Confidence Interval of the Difference				
		Mean	Std. Deviation	Std. Error Mean	Lower	Upper			
Pair 1	사후 - 사전	4.500	3.706	.829	2.765	6.235	5.430	19	.000

〈그림 8–3〉

먼저 가장 상단의 표에는 사전검사 점수와 사후검사 점수의 평균(**Mean**)과 표준편차(**Std. Deviation**) 그리고 각 평균에 대한 표준오차(**Std. Error**)가 나와 있다. 사후검사 점수의 평균은 46.45, 사전검사 점수의 평균은 41.95이다. 하부 표에서 그 차이가 4.5점이며 p값이 0.000으로 이 차이는 통계적으로 유의함을 알 수 있다. 즉 직무연수 프로그램에 의해 직무능력 점수에 통계적으로 유의한 증가가 있었다는 결론을 얻을 수 있다.

가운데 표는 사전검사와 사후검사 점수 사이의 상관계수(**Correlation**)가 0.761이며 이 값에 대한 관찰 유의도 $p < .001$임을 보여 준다. 상관계수에 관한 것은 뒤의 장에서 논의한다.

〈그림 8-3〉의 하부 표에서는 우선 사후검사와 사전검사의 차이 점수의 평균이 4.5, 표준편차가 3.71, 그리고 평균의 표준오차가 .83임을 알 수 있다. 평균 4.5를 표준오차 .83으로 나누면 t값이 5.43이 됨을 확인할 수 있을 것이다. 이 분석의 자유도는 20 − 1 = 19로 앞에서도 언급한 바와 같이 차이 점수로 구성된 단일 표본 t검증이 이루어졌기 때문이다. 결과의 관찰 유의도 p값은 .000이다. 이는 직업연수가 이루어지기 전 모집단의 직무능력 평균(사전검사의 평균)과 연수 후의 모집단 평균이 차이가 없음에도 불구하고 표집에 따른 우연에 의해 적어도 평균차이가 4.5가 될 확률이 .000이라는 것이다. 따라서 이 확률은 관례적인 확률 0.01이나 0.05에 비추어 극히 낮아 두 모집단의 평균이 같으면 이러한 차이가 날 가능성이 거의 없으므로 우리는 두 모집단의 평균이 다르다는 결론을 내릴 수 있는 것이다. 즉 두 모집단의 평균이 같다는 또는 차이 점수의 평균이 같다는 귀무가설(영가설)을 기각하고 두 모집단의 평균이 다르다는 대립가설을 채택하게 되는 것이다.

마지막으로 사후검사와 사전검사 차이의 모집단 평균에 대한 95% 신뢰구간은 (2.765, 6.235)임을 알 수 있다.

4. 효과의 크기 분석

다음의 〈그림 8-4〉는 **G*Power3**의 ES 계산 창에 사후검사와 사전검사의 평균 및 표준편차, 그리고 두 점수 간의 상관계수를 입력하고 효과의 크기를 계산한 결과를 보여 준다.

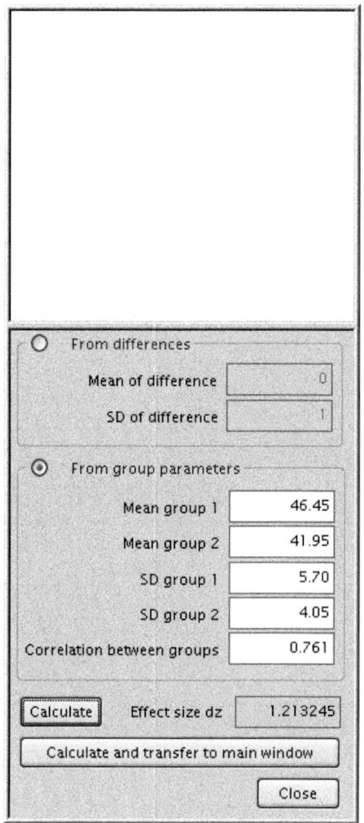

〈그림 8-4〉

산출된 효과의 크기 $d = 1.21$로 매우 높은 수준임을 알 수 있다. 〈그림 8-3〉의 결과를 이용하여 직접 계산하는 경우

$$d = \frac{\overline{D}}{S_D} = 4.5/3.706 = 1.21$$

로 동일한 값을 얻을 수 있다.

그런데 차이 점수의 표준편차 S_D 대신 일부 전문가가 제안한 사전검사의 표준편차를 사용하면

$$d = \frac{\overline{D}}{S_{\text{pre}}} = 4.5/4.05 = 1.11$$

이 된다.

5. 분석결과의 기술

"직무연수 프로그램 시행의 결과, 연수 전(M = 41.95, SD = 4.05)보다 연수 후(M = 46.45, SD = 5.70) 직무능력 점수가 평균 4.5점 증가하였으며 이는 통계적으로 유의하였다: $t(19) = 5.430$, $p < 0.001$. 그리고 직무연수의 효과의 크기는 $d = 1.21$로 매우 높은 수준이었다."

또는 다음과 같은 표와 함께 기술할 수도 있을 것이다.

	n	평균(M)	표준편차 (SD)	차이의 95% 신뢰구간	t	p	효과의 크기 (d)
연수 전	20	41.95	4.05	(2.765, 6.235)	5.430	0.000	1.21
연수 후		46.45	5.70				
차이		4.5	3.71				

실습 문제

에너지 소비절약 교육의 효과를 알아보고자 한다. 교육을 시작하기 전 12가구의 일주일간 휘발유 소비량을 먼저 조사한 후, 다시 교육 후에 소비량을 조사한 결과가 다음과 같았다.

가구	교육 전	교육 후
1	55	48
2	43	38
3	51	53
4	62	58
5	35	36
6	48	42
7	58	55
8	45	40
9	48	49
10	54	50
11	56	58
12	32	25

1) 이 연구의 연구문제를 기술해 보시오.
2) 이 연구의 독립변수는? 그리고 하위수준은?
3) 이 연구의 종속변수는?
4) 이 연구의 설계를 기호로 표시하고 그 설계이름을 기술하시오.
5) 이 연구는 어떤 성격의 변수 간의 관계를 탐구하고 있는가? (즉 양적 변수, 질적 변수 등의 관계)
6) 이 연구는 실험연구인가, 상관연구인가?
7) SPSS를 이용하여 교육 전과 교육 후의 평균과 표준편차를 구하시오.
8) SPSS를 이용하여 교육 전후의 평균에 차이가 있는지를 검증하시오.
9) 이 연구자는 여러 가지 제약으로 처음부터 12가구만 선정할 수 있는 상황이었다고 했을 때, 유의수준 .05, 단측검증으로 중간 정도의 효과의 크기를 검출할 수 있는 이 연구의 검증력을 G*Power3를 이용하여 구하시오.
10) G*Power3를 이용하여 이 연구결과의 효과의 크기 d를 구하고 해석하시오.
11) 분석결과를 기술하시오.

9장 두 양적 변수 간의 관계: 상관계수

두 양적 변수 간 관계는 SES(social economic status; 부모의 사회경제적 상태)와 성취 간의 관계, 신장과 체중 간의 관계, 내신점수와 수능시험 간의 관계 등을 예로 들 수 있다. 두 양적 변수 간의 관계는 크게 3가지 측면이 있다. 첫째는 관계의 방향이다. 한 변수의 값이 커짐에 따라 다른 변수의 값이 커지면 양의 상관(또는 정적 상관)이라 하고, 작아지면 음의 상관(또는 부적 상관)이라고 한다. 둘째, 관계의 강도이다. 즉 두 변수 간의 관계가 얼마나 강한가 하는 것이다. 셋째, 관계의 형태로 선형인가 비선형인가 하는 것이다.

관계의 방향

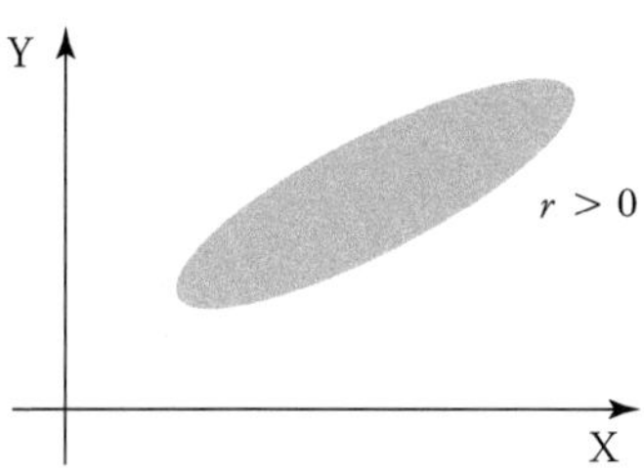

양의 상관(정적 상관)

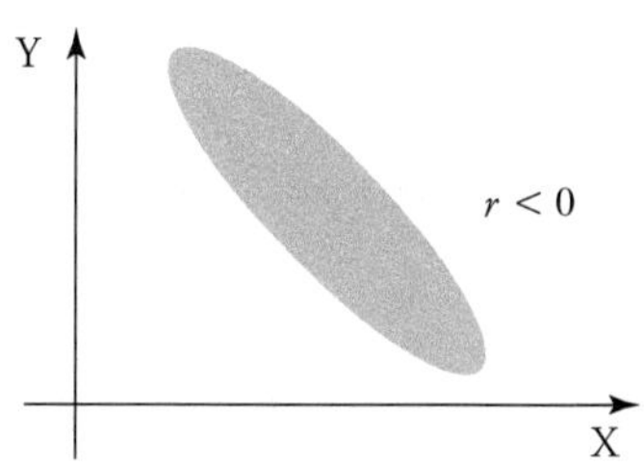

음의 상관(부적 상관)

① 양의 상관(정적 상관): 한 변수의 증가에 따라 다른 변수도 증가하는 경향

② 음의 상관(부적 상관): 한 변수의 증가에 따라 다른 변수는 감소하는 경향

관계의 강도

아래의 산포도에서 오른쪽으로 갈수록 관계가 강함

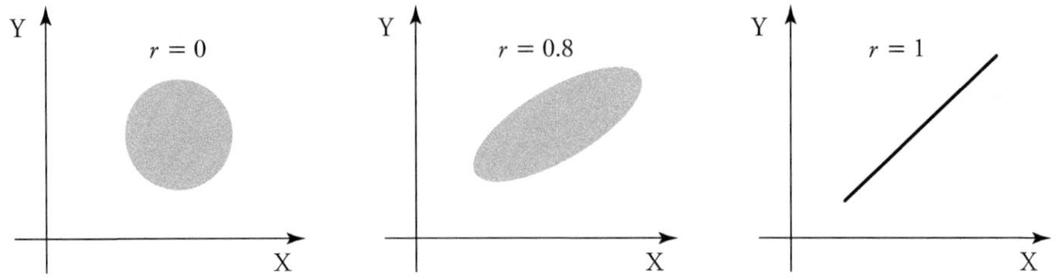

관계의 형태

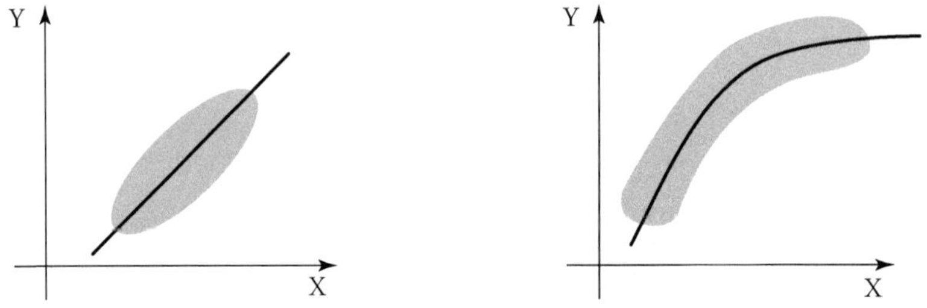

두 양적 변수 간의 관계를 분석하는 방법에는 위의 그림과 같은 산포도(scatter plot), 상관계수, 그리고 다음 장에서 다룰 단순회귀분석 등이 있다.

1. 상관계수(Pearson의 적률상관계수)

상관계수(r)는 두 양적 변수 간의 관계를 나타내는 데 가장 많이 사용되는 통계 중의 하나이다. 상관계수(r)는 $-1 \leq r \leq 1$의 범위를 지니며 우선 그 부호를 보면 관계의 방향을 알 수 있다. 두 변수 간의 관계가 양의 상관 방향이면 상관계수의 부호가 양, 음의 상관 방향이면 부호가 음이 된다. 그리고 두 변수가 관계가 강할수록 상관계수의 절대치가 1에 가까워진다. 마지막으로 상관계수는 두 양적 변수의 관계 형태가 선형인 경우에만 의미가 있다. 따라서 두 양적 변수 사이의 상관계수를 구하기 전에 반드시 두 변수 사이의 산포도를 그려 보아 두 변수 사이의 관계를 시각적으로 확인하는 것이 필요하다.

상관계수의 계산

$$r = \frac{\Sigma(X-\overline{X})(Y-\overline{Y})}{\sqrt{\Sigma(X-\overline{X})^2\Sigma(Y-\overline{Y})^2}}, \qquad -1 \le r \le +1 \tag{1}$$

모집단의 상관계수(ρ)의 유의성 검증

가설

H_o: $\rho = 0$

H_a: $\rho \neq 0$

검증통계량

$$t = \frac{r}{\sqrt{(1-r^2)/(n-2)}} \sim t_{n-2} \quad \text{또는} \quad F = \frac{r^2}{(1-r^2)/(n-2)} \sim F_{1,n-2} \tag{2}$$

예시자료

제2장 〈표 2−1〉 자료에서 수행평가 점수와 지필검사 점수 사이의 관계를 알아보고자 한다고 하자. 이미 이 자료가 **SPSS Data Editor**에 입력이 완료되어 제2장 〈그림 2−8〉의 상태까지 와 있다고 가정한다.

분석방법

먼저 상관계수를 구하기 전에 산포도를 먼저 출력해 보자. 메뉴 줄에서 **Graph** → **Legacy Dialog** → **Scatter/Dot**를 클릭하면 다음 〈그림 9−1〉과 같은 **Scatter/Dot** 대화상자가 나타난다. 이 상자에서 **Simple Scatter**를 선택하고 **Define**을 클릭하면 〈그림 9−2〉와 같은 **Simple Scatterplot** 대화상자가 나타난다. 여기에서 산포도의 X축과 Y축의 변수를 선택한 후 **OK**를 클릭하면 〈그림 9−3〉과 같은 산포도를 **Viewer** 화면에서 얻을 수 있다.

〈그림 9−3〉에서 지필검사 점수와 수행평가 점수 사이는 양의 관계이고 거의 선형임을 알 수 있다. 산포도를 검토한 결과 상관계수를 구하는 데 무리가 없음을 확인한 후, 상관계수를 구하기 위해서 **Analyze** → **Correlate** → **Bivariate**를 클릭하여 다음 〈그림 9−4〉의 **Bivariate Correlations** 대화상자를 불러낸다. 여기에 상관계수를 구하고자 하는 변수를 오른쪽 변수 상자로 이동시키고 **OK**를 클릭하면 〈그림 9−5〉와 같은 상관계수 분석결과를

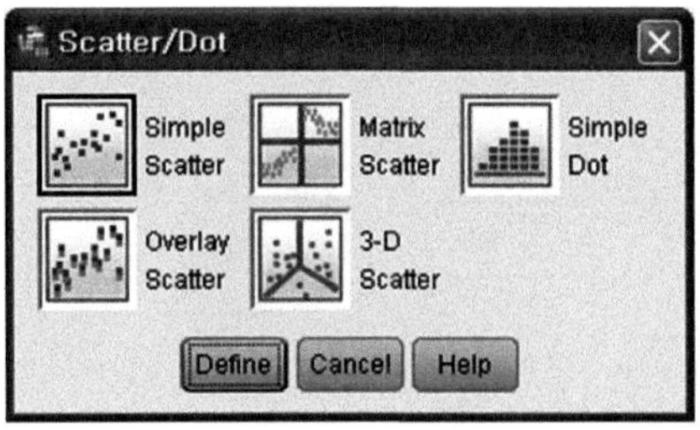

〈그림 9-1〉

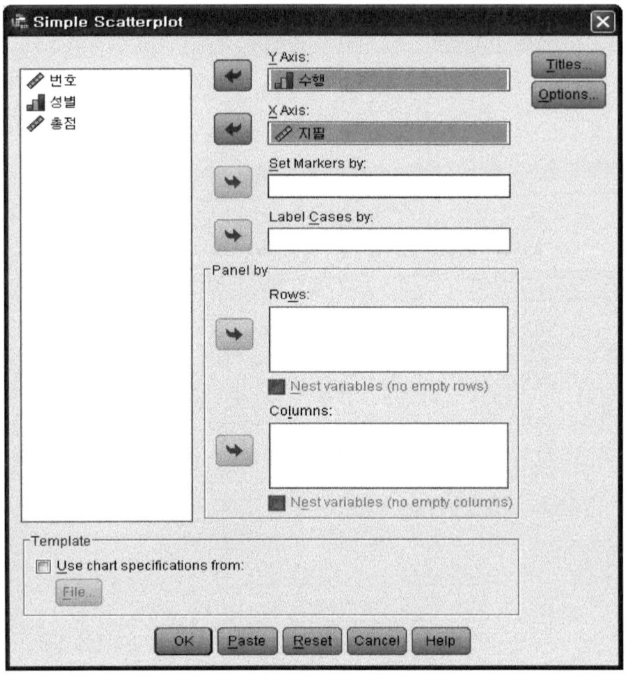

〈그림 9-2〉

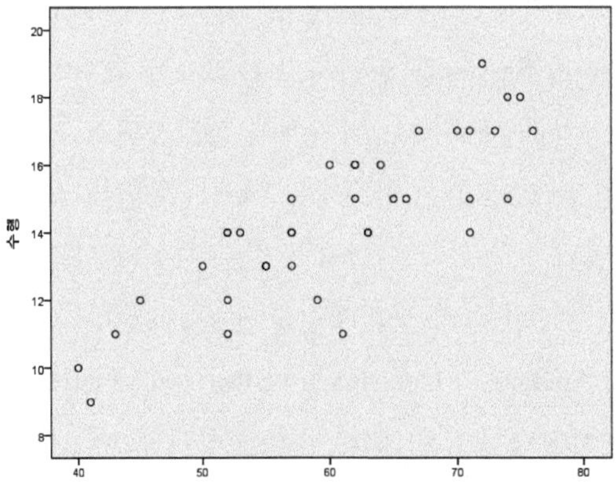

〈그림 9-3〉

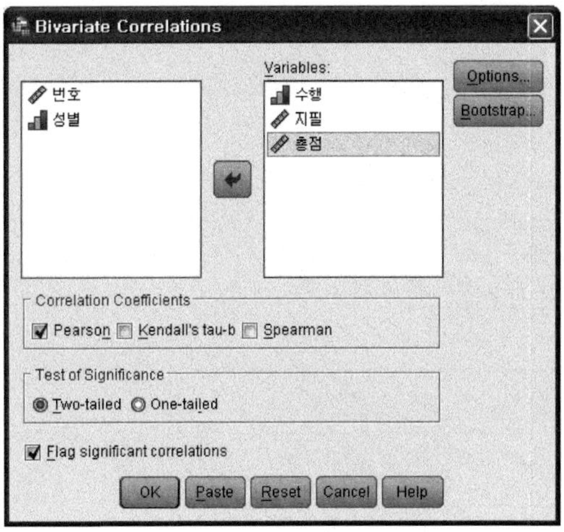

〈그림 9-4〉

Correlations

		수행	지필	총점
수행	Pearson Correlation	1	.833**	.889**
	Sig. (2-tailed)		.000	.000
	N	40	40	40
지필	Pearson Correlation	.833**	1	.994**
	Sig. (2-tailed)	.000		.000
	N	40	40	40
총점	Pearson Correlation	.889**	.994**	1
	Sig. (2-tailed)	.000	.000	
	N	40	40	40

〈그림 9-5〉

얻을 수 있다. 〈그림 9-4〉에서는 여러 변수 간의 상관계수를 한꺼번에 구하는 방법을 보여 주기 위해 **총점** 변수도 함께 포함시켰다.

분석결과 보기

이미 언급한 바와 같이 〈그림 9-3〉의 산포도를 살펴보면, 수행평가 점수와 지필검사 점수 사이에는 양적 상관관계가 존재하고 그 관계의 강도도 상당히 크며, 형태도 선형임을 알 수 있다. 〈그림 9-5〉와 같이 여러 변수 사이의 상관계수를 나타내는 이러한 표를 상관행렬(correlation matrix)이라고 한다. 이 표에서 우리는 **수행**과 **지필** 사이의 상관계수가 .833, **수행**과 **총점** 사이는 .889, 그리고 **지필**과 **총점** 사이는 .994임을 알 수 있다. 각 상관계수 밑에 나와 있는 값들은 각 상관계수의 p값이다. 이는 두 변수 사이의 상관계수가 0인 모집단에서 표본을 뽑아 표본의 상관계수를 구했을 때 우연에 의해 적어도 이 정도의 상관계수의 값이 나올 확률을 의미한다. 예를 들어 **수행**과 **지필** 사이의 p값이 .000이라는 의미는 실제로 모집단에서 수행평가 점수와 지필검사 점수 사이에 상관계수가 영인 모집단에서 이러한 표본을 뽑았을 때 우연에 의해 상관계수의 값이 적어도 .833이 나올 확률은 .000이라는 것이다. 따라서 우리는 **수행**과 **지필** 사이의 상관계수는 통계적으로 유의하다고 결론을 내릴 수 있는 것이다.

분석결과 기술

"수행평가 점수와 지필검사 점수 간의 상관계수는 .833으로 이는 통계적으로 유의하였다. (p < 0.001)."

"연구대상자 n = 40에 대하여 수행평가, 지필검사, 그리고 총점 사이의 관계를 분석하였다. 각 변수 사이의 상관계수와 유의성은 다음의 표와 같았다."

	지필검사	총점
수행평가	.833**	.889**
지필검사		.994**
n = 40, $^{**}p$ < 0.01		

실습 문제

어느 교육심리학자는 언어능력과 수리능력 간의 관계를 알아보기 위하여 학생 13명의 언어능력과 수리능력을 검사한 결과가 다음과 같았다.

학생	언어능력	수리능력
1	440	390
2	401	501
3	388	443
4	430	496
5	359	512
6	671	692
7	669	480
8	386	491
9	592	665
10	583	622
11	543	407
12	586	611
13	420	505

1) 이 연구의 연구문제를 기술해 보시오
2) 이 연구는 어떤 성격의 변수 간의 관계를 탐구하고 있는가? (즉 양적 변수, 질적 변수 등의 관계)
3) 이 연구는 실험연구인가, 상관연구인가?
4) SPSS를 이용하여 두 변수 사이의 관련성에 대해 분석하시오.

2. ρ가 0이 아닌 값에 대한 유의성 검증

검증방법

앞에서 H_o: $\rho = 0$ 경우, 표본 상관계수 r의 표집분포는 n이 아주 큰 경우 거의 정규분포를 하기 때문에 이에 대한 검증은 다음과 같은 t검증으로 수행하였다.

$$t = \frac{r}{\sqrt{(1 - r^2)/(n - 2)}} \sim t_{n-2} \tag{3}$$

그런데 H_o: $\rho = .5$ 경우처럼 H_o에서 ρ가 0이 아닌 경우 r의 표집분포는 극단적으로 편포되어 정규분포와는 거리가 멀기 때문에 위의 t검증을 사용할 수 없다. 이러한 경우에는 다음과 같은 Fisher의 Z변환으로 r을 표준정규분포 Z로 변환하는 것이 필요하다.

$$Z_r = \left(\frac{1}{2}\right)\log_e\left(\frac{1+r}{1-r}\right) \sim N\left(Z_\rho, \frac{1}{n-3}\right) \tag{4}$$

즉 r을 Z_r로 변환시키면 Z_r은 평균이 Z_ρ, 분산이 $\frac{1}{n-3}$인 정규분포에 접근한다. 여기서 Z_ρ는 H_o의 ρ에 대한 Fisher 변환 값이다. 이 변환을 이용하여 다음과 같은 Z검증을 실시할 수 있다.

$$Z = \frac{Z_r - Z_\rho}{\sqrt{\frac{1}{n-3}}} \sim N(0, 1) \tag{5}$$

그런데 SPSS의 메뉴에서는 이 검증을 직접적으로 제공하지는 않는다. 따라서 SPSS를 사용하고자 하는 경우 다소 번거롭지만 여러 번의 **Compute** 명령어를 사용하여야 한다. 여기서는 직접 계산으로 수행하는 방법과 SPSS에서 **Compute** 명령어를 사용하는 방법 모두를 제시한다.

직접 계산에 의한 검증 예

앞 수행평가와 지필평가 간의 상관계수 예에서 연구자는 어떤 이론적인 이유에서 모집단의 상관계수가 .5와 유의한 차이가 있는지 검증하려고 한다고 해 보자. 그러면 가설검증은 다음과 같은 단계로 수행될 것이다.

① $H_o: \rho = .5 \quad H_a: \rho \neq .5$

② $\alpha = .05$

③ 검증통계량 및 임계치의 결정

$H_o: \rho = 0$의 검증이 아니므로 Fisher의 Z변환에 의한 Z검증이 필요.

따라서 $Z_{\alpha/2} = Z_{.025} = 1.96$이므로 임계치는 ± 1.96

④ 검증통계치 산출

상관계수 r에서 Z_r 값으로의 Fisher 변환은 계산기를 이용하거나 각종 통계서적의 부록표를 이용할 수 있다. 먼저 표본의 상관계수는 $r = .833$이므로 이를 계산기를 이용하여 변환하면 다음과 같다.

$$Z_r = Z_{.833} = \frac{1}{2}\left(\log_e \frac{1+.833}{1-.833}\right) = 1.198$$

다음으로 $H_o: \rho = .5$이므로

$$Z_\rho = Z_{.5} = \frac{1}{2}\left(\log_e \frac{1+.5}{1-.5}\right) = .549$$

따라서

$$Z = \frac{Z_r - Z_\rho}{\sqrt{\frac{1}{n-3}}} = \frac{1.198 - .549}{\sqrt{\frac{1}{40-3}}} = 3.94$$

⑤ 의사결정

3.94 > 1.96으로 기각영역에 속하므로 표본의 상관계수 $r = .833$은 .5와 통계적으로 유의한 차이가 있다는 결론을 내린다.

SPSS를 이용한 계산방법

① 먼저 r과 ρ를 Fisher 변환하기 위해 〈그림 9-6〉에서와 같이 .833과 .5를 입력한다.

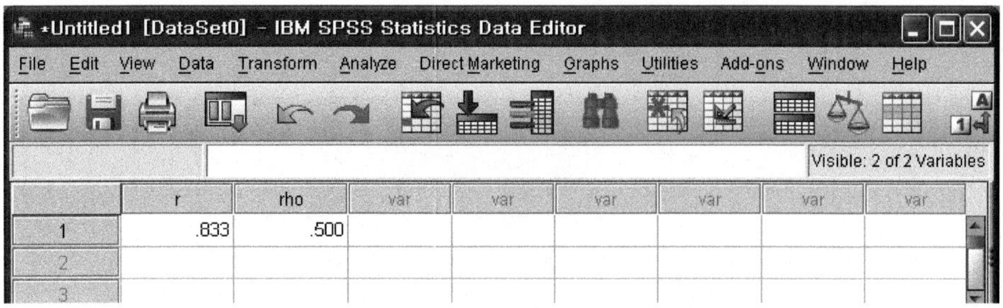

〈그림 9-6〉

② log 변환을 위해 메뉴에서 **Transform** → **Compute Variable**을 클릭하여 〈그림 9-7〉 **Compute Variable** 화면을 불러 오른쪽 **Function group** (함수집단)에서 **Arithmetic**을 선정하여 나타난 아래쪽 함수들 중 자연로그에 해당하는 **Ln**을 선택하면 가운데 쪽 밑 상자에 해당 함수에 관한 자세한 설명이 나타난다. 이 함수를 위쪽 방향 화살표를 클릭하여 위쪽의 **Numeric Expression**으로 옮겨 주고 함수의 설명을 참고로 필요한 요소들을 정의해 준다. 〈그림 9-7〉에서는 r을 Z_r로, 〈그림 9-8〉은 ρ를 Z_ρ로 변환시키기 위한 입력을 보여 주고 있다. 그리고 〈그림 9-9〉는 변환이 끝나고 난 뒤의 **Data Editor** 화면이다.

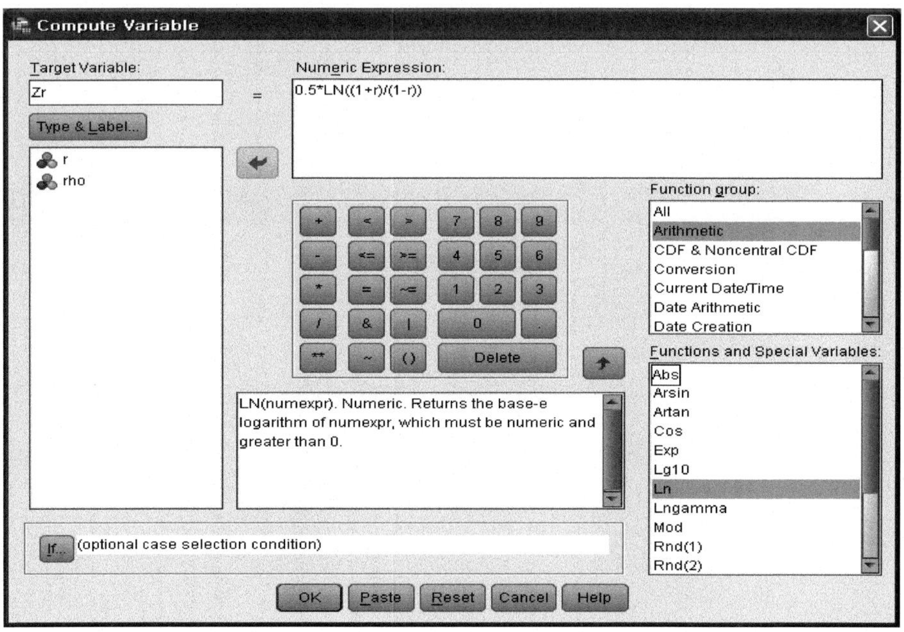

〈그림 9-7〉

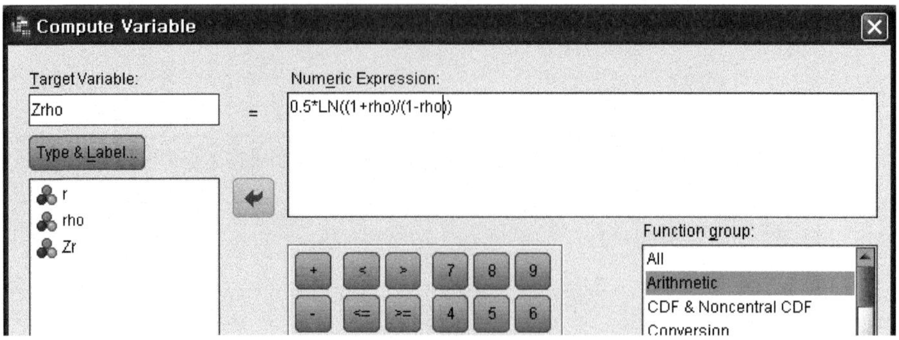

〈그림 9-8〉

〈그림 9-9〉

③ 이제는 식 (5)의 검증통계치 Z 값을 구하기 위해 〈그림 9-10〉과 같이 입력한다. 〈그림 9-11〉은 Z값을 구하고 난 후의 **Data Editor** 화면이다.

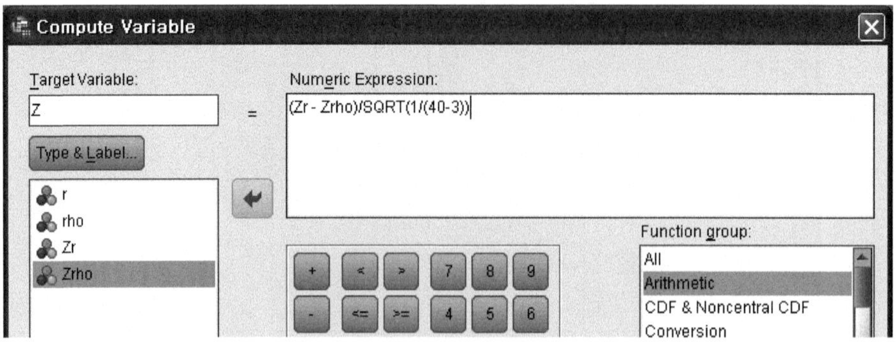

〈그림 9-10〉

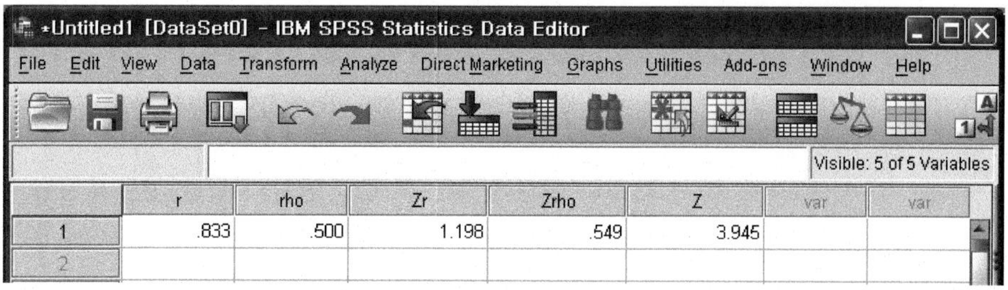

〈그림 9-11〉

④ 이제 마지막으로 구해진 *Z*값으로 *p*값을 구한다. 정규분포에서 구해진 *Z*값까지의 왼쪽 면적을 구해 이 값을 전체 면적 1에서 빼 주면 이 값이 Z값 오른쪽의 면적이다. 이 값을 2배 하면 *p*값이 된다. 〈그림 9-12〉는 이 과정을 보여 준다. 여기서 **CDF. NORMAL** 함수는 정규분포의 누적밀도함수이다. 〈그림 9-13〉은 전 계산과정의 마지막 결과를 보여 주는 **Data Editor** 화면이다. 여기서 이 *Z*검증의 *p*값은 $p < .001$ 임을 알 수 있다.

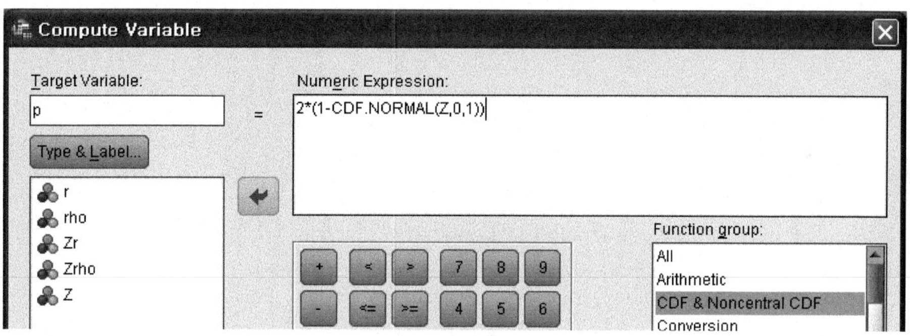

〈그림 9-12〉

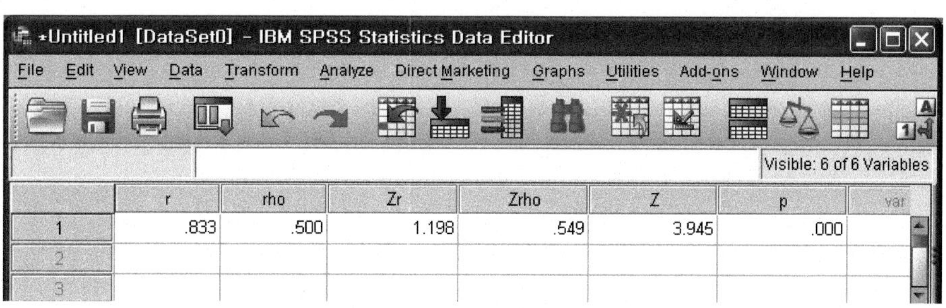

〈그림 9-13〉

3. 두 독립집단 상관계수 차이의 검증

검증방법

단일집단에서 ρ가 0이 아닌 경우와 마찬가지로 두 독립집단의 상관계수 차이 $(r_1 - r_2)$의 표집분포도 극심한 편포도를 보이므로 Fisher의 Z변환이 필요하다. r_1과 r_2에 대한 Z 변환은 앞의 식 (5)와 동일하다.

$$Zr_1 = \left(\frac{1}{2}\right)\log_e\left(\frac{1 + r_1}{1 - r_1}\right); \quad Zr_2 = \left(\frac{1}{2}\right)\log_e\left(\frac{1 + r_2}{1 - r_2}\right) \tag{6}$$

이 두 Z 점수의 차이는 다음과 같은 정규분포를 한다.

$$(Zr_1 - Zr_2) \sim N\left(Z_{\rho_1} - Z_{\rho_2}, \frac{1}{n_1 - 3} + \frac{1}{n_2 - 3}\right) \tag{7}$$

따라서 검증통계량 Z는 다음과 같다.

$$Z = \frac{(Z_{r_1} - Z_{r_2}) - (Z_{\rho_1} - Z_{\rho_2})}{\sqrt{\dfrac{1}{n_1 - 3} + \dfrac{1}{n_2 - 3}}} \tag{8}$$

대개 H_o: $\rho_1 = \rho_2$ $(\rho_1 - \rho_2 = 0)$이므로 $Z_{\rho_1} - Z_{\rho_2} = 0$이다.
따라서 위의 식 (8)은 다음과 같이 된다.

$$Z = \frac{Z_{r_1} - Z_{r_2}}{\sqrt{\dfrac{1}{n_1 - 3} + \dfrac{1}{n_2 - 3}}} \sim N(0, 1) \tag{9}$$

직접 계산에 의한 검증 예

여기서는 직접 계산에 의한 검증의 예시만 제시한다. SPSS 이용방법은 바로 앞에서 다룬 방법을 참고할 수 있을 것이다.

앞의 수행평가와 지필평가 간 상관계수의 예에서 남녀 간의 상관계수 차이가 유의한지 다음과 같이 단계별로 검증해 보기로 하자.

① H_o: $\rho_1 = \rho_2$ $\quad H_a$: $\rho_1 \neq \rho_2$

② $\alpha = .05$

③ 검증통계량과 임계치: Fisher의 Z 변환에 의한 Z검증이므로 임계치는 $Z_{.025} = \pm 1.96$

④ 검증통계치의 산출

남자와 여자의 상관계수는 각각 $r_1 = .924$, $r_2 = .816$이므로

$$Zr_1 = \left(\frac{1}{2}\right)\log_e\left(\frac{1+.924}{1-.924}\right) = 1.616$$

$$Zr_2 = \left(\frac{1}{2}\right)\log_e\left(\frac{1+.816}{1-.816}\right) = 1.145$$

따라서 식 (9)의 검증통계치 Z 값은

$$Z = \frac{Z_{r_1} - Z_{r_2}}{\sqrt{\dfrac{1}{n_1 - 3} + \dfrac{1}{n_2 - 3}}} = \frac{1.616 - 1.145}{\sqrt{\dfrac{1}{20-3} + \dfrac{1}{20-3}}} = \frac{.471}{.343} = 1.373$$

⑤ $Z = 1.373$은 임계치 1.96보다 작으므로 두 상관계수의 차이 $.924 - .816 = .108$은 $p > .05$로 통계적으로 유의하지 않다는 결론을 내린다.

4. 두 종속 상관계수 차이의 검증

검증방법

여기서 두 상관계수가 종속이라고 하는 것은 동일 집단 내에서 구한 두 상관계수 계산에서 한 변수가 공통으로 들어가 있는 경우를 말한다. 앞의 수행평가와 지필평가 상관의 예에서 40명의 지능도 함께 측정했다고 가정했을 때, 수행평가와 지능 간의 상관계수와, 지필평가와 지능 간의 상관계수는 서로 독립적이 아니라 종속적이다. 이러한 경우 두 상관계수 차이의 검증은 다음과 같은 t검증으로 이루어진다.

$$t = (r_{12} - r_{13})\sqrt{\frac{(n-1)(1+r_{23})}{2\left(\dfrac{n-1}{n-3}\right)|R| + \dfrac{(r_{12}+r_{13})^2}{4}(1-r_{23})^3}} \sim t_{n-3} \qquad (10)$$

앞의 예에서 X_1이 지능, X_2가 지필평가 점수, X_3가 수행평가 점수라면 위 식 (10)에서

r_{12} = 상관계수(X_1, X_2), r_{13} = 상관계수(X_1, X_3), r_{23} = 상관계수(X_2, X_3)이고 $|R|$은 세 변수 X_1, X_2, X_3 간 상관행렬의 determinant 값으로 다음과 같다.

$$|\mathrm{R}| = (1 - r_{12}^2 - r_{13}^2 - r_{23}^2) + (2r_{12}r_{13}r_{23})$$

직접 계산에 의한 검증 예

앞의 가상적인 예에서 지능과 지필검사 점수 사이의 상관계수가 $r_{12} = .654$, 지능과 수행평가 점수 사이의 상관계수가 $r_{13} = .482$, 지필검사와 수행평가 검사 점수 사이의 상관계수가 $r_{23} = .833$이라고 하고 단계적으로 가설검증을 시행해 보자.

① H_o: $\rho_{12} = \rho_{13}$ H_a: $\rho_{12} \neq \rho_{13}$

② $\alpha = .05$

③ 검증통계량과 임계치 결정

검증통계량은 t_{n-3}이므로 $df = n - 3 = 37$, $\pm t_{37,\,.025} = \pm 2.021$

④ 검증통계치 계산

$$|\mathrm{R}| = (1 - r_{12}^2 - r_{13}^2 - r_{23}^2) + (2r_{12}r_{13}r_{23}) = .171$$

$$t = (.654 - .482)\sqrt{\frac{(40-1)(1+.833)}{2\left(\frac{40-1}{40-3}\right)(.171) + \frac{(.654+.482)^2}{4}(1-.833)^3}} = 2.417$$

⑤ $t = 2.414$은 임계치 2.021보다 크므로 H_o 기각. 따라서 두 종속 상관계수의 차이 $.654 - .482 = .172$는 $p < .05$로 통계적으로 유의하다는 결론을 내린다.

10장 단순선형회귀분석

두 양적 변수 사이의 관계에서 한 변수로 다른 변수를 예측하기 위해, 즉 하나의 양적인 독립변수로 양적인 종속변수를 예측하기 위해 종속변수를 독립변수의 일차 선형 함수로 모형화하여 분석하는 것을 단순선형회귀분석(simple linear regression analysis)이라고 한다. 예를 들어 어느 교사가 학생들이 집에서 스스로 하는 공부시간은 학년말 학생들의 성적을 상당히 정확하게 예측할 수 있는 요소라고 믿고 있다고 하자. 이를 확인하기 위하여 이 교사가 무작위로 선정한 학생들에게서 하루의 공부시간을 학기 초에 조사하고 또한 학년말에 이들의 성취를 측정하여 이 성취를 공부시간의 일차 선형 함수로 모형화해서 이들 관계를 분석하는 것이 단순선형회귀분석이며 이때 만들어진 직선식이 회귀식이다. 성취를 Y, 공부시간을 X라고 한다면 X로 Y를 예측하는 회귀식은 다음의 〈그림 10-1〉과 같이 나타낼 수 있다.

회귀식에서 a는 절편(intercept), b는 기울기(slope)이고 이 둘을 회귀계수라고 한다. 그리고 $\hat{Y}$는 독립변수인 공부시간이 X인 개체의 종속변수인 성적의 예측치이다. 만약 이들

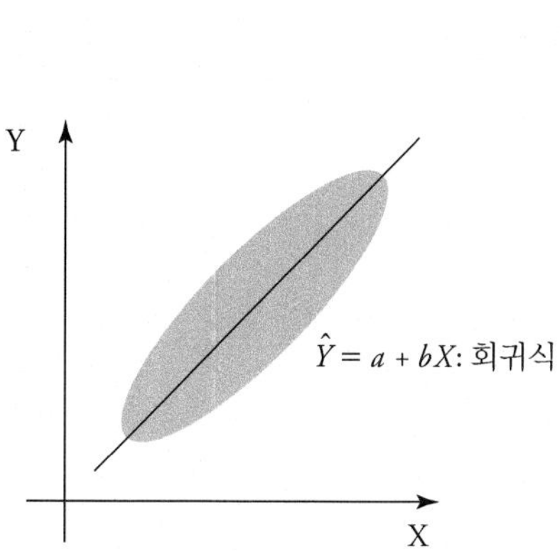

〈그림 10-1〉

관계가 충분히 강하다면, 이 회귀식을 이용하여 학기 초에 공부시간을 조사하여 학년말의 성취를 예측할 수 있을 것이다.

1. 회귀식의 추정: 최소자승법(최소제곱법: least squares method)

X와 Y 사이의 관계를 나타내는 직선식, 즉 a와 b 추정의 가장 일반적인 방법은 실제 관측치 Y와 모형에 의한 예측치 $\hat{Y}$와의 차이, 즉 오차의 제곱합이 최소가 되는 a와 b로 회귀식을 추정하는 방법이다. 즉 $\Sigma(Y - \hat{Y})^2$가 최소가 되는 a와 b를 구한다. 이 방법을 최소제곱법이라고 한다.

2. 회귀분석의 절차

단순선형회귀분석에서는 일반적으로 먼저 (1) 종속변수를 독립변수의 일차 선형식으로 모형화하는 회귀식을 구하고, (2) 회귀식의 기울기가 통계적으로 유의한지, 즉 두 변수 사이의 관계가 유의한지, 즉 회귀모형이 자료에 잘 적합한지를 검증한다. (3) 잘 적합된 단순회귀모형은 X로 Y를 예측하거나 기울기 b를 해석하는 데 활용한다. 기울기 b는 X가 한 단위 증가할 때 예상되는 Y의 증가 양을 나타내므로 X와 Y의 관련성의 강도로 해석할 수 있다.

두 양적 변수 사이의 관계를 분석하는 또 다른 분석방법인 상관계수와의 차이점은 상관계수가 종속변수나 독립변수의 구분과 관계없이 두 양적 변수 사이의 관련성을 분석하는 성격이 강한 것이라면 단순선형회귀는 양적인 독립변수(X)로 양적인 종속변수(Y)를 예측 또는 종속변수에 미치는 효과의 크기를 알아보는 통계방법이라고 할 수 있다.

3. 모형의 적합성(유의성) 및 적합도 검증

〈그림 10-2〉에서 검은 점(•)은 공부시간이 X_i이고 성적이 Y_i인 i번째 학생의 좌표를 나타낸다고 했을 때 이 학생의 성적 Y_i와 전체 평균 $\overline{Y}$와의 차이 $(Y_i - \overline{Y})$는 두 개의 요소로 나누어 볼 수 있다. 먼저 이 모형에서 공부시간이 X_i인 학생의 성적은 $\hat{Y}_i$라고 예측하였으

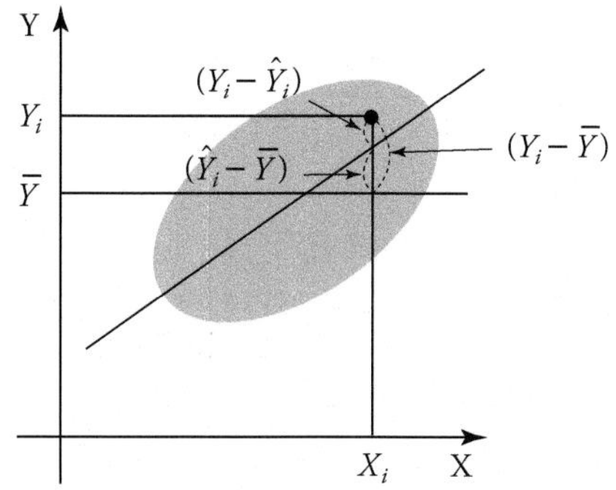

〈그림 10-2〉

므로 $(\hat{Y}_i - \overline{Y})$는 X의 효과라고 볼 수 있을 것이다. 다음으로 모형에서는 공부시간이 X_i인 경우 성적이 $\hat{Y}_i$라고 예측했는데 이 학생은 그보다 성적이 더 좋아 그 차이 $(Y_i - \hat{Y}_i)$는 공부시간으로는 설명이 안 되는 부분, 즉 오차라고 할 수 있다. 이를 수식으로 표현하면 다음과 같이 나타낼 수 있다.

$$(Y_i - \overline{Y}) = (\hat{Y}_i - \overline{Y}) + (Y_i - \hat{Y}_i) \tag{1}$$

위 식 우변의 괄호를 풀어 보면 $(Y_i - \overline{Y})$가 되어 양변이 동일한 항등식임을 알 수 있다. 따라서 위 식의 양변을 제곱하여 모든 대상자의 합을 구하여 정리하면 다음과 같은 식을 얻을 수 있다.

$$\Sigma(Y_i - \overline{Y})^2 = \Sigma(\hat{Y}_i - \overline{Y})^2 + \Sigma(Y_i - \hat{Y}_i)^2 \tag{2}$$

제곱합	SSt	=	SSr	+	SSe
자유도	$n-1$	=	k	+	$(n-k-1)$

여기서 n은 표본의 크기, k는 독립변수의 개수로 단순회귀에서는 독립변수가 하나이므로 $k = 1$이지만 뒤에서 논의할 중다회귀모형에서는 독립변수가 여러 개 올 수 있다. 위 식에서 모든 개체 간 성적 차이를 나타내는 전체 제곱합(Sum of Squares Total: SSt)은 독립변수(X)에 의해 설명 또는 예측되는, 즉 회귀모형에 의해 설명 또는 예측되는 변량인 회귀 제곱합(Sum of Squares Regression: SSr)과 회귀모형으로 설명이 안 되는 오차 변량을 나타내는 오차 제곱합(Sum of Squares Error: SSe)으로 나누어짐을 알 수 있으며, 이는 분산분석에서 논의할 개념과 유사하다. 이 결과는 다음의 〈표 10-1〉과 같은 분산분석표로 정리할 수 있으며 분산분석의 경우와 마찬가지로 다음과 같은 F검증으로 모형의 유의성을 검증한다.

$$F = \frac{\mathrm{SSr}/k}{\mathrm{SSe}/(n-k-1)} = \frac{R^2/k}{(1-R^2)/(n-k-1)} = \frac{\mathrm{MSr}}{\mathrm{MSe}} \sim F_{k,\, n-k-1} \tag{3}$$

여기서 R^2은 아래의 식 (4)로 정의된다.

그런데 독립변수가 하나인 단순회귀의 경우는 위 (3)의 검증은 독립변수와 종속변수 사이의 상관계수 r의 유의성 검증과 동일하며(제9장 식 (2) 참조) 또한 기울기 b의 유의성 검증과도 동일하다. 그러나 독립변수가 여러 개인 중다회귀모형에서는 이러한 관계가 성립하지 않는다.

〈표 10-1〉 회귀분석의 분산분석표

분산원(Source)	제곱합(SS)	자유도(df)	평균제곱(MS)	F	p
회귀모형	$\Sigma(\hat{Y}-\overline{Y})^2$	k	MSr	MSr/MSe	
오차	$\Sigma(Y-\hat{Y})^2$	$n-k-1$	MSe		
전체	$\Sigma(Y-\overline{Y})^2$	$n-1$			

4. 효과의 크기

위의 식 (2)에서 전체의 변량 SSt 중에서 모형에 설명/예측되는 SSr이 차지하는 비를 R^2라고 하며 결정계수(coefficient of determination)라고도 한다. 이는 ANOVA의 η^2에 해당하며 효과의 크기를 나타내는 지수로 활용할 수 있다.

$$R^2 = \frac{\mathrm{SSr}}{\mathrm{SSt}} \tag{4}$$

이 값은 전체 변량 중 모형에 의해 예측(설명)될 수 있는 비로 해석할 수 있으며 이 값을 R^2로 표시하는 이유는 $R = r =$ 상관계수(X, Y) 관계가 성립하기 때문이다. 또한 $R =$ 상관계수$(X, Y) =$ 상관계수$(Y, \hat{Y})$의 관계도 있다. 식 (3)에서 나타낸 바와 같이 〈표 10-1〉 ANOVA 표에서의 유의성 검증은 이 R^2 값의 유의성 검증을 의미하기도 한다. 만약 R^2 값이 0.2였다면 이는 종속변수의 총 변량 중 k개의 독립변수에 의해 예측 또는 설명되는 비가 20%라고 해석할 수 있을 것이다.

5. 표준화 회귀

종속변수와 독립변수를 모두 표준화하여 각기 Z점수로 변환하여 식 (5)와 같이 회귀식을 구했을 때 이를 표준화 회귀식이라고 한다. 표준화 회귀계수는 독립변수가 여러 개인 중다회귀분석에서 각 독립변수의 척도(단위)를 동일하게 하여(표준화하여) 각 독립변수의 종속변수에 미치는 영향력 또는 예측력을 서로 비교하는 한 방법으로도 사용한다.

식 (5)에 나타난 바와 같이 표준화하여 회귀식을 구하면 절편 항이 항상 0이 되며 기울기 회귀계수는 두 변수 사이의 상관계수 r과 동일하다. 이 관계에서 상관계수의 또 다른 의미는 Z 값의 표준편차가 1이므로 한 변수가 1, 즉 1 표준편차 변할 때 다른 변수는 r 표준점수가 변화한다는 것이다.

$$Z_X = \frac{X - \overline{X}}{S_X}, \quad Z_Y = \frac{Y - \overline{Y}}{S_Y}, \quad \hat{Z}_Y = rZ_X \tag{5}$$

6. 두 독립집단 회귀계수 차이의 검증

앞에서 든 예에서 연구자가 남자 회귀식의 회귀계수 b_1과 여자의 b_2의 차이에 관심이 있다고 해 보자. 즉 공부시간(X)이 성취에 미치는 효과에 남녀 차이가 있는지 검증해 보려고 한다고 하자. 이러한 두 독립집단 회귀계수의 차이 검증은 다음과 같은 t검증으로 이루어진다.

$$t = \frac{b_1 - b_2}{\sqrt{\mathrm{SE}_{b_1}^2 + \mathrm{SE}_{b_2}^2}} \sim t_{n_1 + n_2 - 4} \tag{6}$$

여기서 $\mathrm{SE}_{b_1}^2$과 $\mathrm{SE}_{b_2}^2$은 각각 b_1과 b_2의 표준오차(standard error)를 제곱한 값이다.

SPSS의 메뉴방법에서는 이 검증을 직접적으로 수행할 수 없으므로 SPSS를 이용하여 각 집단별 회귀분석을 시행하여 출력된 결과에서 필요한 통계치를 구해 위의 식에 대입하여야 한다. 이러한 성격의 자료는 이 책의 다른 장에서 학습할 공분산분석(ANCOVA)에서 분석할 수도 있다. 집단에 따라 회귀계수가 다르다는 의미는 집단과 독립변수(X) 사이에 상호작용이 있다는 의미이므로 ANCOVA 모형의 회귀식 기울기의 동일성 가정을 점검하는 방법으로 회귀계수 차이의 유의성을 검증할 수 있다. 자세한 것은 이 책의 공분산분석을 참고할 수 있다.

7. SPSS 분석방법

예시자료

다음의 〈표 10−2〉는 무작위로 선정한 학생 30명에 대해 조사한 학기 초 한 달간의 공부 시간(X)과 학기말에 측정한 어떤 과목 성취점수(Y)의 가상적인 자료이고 〈그림 10−3〉은 〈표 10−2〉의 자료를 입력한 **SPSS Data Editor** 화면의 일부이다. 한 케이스당 변수가 **공부시간**과 **성취** 두 개이며 변수 이름도 **성취**와 **공부시간**으로 설정하였다.

〈표 10–2〉

Y	X	Y	X	Y	X	Y	X	Y	X
47	55	31	46	53	64	50	49	57	61
46	40	41	48	51	24	70	107	58	63
44	56	46	31	57	68	44	26	53	41
46	81	66	63	54	66	52	69	53	51
36	49	49	57	46	52	43	35	57	88
59	76	34	50	38	40	40	25	56	46

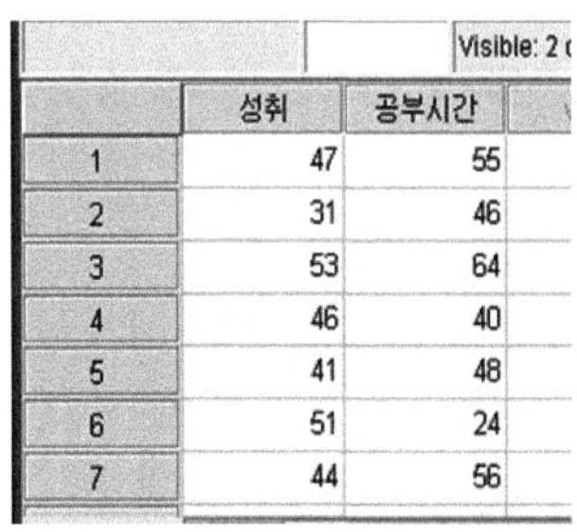

	성취	공부시간
1	47	55
2	31	46
3	53	64
4	46	40
5	41	48
6	51	24
7	44	56

〈그림 10–3〉

분석방법

상관계수의 경우와 마찬가지로 단순선형회귀에서도 두 변수 사이의 관계가 선형이라는 가정을 하고 직선식으로 모형화하기 때문에 먼저 산포도를 그려 그 관계를 시각적으로 확인해 보는 것이 좋다. 일단 산포도 검토 후 선형성과 다른 가정에 큰 문제가 없음을 확인한 후 단순선형회귀분석을 실시한다. 이를 위해서 편집기 화면의 메뉴 줄에서 **Analyze → Regression → Linear**를 클릭하면 〈그림 10−4〉와 같은 **Linear Regression** 대화상자가 나타

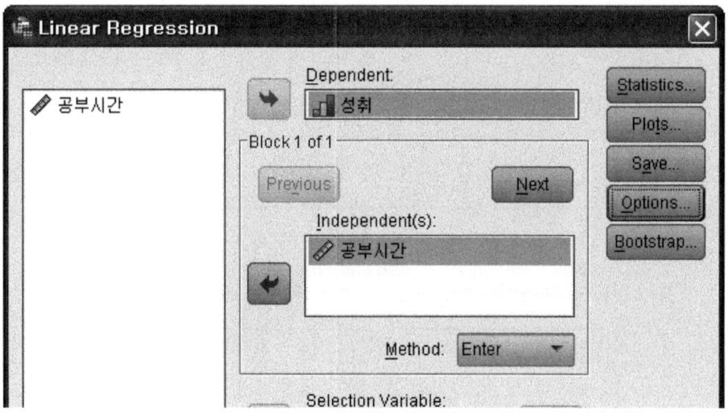

〈그림 10-4〉

난다. 왼쪽의 변수 상자에서 **성취**를 오른쪽 위 **Dependent** 상자로, **공부시간**을 오른쪽 아래 **Independent(s)** 상자로 이동시킨다.

Independent(s) 상자 밑에 **Method** 상자가 있는데 이는 회귀식에 들어갈 독립변수를 어떻게 선정해서 모형에 포함시킬 것인지 그 방법을 선택해 주는 곳이다. 가장 일반적인 방법인 **Enter**를 선택하면 **Independent(s)** 상자에 있는 모든 변수들을 동시에 모형에 포함시킨다. 예시의 경우는 단순회귀로 독립변수가 **공부시간** 하나밖에 없지만 독립변수가 여러 개인 중다회귀의 경우는 **Independent(s)** 상자에 기입된 모든 변수들이 모형에 포함될 것이다. 그 외 **Method** 내의 변수 선정방법과 자세한 중다회귀모형 설정방법은 뒤에서 중다회귀모형을 다루는 장에서 논의한다.

일단 종속변수와 독립변수를 정의하고 나면 바로 **OK**를 클릭해서 결과를 얻을 수 있지만 대화상자 화면 하단의 여러 선택 아이콘을 클릭하여 여러 가지 선택을 하면 다양한 출력물을 얻을 수 있다. 먼저 **Statistics**를 클릭하면 독립변수와 종속변수에 대한 여러 가지 기술통계 및 회귀계수에 대한 통계치 등을 선택할 수 있다. 그리고 **Plots**를 클릭하면 회귀분석의 가정을 점검할 수 있는 각종 잔차(residual)도표와 산포도를 출력할 수 있다. **Save**에서는 회귀분석 결과 얻어지는 잔차나 예측치 등을 별도의 파일로 저장할 수 있는 선택을 할 수 있다. 필요한 모든 선택 사항을 완료하고 **Continue**를 눌러 〈그림 10-4〉의 대화상자로 돌아와 **OK**를 클릭하면 분석결과가 담긴 〈그림 10-5〉 및 〈그림 10-6〉과 같은 뷰어 화면을 얻을 수 있다.

Regression

Descriptive Statistics

	Mean	Std. Deviation	N
성취	49.23	8.997	30
공부시간	54.23	18.833	30

Correlations

		성취	공부시간
Pearson Correlation	성취	1.000	.606
	공부시간	.606	1.000
Sig. (1-tailed)	성취	.	.000
	공부시간	.000	.
N	성취	30	30
	공부시간	30	30

〈그림 10-5〉

Model Summary

Model	R	R Square	Adjusted R Square	Std. Error of the Estimate
1	.606[a]	.367	.344	7.287

a. Predictors: (Constant), 공부시간

ANOVA[b]

Model		Sum of Squares	df	Mean Square	F	Sig.
1	Regression	860.719	1	860.719	16.211	.000[a]
	Residual	1486.648	28	53.095		
	Total	2347.367	29			

a. Predictors: (Constant), 공부시간
b. Dependent Variable: 성취

Coefficients[a]

Model		Unstandardized Coefficients		Standardized Coefficients	t	Sig.
		B	Std. Error	Beta		
1	(Constant)	33.545	4.117		8.147	.000
	공부시간	.289	.072	.606	4.026	.000

a. Dependent Variable: 성취

〈그림 10-6〉

분석결과 보기

〈그림 10-5〉와 〈그림 10-6〉은 예시자료에 대한 회귀분석 결과를 보여 주는 뷰어 화면을 두 부분으로 나눈 것이다. 먼저 〈그림 10-5〉는 〈그림 10-4〉의 **Options**에서 **Descriptives**를 선택한 결과이다. 독립변수와 종속변수에 대한 평균, 표준편차, 그리고 두 변수 사이의 상관계수와 그 유의성이 나와 있다. 다음으로 〈그림 10-6〉을 보자. 여기서 먼저 우리는 제일 하단의 **Coefficients** 표에서 독립변수인 **공부시간**(X)과 종속변수인 **성취**(Y) 사이의 회귀식은 절편이 33.345, 기울기가 .289인 다음과 같은 직선임을 알 수 있다.

$$\hat{Y} = 33.545 + .289X$$

표에서 위의 식을 이루는 **Unstandardized Coefficients(비표준화 회귀계수)** 옆에 있는 **Standardized Coefficients/Beta**는 표준화 회귀식의 회귀계수이다. 따라서 X의 Z 점수로 Y의 Z점수를 예측하는 표준화 회귀식은 다음과 같이 표현할 수 있을 것이다.

$$\hat{Z}_Y = .606Z_X$$

앞에서 논의한 바와 같이 절편은 0이고 표준화 회귀계수 값 .606은 〈그림 10-5〉의 결과에서 알 수 있는 바와 같이 X와 Y 사이의 상관계수와 동일하다. 위 예의 경우 공부시간이 1 표준편차 증가하면 성적은 상관계수인 .606 표준편차 증가한다는 의미이다.

일단 회귀식이 구해지면 이 회귀식을 이용하기에 앞서 이 회귀식의 기울기가 유의한지를 살펴본다. 회귀계수의 유의성 검증은 보통 t검증으로 이루어지는데 예시의 경우에는 기울기의 t값이 4.026, p값이 .000으로 유의하다.

다음은 이 두 변수 간의 관계가 얼마나 강한지, 즉 독립변수로 종속변수를 어느 정도 예측 또는 설명할 수 있는지를 살펴보자. 〈그림 10-6〉에서 이 모형의 중다상관계수 R의 값이 .606임을 알 수 있다. 단순회귀의 경우 이 값은 두 변수 사이의 상관계수와 동일하다. 이 R의 제곱 값 R^2를 결정계수라고 하는데 이 값은 독립변수가 종속변수의 분산을 예측 또는 설명해 주는 비율로 해석하는데 예시의 경우 R^2값이 .367로 이는 **공부시간**(X)으로 **성취**(Y)의 분산을 36.7% 정도 예측할 수 있다는 것이다. 따라서 예시자료의 경우 **공부시간**과 **성취** 사이의 관계가 상당히 강함을 알 수 있다.

〈그림 10-6〉의 가운데 부분에는 **분산분석(ANOVA)**표가 나와 있다. 이 **분산분석(ANOVA)**표는 종속변수의 전체 분산을 두 부분으로 나눈 결과를 보여 준다. 먼저 **성취**의 분산 중에서 **공부시간**으로 예측 가능한 부분(표에서는 **Regression**으로 표시된 부분)과 **공부시간**으로 예측할 수 없는 부분(표에서는 **Residual**로 표시된 부분)으로 나눈다. 전체 분산 중에서 독립변수로 예측 가능한 부분의 비를 구해 보면 860.719/2347.367=.367로 이는

앞에서의 R^2값과 동일함을 알 수 있다. 분산분석표에 나와 있는 F검증은 이 R^2의 유의성을 검증하는 것이다. 이 검증의 F값이 16.211이고 관찰 유의도 p값이 .000으로 R^2값이 유의하다는 결론을 내릴 수 있다. 단순회귀의 경우에는 회귀계수 기울기의 유의성 검증이나 R^2(또는 두 변수 사이의 상관계수)의 유의성 검증은 통계적으로 완전히 동일한 검증이다.

최종적으로 우리는 주어진 회귀식을 이용하여 학기 초에 조사한 **공부시간**으로 학기말의 **성취**를 예측할 수 있으며, 회귀식의 기울기 .289는 **공부시간**이 한 시간 늘어나면 **성취** 점수가 .289 증가할 것이라고 예상할 수 있다는 의미로 해석할 수 있는 것이다.

두 독립집단 회귀계수 차이의 예시자료 분석

〈표 10-2〉의 예시자료에서 앞 15명은 남자, 뒤 15명은 여자의 자료라고 가정하고 두 집단 회귀식 기울기 차이의 유의성을 검증해 보자. 〈그림 10-7〉은 〈표 10-2〉의 자료에 성별도 추가로 입력된 **SPSS Data Editor** 화면이다. 이 자료를 남녀로 나누어 회귀분석을 해야 하므로 자료 파일을 남녀별로 나누어야 한다. 〈그림 10-8〉은 메뉴에서 **Data → Split File**을

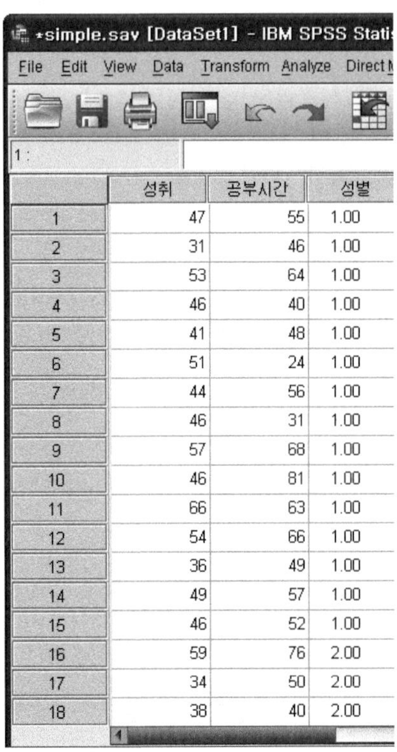

〈그림 10-7〉

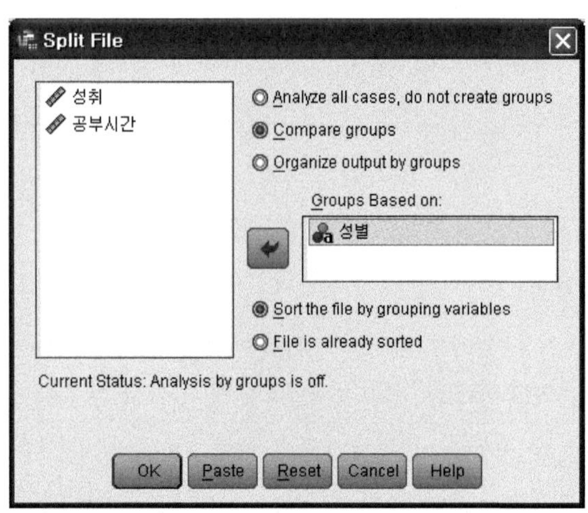

〈그림 10-8〉

클릭하여 불러온 화면으로 **성별**로 파일을 분리하여 결과를 출력하기 위해 **성별**이 **Groups Based on** 상자에 옮겨져 입력되어 있다.

〈표 10-3〉은 분석결과의 출력물 중 일부이다. 이 표에서 얻은 $b_1 = .190$, $b_2 = .325$, $SE^2_{b_1} = .150^2$, $SE^2_{b_2} = .073^2$ 값들을 앞의 식 (6) t검증통계량에 대입하여 t 값을 구하면 $t = -.809$이다.

그런데 자유도 $df = n_1 + n_2 - 4 = 26$에 대한 $\alpha = .05$의 임계치 $\pm t_{26,\,.025} = \pm 2.056$이므로 $-.809$는 기각영역에 속하지 않는다. 따라서 남녀 사이의 회귀계수 차이 $.190 - .325 = -.135$는 $p > .05$로 통계적으로 유의하지 않다는 결론을 얻는다.

〈표 10-3〉

Coefficients[a]

성별	Model		Unstandardized Coefficients		Standardized Coefficients	t	Sig.
			B	Std. Error	Beta		
남자	1	(Constant)	37.415	8.271		4.524	.001
		공부시간	.190	.150	.331	1.266	.228
여자	1	(Constant)	33.000	4.349		7.589	.000
		공부시간	.325	.073	.776	4.440	.001

a Dependent Variable: 성취

11장 중다회귀분석

1. 중다회귀모형(multiple regression model)

저자가 학교에 다닐 때만 해도 가난한 집 학생들이 공부를 잘 한다는 믿음이 널리 퍼져 있었다. 그런데 최근에는 오히려 가정환경이 좋은 학생들이 훨씬 더 성적이 좋다고들 한다. 과연 가정환경과 학생의 성적 즉 성취수준 사이에는 어떤 관계가 있는지가 한 연구자의 관심사라고 하자. 부모의 수입, 교육수준, 직업수준 등으로 결정되는 SES(사회경제적 지위)로 가정환경을 나타낸다고 했을 때, 단순회귀에서는 이들의 관계에 대해 다음과 같은 식으로 모형을 설정한다.

$$\hat{Y} = a + bX \tag{1}$$

여기서 독립변수 X는 각 학생의 SES, Y는 종속변수인 각 학생의 성취수준이며, $\hat{Y}$는 독립변수 값이 X인 학생의 성취수준의 예측치를 나타낸다. 그런데 연구자가 성취수준에 영향을 주는 다른 배경변수인 지능과 성취동기를 통제하기 위해, 또는 성취에 영향을 준다고 생각되는 배경변수들인 SES, 지능, 성취동기를 동시에 고려하고자 이 세 독립변수들을 모두 모형에 포함시켜(이렇게 모든 독립변수를 한꺼번에 모형에 넣어 설정하는 것을 동시적 회귀 접근법이라 하며 뒤에서 구체적으로 논의한다) 다음과 같은 식 (2)로 모형을 설정한 경우 이를 중다회귀모형(multiple regression model; 이후부터 MR로 표시)이라고 한다.

$$\hat{Y} = a + b_1X_1 + b_2X_2 + b_3X_3 \tag{2}$$

여기서 $\hat{Y}$는 성취수준의 예측치, X_1은 SES, X_2는 지능, X_3는 성취동기를 나타낸다. 일반적으로 독립변수의 수가 k인 경우 식 (2)는 다음과 같이 나타낼 수 있다.

$$\hat{Y} = a + b_1X_1 + b_2X_2 + \cdots + b_kX_k \tag{3}$$

여기서 b_1, b_2, ⋯ b_k는 회귀계수(regression coefficient)라 한다. 일반적으로 회귀분석은 양적인 종속변수와 양적인 독립변수 간의 관계를 분석하는 모형이며, 독립변수가 식 (1)과 같이 하나인 경우를 단순회귀, 식 (2), (3)과 같이 여러 개인 경우 중다회귀모형이라고 한다.

회귀모형으로 자료를 분석하는 데 있어서, 가장 적절한 독립변수의 개수, 회귀모형의 가정을 진단하기 위한 회귀진단(regression diagnostic) 방법, 모형에 포함할 독립변수의 선정방법, 종속변수의 변량을 설명하거나 예측하는 데 각 독립변수가 어느 정도 기여 또는 중요한지의 상대적 비교방법 등 많은 문제에 관해서 전문가마다 그 의견이 다르다.

MR의 목적

MR의 목적은 크게 복수의 독립변수로 종속변수 값이나 그 변량을 예측하거나 설명하는 데 있다고 할 수 있다. 이를 좀 더 구체적으로 나누어 보면 다음과 같다.

① 하나의 양적 종속변수와 여러 개의 양적 독립변수 사이의 관련성을 탐구한다. 여러 개의 독립변수로 하나의 종속변수를 예측하거나 설명하는 정도를 탐구하는 데 MR을 사용할 수 있다. 이 경우 먼저 R^2의 검증으로 전체적 관계의 강도를 알아보고 그 관련성에 대한 각 독립변수의 기여도 또는 중요성을 평가한다.

② 복수의 독립변수로 종속변수를 예측하거나 설명하는 데 있어서 각 독립변수의 기여도 또는 중요도를 상대적으로 비교하는 것을 주 목적으로 사용할 수 있다.

③ 변수의 성격에 따른 독립변수군별로 종속변수에 대한 효과를 비교한다. 예를 들어 학생배경변수군(지능, SES, 성취동기 등)과 학교정책변수군(학급당 인원수, 학생일인당 예산액, 수업시간 수 등) 중 어느 것이 학생의 성취에 더 영향을 미치는가를 비교할 수 있다.

④ 어떤 독립변수의 효과를 통제(제거)한 후 관심 독립변수와 종속변수 간의 관계를 탐구한다. 예를 들면, 자아개념이 성취에 미치는 영향을 탐구하기 위해 자아개념과 성취에 동시에 영향을 주는 SES, 사전성취 점수, 귀인을 통제하기 위해 사용할 수 있다. 이는 ANCOVA 분석의 의도와 유사하다.

⑤ 기존 모형에 새 독립변수를 추가했을 때, 그 기여도의 유의성을 검증할 수 있다.

⑥ 단순히 새로운 표본의 독립변수로 종속변수를 예측하기 위해 사용한다.

회귀모형의 가정

식 (3)의 모형은 표본의 자료를 이용하여 모집단 회귀모형을 추정하기 위한 것으로 볼 수 있다. 모집단의 모형을 다음과 같이 나타내 보자.

$$Y = A + B_1X_1 + B_2X_2 + \cdots + B_kX_k + E \quad (4)$$

$$E(Y) = A + B_1X_1 + B_2X_2 + \cdots + B_kX_k \quad (5)$$

회귀모형의 추정에서 각종 유의성 검증을 위해서는 다음과 같은 가정이 필요하다.

① 독립변수 X는 측정오차 없이 측정되었다.
② 종속변수 Y는 서로 독립적이다.
③ 주어진 독립변수 X들에 대한 Y의 평균은 식 (5)와 같다.
④ 주어진 X에 대한 Y의 조건분포는 정규분포를 이루며, 그 분산은 동일하다.

위 ④의 가정은 $E \sim N(0, \sigma^2)$을 의미한다.

중다회귀모형의 이점

독립변수가 여러 개인 MR은 독립변수가 하나인 단순회귀에 비하여 여러 이점이 있다.

① 여러 개의 독립변수를 포함할 수 있어 모형을 올바르게 명세(correctly specified)할 수 있다.
② 종속변수와 주요 관심사의 독립변수에 공통원인이 되는 주요 독립변수들이나, 상호작용항, 곡선회귀항 등을 포함할 수 있어 보다 타당한 모형을 설정할 수 있다.
③ 통제하고 싶은 변수들을 모형에 포함시켜 통제할 수 있어 각 독립변수의 효과를 보다 정밀하고 높은 검증력으로 검증할 수 있다.
④ 여러 개의 독립변수를 사용하여 보다 정확하게 Y를 예측할 수 있다.

회귀모형의 분석 단계

회귀모형을 이용한 자료 분석은 보통 다음과 같은 단계를 거치는 것이 일반적이다.

① 철저한 논리적 분석과 검토, 사전 연구와 이론적 근거 등에 의해 독립변수와 종속변수를 선정하여 모형을 설정한다.
② 수집한 표본자료를 이용하여 설정된 모형을 추정한다.
③ 추정된 모형의 전체적 유의성 또는 적합도를 평가한다.
④ 전체적 유의성에 문제가 없으면 각 회귀계수의 유의성을 검증하고, 유의한 회귀계수에 대하여 그 의미를 해석한다.

⑤ 연구의 목적에 따라서 종속변수를 예측 또는 설명하는 데 각 독립변수가 어느 정도 기여했는지 그 상대적 중요성을 평가하여 비교한다.

예시자료

앞에서 든 예에서 연구자는 학생 25명을 표본으로 선정하여 다음의 〈표 11−1〉과 같은 가상적인 자료를 얻었다고 하자.

〈**표 11−1**〉 예시자료

번호(ID)	성취(ACH)	SES	지능(MA)	동기(MOT)
1	15	11	38	10
2	18	7	42	16
3	17	12	38	18
4	16	13	36	15
5	17	14	40	15
6	14	15	32	11
7	10	5	20	13
8	21	14	44	18
9	17	14	34	12
10	11	10	28	16
11	13	8	24	10
12	18	16	30	16
13	16	15	26	15
14	15	14	24	12
15	14	10	26	12
16	13	9	18	14
17	16	11	30	16
18	13	9	26	13
19	11	7	18	11
20	6	10	10	17
21	12	9	12	8
22	18	10	32	18
23	12	10	18	14
24	16	16	20	15
25	15	10	18	12

2. 모형의 추정

주어진 자료를 이용하여 식 (3)의 절편 a 및 회귀계수 $b_1, b_2, \cdots b_k$의 추정은 단순회귀와 마찬가지로 최소자승법(least squares method)을 사용한다. 즉 연구대상자의 실제 Y값과 독립변수를 이용하여 예측한 $\hat{Y}$값과의 차이로 오차를 구했을 때, 이 오차의 제곱합인 식 (6)을 최소로 하는 a 및 $b_1, b_2, \cdots, b_k$값을 구한다.

$$\Sigma e^2 = \Sigma(Y - \hat{Y})^2 = \Sigma(Y - a - b_1X_1 - b_2X_2 - \cdots - b_kX_k)^2 \tag{6}$$

이 값은 대수적인 방법이나 행렬연산을 이용해 계산할 수 있지만 너무 복잡하므로 SPSS와 같은 컴퓨터 소프트웨어를 이용한다.

예시자료 분석

주어진 예시자료 〈표 11-1〉로 SPSS를 이용하여 식 (2)의 회귀식을 추정해 보자. 다음의 〈그림 11-1〉은 예시자료가 입력된 **SPSS Data Editor** 화면의 일부를 보여 주고 있다.

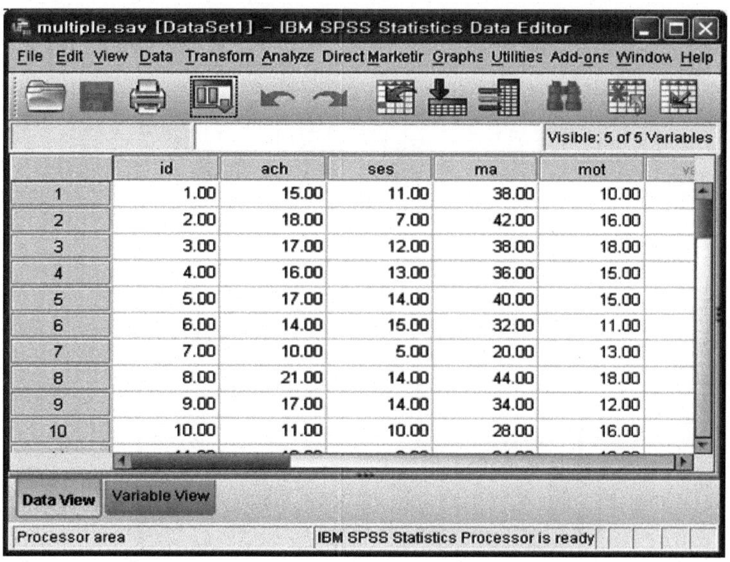

〈그림 11-1〉

SPSS에서 회귀분석은 메뉴에서 **Analyse** → **Regression** → **Linear** 순으로 클릭하여 〈그림 11-2〉와 같은 대화상자를 불러낸다. 대화상자의 **Dependent**:로 종속변수를, **Independent(s)**:로 독립변수들을 옮겨 준다. 그리고 **Method**에서는 **Enter**를 선택한다. 이 **Enter** 선택은 독립변수 상자 속에 들어 있는 모든 독립변수들을 한꺼번에 선정하여 모형을 설정하라는 의미이다. 현재 〈그림 11-2〉에서는 **ach**가 종속변수로, **ses, ma, mot**가 독립변수로 들어가 있는 것을 보여 주고 있다.

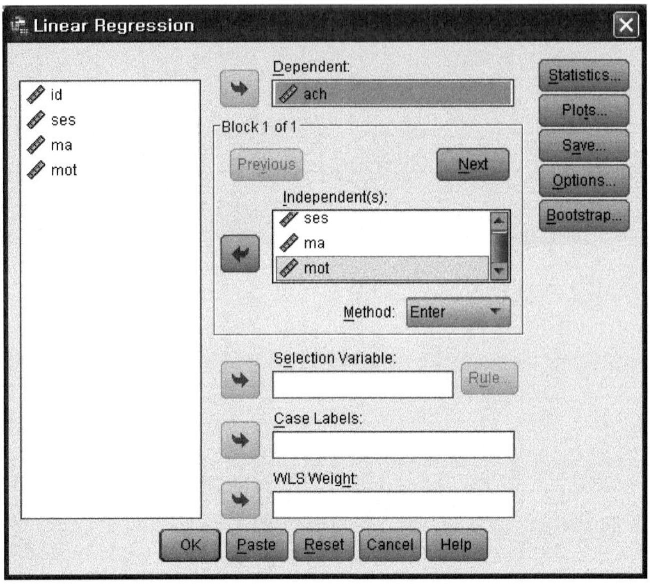

〈그림 11-2〉

〈그림 11-2〉의 대화상자에서 **Statistics**를 클릭하여 〈그림 11-3〉과 같은 **Statistics** 대화상자를 불러내어 각종 필요한 통계치를 선정한다. 다음의 〈표 11-2〉, 〈표 11-3〉, 〈표 11-4〉는 앞에서 설정한 모형에 대한 결과물이다.

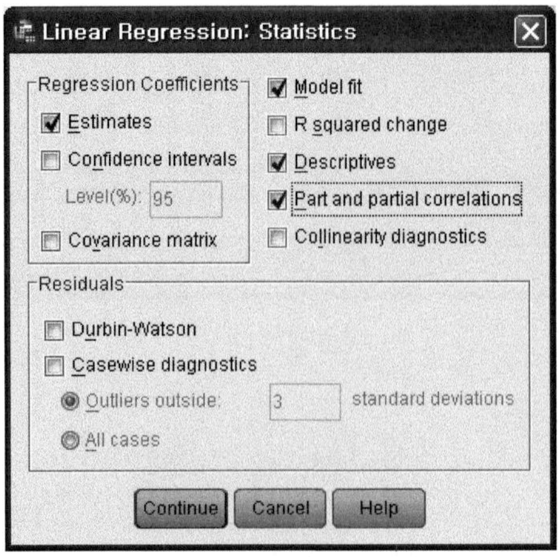

〈그림 11-3〉

〈표 11-2〉

Model Summary

Model	R	R Square	Adjusted R Square	Std. Error of the Estimate
1	.830[a]	.689	.644	1.90181

a. Predictors: (Constant), mot, ses, ma

〈표 11-3〉

ANOVA[b]

Model		Sum of Squares	df	Mean Square	F	Sig.
1	Regression	168.205	3	56.068	15.502	.000[a]
	Residual	75.955	21	3.617		
	Total	244.160	24			

a. Predictors: (Constant), mot, ses, ma

b. Dependent Variable: ach

〈표 11-4〉

Coefficients[a]

Model		Unstandardized Coefficients		Standardized Coefficients	t	Sig.	Correlations		
		B	Std. Error	Beta			Zero-order	Partial	Part
1	(Constant)	4.368	2.241		1.949	.065			
	ses	.319	.139	.301	2.302	.032	.537	.449	.280
	ma	.228	.047	.666	4.862	.000	.779	.728	.592
	mot	.028	.154	.024	.180	.859	.346	.039	.022

a. Dependent Variable: ach

3. 모형의 전반적 유의성(적합도) 검증

추정된 모형으로 연구자가 의도한 여러 연구 문제에 답하기 위해서는 먼저 추정된 모형이 전반적으로 유의한지, 다시 말하면 k개의 독립변수로 종속변수의 변량을 예측 또는 설명한 정도가 통계적으로 유의한지 검증해야 한다. 이는 독립변수가 종속변수의 변량(제곱합(SS))을 어느 정도 설명/예측했는지의 비율인 R^2에 대한 유의성 검증으로 이루어진다. 이 R^2 값을 구하기 위해 단순회귀모형의 경우와 마찬가지로 먼저 각 연구대상자의 종속변수 값과 전체 평균과의 차이를 다음과 같은 모형으로 나타낸다.

$$(Y_i - \bar{Y}) = (\hat{Y}_i - \bar{Y}) + (Y_i - \hat{Y}_i) \qquad (7)$$

식 (7)은 각 개체의 종속변수 값과 전체 평균과의 차이 $(Y_i - \bar{Y})$는 독립변수로 예측된 종속변수 값과 전체 평균과의 차이 $(\hat{Y}_i - \bar{Y})$와 독립변수로는 설명/예측이 안 되는 오차, 즉 실제 값과 예측치와의 차이 $(Y_i - \hat{Y})$로 구성되어 있다고 설정하는 모형이다. 식 (7)의 우변의 괄호를 풀어 보면 $(Y_i - \bar{Y})$가 되어 양변이 동일한 항등식임을 알 수 있다. 따라서 식 (7)의 양변을 제곱하여 모든 대상자의 합을 구하여 정리하면 다음과 같은 식 (8)을 얻을 수 있다.

$$\Sigma(Y_i - \bar{Y})^2 = \Sigma(\hat{Y}_i - \bar{Y})^2 + \Sigma(Y_i - \hat{Y}_i)^2 \quad (8)$$

제곱합(SS)	SSt	=	SSr	+	SSe
자유도(df)	$n-1$	=	k	+	$n-k-1$

여기서 n은 표본의 크기, k는 독립변수의 개수이다. 식 (8)의 좌변은 종속변수의 총변량을 나타내는 전체 제곱합(Sum of Squares Total: SSt)을, 우변의 첫 번째 항은 회귀모형에 의해 예측 또는 설명되는 변량인 회귀 제곱합(sum of squares regression: SSr), 그리고 마지막 항은 오차의 변량을 나타내는 오차 제곱합(sum of squares error: SSe)이다. R^2는 전체 변량 SSt 중에서 회귀모형에 의해 예측 또는 설명되는 비율을 나타낸다.

$$R^2 = \frac{\text{SSr}}{\text{SSt}} \quad (9)$$

만약 이 값이 0.2였다면 이는 종속변수의 총변량 중 k개의 독립변수에 의해 예측 또는 설명되는 비율이 20%라는 의미이다. 이 R^2는 결정계수(coefficient of determination)라고도 한다. 그런데 이 결정계수의 제곱근 즉 R은 중다상관계수(multiple correlation coefficient)라고 하며 이 값은 원래의 종속변수 값 Y와 예측값 $\hat{Y}$ 사이의 상관계수 값이기도 하다.

$$R = \text{corr}(Y, \hat{Y}) \quad (10)$$

그런데 표본의 자료에서 구한 R^2 값은 모집단의 R^2 값보다 큰 경향이 있다. 즉 R^2은 모집단의 모수에 대한 불편추정량(unbiased estimator)이 아니라 과대 추정량이다. 따라서 이를 교정하기 위하여 다음과 같은 교정추정치(adjusted R^2)를 구할 수 있다.

$$\text{adj } R^2 = 1 - (1 - R^2)\frac{(n-1)}{(n-k-1)} \quad (11)$$

그러나 대부분의 연구자들은 adj R^2가 아닌 원래의 R^2를 주로 사용하고 있으며, 연구의 목적상 불편추정치가 필요한 경우에 드물게 adj R^2를 사용하는 경향이 있다.

식 (8)의 각 요소들은 다음의 〈표 11-5〉와 같은 분산분석표(변량분석표)(ANOVA table)로 정리할 수 있다. 모형의 전반적 유의성을 검증하기 위한 R^2의 유의성 검증은 〈표 11-5〉에서와 같이 다음과 같은 F검증으로 이루어진다.

$$F = \frac{\text{SSr}/k}{\text{SSe}/(n-k-1)} = \frac{R^2/k}{(1-R^2)/(n-k-1)} = \frac{\text{MSr}}{\text{MSe}} \sim F_{k,\, n-k-1} \quad (12)$$

〈표 11–5〉 회귀분석의 분산분석표

분산원(Source)	제곱합(SS)	자유도(df)	평균제곱(MS)	F	유의도(p)
회귀(regression)	SSr	k	MSr = SSr/k	MSr/MSe	
오차(residual)	SSe	$n-k-1$	MSe = SSe/$(n-k-1)$		
전체(total)	SSt	$n-1$			

예시자료 분석

예시자료의 경우, 〈표 11−2〉에서 $R^2 = .689$, $R = .830$, adj $R^2 = .644$이며 R^2 값은 〈표 11−3〉의 결과에서 $R^2 = \frac{\text{SSr}}{\text{SSt}} = \frac{168.205}{244.160} = .689$로도 구할 수 있다. 〈표 11−3〉의 결과로 예시자료의 분산분석표를 작성하면 다음과 같다.

〈표 11–6〉 회귀분석의 분산분석표

분산원(Source)	제곱합(SS)	자유도(df)	평균제곱(MS)	F	유의도(p)
회귀(regression)	168.205	3	56.068	15.502	.000
오차(residual)	75.955	21	3.617		
전체(total)	244.160	24			

〈표 11−6〉에서 알 수 있는 바와 같이 식 (12)의 전반적 유의성은 $F(3, 21) = 15.502$, $p < .001$로 유의한 결과를 나타내었다.

4. 상관계수 및 R^2의 벤 다이어그램(Venn diagram) 표현

한 독립변수(X)로 다른 종속변수(Y)를 예측, 설명한다거나, 두 변수 간에 상관관계가 있다는 것은 두 변수 사이에 공통되는 정보가 통계적 측면에서는 공통변량이 있다는 의미라고 할 수 있다. 독립변수가 1개인 단순회귀의 경우 이 관계를 〈그림 11−4〉와 같은 벤 다이어그램으로 표현할 수 있을 것이다. 여기서 원은 제곱합(SS: Sum of Squares)으로 표현한 각 변수의 변량을, 겹친 부분(a로 표시)은 두 변량의 공통부분을 나타낸다고 하자. 그러면 그림에서 $R^2 = \frac{\text{SSr}}{\text{SSt}} = \frac{a}{a+d}$가 되고 두 변수 사이의 상관계수는 $r = R = \sqrt{\frac{a}{a+d}}$이 된다.

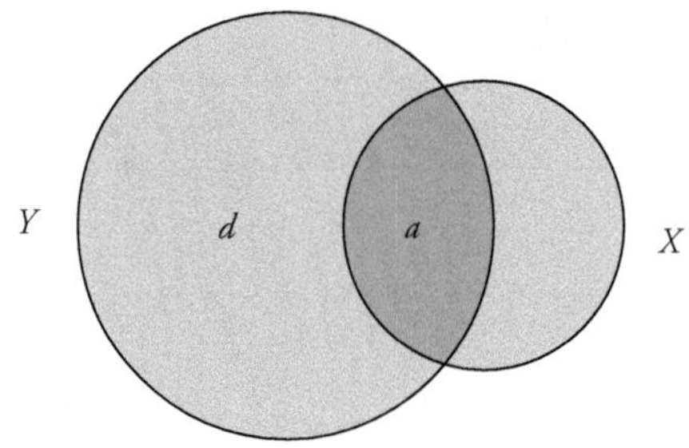

〈그림 11-4〉

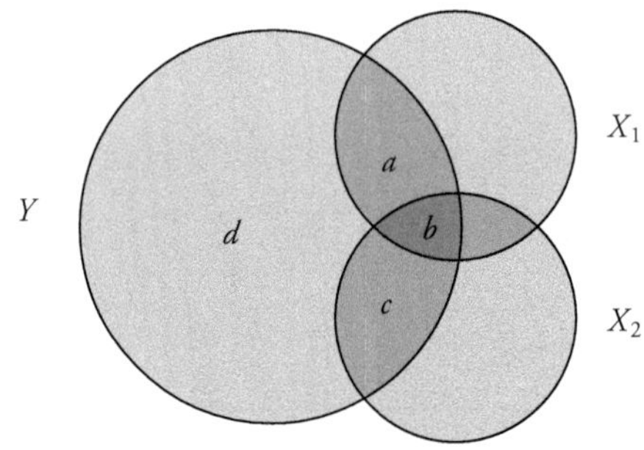

〈그림 11-5〉

만약 〈그림 11-5〉와 같이 독립변수가 X_1, X_2로 두 개인 경우에는

$$R^2 = \frac{a+b+c}{a+b+c+d} \qquad R = \sqrt{\frac{a+b+c}{a+b+c+d}}$$

가 되고 다른 독립변수를 고려하지 않은 종속변수 Y와 각 독립변수 간의 단순상관계수는

$$\text{단순상관계수}(Y, X_1) = \sqrt{\frac{a+b}{a+b+c+d}} \quad \text{단순상관계수}(Y, X_2) = \sqrt{\frac{b+c}{a+b+c+d}}$$

가 된다. 위의 단순상관계수를 SPSS에서는 **zero-order** 상관계수라고 한다.

5. 회귀계수의 유의성 및 해석

회귀계수의 유의성

연구자가 k개의 독립변수로 식 (3)과 같은 MR 모형을 설정하여 회귀계수 값들을 추정하였다고 하자. 각 회귀계수 추정치의 유의성은 다음과 같은 t검증으로 이루어진다.

$$t = \frac{b_j}{\mathrm{SE}(b_j)} \sim t_{n-k-1} \tag{13}$$

여기서 b_j는 X_j의 회귀계수이고 $\mathrm{SE}(b_j)$는 b_j의 표준오차이다. 각 회귀계수의 유의성 검증은 다른 독립변수가 이미 들어가 있는 모형에 해당 독립변수를 모형에 포함시켰을 때 증가하는 R^2(앞으로 ΔR^2로 표시), 즉 해당 독립변수가 단독으로 기여하는 R^2의 증가분에 대한 유의성 검증과 통계적으로 동일한 의미를 지닌다. 예를 들어 식 (2)에서 b_2의 유의성 검증은 X_1(SES)와 X_3(성취동기)가 이미 들어가 있는 모형에 X_2(지능)이 모형에 들어갔을 때 증가하는 R^2의 유의성 검증과 동일한 것이다. 이 검증은 다음과 같은 F검증으로 이루어진다.

$$F = \frac{\Delta R^2}{(1-R^2)/(n-k-1)} \sim F_{1,\, n-k-1} \tag{14}$$

식 (13)의 t검증과 식 (14)의 F검증은 $t^2 = F$ 라는 관계식으로 동일한 검증이다.

회귀계수의 해석

단순회귀와 중다회귀의 회귀계수에 대한 해석은 약간의 차이가 있다. 단순회귀모형 식 (1)에서 기울기 b는 X가 1단위 증가 시 기대되는 Y의 증가가 b라고 해석된다. 그런데 MR 모형에서 각 회귀계수는 다른 독립변수를 통제했을 때, 즉 다른 독립변수를 일정하게 고정했을 때, 해당 독립변수가 1단위 증가했을 때 기대되는 Y의 증가 값으로 해석할 수 있다. 예를 들어, 식 (2)에서 b_1은 X_2(지능)와 X_3(성취동기)를 통제했을 때, X_1(SES) 1단위 증가 시 기대되는 Y의 증가로, b_2는 X_1(SES)과 X_3(성취동기)를 통제했을 때, X_2(지능) 1단위 증가 시 기대되는 Y의 증가로, b_3는 X_1(SES)과 X_2(지능)를 통제했을 때, X_3(성취동기) 1단위 증가 시 기대되는 Y의 증가로 해석할 수 있다. 여기서 알 수 있는 바와 같이 통제하고 싶은 변수를 모형에 포함시켜 통제한 후 특정 독립변수의 종속변수 Y에 대한 영향을 알아보는 것도 MR 모형의 주요한 목적 중의 하나이다.

그런데 각 독립변수가 의미 있는 척도를 가진 경우 원래의 회귀계수 b들을 직접 해석하는 것이 편리하다. 예를 들어, 체중감량을 위한 각종 방법의 효과를 알아보는 연구에서, 체중감소량을 종속변수 Y(Kg 단위)로, 하루 유산소 운동시간 X_1(시간단위)과 하루 식사량 X_2(Kcal 단위)를 독립변수로 하여 MR 모형을 설정하여 추정한 경우, b_1은 식사량을 일정하게 통제했을 때, 운동 1시간 더 했을 때 기대되는 Kg 단위의 체중감소로, b_2는 운동시간을 통제했을 때, 식사량의 1Kcal 증가 시 기대되는 Kg 단위의 체중감소(아마도 음수의 값)

로 그 의미를 명확하게 해석할 수 있다. 그러나 SES, 지능, 동기, 성취 등과 같은 변수의 경우 그 측정척도는 그 단위의 실제적인 의미가 명확하지 않아 회귀계수의 의미가 잘 파악이 안 될 수 있다. 이런 경우에는 표준화 회귀계수를 해석하는 것이 더 의미 있을 수 있다.

표준화 회귀계수

모든 독립변수와 종속변수를 표준화하여(표준점수 Z) 설정한 회귀모형 식 (15)를 표준화 회귀모형이라고 하고 그 회귀계수를 표준화 회귀계수라고 한다.

$$\hat{Z}_y = c_1 Zx_1 + c_2 Zx_2 + \cdots + c_k Zx_k \tag{15}$$

여기서 Z는 각 변수들을 표준화하여 Z점수로 변환한 점수이다. 표준화 회귀모형에서는 절편이 항상 영이므로 절편 항이 없다. 표준화 회귀계수 c는 다른 독립변수들을 통제했을 때, 해당 독립변수 1단위 즉 1표준편차 증가 시 기대되는 Y의 증가가 c표준편차라는 뜻이므로 회귀계수를 의미 있게 해석할 수 있다. 그런데 SPSS에서는 전통적으로 표준화 회귀계수를 β로 표시하여 β회귀계수라고도 부른다.

예시자료 분석

예시자료의 분석결과인 〈표 11−4〉에서 추정된 회귀식은 다음과 같음을 알 수 있다.

$$\hat{Y} = 4.368 + .319X_1 + .228X_2 + .028X_3 \tag{16}$$

그런데 〈표 11−4〉에서 각 회귀계수의 유의성 검증 결과를 보면, SES(b = .319, t = 2.302, p = .032)와 MA(b = .228, t = 4.862, p < .001)의 회귀계수는 유의하나 MOT(b = .028, t = .180, p = .859)는 유의하지 않음을 알 수 있다. 따라서 이 결과로 회귀계수를 해석해 보면, MA과 MOT을 통제했을 때, SES값이 1단위 높으면 성취수준의 기대증가는 .319, SES와 MOT를 통제했을 때 MA값이 1단위 높으면 성취수준은 .228 높아진다고 기대된다. SES와 MA를 통제했을 때, MOT는 성취수준과 통계적으로 유의한 관계가 없었다.

〈표 11−4〉의 결과에서 추정된 표준화 회귀모형은 다음과 같다.

$$\hat{Z}_y = .301Z_{x_1} + .666Z_{x_2} + .024Z_{x_3} \tag{17}$$

표준화 회귀계수는 일반회귀계수와 선형변환 관계에 있기 때문에 그 유의성은 일반회귀계수와 동일하다. 표준화 회귀계수의 경우, 다른 독립변수를 통제했을 때, SES를 1단위 증가 즉 1표준편차 증가 시 성취수준은 .301표준편차 증가가 기대되며, MA의 경우는 성취수준이 .666표준편차 증가가 기대된다고 할 수 있다. 표준점수는 동일한 척도로 간주할 수 있으므로 MA의 영향력이 SES보다 2배 이상임을 알 수 있다.

6. 예측과 설명

앞에서 논의한 바와 같이 MR 모형의 용도 및 목적은 기본적으로는 크게 예측(prediction)과 설명(explanation)의 두 가지로 볼 수 있다. 예측의 경우, 주어진 표본 자료로 추정한 회귀모형을 이용하여, 새로운 개체의 독립변수 값으로 종속변수 값 *Y*를 예측하는 것이 주 목적이다. 예를 들면, 어느 대학의 과거 입학생들의 입학전형 자료를 이용하여 여러 전형요소(수능성적, 학생부 성적, 면접성적, 논술성적 등)를 독립변수로, 입학 후 학생들의 평점 성적을 종속변수로 하는 회귀식을 추정하고, 이 식을 이용하여 새 입학전형에서 각 지원자의 전형요소로 입학 후 평점을 예측하여 이를 근거로 입학여부를 결정하는 경우가 여기에 해당된다. 이 경우, 모형 설정의 주 관심사는 각 전형요소의 역할보다는 어떤 전형요소(독립변수)를 모형에 포함하여야 *Y*를 정확하게 예측할 수 있는가, 즉 전체 R^2 값을 높이느냐에 있다. 이러한 용도 내지 목적으로 MR을 사용하는 데에는 별다른 논란이나 문제점은 없다.

그런데 대부분의 MR 모형은 명시적이든 묵시적이든 설명의 목적으로 사용되고 있다. 성취 자료의 경우, 연구자의 주 관심사는 SES, 지능, 동기 점수로 성취를 예측하기보다는 이들 각 변수가 성취 변량에 어느 정도의 영향을 미치는지 또는 효과가 있는지, 그리고 성취를 결정하는 데 이들 각 변수의 상대적 기여도 내지 중요도를 비교하면 어떠한지 등이 될 것이다. 이는 독립변수로 종속변수를 설명, 즉 독립변수와 종속변수 간에 인과관계(causal relationship)를 유추함을 의미한다. 그런데 MR을 설명의 목적으로 사용하는 데에는 논리적 문제와 통계적 문제가 있다. 먼저 논리적 문제를 살펴보자. 일반적으로 독립변수 *X*와 종속변수 *Y* 간에 인과관계가 성립하기 위해서는 첫째, 두 변수 사이에 통계적 관련성이 있어야 하고, 둘째, 원인인 *X*가 결과인 *Y*보다 시간적으로 선행해야 하며, 셋째, *X* 이외의 다른 요인이 통제되어야 한다. 첫 번째 조건은 두 변수 간의 통계적 유의성을 검증하여 보여 줄 수 있다. 앞에서 논의한 R^2에 대한 전반적 유의성 검증과 각 회귀계수의 유의성 검증이 여기에 해당된다. 그러나 두 번째와 세 번째 조건을 만족하기 위해서는 통제된 실험연구가 유리하다. 그런데 MR 모형을 적용하는 자료들은 대부분 통제된 실험이 아닌 비실험적 자료이다. 이 경우 MR 모형을 설명의 목적으로 사용하는 경우, 통계적 관련성만으로 인과관계를 유추하는 것이 되어 논리적으로 문제가 될 수 있다.

다음으로 문제가 되는 것은 각 독립변수의 회귀계수가 모형에 어떤 다른 독립변수들이 포함되었느냐에 따라 달라질 수 있다는 점이다. 〈표 11-1〉 예시자료의 경우, SES와 MOT만을 독립변수로 하여 성취를 설명하는 MR 모형을 추정하면 다음과 같다.

$$\hat{Y} = 5.138 + .511(SES) + .268(MOT)$$

그런데 앞에서 변수 MA까지 포함시켜 추정한 결과는 위의 식과 상당히 다르다.

$$\hat{Y} = 4.368 + .319(SES) + .228(MA) + .028(MOT)$$

특히 MOT의 경우 그 회귀계수가 .268에서 .028로 거의 10분의 1로 감소함을 볼 수 있다. 따라서 회귀계수를 독립변수의 종속변수에 대한 효과로 해석하는 경우, 전자의 경우는 MOT 1단위 증가가 성취의 .268 단위 증가를 가져오지만, 후자의 경우는 .028 단위의 증가를 가져온다고 해석되어 그 효과가 달라진다. 이는 독립변수가 종속변수는 물론 다른 독립변수들과도 상관관계가 있기 때문이다. 이들 관계는 앞에서 논의한 벤 다이어그램으로 더 잘 나타낼 수 있다. 하나의 독립변수 X_1과 종속변수 Y의 관계는 다음의 〈그림 11-6〉과 같이 나타낼 수 있다.

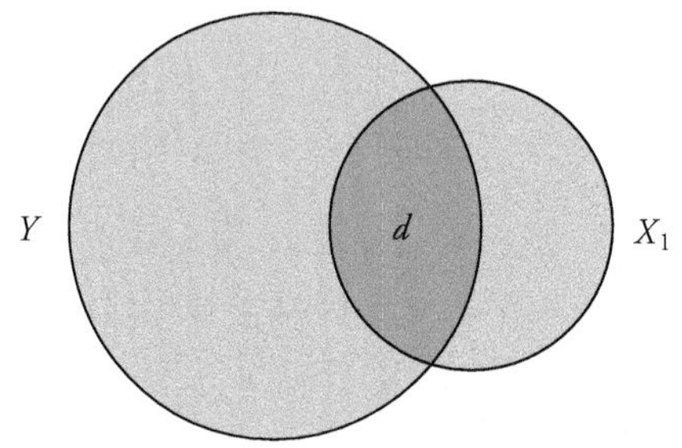

〈그림 11-6〉

〈그림 11-6〉에서 원은 제곱합(SS: sum of squares)으로 표현한 각 변수의 변량을, 겹친 부분 d는 두 변량의 공통부분으로 변수 X_1으로 변수 Y를 설명한 부분이라고 할 수 있다. 만약 두 변수 사이에 관련성이 없으면 겹친 부분이 없을 것이다. 이 모형에 다른 독립변수 X_2를 포함시킨다고 해 보자. 만약 두 독립변수 X_1과 X_2 사이에 상관관계가 없다면 〈그림 11-7〉과 같이 나타낼 수 있다. 이 경우 X_1의 효과는 d, X_2의 효과는 g 부분으로 X_1의 효과는 변함이 없다.

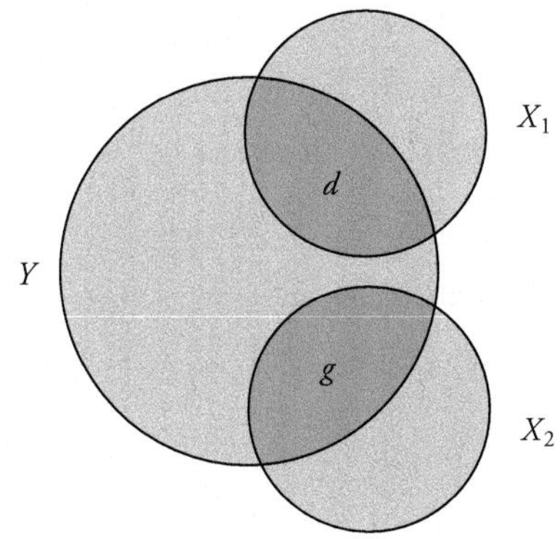

〈그림 11-7〉

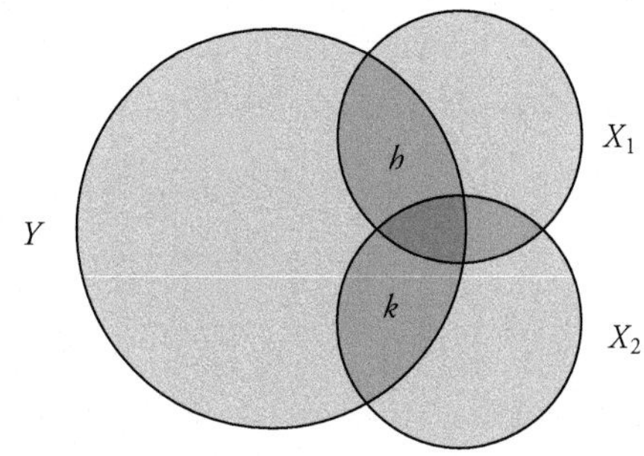

〈그림 11-8〉

그런데 독립변수 간에 상관관계가 있으면, 이들 변수 간의 관계는 〈그림 11−8〉과 같이 나타낼 수있으며, X_1의 효과는 b 부분, X_2의 효과는 k부분이 되어 X_1의 효과가 달라진다. 결과적으로 MR을 설명의 목적으로 사용하는 경우, 모형에 어떤 독립변수를 포함하느냐에 따라 각 독립변수의 효과가 달라지므로 해석상 어려움이 발생한다.

이러한 논리적, 통계적 이유 때문에 일부 전문가들은 MR 모형은 예측의 목적으로만 사용해야 하며, 설명의 목적으로는 사용하지 말아야 한다고 주장하기도 한다. 그러나 보다 의미 있는 연구 결과의 적용이나 이론 개발을 위해서는 인과관계 추정이 필요하다. 그리고 많은 전문가들은 특정 조건하에서는 비실험적 자료에 기반한 MR 모형으로도 타당하고 과학적으로 신뢰성 있는 인과 추정이 가능하다고 주장한다. 따라서 어떤 조건하에서 MR을 설명의 목적으로 사용할 수 있는지 살펴보자.

설명 목적의 조건

예측만을 위한 MR 모형의 경우 어떠한 독립변수를 사용하든지 간에 R^2 값을 최대한 크게 하는 것이 주 관심사가 된다. 따라서 예측이 목적인 경우 독립변수들 선정의 고려사항은 종속변수와는 강한 상관을 가지는 반면, 자신들 간에는 상관이 약한, 가능한 한 적은 개수의 변수들을 독립변수로 선정하여 종속변수를 가장 잘 예측하도록 하는 것이다.

그러나 설명의 경우 대개 연구자는 대상 종속변수를 완벽히 설명하려고 하기보다는 이 종속변수에 대한 특정 독립변수의 효과에 관심이 있다. 이 경우 이들 독립변수들의 종속변수에 대한 올바른 효과를 추정하기 위해서는 이들 관심 독립변수와 종속변수에 동시에 영향을 주는 변수, 즉 공통 원인 변수들을 모형에 포함시켜야 한다. 〈그림 11−6〉에서 X_1이 Y에 미치는 효과가 주 관심사인 경우, Y와 X_1에 동시에 영향을 미치는, 즉 동시에 겹치는 부분이 있는 X_2 변수를 모형에 포함시켜야만 X_1의 효과 b를 올바로 추정할 수 있게 된다. 따라서 연구자는 연구하고자 하는 인과모형에 포함할 변수에 대해 관련이론과 선행연구의 철저한 검토와 논리적인 사고를 거쳐 모형을 설정하여야 한다. 다시 말하면 연구하고자 하는 종속변수에 대한 관심 독립변수를 먼저 결정하고 이들에 대한 공통 원인이 되는 독립변수들을 선정하여 모형에 포함해야만, 즉 모형이 옳게 명세되어야(correctly specified) 인과관계에 대한 타당한 추론이 가능한 것이다. 이 모든 과정에는 철저한 관련이론이나 사전연구의 검토와 논리적 분석이 전제되어야 한다. 즉 인과관계의 3가지 조건 중 첫 번째 조건인 독립변수와 종속변수 간의 통계적 관련성은 MR 모형의 유의성 검증에 의해 확인할 수 있지만 독립변수가 종속변수보다 시간적으로 선행해야 한다는 두 번째 조건과 독립변수 이외의 다른 요인들을 통제해야 한다는 세 번째 조건을 충족하기 위한 철저한 논리적 이론적 검토와 사전연구의 뒷받침이 필요하다. 그런데 현실적으로 공통 원인이 되는 모든 변수들을 포함할 수는 없으므로 적어도 중요한 변수를 확인하여 이를 모형에 포함시키는 노력이 필요하다고 할 것이다. 다시 한 번 강조하지만 인과관계의 추정은 통계적인 문제라기보다는 논리적, 연구설계적인 측면의 문제인 것이다.

7. 중다회귀 모형 분석의 3가지 접근법

중다회귀모형의 설정에는 크게 동시적(simultaneous) 회귀(또는 표준(standard)회귀), 순차적(sequential) 회귀(또는 위계적(hierarchical) 회귀), 단계적(stepwise) 회귀 등 3가지 접근법이 있다. 3가지 접근법은 연구의 주요 목적이 예측인지 설명인지 등 연구의 구체적인 목적이 무엇인지, 모형에 어떤 독립변수를 어떤 순서로 넣을 것인지를 누가 어떻게 선정하는지, 그리고 종속변수를 설명/예측하는 데 기여한 각 독립변수의 상대적 중요성을 어떻게 평가할 것인지 등에서 차이가 난다. 각 접근법은 모형의 목적이나 그 결과 해석, 장단점에서 서로 차이가 있으나, 세 접근법을 구분하는 가장 중요한 이유는 종속변수의 변량을 설명(또는 예측)하는 데 각 독립변수의 상대적 기여도 및 중요도 결정 시 공통변량 부분을 어느 변수의 몫으로 할 것인가에 대한 차이 때문이다. 〈그림 11-9〉 벤 다이어그램에서 d부분은 X_1, f 부분은 X_2, h 부분은 X_3의 독자 기여부분으로 명백히 구분할 수 있지만 e부분은 X_1과 X_2, g 부분은 X_2와 X_3의 공통으로 기여한 부분이다. 각 접근법에 따라 이 부분의 기여에 대한 해석이 달라진다.

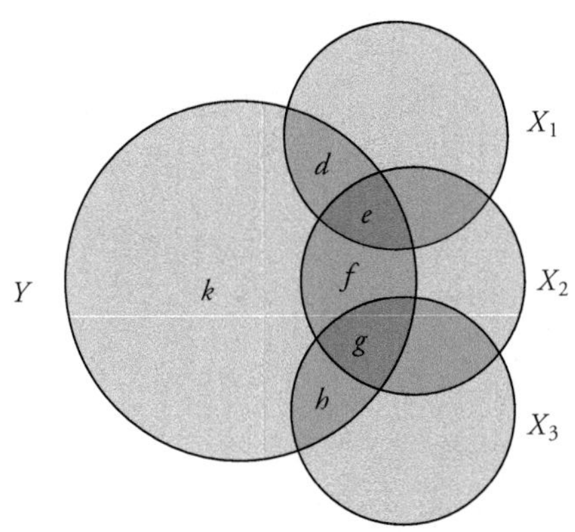

* X_1과 X_3는 상관관계가 없는 것으로 간주

〈그림 11-9〉

표준(동시적) MR

모형의 설정

동시적(표준) MR은 모든 독립변수를 동시에 모형에 포함시켜 모형을 설정하여 추정하는 것으로 가장 널리 사용되고 있는 일반적인 접근법이다. 독립변수가 X_1, X_2, X_3인 경우 이 모형은 $\hat{Y} = a + b_1X_1 + b_2X_2 + b_3X_3$로 나타낼 수 있다. 앞에서 논의한 MR의 여러 가지 특성은 이 접근법에 기초하여 제시한 것이다. 이 접근법은 설명 및 예측 목적 모두에 사용할 수 있으며, 두 목적에 대해 독립변수 전체가 기여한 정도, 다른 독립변수 통제 후 각 독립변수가 기여한 정도, 그리고 독립변수 간 상대적 기여도나 중요도를 서로 비교하여 평가하는 데 적절하다. 전체적 기여도는 모형의 R^2로 나타나며, 그 유의성은 식 (12)의 F검증으로 이루어진다. 다른 독립변수의 통제 후 각 독립변수의 기여도는 해당 변수의 회귀계수 b 또는 표준화 회귀계수로 나타난다. 그 유의성은 식 (13)과 같은 t검증으로 이루어지며, 이는 다른 독립변수가 이미 들어간 모형에 해당 독립변수가 모형에 들어감으로써 증가하는 R^2 (ΔR^2)의 유의성 검증 식 (14)와 동일하다. 표준 MR에서 각 독립변수의 기여 SS 부분은 다른 독립변수가 이미 들어가 있는 모형에 해당 독립변수가 들어가 증가하는 부분, 즉 각 독립변수가 독자적으로 기여하는 부분이다. 따라서 〈그림 11-9〉에서 X_1, X_2, X_3가 기여한 SS 부분은 다음과 같다.

$$X_1 \text{ 기여 SS} = d$$
$$X_2 \text{ 기여 SS} = f$$
$$X_3 \text{ 기여 SS} = h$$

직접효과(direct effect)로서의 회귀계수

동시적 MR을 인과관계 즉 설명의 목적으로 사용한 경우, 각 독립변수의 회귀계수는 다른 독립변수 통제 시 해당 변수의 효과를 의미하므로 이는 해당 독립변수의 종속변수에 대한 직접효과를 나타낸다. 동시적 MR이 나타내는 인과관계 모형은 〈그림 11-10〉과 같이 나타낼 수 있다. 동시적 MR에서는 〈그림 11-9〉에서 겹치는 부분을 제외하고 단독으로 기여하는 부분만 각 변수의 효과로 해석하기 때문에 독립변수 간의 상관관계에 따른 효과는 제외된다. 따라서 〈그림 11-10〉의 인과관계 모형에서 독립변수의 효과는 단독으로 기여하는 직접효과만으로 구성되고 독립변수 간의 관계는 상관관계(곡선의 양쪽방향 화살표)만으로 나타나 있다. 따라서 〈그림 11-10〉에서 경로 계수 c_1, c_2, c_3는 각각 회귀모형 $\hat{Y} = a + b_1X_1 + b_2X_2 + b_3X_3$에서의 b_1, b_2, b_3와 동일하며 c_1은 〈그림 11-9〉에서의 d, c_2는 f, c_3는 h와 대응되고 r_{12}는 e, r_{23}은 g에 대응되며, r_{13}은 X_1과 X_3의 겹치는 부분에 해당되는데 〈그림 11-9〉에서는 상관관계가 없는 것으로 간주하였다. 반면 뒤에서 논의할 순차적 MR에서는 직접효과(direct effect)와 간접효과(indirect effect)를 합한 전체효과(total effect)를 추정할 수 있다.

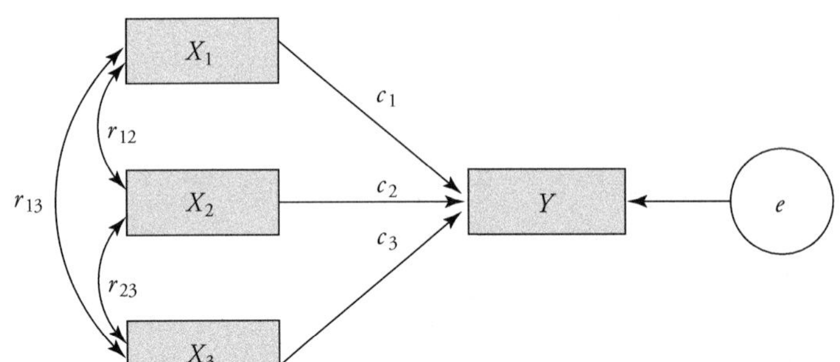

〈그림 11-10〉

독립변수의 상대적 중요성 및 기여도의 평가방법

① 표준화 회귀계수

일반회귀계수 b_j의 값은 해당 독립변수 X_j의 단위에 따라 달라지기 때문에 독립변수 간에 상대적 중요성을 비교하기가 어렵다. 앞 체중감량 예의 경우, 운동시간 X_1의 단위가 시간인지 분인지에 따라 b_1의 값이 좌우된다. 따라서 상대적 비교가 목적인 경우에는 표준화 회귀계수를 구하여 비교하는 것이 타당하다. Keith(2006)는 표준화 회귀계수의 실제적 유의성의 기준을 다음과 같이 제시하고 있다.

.05 미만: 너무 작음(too small) .05 ~ .1 미만: 작음(small but moderate)
.1 ~ .25: 보통(moderate) .25 이상: 큼(large)

② 기여 $R^2(\Delta R^2)$

모형의 전체 R^2 중 각 독립변수가 기여한 R^2 (ΔR^2)를 서로 비교하는 방법이다. 동시적 MR의 경우는 각 독립변수가 독자적으로 기여한 R^2 (ΔR^2)로 각 독립변수의 기여도/중요도를 비교한다. 〈그림 11-9〉에서 원의 각 부분을 제곱합이라고 한다면 각 독립변수의 기여 R^2 (ΔR^2)는 다음과 같다.

$$\Delta R^2(X_1/X_2, X_3) = d/(d + e + f + g + h + k)$$
$$\Delta R^2(X_2/X_1, X_3) = f/(d + e + f + g + h + k)$$
$$\Delta R^2(X_3/X_1, X_2) = h/(d + e + f + g + h + k)$$

그런데 동시적 회귀에서는 공통으로 기여한 SS는 각 개별 독립변수의 기여 R^2 (ΔR^2) 산출에서는 제외되므로, 즉 〈그림 11-9〉의 경우 e와 g는 제외되므로 각 독립변수의 기여 R^2 (ΔR^2)의 합은 전체 R^2와 다를 수 있다.

$$R^2(X_1, X_2, X_3) \neq \Delta R^2(X_1/X_2, X_3) + \Delta R^2(X_2/X_1, X_3) + \Delta R^2(X_3/X_1, X_2)$$

③ **준부분상관계수와 부분상관계수**

위에서 구한 ΔR^2는 1보다 작은 일종의 상관계수를 제곱한 것이므로 일반상관계수나 표준화 회귀계수와 비교해 볼 때 외면적으로 그 값이 너무 작아 보인다. 따라서 각 변수의 기여 SS 부분에 해당하는 여러 상관계수를 구하여 변수 간에 서로 비교할 수 있는데, 준부분상관계수와 부분상관계수가 이 목적으로 사용된다.

- 준부분상관계수(semi-partial or part correlation coefficient)

먼저 준부분상관계수는 종속변수 전체 SS(SSt)에 대한 해당 독립변수의 기여부분 비의 제곱근으로 상관계수를 구한 것이다.

$$\text{part corr}(X_k, Y) = \sqrt{(X_k \text{기여부분 SS})/\text{SSt}}$$

따라서 〈그림 11-9〉의 경우, 동시적 MR에서 각 독립변수의 준부분상관계수는 다음과 같은 의미를 지닌다.

$$\text{part corr}(X_1, Y) = \sqrt{d/(d+e+f+g+h+k)}$$
$$\text{part corr}(X_2, Y) = \sqrt{f/(d+e+f+g+h+k)}$$
$$\text{part corr}(X_3, Y) = \sqrt{h/(d+e+f+g+h+k)}$$

준부분상관계수 식과 앞에서 논의한 기여 R^2 (ΔR^2) 식을 비교하면 기여 R^2 (ΔR^2)의 제곱근이 준부분상관계수임을 알 수 있다.

• 부분상관계수(partial correlation coefficient)
준부분상관계수가 다른 독립변수의 효과가 해당 독립변수에 미치는 효과만 통제한 것이라고 한다면, 부분상관계수는 해당 독립변수뿐만 아니라 종속변수에 대한 효과도 통제한 것이다. 즉 해당 독립변수가 단독으로 기여한 SS가 그 SS와 잔차 SS의 합에 대한 비의 제곱근이다.

$$\text{partial corr}(X_k, Y) = \sqrt{(X_k\text{기여부분 SS})/(X_k\text{기여부분 SS} + \text{SSe})}$$

따라서 〈그림 11-9〉의 경우 동시적 MR에서 각 독립변수와 종속변수 간의 부분상관계수는 다음과 같이 나타낼 수 있다.

$$\text{partial corr}(X_1, Y) = \sqrt{d/(k+d)}$$
$$\text{partial corr}(X_2, Y) = \sqrt{f/(k+f)}$$
$$\text{partial corr}(X_3, Y) = \sqrt{h/(k+h)}$$

그런데 준부분상관이나 부분상관의 경우, 다른 독립변수들과 상관이 높은 변수의 경우 독자 기여부분이 적기 때문에 그 값이 상당히 낮게 나타난다. 〈그림 11-9〉의 경우, 변수 X_2는 종속변수 Y와 상당히 상관이 높지만 X_1과 X_2와의 상관관계가 있어 단독 기여부분인 f 부분이 적어져서 준부분이나 부분상관 값이 낮게 나타난다. 따라서 연구자들은 이들 값을 제시하는 경우 일반상관계수도 함께 제공해 주는 것이 바람직하다. 〈그림 11-9〉의 경우, 동시적 MR에서 각 독립변수와 종속변수 간의 일반상관계수(SPSS 출력에서 **zero-order**)는 다음과 같이 나타낼 수 있다.

$$\text{corr}(X_1, Y) = \sqrt{(d+e)/(d+e+f+g+h+k)}$$
$$\text{corr}(X_2, Y) = \sqrt{(e+f+g)/(d+e+f+g+h+k)}$$
$$\text{corr}(X_3, Y) = \sqrt{(h+g)/(d+e+f+g+h+k)}$$

동시적 MR에 의한 예시자료 분석

① 모형의 추정 및 유의성 검증

동시적 MR은 가장 널리 사용되는 표준적인 접근법으로 이 장의 전반부의 MR 개념 제시 및 설명 부분에서 이미 예시자료를 분석하였다. 앞에서 설명한 바와 같이 〈그림 11-2〉에서 모형에 포함할 모든 독립변수를 **Independent(s)** 상자로 옮기고 **Method**에서 **Enter**를 선택한다. **Enter**는 **Independent(s)** 상자에 옮겨진 모든 독립변수를 모형에 포함하라는 의미이다. 그리고 〈그림 11-3〉의 **Statistics** 선택 상자에서 필요한 통계들을 선택한다.

동시적 MR의 SPSS 출력물은 〈표 11-2〉, 〈표 11-3〉, 〈표 11-4〉와 같으며, 추정된 회귀식은 식 (16), (17)이다. 전반적 모형의 유의성 검증과 각 회귀식의 유의성 검증 결과도 앞에서 이미 논의하였다.

② 직접효과로서의 회귀계수

예시자료 분석결과를 설명의 목적으로 이용하는 경우 동시적 MR에서 회귀계수는 해당 독립변수의 종속변수에 대한 직접효과를 나타냄을 논의한 바 있다. 따라서 〈표 11-4〉의 결과로 〈그림 11-10〉의 인과모형에서 X_1에서 Y로 가는 경로의 계수 c_1은 .319(표준경로계수로는 .301), X_2의 경로계수 c_2는 .228(.666), X_3의 경로계수 c_3는 .028(.024)가 된다. 이 값들은 Amos나 LISREL과 같은 구조방정식 모형을 위한 S/W로 분석하여 확인할 수 있다.

③ 독립변수의 상대적 기여도, 중요도 평가

상대적 비교를 위한 표준화 회귀계수, 준부분상관계수, 부분상관계수는 〈표 11-4〉에 나와 있다. 부분상관이나 준부분상관계수는 SPSS 분석 시 〈그림 11-3〉에서 선택할 수 있다.

각 독립변수가 기여한 R^2 (ΔR^2) 값은 SPSS의 **regression**에서 직접 출력할 수는 없으나 몇 가지 방법으로 계산할 수 있다. 첫 번째 방법은 먼저 (X_1, X_2, X_3)가 전부 들어간 모형으로 추정하여 $R^2(X_1, X_2, X_3)$를 구한다. 다음으로 기여 R^2 (ΔR^2)을 구하고자 하는 독립변수를 제외한 변수로 구성된 모형, 즉 (X_1, X_2), (X_1, X_3), (X_2, X_3)가 독립변수인 3개의 회귀모형을 각각 추정하여 R^2를 구해 $R^2(X_1, X_2, X_3)$과의 차이를 구하면 이 값이 기여 R^2 (ΔR^2)이 된다.

$$\Delta R^2(X_1/X_2, X_3) = R^2(X_1, X_2, X_3) - R^2(X_2, X_3)$$
$$\Delta R^2(X_2/X_1, X_3) = R^2(X_1, X_2, X_3) - R^2(X_1, X_3)$$
$$\Delta R^2(X_3/X_1, X_2) = R^2(X_1, X_2, X_3) - R^2(X_1, X_2)$$

두 번째 방법은 기여 $R^2(\Delta R^2)$ 값은 준부분상관계수의 제곱과 동일하다는 관계를 이용하는 것이다. 〈표 11-4〉에 나와 있는 준부분상관계수 값을 이용하여 각 독립변수의 기여 $R^2(\Delta R^2)$ 값을 구하면 다음과 같다.

$$\Delta R^2(X_1/X_2, X_3) = .280^2 = .0784$$
$$\Delta R^2(X_2/X_1, X_3) = .592^2 = .350$$
$$\Delta R^2(X_3/X_1, X_2) = .022^2 = .00048$$

세 번째 방법은 SPSS의 **General Linear Model** 부분을 이용하여 각 독립변수가 기여하는 제곱합(SS: sum of squares)을 구해 기여 $R^2(\Delta R^2)$를 계산하는 방법이다. 이를 위해 먼저 **Analyze → General Linear Model → Univariate**를 클릭하여 〈그림 11-11〉의 GLM 대화상자를 불러온다. MR은 GLM의 하부 모형이므로 GLM에서도 MR에 해당되는 모형을 설정할 수 있다. 독립변수 중 범주형(질적) 변수는 **Factor(s)** 상자에, 양적 변수는 **Covariate(s)** 상자에 넣어 준다. 〈그림 11-11〉에서는 양적 독립변수들인 **SES, MA, MOT**가 **Covariate(s)** 상자로 옮겨진 모습을 보여 준다.

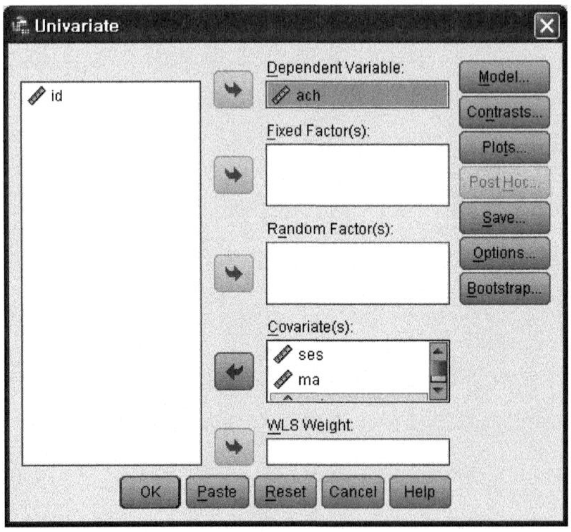

〈그림 11-11〉

다음 이 대화상자에서 **Model**을 클릭하여 〈그림 11-12〉의 **Model** 상자를 불러 왼쪽 하단부의 **Sum of squares**에서 **Type III**를 선택한다. 각 독립변수가 독자적으로 기여한 부분을 나타내는 SS를 Type III SS라고 한다. 〈표 11-7〉은 이러한 선택에 의한 SPSS의 GLM 출력물이다. 여기서 주의할 점은 **SPSS GLM** 결과물에서 **Total**이 아니라 **Corrected Total**로 표시된 부분의 제곱합(SS)이 SSt에 해당된다는 점이다. 여기에 나온 SS를 이용하여 기여 R^2 (ΔR^2)를 계산하면 다음과 같다.

$$\Delta R^2(X_1(\text{ses})/X_2, X_3) = 19.166/244.16 = .078$$
$$\Delta R^2(X_2(\text{ma})/X_1, X_3) = 85.502/244.16 = .350$$
$$\Delta R^2(X_3(\text{mot})/X_1, X_2) = .117/244.16 = .00048$$

그런데 각 독립변수의 ΔR^2 값을 전부 합하면 .428로 〈표 11-2〉의 전체 R^2값 .689와 차이가 난다. 이는 각 독립변수들이 공동으로 기여한 부분이 제외되었기 때문이다.

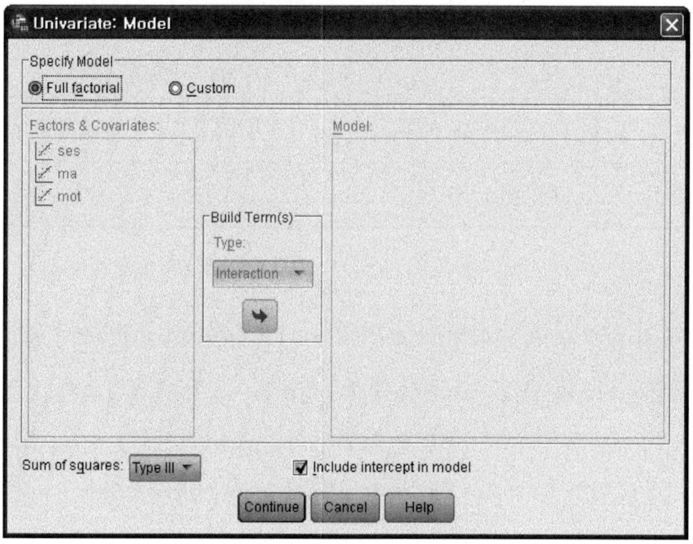

〈그림 11-12〉

〈표 11-7〉

Tests of Between-Subjects Effects

Dependent Variable: ach

Source	Type III Sum of Squares	df	Mean Square	F	Sig.
Corrected Model	168.205[a]	3	56.068	15.502	.000
Intercept	13.740	1	13.740	3.799	.065
ses	19.166	1	19.166	5.299	.032
ma	85.502	1	85.502	23.640	.000
mot	.117	1	.117	.032	.859
Error	75.955	21	3.617		
Total	5544.000	25			
Corrected Total	244.160	24			

a. R Squared = .689 (Adjusted R Squared = .644)

④ 분석결과의 기술

학생의 성취를 종속변수, 부모의 사회경제적 지위(SES), 학생의 지능(MA), 성취동기(MOT)를 독립변수로 하여 표준(동시적) 회귀분석을 실시하였다. 다음의 〈표 11-8〉은 각 변수들의 평균(M) 및 표준편차(SD), 변수들 간의 상관계수를 보여 준다.

〈표 11-8〉

변수	M(SD)	상관계수(p)		
		SES	MA	MOT
성취	14.56(3.19)	.537(.003)	.779(.000)	.346(.045)
SES	11.16(3.01)		.346(.045)	.240(.124)
지능(MA)	27.36(9.30)			.376(.032)
성취동기(MOT)	13.88(2.74)			

종속변수인 성취와 모든 독립변수 사이의 상관계수는 .05 수준에서 유의하였으며, 독립변수 사이에서는 SES와 MOT 간의 상관계수 외에는 모두 유의하였다.

다음의 〈표 11-9〉 및 〈표 11-10〉은 회귀분석의 결과이다. 먼저 〈표 11-9〉에서 전체 R^2은 통계적으로 유의하였다: $F(3, 21) = 15.502, p < .001$. $R^2 = .689$. R^2 값은 .689로 학생 성취 변량의 68.9%를 SES, MA, MOT로 예측 또는 설명하였다. 회귀계수 SES($t = 2.302, p = .032$)와 MA($t = 4.862, p < .001$)는 유의하였으나 MOT는 유위하지 않았다. 다른 변수들을 통제했을 때, SES 1단위 증가에 성취는 .319점 증가가, MA 1단위 증가에는 .228점의 성취점수 증가가 기대된다.

종속변수의 변량을 예측 또는 설명하는 데 각 독립변수가 독자적으로 기여한 정도를 비교해 보면, MA가 가장 높고, 다음이 SES이며, MOT가 독자적 기여한 부분은 거의 없었다.

〈표 11-9〉

분산원(Source)	제곱합(SS)	자유도(df)	평균제곱(MS)	F	유의도(p)
회귀(regression)	168.205	3	56.068	15.502	.000
오차(residual)	75.955	21	3.617		
전체(total)	244.160	24			
R = .830, R^2 = .689, adjR^2 = .644					

〈표 11-10〉

	비표준화 회귀계수	표준화 회귀계수	t	p	상관계수	부분 상관계수	준부분 상관계수	ΔR^2 (독자적)
절편	4.368		1.949	.065				
SES	.319	.301	2.302	.032	.537	.449	.280	.078
MA	.228	.666	4.862	.000	.779	.728	.592	.350
MOT	.028	.024	.180	.859	.346	.039	.022	.00048

순차적 MR

모형의 설정

순차적 MR은 주로 설명의 목적으로 사용되며, 이론적, 논리적 근거에 의하여 연구자가 사전에 결정한 순서에 따라 독립변수들이 한 번에 하나씩 또는 변수 집단별로 모형에 투입되며 따라서 투입 단계별로 모형이 추정된다. 연구자가 독립변수의 투입순서를 X_1, X_2, X_3 순으로 정했다면 순차적 회귀모형은 다음과 같이 나타낼 수 있다.

모형1(X_1 투입): $\hat{Y} = a + b_1X_1$ (18-1)

모형2(X_2 추가 투입): $\hat{Y} = c + d_1X_1 + d_2X_2$ (18-2)

모형3(X_3 추가 투입): $\hat{Y} = e + f_1X_1 + f_2X_2 + f_3X_3$ (18-3)

(주의: 여기서 a, b, c, d, f 들은 벤 다이어그램에서 사용된 것과 관계없음)

순차적 MR에서 각 독립변수의 기여 SS는 해당 독립변수의 투입으로 증가하는 SS이며 따라서 모형에 투입되는 순서에 따라 각 독립변수의 종속변수에 대한 효과가 크게 좌우된다. 예를 들어 〈그림 11-9〉에서 각 독립변수의 기여부분은 다음과 같다.

X_1, X_2, X_3 순으로 투입한 경우 각 독립변수의 기여부분 SS

X_1 기여 SS = $d + e$

X_2 기여 SS = $f + g$

X_3 기여 SS = h

만약 그 순서가 X_3, X_1, X_2라면 X_3의 기여부분은 $h + g$, X_1은 $d + e$, X_2는 f가 되어 앞의 경우와는 상당한 차이가 생긴다. 동시적 MR의 경우는 공동 기여부분을 제외한 독자 기여부분만 해석하는 데 비해 순차적 MR에서는 공동 부분은 먼저 모형에 들어오는 독립변수의 기여부분이 되어 모든 부분이 다 해석되는 셈이다.

순차적 MR은 각 독립변수의 회귀계수보다는 각 변수가 종속변수를 설명하는 데 얼마나 기여하는지에 관심을 가지며, 따라서 각 변수의 기여 R^2 (ΔR^2)가 분석의 초점이 된다. 각 독립변수 R^2 (ΔR^2)의 유의성 검증은 다음과 같은 F검증으로 이루어진다.

$$F = \frac{(R_j^2 - R_{j-1}^2)/1}{(1 - R_j^2)/(n - j - 1)} \sim F_{1, n-j-1} \tag{19}$$

여기서 R_{j-1}^2는 해당 독립변수가 들어가기 직전, 독립변수의 수가 $(j - 1)$일 때의 R^2이고, R_j^2는 해당 독립변수가 모형에 들어가 독립변수의 수가 j일 때의 R^2이다. 식 (19)의 F검증에서 오차항을 나타내는 분모는 해당 독립변수가 들어가는 단계마다 달라짐을 유의해야 한다. (그러나 어떤 전문가들은 전체모형(full model)의 오차항 즉 $(1 - R^2)/(n - \mathrm{k} - 1)$을 사용해야 한다고 주장하기도 한다.) 만약 하나가 아니라 m개의 독립변수를 묶어서 집단으로 삽입한 경우, 그 묶음 전체의 유의성은 다음과 같이 검증한다.

$$F = \frac{(R_j^2 - R_{j-m}^2)/m}{(1 - R_j^2)/(n - j - 1)} \sim F_{1, n-j-1} \tag{20}$$

독립변수 순서의 결정

순차적 MR에서 각 독립변수의 기여도는 모형에 들어가는 순서의 영향을 크게 받는다. 연구자는 선행연구 결과의 분석, 이론적 근거, 논리적 검토 등에 의해 독립변수의 순서를 결정해야 하는데 대개 다음과 같은 방법을 따른다.

① 논리적인 순서 또는 실제 발생한 시간 순서, 처치 순서를 따른다. 예를 들면, 〈표 11-1〉의 자료의 경우, 부모의 SES가 MA에 영향을 주고, 그 다음이 MOT라고 생각

할 수 있으므로 이 자료를 순차적 MR로 분석하는 경우, 이런 순서로 모형에 삽입할 수 있을 것이다.

② 이론적으로 중요한 것, 또는 지금까지 모형에 사용해 오던 변수들을 먼저 삽입하고 나중에 추가하여 삽입한 변수들의 유의성을 검증한다. 이는 마치 앞에 먼저 넣은 변수들을 공변수(covariate)로 간주하고 이를 통제했을 때 추가변수의 유의성을 검증하는 것으로 공분산분석(ANCOVA)의 개념과 유사하다.

③ 경우에 따라서는 위 ②와는 반대로 덜 중요한 변수들을 통제한 후 관심변수의 효과를 알아보기 위해 배경변수 등을 먼저 모형에 삽입하여 통제한 후 관심변수나 처치변수를 나중에 넣어 그 효과를 검증하기도 한다.

전체효과로서의 회귀계수

순차적 MR에서는 각 독립변수가 단계별로 모형에 들어가므로 단계별로 회귀식이 추정되고, 따라서 각 단계별 회귀계수가 달라지므로 동시적 회귀와는 달리 회귀계수는 일반적으로 주요 관심사가 아니다. 그러나 동시적 MR의 설명 목적 적용에서 ΔR^2나 회귀계수는 각 독립변수가 종속변수에 미치는 직접효과를 반영하는 반면, 순차적 MR에서는 직접효과와 간접효과가 합해진 전체효과를 반영하는 것으로 해석할 수 있다. 이를 구체적으로 살펴보기 위해 두 개의 독립변수 X_1, X_2로 구성된 MR의 순차적 접근법을 고려해 보자. 〈그림 11－13〉은 이 모형의 벤 다이어그램을 나타낸다. 만약 연구자가 독립변수의 순서를 X_1, X_2로 하였다면, X_1의 기여부분은 $d + e$, X_2의 기여부분은 f가 될 것이다. 이 경우 그 인과모형은 〈그림 11－14〉로 나타낼 수 있다. 〈그림 11－14〉에서 X_1이 Y에 미치는 직접효과는 경로 ①을 통해 이루어지며 이 부분이 〈그림 11－13〉의 d부분, X_2가 Y에 미치는 직접효과는 경로 ③을 통해 이루어지며 이 부분이 〈그림 11－13〉의 f가 된다. 그런데 X_1과 X_2가 공동으로 기여한 e부분을 X_1이 기여한 부분으로 해석한다는 것은 이 부분이 X_1이 X_2를 통해

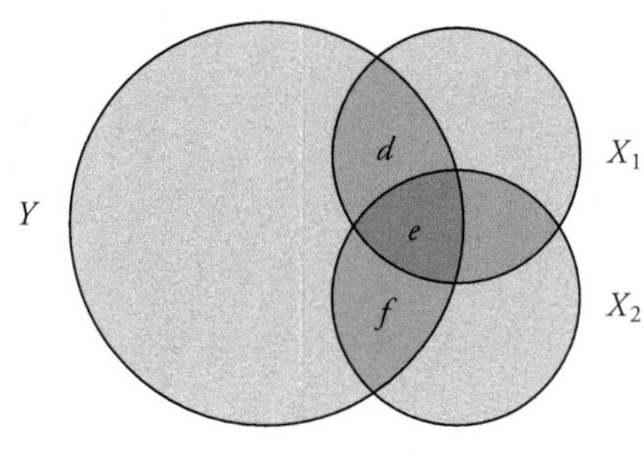

〈그림 11－13〉

간접적으로 영향을 미치는 간접효과 부분으로 〈그림 11-14〉에서 경로 ②와 ③을 통해 이루어짐을 의미한다.

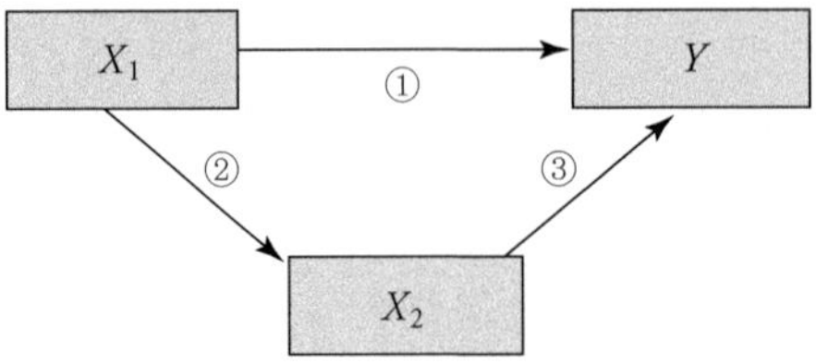

〈그림 11-14〉

투입순서가 X_1, X_2, X_3으로 이루어진 앞 식 (18-1, 2, 3) 모형의 경우, X_1의 전체효과는 식 (18-1)의 b_1, X_2의 전체효과는 식 (18-2)의 d_2, X_3의 전체효과는 식 (18-3)의 f_3로 나타난다. 즉 해당 변수가 투입될 때의 회귀계수가 그 변수의 전체효과를 나타내게 된다.

〈그림 11-14〉와 같은 인과모형의 실제 분석에서는 전체효과를 직접효과와 간접효과로 분리하여 분석하며 이 경우 뒤에서 논의할 예시자료 분석에서와 같이 MR을 이용하여 분석할 수도 있지만 구조방정식모형과 같은 인과모형의 틀에서 LISREL, Amos 등의 소프트웨어를 사용하여 분석하는 것이 더 효과적이다.

독립변수의 상대적 중요성 및 기여도

① 표준화 회귀계수

해당 변수가 모형에 들어갔을 단계 때의 표준화 회귀계수는 표준화된 각 독립변수의 종속변수에 대한 전체효과를 나타내므로 이들을 서로 비교할 수 있다.

② 기여 R^2 (ΔR^2)

앞에서 논의한 바와 같이 순차적 MR에서 각 독립변수가 기여한 부분은 그 변수가 모형에 들어가 앞 단계의 R^2보다 증가한 부분이다. 〈그림 11-9〉에서 X_1, X_2, X_3의 순서로 변수가 들어갔다면 각 변수가 기여한 R^2는 다음과 같이 나타낼 수 있다.

$$\Delta R^2(X_1) = (d + e)/(d + e + f + g + h + k)$$
$$\Delta R^2(X_2/X_1) = (f + g)/(d + e + f + g + h + k)$$
$$\Delta R^2(X_3/X_1,X_2) = h/(d + e + f + g + h + k)$$

③ 준부분상관계수, 부분상관계수

준부분상관계수는 전체 SSt에 대한 해당 독립변수 기여 SS 비에 대한 제곱근으로 표현된다. 순차적 MR에서 각 독립변수의 기여 SS는 해당 독립변수가 모형에 투입되는 단계에서 증가하는 부분이므로 〈그림 11-9〉에서 X_1, X_2, X_3의 순서로 변수가 들어갔다면 각 독립변수의 준부분상관계수는 다음과 같은 의미를 지닌다. 그리고 동시적 회귀의 경우와 마찬가지로 준부분상관계수를 제곱하면 기여 R^2 (ΔR^2)와 동일한 값이 된다.

$$\text{part corr}(X_1, Y) = \sqrt{(d+e)/(d+e+f+g+h+k)}$$
$$\text{part corr}(X_2, Y) = \sqrt{(f+g)/(d+e+f+g+h+k)}$$
$$\text{part corr}(X_3, Y) = \sqrt{h/(d+e+f+g+h+k)}$$

부분상관계수는 해당 독립변수가 단독으로 기여한 SS가 그 SS와 잔차 SS의 합에 대한 비의 제곱근이다. 그런데 순차적 MR에서는 각 독립변수가 순서대로 투입되므로 단계별로 잔차 SS가 점점 축소된다. 따라서 〈그림 11-9〉에서 X_1, X_2, X_3의 순서로 변수가 들어갔다면 각 독립변수와 종속변수 간의 부분상관계수는 다음과 같은 의미를 지닌다.

$$\text{part corr}(X_1, Y) = \sqrt{(d+e)/(d+e+f+g+h+k)}$$
$$\text{part corr}(X_2, Y) = \sqrt{(f+g)/(f+g+h+k)}$$
$$\text{part corr}(X_3, Y) = \sqrt{h/(k+h)}$$

순차적 MR에 의한 예시자료 분석

① 모형의 설정 및 추정

순차적 MR에서 가장 중요한 결정 사항 중의 하나는 독립변수가 모형에 들어갈 순서를 결정하는 일이다. 예시자료의 경우 우선 시간적인 측면에서 보았을 때, 부모의 SES가 가장 먼저이고, 다음이 학생의 지능(MA), 그리고 마지막이 성취동기(MOT)라고 할 수 있을 것이다. 따라서 이 순서대로 독립변수를 모형에 넣어 추정해 보자. 먼저 **Analyze → Regression → Linear** 순으로 클릭하여 〈그림 11-2〉의 대화상자를 불러온다. 이 상자에서 독립변수를 넣을 때, 동시적 경우와는 달리 연구자가 결정한 투입 순서대로 변수를 넣어야 한다. SES를 먼저 독립변수 상자로 옮기고 **Next** 버튼을 클릭한다. 다음에 MA를 옮겨 **Next**를 클릭하고, 마지막으로 MOT를 옮겨 클릭한다. 만약 각 단계에서 변수 하나가 아니라 변수들을 묶음으로 넣고 싶으면 그 변수들을 독립변수 상자 속에 전부 옮기고 난 뒤 **Next**를 클릭한다. 변수 선정이 다 끝나고 나면 **Method**에서는 **Enter**를 선택한다. 다음으로 〈그림 11-3>의 **Statistics** 상자에서는 **R squared change**도 추가로 선택한다. 이 선택은 각 독립변수가 들어가는 단계별로 R^2 변화와 그 유의성 통계를 출력해 준다. 다음의 <표 11-11>, <표 11-12>, <표 11-13>은 SPSS 분석결과의 출력물이다.

<표 11-11>은 변수가 SES, MA, MOT 순서로 들어갔음을 요약하여 보여 준다.

<표 11-12>는 각 독립변수가 모형에 들어가서 증가한 R^2와 그 유의성 검증 결과를 보여 준다. 이들의 유의성은 식 (19)의 *F*검증으로 이루어진다. 먼저 SES가 들어갔을 때 R^2 값이 .289로 이 값은 유의하였다: $F(1, 23) = 9.331, p = .006$. SES가 이미 들어가 있는 모형에 MA가 들어가 R^2 값이 .688이 되어 증가한 R^2 값(표에서 *R* Square Change)이 .400으로 이 또한 유의하였다: $F(1,22) = 28.232, p < .001$. 마지막으로 두 변수가 이미 들어가 있는 모형에 MOT가 들어가 증가하는 R^2는 거의 0으로 유의하지 않았다.

<표 11-11>

Variables Entered/Removed[b]

Model	Variables Entered	Variables Removed	Method
1	ses[a]	.	Enter
2	ma[a]	.	Enter
3	mot[a]	.	Enter

a. All requested variables entered.

b. Dependent Variable: ach

<표 11-12>

Model Summary

Model	R	R Square	Adjusted R Square	Std. Error of the Estimate	Change Statistics				
					R Square Change	F Change	df1	df2	Sig. F Change
1	.537[a]	.289	.258	2.74807	.289	9.331	1	23	.006
2	.830[b]	.688	.660	1.85952	.400	28.232	1	22	.000
3	.830[c]	.689	.644	1.90181	.000	.032	1	21	.859

a. Predictors: (Constant), ses

b. Predictors: (Constant), ses, ma

c. Predictors: (Constant), ses, ma, mot

<표 11-13>은 각 단계별 추정된 모형에서의 비표준화 회귀계수, 표준화 회귀계수, 회귀계수의 유의성, 상관계수, 부분상관계수, 준부분상관계수들을 보여 준다. 먼저 각 단계별로 추정된 모형(앞 식 (18-1, 2, 3) 참조)은 다음과 같다.

〈표 11-13〉

Coefficients[a]

Model		Unstandardized Coefficients B	Std. Error	Standardized Coefficients Beta	t	Sig.	Correlations Zero-order	Partial	Part
1	(Constant)	8.206	2.152		3.814	.001			
	ses	.569	.186	.537	3.055	.006	.537	.537	.537
2	(Constant)	4.643	1.603		2.897	.008			
	ses	.322	.134	.304	2.397	.025	.537	.455	.285
	ma	.231	.043	.674	5.313	.000	.779	.750	.632
3	(Constant)	4.368	2.241		1.949	.065			
	ses	.319	.139	.301	2.302	.032	.537	.449	.280
	ma	.228	.047	.666	4.862	.000	.779	.728	.592
	mot	.028	.154	.024	.180	.859	.346	.039	.022

a. Dependent Variable: ach

모형1(SES 투입): $\hat{Y} = 8.206 + .569(SES)$ (18−1)

모형2(MA 추가 투입): $\hat{Y} = 4.643 + .322(SES) + .231(MA)$ (18−2)

모형3(MOT 추가 투입): $\hat{Y} = 4.368 + .319(SES) + .228(MA) + .028(MOT)$ (18−3)

앞에서도 논의한 바와 같이 순차적 회귀에서는 해당 변수가 모형에 투입될 때의 회귀계수가 그 변수의 전체효과를 나타내므로 위 식에서 SES의 전체효과는 .569, MA는 .231, MOT는 .028이 된다. 〈표 11−13〉의 결과와 〈표 11−12〉에서의 ΔR^2 값은 〈표 11−14〉와 같이 정리할 수 있다.

〈표 11−14〉

	비표준화 회귀계수	표준화 회귀계수	t	p	상관계수	부분 상관계수	준부분 상관계수	ΔR^2 (순차적)
SES	.569	.537	3.055	.006	.537	.537	.537	.289
MA	.231	.674	5.313	.000	.779	.750	.632	.400
MOT	.028	.024	.180	.859	.346	.039	.022	.00048

동시적 MR의 경우와 마찬가지로 〈표 11−14〉에서 ΔR^2 값은 준부분상관계수를 제곱해서도 얻을 수 있다. 또한 SPSS의 **General Linear Model**의 〈그림 11−11〉에서 **Covariate(s)** 상자로 변수들을 사전에 결정한 순서대로 옮겨 주고 **Model** 선택에서 나타난 〈그림 11−12〉의 **Sum of squares**에서 **Type I**을 선택해 주면 〈표 11−7〉에 대응되는 **Type I SS** 결과를 얻을 수

있다. SPSS에서는 동시적 MR의 SS는 **Type III**, 순차적 MR의 SS는 **Type I SS**라고 한다.

② 전체효과로서의 회귀계수

MR 모형의 결과를 설명의 목적으로 해석하는 경우, 순차적 MR에서 각 독립변수가 모형에 들어갔을 단계의 회귀계수는 각 독립변수가 종속변수에 미치는 간접효과와 직접효과를 합한 전체효과를 나타낸다고 앞에서 논의한 바 있다. 이 관계를 구체적으로 살펴보자.

예시자료의 순차적 MR 모형에서 독립변수의 순서를 SES, MA, MOT로 결정하였으므로, 이 모형의 밑에 깔려 있는 인과모형을 경로모형으로 나타내면 〈그림 11-15〉와 같다. 〈그림 11-15〉에는 예시자료로 추정한 경로계수가 함께 나타나 있다.

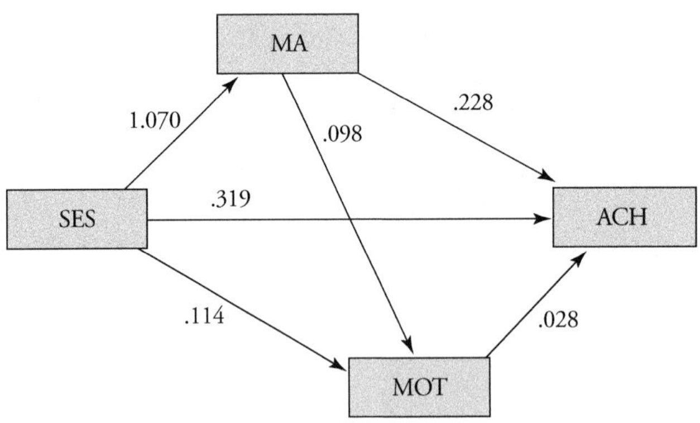

〈그림 11-15〉

이 경로계수는 Amos나 LISREL과 같은 구조방정식 모형 소프트웨어로 구할 수 있으며, 일반 MR 분석으로도 구할 수 있다. 일반 MR로 경로계수를 구하기 위해서는 여러 번 MR 모형을 추정해야 한다. 먼저 MA를 종속변수로, SES를 독립변수로 하여 모형을 추정하면 회귀계수가 1.070이 되어 SES와 MA 사이의 경로계수가 된다. 다음 MOT를 종속변수로, SES와 MA를 독립변수로 동시적 MR로 추정하면 각 독립변수의 회귀계수가 바로 각각의 경로계수가 된다. MA의 회귀계수 .098, SES의 회귀계수 .114가 각각의 경로계수이다. 이는 앞에서 논의한 바와 같이 동시적 MR의 경우 각 회귀계수가 직접효과를 나타내는 것이기 때문이다. 같은 방법으로 ACH를 종속변수로, MA, SES, MOT를 독립변수로 동시적 MR 모형을 추정하면 각 독립변수의 회귀계수가 그 독립변수에서 ACH에 직접효과를 나타내는 경로계수가 되어, MA는 .228, SES는 .319, MOT는 .028이 된다.

이제 〈그림 11-15〉의 경로모형과 경로계수를 이용하여 각 독립변수가 종속변수에 미치는 직접효과와 간접효과를 구해 보자.

SES

직접효과 SES → ACH: .319

간접효과 SES → MA → ACH: 1.070 × .228 = .244

SES → MA → MOT → ACH: 1.070 × .098 × .028 = .003

SES → MOT → ACH: .114 × .028 = .003

전체효과 = 직접효과 + 간접효과 = .319 + .244 + .003 + .003 = .569

MA

직접효과 MA → ACH: .228

간접효과 MA → MOT → ACH: .098 × .028 = .0027

전체효과 = .228 + .0027 = .231

MOT

직접효과 MOT → ACH: .028

여기서 구한 각 독립변수의 종속변수에 대한 전체효과는 〈표 11-13〉의 비표준화 회귀계수와 일치함을 알 수 있다. 만약 모든 변수를 표준화하여 표준화 경로계수를 구하여 같은 방법으로 전체효과를 구하면 〈표 11-13〉의 표준화 회귀계수와 일치한다.

③ 독립변수의 상대적 중요도, 기여도 평가

〈표 11-14〉에 상대적 기여도를 평가할 수 있는 각종 값이 나와 있다.

④ 분석결과의 기술

학생의 성취에 대한 부모의 SES, 학생의 지능, 그리고 성취동기의 영향을 알아보기 위하여 SES, 지능, 동기의 순으로 모형에 투입하여 순차적 MR 방법으로 분석하였다. 종속변수 및 독립변수들의 평균과 표준편차, 상관계수 등은 〈표 11-8〉과 같았다.

〈표 11-14〉는 순차적 MR 분석의 결과를 보여 준다. 먼저 SES가 모형에 들어갔을 때 설명한 종속변수의 변량은 유의하였다($\Delta R^2 = .289$, $F(1, 23) = 9.331$, $p = .006$). 두 번째로 학생의 지능(MA)이 들어가 추가적으로 설명한 종속변수의 변량 역시 유의하였다($\Delta R^2 = .400$, $F(1, 22) = 28.232$, $p < .001$). 학생의 SES와 MA를 통제했을 때, 학생의 성취동기(MOT)가 추가로 설명하는 변량은 거의 없어 유의한 결과를 보여 주지 않았다($F(1, 21) = .032$, $p = .859$).

단계적 MR

단계적 MR의 방법

단계적 MR은 연구자가 많은 수의 후보 독립변수를 측정한 자료를 제공하고 컴퓨터 프로그램으로 하여금 가장 적은 수의 독립변수로 최대의 R^2를 가지는 모형을 구축하도록 독립변수를 선정하게 하는 모형 설정 접근법이다. 단계적 회귀에 의해 변수를 선정하는 방법은 크게 4가지가 있다.

① 모든 가능한 회귀식 방법

주어진 후보 독립변수로 모든 가능한 회귀식을 만들어 보고 그 중에서 최적 모형을 선정하는 방식이다. 이 방법에서는 먼저 독립변수 하나로 이루어진 모형 중에서 R^2가 가장 높은 모형을 택하고 다시 독립변수 2개로 이루어진 모형 중에서 R^2가 가장 높은 모형과 비교해서 증가한 R^2가 유의하면 이 모형을 다시 독립변수 3개로 이루어진 모형 중에서 R^2가 가장 높은 모형과 비교하여 증가한 R^2의 유의성을 검증한다. 이 과정을 계속하여 증가한 R^2가 유의하지 않으면 변수 선정을 중단하는 것이다. 만약 변수 2개의 모형과 변수 3개의 모형을 비교하여 증가한 R^2가 유의하지 않으면 변수 2개 모형에서 선정된 변수를 최종 변수로 확정하는 것이다. 이 글을 쓰는 현 시점에서 IBM SPSS의 메뉴 방법에서는 이 방법을 제공하지 않고 있다.

② 순차변수 추가법(forward selection)

무에서 시작하여 먼저 후보 변수 중에서 모형에 포함했을 때 R^2가 가장 높은 변수를 찾아 모형에 포함시킨다. 다음엔 나머지 변수 중에서 다시 모형에 포함시켰을 때, R^2가 가장 많이 증가하는 변수를 고르고 이 R^2 증가가 유의하면 이 변수를 모형에 포함시키고 다음 변수 선정 과정에 들어가고 유의하지 않으면 변수 선택을 중단한다. 이 과정을 계속하여 더 이상 유의한 R^2 증가가 없을 때 중단하게 된다.

③ 후진변수 제거법(backward elimination)

앞 추가법과는 반대로 모든 후보 독립변수를 모형에 포함시키고 시작한다. 모형에 포함된 변수 중에서 제거했을 때, R^2 감소가 가장 적은 변수를 골라 이 변수 탈락에 의한 R^2 감소가 유의하지 않으면 모형에서 제거하고 다음 제거 변수를 선정한다. 선정한 변수의 제거에 의한 R^2 감소가 사전에 결정한 유의성을 넘어서면 제거를 중단하고 모형에 남아 있는 변수를 최종 변수로 확정한다.

④ **단계적 선정법**(stepwise selection)

순차변수 추가법과 후진변수 제거법을 결합한 것이라고 할 수 있다. 순차변수 추가법에서는 일단 모형에 포함된 변수는 계속 모형에 남아 있는 데 비해서 단계적 선정법에서는 한 변수가 선정되어 모형에 포함되면 다음에 모형에 포함할 변수를 선정하기 전에 이미 모형에 포함되어 있는 변수 중에서 제거해도 R^2 감소가 유의하지 않은 변수가 있는지를 찾아보고 있으면 이 변수를 제거한다. 제거할 변수가 생길 수 있는 이유는 변수 간에 상관관계가 있기 때문에 특정 변수가 모형에 포함되면 다른 변수의 유의성이 감소할 수도 있기 때문이다. 이 과정은 추가할 변수도 제거할 변수도 없을 때 중단한다.

단계적 MR의 유의점

MR에서 가장 오용되고 논란이 많은 것 중의 하나가 단계적 MR이다. 회귀모형을 설명적 목적으로 사용하는 경우 원칙적으로 연구자가 이론적, 논리적 근거에 의해 적절한 독립변수를 선택하여 동시에 모형에 포함시키거나(동시적 MR), 또는 어떤 근거에 의하여 모형에 들어갈 순서를 결정하여(순차적 MR) 각 독립변수의 효과를 검증해야 한다. 그런데 단계적 MR에서는 통계분석 컴퓨터 프로그램이 독립변수를 선정하여 모형을 설정한다. 독립변수의 선정에서 가장 기본이 되는 통계는 각 독립변수와 종속변수 간의 상관계수이다. 이 방법으로 구축된 모형을 단순히 예측의 목적으로 사용한다면 별 문제가 없다. 그런데 가장 흔히 보는 단계적 MR의 오용 사례는 단계적 방법 중 순차변수 추가법으로 결정된 모형의 독립변수 순서를 이용하여 순차적 MR 접근법으로 각 독립변수의 효과를 분석하여 해석하는 경우이다. 단계적 MR에서 각 독립변수의 선정이나 그 순서는 각 표본 자료의 특이성에 따라 결정될 가능성이 높아 표본에 따라 선정되는 변수나 순서가 달라질 수 있다. 만약 두 독립변수가 서로 상관이 높은 경우, 두 변수 중 한 변수가 종속변수와의 상관이 조금 높다는 이유로 먼저 선정되면 두 변수가 공동으로 설명하는 부분이 전부 먼저 들어가는 변수의 효과가 되어 매우 중요한 변수로 해석되고 두 번째 변수의 효과는 아주 미미한 것으로 해석될 가능성이 있다. 만약 다른 표본의 자료로 모형을 추정하면 반대의 결과가 나올 수도 있을 것이다. 따라서 단계적 MR은 단순히 예측의 목적으로 사용하거나, 사전연구나 이론이 잘 구축되지 않은 영역에서 탐색적 자료 분석의 목적으로만 사용하는 것이 바람직하다. 어떤 경우에도 단계적 MR에서 구축된 모형을 설명적 목적으로 이용하는 것은 삼가야 할 것이다.

단계적 MR에 의한 예시자료 분석

① 모형의 설정 및 추정

단계적 MR에서는 〈그림 11-2〉의 대화상자에서 우선 종속변수를 **Dependent** 상자로, 모든 후보 독립변수들을 **Independent(s)** 상자로 이동시킨다. 그리고 **Method** 상자에서 단계적 선정법(stepwise selection)은 **Stepwise**, 후진변수 제거법(backward elimination)은 **Backward**, 순차변수 추가법(forward selection)은 **Forward**를 선택해 준다. 나머지는 다른 접근법과 동일하게 선택해 준다. SPSS에서는 **모든 가능한 회귀식** 방법은 제공하지 않고 있다. 만약 변수가 들어오거나 나갈 때의 기준 유의도를 바꾸어 주고 싶으면 대화상자의 **Options**를 클릭해서 원하는 값으로 바꾸어 준다. 따로 설정하지 않으면 들어오는 변수의 유의도는 .05, 나가는 변수의 유의도는 .1로 자동적으로 설정된다.

② 분석결과 보기

다음의 〈표 11-15〉는 순차변수 추가법의 결과로 첫 번째 단계에서 변수 **MA**가 선정되었고 두 번째는 **SES**가 선정되었으며 그 이후로는 더 이상 들어올 변수가 없어 최종적으로 **MA**와 **SES**가 선정되었음을 보여 준다.

〈표 11-16〉은 후진변수 제거법의 결과로 세 변수를 다 포함하고 있는 첫 번째 모형에서 **MOT**가 제거된 두 번째 모형에서 더 이상 제거할 변수가 없어 최종적으로 **MA**와 **SES**가 포함된 모형이 선정되었음을 보여 준다.

〈표 11-17〉은 단계적 선정법의 결과로 첫 번째 단계에서 변수 **MA**가 선정되었고 두 번째는 **SES**가 선정되었으며 그 이후로는 더 이상 들어올 변수도 나갈 변수도 없어 최종적으로 **MA**와 **SES**가 포함된 모형이 선정되었음을 보여 주고 있다.

본 예시에서는 세 가지 방법으로 구축한 최종 모형이 동일하였지만 여러 가지 단계적 중다회귀 방법으로 설정된 최종 모형이 항상 동일한 것은 아님을 유념할 필요가 있다.

〈표 11-15〉 순차변수 추가법 결과

Variables Entered/Removed[a]

Model	Variables Entered	Variables Removed	Method
1	ma	.	Forward (Criterion: Probability-of-F-to-enter <= .050)
2	ses	.	Forward (Criterion: Probability-of-F-to-enter <= .050)

a. Dependent Variable: ach

〈표 11-16〉 후진변수 제거법 결과

Variables Entered/Removed[b]

Model	Variables Entered	Variables Removed	Method
1	mot, ses, ma	.	Enter
2	.	mot	Backward (criterion: Probability of F-to-remove >= .100).

a. All requested variables entered.
b. Dependent Variable: ach

〈표 11-17〉 단계적 선정법의 결과

Variables Entered/Removed[a]

Model	Variables Entered	Variables Removed	Method
1	ma	.	Stepwise (Criteria: Probability-of-F-to-enter <= .050, Probability-of-F-to-remove >= .100).
2	ses	.	Stepwise (Criteria: Probability-of-F-to-enter <= .050, Probability-of-F-to-remove >= .100).

a. Dependent Variable: ach

8. 매개(mediation)와 조절(moderation)/상호작용(interaction)

매개

매개의 의미

한 독립변수(X)가 종속변수(Y)에 미치는 효과가 X가 Y에 직접 영향을 주어서가 아니라 X의 변화가 중간의 어떤 변수(M)의 변화를 초래하고 이 M의 변화가 다시 종속변수의 변화를 초래한다고 하자. 이 경우 중간의 변수 M을 매개변수(mediate variable, intervening variable)라고 하고 $X \to M \to Y$의 관계를 매개 또는 X가 M을 통해 Y에 미치는 간접효과(indirect effect)라고 한다. 이론적인 측면에서 매개가 가장 널리 활용되는 것은 두 변수 사이의 관련성을 관찰했을 때, 왜 그런 관련성이 존재하는지, 어떤 방식으로 존재하는지를 설명하고자 하는 경우이다. 이러한 관련성을 설명하기 위해 매개변수를 도입하여 이 변수가 독립변수 X로부터 입력을 받아 변환하여 종속변수 Y로 출력한다는 가설을 설명하려는 것이다. 이렇게 하여 매개변수는 원래의 두 변수 X와 Y 사이 관련성을 설명하거나 관련성을 명확하게 하려고 한다.

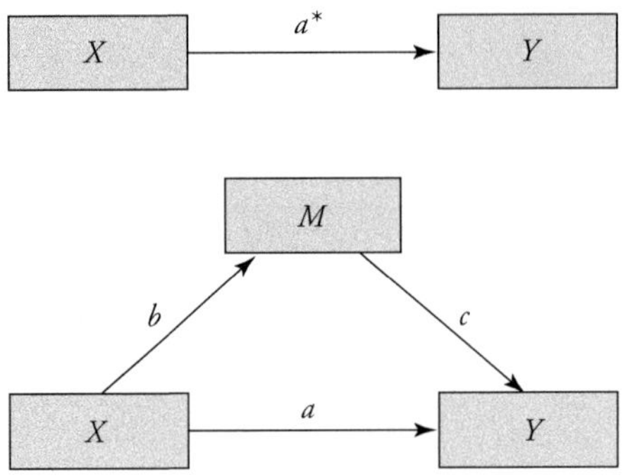

〈그림 11-16〉

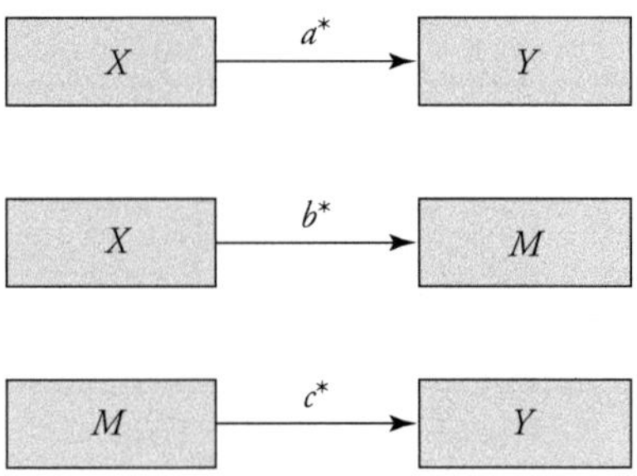

〈그림 11-17〉

예를 들어, 부모의 사회경제적 지위(SES)와 성취 간의 관계에서 단순히 두 변수 사이에 밀접한 관계가 있다는 것만이 아니라, 어떻게 SES가 성취에 영향을 주는지도 주요 관심사가 될 수 있다. 여러 가지 이론적 근거나 기존 연구에 근거하여 부모의 SES가 학생의 동기에 영향을 주고 이 동기가 성취에 영향을 주었다는 가설을 설정하였다면 SES → 동기 → 성취 형식으로 관련성을 표시할 수 있고 동기가 매개변수의 역할을 하게 된다.

〈그림 11-16〉에서 하반부의 인과모형은 상반부의 X와 Y 사이의 관련성을 매개변수 M을 도입하여 그 구조를 설명하려는 일반적인 경로모형을 보여 주고 있다.

그런데 매개변수 M을 도입하지 않고 단지 두 변수 간의 관계만 설정한 〈그림 11-16〉 상반부에서 X가 Y에 미치는 효과를 a^*라고 한다면 $a^* = a + b \times c$ 관계가 성립한다. 여기서 a는 X의 Y에 대한 직접효과(direct effect), $b \times c$는 X의 Y에 대한 간접효과(indirect effect), a^*는 전체효과(total effect)라고 한다. 따라서 〈그림 11-16〉의 모형은 인과모형의 측면에서 보면 매개변수를 도입하지 않은 모형에서 X가 Y에 미치는 전체효과를 매개변수 M을 도입하여 직접효과와 매개변수에 의한 간접효과로 나누어 이해하려는 것이라고 할 수 있다.

두 변수 간의 관계만 설정한 〈그림 11-17〉에서 M에 의한 매개가 존재하기 위한 필요조건으로 널리 받아들여지고 있는 것은 다음과 같다.

① X와 Y 사이의 상관계수(단순회귀계수 a^*)가 유의할 것
② X와 M 사이의 상관계수(단순회귀계수 b^*)가 유의할 것
③ M과 Y 사이의 상관계수(단순회귀계수 c^*)가 유의할 것

〈그림 11-16〉의 하부와 같은 매개모형은 중다회귀분석 또는 경로모형을 포함한 구조방정식모형 등으로 분석할 수 있다. Amos, LISREL 등과 같은 전용 소프트웨어를 이용하여 구조방정식모형(경로모형)으로 분석하면 훨씬 용이하게 매개 관련 분석을 할 수 있다.

회귀분석에 의한 분석

회귀분석에 의한 매개 존재의 분석은 X만으로 Y를 예측한 회귀모형의 X에 대한 단순회귀계수 a^*(전체효과)와, X와 매개변수 M을 동시에 모형에 투입하여 Y를 예측한 모형에서 X에 대한 부분회귀계수 a(직접효과)를 비교하여 이루어지는데 대개 다음과 같은 3가지의 경우를 생각해 볼 수 있다.

① M을 모형에 포함시켜도 X와 Y사이의 부분회귀계수 a가 여전히 유의하고 a와 a^*가 큰 차이가 없는 경우: 매개 가설은 지지받지 못함

② M을 모형에 포함시키면 a가 a^*에 비해 효과가 감소하지만 여전히 유의한 경우: 부분적인 매개

③ M을 모형에 포함시키면 a가 유의하지 않은 수준으로 감소하거나 0이 되는 경우: 완전한 매개

매개변수를 포함시켜 전체효과를 직접효과와 간접효과로 분리했을 때, ①의 경우는 전체효과에 큰 변화가 없어 간접효과가 미미함을 가리키고, ③의 경우는 직접효과가 미미하여 전체효과가 대부분 간접효과로 구성되어 있음을 의미하기 때문에 이 두 가지의 경우는 해석이 명확해진다. 그런데 ②의 경우 직접효과의 유의성은 부분회귀계수 a의 유의성으로 확인할 수 있으나 부분적인 매개효과 즉 간접효과는 두 개의 회귀계수의 곱($b \times c$)으로 나타나기 때문에 그 유의성 검증에 어려움이 따른다. 이 검증을 위한 검증통계는 $t = (b \times c)/\mathrm{SE}(b \times c)$로 이루어지는데 표본이 아주 큰 경우는 정규분포로, 표본이 작은 경우는 $df = n - 3$의 t분포로 검증한다. 그런데 $b \times c$의 표준오차 $\mathrm{SE}(b \times c)$ 추정에 여러 가지 방법이 있으며 나름대로 강점과 약점이 있다. 문헌에 나타난 3가지 방법을 소개하면 다음과 같다.

Sobel's first-order approximation: $\mathrm{SE}(b \times c) = \sqrt{b^2 s_c^2 + c^2 s_b^2}$

Aroian's second-order exact solution: $\mathrm{SE}(b \times c) = \sqrt{b^2 s_c^2 + c^2 s_b^2 + s_b^2 s_c^2}$

Goodman's unbiased solution: $\mathrm{SE}(b \times c) = \sqrt{b^2 s_c^2 + c^2 s_b^2 - s_b^2 s_c^2}$

위 식에서 c는 〈그림 11-16〉의 밑부분에서와 같이 X와 M을 동시에 Y에 관한 회귀모형에 투입했을 때 M의 회귀계수 즉 부분회귀계수를 나타내고 s_b와 s_c는 b와 c의 표준오차이다. 위의 값들은 모두 SPSS 회귀분석의 결과의 값들을 이용하여 직접 계산할 수 있다.

그런데 구조방정식 틀 내에서 Amos와 같은 전용 소프트웨어를 이용하면 bootstrap 방법에 의해 전체효과, 직접효과, 간접효과에 대한 표준오차를 구해 주므로 보다 간단히 매개효과를 검증할 수 있다.

SPSS MR에 의한 예시자료 분석

SES가 성취에 영향을 주는 과정은 부모의 SES가 자녀의 동기에 영향을 주고 이 동기가 성취에 영향을 준다고 하는 매개의 가설은 〈그림 11-18〉과 같은 인과모형으로 나타낼 수 있다.

이 모형을 총 50명의 가상적 자료로 분석해 보기로 하자. 〈그림 11-19a〉와 〈그림 11-19b〉는 50명의 가상적 자료가 입력되어 있는 **Data Editor** 화면을 둘로 나누어 보여 주고

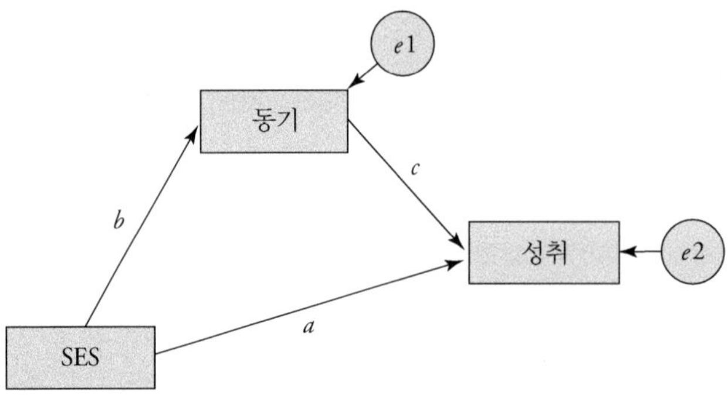

〈그림 11-18〉

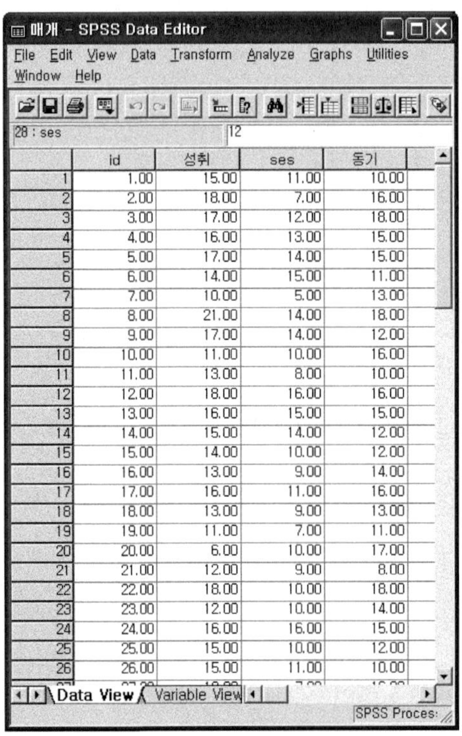

	id	성취	ses	동기
1	1.00	15.00	11.00	10.00
2	2.00	18.00	7.00	16.00
3	3.00	17.00	12.00	18.00
4	4.00	16.00	13.00	15.00
5	5.00	17.00	14.00	15.00
6	6.00	14.00	15.00	11.00
7	7.00	10.00	5.00	13.00
8	8.00	21.00	14.00	18.00
9	9.00	17.00	14.00	12.00
10	10.00	11.00	10.00	16.00
11	11.00	13.00	8.00	10.00
12	12.00	18.00	16.00	16.00
13	13.00	16.00	15.00	15.00
14	14.00	15.00	14.00	12.00
15	15.00	14.00	10.00	12.00
16	16.00	13.00	9.00	14.00
17	17.00	16.00	11.00	16.00
18	18.00	13.00	9.00	13.00
19	19.00	11.00	7.00	11.00
20	20.00	6.00	10.00	17.00
21	21.00	12.00	9.00	8.00
22	22.00	18.00	10.00	18.00
23	23.00	12.00	10.00	14.00
24	24.00	16.00	16.00	15.00
25	25.00	15.00	10.00	12.00
26	26.00	15.00	11.00	10.00

(a)

	id	성취	ses	동기
25	25.00	15.00	10.00	12.00
26	26.00	15.00	11.00	10.00
27	27.00	18.00	7.00	16.00
28	28.00	17.00	12.00	18.00
29	29.00	16.00	13.00	15.00
30	30.00	17.00	14.00	15.00
31	31.00	14.00	15.00	11.00
32	32.00	10.00	5.00	13.00
33	33.00	21.00	14.00	18.00
34	34.00	17.00	14.00	12.00
35	35.00	11.00	10.00	16.00
36	36.00	13.00	8.00	10.00
37	37.00	18.00	16.00	16.00
38	38.00	16.00	15.00	15.00
39	39.00	15.00	14.00	12.00
40	40.00	14.00	10.00	12.00
41	41.00	13.00	9.00	14.00
42	42.00	16.00	11.00	16.00
43	43.00	13.00	9.00	13.00
44	44.00	11.00	7.00	11.00
45	45.00	6.00	10.00	17.00
46	46.00	12.00	9.00	8.00
47	47.00	18.00	10.00	18.00
48	48.00	12.00	10.00	14.00
49	49.00	16.00	16.00	15.00
50	50.00	15.00	10.00	12.00

(b)

〈그림 11-19〉

〈표 11-18〉

Correlations

		SES	동기	성취
SES	Pearson Correlation	1	.240	.537**
	Sig. (2-tailed)		.094	.000
	N	50	50	50
동기	Pearson Correlation	.240	1	.346*
	Sig. (2-tailed)	.094		.014
	N	50	50	50
성취	Pearson Correlation	.537**	.346*	1
	Sig. (2-tailed)	.000	.014	
	N	50	50	50

**. Correlation is significant at the 0.01 level (2-tailed).
*. Correlation is significant at the 0.05 level (2-tailed).

있다. 먼저 매개의 필요조건을 확인해 보기 위하여 SES, 동기, 성취 사이의 상관계수 행렬을 구해 보면 다음의 〈표 11-18〉과 같다. 먼저 SES와 성취 간의 상관, 동기와 성취 간의 상관은 유의하지만 SES와 동기 간의 상관은 유의하지 않다(r = .240, p = .094). 즉 필요조건에서 a^*, c^*의 유의성은 만족하지만 b^*의 유의성은 만족하지 않아 매개 관계가 성립하기 어려움을 짐작할 수 있다. 그러나 여기서는 분석의 과정을 살펴보기 위해 계속 진행해 보기로 한다.

SES의 성취에 대한 전체효과인 a^*를 추정하기 위해 성취를 종속변수로, SES를 독립변수로 한 단순회귀분석의 결과가 〈표 11-19〉에 나와 있다. 이 표에서 알 수 있는 바와 같이 전체효과에 해당되는 a^*는 비표준화 값으로 .569, 표준화 값으로는 .537이다. 다시 매개모형에서 SES가 동기에 미치는 효과 b를 추정하기 위해 동기를 종속변수로, SES를 독립변수로 한 단순회귀분석의 결과가 〈표 11-20〉이다.

〈표 11-19〉

Coefficients[a]

Model		Unstandardized Coefficients		Standardized Coefficients	t	Sig.
		B	Std. Error	Beta		
1	(Constant)	8.206	1.489		5.510	.000
	SES	.569	.129	.537	4.413	.000

a. Dependent Variable: 성취

〈표 11-20〉

Coefficients[a]

Model		Unstandardized Coefficients		Standardized Coefficients	t	Sig.
		B	Std. Error	Beta		
1	(Constant)	11.442	1.475		7.760	.000
	SES	.218	.128	.240	1.710	.094

a. Dependent Variable: 동기

여기서 b는 비표준화 값은 .218, 표준화로는 .240, 그리고 비표준화 회귀계수의 표준오차 s_b = .128로 나타났다. 다음으로 a와 c값을 구하기 위해 성취를 종속변수, SES와 동기를 동시에 독립변수로 포함시켜 회귀분석한 결과가 〈표 11-21〉에 나와 있다.

〈표 11-21〉

Coefficients[a]

Model		Unstandardized Coefficients		Standardized Coefficients	t	Sig.
		B	Std. Error	Beta		
1	(Constant)	5.138	2.179		2.358	.023
	SES	.511	.129	.482	3.945	.000
	동기	.268	.142	.231	1.887	.065

a. Dependent Variable: 성취

여기서 c는 비표준화로 .268, 표준화로는 .231, 비표준화 계수의 표준오차 s_c = .142이고 SES의 직접효과에 해당되는 a값은 비표준화 .511, 표준화 .482로 여전히 통계적으로 유의하다(p < .001). 그런데 매개모형에서의 직접효과 a와 비매개모형의 a^*를 비교해 보면 우선 a는 비표준화로는 .569에서 .511로, 표준화로는 .240에서 .231로 감소하였으나 큰 변화가 없다. 이는 매개변수를 도입하여 전체효과를 직접효과와 간접효과로 분리하여도 전체효과의 대부분이 직접효과로 구성되어 있음을 의미하며, 따라서 매개가설은 지지받기 어려움을 의미한다. 이를 확인하기 위하여 간접효과, 즉 매개효과를 검증해 보자.

검증통계량 $t = (b \times c)/SE(b \times c)$에서 분자에 해당되는 간접효과는 b = .218, c = .268이므로 $(b \times c)$ = .0584가 된다. 이 간접효과에 대한 표준오차와 검증통계 t는 다음과 같다.

Sobel: $\sqrt{.218^2 \times .142^2 + .268^2 \times .128^2} = .0462 \qquad t = .0584/.0462 = 1.26$

Aroian : $\sqrt{.218^2 \times .142^2 + .268^2 \times .128^2 + .218^2 \times .128^2} = .0556 \qquad t = .0584/.0556 = 1.050$

Goodman : $\sqrt{.218^2 \times .142^2 + .268^2 \times .128^2 - .218^2 \times .128^2} = .0343 \; t = .0584/.0343 = 1.703$

n이 50이므로 t는 거의 정규분포를 한다고 했을 때 모두 임계치 1.96보다 작으므로 유의하지 않다. 즉 간접효과는 통계적으로 유의하지 않아 매개가설은 지지받지 못했다는 결론을 내릴 수 있다.

마지막으로 분석결과를 이용하여 $a^* = a + b \times c$ 관계, 즉 전체효과 = 직접효과 + 간접효과 관계를 확인해 보자. 먼저 비표준화 계수의 경우, .569 = .511 + .218 × .268 = .569; 그리고 표준화계수의 경우 .537 = .482 + .240 × .231 = .482 + .0555 = .537로 관계가 성립함을 알 수 있다. 표준화 회귀계수는 바로 상관계수 값이므로 SES와 성취 간의 상관계수 .537 중 직접효과에 의한 부분은 .482/.537 = .90, 간접효과 부분은 .0555/.537 = .10으로 90%가 직접효과이고 단지 10%만이 간접효과에 의한 것임을 알 수 있다.

Amos에 의한 예시자료 분석

경로모형을 포함한 구조방정식모형 소프트웨어인 Amos를 이용하여 〈그림 11-18〉의 모형을 분석한 경로계수 a, b, c, 전체효과, 직접효과, 간접효과 등의 추정치, 그리고 bootstrap 방법에 의한 각 효과의 표준오차는 다음의 〈표 11-22, 23, 24, 25, 26〉과 같다.

〈표 11-22〉

Regression Weights

	Estimate	S.E.	C.R.	p	Label
동기 〈── SES	.218	.126	1.728	.084	b
성취 〈── 동기	.268	.139	1.927	.054	c
성취 〈── SES	.511	.127	4.028	***	a

〈표 11-23〉

Standardized Regression Weights

	Estimate
동기 〈── SES	.240
성취 〈── 동기	.231
성취 〈── SES	.482

〈표 11-24〉 전체효과와 표준오차

Total Effects

	SES	동기
동기	.218	.000
성취	.569	.268

Standardized Effects

	SES	동기
동기	.240	.000
성취	.537	.231

Standard Errors

	SES	동기
동기	.110	.000
성취	.123	.190

〈표 11-25〉 직접효과와 표준오차

Direct Effects

	SES	동기
동기	.218	.000
성취	.511	.268

Standardized Effects

	SES	동기
동기	.240	.000
성취	.482	.231

Standard Errors

	SES	동기
동기	.110	.000
성취	.133	.190

〈표 11-26〉 간접효과와 표준오차

Indirect Effects

	SES	동기
동기	.000	.000
성취	.059	.000

Standardized Effects

	SES	동기
동기	.000	.000
성취	.055	.268

Standard Errors

	SES	동기
동기	.000	.000
성취	.050	.000

이 결과들을 앞의 SPSS 것들과 비교해 보면 모든 효과의 추정치는 동일하지만 표준오차의 경우는 Amos가 bootstrap 방법을 사용하기 때문에 다소 차이가 난다. 그리고 MR로는 직접 추정할 수 없었던 간접효과의 표준오차 추정치는 .050으로 앞에서 Sobel, Aroian, Goodman 방법의 추정치와 비교해 볼 수 있다.

조절(moderation)/상호작용(interaction)

상호작용모형의 의미

한 독립변수의 종속변수에 대한 효과가 다른 독립변수의 값에 따라 달라질 때, 조절이 있다고 하며 이 다른 독립변수를 조절변수(moderator variable)라고 한다. 이 조절은 상호작용(interaction)과 동일한 의미이다. 예를 들어 이원분산분석에서 학습방법(강의식, 발표식, 토론식)의 효과가 성격(내향적, 외향적)에 따라 달라지는 경우, 우리는 학습방법과 성격 사이에 상호작용이 있다고 하며, 성격을 조절변수라고 할 수 있다. 그런데 어느 변수를 조절변수라고 하느냐는 임의적이다. 성격의 효과가 학습방법에 따라 달라지는가에 초점을 맞추면 학습방법이 조절변수가 되는 것이다. 이 조절은 다양한 통계모형에서 탐구할 수 있다. 공분산분석의 경우, 공변수와 범주형 독립변수 사이의 상호작용을 탐구하는 것을 ATI(aptitude–treatment–interaction) 모형이라고 한다. 중다회귀모형에서도 독립변수 간의 조절/상호작용을 탐구할 수 있다. 예를 들어 학생의 지능과 성취동기로 성취를 설명하는 중다회귀모형에서 성취동기가 낮은 학생에게는 지능의 효과가 높은 반면 성취동기가 높아질수록 지능의 효과가 낮아진다고 하면 동기가 조절변수가 되고 지능과 동기 사이에 상호작용이 있는 것이다. 여기서 두 변수의 역할을 바꾸어 생각해 보면 지능이 낮은 학생에게는 성취동기의 효과가 크지만 지능이 높아질수록 성취동기의 효과가 낮아진다고 하면 지능을 조절변수라고 할 수 있을 것이다.

여기서 성취를 Y, 지능을 X_1, 성취동기를 X_2라고 했을 때, 조절이 없는 일반적인 회귀모형은 다음과 같이 나타낼 수 있다.

$$\hat{Y} = a + b_1X_1 + b_2X_2$$

상호작용모형과 비교하여 이러한 모형을 가법모형(additive model)이라고 한다. 이는 X_1의 효과는 b_1, X_2의 효과는 b_2로 각 독립변수가 종속변수에 미치는 효과가 다른 독립변수 값과 관계가 없으며 전체 효과는 두 독립변수 효과의 합으로 나타나기 때문이다.

그런데 상호작용모형에서 상호작용을 나타내는 항은 두 독립변수의 곱 $X_1 \cdot X_2$로 나타나며 따라서 다음과 같이 표현할 수 있다.

$$\hat{Y} = a + b_1X_1 + b_2X_2 + b_3X_1 \cdot X_2$$

위의 식에서 X_1의 효과를 알아보기 위해 식을 다음과 같이 정리할 수 있다.

$$\hat{Y} = a + (b_1 + b_3X_2)X_1 + b_2X_2$$

이 식에서 X_1의 효과는 $(b_1 + b_3X_1)$로 나타나 다른 독립변수 X_2의 값에 따라 달라짐을 알 수 있다. $(b_1 + b_3X_2)$에서 b_1은 X_1의 주효과를, b_3는 상호작용효과를 나타낸다.

마찬가지로 X_2의 경우는 다음과 같이 정리할 수 있다.

$$\hat{Y} = a + b_1X_1 + (b_2 + b_3X_1)X_2$$

이 식에서 X_2의 효과는 $(b_1 + b_3X_1)$로 나타나 역시 다른 독립변수 X_1의 값에 따라 달라짐을 알 수 있다. b_2는 X_2의 주효과를 b_3는 상호작용효과를 나타낸다. 상호작용효과 b_3는 한 독립변수 1단위 변화에 대응하는 다른 독립변수의 종속변수에 대한 효과라고 해석할 수 있을 것이다.

일반적으로 상호작용모형에서는 중다공선성 문제를 완화하기 위해 상호작용항 $X_1 \cdot X_2$는 원래의 값 대신 중심교정을 한 값, 즉 편차점수를 사용한다. 즉 $X_1^* = (X_1 - \overline{X_1})$, 그리고 $X_2^* = (X_2 - \overline{X_2})$로 교정하여

$$\hat{Y} = a + b_1X_1^* + b_2X_2^* + b_3X_1^* \cdot X_2^*$$

과 같이 모형을 설정하여 분석한다. 그리고 상호작용모형의 분석에서는 먼저 상호작용항의 유의성부터 검증하여 이 항이 유의하면 상호작용모형으로 분석하고, 이 항이 유의하지 않으면 상호작용항을 제외한 보통의 가법모형으로 다시 분석하는 것이 관례이다. 상호작용항의 유의성 검증은 ΔR^2 $(X_1^* \cdot X_2^*/X_1^*, X_2^*)$의 유의성으로 이는 b_3 유의성의 t검증과 동일하다.

예시자료 분석

〈표 11-27〉은 학생 16명을 대상으로 성취, 지능, 성취동기를 조사한 가상적 자료이다.

연구자는 기존 연구결과와 다른 이론적인 근거에 의하여 지능과 동기 사이에 상호작용이 있어 동기가 성취에 미치는 효과는 지능의 수준에 따라 달라지리라고 생각되어 먼저 상호작용모형을 설정하려고 한다. 중심점 교정을 하기 위해 지능(X_1)과 동기(X_2)의 평균을 먼저 구해 본 결과 $\overline{X_1}$ = 58.8125, $\overline{X_2}$ = 17.5625이었다. $X_1^* = (X_1 - \overline{X_1})$, $X_2^* = (X_2 - \overline{X_2})$로 중심점 교정을 해 주기 위해 **Data Editor** 화면의 메뉴에서 **Transform** → **Compute Variable**을 차례로 클릭하여 〈그림 11-20a, b〉와 같이 설정해 준다. 여기서 **X1D**는 X_1^*, **X2D**는 X_2^*를 나타낸다. 그 다음의 〈그림 11-21〉은 상호작용항을 만들기 위한 화면이고 〈그림 11-22〉는 최종적인 **Data Editor** 화면이다.

〈표 11-27〉

대상자	성취(Y)	지능(X_1)	동기(X_2)	대상자	성취(Y)	지능(X_1)	동기(X_2)
1	20	30	11	9	38	30	20
2	28	40	10	10	44	45	21
3	37	62	12	11	48	60	18
4	51	80	10	12	52	75	20
5	31	32	15	13	52	30	25
6	41	50	13	14	50	45	24
7	46	65	16	15	53	57	26
8	55	80	15	16	55	80	25

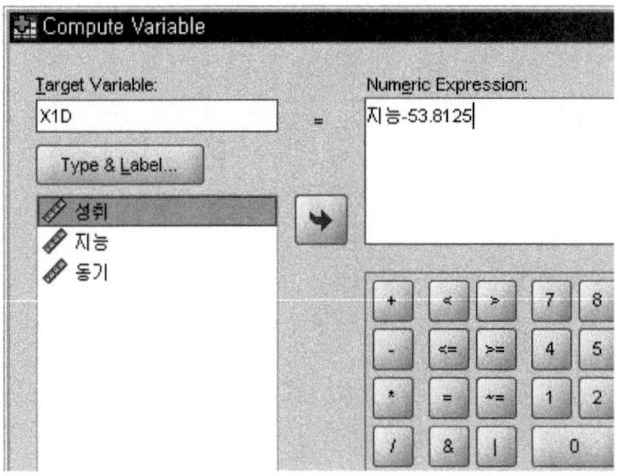

(a)

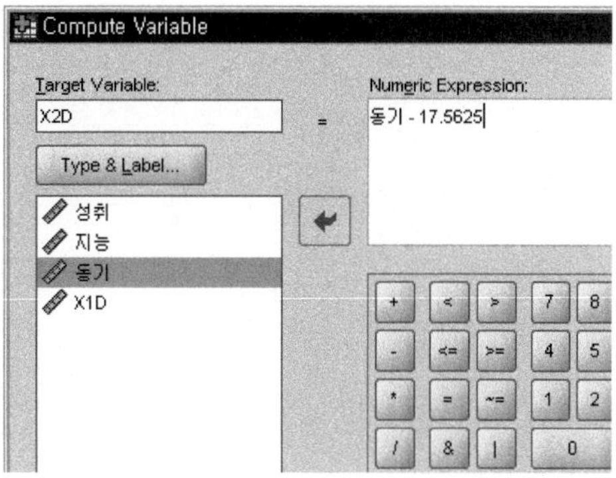

(b)

〈그림 11-20〉

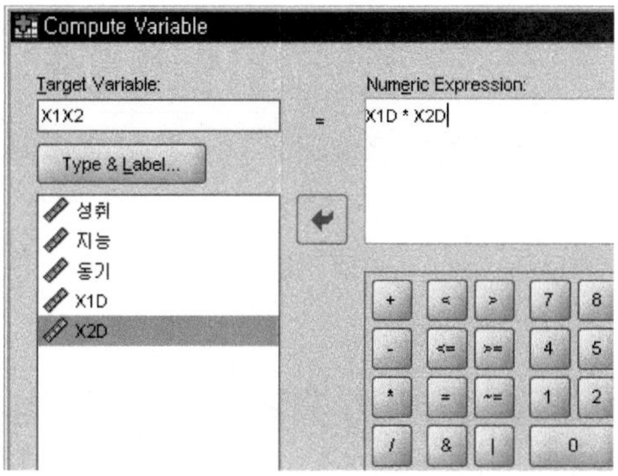

〈그림 11-21〉

상호작용모형 $\hat{Y} = a + b_1X_1^* + b_2X_2^* + b_3X_1^* \cdot X_2^*$를 추정하기 위해 **Analyze** → **Regression** → **Linear**를 클릭하여 〈그림 11-23〉과 같이 모형을 설정해 주고 분석을 시행한다.

〈표 11-28〉과 〈표 11-29〉는 분석결과의 출력물이다. 먼저 이 상호작용모형의 전반적 유의성은 $F = 88.81$, $p < .001$로 유의하다. 상호작용모형에서는 상호작용항의 유의성을 먼저 점검하여 유의하면 상호작용모형으로, 유의하지 않으면 상호작용항을 제거하고 다시 모형을 추정하는 것이 관례이다. 본 모형의 경우에 상호작용의 효과는 $t = -5.985$, $p < .001$로 유의하므로 상호작용모형을 사용한다. 그리고 지능과 동기의 단독 효과도 모두 유의하다. 추정된 상호작용모형은 다음과 같다.

$$\hat{Y} = 43.722 + .366X_1^* + 1.165X_2^* - .036X_1^* \cdot X_2^*$$

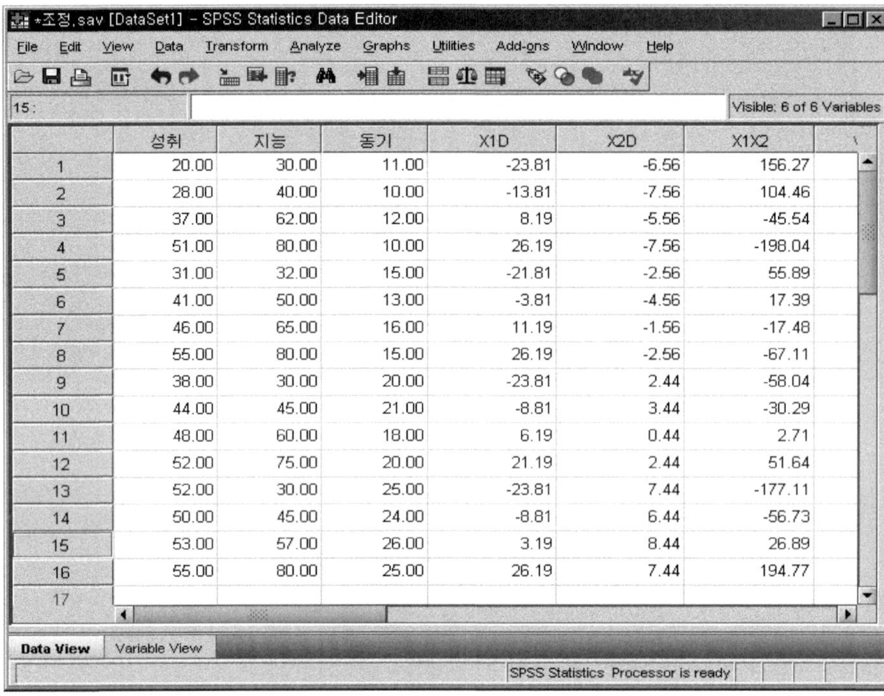

〈그림 11-22〉

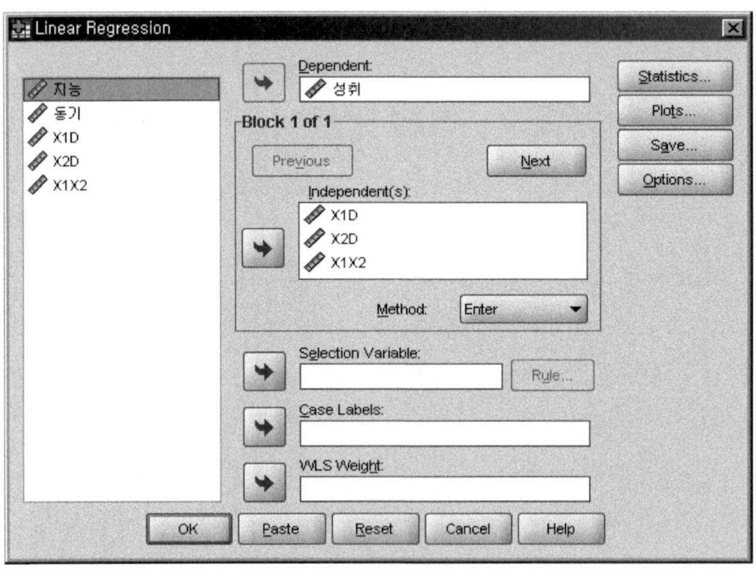

〈그림 11-23〉

〈표 11-28〉

ANOVA[b]

Model		Sum of Squares	df	Mean Square	F	Sig.
1	Regression	1579.305	3	526.435	88.810	.000[a]
	Residual	71.132	12	5.928		
	Total	1650.438	15			

a. Predictors: (Constant), X1X2, X1D, X2D
b. Dependent Variable: 성취

〈표 11-29〉

Coefficients[a]

Model		Unstandardized Coefficients		Standardized Coefficients	t	Sig.
		B	Std. Error	Beta		
1	(Constant)	43.722	.609		71.810	.000
	X1D	.366	.034	.655	10.917	.000
	X2D	1.165	.112	.623	10.388	.000
	X1X2	−.036	.006	−.359	−5.985	.000

a. Dependent Variable: 성취

다른 독립변수와 상호작용을 통제했을 때, 지능과 동기의 효과는 모두 양이고 유의하다. 지능의 경우 1단위 증가에 .366, 동기의 경우 1단위 증가에 .985의 성취 증가가 기대된다. 여기서 상호작용항을 포함한 동기의 효과를 알아보기 위해 추정된 회귀식을 다음과 같이 나타내 보자.

$$\hat{Y} = (43.722 + .366X_1^*) + (1.165 - .036X_1^*)X_2^*$$

이 식에서 알 수 있는 바와 같이 동기의 효과는 $(1.165 - .036X_1^*)$로 나타나 지능 X_1^* 값의 함수로 나타난다. 그런데 상호작용의 추정치가 −.036으로 음수이다. 따라서 지능이 한 단위 높아지면 동기의 성취에 관한 효과가 .036 감소한다고 기대된다.

이러한 상호작용의 관계를 보다 쉽게 이해하기 위하여 지능이 상위, 평균, 그리고 하위인 수준에서 각각 성취와 동기 사이의 회귀식을 그래프로 표현해 보자. X_1^*(편차 지능)이 최저 −23.81에서 최대 26.29까지 분포하므로 대략적으로 하위수준 지능을 −20, 평균수준은 0, 상위수준은 20을 선택하여 이 값을 위의 식에 대입하여 지능 수준별 회귀식을 구하면 다음과 같다.

$$\hat{Y} = 51.042 + 0.445X_2^* \quad (\text{상위수준}: X_1^* = 20)$$
$$\hat{Y} = 43.722 + 1.165X_2^* \quad (\text{평균수준}: X_1^* = 0)$$
$$\hat{Y} = 36.042 + 1.885X_2^* \quad (\text{하위수준}: X_1^* = -20)$$

위의 식에서 보는 바와 같이 지능수준이 증가할수록 X_2^*의 계수인 회귀식의 기울기 즉 효과는 1.1885에서 .445로 감소함을 알 수 있으며 이는 〈그림 11-24〉의 그래프에서도 확인할 수 있다.

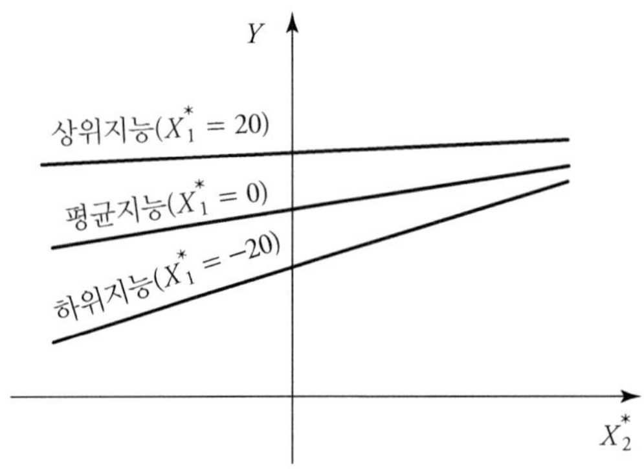

〈그림 11-24〉

9. 곡선회귀(curvilinear regression)

곡선회귀의 의미

지금까지 우리가 다루어 온 회귀식은 직선이었고 이는 일반회귀모형의 기본 가정이었다. 그런데 경우에 따라서는 두 변수 관계의 모형으로 직선이 적절하지 않을 수도 있다. 예를 들어 다른 독립변수들을 통제했을 때, 시험불안(anxiety)과 시험점수 간의 관계에서 시험걱정을 전혀 안 하는 학생은 공부를 등한히 하거나 시험을 심각하게 생각하지 않아 점수가 낮을 것이라고 생각할 수 있다. 따라서 시험불안 수준이 높아질수록 시험에 더 신경을 쓸 가능성이 높아 점수가 높아질 것이지만 어느 수준 이상이 되면 성적이 더 이상 높아지지 않거나 오히려 낮아질 가능성이 있다. 만약 시험불안과 성적 간의 관계가 〈그림 11-25〉와 같다면 직선 모형은 적절하지 않을 뿐 아니라 사용한다고 하더라도 기울기가 영이 되어 두 변수 간에는 아무런 관계가 없다는 결과가 된다. 이러한 경우, 일차함수의 직선이 아닌 다차항을 사용한 곡선으로 모형을 설정할 수 있다.

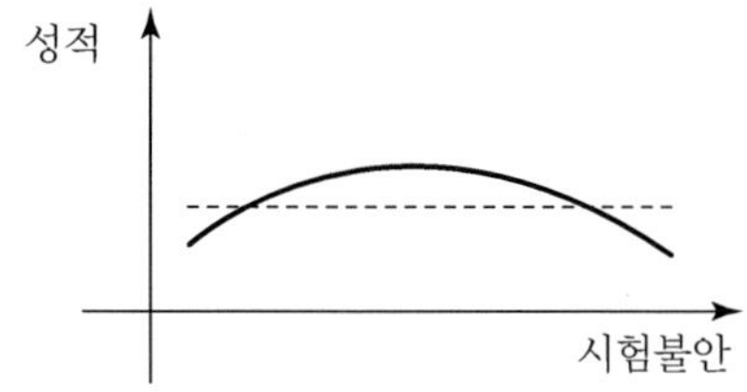

〈그림 11-25〉

곡선 중 가장 간단한 것이 이차함수이므로 이차함수에 의한 곡선회귀모형은 $\hat{Y} = a + b_1X + b_2X^2$과 같이 나타낼 수 있다. 그런데 이 모형은 상호작용모형으로도 해석할 수 있다. X의 효과가 X 값에 따라 달라지므로 X는 자기 자신과 상호작용한다고 볼 수 있으므로 상호작용항은 $X \cdot X = X^2$이 되는 셈이다. 곡선모형에서도 앞에서 논의한 상호작용모형과 마찬가지로 중다공선성 문제를 피하기 위해 곡선항은 원래의 척도가 아닌 평균으로 중심성 교정을 한 값으로 만든다. 그리고 곡선항의 유의성을 먼저 검증하여 유의하면 모형에 포함시키고 그렇지 않은 경우에는 곡선항을 제거한 후 다시 모형을 추정한다.

추정결과 곡선항이 유의하면, 즉 위의 회귀식에서 b_2가 유의하면 회귀식의 모양은 b_2가 양수면 밑으로 볼록, 음수면 위로 볼록한 형태를 띤다. 그리고 일차항 회귀계수 b_1이 유의하고 양수면 전체적으로 증가하는 경향을, 음수면 감소하는 경향의 모양을 나타낸다. b_1이 유의하지 않으면 전체 경향은 증가나 감소가 없다. 〈그림 11-26〉 그래프들은 b_1과 b_2의 유의성과 부호에 따른 곡선회귀식의 모양을 보여 준다.

예시자료 분석

시험불안(anxiety)(X_3)의 시험성적에 대한 효과가 곡선적일 것이라는 가설을 검증하고자 한다. 그런데 학생의 ses(X_1)와 지능(ma)(X_2)를 통제하고자 모형에 포함시키고자 한다. 따라서 이차함수의 곡선회귀모형은 다음과 같다.

$$\hat{Y} = b_0 + b_1X_1 + b_2X_2 + b_3X_3 + b_4X_3^2$$

여기서 X_3는 시험불안을 평균교정한 것이라고 하자.

〈그림 11-27〉은 시험성적(**ach**), **ses**, **ma**, **anxiety**, 평균 교정한 **anxiety(anxD)**, **anxD**를 제곱한 **cur** 등의 자료가 입력되어 있는 **Data Editor** 화면이다. 메뉴에서 **Analyze** → **Regression** → **Linear**를 클릭하여 불러 온 〈그림 11-28〉의 **Linear Regression** 화면에서 종속변수 상자(**Dependent**)로 **ach**를, 독립변수 상자(**Independents**)로 **ses, ma, anxD, cur** 변수를 옮겨 준 뒤 분석을 시행한다.

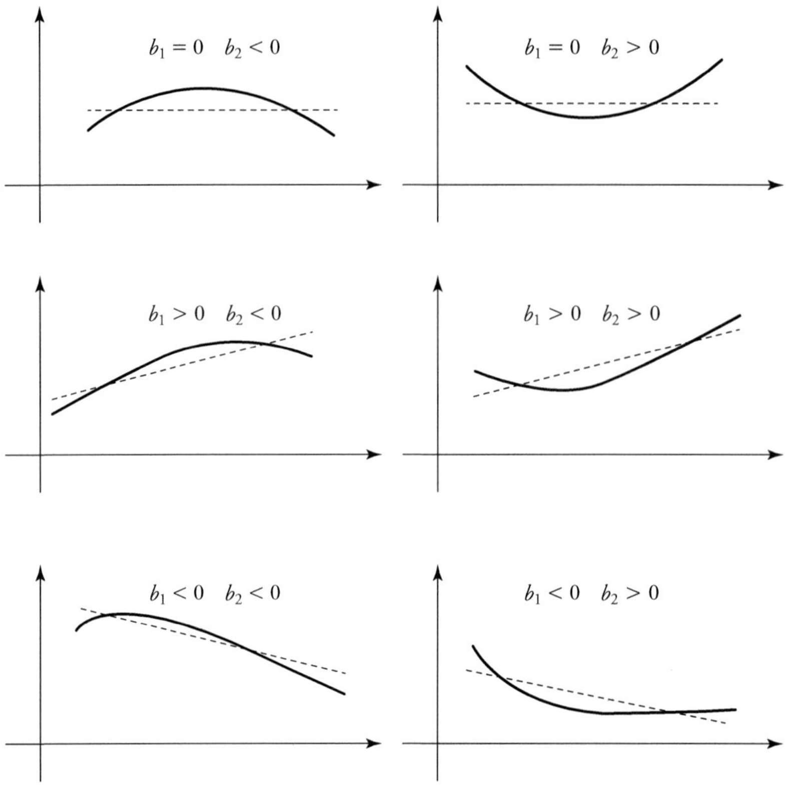

〈그림 11-26〉

〈표 11-30〉과 〈표 11-31〉은 분석의 결과이다. 먼저 회귀모형은 전반적으로 유의하다 ($F(4, 20) = 6.579, p = .002$). 그리고 이차항의 회귀계수 추정치는 −.018로 유의하다($t = -2.316, p = .031$). 따라서 이차항이 포함된 곡선회귀모형의 사용은 타당성이 있으며 최종 추정된 모형은 다음과 같다.

$$\hat{Y} = 46.92 + .096X_1 + .426X_2 + .196X_3 - .018X_3^2$$

〈표 11-30〉

ANOVA[b]

	Model	Sum of Squares	df	Mean Square	F	Sig.
1	Regression	570.146	4	142.537	6.579	.002[a]
	Residual	433.294	20	21.665		
	Total	1003.440	24			

a. Predictors: (Constant), cur, ses, anxD, ma
b. Dependent Variable: ach

〈표 11-31〉

Coefficients[a]

Model		Unstandardized Coefficients		Standardized Coefficients	t	Sig.
		B	Std. Error	Beta		
1	(Constant)	46.920	4.163		11.271	.000
	ses	.096	.338	.045	.284	.780
	ma	.426	.111	.613	3.833	.001
	anxD	.196	.091	.324	2.145	.044
	cur	−.018	.008	−.348	−2.316	.031

a. Dependent Variable: ach

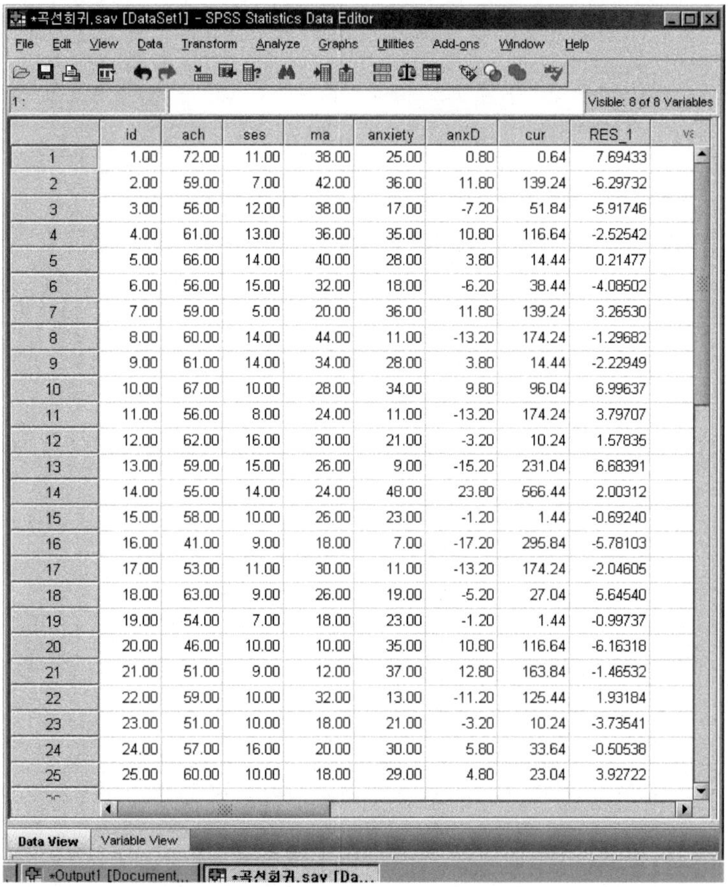

	id	ach	ses	ma	anxiety	anxD	cur	RES_1
1	1.00	72.00	11.00	38.00	25.00	0.80	0.64	7.69433
2	2.00	59.00	7.00	42.00	36.00	11.80	139.24	-6.29732
3	3.00	56.00	12.00	38.00	17.00	-7.20	51.84	-5.91746
4	4.00	61.00	13.00	36.00	35.00	10.80	116.64	-2.52542
5	5.00	66.00	14.00	40.00	28.00	3.80	14.44	0.21477
6	6.00	56.00	15.00	32.00	18.00	-6.20	38.44	-4.08502
7	7.00	59.00	5.00	20.00	36.00	11.80	139.24	3.26530
8	8.00	60.00	14.00	44.00	11.00	-13.20	174.24	-1.29682
9	9.00	61.00	14.00	34.00	28.00	3.80	14.44	-2.22949
10	10.00	67.00	10.00	28.00	34.00	9.80	96.04	6.99637
11	11.00	56.00	8.00	24.00	11.00	-13.20	174.24	3.79707
12	12.00	62.00	16.00	30.00	21.00	-3.20	10.24	1.57835
13	13.00	59.00	15.00	26.00	9.00	-15.20	231.04	6.68391
14	14.00	55.00	14.00	24.00	48.00	23.80	566.44	2.00312
15	15.00	58.00	10.00	26.00	23.00	-1.20	1.44	-0.69240
16	16.00	41.00	9.00	18.00	7.00	-17.20	295.84	-5.78103
17	17.00	53.00	11.00	30.00	11.00	-13.20	174.24	-2.04605
18	18.00	63.00	9.00	26.00	19.00	-5.20	27.04	5.64540
19	19.00	54.00	7.00	18.00	23.00	-1.20	1.44	-0.99737
20	20.00	46.00	10.00	10.00	35.00	10.80	116.64	-6.16318
21	21.00	51.00	9.00	12.00	37.00	12.80	163.84	-1.46532
22	22.00	59.00	10.00	32.00	13.00	-11.20	125.44	1.93184
23	23.00	51.00	10.00	18.00	21.00	-3.20	10.24	-3.73541
24	24.00	57.00	16.00	20.00	30.00	5.80	33.64	-0.50538
25	25.00	60.00	10.00	18.00	29.00	4.80	23.04	3.92722

〈그림 11-27〉

그런데 시험불안의 1차항의 회귀계수는 1.96으로 양수이고 2차항은 −.018로 음수로 모두 유의하다. 따라서 다른 변수들을 통제했을 때, 곡선회귀식의 모양은 시험불안이 증가할수록 성적은 상승하는 경향을 띠며 위로 볼록한 형태를 가질 것이라고 짐작해 볼 수 있다. 이를 확인해 보기 위해 **ses**와 **ma**만 포함한 회귀모형에서 잔차(**residual**)를 구해 시험불안과의 산포도를 구해 보자. 이를 위해서는 〈그림 11−28〉의 **Linear Regression** 화면에서 독립변수 상자에는 **ses**와 **ma**만 주고 **Save**를 클릭하여 나타난 **Linear Regression: Save** 화면의 **Residulas** 선택 상자에서 **Unstandardized**를 선택하고 분석하면 잔차는 〈그림 11−27〉의 **Data Editor** 화면에서처럼 자동적으로 **RES_1**이라는 변수로 담긴다. 〈그림 11−29〉는 시험불안과 잔차 간의 산포도이다. 산포도 속의 회귀곡선은 대략적으로 그려 본 것이다.

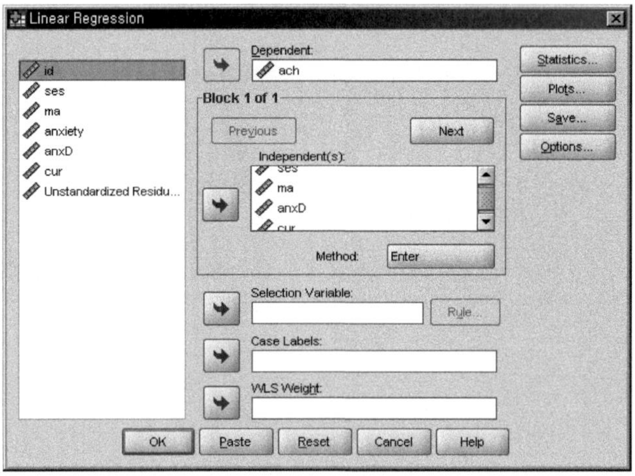

〈그림 11−28〉

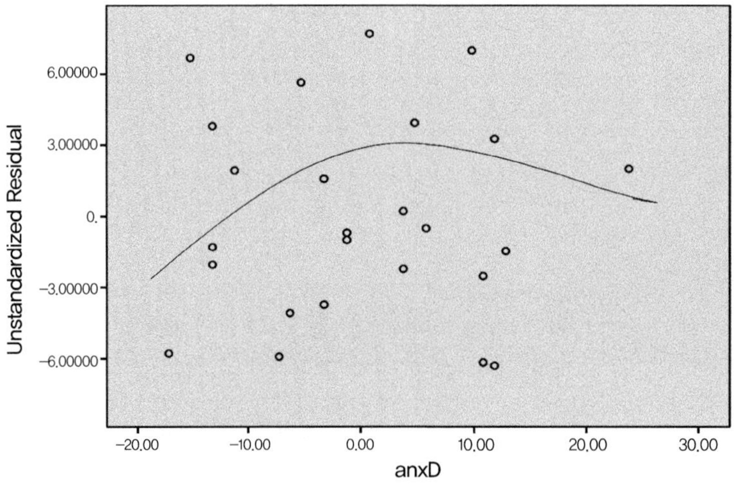

〈그림 11−29〉

10. 중다공선성(重多公線性: multicollinearity/collinearity)

중다공선성의 문제점

중다공선성이란 MR 모형을 구성하는 독립변수 간에 높은 상관관계가 있어 여러 가지 문제가 발생하는 것을 말한다. 예를 들어 앞쪽의 〈그림 11-13〉에서 X_1과 X_2 사이에 상관계수가 아주 높아 e부분이 차지하는 비율이 아주 높은 경우 또는 〈그림 11-9〉에서 X_1, X_2, X_3 간에 상관이 아주 높아 e부분이나 g부분이 차지하는 비율이 아주 높거나, 한 독립변수(예를 들어 X_2)를 다른 독립변수들의 선형결합($c_1X_1 + c_2X_3$)으로 잘 예측할 수 있는 경우, 중다공선성이 있다고 한다. 극단적으로 한 독립변수를 다른 독립변수들로 완벽하게 예측할 수 있는 경우에는 모형을 추정할 수 없게 된다. 중다공선성은 독립변수들이 제공하는 정보가 서로 중복이 되어 여러 독립변수를 모형에 포함한 의의가 상실된다. 따라서 설명력이나 예측력을 높이기 위해서는 (높은 R^2 값) 종속변수 Y와는 상관이 높고, 다른 독립변수와는 상관이 낮은 독립변수를 모형에 포함시키는 것이 좋다.

중다공선성이 있는 경우, MR 모형의 설정 및 추정에 다음과 같은 문제점을 야기한다.

① 회귀계수의 추정이 불안정하게 된다. 중다공선성이 있는 경우, 회귀계수의 표준오차가 커져 표본이 바뀔 때마다 회귀계수의 추정 값이 많이 달라질 가능성이 높아 회귀계수의 추정 값을 믿을 수 없게 된다.

② R^2 값의 크기가 제한된다. 각 독립변수의 정보가 서로 중복되기 때문에 독립변수들이 연합하여 종속변수의 변량을 예측/설명하는 비율에 한계를 가져오게 된다.

③ 각 독립변수의 중요성 및 기여도 평가가 어렵게 된다. 각 독립변수의 정보가 중복되어 각 독립변수의 독자적 기여도 부분이 적어져 개별 독립변수의 중요성 및 기여도 평가가 별 의미가 없게 된다.

중다공선성의 진단

독립변수 간 상관계수의 검토

일차적인 진단방법은 독립변수 간의 상관행렬을 검토하여 특정 독립변수 간에 높은 상관계수(0.8 이상)가 있는가를 확인하는 것이다. 그런데 이 방법은 여러 독립변수의 선형결합으로 한 독립변수를 잘 예측하여 발생하는 중다공선성의 확인은 할 수 없다는 한계가 있다.

Tolerance & VIF(variance inflation ratio)

한 독립변수의 Tolerance는 그 독립변수의 변량 중 다른 독립변수로 예측/설명하고 남은 비율을 말하며 다음과 같이 나타낼 수 있다.

$$\text{Tolerance}_j = 1 - R_j^2$$

여기서 R_j^2는 독립변수 X_j를 나머지 독립변수로 회귀분석했을 때의 R^2이다.

Tolerance는 한 독립변수의 변량 중 나머지 다른 모든 독립변수로 설명하고 남은 부분이므로 이 값이 낮을수록 해당 독립변수와 다른 독립변수 간에 공통 부분이 많아 중다공선성이 높음을 의미한다.

VIF는 Tolerance의 역수로 $\text{VIF}_j = 1/\text{Tolerance}_j$로 계산할 수 있다.

따라서 VIF의 경우, 이 값이 높을수록 중다공선성이 높음을 의미한다. 한 변수의 VIF가 5(Menard, 1995) 또는 10(Myers, 1990)보다 큰 경우(Tolerance가 0.2 또는 0.1보다 작은 경우) 해당 변수와 다른 변수 간 중다공선성을 의심하는 기준값으로 고려할 수 있다. 그리고 VIF의 평균이 1보다 현저히 크면 편의된(biased) 회귀분석 결과를 초래할 수도 있다.

Condition Index

독립변수 간의 종속성을 진단하기 위한 Condition Index를 구하기 위해서는 먼저 독립변수 $X_1, X_2, \cdots, X_k$에 대해 주성분분석(principal component analysis)을 실시한다. 주성분분석은 자료축약을 위한 요인분석의 한 방법으로 독립변수의 선형결합으로 $(k + 1)$개의 주성분을 추출한다. 첫 번째 주성분이 독립변수들의 변량 중 가장 많은 변량을 담당하며 두 번째 주성분은 첫 번째와 독립적(orthogonal)이면서(즉 상관관계가 없으면서) 남은 변량 중 가장 많은 변량을 담당하고, 세 번째 주성분은 앞 두 성분과 독립적이면서 두 성분이 설명하고 남은 변량 중 가장 많은 변량을 담당하는 등 이런 관계가 $(k + 1)$개의 주성분에까지 적용된다. 이 과정에서 산출되는 각 주성분의 eigenvector는 해당 주성분의 축을, eigenvalue는 해당 주성분이 담당하는 변량의 양을 나타낸다.

j번째 주성분의 eigenvalue를 λ_j라고 하면 각 주성분의 Condition Index는 다음과 같이 정의된다.

$$(\text{Condition Index})_j = \sqrt{\frac{\lambda_{\max}}{\lambda_j}}$$

그런데 eigenvalue 중 가장 큰 값은 첫 번째 주성분의 것이므로 $\lambda_{\max} = \lambda_1$이다. Condition

Index 값이 매우 크다는 것은 독립변수의 선형결합으로 앞 주성분이 독립변수의 대부분 변량을 나타낼 수 있다는 의미로 공선성이 높다는 의미이다. 모든 독립변수 간에 상관관계가 없는 경우 모든 Index 값은 1이 되며 eigenvalue 값이 0이 있는 경우 지수 값은 무한대로 그 숫자만큼의 독립변수는 다른 독립변수의 선형결합으로 완전히 나타낼 수 있다는 의미로 완전한 중다공선성을 의미한다.

이 지수 값이 15보다 크면 중다공선성이 30보다 클 경우 심각한 중다공선성의 문제가 있을 가능성이 있다(Belsley, Kuh, and Welsh, 1980).

Variance Proportions

variance proportion은 각 독립변수의 회귀계수의 분산 중 각 eigenvalue가 기여하는 비를 의미한다. 각 회귀계수는 하나의 주성분에만 높은 variance proportion을 보여야 중다공선성의 가능성이 없다고 할 수 있다. 한 주성분의 Condition Index가 크고 둘 또는 그 이상의 회귀계수에 높은 variance proportion(보통 .5 이상)을 보이는 경우 해당 회귀계수의 독립변수 간에 심각한 중다공선성의 가능성이 있다(Myers & Well, 2003).

중다공선성의 대처

중다공선성 문제에 대처하기 위한 몇 가지 방안을 살펴보면 다음과 같다.

① 단지 예측이 분석의 유일한 목적인 경우에는 중다공선성을 무시할 수 있다.
② 중다공선성 관계인 독립변수들의 합이나 평균을 구해 하나의 변수로 통합한다.
③ 주성분(principal component) 값을 계산하여 원래의 독립변수 대신 사용한다.
④ 독립변수가 다른 독립변수 간의 곱(상호작용모형)으로 이루어져 있거나 독립변수 자신의 제곱 등으로 이루어진 경우, 해당 독립변수를 먼저 중심점 교정한 후에 해당 항을 구성한다.

예시자료의 분석

〈표 11-1〉의 자료를 이용하여 독립변수 간의 중다공선성을 진단해 보기 위해 먼저 각 독립변수 간의 상관계수를 구해 보자. 〈그림 11-1〉에서 **Analyze** → **Correlate** → **Bivariate**를 클릭하여 〈그림 11-30〉과 같은 **Bivariate Correlations** 대화상자를 불러 상관계수를 산출할 변수들을 선택하고 **OK** 버튼을 클릭하면 〈표 11-32〉와 같은 결과를 얻을 수 있다.

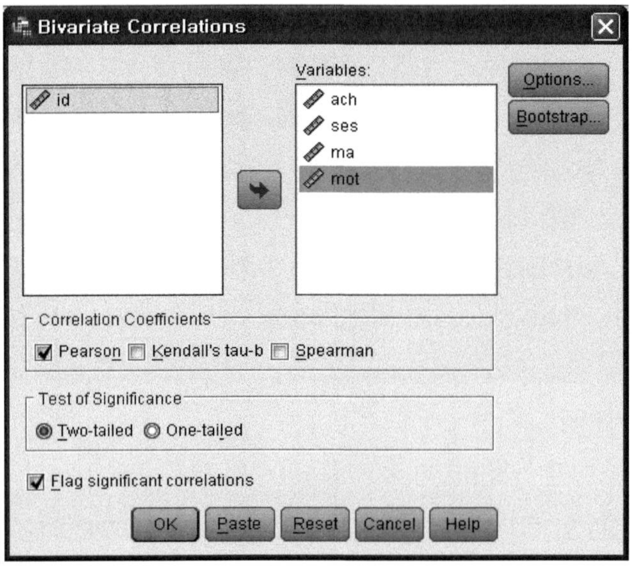

〈그림 11-30〉

〈표 11-32〉에서 볼 수 있는 바와 같이 종속변수 간의 상관계수는 가장 높은 것이 .376으로 .8이나 .9를 기준으로 했을 때, 두 변수 간의 중다공선성을 염려할 만한 변수는 없는 것으로 나타났다.

〈표 11-32〉

Correlations

		ACH	SES	MA	MOT
ACH	Pearson Correlation	1	.537**	.779**	.346
	Sig. (2-tailed)	.	.006	.000	.090
	N	25	25	25	25
SES	Pearson Correlation	.537**	1	.346	.240
	Sig. (2-tailed)	.006	.	.090	.249
	N	25	25	25	25
MA	Pearson Correlation	.779**	.346	1	.376
	Sig. (2-tailed)	.000	.090	.	.064
	N	25	25	25	25
MOT	Pearson Correlation	.346	.240	.376	1
	Sig. (2-tailed)	.090	.249	.064	.
	N	25	25	25	25

**. Correlation is significant at the 0.01 level (2-tailed).

다음으로 〈그림 11-2〉의 화면에서 **Statistics** 버튼을 클릭하여 〈그림 11-31〉과 같은 **Statistics** 옵션 대화상자를 부르고 **Collinearity diagnostics**를 선택해 주면 〈표 11-33〉과

〈표 11−34〉와 같은 중다공선성 진단의 결과를 얻을 수 있다.

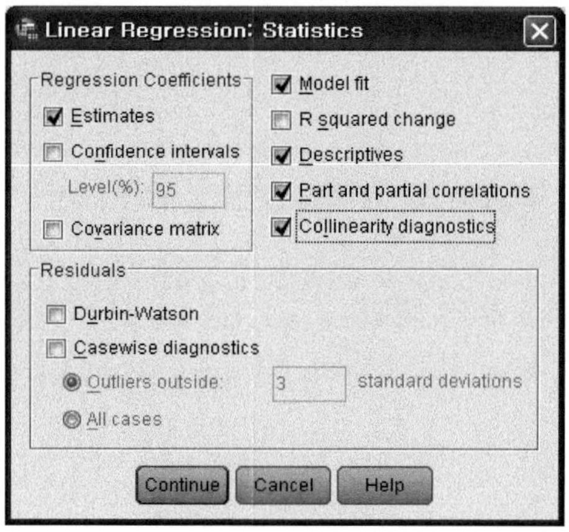

〈그림 11−31〉

〈표 11−33〉

Coefficients[a]

Model		Unstandardized Coefficients		Standardized Coefficients	t	Sig.	Collinearity Statistics	
		B	Std. Error	Beta			Tolerance	VIF
1	(Constant)	4.368	2.241		1.949	.065		
	SES	.319	.139	.301	2.302	.032	.866	1.154
	MA	.228	.047	.666	4.862	.000	.789	1.267
	MOT	2.768E-02	.154	.024	.180	.859	.845	1.183

a. Dependent Variable: ACH

〈표 11−34〉

Collinearity Diagnostics[a]

Model	Dimension	Eigenvalue	Condition Index	Variance Proportions			
				(Constant)	SES	MA	MOT
1	1	3.879	1.000	.00	.00	.01	.00
	2	6.135E-02	7.952	.06	.09	.96	.02
	3	4.259E-02	9.543	.07	.84	.00	.19
	4	1.731E-02	14.970	.87	.06	.03	.79

a. Dependent Variable: ACH

우선 〈표 11−33〉에서 각 독립변수의 **VIF**가 모두 경고 기준치인 10(또는 5)보다 작다. 그리고 세 독립변수의 VIF 평균은 (1.154 + 1.267 + 1.183)/3 = 1.201로 1과 큰 차이가 없어 Tolerance나 VIF 진단에서는 중다공선성의 문제는 없는 것으로 판단된다. 다음으로 〈표 11−34〉에서 네 번째 성분 eigenvalue의 condition index 14.97은 경고치 기준인 15에 이르지만 변수 MOT에만 높은 Variance Proportion(.79)을 보이고 있어 이 또한 중다공선성에 대해 크게 우려할 필요가 없음을 보여 준다.

11. Outliers(異常點, 特異點)와 Influential Points

outliers와 influential points의 의미

outlier는 자료의 주 경향과 현저히 다른 변수 값들을 지녀 통계분석 결과를 왜곡시킬 가능성이 있는 개체를, influential points는 특정 개체의 변수 값이 분석결과에 과도한 영향을 미치는 개체를 가리킨다. 중다회귀모형은 수학적으로 최대화(maximize) 방법을 사용하여 outlier에 매우 민감하기 때문에 outlier와 influential points를 찾아내어 조치하는 것이 매우 중요하다. 그런데 outliers와 influential points를 구별해야 한다. 왜냐하면 outlier(X에 대한 또는 Y에 대한)라고 해서 모두 회귀식 추정에 영향을 주는 것은 아니기 때문이다.

outlier 발생의 원인으로는 ① 자료기록이나 입력의 오류, ② 결측치를 표시하기 위한 입력 코딩 값을 실제 자료 값으로 읽는 경우, ③ 연구자가 의도한 모집단에 속하지 않는 경우, ④ 모집단이 정규분포보다 더 극단적인 값이 많은 분포를 하는 경우 등이 있다. ①이나 ②와 같이 오류에 의한 경우는 수정해야 하고 ③의 경우는 제거해야 하고 ④의 경우는 변수 변환을 고려해 볼 수 있다. 그러나 일반적으로 ③과 ④의 경우는 서로 구별하기가 어렵다. 이 경우 outlier의 특성, 분석 목적 등에 근거하여 해당 개체를 유지, 제거 또는 변수 변환, 변수 값 변경 등의 조치를 취하게 된다. 경우에 따라서는 해당 influential points를 유지한 분석결과와 제거한 분석결과를 같이 제시하기도 한다. outlier에 대해 어떤 조치를 취하고 분석한 경우 연구자는 반드시 그 사실을 명시하여야 한다.

outlier의 확인 시 먼저 각 변수별로 outlier를 확인하여 조치한 후 다변량 outlier를 탐색한다. 한 변수만 고려했을 경우 outlier가 아닌 것이 여러 변수를 동시에 고려한 경우 outlier가 될 수 있기 때문이다.

outliers와 influential points의 확인

단변량(univariate) outlier의 확인

각 변수별로 표준점수 Z를 구해 그 절대값이 3.29(p < .001)보다 큰 경우나 Boxplot을 작성

하여 Q3 + 1.5 × IQR보다 크거나 Q1 − 1.5×IQR보다 작은 경우 outlier일 가능성이 높다.

종속변수 Y에 대한 outlier

표준화 잔차(**standardized residual: SPSS에서 ZRE_1**) 또는 **studentized residual(SPSS에서 SRE_1)**이 3.29(또는 3)보다 큰 경우 outlier일 가능성이 높으며 전체 개체 중 1% 이상이 2.58(또는 2.5)보다 크거나 5% 이상이 1.96(또는 2)보다 큰 경우 주의해야 할 필요가 있다. (이후 ( ) 속의 약자는 SPSS에서의 출력을 가리킴)

독립변수 X 전체를 고려한 multivariate outlier

① Mahalanobis Distance: D_i^2 **(MAH_1)**

각 개체 i의 독립변수 벡터 X_i와 전체 평균 벡터 $\bar{X}$ (centroid) 간의 상관관계까지 고려한 표준점수의 Euclidean Distance로 한 개체가 전체 평균과 얼마나 떨어져 있는가를 말해 주며 다음과 같이 정의된다.

$$D_i^2 = (X_i - \bar{X})S^{-1}(X_i - \bar{X})$$

그런데 outlier로 판명되는 경우 어느 변수 때문인지는 알 수 없다.

- Barnet & Lewis(1978)의 기준

  다음의 경우 outlier의 경고로 제시하였다(여기서 k는 독립변수의 수).

  $$n = 500,\ k = 5\text{인 경우 } D_i^2 > 25$$
  $$n = 100,\ k = 3\text{인 경우 } D_i^2 > 15$$
  $$n = 30,\ k = 2\text{인 경우 } D_i^2 > 11$$

- Tabachnick & Fidel(2007)의 기준

  $D_i^2 \sim \chi_k^2$, $\alpha = .001$로 검증하여 유의하면 outlier라는 기준을 제시하였다.

- Hair 등(2006)

  $D_i^2/k \sim t$, $\alpha = .001, .005$로 검증하여 표본이 작은 경우 2.5, 큰 경우 3 또는 4보다 큰 경우 outlier일 가능성이 높다는 기준을 제시하였다.

② Leverage(hat element, HATDIAG, RHAT 등으로도 불림): h_{ii}

(SPSS에서는 centered leverage $h_{ii} - \frac{1}{n}$ 값을 제공함: **LEV_1**) leverage는 독립변수들의 값에서 표본의 다른 개체와 아주 다른, 즉 outlier를 빨리 확인할 수 있는 매우 간단하고 유용한 수단으로 다음과 같은 관계를 지닌다.

$$h_{ii} = \frac{D_i^2}{n-1} + \frac{1}{n} \text{ 또는 } D_i^2 = (n-1)(h_{ii} - \frac{1}{n})$$

- leverage 기준

  Hoaglin & Welsch(1978): $h_{ii} \geq 2(k+1)/n$

  Stevens(2009): $h_{ii} \geq 3(k+1)/n$

  Neter 등: $h_{ii} > 5$ very large; .2 ~ .5 moderate

influential data point

influential data point는 해당 개체를 제거하고 추정하는 경우 적어도 하나 이상의 회귀계수에 현저한 변화를 주는 outlier 개체를 의미한다.

① Cook's Distance: CD_i**(COO_1)**

Cook's distance는 다음과 같이 정의된다.

$$CD_i = \sum_j (\hat{Y}_j - \hat{Y}_j^{(-i)})^2/(k+1)Se^2$$

위 식에서 $\hat{Y}_j$는 모든 자료로 추정한 회귀식으로 예측한 개체 j의 예측치이고 $\hat{Y}_j^{(-i)}$는 개체 i를 제외하고 추정한 회귀식으로 예측한 개체 j의 예측치이다. 결국 이 값은 해당 개체를 제외했을 때 발생하는 예측치 변화의 제곱합 정도의 정보를 제시해 준다. CD는 influential point를 확인하는 데 매우 유용하며, 해당 개체의 X와 Y에 대한 outlier의 통합된 영향력을 측정해 준다.

- Cook & Weisberg(1982)의 기준

  $CD_i \sim F_{k+1, n-k-1}(\alpha = .5)$가 기준이 되며 독립변수의 수 k가 5 내지 6보다 큰 경우 CD의 기준치는 대략 1이 된다. 따라서 CD 값이 1 이상 되는 개체는 influential point로 경계대상이 된다.

② $DFFIT_i$ (**SDF_1**: standardized DFFIT)

$DFFIT_i = \hat{Y}_i - \hat{Y}_i^{(-i)}$로 전체 자료로 추정한 회귀식으로 예측한 개체 i의 예측치와 해당 개체 i를 제외하여 추정한 회귀식으로 예측한 개체 i의 예측치의 차이로 해당 개체가 제외된 경우 자기 자신의 예측치가 얼마나 변하는지를 보여 주어 한 개체가 자신의 값을 예측

하는 모형 능력에 미치는 영향을 평가하는 데 유용하다.

이 값을 평가하기 위해서는 다음과 같은 **standardized DFFIT(SDF_1)**를 산출, 활용한다.

$$\text{standardized DFFIT}_i = [\hat{Y}_i - \hat{Y}_i^{(-i)}]/\text{Se}^{(-i)}\sqrt{h_{ii}}$$

위 식에서 $\hat{Y}_i^{(-i)}$를 **adjusted predicted value(ADJ_1)**라고 하고 원래의 Y_i와의 차이 즉 잔차를 deleted residual(**DRE_1**)이라고 하며 SPSS는 이들 값과 더불어 **studentized deleted residul(SDR_1)** 값도 제공해 준다.

- influential point 판정 기준

$$\text{standardized DFFIT} > 2\sqrt{(k+1)/n}$$

③ DFBETA_{ij}

DFBETA_{ij}는 개체 i 제거 시 X_j의 회귀계수 b_j에 얼마나 영향을 주는가를 측정하는 것으로 표준화 값은 다음과 같이 산출된다.

$$\text{standardized DEBETA}_{ij} = [b_j - b_j^{(-i)}]/[\text{Se}^{(-i)}(b_j)]$$

Cook's D는 각 개체의 전체 모형에 대한 영향력을 측정하는 반면 DFBETA_{ij}는 회귀계수별 영향력을 측정한다.

- influential point 판정 기준

  표준화 값이 $2/\sqrt{n}$ (Myer), 1 (Field) 또는 2 (Stevens)보다 큰 경우

④ Covariance Ratio(CVR: **COV_1**)

CVR은 한 개체가 회귀계수들의 분산–공분산에 얼마나 영향을 주었는가를 측정한다. 이 값이 1에 가까우면(CVR ≒ 1) 모형 모수의 분산–공분산에 거의 영향을 주지 않은 것이다(Field).

- Belsey, Kuh, & Welsch(1980)의 권고

  $\text{CVR}_i > 1 + [3(k+1)/n]$인 해당 개체를 제거하면 모형의 어떤 모수의 정밀도에 손상

  $\text{CVR}_i < 1 - [3(k+1)/n]$인 해당 개체를 제거하면 모형의 어떤 모수의 정밀도를 개선

outlier의 대처방안

자료에서 outlier를 발견한 경우 이 개체들의 영향을 줄이기 위해 몇 가지 대처방안을 고려해 볼 수 있다.

오류 자료의 정정

outlier가 자료의 기록, 입력 등의 과정에서 오류에 의한 것인지 먼저 확인해 보고 오류에 의한 것이라면 원래의 값으로 정정해 준다.

해당 개체의 제거

만약 outlier가 연구자가 의도한 모집단에 속하지 않는다고 믿을 수 있는 상당한 이유가 있는 경우 해당 개체를 제거한다.

변수 변환

모집단이 정규분포보다 더 극단적인 값이 많은 분포를 하여 outlier가 발생한 것이라고 생각되면 변수들에 대해 $\text{Log}(X)$, $\sqrt{X}$, $1/X$ 등의 변환을 생각해 볼 수 있다. 그러나 이 경우 변수 값의 의미가 달라져 해석하기가 어렵다는 문제점이 있다.

변수 값 변경

변수 변환이 여의치 않아 outlier를 제거하는 경우 특정 집단의 자료가 줄어들어 분석에 왜곡이 발생하거나 설계의 직교성이 훼손되는 문제가 발생하는 경우 변수 값 변경을 고려해 볼 수 있다. 이는 자료를 조작하는 것이라고 볼 수도 있지만 outlier를 그냥 두고 분석해서 생기는 문제점보다는 덜 심각할 수도 있다(Field, 2009). 변수 값 변경에는 다음의 몇 가지 방법을 고려해 볼 수 있다(Field, 2009).

(a) 그 다음의 최고점수(최저점수)에서 1점을 더한(뺀) 점수: outlier 다음으로 제일 높은(낮은) 점수에 1을 더한(뺀) 점수로 변경한다.

(b) outlier의 기준치인 $Z = 3.29$(또는 3)에 해당되는 원점수로 변경한다.

$$X = \overline{X} + 3.29(\text{또는 } 3) \times S$$

이 경우 평균 $\overline{X}$와 표준편차 S는 해당 outlier를 제외한 자료로 산출할 수도 있다.

(c) 위 (b)의 식에서 $Z = 2$에 해당되는 원점수로 변경한다.

$$\text{X} = \overline{X} + 2 \times S$$

예시자료의 분석

〈표 11－1〉의 예시자료를 이용하여 outlier와 influential point를 확인하는 과정을 살펴보자. 각 변수들의 단변량 outlier 확인을 위하여 먼저 각 개체별로 변수들의 표준점수 *Z*를 산출해 보자. SPSS 메뉴에서 **Analyze → Descriptive Statistics → Descriptive**를 클릭하여 〈그림 11－32〉와 같은 **Descriptives** 대화상자를 불러 모든 변수들을 선택하여 **Variable(s)** 상자로 옮긴다. 그리고 하단부의 **Save standardized values as variables**를 선택해 주고 **OK**를 클릭하여 분석을 수행한다.

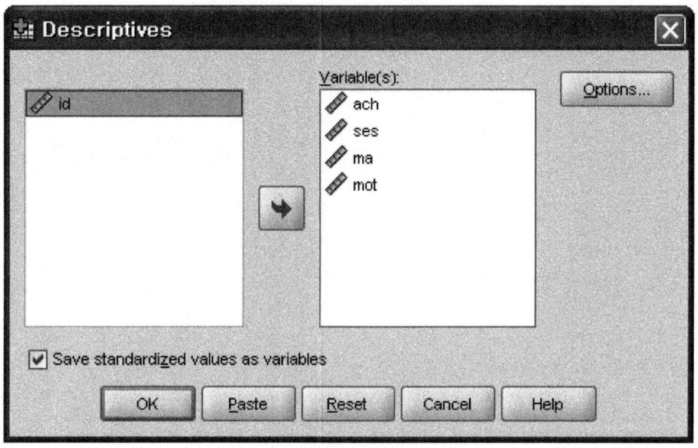

〈그림 11－32〉

〈그림 11－33〉은 위의 수행결과 각 변수별 해당 개체의 Z값이 변수로 담겨진 **Data Editor** 화면을 보여 주고 있다. 각 변수별 *Z*값을 보면 절대값이 가장 큰 것이 개체 20의 **ach**의 2.68375로 기준치 3.29(또는 3)보다 작아 *Z*값에 의한 단변량 확인에서는 outlier에 해당되는 개체를 발견하지 못하였다.

다음으로 각 변수별 Boxplot을 작성해 outlier를 확인해 보자. **Analyze → Descriptive Statistics → Explore**를 클릭하여 〈그림 11－34〉와 같은 **Explore** 대화상자를 불러 모든 변수들을 **Dependent List**로 옮겨 주고 **OK**를 클릭한다. SPSS의 **Explore**에서는 선택한 변수에 대해 기본 사항으로 Boxplot을 출력해 준다.

〈그림 11－35a, b, c, d〉는 출력된 각 변수에 대한 Boxplot이다. 네 변수 중 **ach**의 경우 〈그림 11－35a〉에서와 같이 개체 20이 Q1－1.5 × IQR을 벗어나 outlier로 지목되었다.

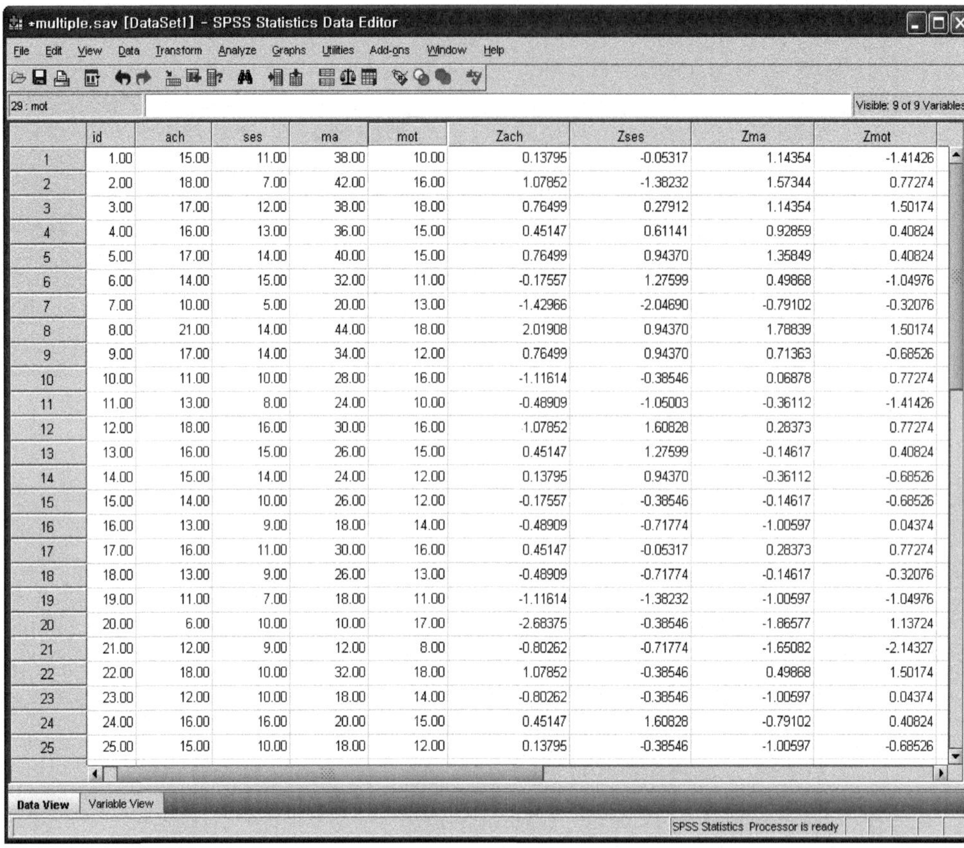

	id	ach	ses	ma	mot	Zach	Zses	Zma	Zmot
1	1.00	15.00	11.00	38.00	10.00	0.13795	-0.05317	1.14354	-1.41426
2	2.00	18.00	7.00	42.00	16.00	1.07852	-1.38232	1.57344	0.77274
3	3.00	17.00	12.00	38.00	18.00	0.76499	0.27912	1.14354	1.50174
4	4.00	16.00	13.00	36.00	15.00	0.45147	0.61141	0.92859	0.40824
5	5.00	17.00	14.00	40.00	15.00	0.76499	0.94370	1.35849	0.40824
6	6.00	14.00	15.00	32.00	11.00	-0.17557	1.27599	0.49868	-1.04976
7	7.00	10.00	5.00	20.00	13.00	-1.42966	-2.04690	-0.79102	-0.32076
8	8.00	21.00	14.00	44.00	18.00	2.01908	0.94370	1.78839	1.50174
9	9.00	17.00	14.00	34.00	12.00	0.76499	0.94370	0.71363	-0.68526
10	10.00	11.00	10.00	28.00	16.00	-1.11614	-0.38546	0.06878	0.77274
11	11.00	13.00	8.00	24.00	10.00	-0.48909	-1.05003	-0.36112	-1.41426
12	12.00	18.00	16.00	30.00	16.00	1.07852	1.60828	0.28373	0.77274
13	13.00	16.00	15.00	26.00	15.00	0.45147	1.27599	-0.14617	0.40824
14	14.00	15.00	14.00	24.00	12.00	0.13795	0.94370	-0.36112	-0.68526
15	15.00	14.00	10.00	26.00	12.00	-0.17557	-0.38546	-0.14617	-0.68526
16	16.00	13.00	9.00	18.00	14.00	-0.48909	-0.71774	-1.00597	0.04374
17	17.00	16.00	11.00	30.00	16.00	0.45147	-0.05317	0.28373	0.77274
18	18.00	13.00	9.00	26.00	13.00	-0.48909	-0.71774	-0.14617	-0.32076
19	19.00	11.00	7.00	18.00	11.00	-1.11614	-1.38232	-1.00597	-1.04976
20	20.00	6.00	10.00	10.00	17.00	-2.68375	-0.38546	-1.86577	1.13724
21	21.00	12.00	9.00	12.00	8.00	-0.80262	-0.71774	-1.65082	-2.14327
22	22.00	18.00	10.00	32.00	18.00	1.07852	-0.38546	0.49868	1.50174
23	23.00	12.00	10.00	18.00	14.00	-0.80262	-0.38546	-1.00597	0.04374
24	24.00	16.00	16.00	20.00	15.00	0.45147	1.60828	-0.79102	0.40824
25	25.00	15.00	10.00	18.00	12.00	0.13795	-0.38546	-1.00597	-0.68526

〈그림 11-33〉

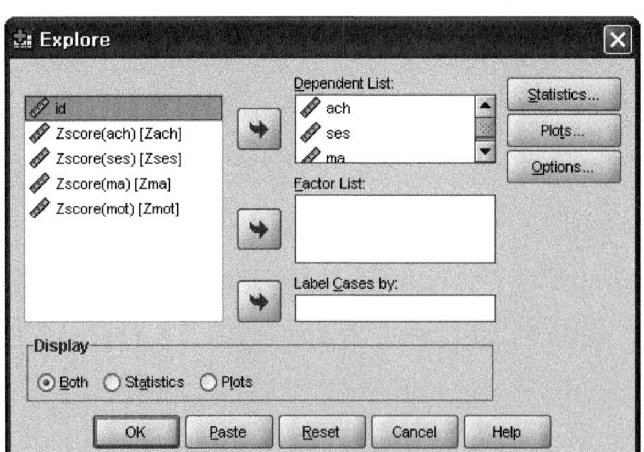

〈그림 11-34〉

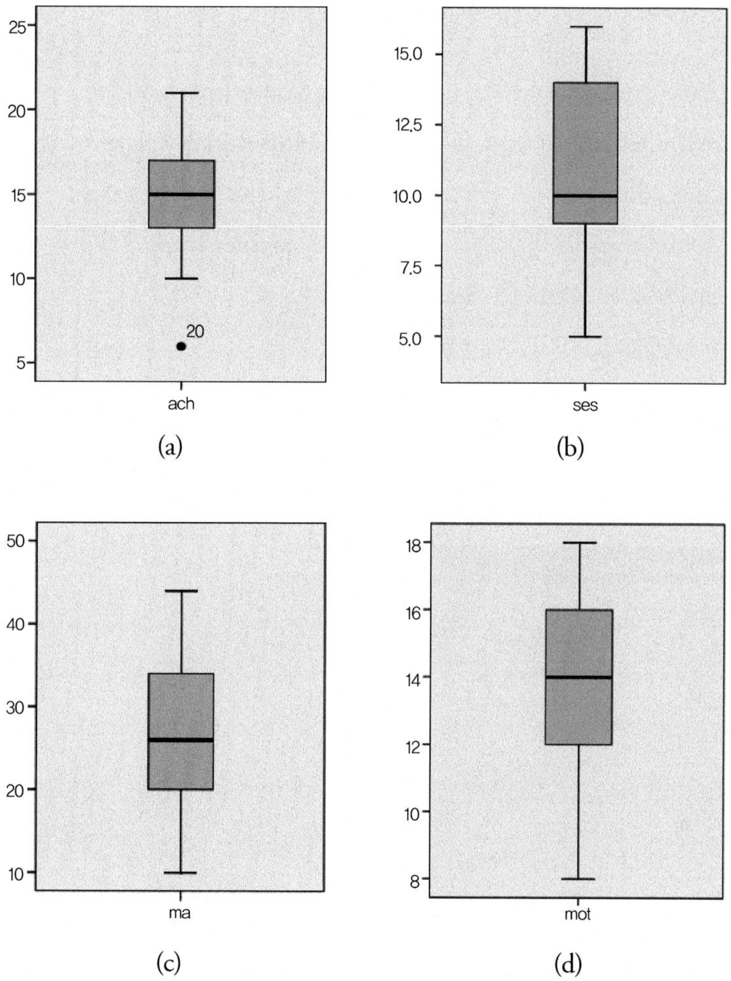

〈그림 11-35〉

다음으로 잔차(residual) 측면에서의 종속변수에 대한 outlier, 독립변수 X 전체를 고려한 outlier와 influential point를 확인해 보자. 〈그림 11-2〉에서 **Save**를 클릭하여 〈그림 11-36〉과 같은 **Save** 대화화면을 불러온다. 여기서 원하는 통계들을 선택하고 수행하면 〈그림 11-38〉과 같이 **Data Editor** 화면에 해당 통계들이 변수 값으로 담기고 〈표 11-35〉와 같은 요약표를 출력해 준다. 그리고 〈그림 11-2〉에서 **Statistics**를 클릭하여 불러온 〈그림 11-37〉에서 **Casewise diagnostics**를 선택하고 **Outliers outside**를 선택하면 오른쪽에 설정한 **standard deviation** 값을 벗어나는 개체들을 〈표 11-36〉과 같이 출력해 준다.

〈그림 11-38〉에서 새로 생성된 변수 이름의 의미는 다음과 같다.

ZRE_1: standardized residual
SRE_1: Studentized residual
SDR_1: Studentized deleted residual
MAH_1: Mahalanobis distance
COO_1: Cook's distance
LEV_1: centered leverage value
COV_1: covariance ratio
SDF_1: standardized DFFIT
SDB0_1: standardized DFBETA (intercept)
SDB1_1: standardized DFBETA (predictor 1)
SDB2_1: standardized DFBETA (predictor 2)
SDB3_1: standardized DFBETA (predictor 3)

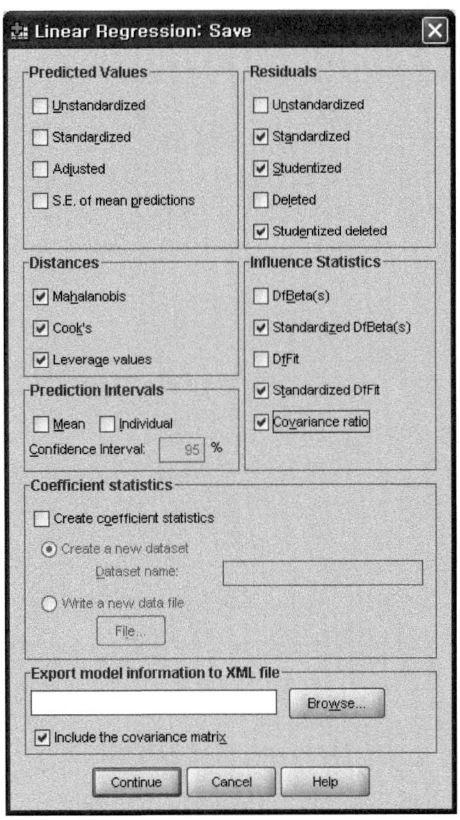

〈그림 11-36〉

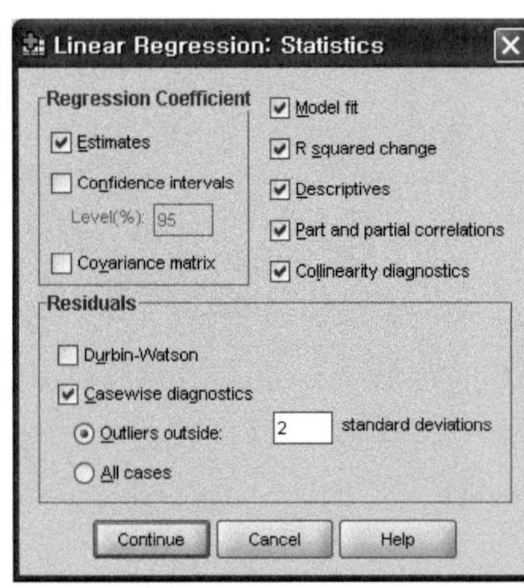

〈그림 11-37〉

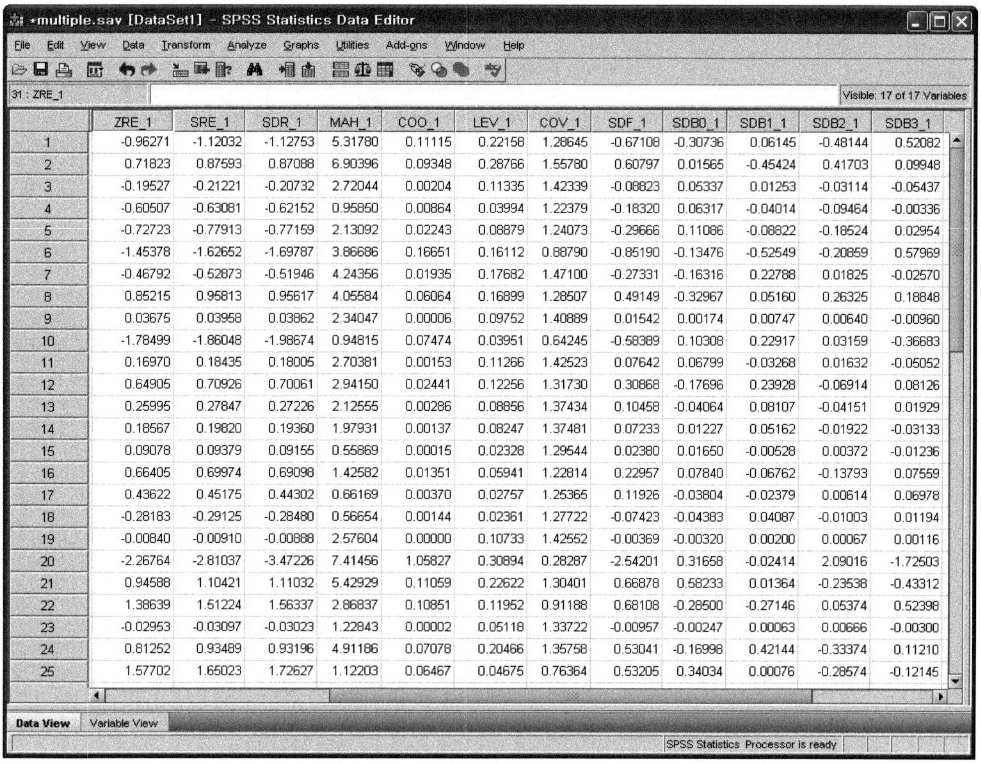

*multiple.sav [DataSet1] - SPSS Statistics Data Editor

	ZRE_1	SRE_1	SDR_1	MAH_1	COO_1	LEV_1	COV_1	SDF_1	SDB0_1	SDB1_1	SDB2_1	SDB3_1
1	-0.96271	-1.12032	-1.12753	5.31780	0.11115	0.22158	1.28645	-0.67108	-0.30736	0.06145	-0.48144	0.52082
2	0.71823	0.87593	0.87088	6.90396	0.09348	0.28766	1.55780	0.60797	0.01565	-0.45424	0.41703	0.09948
3	-0.19527	-0.21221	-0.20732	2.72044	0.00204	0.11335	1.42339	-0.08823	0.05337	0.01253	-0.03114	-0.05437
4	-0.60507	-0.63081	-0.62152	0.95850	0.00864	0.03994	1.22379	-0.18320	0.06317	-0.04014	-0.09464	-0.00336
5	-0.72723	-0.77913	-0.77159	2.13092	0.02243	0.08879	1.24073	-0.29666	0.11086	-0.08822	-0.18524	0.02954
6	-1.45378	-1.62652	-1.69787	3.86686	0.16651	0.16112	0.88790	-0.85190	-0.13476	-0.52549	-0.20859	0.57969
7	-0.46792	-0.52873	-0.51946	4.24356	0.01935	0.17682	1.47100	-0.27331	-0.16316	0.22788	0.01825	-0.02570
8	0.85215	0.95813	0.95617	4.05584	0.06064	0.16899	1.28507	0.49149	-0.32967	0.05160	0.26325	0.18848
9	0.03675	0.03958	0.03862	2.34047	0.00006	0.09752	1.40889	0.01542	0.00174	0.00747	0.00640	-0.00960
10	-1.78499	-1.86048	-1.98674	0.94815	0.07474	0.03951	0.64245	-0.58389	0.10308	0.22917	0.03159	-0.36683
11	0.16970	0.18435	0.18005	2.70381	0.00153	0.11266	1.42523	0.07642	0.06799	-0.03268	0.01632	-0.05052
12	0.64905	0.70926	0.70061	2.94150	0.02441	0.12256	1.31730	0.30868	-0.17696	0.23928	-0.06914	0.08126
13	0.25995	0.27847	0.27226	2.12555	0.00286	0.08856	1.37434	0.10458	-0.04064	0.08107	-0.04151	0.01929
14	0.18567	0.19820	0.19360	1.97931	0.00137	0.08247	1.37481	0.07233	0.01227	0.05162	-0.01922	-0.03133
15	0.09078	0.09379	0.09155	0.55869	0.00015	0.02328	1.29544	0.02380	0.01650	-0.00528	0.00372	-0.01236
16	0.66405	0.69974	0.69098	1.42582	0.01351	0.05941	1.22814	0.22957	0.07840	-0.06762	-0.13793	0.07559
17	0.43622	0.45175	0.44302	0.66169	0.00370	0.02757	1.25365	0.11926	-0.03804	-0.02379	0.00614	0.06978
18	-0.28183	-0.29125	-0.28480	0.56654	0.00144	0.02361	1.27722	-0.07423	-0.04383	0.04087	-0.01003	0.01194
19	-0.00840	-0.00910	-0.00888	2.57604	0.00000	0.10733	1.42552	-0.00369	-0.00320	0.00200	0.00067	0.00116
20	-2.26764	-2.81037	-3.47226	7.41456	1.05827	0.30894	0.28287	-2.54201	0.31658	-0.02414	2.09016	-1.72503
21	0.94588	1.10421	1.11032	5.42929	0.11059	0.22622	1.30401	0.66878	0.58233	0.01364	-0.23538	-0.43312
22	1.38639	1.51224	1.56337	2.86837	0.10851	0.11952	0.91188	0.68108	-0.28500	-0.27146	0.05374	0.52398
23	-0.02953	-0.03097	-0.03023	1.22843	0.00002	0.05118	1.33722	-0.00957	-0.00247	0.00063	0.00666	-0.00300
24	0.81252	0.93489	0.93196	4.91186	0.07078	0.20466	1.35758	0.53041	-0.16998	0.42144	-0.33374	0.11210
25	1.57702	1.65023	1.72627	1.12203	0.06467	0.04675	0.76364	0.53205	0.34034	0.00076	-0.28574	-0.12145

〈그림 11-38〉

〈표 11-35〉

Residuals Statistics[a]

	Minimum	Maximum	Mean	Std. Deviation	N
Predicted Value	10.2011	19.3794	14.5600	2.64737	25
Std. Predicted Value	−1.646	1.820	.000	1.000	25
Standard Error of Predicted Value	.478	1.123	.738	.188	25
Adjusted Predicted Value	9.5485	18.9512	14.5975	2.60140	25
Residual	−4.31262	2.99920	.00000	1.77898	25
Std. Residual	−2.268	1.577	.000	.935	25
Stud. Residual	−2.810	1.650	−.008	1.057	25
Deleted Residual	−6.62400	3.28411	−.03750	2.29324	25
Stud. Deleted Residual	−3.472	1.726	−.038	1.155	25
Mahal. Distance	.559	7.415	2.880	1.947	25
Cook's Distance	.000	1.058	.081	.209	25
Centered Leverage Value	.023	.309	.120	.081	25

a. Dependent Variable: ach

〈표 11-36〉

Casewise Diagnostics[a]

Case Number	Std. Residual	ach	Predicted Value	Residual
20	−2.268	6.00	10.3126	−4.31263
				3

a. Dependent Variable: ach

먼저 종속변수에 대한 residual을 살펴보면 **standardized residual(ZRE_1)**이나 **studentized residual(SRE_1)**에서 기준치 3을 초과하는 개체는 없다.

다음으로 독립변수 전체를 고려한 multivarite outlier를 leverage(h_{ii})로 검토해 보자. k = 3, n = 25를 대입하면 Hoglin & Welsch 기준의 경우 h_{ii} = .32, Stevens 기준은 h_{ii} = .48이 된다. 그런데 SPSS의 경우 평균교정 값을 제시해 주므로 출력물과 비교하기 위해서는 위의 값에 평균 $1/n = 1/25 = .04$를 뺀 .28과 .44를 기준값으로 사용한다. 〈그림 11−38〉에서 centerd h_{ii}를 나타내는 **LEV_1** 값들을 살펴보면 개체 2가 .28766, 개체 20이 .30984로 Hoglin 등의 기준은 넘지만 Stevens의 기준 .44를 넘지는 않고 있다.

influential data point를 확인하기 위하여 먼저 **Cook's D(COO_1)**를 살펴보면 개체 20이 1.058로 일반적인 기준치 1을 약간 상회하고 있다. 다음으로 **standardized DFFIT(SDF_1)**을 보면 절대치 기준치 $2\sqrt{(k+1)/n} = 2\sqrt{(3+1)/25} = .8$을 초과하는 것은 역시 개체 20의 −2.54 하나뿐이다. **standard DFBETA(SDB0_1, SDB1_1, SDB2_1, SDB3_1)**을 기준치 $2/\sqrt{n} = 2/\sqrt{25} = .4$와 비교해 보면 이 기준치를 넘는 경우가 제법 있지만 Field의 기준 1이나 Stevens의 기준 2를 넘는 것은 개체 20뿐이다. 마지막으로 **CVR(COV_1)**을 살펴보면 Belsey 등의 기준 $1 - [3(k+1)/n] = 1 - 3(3+1)/25 = .52$보다 작은 값을 지닌 것은 또 다시 개체 20뿐이다.

전체적으로 종합해 볼 때, 개체 20은 Boxplot으로 종속변수 ach에서 단변량 outlier로 지목되었고, Cook's D, h_{ii}, DFFIT, DFBETA, CVR 등에서 다변량 outlier와 influential point로 확인되었다. 이러한 결과가 나온 것은 개체 20의 종속변수 ach의 값 6이 너무 낮은 값이기 때문으로 보인다. 따라서 자료의 오류가 아니라면 연구자는 이 해당 연구영역의 특성에 비추어 이 자료를 제거하거나 다른 값으로 변경하는 등의 조치를 취할 수 있을 것이다.

다른 값으로 변경하는 경우, 개체 20보다 다음으로 낮은 점수가 개체 7의 10점이므로 이보다 한 단위 낮은 9점, $X = \bar{X} - 3 \times S = 14.917 - 3 \times 2.701 = 6.81 \fallingdotseq 7$점, $X = 14.917 - 2 \times 2.701 = 9.515 \fallingdotseq 10$ 등의 값으로 변경할 수 있을 것이다.

12장 여러 독립집단의 평균비교: 일원분산분석

앞 제9장에서는 두 독립집단의 평균비교를 위한 t검증에 대해 논의하였다. 분산분석은 비교해야 할 집단이 3개 이상인 경우에 적용된다. t검증의 경우와 마찬가지로 세 집단 이상의 평균을 비교해야 하는 경우도 상관연구나 실험연구 모두에서 나타날 수 있다. 예를 들어 사람의 성격을 3가지 형태로 분류했을 때, 성격에 따라 일반적인 건강 상태에 차이가 있는지 알아보기 위하여 각 성격 형태별로 무작위로 표본을 뽑아 일반적인 건강 점수를 조사해서 집단 간 평균에 차이가 있는지 알아보는 것은 상관연구의 경우이고, 포트폴리오 평가의 형태가 사회과목의 태도에 미치는 영향을 알아보기 위하여 연구대상자들을 세 집단으로 분류하여 한 집단은 집단 포트폴리오 평가를, 다른 한 집단은 개인별 포트폴리오 평가를, 그리고 나머지 집단은 일반 지필검사를 시행하는 통제집단으로 처치를 한 후 사회과목에 대한 태도에 차이가 있는지 알아보는 것은 실험연구의 경우이다. 어느 경우이든 우리는 분산분석을 통해서 집단 간의 평균에 유의한 차이가 있는지를 검증하는 것이다. 이 분산분석에서 사용하는 통계방법은 F검증이다.

그런데 위 예에서 성격에 따른 건강 상태가 성별에 따라서 차이가 있을 가능성이 있어 성별도 독립변수로 포함시켜 남녀별로 각각 성격 집단에서 표본을 뽑았다면 집단을 나누는 변수 즉 독립변수는 성별과 성격 등 2개가 되고 이 경우에 적용하는 통계적 방법을 이원분산분석(two-way ANOVA)이라 하고 이와 비교해서 독립변수가 하나인 경우를 일원분산분석(one-way analysis of variance: ANOVA)이라고 한다. 물론 독립변수의 수가 3개, 4개로 많아지면 삼원분산분석, 사원분산분석 등을 적용할 수 있으나 일반적으로 최대 3원이 넘는 경우는 해석이 너무 복잡해져 잘 사용하지 않는다. 이원분산분석에 대해서는 다음 장에서 다룬다.

일반적인 일원분산분석의 통계적 가설과 가정은 다음과 같다. 여기서는 논의의 간편성을 위하여 3개의 모집단의 경우를 상정하였다.

1. 일원분산분석에서의 가설검증

통계적 가설

H_o: $\mu_1 = \mu_2 = \mu_3$

H_a: 적어도 한 쌍의 모집단 평균은 서로 다르다($\mu_1 \neq \mu_2$ 또는 $\mu_1 \neq \mu_3$ 또는 $\mu_2 \neq \mu_3$ 또는 $\mu_1 \neq \mu_2 \neq \mu_3$).

가정

세 모집단은 정규분포를 한다. (정규성 가정)

세 모집단의 분산은 동일하다($\sigma_1^2 = \sigma_2^2 = \sigma_3^2$). (등분산성 가정)

세 모집단은 서로 독립적이다. (독립성 가정)

검증통계량

$$F = \frac{\text{MSb}}{\text{MSw}} = \frac{\Sigma n_j(\overline{X_j} - \overline{X})^2/(J-1)}{\Sigma\Sigma(X_{ij} - \overline{X_j})^2/(N-J)} \sim F_{J-1,\,N-J}$$

여기서 X_{ij} : j번째 집단의 i번째 개체의 점수

$\overline{X_j}$: j번째 집단의 평균

$\overline{X}$: 전체 평균

J: 집단 수

n_j: j번째 집단의 개체 수

$N = \Sigma n_j$: 전체 개체 수

2. 분석의 실용적 논리

분산분석은 결국 집단 간 평균에 의미 있는 차이가 있는가 하는 것이다. 이 집단 간 평균의 차이가 의미 있기 위해서는 집단 간 평균의 차이의 정도가 집단 내에서의 각 개체 간 점수 차이의 정도보다 커야 한다. 위 포트폴리오 형태의 효과에 대한 실험연구 예에서의 경우, 집단 간에 사회과목 태도의 평균의 차이는 포트폴리오 형태에 의한 처치 효과일 것이고 그 평균의 차이는 연구자가 의도하는 처치의 효과이므로 이는 처치에 의한 결과인 신호(signal)로 볼 수 있다. 그런데 같은 집단에 속한 개체 사이의 태도 점수 차이는 처치(포트폴

리오 형태)로는 설명이 안 되는 부분, 즉 잡음(noise)이라고 할 수 있다. 따라서 신호가 의미 있기 위해서는 잡음과 비교하여야 커야 한다고 볼 수 있다. 앞 장의 두 독립집단 t검증 부분에서도 논의한 바와 같이 신호 대 잡음의 비(S/N)를 구해 이 값이 클 때 신호 의미가 있다고 할 수 있다. 따라서 집단 간 평균차이의 정도(Signal)와 집단 내 차이의 정도(Noise)를 구해 서로 비교해 보자.

어떤 변수 값이 서로 얼마나 차이가 나는가를 나타내 주는 통계치 중의 하나가 분산(variance)이다. 어떤 변수 X의 분산은 다음과 같이 산출한다.

$$S^2 = \frac{\Sigma(X - \overline{X})^2}{n - 1}$$

여기서 분자에 해당되는 $\Sigma(X - \overline{X})^2$은 제곱합/자승화(SS: Sum of Squares), 분모인 $(n - 1)$은 자유도(df: degree of freedom)라고 한다. 따라서 집단 간 평균차이에 대한 일종의 분산과 집단 내 차이의 분산을 구해 서로 비교해 보자.

집단 간(between groups): Signal

J개의 표본 집단의 평균을 $\overline{X_1}$, $\overline{X_2}$, ⋯ $\overline{X_J}$라고 하자. 이 J개의 평균 사이의 차이 정도를 나타내기 위해 일종의 분산을 산출해 보자. 먼저 SS에 해당되는 부분을 SSb라고 하면 다음과 같다. 여기서 각 집단의 표본의 크기 n_j가 서로 다를 수 있으므로 각 집단의 평균에 표본의 크기로 가중치를 준 셈이 된다.

$$\text{SSb} = \Sigma n_j(\overline{X_j} - \overline{X})^2$$

여기서 자료의 수, 즉 평균의 수가 J개이므로 자유도(df)는 다음과 같다.

$$\text{dfb} = J - 1$$

따라서 SSb을 dfb으로 나누면 평균차이에 대한 일종의 분산을 얻을 수 있는데 이를 평균제곱(MS: Mean Squares)이라고 한다.

$$\text{MSb} = \text{SSb/dfb}$$

위 MSb 값이 집단 간 평균차이의 정도를 나타내는 Signal이라고 할 수 있다.

집단 내(within groups): Noise

이제 각 집단 내 차이의 정도를 나타내기 위해 먼저 각 집단별 분산을 구해 보자.

$$S_1^2 = \frac{\Sigma(X_{i1} - \overline{X_1})^2}{n_1 - 1},\quad S_2^2 = \frac{\Sigma(X_{i2} - \overline{X_2})^2}{n_2 - 1},\quad \cdots,\quad S_J^2 = \frac{\Sigma(X_{iJ} - \overline{X_J})^2}{n_J - 1}$$

앞의 등분산성 가정에서 $\sigma_1^2 = \sigma_2^2 = \sigma_3^2 = \cdots = \sigma_J^2$이므로 위의 분산은 집단 내 동일한 분산을 추정하는 것이므로 두 독립집단 t검증에서처럼 S_p^2를 구하면 다음과 같다.

$$S_p^2 = \frac{(n_1 - 1)\,S_1^2 + (n_2 - 1)\,S_2^2 + \cdots + (n_J - 1)\,S_J^2}{(n_1 - 1) + (n_2 - 1) + \cdots (n_J - 1)} = \frac{\Sigma\Sigma(X_{ij} - \overline{X_j})^2}{n_1 + n_2 + \cdots n_J - J)}$$

$$= \frac{\Sigma\Sigma(X_{ij} - \overline{X_j})^2}{N - J}$$

위 식의 분자를 SSw, 분모를 dfw, 그리고 둘을 나눈 S_p^2을 MSw라고 하며 MSw가 집단 내 차이의 정도를 나타낸다.

$$\text{SSw} = \Sigma\Sigma(X_{ij} - \overline{X_j})^2$$
$$\text{dfw} = N - J$$
$$\text{MSw} = \text{SSw}/\text{dfw}$$

집단 간/집단 내 비교: S/N

집단 간 평균차이의 정도(Signal)와 집단 내 차이의 정도(Noise)의 비를 구해 이를 F라고 해 보자.

$$F = \frac{\text{MSb}}{\text{MSw}} = \frac{\Sigma n_j(\overline{X_j} - \overline{X})^2/(J - 1)}{\Sigma\Sigma(X_{ij} - \overline{X_j})^2/(N - J)} \sim F_{J-1,\,N-J}$$

여기서 집단 간 평균의 차이가 집단 내 차이보다 클수록 위 F값의 분모가 커지므로 F값이 클수록 집단 간 차이가 유의하다는 의미가 된다. 수학적 이론에서 J개의 모집단의 평균이 동일하다는 H_o가 참이고 모집단 분산이 동일하다는 가정이 옳은 경우 이 F값은 $F_{J-1,\,N-J}$ 분포를 한다. F분포는 두 개의 자유도가 있으며 관례적으로 분자의 자유도를 먼저, 분모의 자유도를 나중에 표시하며, 표에서는 분자의 자유도를 df1, 분모를 df2로 표시하기도 한다. 각 집단의 평균이 서로 다를수록, 즉 H_o가 참이 아닐수록 F값이 커지므로 이 F검증은 단측검증이 된다. 표본자료에서 구한 F값을 $F_{J-1,\,N-J}$ 분포와 비교하여 p값을 구하거나, 임계치 $F_{J-1,\,N-J,\,\alpha}$와 비교하여 H_o를 검증할 수 있다.

3. 이론적 의미

이론적 측면에서 보면 위에서 구한 F값은 모집단의 분산 $\sigma_1^2 = \sigma_2^2 = \sigma_3^2 = \cdots \sigma_J^2 = \sigma^2$을 다른 두 개의 방법으로 추정한 분산을 비교하는 것이다. 먼저 앞 장에서 $\bar{X}$의 표집분포에서 $V(\bar{X}) = \frac{\sigma^2}{n}$이므로 이 식에서 모집단의 분산은 $\sigma^2 = nV(\bar{X})$ 으로 추정할 수 있다. H_o와 등분산 가정이 참인 경우 각 집단의 표본평균은 동일한 모집단에서 왔다고 할 수 있으므로 집단 표본평균들의 분산 $V(\bar{X})$을 구해 이 식에 대입하여 모집단의 분산 추정치 S^2을 구하면 다음과 같다. 여기서 각 집단마다 n이 다를 수 있으므로 n 대신 n_j로 표현하였다.

$$S^2 = nV(\bar{X}) = n\frac{\Sigma(\overline{X_j} - \bar{X})^2}{J-1} = \frac{\Sigma n_j(\overline{X_j} - \bar{X})^2}{J-1}$$

위 식에서 S^2은 MSb, 분자는 SSb, 분모는 dfb가 동일함을 알 수 있다.

다음으로 앞 실용적 논리 부분에서 논의한 바와 같이 MSw 역시 모집단의 분산 추정치 S^2이다. 따라서 F값은 동일한 두 추정치의 비를 의미하므로 H_o가 참이고 등분산성 가정이 만족하는 경우에는 $F = 1$이 된다. 그런데 F값의 분자는 각 집단의 평균이 동일하다는 H_o에서 나왔기 때문에 평균이 서로 다를수록 분자 부분은 모집단 분산의 추정치에 평균의 차이 부분이 추가되므로 H_o가 참이 아닐수록 F값은 1보다 커지고 F값이 커질수록 H_o를 기각할 확률이 높아지는 것이다.

4. 일원분산분석 모형의 의미

일원분산분석 모형은 다음 식으로 표현할 수 있다.

$$X_{ij} - \mu_T = A_j + e_{ij}$$

이 식의 의미는 j집단에 속한 i번째 개체의 점수가 전체 평균(μ_T)과 차이가 나는 이유를 두 가지 요소로 나누어 분석한다는 것이다. 첫 번째 요소(A_j)는 이 개체가 j집단에 속해 해당 처치를 받은 효과이고 두 번째 요소(e_{ij})는 이 처치로는 설명이 안 되는 요소이다. 이 요소들은 실제 자료에서 다음과 같이 추정할 수 있다.

$$X_{ij} - \bar{X} = (\overline{X_j} - \bar{X}) + (X_{ij} - \overline{X_j})$$

이 식에서 j집단 처치의 효과는 j집단의 평균과 전체 평균의 차이로, 처치의 효과로는 설명이 안 되는 부분은 동일 집단에 속해 있으면서도 개인 점수와 해당 집단 평균과 차이가 나는 부분으로 추정하고 있다. 오른쪽 변의 괄호를 풀어 보면 양변이 동일해 항등식이 된다. 위 식의 양변을 제곱해서 모든 학생에 대해 더해 주면 다음과 같은 식을 얻는다.

$$\Sigma\Sigma(X_{ij} - \overline{X})^2 = \Sigma n_j(\overline{X_j} - \overline{X})^2 + \Sigma\Sigma(X_{ij} - \overline{X_j})^2$$

$$\begin{array}{lccccc} \text{SS:} & \text{SSt} & = & \text{SSb} & + & \text{SSw} \\ \text{df:} & N-1 & = & (J-1) & + & (N-J) \end{array}$$

위 식에서 분산분석 모형은 모든 개체 간 점수의 차이 정도(SSt)를 두 개의 요소, 즉 j집단에 의한 효과 부분(모형에 의해 설명되는 부분)(SSb)과 처치로는 설명이 안 되는 부분(모형에 의해 설명이 안 되는 부분)(SSw)으로 나누어 줌을 알 수 있으며 분산분석이라는 이름도 여기에 기인한 것이다. 또한 분산분석에서는 분석결과를 제시할 때, 분석결과를 〈표 12-1〉과 같은 분산분석표(ANOVA Table)로 정리하여 제시하는 것이 관례이다.

〈표 12-1〉

분산원(Source)	제곱합(SS)	자유도(df)	평균제곱(MS)	F	p
집단 간(모형)	$\Sigma n_j(\overline{X_j} - \overline{X})^2$	$J-1$	MSb	MSb/MSw	
집단 내(오차)	$\Sigma\Sigma(X_{ij} - \overline{X_j})^2$	$N-J$	MSw		
전체	$\Sigma\Sigma(X_{ij} - \overline{X})^2$	$N-1$			

5. 중다비교검증(multiple comparison tests)

위에서 설정한 통계적 가설의 경우, 실제 표본 자료를 이용한 분석결과 집단 간에 유의한 차이가 있어 귀무가설을 기각하고 대립가설을 채택하게 되면 우리는 적어도 한 쌍의 모집단 평균이 다르다는 결론을 내린다. 이렇게 특정 쌍에 대한 비교가 아닌 전체적인 유의성을 검증하는 것을 전반적 F검증(overall F test)이라고 한다. 그런데 전반적 F검증결과가 유의하면 적어도 한 쌍의 평균이 다르다는 결론을 얻을 수 있지만 어느 쌍들이 (또는 복수의 집단 평균과 복수의 집단 평균) 서로 유의하게 다른지는 알 수 없다.

특정 집단들 간의 평균차이를 비교(comparison) 또는 대비(contrast)라고 하며 이를 ψ(psi)라고 표시하면 ψ와 그 추정치 $\hat{\psi}$는 다음의 식으로 나타낼 수 있다.

$$\psi = a_1\mu_1 + a_2\mu_2 + \cdots + a_k\mu_k = \Sigma a_j\mu_j; \quad \hat{\psi} = a_1\overline{X_1} + a_2\overline{X_2} + \cdots + a_k\overline{X_k} = \Sigma a_j\overline{X_j}$$

여기서 a_j를 대비계수(contrast coefficient)라고 하며 $\Sigma a_j = 0$이다. 만약 집단1과 집단2의 평균차이를 검증하고자 한다면 이 대비는 다음과 같이 표시된다.

$$H_o: \mu_1 = \mu_1 \Rightarrow 1 \cdot \mu_1 - 1 \cdot \mu_2 - 0 \cdot \mu_3 = 0 \Rightarrow \psi = 1 \cdot \mu_1 - 1 \cdot \mu_2 - 0 \cdot \mu_3$$

만약 첫 번째와 두 번째 집단 전체의 평균과 세 번째 집단의 평균을 비교하는 경우라면 대비는 다음과 같이 표현된다.

$$H_o: (\mu_1 + \mu_2)/2 = \mu_3 \Rightarrow 0.5\mu_1 + 0.5\mu_2 - \mu_3 = 0 \Rightarrow \psi = 0.5\mu_1 + 0.5\mu_2 - \mu_3$$

특정 집단들 간의 평균차이의 유의성을 알아보는 방법에는 사전비교와 사후비교의 두 가지 전략이 있으며 이 두 전략을 통칭하여 중다비교검증이라고 한다.

사후비교

분산분석에서 가장 일반적인 분석전략은 전반적 F검증을 먼저 실시하고 유의한 결과가 나오면, 즉 적어도 한 쌍의 평균이 다르다는 결과가 나오면 이어서 어느 쌍이 다른지 알아보기 위해 **사후비교**(post–hoc comparison/a posteriori comparison) 혹은 **사후검증**(post–hoc test)을 실시하는 것이다. 이 사후비교에서는 복잡한 비교도 시행할 수 있지만 관례적으로 어느 쌍이 다른지를 검증하는 짝 비교를 시행한다. 그런데 이 사후비교에서 유의한 차이가 있는 짝을 찾아내기 위해서는 모든 가능한 짝을 다 비교해 보아야 하므로 모든 비교 전체에 대한 제1종 오류(Type I error)를 일정한 수준 α로 통제할 필요가 있다. 이를 실험오차율(error rate per experiment / experiment–wise error rate / family–wise error rate)이라고 한다. 이렇게 실험오차율을 일정 수준으로 통제하는 사후비교 검증에는 **Bonferroni**, **Student-Newman-Keuls**, **Scheffe**, **Tukey** 방법 등이 있다. **Bonferroni** 방법은 원하는 전체 실험오차율을 α라고 하고 총 비교의 수를 c라고 했을 때, 각 비교의 제1종 오류를 α/c로 설정하고 비교하는 것으로 간단히 사후검증을 실시할 수 있으나 다른 방법에 비해 너무 보수적으로 검증력이 떨어질 수 있다. 모든 집단의 개체수가 동일하고 짝 비교만 하는 경우는 **Tukey** 방법이, 개체수가 동일하지 않은 경우는 **Scheffe** 방법이 널리 사용된다.

그 외 모든 짝을 비교하지 않고 특정 한 집단과 다른 모든 집단 간에 짝 비교만 하는 경우, 예를 들어 통제집단과 각 처치집단 간만 비교하는 경우 **Dunnett's Test**를, 등분산성 가정이 심각하게 문제가 될 경우 **Tamhane's Test** 등을 사용할 수 있다.

사전비교

연구자가 여러 가지 근거에 의하여 사전에 미리 어느 집단들을 비교할 것인가를 결정해 놓은 경우를 **사전비교**(a priori comparison) 또는 **계획비교**(planned comparison)라고 한다. 뒤의 예시자료의 포트폴리오 평가 형태에 따른 사회과목에 대한 태도 연구의 경우, 먼저 전반적 F검증을 실시하여 유의한 결과를 얻으면 이어서 모든 가능한 쌍을 비교하여 어느 방법 사이에 차이가 있는지를 알아보려는 것이 사후비교라고 한다면, 연구자가 집단 포트폴리오와 개인 포트폴리오 방법을 망라한 포트폴리오 평가 방법이 지필검사 방법과 차이가 있는지 그리고 포트폴리오 방법 중 집단 포트폴리오와 개인 포트폴리오 방법에 차이가 있는지 사전에 미리 비교하기로 계획해 놓은 경우가 사전비교이다. 사전비교에서 각 비교를 대비(contrast)라고도 한다. 위 예에서의 두 대비를 각각 통계적 가설로 나타내면,

대비 1 $H_o: (\mu_1 + \mu_2)/2 = \mu_3 \Rightarrow \psi_1 = 0.5\,\mu_1 + 0.5\,\mu_2 - \mu_3 = 0$

대비 2 $H_o: \mu_1 = \mu_2 \Rightarrow \psi_2 = \mu_1 - \mu_2 - 0\,\mu_3 = 0$

이며 ψ_1의 대비계수(contrast coefficient)는 집단 포트폴리오 0.5, 개인 포트폴리오 0.5, 그리고 지필검사 집단은 −1로 (0.5, 0.5, −1), ψ_2의 대비계수는 집단 포트폴리오 1, 개인 포트폴리오 −1, 그리고 지필검사 집단은 0으로 (1, −1, 0)으로 표시할 수 있다. 위의 예에서는 두 개의 대비를 설정하였다. 사전대비는 전반적 F검증과 함께 시행할 수도 있고, 전반적 F검증 없이 시행할 수도 있다.

직교대비

그런데 사전비교는 각 대비가 서로 독립적인 대비(또는 직교대비라고도 함)가 되도록 설정하는 것이 관례이다. 이 경우 앞에서의 전체 변량 요소 분해식 SSt = SSb + SSw에서 집단 간 제곱합 SSb는 서로 독립적인 각 대비의 제곱합(SS)으로 나누어 분석하게 되는 셈이다. 그 결과, 각 대비의 오차율을 α로 설정하여도 전체 실험오차율을 α로 통제할 수 있게 된다. 따라서 연구자가 대비할 가설을 미리 설정할 수 있고, 그 대비가 서로 직교라면 사후검증의 경우보다는 사전대비의 검증력이 일반적으로 더 높다. 그리고 각 대비가 서로 독립적이므로 각 대비에서 단측검증을 실시할 수도 있다.

직교대비의 경우 대비의 유의성 검증은 다음과 같은 t 또는 F검증으로 시행할 수 있다.

$$t = \frac{\hat{\psi}}{\sqrt{\dfrac{(\Sigma a_j^2)\mathrm{MSw}}{n}}} \sim t_{\mathrm{dfw}} \quad \text{또는} \quad F = \frac{\hat{\psi}^2}{\dfrac{(\Sigma a_j^2)\mathrm{MSw}}{n}} = \sim F_{1,\,\mathrm{dfw}}$$

여기서 $\hat{\psi}$는 ψ의 추정치로 $\hat{\psi} = \Sigma a_j \overline{X_j} = a_1 \overline{X_1} + a_2 \overline{X_2} + \cdots + a_j \overline{X_j}$를 나타낸다.

직교대비의 조건 및 설정방법

설정한 대비가 서로 직교(독립)대비가 되기 위해서는 먼저 각 대비계수는 반드시 그 합이 영이라야 하고, 다음으로 대비계수 간의 교차곱의 합이 영이어야 한다. 위 예에서 첫 번째 대비는 $0.5 + 0.5 - 1 = 0$, 그리고 두 번째 대비는 $1 - 1 + 0 = 0$로 모두 합이 영이다. 그리고 두 대비계수의 교차곱의 합을 구해 보면 $0.5 \times 1 + 0.5 \times (-1) + (-1) \times 0 = 0$이 되므로 두 대비는 서로 독립적이다.

직교대비를 설정하기 위해서는 다음과 같은 조건을 지켜 설정한다: ① 집단의 수가 J이면 $(J - 1)$개의 직교대비를 설정할 수 있다. ② 한 대비 내에서는 반드시 두 개의 집단군만 비교한다. ③ 한 번 비교한 집단 간은 다시 비교하지 않는다. ④ 하나로 분리된 집단은 다시 비교에 들어가지 않는다. 4개 집단의 경우($g1$, $g2$, $g3$, $g4$)를 예로 들어 보자. 만약 한 집단과 세 집단을 먼저 비교하고자 하는 경우 다음과 같이 직교대비를 설정할 수 있다.

(g1, g2, g3) : (g4)
(g1, g2) : (g3)
(g1) : (g2)

두 집단씩 비교하고자 하는 경우는 다음과 같이 비교할 수 있을 것이다.

(g1, g2) : (g3, g4)
(g1) : (g2)
(g3) : (g4)

비직교대비

연구의 필요 때문에 직교가 아닌 대비를 설정해야 하는 경우, 가장 간단한 해결책은 Bonferroni 방법을 사용하는 것이다. 즉 대비의 수가 c라면 직교대비에 제시된 t검증이나 F 검증을 실시하되 각 대비의 제1종 오류를 α/c로 설정하여 검증하는 것이다. 이 경우 각 대비의 제1종 오류 값이 낮아 검증력이 떨어진다는 단점이 있다. 일부 전문가들은 대비의 수 c를 꼭 필요한 적은 수로 제한하면 비직교의 경우라도 각 대비의 제1종 오류를 α로 설정할 수 있다고 주장하고 있다.

추세분석(trend analysis)

독립변수에 의한 집단 분류가 어떤 연속선에서 순서로 배열될 수 있을 때, 그 순서에 따른 평균 변화의 경향을 알아보는 것을 추세분석이라고 한다. 예를 들어 새로 개발한 우울증 치료제의 효과를 실험하는 경우, 연구대상자를 무작위로 5개 집단으로 나누어 첫 번째 집단은 1일 1정, 2번째 집단은 2정, … 5번째 집단은 5정을 처방하여 우울증 감소량을 측정하였다고 했을 때 감소의 효과가 복용 용량에 비례하면 선형(linear)추세, 일정량까지는 증가하다가 차이가 없어지거나 오히려 감소한다면 2차 함수(quadratic)추세, 다시 증가하면 3차 함수(cubic) 추세가 있는 것이다. 이 분석의 결과로 적정 복용량을 결정하는 데 참고할 수 있을 것이다.

추세분석은 직교대비의 특별한 경우이다. 따라서 집단의 수가 J이면 선형에서부터 $(J-1)$ 함수 추세까지 알아볼 수 있으나 대개의 경우 2차 함수 추세까지 분석한다. 추세분석의 대비계수는 다음의 〈표 12-2〉와 같이 직교대비로 설정한다. SPSS의 **One-Way ANOVA**에서는 **대비(Contrast)**에서 분석하고자 하는 최대 차수만 입력하면 그 이하 차수의 대비까지 자동적으로 다음 표의 대비계수로 분석하여 결과를 제시해 준다.

〈표 12-2〉

추세 \ 집단 수	3집단	4집단	5집단
선형	−1 0 1	−3 −1 1 3	−2 −1 0 1 2
2차	1 −2 1	1 −1 −1 1	2 −1 −2 −1 2
3차		−1 3 −3 1	−1 2 0 −2 1
4차			1 −4 6 −4 1

6. 효과의 크기

모형 전체에 대한 효과

전체 변량(SSt) 중에서 모형이 설명한 변량(SSb)이 차지하는 비율을 η^2(또는 R^2)라고 하며 이는 모형이 전체 변량을 어느 정도 설명 또는 예측할 수 있는가를 나타내는 것으로 전반적 효과의 크기를 나타내는 지수로 가장 널리 사용되며 회귀분석에서의 R^2와 동일한 개념이다.

$$\eta^2 = \frac{\text{SSb}}{\text{SSt}} = \frac{\text{SSt} - \text{SSw}}{\text{SSt}}$$

그런데 η^2는 모집단의 η^2를 과다 추정하는 경향이 있어 불편추정량이 아니므로 관심사가 모집단의 η^2를 추정하는 경우에는 다음과 같은 ω^2를 사용할 수 있다.

$$\omega^2 = \frac{\text{SSt} - (J-1)\text{MSw}}{\text{SSt} + \text{MSw}}$$

전반적 효과의 크기로 사용할 수 있는 또 하나의 지수로 RMSSE(root−mean−square standardized effect)가 있다. 이 값은 각 집단의 평균과 전체 평균이 얼마나 차이가 나는지에 초점을 맞춘 것이다. 각 집단의 평균과 전체 평균 차이의 ES는 다음과 같이 나타낼 수 있다.

$$d_j = \frac{(\overline{X_j} - \overline{X})}{\sqrt{\text{MSw}}}$$

이 값은 Cohen의 d와 유사하다. RMSSE는 이 값들의 J집단에 걸친 일종의 평균을 구한 것으로 다음과 같이 나타낼 수 있다.

$$d = \sqrt{\left(\frac{1}{J-1}\right)\left(\frac{\Sigma(\overline{X_j} - \overline{X})^2}{\text{MSw}}\right)}$$ (참고: G*Power3의 경우 $(J-1)$ 대신 J를 사용함)

위 d(RMSSE)는 Cohen의 d와 같은 방식으로 해석할 수 있을 것이다.

특정 집단 간 비교(중다비교)에 대한 효과의 크기

위에서 논의한 ES가 모형 전체의 효과 또는 전체 집단의 표준화 평균차이를 동시에 고려한 것이라면 여기서 다룰 ES는 두 집단의 평균비교 또는 여러 집단의 대비에 관한 것이다. 두 집단의 짝 비교의 경우는 Cohen의 d를 사용할 수 있을 것이다.

$$d = \frac{\overline{X_i} - \overline{X_j}}{S}$$

그런데 여기서 한 가지 이슈가 되는 것은 위의 식에서 분모인 표준편차 S로 어떤 값을 사용해야 하는가인데, 세 가지 선택사항을 고려해 볼 수 있다. 가장 널리 사용되는 것은 각 집단 분산의 전체 평균인 MSw에서 구한 $\sqrt{MSw}$이다. 두 번째는, 특히 두 집단의 분산에 차이가 많이 나는 경우 독립집단 t검증의 경우처럼 두 집단의 분산에서 S_p를 구해 사용하는 것이다. 마지막으로 두 집단 중 하나를 통제집단(비교집단)으로 볼 수 있는 경우 그 집단의 표준편차 $S_{control}$을 사용하는 경우이다.

사전비교와 같이 복잡한 대비의 ES도 위와 유사하게 구할 수 있다. 앞 사전비교 논의에서 대비를 $\hat{\psi} = \Sigma a_j \overline{X_j} = a_1 \overline{X_1} + a_2 \overline{X_2} + a_3 \overline{X_3}$로 나타낸다면 이 대비에 대한 ES는 다음과 같이 구할 수 있다.

$$d = \frac{\hat{\psi}}{S} = \frac{\Sigma a_j \overline{X_j}}{S}$$

복잡한 대비의 분모 S도 짝 비교의 경우처럼 $\sqrt{MSw}$나 대비에 포함된 집단들의 분산에서 구한 S_p, 그리고 통제집단의 표준편차 $S_{control}$ 등을 사용할 수 있을 것이다.

7. SPSS 분석방법

포트폴리오 평가방법이 사회과목 태도에 미치는 영향에 대한 연구결과 다음의 〈표 12-3〉과 같은 자료를 얻었다고 가정하자.

〈표 12-3〉

집단 포트폴리오 집단	개인 포트폴리오 집단	지필검사 집단
26	56	41
57	46	41
48	44	46
46	41	34
54	57	45
46	53	30
58	45	43
47	62	41
61	60	50
49	57	47

〈그림 12-1〉

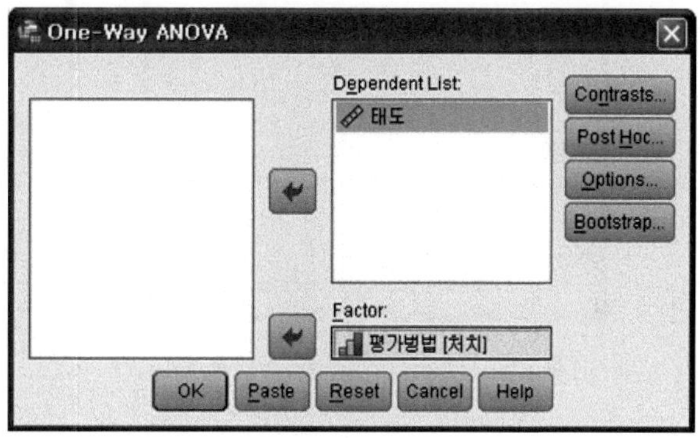

〈그림 12-2〉

여기서 각 집단의 표본 수는 10명이며 값들은 사회과목에 대한 아동들의 태도 점수이다. 〈그림 12-1〉은 자료가 입력된 **SPSS Data Editor** 화면의 일부를 보여 주고 있다. 여기서 각 처치집단 즉 독립변수의 이름은 **처치**이고 집단 포트폴리오는 1, 개인 포트폴리오는 2, 그리고 지필검사는 3으로 나타내었다. 여기서 각 학생별 변수의 수는 어떤 처치를 받았느냐와 사회과목 태도 점수가 얼마냐 등 2개이고 따라서 입력 화면에도 2개의 변수가 나와 있음을 이해할 수 있을 것이다.

일원분산분석 시행을 위해서는 데이터 편집기 화면에서 **Analyze → Compare Means → One-Way ANOVA**를 클릭하여 〈그림 12-2〉의 **One-Way ANOVA** 대화상자를 불러온다. 왼쪽 상자의 변수 이름 중에서 **태도**를 클릭하여 **Dependent List** 상자로, 집단을 나타내는 독립변수인 **처치**를 **Factor** 상자로 이동시킨다. 분산분석에서 각 독립변수는 요인(factor)으로 불린다. 〈그림 12-2〉는 필요한 변수의 이동이 끝난 상태를 보여 주고 있다.

다음 분산분석과 더불어 각 집단별 기술통계 값이나 분산의 동질성 가정에 대한 검증, 집단별 평균 그래프 등을 원하면 **Options**를 클릭하여 **Options** 대화상자에서 〈그림 12-3〉과 같이 필요한 선택을 하고 **Continue**를 클릭하여 다시 이 화면으로 돌아온다.

만약 사용자가 전반적 *F*검증만 원한다면 이 단계에서 **OK**를 클릭하면 필요한 분석결과를 얻을 수 있다. 그러나 만약 사후검증이나 사전비교를 원한다면 화면 오른쪽의 **Post**

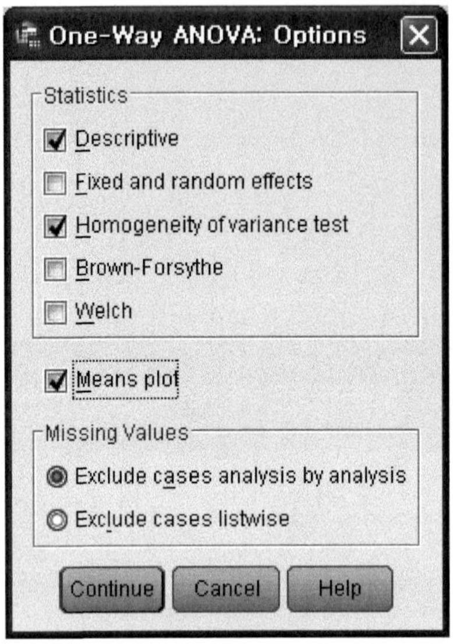

〈그림 12-3〉

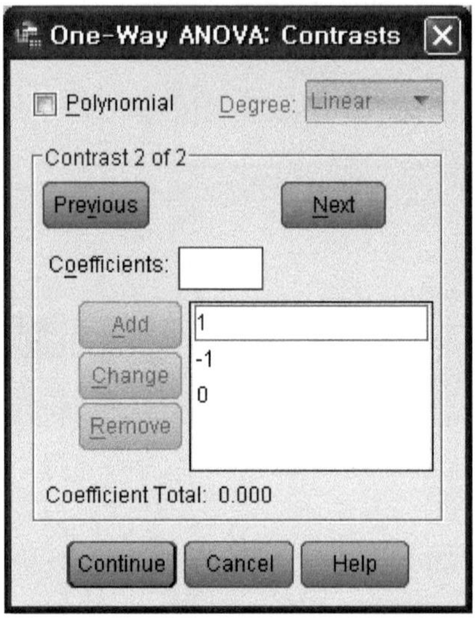

〈그림 12-4〉

Hoc이나 **Contrasts**를 각각 클릭하여 필요한 분석방법을 선택한다. 사후비교의 경우, 대화상자에서 **Tukey, Scheffe, S−N−K** 등 여러 방법 중 원하는 것을 선택하면 되지만 사전비교의 경우는 조금 까다롭다. 사전비교를 위해서는 먼저 **Contrasts**를 클릭하여 〈그림 12−4〉와 같은 **Contrasts** 대화상자를 불러온다. 여기서 앞에서 예를 들었던 두 개의 대비를 정의해 보자. 첫 번째 대비계수 (0.5, 0.5, 1)을 입력하기 위해서는 먼저 대화상자의 **Coefficients** 옆의 빈 상자를 클릭하여 0.5를 입력하고 **Add**를 클릭한다. 그러면 0.5가 큰 빈 상자에 나타나는 것을 확인할 수 있을 것이다. 계속 0.5를 입력하고 **Add**를 클릭하고 마지막으로 1를 입력하고 **Add**를 클릭하면 첫 번째 대비의 입력이 완료된 것이다. 다음 두 번째 대비계수 (1, −1, 0)을 입력하기 위해서는 먼저 **Next**를 클릭한다. 그러면 **Contrasts 1 of 1**이 **Contrasts 2 of 2**로 변경되는 것을 볼 수 있을 것이다. 이어서 **Coefficients** 옆 상자를 클릭하여 1을 입력하고 **Add**를 클릭하는 등 첫 번째와 같은 방법으로 입력할 수 있다. 〈그림 12−4〉는 두 번째 대비의 입력이 완료된 상황을 보여 주고 있다.

전반적 *F*검증의 결과

다음의 〈그림 12−5〉는 전반적 *F*검증과 선택사항에 의한 결과를 보여 주고 있다.

우선 제일 상단의 표는 각 집단별 기술통계 값들과 모집단 평균에 대한 신뢰구간을 보여 주고 있다. 중간 부분은 등분산성 가정에 대한 타당성을 검증한 결과이다. 이 검증의 결

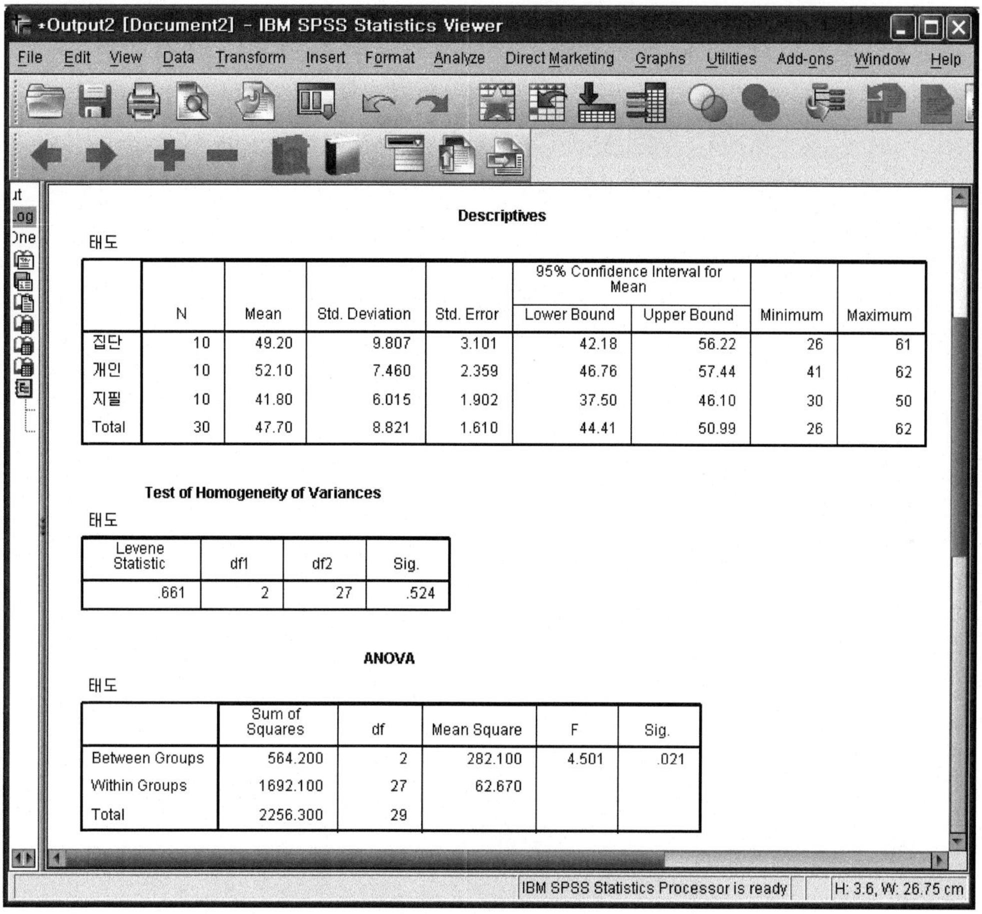

Descriptives

태도

	N	Mean	Std. Deviation	Std. Error	95% Confidence Interval for Mean		Minimum	Maximum
					Lower Bound	Upper Bound		
집단	10	49.20	9.807	3.101	42.18	56.22	26	61
개인	10	52.10	7.460	2.359	46.76	57.44	41	62
지필	10	41.80	6.015	1.902	37.50	46.10	30	50
Total	30	47.70	8.821	1.610	44.41	50.99	26	62

Test of Homogeneity of Variances

태도

Levene Statistic	df1	df2	Sig.
.661	2	27	.524

ANOVA

태도

	Sum of Squares	df	Mean Square	F	Sig.
Between Groups	564.200	2	282.100	4.501	.021
Within Groups	1692.100	27	62.670		
Total	2256.300	29			

〈그림 12-5〉

과에 대한 관찰유의도 p값은 관례적인 제1종 오류의 0.01이나 0.05보다 크므로 분산 간에 유의한 차이가 없으므로 분산이 다르다는 증거가 없어 등분산성 가정엔 별 문제가 없는 것으로 판단할 수 있다. 마지막 최하단 부분은 분산분석 결과 중 핵심이 되는 부분으로 이를 일반적으로 분산분석표(ANOVA table)라 부르며 분산분석 결과를 보고하는 경우 이 표를 함께 제시하는 것이 관례이다. 이 분석결과에 의하면 귀무가설에 대한 관찰유의도 p값, 즉 세 모집단의 평균이 같음에도 불구하고 표본을 뽑음으로 생기는 우연에 의해 적어도 표본 평균들 차이가 생길 확률은 .021이다. 따라서 제1종 오류를 0.05로 했을 경우 이 확률이 아주 낮아 귀무가설을 기각하고 대립가설을 채택하여 적어도 한 쌍의 모집단 평균이 다르다는 결론을 내릴 수 있다.

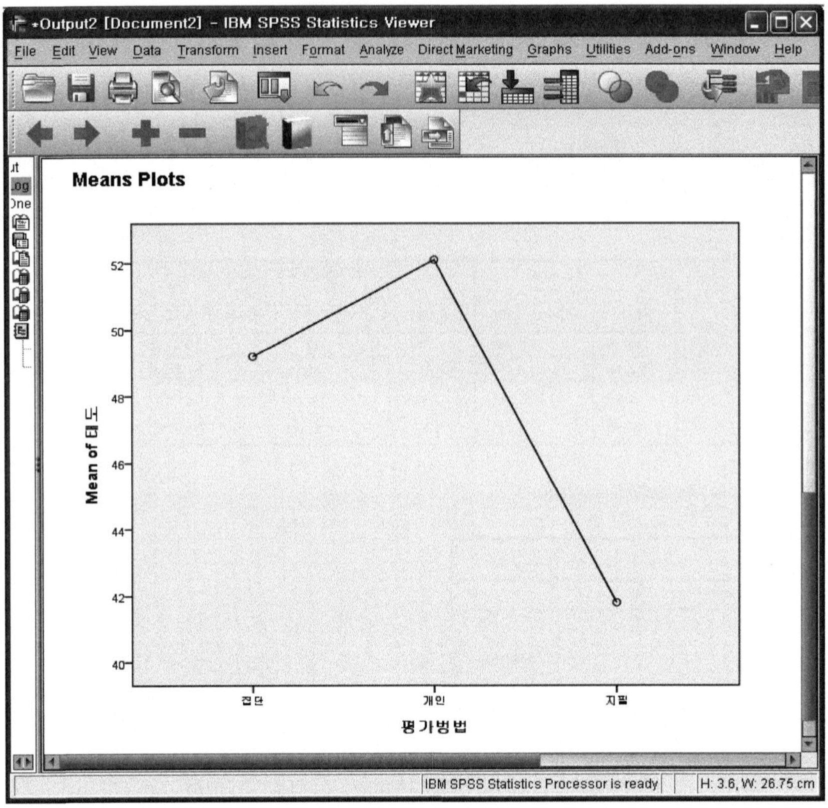

〈그림 12-6〉

〈그림 12-6〉은 〈그림 12-3〉 **Options**에서 **Means plot**을 선택한 결과이다. 이는 ANOVA에서 각 집단의 평균을 그래프로 비교할 수 있는 유용한 선택사항이다.

사후비교

전반적 *F*검증에서 유의한 결과가 얻어진 경우 어느 쌍이 다른지 알아보기 위하여 모든 쌍을 비교하여 유의한 차이가 있는 집단의 쌍을 찾아내는 것이 사후비교 검증이라고 할 수 있다. 〈그림 12-2〉의 **Post-Hoc**에서 **Tukey**와 **Scheffe**를 선택한 결과가 다음의 〈그림 12-7〉에 각 사후비교 방법별로 모든 짝 비교가 나와 있다. 여기서는 **Tukey**나 **Scheffe** 검증 모두 두 번째 집단과 세 번째 집단 즉 개인별 포트폴리오 집단과 지필검사 집단 사이에 유의한 차이가 있다는 결과($p < .05$)를 보여 준다.

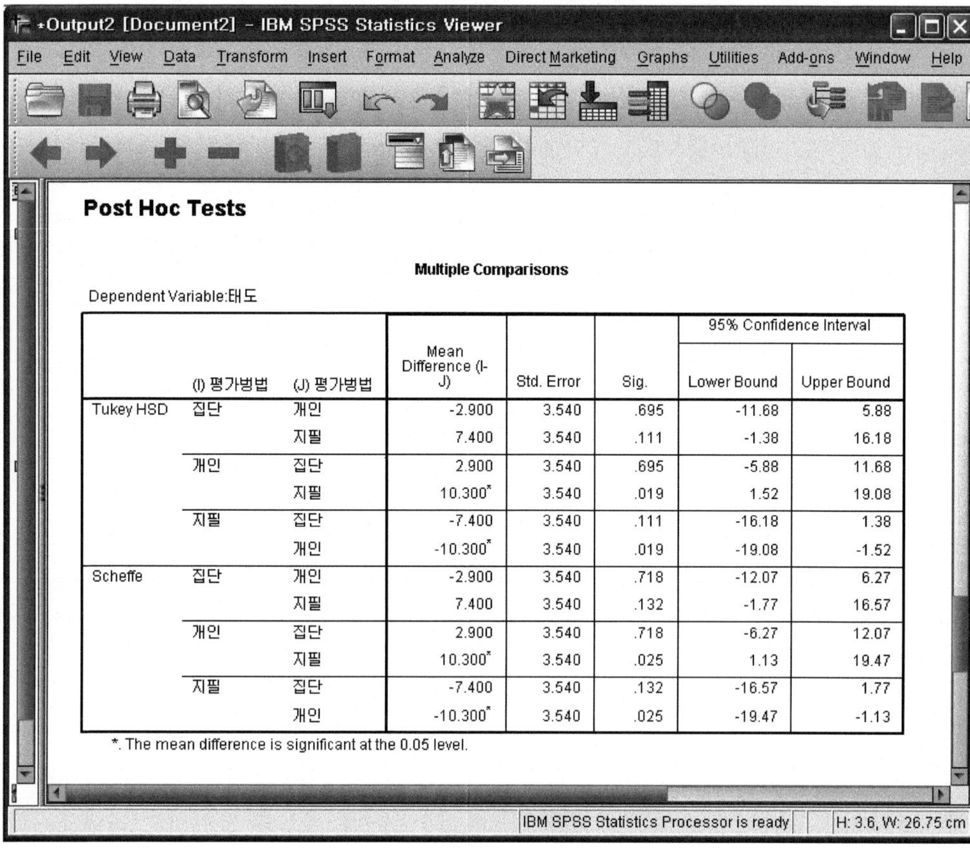

Post Hoc Tests

Multiple Comparisons

Dependent Variable:태도

	(I) 평가방법	(J) 평가방법	Mean Difference (I-J)	Std. Error	Sig.	95% Confidence Interval	
						Lower Bound	Upper Bound
Tukey HSD	집단	개인	-2.900	3.540	.695	-11.68	5.88
		지필	7.400	3.540	.111	-1.38	16.18
	개인	집단	2.900	3.540	.695	-5.88	11.68
		지필	10.300*	3.540	.019	1.52	19.08
	지필	집단	-7.400	3.540	.111	-16.18	1.38
		개인	-10.300*	3.540	.019	-19.08	-1.52
Scheffe	집단	개인	-2.900	3.540	.718	-12.07	6.27
		지필	7.400	3.540	.132	-1.77	16.57
	개인	집단	2.900	3.540	.718	-6.27	12.07
		지필	10.300*	3.540	.025	1.13	19.47
	지필	집단	-7.400	3.540	.132	-16.57	1.77
		개인	-10.300*	3.540	.025	-19.47	-1.13

*. The mean difference is significant at the 0.05 level.

〈그림 12-7〉

사전비교(계획비교)

다음의 〈그림 12-8〉은 앞 예에서 정의한 두 개의 사전비교 대비에 의한 결과를 보여 준다. 상단의 표는 앞에서 정의했던 대비계수를 보여 주고, 하단의 표는 대비검증의 결과를 보여 준다. 두 개의 다른 검증 중 일반적으로 **등분산 가정(assume equal variance)**의 결과를 이용한다. (물론 두 집단 간에 분산이 다르다는 증거가 있는 경우는 등분산 가정을 하지 않는 결과를 이용해야 할 것이다.) 먼저 대비 값은 표본에서 계산한 대비 값을 나타낸다. 대비 2의 경우 처치 1과 처치 2의 집단 평균을 비교하는 것이므로 〈그림 12-5〉에서 처치 1의 평균 49.2와 처치 2의 평균 52.1의 차이를 구하면 대비 값 −2.9를 얻을 수 있다. 앞에서 제시한 바와 같이 각 대비검증은 t검증으로 이루어지는데 일반적인 t검증과 다른 점은 t검증 통계량의 분모를 이루는 집단 내 분산의 추정치로 전반적 F검증에서 추정한 값을 이용한다는 것이다. 위 대비검증의 결과를 보면 대비 1의 경우는 관찰 유의도 p가 0.008로 유의하나 대비 2는 p가 .420으로 유의하지 않다. 따라서 포트폴리오 전체 집단과 지필검사 집단

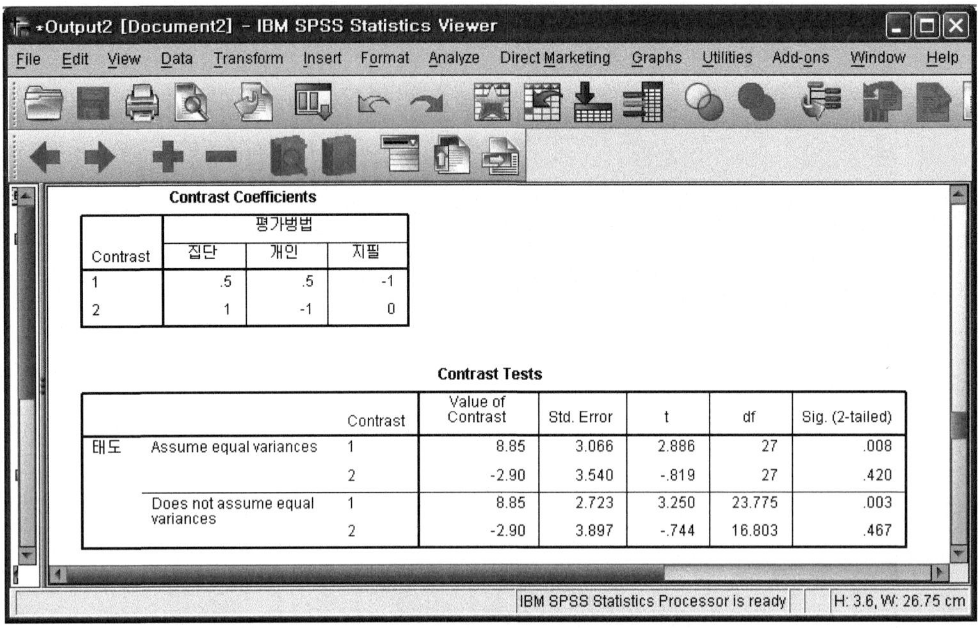

Contrast Coefficients

Contrast	평가방법		
	집단	개인	지필
1	.5	.5	-1
2	1	-1	0

Contrast Tests

		Contrast	Value of Contrast	Std. Error	t	df	Sig. (2-tailed)
태도	Assume equal variances	1	8.85	3.066	2.886	27	.008
		2	-2.90	3.540	-.819	27	.420
	Does not assume equal variances	1	8.85	2.723	3.250	23.775	.003
		2	-2.90	3.897	-.744	16.803	.467

〈그림 12-8〉

사이의 평균에 대한 계획비교는 유의한 차이가 있음을 발견했으나 집단 포트폴리오와 개인 포트폴리오 집단의 평균에 대한 계획비교에서는 유의한 차이를 발견하지 못했다는 결론을 내릴 수 있을 것이다.

대비 1의 유의성 검증을 실제 계산으로 시행해 보자.

$$t = \frac{\hat{\psi}}{\sqrt{\frac{(\Sigma a_j^2)\text{MSw}}{n}}}\text{에서}$$

$$\hat{\psi}_1 = (.5)\overline{X_1} + (.5)\overline{X_2} + (-1)\overline{X_3} = (.5)49.2 + (.5)52.1 - (1)41.8 = 8.85$$

$$\Sigma a_j^2 = (.5)^2 + (.5)^2 + (-1)^2 = 1.5,$$

〈그림 12-5〉의 **ANOVA 표**에서 MSw = 62.67, dfw = 27이고

$$\text{따라서 } t = \frac{8.85}{\sqrt{\frac{(1.5)(62.67)}{10}}} = 2.886\text{이 되고}$$

SPSS를 이용하여 자유도 27에 대한 이 t값의 양측검증 p값을 구해 보면 p = .008이 되어 〈그림 12-8〉의 결과와 동일함을 알 수 있다.

추세분석

본 예시자료의 경우 독립변수 평가방법의 하위수준인 집단 포트폴리오, 개인 포트폴리오, 지필검사는 어떤 연속선에서 순서를 가지고 있지 않으므로 추세분석은 의미가 없다. 따라서 예시자료의 집단의 순서와 의미를 바꾸어, 어떤 문제행동을 교정하기 위한 특정 상담기법의 효과를 알아보기 위해 해당 문제행동을 보이는 아동들을 무작위로 세 집단으로 나누어 한 학기 동안 첫 번째 집단은 통제(비교)집단으로 상담을 실시하지 않고(원래 자료의 지필검사 집단), 두 번째 집단은 일주일에 한 번(원래 자료의 개인 포트폴리오 집단), 세 번째 집단은 일주일에 두 번 상담을 시행한 후 학기말에 문제행동의 감소량을 조사한 자료라고 가정해 보자.

먼저 각 집단의 평균에 대한 **mean plot**인 〈그림 12-9〉를 보면 문제행동 감소량이 전체적으로 증가하는 경향(선형추세)이 있으면서 동시에 증가 후 감소하는 경향(2차 함수 추세)가 있는 것으로 보인다. 이를 확인하기 위해 추세분석을 해 보자. 추세분석은 직교대비에 해당하는 것이므로 〈그림 12-2〉에서 **Contrast**를 클릭하여 다음의 〈그림 12-10〉을 불러온다.

이 그림에서 먼저 **Polynomial**을 선택하고 집단이 3개로 최대 2차 함수 추세까지 검증할 수 있으므로 **Degree**에서 **Quadratic**(2차)을 선택해 준다. 다음의 〈그림 12-11〉은 분석결과를 보여 준다.

여기서 집단 간 SSb = 564.2와 dfb = 2는 직교대비인 선형추세 SS = 273.8, df = 1, 이

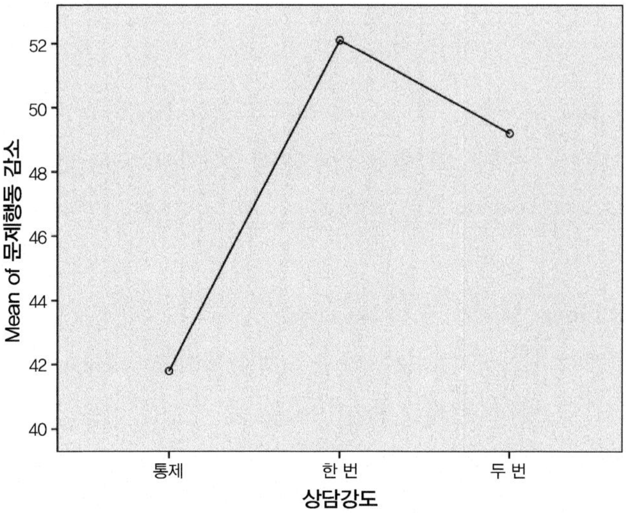

〈그림 12-9〉

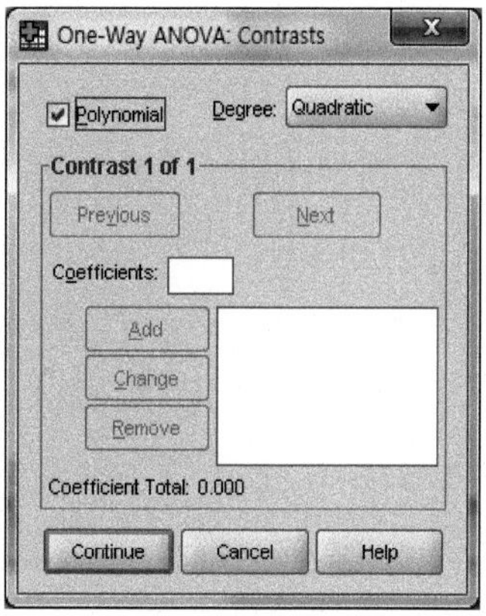

〈그림 12-10〉

문제행동감소

			Sum of Squares	df	Mean Square	F	Sig.
Between Groups	(Combined)		564.200	2	282.100	4.501	.021
	Linear Term	Contrast	273.800	1	273.800	4.369	.046
		Deviation	290.400	1	290.400	4.634	.040
	Quadratic Term	Contrast	290.400	1	290.400	4.634	.040
	Within Groups		1692.100	27	62.670		
	Total		2256.300	29			

〈그림 12-11〉

차함수 추세 SS = 290.4, df = 1로 나누어지며, 두 SS의 합 273.8 + 290.4 = 564.2로 SSb과 동일하고 두 자유도의 합도 마찬가지로 dfb = 2와 동일함을 확인할 수 있다. 각 추세의 유의성을 보면 선형의 경우 $F(1, 27) = 4.369$, $p = .046$, 2차 함수의 경우 $F(1, 27) = 4.634$, $p = .040$으로 모두 유의함을 알 수 있다. 이 추세분석의 결과의 의미는 해당 연구분야의 맥락에서 해석해야 할 것이다. 본 예시자료의 경우 상담으로 문제행동의 감소 효과가 있지만(선형추세) 상담을 너무 많이 하면 효과가 감소하는 경향(2차 함수 추세)이 있음을 암시하고 있다.

8. 효과의 크기와 검증력 분석

효과의 크기

전반적 ES

ANOVA에서 주로 사용하는 연구결과 보고를 위한 전반적 효과의 크기 지수는 η^2, partial $\eta^2(\eta_p^2)$, ω^2 등인데(제7장 참조), SPSS의 경우는 GLM에서 η_p^2를 제공한다. **G*Power3**는 검증력 계산을 위한 효과의 크기 지수 ***f***를 산출해 준다. 따라서 여기서는 SPSS의 GLM을 이용하여 ES를 산출해 보자.

메뉴에서 **Analyze → General Linear Model → Univariate**를 클릭하여 〈그림 12-12〉와 같이 GLM의 **Univariate** 모형 설정 대화상자를 불러와 종속변수인 **태도**를 **Dependent Variable** 상자로, 집단을 나타내는 독립변수 **처치**를 **Fixed Factor(s)** 상자로 이동시킨다. GLM 모형에서는 질적인 독립변수는 **Factor**, 양적인 독립변수는 **Covariate**라고 한다. 〈그림 12-12〉에서는 해당 변수들이 이동된 상태를 보여 주고 있다.

그 다음으로 **Options**를 클릭하여 〈그림 12-13〉의 **Options** 대화상자를 불러 필요한 선

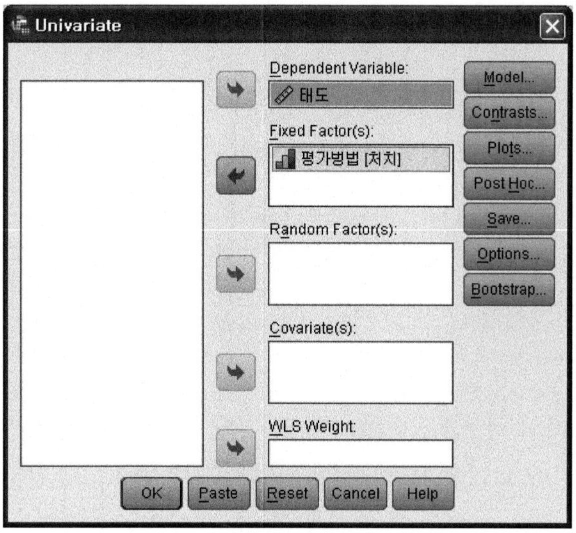

〈그림 12-12〉

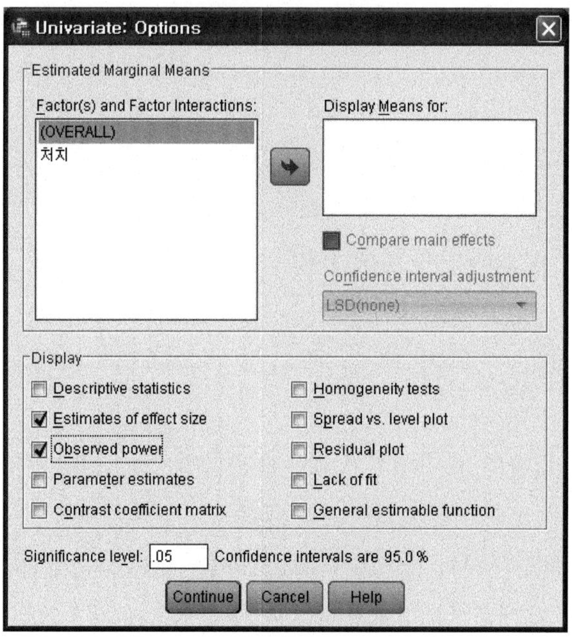

〈그림 12-13〉

택을 한다. 〈그림 12-13〉에서는 ES 추정을 위해서 **Estimates of effect size**와 관찰검증력 추정을 위해 **Observed power**가 선택되어 있다.

다음의 〈그림 12-14〉는 분석의 결과를 보여 주고 있다.

Dependent Variable:태도

Source	Type III Sum of Squares	df	Mean Square	F	Sig.	Partial Eta Squared	Noncent. Parameter	Observed Power[b]
Corrected Model	564.200[a]	2	282.100	4.501	.021	.250	9.003	.720
Intercept	68258.700	1	68258.700	1089.170	.000	.976	1089.170	1.000
처치	564.200	2	282.100	4.501	.021	.250	9.003	.720
Error	1692.100	27	62.670					
Total	70515.000	30						
Corrected Total	2256.300	29						

a. R Squared = .250 (Adjusted R Squared = .195)
b. Computed using alpha = .05

〈그림 12-14〉

이 결과에서 처치 즉 평가방법의 효과의 크기 η_p^2는 .25로 Cohen의 대효과 기준 .14보다 훨씬 크므로 아주 큰 효과라고 할 수 있다. 일원분산분석의 경우는 독립변수가 하나로 고려해야 할 다른 독립변수가 없어 η_p^2와 $\eta^2(R^2)$ 값은 동일하다.

〈그림 12-5〉나 〈그림 12-14〉의 통계자료를 이용하여 직접 계산하는 경우,

$$\eta^2 = \frac{SS_{effect}}{SS_{total}} = 564.2/2256.3 = .25;\ \ \eta_p^2 = \frac{SS_{effect}}{(SS_{effect} + SS_{error})} = 564.2/(564.2 + 1692.1) = .25$$

로 동일한 값을 얻을 수 있다.

d(RMSSE)의 경우는 〈그림 12-5〉에서 $\overline{X_1} = 49.2$, $\overline{X_2} = 52.1$, $\overline{X_3} = 41.8$, $\bar{X} = 47.7$, $J = 3$, MSw = 62.67이고 $\Sigma(\overline{X_j} - \bar{X})^2 = (49.2 - 47.7)^2 + (52.1 - 47.7)^2 + (41.8 - 47.7)^2 = 56.42$이므로 ES는 다음과 같이 계산된다.

$$d = \sqrt{\left(\frac{1}{J-1}\right)\left(\frac{\Sigma(\overline{X_j} - \bar{X})^2}{MSw}\right)} = \sqrt{\frac{1}{3-1}\left(\frac{56.42}{62.67}\right)} = 1.34$$

위의 결과는 각 집단의 평균이 전체 평균과 평균적으로 표준편차의 1.34배 차이가 나고 있어 매우 큰 차이(효과의 크기)임을 보여 준다.

그런데 앞에서 언급한 바와 같이 **G*Power3**에서는 위의 식에서 $(J - 1)$ 대신 J를 사용하므로 이 값을 대입하면 $d = 0.5478$이 된다. 이를 **G*Power3**를 사용하여 확인해 보자.

G*Power3의 화면 〈그림 12-15〉에서 **Test family**로 **F tests**를, **Statistical test**로 **ANOVA: Fixed effects, omnibus, one-way**를 선택한 후 효과의 크기를 산출하기 위한 **Determine**을 클릭하면 〈그림 12-16〉이 나타난다. 필요한 정보를 입력하고 **Calculate**를 클릭하면 효과의 크기 $f = 0.5478$을 얻어 앞에서 계산한 식과 동일한 값을 얻는다. 〈그림 12-16〉에서 **SD σ within each group**은 각 집단 내의 표준편차를 의미하므로 각 집단의 분산추정치 MSw =

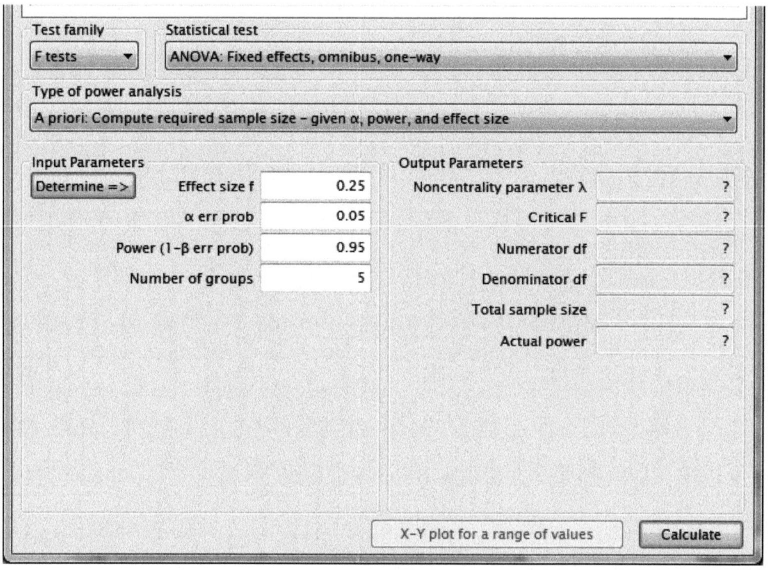

〈그림 12-15〉

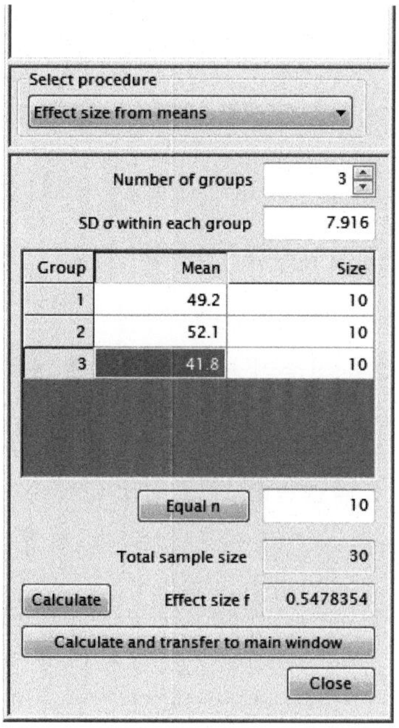

〈그림 12-16〉

62.67에서 $\hat{\sigma}\sqrt{\text{MSw}} = \sqrt{62.67} = 7.916$값을 입력하였다. (본 저자의 의견으로는 일종의 효과의 크기 평균을 구하는 것이므로 $(J-1)$ 대신 J값을 사용하는 것이 더 타당하다고 생각된다.)

중다비교 ES

먼저 사후비교에서 유의한 차이가 나타난 개인 포트폴리오 집단 평균 $\overline{X_2}$와 지필검사 집단 평균 $\overline{X_3}$ 차이의 ES인 d를 구해 보자. $\overline{X_2} - \overline{X_3}$ =10.3이므로 분자의 S로 $\sqrt{\text{MSw}}$를 사용하는 경우 $d = 10.3/\sqrt{62.67} = 10.3/7.92 = 1.30$, 지필검사 집단을 통제집단으로 간주하여 $S_{\text{control}} = 6.015$를 사용하는 경우는 $d = 10.3/6.015 = 1.71$이 된다. 만약 두 집단 분산의 평균을 사용하는 경우 $S_p^2 = (7.460^2 + 6.015^2)/2 = 45.92$, $S_p = 6.78$로 $d = 10.3/6.78 = 1.52$가 된다. 두 집단의 평균차이는 표준편차의 1.3배에서 1.71배 차이로 매우 큰 효과의 크기를 보여 준다고 할 수 있다.

다음으로 사전대비의 ES를 구해 보자. 두 대비 중 대비 1만 통계적으로 유의하였으므로 이 대비의 ES를 구해 보자. 〈그림 12-8〉에서 $\hat{\psi}_1 = 8.85$이므로 위의 짝 비교와 마찬가지로 $\sqrt{\text{MSw}}$를 S로 사용하는 경우 $d = 8.85/7.92 = 1.12$, 지필검사 집단을 S_{control}로 사용하는 경우 $d = 8.85/6.015 = 1.47$로 두 경우 모두 매우 큰 ES를 보여 준다. 대비1의 경우 세 집단이 모두 대비에 포함되어 $S_p = \sqrt{\text{MSw}}$가 되므로 S_p 값을 사용한 d는 $\sqrt{\text{MSw}}$ 의 경우와 동일하다.

검증력 분석

본 예시자료의 경우, 관찰된 효과의 크기가 매우 컸기 때문에 〈그림 12-14〉에서 산출된 바와 같이 관찰 검증력이 .72로 상당히 높은 수준이었다. 그런데 만약 연구자가 연구설계를 하기 전에 중간 크기의 ES를 예상하고, 검증력이 .8 정도 되기 위해서는 어느 정도의 표본이 필요한지 **G*Power3**로 사전 검증력 분석을 시행했다면 〈그림 12-17〉의 결과에서와 같이 총 159명, 집단별 53명의 표본이 필요하다는 결론을 얻었을 것이다.

만약 연구자가 처음부터 각 집단별로 10명 정도 총 30명의 연구대상자만 선정 가능했다고 했을 때, 중간 크기의 ES를 검출해 낼 검증력 즉 사후 검증력은 **G*Power3**의 결과인 〈그림 12-18〉에서와 같이 .195 정도에 불과했음을 알 수 있다.

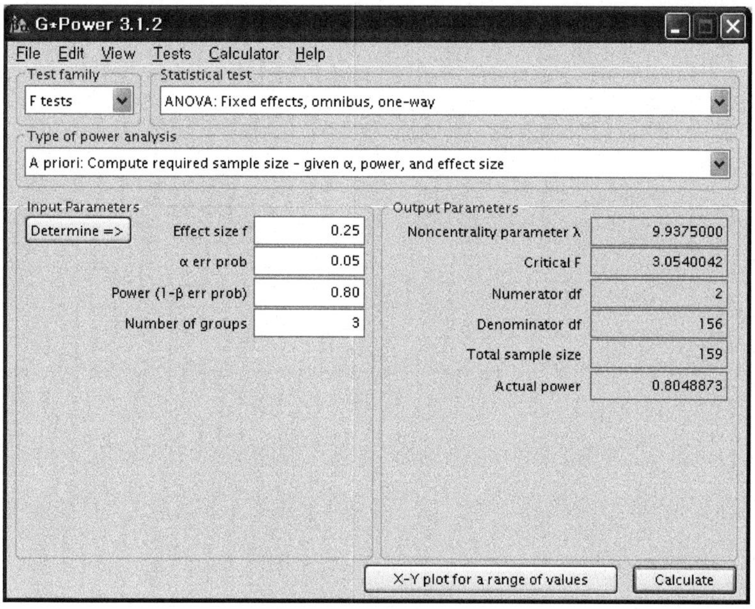

〈그림 12-17〉

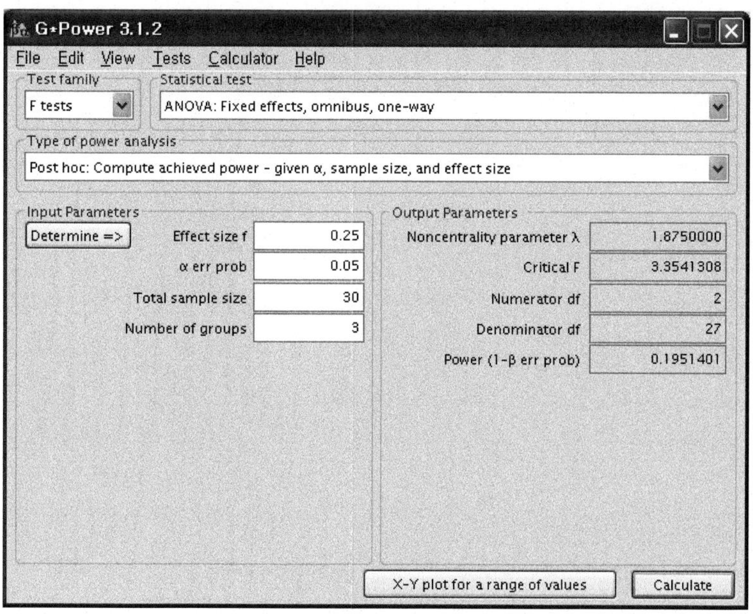

〈그림 12-18〉

9. 분석결과의 기술

세 집단의 사회과목 태도의 평균과 표준편차는 다음의 〈표 12-4〉와 같았다.

〈표 12-4〉

구분	집단 포트폴리오	개인 포트폴리오	지필검사
평균(M)	49.2	52.1	41.8
표준편차(SD)	9.81	7.46	6.01

다음의 분산분석표에서 알 수 있는 바와 같이 포트폴리오 평가의 형태에 따른 집단 간 평균에는 통계적으로 유의한 차이가 있었다: $F(2, 27) = 4.501, p < 0.05$ (또는 $p = .021$). 전체 모형의 효과의 크기 $\eta^2 = .25$로 매우 큰 실제적 유의성을 보여 주었다.

〈표 12-5〉 태도에 대한 분산분석 결과

분산원	제곱합(SS)	자유도(df)	평균제곱(MS)	F	p	ES(η^2)
집단 간	564.2	2	282.1	4.501	.021	.25
집단 내	1692.1	27	62.67			
전체	2256.3	29				

구체적으로 어느 집단 간에 유의한 차이가 있는지를 알아보기 위하여 Tukey 방법에 의한 사후검증을 실시한 결과 개인 포트폴리오 집단과 지필검사 집단 사이에 유의한 차이가 나타났다($p < 0.05$). 지필검사 집단을 통제집단으로 간주하여 두 집단 간 평균차이에 대한 ES인 Cohen의 d는 1.71로 이 또한 매우 큰 차이를 나타내었다. (또는 다음 형식의 표를 제시하고 설명할 수도 있을 것이다.)

〈표 12-6〉 사후검증(Tukey)의 결과

구분	개인 포트폴리오	지필검사
집단 포트폴리오	−2.9(.695)	7.4(.111)
개인 포트폴리오		10.3(.019 1.71)

평균차이(p값과 ES(d))

실습 문제

어느 대학의 교수는 수업 방법의 효과를 알아보기 위하여 학생 27명을 무작위로 세 집단으로 나누어 한 집단은 순수 강의 위주 방법으로, 또 한 집단은 CAI 위주 방법으로, 그리고 나머지 집단은 강의와 CAI를 혼합한 방법으로 한 학기 수업 후 성취를 측정한 결과 다음과 같은 자료를 얻었다.

강의 집단	CAI 집단	강의 + CAI 집단
92	81	86
86	80	93
87	72	97
76	82	81
80	83	94
87	89	89
92	76	98
83	88	90
84	83	91

1) 이 연구의 연구문제를 기술해 보시오.
2) 이 연구의 독립변수는? 그리고 하위수준은?
3) 이 연구의 종속변수는?
4) 이 연구의 설계를 기호로 표시하고 그 설계이름을 기술하시오.
5) 이 연구는 어떤 성격의 변수 간의 관계를 탐구하고 있는가? (즉 양적, 질적 변수 등)
6) 이 연구는 실험연구인가, 상관연구인가?
7) SPSS를 이용하여 각 집단의 평균과 표준편차를 구하시오.
8) SPSS를 이용하여 집단 간에 평균의 차이가 있는지를 검증하시오.
9) ES를 구하고 해석하시오.
10) 앞 교재의 경우와 같이 사전, 사후, 추후 검증력 분석을 실시하시오.
11) 사후검증을 실시하여 평균차이가 있는 집단 쌍을 확인하시오.
12) 분석결과를 기술하시오.

13장 이원분산분석

앞 장에서 다룬 일원분산분석(one-way ANOVA)은 집단을 나누는 질적인 독립변수가 하나인 경우로, 이 단일 독립변수에 따른 종속변수의 차이, 즉 단일 독립변수의 각 수준에 대응하는 집단에 따라 종속변수의 평균에 차이가 있는지를 검증하였다. 예를 들어, 초등학교 학생들에게 곱셈 계산의 연습형태(집중 연습, 일정기간 연습, 단순 복습)가 학생들이 얼마나 곱셈을 빨리 하는지의 속도에 미치는 영향을 연구하기 위해 연구대상자 48명을 16명씩 세 집단으로 무작위로 나누어 실험했다고 하자.

예: 일원분산분석의 경우

연습형태(집중 연습, 일정기간 연습, 단순 복습) → 곱셈속도

질적(범주형) 변수 (집단) → 양적 변수 (평균)

〈표 13-1〉 일원분산분석

집중 연습	일정기간 연습	단순 복습
18명	18명	18명
$\overline{X_1}$	$\overline{X_2}$	$\overline{X_3}$

이 경우 우리의 관심사는 위 세 집단의 평균 $\overline{X_1}$, $\overline{X_2}$, $\overline{X_3}$ 사이에 유의한 차이가 있는가 하는 것이고 이를 일원분산분석으로 분석한다.

그런데 연구자가 연습을 할 때 보상유무에 따라 곱셈속도에 영향을 주는지 알아보기 위해 보상유무(유, 무)도 연구에 포함하여 두 개의 범주형 독립변수로 모형을 설정한 경우, 이 두 독립변수의 수준에 따른 집단 간에 종속변수의 평균에 차이가 있는지를 검증하는 것이 이원분산분석이다. 예를 들어, 위의 일원분산분석 경우에서 각 연습형태 집단을 다시 보상유무로 두 집단으로 나눠 초등학교 학생들에게 곱셈 계산의 연습형태(집중 연습, 일정기간 연습, 단순 복습)와 보상유무(유, 무)가 학생들이 얼마나 곱셈을 빨리 하는지의 속도에 미치는 영향을 연구하기 위해 연구대상자 48명을 무작위로 총 여섯 집단에 배분하여 실험했다고 하자.

예: 이원분산분석의 경우

연습형태(집중 연습, 일정기간 연습, 단순 복습), 보상유무(유, 무) → 곱셈속도

범주형 변수, 범주형 변수 (집단) → 양적 변수 (평균)

〈표 13-2〉 이원분산분석

A변수 / B변수	집중 연습	일정기간 연습	단순 복습	보상유무 평균
보상	$\overline{X_{11}}$ (8명)	$\overline{X_{21}}$ (8명)	$\overline{X_{31}}$ (8명)	$\overline{X_{\cdot 1}}$ (24명)
무보상	$\overline{X_{12}}$ (8명)	$\overline{X_{22}}$ (8명)	$\overline{X_{32}}$ (8명)	$\overline{X_{\cdot 2}}$ (24명)
연습형태 평균	$\overline{X_{1\cdot}}$ (16명)	$\overline{X_{2\cdot}}$ (16명)	$\overline{X_{3\cdot}}$ (16명)	$\overline{X}$ (48명)

이 경우 집단을 나누는 변수는 연습형태(A변수)와 보상유무(B변수) 두 개가 되고 이 두 개의 독립변수가 종속변수인 곱셈속도에 미치는 영향을 알아보기 위하여 이들 집단 간에 곱셈속도의 평균에 차이가 있는지를 이원분산분석으로 검증하는 것이다. 이를 연구설계에서는 3 × 2 요인설계(factorial design)라고 한다.

그런데 각 독립변수별로 일원분산분석을 시행하지 않고 이원분산분석을 하는 것은 일원분산분석에 비해서 여러 가지 이점이 있기 때문이다. 먼저 이원분산분석에서는 각 독립변수의 주효과(main effect)뿐만 아니라 두 독립변수 사이의 상호작용 효과(interaction effect)도 알 수 있다. 위 예에서 연습형태에 따라 집단 간 곱셈속도 평균에 차이가 있는지

(즉 $\overline{X_{1}.}$, $\overline{X_{2}.}$, $\overline{X_{3}.}$ 사이에 유의한 차이가 있는가?)가 독립변수 연습형태의 주효과이고, 보상유무에 따라 집단 간 곱셈속도 평균에 차이가 있는지(즉 $\overline{X_{.1}}$, $\overline{X_{.2}}$ 사이에 유의한 차이가 있는가?)가 독립변수 보상유무의 주효과를 나타낸다. 상호작용 효과는 한 독립변수의 효과가 다른 독립변수의 수준에 따라 달라지는 것을 말한다. 위에서 보상유무에 따라 연습형태가 곱셈속도에 미치는 효과가 달라지면 우리는 두 독립변수 보상유무와 연습형태 사이에 상호작용 효과가 있다고 말하는 것이다. 예를 들면, 보상을 제공하는 경우에는 집중 연습 방법이 가장 효과적인 반면 무보상의 경우에는 단순 복습이 가장 효과적이었다면 두 변수 사이에 상호작용이 있는 것이다.

두 번째 이점은 두 개의 독립변수로 전체 분산을 설명하게 되므로 오차분산이 줄어들 가능성이 있어 처치의 효과를 검증하는 통계 검증의 검증력(power)이 증가할 수도 있다는 점이다. 예를 들면, 독립변수 연습형태만 가지고 일원분산분석을 했다면 오차 항에 포함되었을 분산이 보상유무를 모형에 포함시켜 이원분산분석을 하게 되면 보상유무에 의해 설명되는 부분과 연습형태와 보상유무의 상호작용에 의해 설명되는 부분이 오차분산에서 제외되므로 F검증의 오차분산이 축소되는 결과를 가져오게 되어 검증력이 증가할 수도 있는 것이다.

독립변수 수가 3개, 4개 등으로 증가하면 삼원분산분석, 사원분산분석 등이 되며, 이원분산분석의 논리 및 분석방법을 확장하여 적용하면 되지만 해석이 복잡해진다.

1. 이원분산분석에서의 가설검증

여기서는 논의의 간편성을 위하여 한 독립변수(A)는 3개의 하위수준, 다른 독립변수(B)는 2개의 하위수준을 가지고 있어 총 6개의 모집단을 가정하였다. 이원분산분석의 경우 A의 주효과, B의 주효과, 그리고 A × B의 상호작용 효과에 대한 3개의 가설이 설정되며, 가정은 일원분산분석과 동일하다.

통계적 가설

H_o: A의 주효과가 없다. ($\mu_{1.} = \mu_{2.} = \mu_{3.}$)
H_a: A의 주효과가 있다. (적어도 한 쌍은 서로 다르다)

H_o: B의 주효과가 없다. ($\mu_{.1} = \mu_{.2}$)
H_a: B의 주효과가 있다. ($\mu_{.1} \neq \mu_{.2}$)

H_o: A × B 상호작용 효과가 없다.

H_a: A × B 상호작용 효과가 있다.

가정

모든 모집단은 정규분포를 한다. (정규성 가정)

모든 모집단의 분산은 동일하다. (등분산성 가정)

모든 모집단은 서로 독립적이다. (독립성 가정)

검증통계량

A의 주효과

$SSA = \Sigma nK(\overline{X_{j.}} - \overline{X})^2$

$dfA = J - 1$

$MSA = SSA/dfA$

$F = MSA/MSw \sim F_{J-1, N-JK}$

B의 주효과

$SSB = \Sigma nJ(\overline{X_{.k}} - \overline{X})^2$

$dfB = K - 1$

$MSB = SSB/dfB$

$F = MSB/MSw \sim F_{K-1, N-JK}$

A × B 상호작용 효과

$SSAB = \Sigma\Sigma n(\overline{X_{jk}} - \overline{X_{j.}} - \overline{X_{.k}} + \overline{X})^2$

$dfAB = (J-1)(K-1)$

$MSAB = SSAB/dfAB$

$F = MSAB/MSw \sim F_{(J-1)(K-1), N-JK}$

집단 내

$SSw = \Sigma\Sigma\Sigma(\overline{X_{ijk}} - \overline{X_{jk}})^2$

$dfw = N - JK$

$MSw = SSw/dfw$

여기서: X_{ijk}: A변수의 j번째, B변수의 k번째 집단의 i번째 개체의 점수

$\overline{X_{jk}}$: A변수의 j번째, B변수의 k번째 집단의 평균

$\overline{X_{j.}}$: A변수의 j번째 전체 집단의 평균

$\overline{X_{.k}}$: B변수의 k번째 전체 집단의 평균

$\overline{X}$: 전체의 평균

J: A변수의 하위수준(집단) 수

K: B변수의 하위수준(집단) 수

n: 각 집단의 개체 수

N: 전체 집단의 개체 수($N = nJK$)

2. 이원분산분석 모형의 의미

이원분산분석 모형은 다음 식으로 표현할 수 있다.

$$X_{ijk} - \mu_T = A_j + B_k + AB_{jk} + e_{ijk} \tag{1}$$

이 식에서는 A변수의 j집단, 그리고 B변수의 k집단에 속한 i번째 개체의 점수와 전체 평균과의 차이를 4개의 요소로 나누고 있다. 첫 번째는 이 학생이 A변수의 j집단의 처치 효과에 의한 요소, 두 번째는 B변수의 k집단의 처치 효과, 세 번째는 A와 B의 상호작용 효과, 그리고 네 번째는 처치로는 설명이 안 되는 오차요소이다. 이 요소들은 실제 자료에서는 다음과 같이 추정한다.

$$X_{ijk} - \overline{X} = (\overline{X_{j\cdot}} - \overline{X}) + (\overline{X_{\cdot k}} - \overline{X}) + (\overline{X_{jk}} - \overline{X_{j\cdot}} - \overline{X_{\cdot k}} + \overline{X}) + (X_{ijk} - \overline{X_{jk}}) \tag{2}$$

오른쪽 변의 괄호를 풀어 보면 양변이 동일해 항등식이 된다. 각 집단의 개체 수가 n으로 동일한 경우, 위 식의 양변을 제곱해서 모든 개체 값을 합하면 다음의 식을 얻는다.

$$\begin{aligned}\Sigma\Sigma\Sigma(X_{ijk} - \overline{X})^2 &= \Sigma nK(\overline{X_{j\cdot}} - \overline{X})^2 + \Sigma nJ(\overline{X_{\cdot k}} - \overline{X})^2 \\ &\quad + \Sigma\Sigma n(\overline{X_{jk}} - \overline{X_{j\cdot}} - \overline{X_{\cdot k}} + \overline{X})^2 + \Sigma\Sigma\Sigma(X_{ijk} - \overline{X_{jk}})^2\end{aligned} \tag{3}$$

SS: SSt = SSA + SSB + SSAB + SSw

df: dft = dfA + dfB + dfAB + dfw

$$N - 1 = (J - 1) + (K - 1) + (J - 1)(K - 1) + (N - JK)$$

위 식에서 좌변은 SSt와 자유도 dft, 우변의 첫 번째 항은 SSA와 dfA, 두 번째 항은 SSB와 dfB, 세 번째는 SSAB와 dfAB, 그리고 마지막이 SSw와 dfw에 해당된다.

이원분산분석의 분산분석표는 〈표 13-3〉과 같이 정리할 수 있다.

〈표 13-3〉 이원분산분석표

분산원	제곱합(SS)	자유도(df)	평균제곱(MS)	F	p
A	SSA	dfA	MSA	MSA/MSw	p_a
B	SSB	dfB	MSB	MSB/MSw	p_b
A × B	SSAB	dfAB	MSAB	MSAB/MSw	p_{ab}
집단 내	SSw	dfw	MSw		
전체	SSt	dft			

위 표에서 p_a는 A변수의 주효과, p_b는 B변수의 주효과, 그리고 p_{ab}는 A와 B의 상호작용 효과의 p값을 나타낸다.

그런데 식 (2)의 우변 항에서 집단 내 부분을 제외한 A, B, A와 B 상호작용 부분에 해당되는 항의 괄호를 풀어 정리하면 다음과 같은 식이 된다.

$$X_{ijk} - \overline{X} = (\overline{X_{jk}} - \overline{X}) + (X_{ijk} - \overline{X_{jk}}) \tag{4}$$

식 (4) 우변의 첫 번째 항은 각 집단 평균과 전체 평균과의 차이, 두 번째 항은 각 개체의 점수와 해당 집단의 평균과의 차이를 나타내므로 이는 앞 장의 일원분산분석에서 집단 간과 집단 내 요소의 경우와 개념적으로 완전히 동일한 것이다. 따라서 이원분산분석은 A와 B 구별 없는 $J \times K$개 집단에 대한 일원분산분석의 집단 간 요소를 다시 A, B, A × B의 요소로 나누어 분석하는 것이라고 할 수 있다.

3. 상호작용 효과(interaction effect)의 성격

앞에서 논의한 바와 같이 한 독립변수의 종속변수에 대한 효과가 다른 독립변수의 하위수준에 따라 달라질 때 두 독립변수 간에 상호작용이 있다고 한다. 먼저 상호작용이 없는 경우의 예를 보자. 앞에서 든 연습방법과 보상유무가 계산속도에 미치는 영향의 실험에서 각 집단의 평균이 〈표 13-4〉와 같았다고 하자. 〈그림 13-1〉은 이를 그래프로 나타낸 평균도표이다.

예: 상호작용이 없는 경우

〈표 13-4〉 각 집단별 계산속도 평균

연습형태 / 보상유무	집중 연습	일정 기간	단순 복습	보상유무 평균
유	30	55	50	45
무	50	75	70	65
연습형태 평균	40	65	60	55

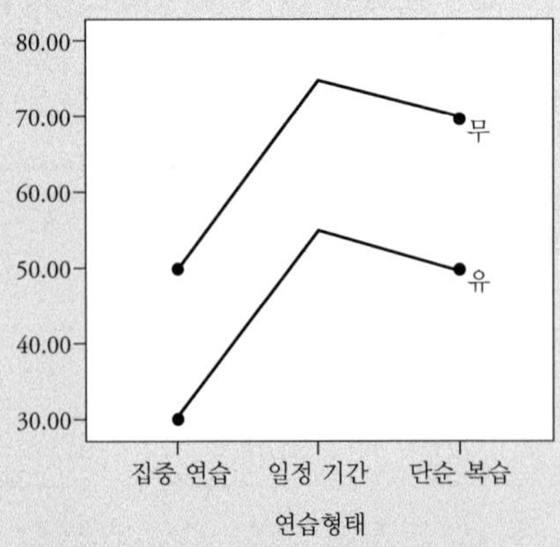

〈그림 13-1〉 상호작용이 없는 경우

상호작용이 없는 경우 보상유무에 관계없이 일정기간 연습집단은 집중 연습집단보다 25, 단순 복습집단보다 5, 그리고 단순 복습집단은 집중 연습집단보다 20이 높다. 마찬가지로 연습형태와 상관없이 모든 연습형태 집단에서 무 집단이 유 집단보다 20이 높다. 즉 한 독립변수의 종속변수에 대한 효과는 다른 독립변수의 하위수준과 관계가 없다. 이런 경우 위 오른쪽의 평균도표에서와 같이 모든 선들은 서로 평행을 이룬다.

다음으로 상호작용이 있는 예를 들어 보자.

예: 상호작용이 있는 경우

〈표 13-5〉 각 집단별 계산속도 평균

보상유무 \ 연습형태	집중 연습	일정 기간	단순 복습	보상유무 평균
유	30	15	30	25
무	50	75	70	65
연습형태 평균	40	45	50	45

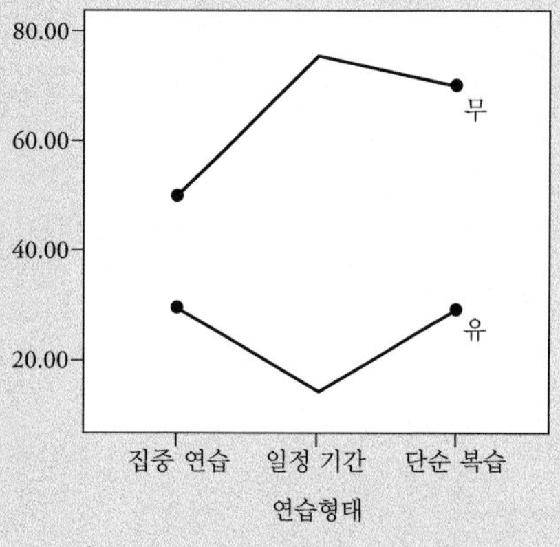

〈그림 13-2〉 상호작용이 있는 경우

상호작용이 있는 경우 보상유무에 따라 연습형태의 효과가 달라진다. 보상을 주는 경우 일정기간 연습형태가 평균이 가장 낮지만 안 주는 경우에는 가장 높다. 마찬가지로 연습형태에 따라서 보상유무의 효과가 달라진다. 보상유무에 의한 차이는 일정기간 연습에서 가장 높고 다음이 단순 복습, 그리고 집중 연습에서 가장 작다. 이런 경우 〈그림 13-2〉의 그래프와 같이 일부 또는 모든 직선이 비평행을 이룬다. 이런 경우 연습형태와 보상유무 사이에 상호작용 효과가 있다고 말한다.

연구설계 시 연구자는 주 관심사가 되는 독립변수(앞 예의 경우 연습형태) 외에 다른 독립변수(여기서 보상유무)를 찾아 모형에 포함시키면 보다 의미 있는 결과를 얻어 논의가 풍부해지는 경우가 많다. 이 경우 후자의 변수를 조절변수(moderator variable)라 하며 연구대상자의 배경변수(성별, 성격, 지능 수준 등) 등이 많이 이용된다.

4. 분석 순서 및 결과 해석

이원분산분석은 〈표 13-3〉과 같은 결과를 산출한 후, 상호작용 효과의 유의성(〈표 13-3〉에서 p_{ab})부터 검증한다. 상호작용 효과의 유의성 여부에 따라 후속분석은 두 방향으로 나누어진다. 먼저 상호작용이 유의하지 않으면 독립변수들은 서로에게 영향을 미치지 않으므로 각 독립변수의 주효과(〈표 13-3〉에서 p_a와 p_b)를 검증한다. 유의한 주효과에 대해서는 일원분산분석의 경우처럼 사후검증을 실시한다.

상호작용 효과가 유의한 경우, 상호작용의 성격을 검토하여 주효과, 단순주효과(simple main effect) 등의 분석을 실시하며 경우에 따라서는 주효과 분석이 의미 없어 단순주효과만 분석하기도 한다. 단순주효과는 한 독립변수의 수준을 고정했을 때 다른 독립변수에 의한 집단 간 차이를 말한다. 앞 예의 〈그림 13-2〉에서 유 보상 집단에서 세 가지 연습방법의 효과에 차이가 있는지, 그리고 무 보상 집단에서 세 가지 연습방법의 효과에 차이가 있는지가 연습방법의 단순주효과를 검증하는 것이다. 반면 집중 연습에서 유무의 차이, 일정 기간에서 유무의 차이, 그리고 단순 복습에서 유무의 차이를 검증하는 것이 보상유무의 단순주효과를 검증하는 것이다. 단순주효과는 다음 장에서 따로 논의한다.

5. 중다비교검증

이원분산분석에서 처음 설정한 가설들은 어느 특정 쌍에 대한 비교가 아니라 전체적으로 적어도 어느 한 쌍에 유의한 차이가 있는지를 검증하는 전반적 F검증에 해당되는 가설들이다. 일원분산분석의 경우와 마찬가지로 연구자가 미리 특정 집단 간 또는 집단들 간의 차이에 대한 가설을 세울 수 있는 경우는 전반적 F검증 대신 사전비교를 실시하는 것이 바람직하다. 사후검증은 각 주효과의 전반적 F검증에서 유의한 결과가 나왔을 때, 각 주효과의 하위수준 집단에서 어느 집단 또는 어느 집단들과 집단들 사이에 차이가 있는지를 알아보기 위해 실시하며 일원분산분석과 마찬가지로 Tukey, Scheffe 등을 이용한다. SPSS에서 이원분산분석은 GLM을 이용하는데 GLM에서 사전비교는 SPSS에서 미리 설정해 둔 대비 중 하나를 선택해야 하므로 (본 교재 제16장 공분산분석의 〈표 16-2〉 참조) 경우에 따라서는 불편하다. 이 경우 일원분산분석과 마찬가지로 다음의 t검증을 이용하여 각 주효과에 대한 대비의 유의성을 검증할 수 있다.

$$t = \frac{\hat{\psi}}{\sqrt{\frac{(\Sigma a_j^2)\text{MSw}}{n}}} \sim t_{\text{dfw}}$$

여기서 MSw, dfw는 전체모형, 즉 이원분산분석에서의 값이다.

6. 효과의 크기

일원분산분석의 경우와 마찬가지로 모형 전체의 통계적 유의성을 위한 A, B 주효과와 AB 상호작용 효과의 F검증에 대응하는 ES로는 R−family를, 그리고 특정 집단 간 평균비교(중다비교)에 대해서는 d−family의 ES가 적절하다.

모형 전체의 전반적 효과의 크기

모형의 전반적 ES로는 전체 변량(SSt) 중에서 모형의 각 효과가 설명한 변량이 차지하는 비율 $\eta^2(R^2)$이 가장 널리 사용된다. 우선 모형 전체의 ES는 전체 SSt에서 모형이 설명한 전체 부분, 즉 SSA, SSB, SSAB의 합이 차지하는 비율이 된다.

$$\eta^2 = \frac{\text{SSA} + \text{SSB} + \text{SSAB}}{\text{SSt}} = \frac{\text{SSt} - \text{SSw}}{\text{SSt}}$$

그리고 각 독립변수의 주효과와 상호작용 효과의 ES는 각 독립변수가 기여한 SS에 해당되는 η^2로 다음의 두 가지로 나타낸다.

$$\eta^2(\text{A}) = \text{SSA/SSt} \qquad \eta^2(\text{B}) = \text{SSB/SSt} \qquad \eta^2(\text{AB}) = \text{SSAB/SSt}$$

$$\eta_p^2(\text{A}) = \text{SSA/(SSA + SSw)} \quad \eta_p^2(\text{B}) = \text{SSB/(SSB + SSw)} \quad \eta_p^2(\text{AB}) = \text{SSAB/(SSAB + SSw)}$$

위에서 η_p^2는 partial(부분)η^2로 불리며 SPSS의 GLM에서 효과의 크기 선택사항으로 출력할 수 있고 전자보다 더 널리 사용되는 경향이 있다. 중다회귀에서 전자는 준부분상관계수의 제곱, 후자는 부분상관계수의 제곱과 유사한 개념이다.

그런데 η^2와 η_p^2는 모집단의 값을 과대 추정하는 경향이 있어 불편추정량이 아니다. 추정의 편의(bias)를 축소하는 ES 지수로 ω^2이나 ω_p^2 등을 사용할 수 있다.

특정 집단 간 비교(중다비교)에서의 효과의 크기

각 독립변수(요인)별 주효과에 대한 중다비교의 효과의 크기는 일원분산분석의 경우와 마찬가지로 d−family로 분석한다. 짝 비교 역시 대비로 나타낼 수 있으므로 d는 일원분산분석의 경우와 동일하게 다음과 같이 나타낼 수 있다.

$$d = \frac{\psi}{S}$$

일원분산분석의 경우 오차의 표준편차 S값으로 $\sqrt{\text{MSw}}$, S_p, S_{control} 등을 사용하였다. 그런데 앞에서 본 바와 같이 ψ의 유의성 t검증에서 MSw는 전체모형인 이원분산분석 결과를 사용하지만 이원분산분석에서 주효과 중다비교에 대한 효과의 크기 d 산출 시 S의 값은 해당 독립변수로 일원분산분석을 했을 때의 $\sqrt{\text{MSw}}$값을 사용한다. 한 독립변수의 집단 간 실제적 차이의 양상을 다른 독립변수와 관계없이 ES로 나타내고자 하므로 이원분산분석에서의 $\sqrt{\text{MSw}}$에는 다른 독립변수의 주효과와 상호작용 효과가 제외되어 있어 적절하지 않다. 이 점에 대해서는 다른 의견도 있는데 Cohen(2013)(ES의 Cohen과는 다른 사람)은 이원분산분석의 $\sqrt{\text{MSw}}$를, Howell(2013)은 독립변수의 성격에 따라 일원분산분석 또는 이원분산분석의 $\sqrt{\text{MSw}}$를 선택적으로 사용해야 한다고 주장하고 있다.

7. 불균형설계(unbalanced design)

지금까지 우리는 다음의 예시자료처럼 모든 집단의 표본 크기(개체 수)가 동일한 경우에 한해서 논의를 진행해 왔는데 이런 경우를 균형설계(balanced design)라고 하며 개체 수가 동일한 비율인 경우도 이 설계에 속한다. 그런데 비율이 동일하지 않게 개체 수가 다른 경우를 불균형설계라고 한다. 균형설계의 경우에는 요인 A, 요인 B, 그리고 상호작용 A × B가 서로 독립이기 때문에 전체 분산을 각 효과 부분으로 독립적으로 나눌 수 있어 SSt = SSA + SSB + SSAB + SSw가 되고 각 주효과와 상호작용 효과에 대한 각각의 F검증이 서로 독립적이 되어 해석이 용이하다. 그런데 불균형설계의 경우에는 각 요인이 독립적이 아니기 때문에 SSt ≠ SSA + SSB + SSAB + SSw가 되고 각 요인에 의해 설명되는 부분이 서로 겹쳐 각 요인의 효과를 검증하는 데 여러 문제가 발생한다. 이 경우 가장 널리 사용되는 전략은 겹치는 부분은 제외하고 각 요인이 독자적으로 설명하는 부분만 해당 요인의 SS로 간주하는 것으로 이를 TYPE III SS라고 하며 SPSS의 GLM에서는 이것이 기본선택 사항

(default)이다. 연구자들은 가능한 한 각 집단의 개체 수를 동일하게 하여 균형설계를 하는 것이 여러 측면에서 바람직하다고 할 수 있다.

8. SPSS 분석방법

초등학교 학생들에게 곱셈 계산의 연습형태(집중 연습, 일정기간 연습, 단순 복습)와 보상유무(유, 무)가 학생들이 얼마나 곱셈을 빨리 하는지의 속도에 미치는 영향을 실험한 결과 다음의 〈표 13-6〉과 같은 자료를 얻었다고 가정하자. 종속변수인 계산속도는 일정 개수의 곱셈 문제를 주었을 때, 틀린 것 없이 다 푸는 데 걸린 시간(초)을 나타낸다. 그리고 〈그림 13-3〉은 〈표 13-6〉 자료가 입력된 **SPSS Data Editor** 화면의 일부를 보여 주고 있다. 여기서 독립변수인 보상유무는 **reward**라는 변수 명을 주었고 보상집단의 경우는 1, 무보상 집단은 2를 부여하였다. 또 다른 독립변수인 연습형태는 **type**이라는 변수 명을 주었고 집중 연습 집단은 1, 일정기간 연습 집단은 2, 그리고 단순 복습 집단은 3을 부여하였다. 그리고 종속변수인 계산속도는 **speed**라는 변수 명을 주었다. 따라서 한 개체당 3개의 변수가 입력되어 있다.

〈표 13-6〉

보상유무 \ 연습형태	집중 연습	일정기간 연습	단순 복습
유	26 14 41 16 28 29 92 31	41 82 26 86 19 45 59 37	36 87 39 99 59 126 27 104
무	51 35 96 36 97 28 22 76	39 114 104 92 130 87 122 64	42 133 92 124 156 68 144 142

출처: Abrami et al., 2001, p. 315

SPSS에서 이원분산분석은 일반선형모형(General Linear Model: GLM)의 범주 내에서 이루어진다. 따라서 데이터 편집기 화면에서 **Analyze → General Linear Model → Univariate**를 클릭하여 〈그림 13-4〉와 같은 **Univariate** 대화상자를 불러온다. 왼쪽 변수가 모여 있는 상자에서 종속변수인 **speed**를 **Dependent Variable** 상자로, 독립변수인 **reward**와 **type**을

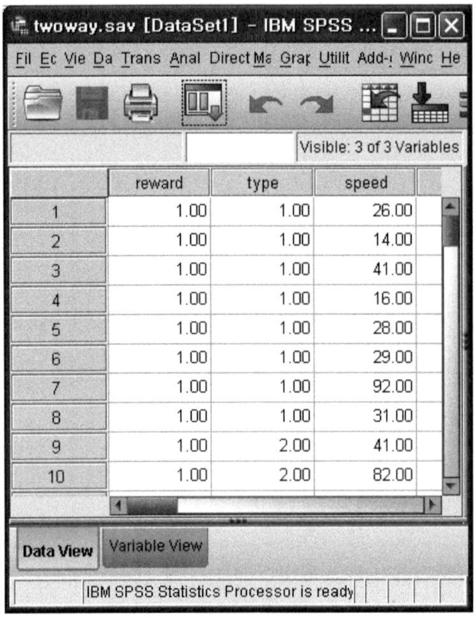

〈그림 13–3〉

Fixed Factor(s) 상자로 이동시킨다. 〈그림 13–4〉는 해당 변수들의 이동이 끝난 상태를 보여 주고 있다. SPSS GLM에서는 집단을 나타내는 질적 독립변수는 **Factor**라고 하며, 양적 독립변수는 **Covariate**라고 한다.

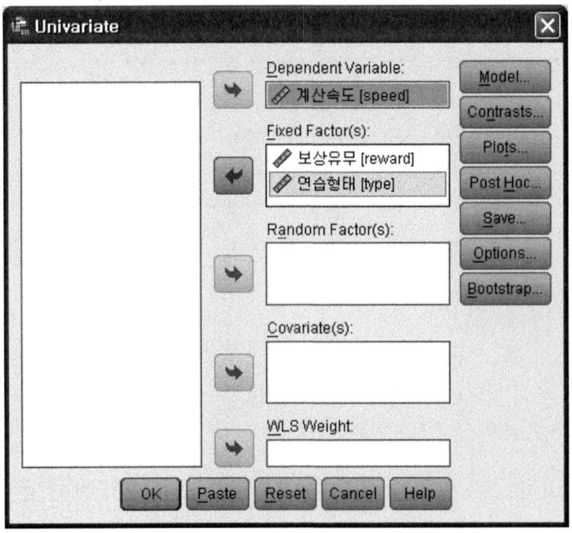

〈그림 13–4〉

다음 사후분석을 원한다면 대화상자의 **Post Hoc**을 클릭하여 **Post Hoc Multiple Comparisons for Observed Means** 대화상자를 불러내어 원하는 사후분석 방법을 선택한다. 본 예시의 경우 **reward**는 두 개의 하위수준밖에 없으므로 사후분석이 필요 없고 **type**의 경우에만 사후분석을 시행할 수 있을 것이다. 〈그림 13-5〉는 독립변수 **type**의 주효과에 대한 사후검증 방법으로 **Tukey** 방법과 **Scheffe** 방법이 선택된 것을 보여 주고 있다.

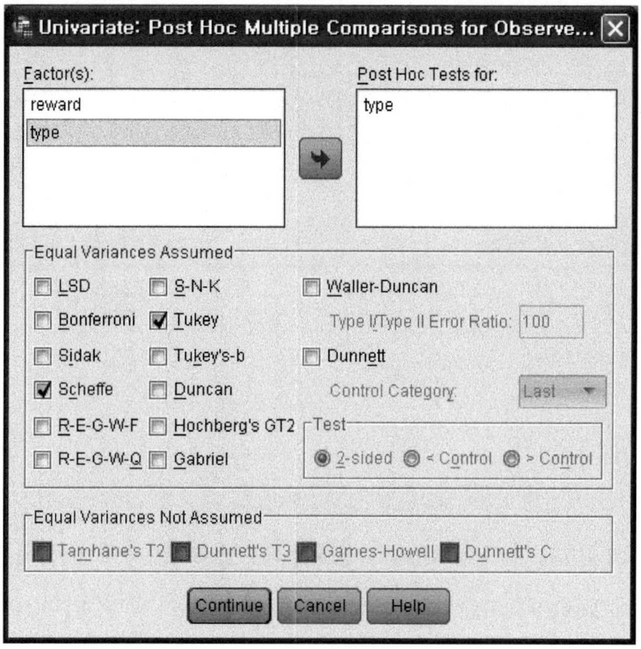

〈그림 13-5〉

다음의 각 집단별 평균을 나타내는 〈그림 13-9〉와 같은 평균도표(프로파일)를 얻으려면 다시 〈그림 13-4〉의 **Univariate** 대화상자에서 **Plots**를 클릭하여 〈그림 13-6〉과 같은 **Profile Plots** 대화상자를 불러낸다.

먼저 X축에 나타날 변수를 **Horizontal Axis** 상자로, 각 프로파일을 구분할 변수를 **Separate Lines** 상자로 이동시킨다. 그러고 나서 **Add**를 클릭하면 이 두 변수의 이름이 밑의 상자에 나타난다. 〈그림 13-6〉은 **Horizontal Axis**에 **type**을, **Separate Lines**에 **reward**를 선택하여 이동한 후 **Add**를 클릭한 후의 대화상자를 보여 주고 있다. 만약 X축과 Y축을 바꾼 프로파일 그래프도 동시에 얻고 싶으면 같은 방법으로 옮겨 **Add**를 클릭하면 **Plots** 상자에 앞에서 선정한 것과 같이 나타난다.

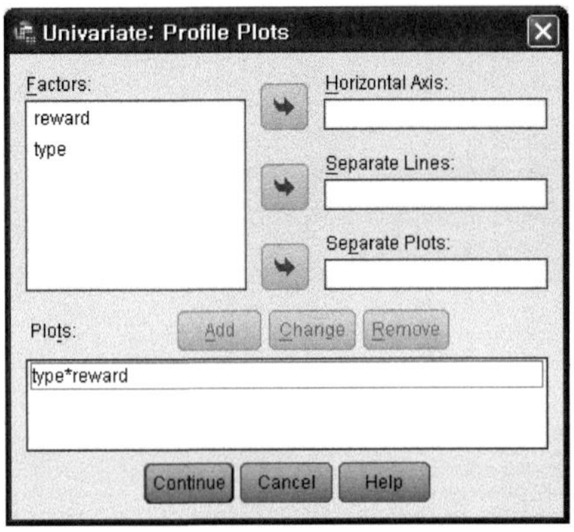

〈그림 13-6〉

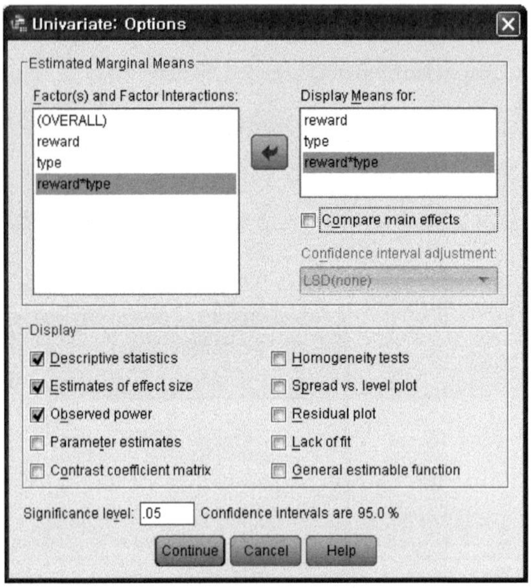

〈그림 13-7〉

다음 **Continue**를 클릭하여 다시 〈그림 13-4〉의 대화상자로 돌아와 **Options**를 클릭하면 〈그림 13-7〉과 같은 **Options** 대화상자가 나타난다. 여기서는 각 집단의 평균과 주변평균, 각종 통계치, 그리고 전체 평균에 대한 신뢰구간 등을 선택할 수 있다. 〈그림 13-7〉에서는 전 집단의 평균 및 주변평균, 기술통계량, 효과의 크기 추정치, 관찰검증력, 그리고 전체 평균에 대한 95% 신뢰구간이 선택된 것을 보여 주고 있다. 〈그림 13-7〉에서 **Continue**를 클릭하여 다시 〈그림 13-4〉로 돌아와 최종적으로 왼쪽 밑의 **OK**를 클릭하면 지금까지 메뉴에서 선택한 모든 분석을 실시하게 되고 분석결과가 담긴 **Viewer** 화면을 얻게 된다.

〈그림 13-8〉부터 〈그림 13-12〉까지는 예시에서 선택한 분석의 결과를 보여 주는 **Viewer** 화면의 일부들이다. 먼저 〈그림 13-8〉의 상부 부분은 각 독립변수별로 개체 수가 몇 명인지를 보여 주고 있다. 그리고 하부 부분은 각 집단별 평균, 표준편차, 개체 수, 그리고 각 독립변수에 대한 주변평균을 보여 준다. 이 자료에서 각 집단의 평균과 주변평균을 다음의 〈표 13-7〉과 같이 보기 좋게 정리할 수 있을 것이다.

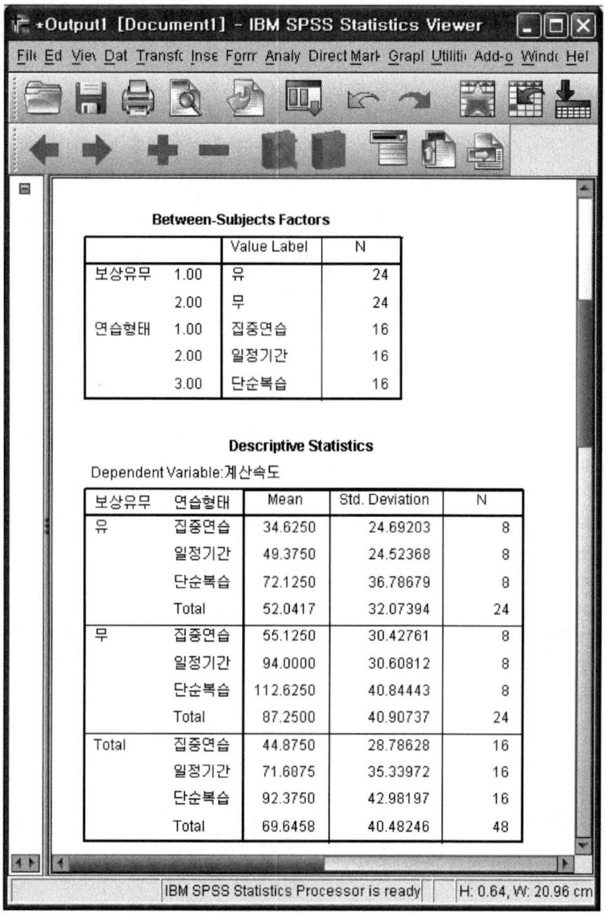

Between-Subjects Factors

		Value Label	N
보상유무	1.00	유	24
	2.00	무	24
연습형태	1.00	집중연습	16
	2.00	일정기간	16
	3.00	단순복습	16

Descriptive Statistics

Dependent Variable:계산속도

보상유무	연습형태	Mean	Std. Deviation	N
유	집중연습	34.6250	24.69203	8
	일정기간	49.3750	24.52368	8
	단순복습	72.1250	36.78679	8
	Total	52.0417	32.07394	24
무	집중연습	55.1250	30.42761	8
	일정기간	94.0000	30.60812	8
	단순복습	112.6250	40.84443	8
	Total	87.2500	40.90737	24
Total	집중연습	44.8750	28.78628	16
	일정기간	71.6875	35.33972	16
	단순복습	92.3750	42.98197	16
	Total	69.6458	40.48246	48

〈그림 13-8〉

〈표 13-7〉 각 집단별 평균

		연습형태			
		1 = 집중 연습	2 = 일정기간	3 = 단순 복습	전체
보상유무	1 = 보상	34.6	49.4	72.1	52.0
	2 = 무보상	55.1	94.0	112.6	87.3
	전체	44.9	71.7	93.4	69.65

〈표 13-7〉에서 우선 **reward**에 대한 주변평균을 보면 보상 집단이 평균 52초, 무보상 집단이 평균 87.3초가 걸려 보상 집단이 무보상 집단보다 계산 속도가 훨씬 빠르며 따라서 **reward**의 주효과가 유의하게 나타날 것임을 예상할 수 있다. 그리고 **type**에 대한 주변평

균을 살펴보면 평균은 집중 연습 방법이 44.9초로 가장 효과적이고 다음이 일정기간 방법, 그리고 단순 복습이 93.4초로 효과가 가장 떨어지며 그 평균의 차이도 상당히 나고 있으므로 **type** 역시 주효과가 유의하게 나타날 가능성이 있음을 예상할 수 있다.

자료를 프로파일로 나타낸 평균도표 〈그림 13-9〉는 주효과와 상호작용 효과를 보다 용이하게 파악할 수 있게 해 준다. 〈그림 13-9〉에서 위의 선은 무보상 집단, 아래의 선은 보상 집단을 나타낸다. 전체적으로 보상 집단이 무보상 집단보다 밑에 있고 그 거리도 상당하므로 **reward**의 주효과가 뚜렷하다. 그리고 **type**의 경우에도 마찬가지로 그 주효과를 확인할 수 있다. 상호작용의 경우, **reward**의 값에 별 관계없이 거의 같은 모습으로 **type**의 효과가 나타나므로 상호작용 효과는 별로 눈에 띄지 않는다. 이러한 프로파일 그래프에서는 각 선들이 서로 나란히 갈수록 상호작용 효과가 없는 것이고 나란하지 않을수록 상호작용 효과가 높음을 의미한다.

이제 위에서 예상한 결과를 실제 검증 결과로 확인해 보자. 〈그림 13-10〉은 이원분산분석표이다. 여기서 우선 **Error**로 표시된 줄의 오차는 각 주효과와 상호작용 효과를 검증하는 *F*검증의 공통 오차항으로 사용된다. 여기서 오차의 제곱합(SSw)은 42667.4, 자유도(dfw)는 42, 따라서 오차의 평균제곱(MSw) 1015.9는 제곱합을 자유도로 나누어 얻을 수 있다. 이 평균제곱이 모든 *F*값 계산 시 오차항인 분모로 사용되는 것이다. 여기서 먼저 전반적 *F*검증의 결과를 보자. 분산분석표에서 **Corrected Model**이라고 표시된 부분이 바로 이 전반적 *F*검증의 결과를 보여 준다. 이 검증의 관찰 유의도 *p*값은 0.000으로 유의하다. 이 전반적 유의성 검증은 전체 제곱합(SSt)(**Corrected Total**) 77024.979 중에서 모형이 설명한 부분 34357.604가 차지하는 비율인 $R^2 = .446$의 유의성 검증과 동일하다. **Corrected Model** 줄에 나와 있는 모형이 설명한 제곱합 34357.604는 **reward**의 주효과 제곱합(SSB) 14875.521, **type**의 주효과 제곱합(SSA) 18150.042, 그리고 상호작용 효과의 제곱합(SSAB) 1332.042를 모두 합한 것이다. (불균형설계에서는 이런 단순한 관계가 성립하지 않는다.)

앞에서 논의한 바와 같이 먼저 상호작용 효과부터 살펴보자. 상호작용 효과는 〈그림 13-10〉에서 **reward*type**으로 표시된 줄에서 확인할 수 있다. 상호작용 효과의 제곱합(SSAB)은 1332.042, 자유도는(dfAB) 2, 따라서 평균제곱(MSAB)은 1332.042를 2로 나누면 표에서처럼 666.021이 된다. 이 상호작용 평균제곱(MSAB)을 위에서 언급한 오차 평균제곱(MSw) 1015.9로 나누어 *F*값을 구하면 표에서처럼 .665가 되고 이 값에 대한 관찰 유의도 *p*는 .524임을 표에서 알 수 있다. 따라서 이 $p > 0.05$로 우리는 상호작용 효과는 유의하지 않다는 결론을 내릴 수 있다. 이는 〈그림 13-9〉에서 직선들이 평행에서 벗어난 정도가 통계적으로 유의하지 않다는 의미로 해석할 수도 있다. 상호작용이 유의하지 않으므로 다

Profile Plots

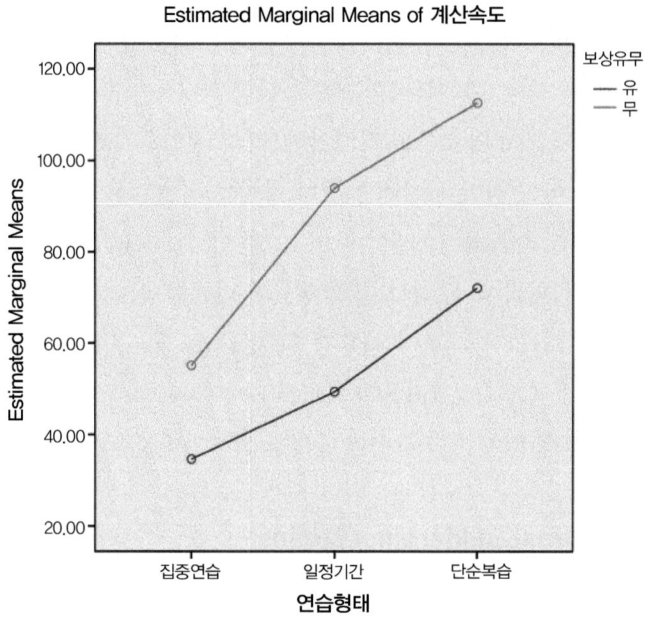

〈그림 13-9〉

Tests of Between-Subjects Effects

Dependent Variable:계산속도

Source	Type III Sum of Squares	df	Mean Square	F	Sig.	Partial Eta Squared	Noncent. Parameter	Observed Power[b]
Corrected Model	34357.604[a]	5	6871.521	6.764	.000	.446	33.820	.995
Intercept	232826.021	1	232826.021	229.184	.000	.845	229.184	1.000
reward	14875.521	1	14875.521	14.643	.000	.259	14.643	.962
type	18150.042	2	9075.021	8.933	.001	.298	17.866	.963
reward * type	1332.042	2	666.021	.656	.524	.030	1.311	.153
Error	42667.375	42	1015.890					
Total	309851.000	48						
Corrected Total	77024.979	47						

a. R Squared = .446 (Adjusted R Squared = .380)
b. Computed using alpha = .05

〈그림 13-10〉

음 단계에서는 각 독립변수의 주효과를 검토한다. 만약 이 상호작용 효과가 유의한 경우에는 이 교재의 다음 장에서 다루는 단순주효과의 검증을 고려해 볼 필요가 있다.

상호작용 효과의 경우와 마찬가지로 **type**의 주효과를 살펴보면 *F*값이 8.933, *p*값이 .001로 유의함을 알 수 있다. 그리고 **reward**의 경우는 *F*값이 14.643, $p < .001$로 역시 유의하다. 따라서 두 주효과는 $p < 0.001$로 유의하나 상호작용 효과는 $p > 0.5$로 유의하지 않다는 결론을 내린다.

〈그림 13－11〉에는 각 집단별 평균과 평균에 대한 95% 신뢰구간이 나와 있다.

앞에서 각 독립변수의 주효과를 검증한 결과 우리는 두 독립변수 모두에서 유의한 결과를 얻었다. 이는 적어도 각 독립변수별로 집단을 나누었을 때, 적어도 한 쌍의 집단에서 종속변수의 주변평균이 다르다는 의미이다. 따라서 연구자가 원한다면, 다음 단계에서는 각 독립변수별로 어느 집단 사이에 유의한 차이가 있는지를 검증하는 사후검증을 실시한다. 본 예시의 경우, **reward**는 하위수준이 2개뿐이므로 **reward**의 주효과가 유의하다는 것은 바로 유 보상 집단과 무 보상 집단의 평균이 다름을 의미하게 되어 별도의 사후비교가 필요 없다. 따라서 **type**에 대하여 **사후검증(Post Hoc tests)**을 한 결과가 〈그림 13－12〉에 나와 있다. 이 표에서 우리는 **Tukey**와 **Scheffe** 모두에서 첫 번째 집단과 세 번째 집단, 즉 집중 연습 집단과 단순 복습 집단 사이에 유의한 차이가 있음을 알 수 있다.

Estimated Marginal Means

1. 보상유무

Dependent Variable:계산속도

보상유무	Mean	Std. Error	95% Confidence Interval Lower Bound	95% Confidence Interval Upper Bound
유	52.042	6.506	38.912	65.171
무	87.250	6.506	74.120	100.380

2. 연습형태

Dependent Variable:계산속도

연습형태	Mean	Std. Error	95% Confidence Interval Lower Bound	95% Confidence Interval Upper Bound
집중연습	44.875	7.968	28.794	60.956
일정기간	71.688	7.968	55.607	87.768
단순복습	92.375	7.968	76.294	108.456

3. 보상유무 * 연습형태

Dependent Variable:계산속도

보상유무	연습형태	Mean	Std. Error	95% Confidence Interval Lower Bound	95% Confidence Interval Upper Bound
유	집중연습	34.625	11.269	11.884	57.366
	일정기간	49.375	11.269	26.634	72.116
	단순복습	72.125	11.269	49.384	94.866
무	집중연습	55.125	11.269	32.384	77.866
	일정기간	94.000	11.269	71.259	116.741
	단순복습	112.625	11.269	89.884	135.366

〈그림 13－11〉

Post Hoc Tests

연습형태

Multiple Comparisons

Dependent Variable:계산속도

	(I) 연습형태	(J) 연습형태	Mean Difference (I-J)	Std. Error	Sig.	95% Confidence Interval	
						Lower Bound	Upper Bound
Tukey HSD	집중연습	일정기간	-26.8125	11.26882	.056	-54.1900	.5650
		단순복습	-47.5000*	11.26882	.000	-74.8775	-20.1225
	일정기간	집중연습	26.8125	11.26882	.056	-.5650	54.1900
		단순복습	-20.6875	11.26882	.170	-48.0650	6.6900
	단순복습	집중연습	47.5000*	11.26882	.000	20.1225	74.8775
		일정기간	20.6875	11.26882	.170	-6.6900	48.0650
Scheffe	집중연습	일정기간	-26.8125	11.26882	.070	-55.4093	1.7843
		단순복습	-47.5000*	11.26882	.001	-76.0968	-18.9032
	일정기간	집중연습	26.8125	11.26882	.070	-1.7843	55.4093
		단순복습	-20.6875	11.26882	.198	-49.2843	7.9093
	단순복습	집중연습	47.5000*	11.26882	.001	18.9032	76.0968
		일정기간	20.6875	11.26882	.198	-7.9093	49.2843

Based on observed means.
The error term is Mean Square(Error) = 1015.890.

*. The mean difference is significant at the .05 level.

〈그림 13–12〉

9. 효과의 크기와 검증력 분석

효과의 크기

전반적 ES

앞 〈그림 13–7〉의 **Options** 대화상자에서 효과의 크기를 추정하기 위한 선택을 하였기 때문에 출력 화면 〈그림 13–10〉에 각 주효과와 상호작용 효과에 대한 효과의 크기 η_p^2 추정치가 나와 있다. **reward**의 주효과는 .259, **type**의 주효과는 .298로 모두 Cohen의 대효과 기준치 .14를 초과하여 매우 높은 수준의 실제적 유의성을 보여 주었다고 할 수 있다. 상호작용의 경우는 통계적으로 유의하지 않았기 때문에 효과의 크기 논의는 의미 없다고 할 수 있다.

〈그림 13–10〉에 나와 있는 SS 값들로 각 효과의 ES를 직접 계산해 보면 다음과 같다.

먼저 $\eta^2 = \frac{SS_{effect}}{SS_{total}}$ 이므로

η^2(**reward**) = 14875.521/77024.979 = .193

η^2(**type**) = 18150.042/77024.979 = .236

가 된다. 그리고 $\eta_p^2 = \frac{SS_{effect}}{(SS_{effect} + SS_{error})}$ 에서

η_p^2(**reward**) = 14875.521/(14875.521 + 42667.375) = .259;

η_p^2(**type**) = 18150.042/(18150.042 + 42667.375) =.298

을 얻을 수 있다.

중다비교 ES

앞에서 논의한 바와 같이 주효과 중다비교 ES d에서 오차분산은 통계적 유의성 검증과는 달리 일원분산분산의 MSw를 사용하는 것이 일반적이므로 예시자료를 **type**과 **reward**로 각각 일원분산분석한 결과는 각각 다음과 같다.

ANOVA

계산속도

	Sum of Squares	df	Mean Square	F	Sig.
Between Groups	18150.042	2	9075.021	6.936	.002
Within Groups	58874.937	45	1308.332		
Total	77024.979	47			

ANOVA

계산속도

	Sum of Squares	df	Mean Square	F	Sig.
Between Groups	14875.521	1	14875.521	11.010	.002
Within Groups	62149.458	46	1351.075		
Total	77024.979	47			

〈그림 13-13〉

먼저 **type**의 사후검증에서 단순 복습과 집중 연습 집단 사이의 평균차이 47.5만 통계적으로 유의하였으므로 이 짝 비교에 대한 ES를 산출해 보자. $d = \frac{\psi}{S}$에서 $\psi = \Sigma a_j \overline{X_j} = 1 \cdot \overline{X_1.} + 0 \cdot \overline{X_2.} - 1 \cdot \overline{X_3.} = -47.5$, $S = \sqrt{MSw} = \sqrt{1308.332} = 36.17$이므로 $d = -47.5/36.17 = -1.313$이 된다. d는 일반적으로 양수로 나타내므로 $\overline{X_1.}$과 $\overline{X_3.}$의 순서를

바꾸면 $d = 1.313$이 되어 단순 복습과 집중 연습의 평균차이는 표준편차의 1.31배로 매우 큰 효과의 크기라고 할 수 있다.

다음으로 좀 더 복잡한 사전대비를 고려해 보자. 연구자는 사전에 집중 연습과 일정기간 연습 집단의 평균과 통제(비교)집단이라고 할 수 있는 단순 복습 집단을 비교해 보고자 하였다고 하자. 이 경우 대비 값은 다음과 같다.

$$\hat{\psi} = \left(-\frac{1}{2}\right)\overline{X_1.} + \left(-\frac{1}{2}\right)\overline{X_2.} + (1)\overline{X_3.} = \left(-\frac{1}{2}\right)44.875 + \left(-\frac{1}{2}\right)71.6875 + (1)92.375 = 34.1$$

먼저 이 대비의 통계적 유의성을 검증해 보자. 앞 일원분산분석에서 논의한 대비의 유의성 t검증을 이용해 보면

$$t = \frac{\hat{\psi}}{\sqrt{\frac{(\Sigma a_j^2)\text{MSw}}{n}}} = \frac{34.1}{\sqrt{\frac{(1.5)1015.89}{8}}} = 2.47, df = 42, p = .018$$

로 유의하다. ES $d = \psi/S = 34.1/\sqrt{1308.332} = 34.1/36.17 = .94$로 거의 1에 가까워 상당히 큰 효과의 크기를 보여 준다. 여기서는 앞에서 언급한 바와 같이 ψ의 유의성 검증에서는 이원분산분석 결과를, 효과의 크기 산정에서는 일원분산분석에서의 MSw를 각기 사용하였음을 유의할 필요가 있다.

reward의 경우 주효과가 통계적으로 유의하였고, $\eta_p^2 = .259$로 높은 효과의 크기를 보여 주었다. **reward**는 하위수준이 두 개이므로 이 두 하위수준 간 평균차이에 의한 d로도 ES를 나타낼 수 있다. $\psi = (-1)\overline{X_{\cdot 1}} + (1)\overline{X_{\cdot 2}} = -52.042 + 87.25 = 32.208$, 그리고 이 경우 앞 **reward**에 의한 일원분산분석에서 MSw = 1351.075이므로 $d = 32.208/\sqrt{1351.075} = .876$으로 Cohen의 기준으로 대효과를 보여 주고 있다.

검증력 분석

앞 〈그림 13-7〉의 **Options** 대화상자에서 관찰검증력 추정 선택을 한 결과가 출력 화면 〈그림 13-10〉에 나와 있다. 각 집단별 표본의 크기가 8명으로 상당히 작았음에도 불구하고 ES가 워낙 커서 두 주효과가 모두 관찰검증력이 .9를 상회하였다. 그러나 상호작용의 경우는 .153으로 매우 낮았는데 이는 p값이 .524로 유의하지 않았기 때문에 충분히 예견할 수 있는 결과라고 할 수 있다. (이는 관찰검증력과 p값이 서로 1:1 대응하기 때문이다.)

만약 연구자가 중간 크기의 효과를 검증력 .8로 찾아내기 위해서 필요한 표본의 크기를 **G*Power3**로 사전 검증력 분석을 한 경우, **reward**의 경우는 다음 〈그림 13-14〉에서 총 128명, **type**과 **상호작용**의 경우는 다음 〈그림 13-15〉에서 158명이었다. 따라서 각 효과 모두를 만족하기 위해서는 총 158명으로 집단별 약 27명의 표본이 필요했다고 할 수 있다.

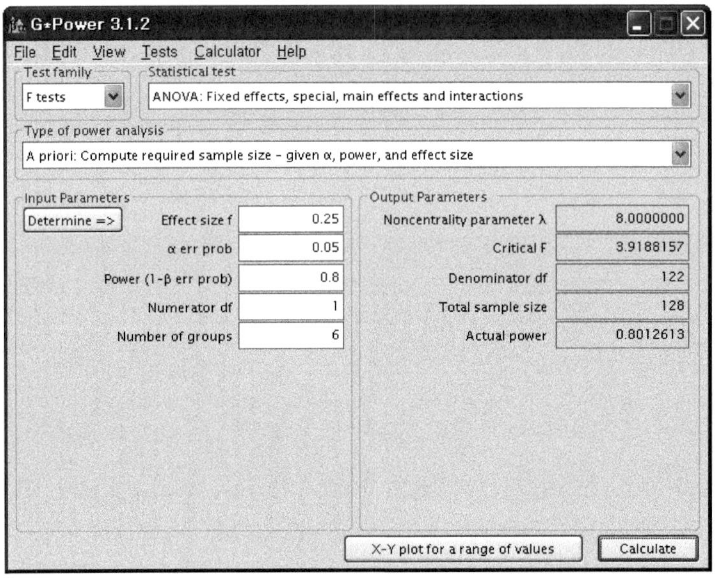

〈그림 13-14〉

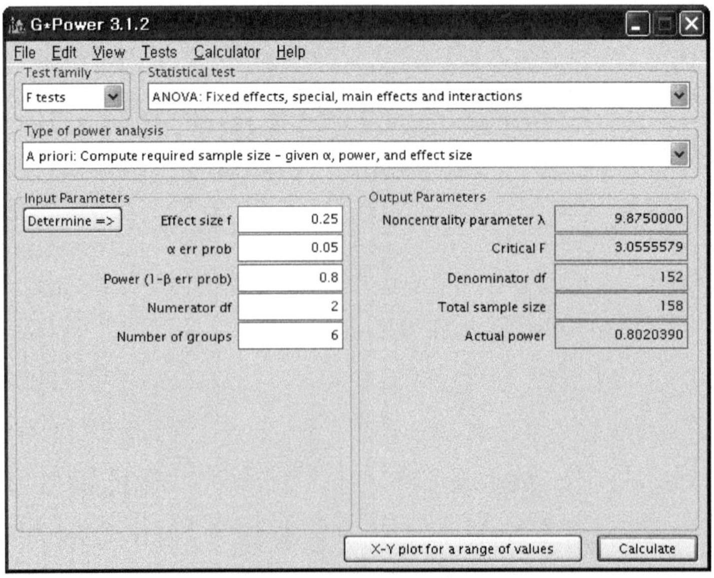

〈그림 13-15〉

연구자가 처음부터 각 집단별 8명씩 총 48명의 표본만으로 연구할 계획을 세운 경우 중간 크기의 ES를 검출해 낼 검증력(사후 검증력)을 산출해 본 **G*Power3**의 결과가 〈그림 13-16〉와 〈그림 13-17〉이다. 이 결과에서 알 수 있는 바와 같이 **reward**의 경우는 검증력이 .39, **type**이나 상호작용의 경우는 .30 정도로 상당히 낮은 편이었다.

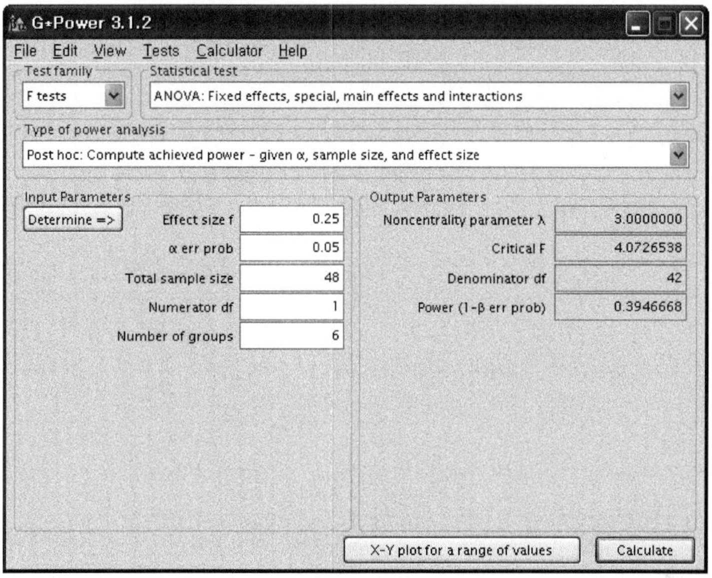

〈그림 13-16〉

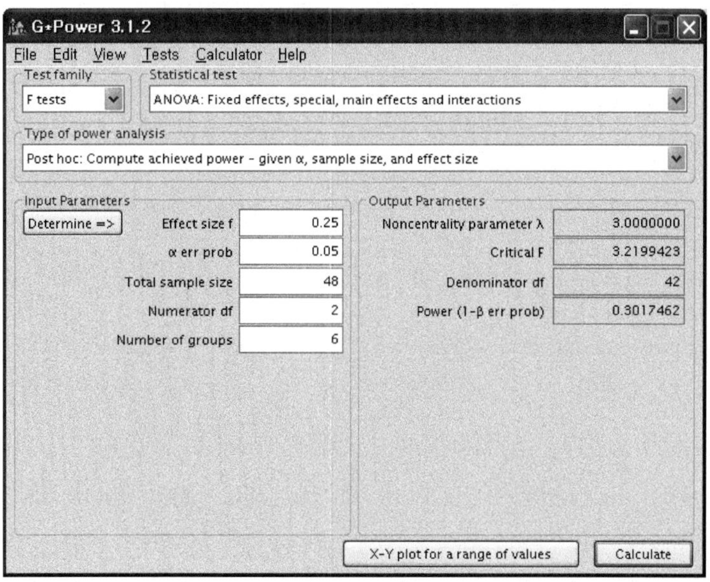

〈그림 13-17〉

10. 분석결과의 기술

각 집단별 곱셈속도의 평균과 표준편차는 다음과 같았다.

〈표 13-8〉

평균(표준편차)

보상 \ 연습	집중 연습	일정기간 연습	단순 복습	전체
유	34.63(24.69)	49.38(24.52)	72.13(36.79)	52.04(32.07)
무	55.13(30.43)	94.00(30.61)	112.63(40.84)	87.25(40.91)
전체	44.88(28.79)	71.669(35.34)	92.38(42.98)	69.65(40.48)

이들 자료에 대한 이원분산분석 결과는 다음과 같았다.

〈표 13-9〉

분산원	제곱합(SS)	자유도(df)	평균제곱(MS)	F	p	효과의 크기(η_p^2)
연습형태	18150.04	2	9075.02	8.93	0.001	.30
보상유무	14875.52	1	14875.52	14.64	0.000	.26
상호작용	1332.04	2	666.02	.656	0.524	
집단 내	42667.38	42	1015.89			
전체	77024.98	47				

우선 연습형태와 보상유무 사이에는 유의한 상호작용이 없었다($F(2.42) = .656$, $p = .524$). 보상유무에 따른 곱셈속도에는 유의한 차이가 있었다($F(1, 42) = 14.64$, $p < .001$). 보상을 해주는 경우가 평균 35.21초 빨랐으며 효과의 크기 $d = .876$으로 높은 수준의 실제적 유의성을 보여 주었다. 연습형태에 따른 곱셈속도에도 유의한 차이가 있었다($F(2, 42) = 8.93$, $p < 0.01$). Tukey 방법에 의한 사후검증 결과, 단순 복습 집단과 집중 연습 집단 사이에는 유의한 차이가 있었으나(차이 = 47.55, $p < 0.01$), 일정기간 연습 집단과 집중 연습 집단($p > 0.05$), 그리고 단순 복습 집단과 일정기간 연습 집단 사이($p > 0.1$)에서는 유의

한 차이를 발견하지 못하였다. 연습형태와 보상유무의 효과의 크기 η_p^2 추정치는 각각 .30과 .26으로 매우 높은 실제적 유의성을 보여 주었으며 단순 복습 집단과 집중 연습 집단 사이의 사후비교에 대한 효과의 크기 d 추정치는 1.31로 이 역시 매우 높은 실제적 유의성을 나타내었다.

14장 단순주효과의 검증

1. 단순주효과의 의미

이원분산분석에서 상호작용이 유의한 경우, 분석결과를 해석하기 위해서는 그 상호작용의 성격부터 파악해야 하는데 일반적으로 먼저 상호작용이 순차인지 역순인지 검토한다. 순차상호작용은 앞 장의 〈그림 13-2〉와 같이 평균도표에서 집단의 선들이 서로 교차하지 않는 경우이고 역순상호작용은 교차하는 경우이다. 역순상호작용이 존재하는 경우, 한 변수의 종속변수에 대한 효과가 다른 변수의 수준에 따라 역전됨을 의미한다. 일반적으로 상호작용의 형태가 순차상호작용(ordinal interaction) 경우에는 주효과(main effect)와 단순주효과(simple main effect) 모두를 해석하고, 역순상호작용(disordinal interaction) 경우에는 주효과는 아무런 의미가 없거나 주효과의 해석이 오히려 오해의 소지가 있어, 단순주효과 해석만으로 충분할 수도 있다. 단순주효과는 한 독립변수의 하위수준을 고정했을 때, 다른 독립변수의 주효과를 의미한다. 상호작용이 있다는 것은 한 독립변수의 효과가 다른 변수의 값에 따라 달라진다는 의미이므로, 상호작용의 검증은 한 독립변수의 수준별로 다른 독립변수의 효과 즉 단순주효과를 검증하는 것이다. 앞 장 도입 부분에서 든 곱셈 계산의 연습형태와 보상유뮤가 계산속도에 미치는 영향을 연구하는 예의 경우 각 독립변수의 단순주효과의 의미는 다음과 같다.

- **A(연습형태)의 단순주효과**

B(보상유무)값이 1(유보상)인 경우: $\overline{X_{11}}$, $\overline{X_{21}}$, $\overline{X_{31}}$ 사이에 유의한 차이가 있는가?

B(보상유무)값이 2(무보상)인 경우: $\overline{X_{12}}$, $\overline{X_{22}}$, $\overline{X_{32}}$ 사이에 유의한 차이가 있는가?

- **B(보상유무)의 단순주효과**

A(연습형태)값이 1(집중연습)인 경우: $\overline{X_{11}}$, $\overline{X_{12}}$ 사이에 유의한 차이가 있는가?

A(연습형태)값이 2(일정기간)인 경우: $\overline{X_{21}}$, $\overline{X_{22}}$ 사이에 유의한 차이가 있는가?
A(연습형태)값이 3(단순복습)인 경우: $\overline{X_{31}}$, $\overline{X_{32}}$ 사이에 유의한 차이가 있는가?

한 변수의 단순주효과 검증에서는 다른 변수의 수준이 고정되므로 일원분산분석의 형태를 지니게 된다. 단지 통상적인 일원분산분석 방법과 다른 점은 집단 간 제곱합이나 평균제곱은 일원분산분석의 결과를 사용하지만 오차항은 원래의 이원분산분석에서 나온 오차항을 사용한다는 점이다. 앞 예에서 B변수 값이 1(보상)인 경우 A변수의 단순주효과 검증은 다음과 같이 이루어진다.

$$SSA_{B=1} = \Sigma n(\overline{X_{j1}} - \overline{X_{.1}})^2 = 8(\overline{X_{11}} - \overline{X_{.1}})^2 + 8(\overline{X_{21}} - \overline{X_{.1}})^2 + 8(\overline{X_{31}} - \overline{X_{.1}})^2$$
$$dfA = J - 1 = 3 - 1 = 2$$
$$MSA_{B=1} = SSA_{B=1}/dfA = SSA_{B=1}/2$$
$$F = MSA_{B=1}/MSw \sim F_{J-1, N-JK} = F_{2,42}$$

위의 식의 F값 계산시, MSw는 이원분산분석에서 얻은 값을 사용한다는 점에 유의할 필요가 있다. 일반적인 분산분석의 경우와 마찬가지로, 유의한 단순주효과에 대해서는 사후검증을 실시하여 유의한 차이가 있는 쌍을 찾아낼 수 있다.

2. SPSS 분석방법

어휘력 향상을 위해 어떤 과목(physical, social, history) 내에서 교육을 실시하는 것이 가장 효과적인지를 알아보고자 한다. 그리고 동시에 어휘를 어떤 방법(computer, standard)으로 제시하는 것이 효과적인가도 관심이 있어 이를 실험으로 연구한 결과 다음과 같은 가상적 자료를 얻었다. 여기서 종속변수는 어휘력 검사 점수이다.

제시방법(B)	과목(A)		
	physical	social	history
computer	53 49 47 42 51 34	47 42 39 37 42 33	45 41 38 36 35 33
standard	44 48 35 18 32 27	13 16 16 10 11 6	46 40 29 21 30 20

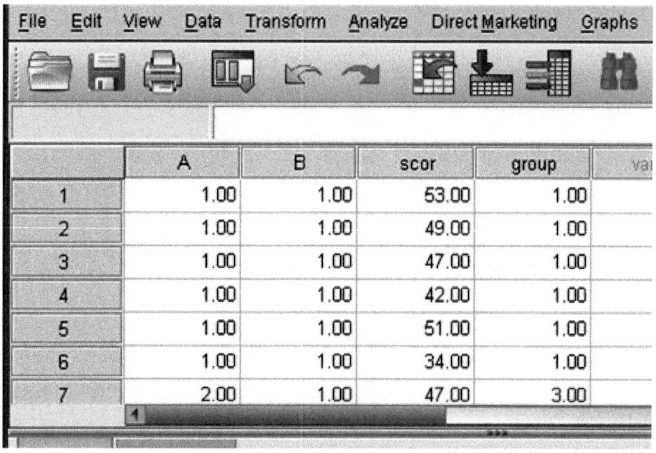

〈그림 14–1〉

〈그림 14−1〉은 이 자료가 입력된 **SPSS Data Editor** 화면의 일부를 보여 주고 있다.

〈그림 14−1〉에서 변수 **A**는 **과목**으로 변수값은 1(physical), 2(social), 3(history)을 부여했으며, 변수 **B**는 **제시방법**으로 변수값은 1(computer), 2(standard)를 부여하였다. 종속변수인 어휘력 점수는 변수명을 **scor**로 주었으며, 여섯 개의 집단을 구별하기 위해 **grp**이라는 변수를 설정하여 〈표 14−1〉과 같이 각기 1부터 6까지의 변수값을 부여하였다. **grp** 변수를 만든 것은 단순주효과의 사후검증을 위한 것으로 이에 대해서는 뒤에서 논의한다.

단순주효과의 유의성 검증

먼저 전반적인 F검증의 일반적인 절차는 앞 장에서 설명한 바와 동일하다. 예시자료에 대한 SPSS 이원분산분석 결과는 〈표 14−2〉와 〈그림 14−5〉에 나와 있다. 〈표 14−2〉와 〈표 14−5〉에서처럼 이 전반적 F검증에서 상호작용이 유의한 경우, 각 독립변수에 대한 단순주효과를 검증할 수 있다. 단순주효과를 검증하기 위해서는 한 독립변수의 하위수준을 고정하고, 다른 변수에 대해 일원분산분석을 시행해서 집단 간 제곱합(SS)과 평균제곱(MS)을 구해야 한다. 앞 예시자료에서 **제시방법(B)**별로 **과목(A)**의 단순주효과를 구하기 위해서는 주어진 자료 파일을 **제시방법(B)**별로 분할하여 각 파일별로 분석하여야 한다. 이를 위해서는 데이터 편집기 화면에서 **Data → Split File**을 클릭하여 〈그림 14−2〉와 같은 **Split File** 대화상자를 불러낸다. 여기서 우리는 파일을 분할할 변수로 **B**를 선택하고 이를 **Groups Based on** 상자에 표시하고 다른 선택사항에서는 **Compare groups**를 선택하였다. 이렇게 하면 다음부터의 모든 분석은 분할한 집단별로 시행해 준다. 다른 선택사항

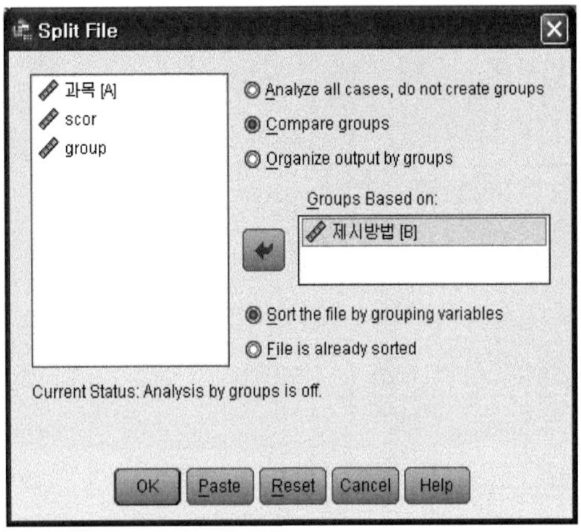

〈그림 14-2〉

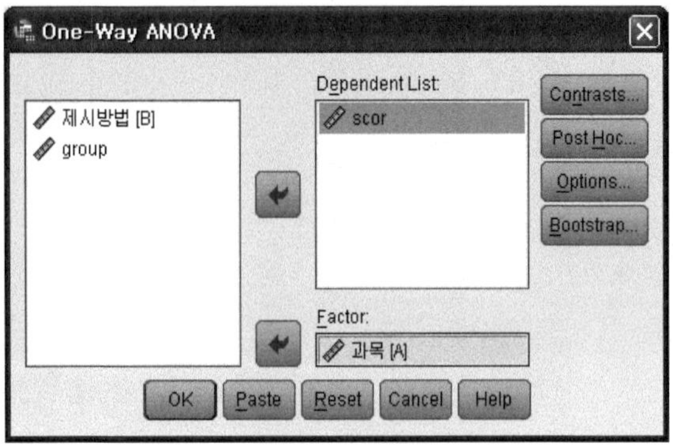

〈그림 14-3〉

Organize output by groups를 선택하면 출력물 형식이 조금 달라지나 근본적인 내용은 동일하다.

〈그림 14-2〉에서 **OK**를 클릭하여 〈그림 14-1〉의 **SPSS Data Editor** 화면으로 돌아와 화면의 메뉴에서 **Analyze → Compare Means → One-Way ANOVA**를 클릭하여 〈그림 14-3〉과 같은 **One-Way ANOVA** 대화상자를 불러내어 변수 **A**에 의한 일원분산분석을 실시한다. 이렇게 하면 자료 파일이 변수 **B**의 값(하위수준)별로 분할되어 있었기 때문에 변수 **B**의 값으로 분할한 집단별로 종속변수 **scor**와 독립변수 **A**에 의한 일원분산분석이 이루어진다. 이 분석의 결과가 〈표 14-4〉이다.

같은 방법으로 **과목(A)**별 **제시방법(B)**의 단순주효과를 구하기 위해서는 〈그림 14-2〉에서 **Groups Based on**에 **B** 대신 **A**를, 그리고 〈그림 14-3〉의 **One-Way ANOVA** 대화상자에서 **Factor**에 **A** 대신 **B**를 입력하면 된다. 이 분석의 결과가 〈표 14-5〉이다. 이들 일원분산분석 결과에서 단순주효과의 유의성을 검증하는 데 필요한 집단 간 제곱합(SS) 및 평균제곱을 얻어 〈표 14-6〉과 같은 단순주효과 분산분석표를 작성하여 각 단순주효과의 유의성을 검증할 수 있게 된다. 앞에서도 언급한 바와 같이 〈표 14-6〉의 오차항은 이원분산분석 결과인 〈표 14-2〉에서 가져온 것이다.

그런데 〈표 14-4〉에서 **B** = 1에서의 A의 단순주효과와 **B** = 2에서의 단순주효과의 합을 구해 보면 $SSA_{B=1} + SSA_{B=2} = 208 + 1708 = 1916$으로 이는 〈표 14-2〉에서 **A**의 주효과 SSA = 1194와 다르다. 즉 **A**의 주효과를 두 개의 단순주효과로 분리했을 때, 두 단순주효과의 합이 주효과와 일치하지 않는다. 이는 두 단순주효과가 서로 독립적이지 않다는 의미이다. (실제로는 $SSA_{B=1} + SSA_{B=2} = SSA + SSAB$) 따라서 단순주효과 전체 제1종 오류를 통제하는 데 문제가 발생한다. 이는 **B**의 단순주효과의 경우도 마찬가지이다.

이에 대해 문헌에서는 두 가지 접근법을 취하고 있는 것으로 보인다. 첫 번째는 비독립성을 무시하고 개별 단순주효과별로 제1종 오류(α)를 통제하는 것이다(Howell 등). 두 번째는 전체 단순주효과의 제1종 오류(α)를 통제하는 것이다(Hinkle 등). 후자의 경우 통제하고자 하는 전체의 제1종 오류의 확률, 즉 전체의 유의수준이 α이고 단순주효과의 수가 c라고 한다면 Bonferroni 부등식을 이용하여 각 단순주효과의 유의수준을 α/c로 설정하는 방법이다. 따라서, 각 단순주효과의 자유도 및 F값으로 p값을 구하고 이를 α/c와 비교하여 유의성을 검증하거나 아니면 이 p값을 c배 한 값, 즉 cp를 각 단순주효과의 p값으로 설정하고 개별 단순주효과별로 이를 α와 비교하는 것이다. 위 예의 경우, A의 단순주효과의 경우 $c = 2$, B의 단순주효과는 $c = 3$이 된다. 〈표 14-6〉에서의 p값은 비독립성을 고려하여 전체 제1종 오류를 통제하기 위해 개별 단순주효과의 p값을 c배하여 얻은 값들이다.

단순주효과의 중다비교 검증

단순주효과의 사후비교

다음으로 단순주효과에 대한 사후검증 방법에 대해 알아보자. 예를 들어, **B** = 1에서 변수 **A**의 단순주효과가 유의한 경우, 어느 과목 사이에 유의한 차이가 있는지를 알아보기 위해서는 〈표 14-1〉에서 집단 1, 집단 3, 그리고 집단 5 사이의 사후 짝 비교가 필요하다. 이 짝 비교 검증은 〈그림 14-3〉에서 설정할 수 없다. 그 이유는 모든 분석의 오차항은 이원분산분석의 결과를 사용해야 하는데 〈그림 14-3〉에서 설정하는 경우에는 일원분산분석의 오차항으로 사후검증을 하기 때문이다.

이 문제는 변수 **A**, **B**에 의한 집단 분류를 마치 한 변수에 의해 집단 6개로 분류하는 것으로 간주하여 이 변수로 일원분산분석을 실시하고, 이 일원분산분석 내에서 사후검증을 실시하는 방법으로 해결할 수 있다. 이는 변수 **A**에 의한 SSA, 변수 **B**에 의한 SSB, 그리고 변수 **A**와 **B** 사이의 상호작용에 의한 SSAB의 합은 6개 집단에 대한 일원분산분석의 집단 간 제곱합(SSb)과 통계적으로 동일하기 때문이다(13장의 식 (4) 참조). 이러한 이유로 〈그림 14-1〉에서 일원분산분석을 위해 **grp**라는 변수를 설정하고 변수 **grp**에 의해 6개의 집단으로 나누어 〈표 14-1〉과 같이 집단의 번호를 부여하여 입력하였다.

그런데 이 방법도 약간의 문제가 있다. 즉 **B** = 1에서 변수 **A**의 단순주효과에 대한 사후검증은 집단 1, 집단 3, 그리고 집단 5에 대한 짝 비교, 즉 총 3번의 짝 비교에 대한 전체 제1종 오류만 통제하면 되는데, 위의 방법을 사용하는 경우, 전체 6개 집단에 대한 모든 짝 비교에 대해 전체 제1종 오류를 통제하므로 개별 비교의 검증력이 낮아질 가능성이 있다. 이 문제에 대처하는 한 가지 방안은 앞에서 논의한 Bonferroni 부등식을 이용하는 것으로, 통제하고자 하는 전체의 제1종 오류의 확률, 즉 전체의 유의수준이 α이고 비교하고자 하는 짝 비교의 수를 c라고 한다면 각 대비의 유의수준을 α/c로 설정하는 방법이다. 따라서, 전체에 대한 제1종 오류 통제 대신 각 비교에 대한 오류만 통제하여 p값을 구하고 이를 α/c와 비교하여 유의성을 검증하거나 아니면 이 p값을 c배한 값, 즉 cp를 각 비교의 p값으로 설정하는 것이다. SPSS에서 사후검증의 선택사항 중에서 **LSD**를 선택하면, 전체를 통제했을 때가 아닌 각 비교에 대한 오류만 통제했을 때의 p값을 제공해 준다. 따라서, 앞 예의 **B** = 1에서의 변수 **A**의 단순주효과에 대한 사후검증의 경우는 3번의 짝 비교가 필요하여 $c = 3$이 되므로 전체 유의수준 $\alpha = 0.05$라고 한다면 각 짝 비교의 α를 0.05/3으로 하거나 아니면 SPSS가 구해 준 각 비교의 p값을 3배한 값을 그 비교의 p값으로 간주하는 것이다.

위에서 설명한 사후검증 방법을 구체적으로 실행해 보자. 이를 위해 먼저 앞 단계에서의 파일 분할을 해제해 주어야 하는데 〈그림 14-2〉 화면을 불러 **Analyze all cases, do not create groups**를 선택하면 된다. **grp**에 의한 6개 집단에 대한 일원분산분석을 하기 위해, 〈그림 14-1〉의 메뉴에서 **Analyze → Compare Means → One-Way ANOVA**를 클릭하여 〈그림 14-4〉의 대화상자를 불러내고, **Dependent List**에 **scor**, **Factor**에 **grp**를 선정한다.

그 다음 〈그림 14-4〉에서 **Post Hoc** 버튼을 클릭하여, **Post Hoc Multiple Comparisons** 대화상자를 불러내어, **LSD**를 선택하여 분석하면 사후검증 결과인 〈표 14-7〉을 얻을 수 있다.

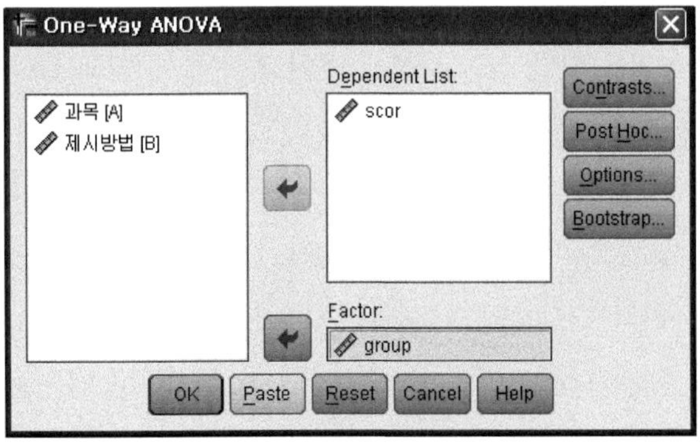

〈그림 14-4〉

단순주효과의 사전대비

단순주효과에 대한 대비의 경우는 주효과의 대비와 동일하게 다음과 같은 t검증으로 이루어진다.

$$t = \frac{\hat{\psi}}{\sqrt{\frac{(\Sigma a_j^2)\text{MSw}}{n}}} \sim t_{\text{dfw}}$$

여기서 MSw는 이원분산분석의 값이고 dfw는 MSw의 자유도이다.

단순주효과 중다비교의 효과의 크기

사전비교, 사후비교를 불문하고 중다비교의 ES d는 주효과의 경우와 마찬가지로 다음과 같이 구한다.

$$d = \frac{\psi}{S}$$

여기서 S는 역시 해당 단순주효과 변수에 의한 일원분산분석의 $\sqrt{\text{MSw}}$ 값을 사용한다.

분석결과 보기

SPSS 분석결과를 보기 전에 먼저 자료를 살펴보자.

〈표 14-1〉

제시방법(B) \ 과목(A)	physical	social	history	전체
computer	46.0 (집단 1)	40.0 (집단 3)	38.0 (집단 5)	41.33
standard	34.0 (집단 2)	12.0 (집단 4)	31.0 (집단 6)	25.67
전체	40.0	26.0	34.5	

〈표 14-1〉은 각 집단별 평균과 주변평균, 그리고 변수 **grp**에 주어진 변수 번호를 나타낸 것이다. 우선 **제시방법(B)**의 주변평균을 보면 computer가 standard보다 평균이 높으며 평균도표〈그림 14-5〉에서도 전체적으로 computer의 경우가 높으므로 **제시방법(B)**의 주효과가 유의하리라고 예상된다. **과목(A)**의 경우, physical과 history는 별 차이가 없으나

social은 주변평균이 다른 두 과목보다 현저히 낮으므로 **A**변수 역시 주효과가 유의하리라고 예상할 수 있다. 상호작용의 경우는 평균도표에서 뚜렷이 나타난다. physical과 history에서는 **제시방법(B)**에 따른 차이가 비슷하지만 social에서는 **B**변수 효과의 차이가 많이 난다. 즉 한 변수의 효과가 다른 변수의 수준에 따라 달라지므로 유의한 상호작용 효과를 예상할 수 있다. 일반적으로 이러한 평균도표에서는 그래프가 서로 평행에서 멀어질수록 상호작용이 강함을 의미한다.

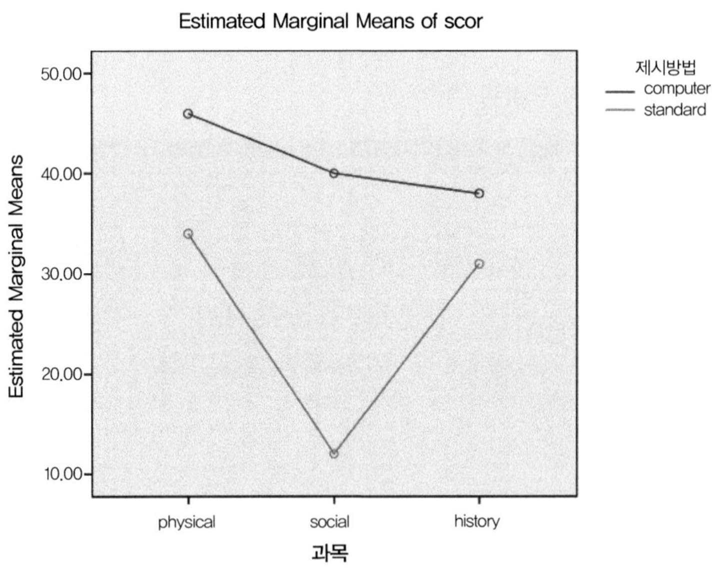

〈그림 14-5〉 집단별 평균도표

모형의 전반적 검증 및 단순주효과 검증

위에서의 예상을 확인하기 위해 먼저 변수 **A, B**에 의한 일반적인 이원분산분석의 결과와 주효과에 대한 사후검증의 SPSS 분석결과인 〈표 14-2〉와 〈표 14-3〉을 보자. 이 분산분석표를 보면 위에서 예상한 바와 같이 **A**의 주효과($F(2, 30) = 10.74, p < .001$), **B**의 주효과($F(1, 30) = 39.73, p < .001$), 그리고 상호작용 효과($F(2, 30) = 6.49, p = 0.005$) 모두 통계적으로 유의하다. 상호작용이 유의하므로, 먼저 단순주효과 분석으로 상호작용의 성격을 검토해 보자.

〈표 14-2〉

Dependent Variable:scor

Source	Type III Sum of Squares	df	Mean Square	F	Sig.
Corrected Model	4125.000[a]	5	825.000	14.838	.000
Intercept	40401.000	1	40401.000	726.637	.000
A	1194.000	2	597.000	10.737	.000
B	2209.000	1	2209.000	39.730	.000
A * B	722.000	2	361.000	6.493	.005
Error	1668.000	30	55.600		
Total	46194.000	36			
Corrected Total	5793.000	35			

a. R Squared = .712 (Adjusted R Squared = .664)

〈표 14-3〉

Multiple Comparisons

Dependent Variable: scor
Tukey HSD

(I) 과목	(J) 과목	Mean Difference (I-J)	Std. Error	Sig.	95% Confidence Interval Lower Bound	95% Confidence Interval Upper Bound
physical	social	14.0000*	3.04412	.000	6.4954	21.5046
	history	5.5000	3.04412	.185	-2.0046	13.0046
social	physical	-14.0000*	3.04412	.000	-21.5046	-6.4954
	history	-8.5000*	3.04412	.024	-16.0046	-.9954
history	physical	-5.5000	3.04412	.185	-13.0046	2.0046
	social	8.5000*	3.04412	.024	.9954	16.0046

Based on observed means.

*. The mean difference is significant at the .05 level.

각 단순주효과를 검증하기 위한 집단 간 제곱합과 평균제곱을 구하기 위해 〈그림 14-2〉와 〈그림 14-3〉에서 설명한 방법으로 자료 파일을 한 독립변수의 하위수준별로 분할한 후 다른 독립변수에 의한 일원분산분석으로 구한 SPSS 결과가 다음의 〈표 14-4〉와 〈표 14-5〉이다.

〈표 14-4〉

ANOVA

scor

제시방법		Sum of Squares	df	Mean Square	F	Sig.
computer	Between Groups	208.000	2	104.000	3.421	.060
	Within Groups	456.000	15	30.400		
	Total	664.000	17			
standard	Between Groups	1708.000	2	854.000	10.569	.001
	Within Groups	1212.000	15	80.800		
	Total	2920.000	17			

〈표 14-5〉

ANOVA

scor

과목		Sum of Squares	df	Mean Square	F	Sig.
physical	Between Groups	432.000	1	432.000	5.082	.048
	Within Groups	850.000	10	85.000		
	Total	1282.000	11			
social	Between Groups	2352.000	1	2352.000	123.789	.000
	Within Groups	190.000	10	19.000		
	Total	2542.000	11			
history	Between Groups	147.000	1	147.000	2.341	.157
	Within Groups	628.000	10	62.800		
	Total	775.000	11			

〈표 14-2〉와 위의 일원분산분석 결과들을 이용하여 단순주효과 분산분석표를 작성하면 다음과 같다.

〈표 14-6〉 단순주효과 분산분석표

분산원	자유도	제곱합(SS)	평균제곱(MS)	F	p
과목(A)					
computer에서	2	208.00	104.00	1.871	.3430
standard에서	2	1708.00	854.00	15.360	.000
제시방법(B)					
physical에서	1	432.00	432.00	7.770	.0273
social에서	1	2352.00	2352.00	42.302	.000
history에서	1	147.00	147.00	2.644	.3332
오차	30	1668.00	55.60		

위 표에서 제곱합(SS)과 평균제곱(MS)은 앞 〈표 14-4〉와 〈표 14-5〉의 일원분산분석 결과의 집단 간에서, 오차항은 이원분산분석 결과인 〈표 14-2〉에서 가져온 것이다. 여기서 p값은 일반통계학 책의 F분포표를 이용하여 범위로 구하거나 SPSS를 이용하여 다음과 같은 방법으로 구할 수 있다.

① 먼저 새로운 **SPSS Data Editor** 화면을 불러 〈그림 14-6〉처럼 F값이 소수점 이하 3자리, 그리고 p가 소수점 이하 4자리가 입력 가능하도록 소수점의 범위를 넓힌다.

② 〈그림 14-7〉과 같이 F값의 분자 자유도(df1), 분모 자유도(df2), 그리고 F값 정보를 입력한다.

③ 메뉴에서 **변환(Transform)** → **변수 계산(Compute)**을 클릭하여 〈그림 14-8〉과 같은 대화상자를 불러내어 그림에서처럼 입력하고 **확인(OK)**을 클릭하면 〈그림 14-9〉가 생성된다.

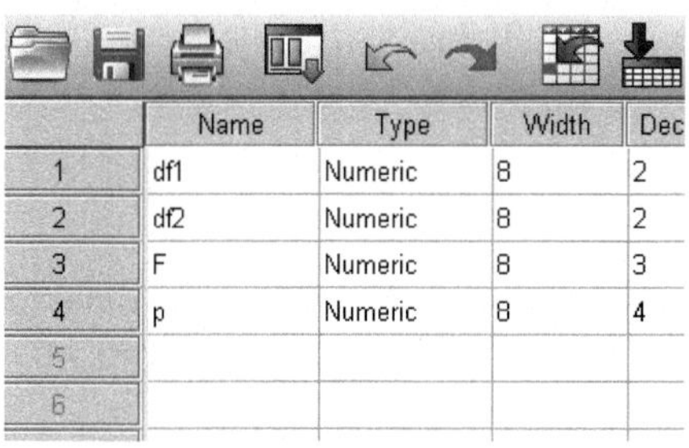

〈그림 14-6〉

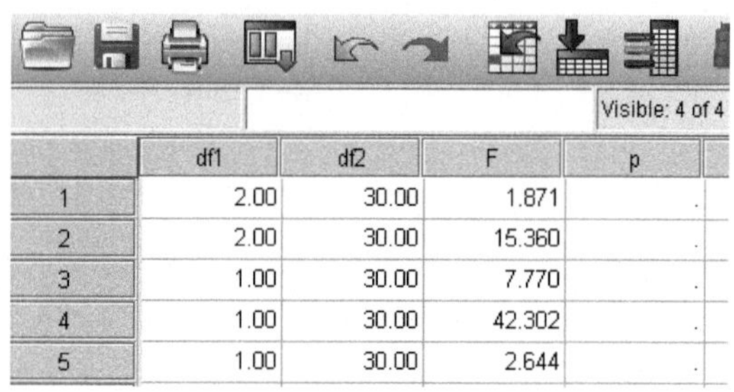

〈그림 14-7〉

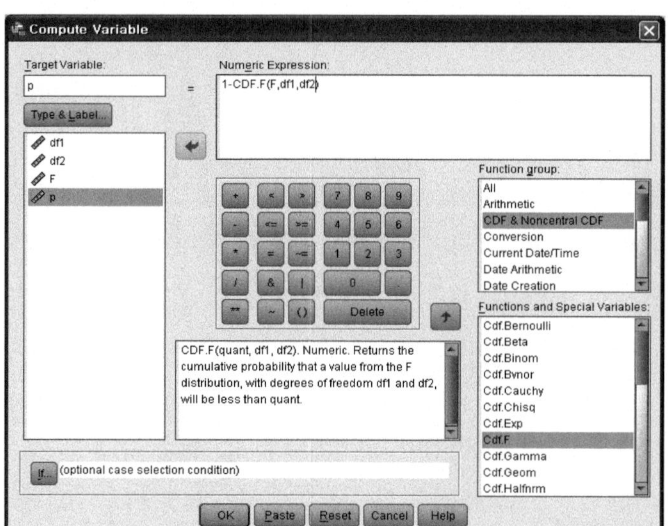

〈그림 14-8〉

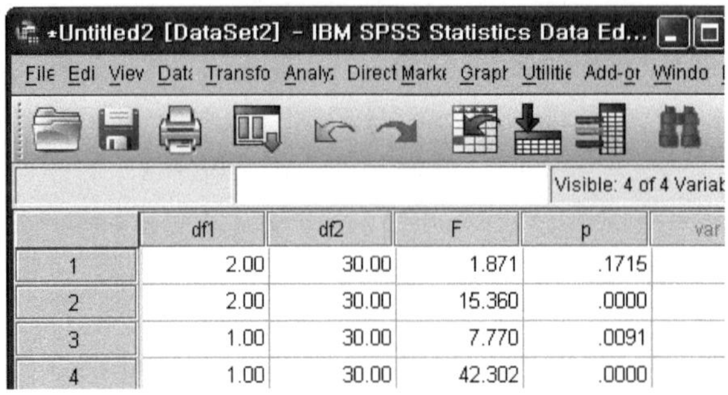

〈그림 14-9〉

④ 〈그림 14-9〉에서 p는 F 확률밀도함수 그래프에서 검증통계치 F값보다 큰 면적이다. 즉 각 개별 단순주효과만 고려한 p값이다.

따라서 앞에서 논의한 바와 같이 Bonferroni 부등식을 이용하여 전체 단순주효과의 제1종 오류를 통제하기 위해 각 개별 단순주효과의 p값에 단순주효과의 개수 c(**A**는 2, **B**는 3)를 곱하여 전체의 제1종 오류를 통제한 p값을 구하면 다음과 같다.

과목(A): computer .1715 × 2 = .343 standard: .0000 × 2 = 0.0000
방법(B): phy. .0091 × 3 = .0273 social: .0000 × 3 = 0.0000 hist: .1144 × 3 = .3332

〈표 14-6〉에서 먼저 **과목(A)**의 단순 주효과를 살펴보자. **B** = 1(**computer**)의 경우, 세 과목 타입의 효과에 유의한 차이가 없지만($F(2, 30) = 1.871$, $p = .3431$). **B** = 2(**standard**)에서는 유의한 차이가 있었다($F(2, 30) = 15.36$, $p < .001$). 이는 프로파일에서 **B** = 1에서는 세 점에서 큰 차이가 없으나 **B** = 2에서는 큰 차이가 있는 것과 일치한다. **B** = 2에서 **A**의 단순주효과가 유의하였으므로 **B** = 2에서 어느 과목 간에 유의한 차이가 있는가를 알아보기 위한 사후검증을 실시할 수 있을 것이다.

다음은 **B(제시방법)**의 단순주효과를 살펴보자. **A** = 1($F(1, 30) = 7.77$, $p = 0.027$), **A** = 2($F(1, 30) = 42.30$, $p < .001$)에서는 **제시방법**에 유의한 차이가 있으나 **A** = 3에서는 유의한 차이가 없었다. 이 경우에는 각 단순주효과를 비교할 집단이 2개뿐이므로 사후검증은 필요하지 않다.

주효과 및 단순주효과에 대한 중다비교

상호작용이 유의한 경우, 주효과 검증 및 주효과에 대한 중다비교 검증은 별 의미가 없는 경우도 있으므로 의미가 있다고 판단된 경우 주효과 해석 및 유의한 주효과에 대한 사후검증을 실시할 수 있다. 이는 이원분산분석의 장에서 제시한 방법으로 시행할 수 있을 것이다. 본 예시자료의 경우, 〈표 14-3〉에 각 주효과에 대한 **Tukey** 사후검증의 결과가 나와 있다. **과목(A)**의 경우, **physical**(1)과 **social**(2) ($p < 0.001$), **social**(2)와 **history**(3) ($p = 0.024$) 사이에 유의한 차이가 있었다. **제시방법(B)**은 하위수준이 2개이므로 사후검증이 필요하지 않다.

다음으로 단순주효과에 대한 사후검증을 실시해 보자. **B(제시방법)**는 비교할 집단이 2개뿐이어서 사후검증은 필요하지 않다. **과목(A)**의 단순주효과의 경우 **B** = 2에서 **A**의 단순주효과가 유의하였으므로 **B** = 2에서 어느 과목 간에 유의한 차이가 있는가를 알아보기 위한 사후검증의 결과를 살펴보자. 먼저 **B** = 2에서 각 과목별 집단은 집단 2, 4, 6으로 주었으므로 〈표 14-7〉의 사후검증 결과에서 집단 2, 4, 6을 서로 비교한 것을 찾아보자. 앞에

〈표 14-7〉

Multiple Comparisons

Dependent Variable: scor
LSD

(I) grp	(J) grp	Mean Difference (I-J)	Std. Error	Sig.	95% Confidence Interval Lower Bound	95% Confidence Interval Upper Bound
1.00	2.00	12.00000*	4.30504	.009	3.2079	20.7921
	3.00	6.00000	4.30504	.174	-2.7921	14.7921
	4.00	34.00000*	4.30504	.000	25.2079	42.7921
	5.00	8.00000	4.30504	.073	-.7921	16.7921
	6.00	15.00000*	4.30504	.002	6.2079	23.7921
2.00	1.00	-12.00000*	4.30504	.009	-20.7921	-3.2079
	3.00	-6.00000	4.30504	.174	-14.7921	2.7921
	4.00	22.00000*	4.30504	.000	13.2079	30.7921
	5.00	-4.00000	4.30504	.360	-12.7921	4.7921
	6.00	3.00000	4.30504	.491	-5.7921	11.7921
3.00	1.00	-6.00000	4.30504	.174	-14.7921	2.7921
	2.00	6.00000	4.30504	.174	-2.7921	14.7921
	4.00	28.00000*	4.30504	.000	19.2079	36.7921
	5.00	2.00000	4.30504	.646	-6.7921	10.7921
	6.00	9.00000*	4.30504	.045	.2079	17.7921
4.00	1.00	-34.00000*	4.30504	.000	-42.7921	-25.2079
	2.00	-22.00000*	4.30504	.000	-30.7921	-13.2079
	3.00	-28.00000*	4.30504	.000	-36.7921	-19.2079
	5.00	-26.00000*	4.30504	.000	-34.7921	-17.2079
	6.00	-19.00000*	4.30504	.000	-27.7921	-10.2079
5.00	1.00	-8.00000	4.30504	.073	-16.7921	.7921
	2.00	4.00000	4.30504	.360	-4.7921	12.7921
	3.00	-2.00000	4.30504	.646	-10.7921	6.7921
	4.00	26.00000*	4.30504	.000	17.2079	34.7921
	6.00	7.00000	4.30504	.114	-1.7921	15.7921
6.00	1.00	-15.00000*	4.30504	.002	-23.7921	-6.2079
	2.00	-3.00000	4.30504	.491	-11.7921	5.7921
	3.00	-9.00000*	4.30504	.045	-17.7921	-.2079
	4.00	19.00000*	4.30504	.000	10.2079	27.7921
	5.00	-7.00000	4.30504	.114	-15.7921	1.7921

*. The mean difference is significant at the .05 level.

서 논의한 바와 같이 여기에 주어진 p값은 개별 비교에 대한 제1종 오류를 통제한 것이므로 집단 2, 4, 6 간의 짝 비교에 필요한 3번의 짝 비교에 대한 전체 제1종 오류를 통제하기 위해서는 이 p값에 3을 곱해서 이를 p값으로 간주해야 한다. 따라서 집단 2와 집단 4(p = 0.000 × 3 = 0.000), 그리고 집단 4와 집단 6(p = 0.000*3 = 0.000) 사이에 유의한 차이가 있음을 알 수 있다.

그런데 여기 한 가지 짚고 넘어갈 것은 〈그림 14-3〉에서 사후검증을 선택할 때, **Tukey** 등을 선정하면 6개 집단 전체의 비교에 대한 제1종 오류를 통제하므로, 예를 들어 집단 1과 집단 4 간의 짝 비교와 같은 변수 간 다른 수준 집단 사이의 사후비교도 가능하다. 그러나 일반적으로 다른 수준 간 비교의 경우, 그 의미 해석이 어렵다는 문제점이 있어 잘 시행하지 않는다. 만약 집단 1과 집단 4의 평균비교가 유의하여, 집단 1의 평균이 집단 4의 평균보다 높다는 결론이 나오면, 이 차이가 **과목(A)**의 차이 때문인지 **제시방법(B)**의 차이 때문인지 아니면 둘 다 영향을 미쳤는지 해석하기가 용이하지 않기 때문이다. 따라서 변수 간 다른 수준 사이의 사후비교는 연구 상황에 따라서 연구자가 신중하게 결정해야 할 것이다.

다음으로 단순주효과에 대한 사전대비를 시행해 보자. 만약 연구자가 각 **제시방법**별로 자연과학분야(**physical**)와 인문사회과학분야(**social, history**)의 효과를 비교하고자 한다면 이 대비는 다음과 같이 나타낼 수 있다.

$$\hat{\psi} = (1)\,\overline{X_{1}.} + (-.5)\,\overline{X_{2}.} + (-.5)\,\overline{X_{3}.}$$

따라서 각 **제시방법**별 대비 추정치는 다음과 같이 계산할 수 있다.

$$\hat{\psi}_1 = 46.0 - (.5)40. - (.5)38.0 = 7 \qquad \hat{\psi}_2 = 34 - (.5)12 - (.5)31 = 12.5$$

그리고 $\Sigma a_j^2 = .5^2 + .5^2 + 1 = 1.5$이고 〈표 14-2〉에서 MSw = 55.6, dfw = 30이므로 이들 값을 이용하여 각 단순주효과 대비에 대한 t검증을 실시하면 다음과 같다.

$$t_1 = \frac{\hat{\psi}}{\sqrt{\frac{(\Sigma a_j^2)\text{MSw}}{n}}} = \frac{7}{\sqrt{\frac{1.5(55.6)}{6}}} = 1.878,\ p = .070$$

$$t_2 = \frac{\hat{\psi}}{\sqrt{\frac{(\Sigma a_j^2)\text{MSw}}{n}}} = \frac{12.5}{\sqrt{\frac{1.5(55.6)}{6}}} = 3.353,\ p = .002$$

위의 결과로 자연과학분야와 인문사회과학분야의 대비는 **제시방법**이 **computer**인 경우는 통계적으로 유의하지 않지만 **standard**인 경우는 유의함을 알 수 있다.

단순주효과 중다비교의 효과의 크기

과목(A)의 경우 **제시방법(B)**이 **standard**인 경우의 단순주효과가 통계적으로 유의하였고, 이 주효과에 대한 사후검증 결과 **physical**과 **social** 사이, 그리고 **history**와 **social** 사이의 짝비교가 통계적으로 유의하였으므로 이들 쌍에 대한 ES로 *d*값을 구해 보자. 먼저 전자의 경우 $\hat{\psi}$ = (1)(34.0) + (−1)(12.0) + (0)31.0 = 24, 후자는 $\hat{\psi}$ = (0)34.0 + (−1)12.0 + (1)31.0 = 19인데, $S = \sqrt{MSw}$에서 MSw는 해당 단순효과의 요인으로 일원분산분석한 값을 사용해야 하므로 다시 주어진 예시자료를 과목(A)으로 일원분석하면 (결과는 제시하지 않음) MSw = 139.364이므로 각각의 ES는 $d = \hat{\psi}/S = 24/\sqrt{139.364} = 2.03$, 그리고 $d = 19/\sqrt{139.364} = 1.61$로 매우 높은 효과의 크기를 보여 준다. 그리고 앞에서 예로 든 **제시방법 standard**에서 자연과학분야(**physical**)와 사회과학분야(**social, history**)의 대비가 통계적으로 유의하였으므로 이 경우 $d = \hat{\psi}/S = 12.5/\sqrt{139.364} = 1.06$으로 역시 높은 효과의 크기이다.

다음으로 **제시방법(B)**의 경우 **physical**과 **social**에서 단순주효과가 유의하므로 이들의 ES를 산출해 보자. **physical**과 **social**에서 제시방법 대비는 각각 $\hat{\psi}$ = 46 − 34 = 12, $\hat{\psi}$ = 40 − 12 = 28이고 주어진 예시자료를 **제시방법(B)**로 일원분산분석한 MSw = 105.412이므로 각각의 ES는 $d = \hat{\psi}/S = 12/\sqrt{105.412} = 1.17$, $d = 28/\sqrt{105.412} = 2.73$으로 모두 높은 효과의 크기를 보여 준다.

3. 분석결과의 기술

각 집단별 어휘력 검사점수의 평균과 표준편차, 그리고 집단별 평균도표는 〈표 14−8〉과 〈그림 14−10〉과 같았다.

〈표 14−8〉 집단별 평균과 표준편차

평균(표준편차)

제시방법	physical	social	history	전체
computer	46.0 (6.99)	40.0 (4.82)	38.0 (4.38)	41.33 (6.25)
standard	34.0 (11.01)	12.0 (3.85)	31.0 (10.32)	25.67 (13.11)
전체	40.0 (10.80)	26.0 (15.20)	34.5 (8.39)	

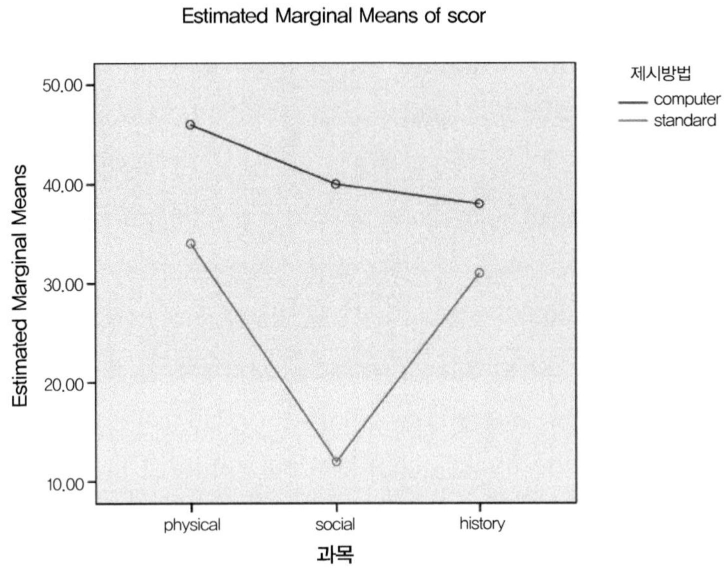

〈그림 14-10〉

〈표 14-8〉과 〈그림 14-10〉에서 알 수 있는 바와 같이 제시방법(B)의 경우, 전체적으로 computer 방법이 standard 방법보다 더 효과적이었으며 이는 이원분산분석 결과인 〈표 14-9〉에서도 유의한 차이를 보여 주었다($F(1, 30) = 39.73, p < .001$). 과목(A) 간에도 유의한 차이가 있었으나($F(2, 30) = 10.737, p < .001$), 〈그림 14-10〉에서 보는 바와 같이 제시방법(A)에 따라 복잡한 양상을 보였으며, 이들 간에는 유의한 상호작용 효과가 있었다($F(2, 30) = 6.493, p = 0.005$).

〈표 14-9〉 이원분산분석표

분산원	제곱합(SS)	자유도(df)	평균제곱(MS)	F	p	ES(η_p^2)
과목(A)	1194.00	2	597.0	10.737	.000	.42
제시방법(B)	2209.0	1	2209.0	39.73	.000	.57
상호작용	722.0	2	361.0	6.49	.005	.30
오차	1668.0	30	55.6			
전체	5793.0	35				

이들 상호작용의 성격을 규명하고자 각 변수별 단순주효과를 분석한 결과가 〈표 14-10〉에 제시되어 있다. 먼저 과목(A)의 경우, standard 방법으로 제시한 경우에만 과목 간에 유의한 차이가 있었다($F(2, 30) = 15.36, p < .001$). 사후검증 결과, standard로 제시한 경우엔 physical($p < .001$, ES(d) = 2.03)과 history($p < .001$, ES(d) = 1.61) 모두 social보다 통계적으로 유의하게 높았고 효과의 크기(ES)도 매우 높았으나, physical과 history 사이에는 유의한 차이가 없었다.

제시방법(B)의 경우, physical(F(1, 30) = 7.77, p = 0.027, ES(d) = 1.17)과 social($F(1, 30) = 42.3, p < .001$, ES(d) = 2.73) 양 과목 집단 모두에서 computer가 standard보다 통계적으로 유의하게 높았고 효과의 크기(ES)도 매우 높았으나, history 집단에서는 유의한 차이가 없었다($F(1, 30) = 2.644, p = .333$).

〈표 14-10〉 단순주효과 분산분석표

분산원	자유도	제곱합(SS)	평균제곱(MS)	F	p
과목(A)					
computer에서	2	208.00	104.00	1.871	.343
standard에서	2	1708.00	854.00	15.360	.000
제시방법(B)					
physical에서	1	432.00	432.00	7.770	.027
social에서	1	2352.00	2352.00	42.302	.000
history에서	1	147.00	147.00	2.644	.333
오차	30	1668.00	55.60		

15장 반복측정 설계

학생들의 스트레스를 해소하기 위한 음악감상, 스포츠, 그리고 명상법 등 세 가지 방법의 효과를 알아보기 위한 실험연구를 가정해 보자. 연구대상자 80명을 20명씩 음악감상 집단, 스포츠 집단, 명상집단, 그리고 아무 처치도 받지 않는 통제집단 등 무작위로 네 집단으로 나누어 집단별로 해당 방법으로 처치한 후 각 집단의 스트레스 평균을 비교하였다면, 이는 일원분산분석에 해당된다. 이 경우는 각 집단의 구성원이 서로 다르고, 각 집단별로 별도의 처치를 받게 되는 것이다. 그런데 연구대상자 20명만을 대상으로 사전검사 후 일정 시간 간격을 두고 각 방법을 처치하여, 각 처치별로 처치 후 스트레스를 측정, 처치별 평균을 비교하였다면, 이는 반복측정에 해당된다. 이 경우는 동일 연구대상자에게 세 가지 스트레스 해소방법을 모두 처치하면서 처치별 스트레스를 반복 측정하게 된다.

반복측정 설계는 또한 동일 집단에 대해 행동의 변화를 알아보기 위해 어떤 시간 간격을 두고 반복 측정하여, 그 변화의 추이를 알아보는 목적으로도 활용된다. 예를 들어, 무질서한 행동을 교정하는 프로그램의 효과를 알아보기 위하여, 30명의 학생들을 대상으로 먼저 사전검사를 한 후, 이 프로그램을 시행하면서, 한 달 후, 두 달 후, 세 달 후, 그리고 네 달 후 등 4번에 걸쳐 무질서 행동의 횟수를 측정하여, 사전검사를 포함하여 5번의 평균에 차이가 있는지, 그리고 어떤 추세로 변화해 가는지를 반복측정 설계로 알아볼 수가 있다.

반복측정 설계는 각 처치별 연구대상자가 동일하므로 처치 집단별 대상자 차이로 생길 수 있는 오차를 줄일 수 있다. 이는 동일 대상자를 반복측정하여 대상자별로 평균을 구할 수 있고, 이 대상자 간 평균의 차이로 대상자의 안정된 오차변량에서 분리하여 따로 추출할 수 있기 때문이다. 따라서 반복측정 설계는 일반적인 분산분석에 비해 검증력을 높일 수 있으며, 한 집단에 여러 처치를 시행하므로 연구대상자의 수가 제한적일 때에도 활용할 수 있는 장점이 있다. 반면에, 먼저 시행한 처치의 잔류효과가 다음 처치의 측정에도 영향을 주는 이월(carry-over)효과나 피로와 같은 누진적 오류의 가능성이 있는 경우, 이 설계는 문제가 될 수 있다. 이런 경우에는 각 대상자별 처치의 순서를 바꾸어 주는 상쇄균형화(counterbalancing) 통제방법 사용을 고려해 볼 수 있다.

반복측정이 포함된 모형에서는 반복측정이 이루어진 요인, 즉 독립변수는 피험자내 요인(within-subject factor)이라고 한다. 앞 예에서 스트레스 해소 방법, 그리고 행동변화를 알아보기 위한 반복측정이 바로 여기에 속한다. 이는 여러 처치나 기간에 걸친 측정이 동일한 연구대상자 내에서 실시되었기 때문에 이렇게 부른다. 반면 일원분산분석이나 이원분산분석 등은 처치별로 집단 구성원 즉 피험자가 서로 다르기 때문에 처치의 효과는 서로 다른 대상자를 비교하므로 이러한 독립변수들은 피험자간 요인(between-subject factor)이라고 한다.

이 장에서는 모형에 피험자내 요인이 하나만 포함된 일원 반복측정 분산분석모형(one-way repeated-measures ANOVA model), 피험자내 요인만 2개가 포함된 이원 반복측정 분산분석모형(two-way repeated-measures ANOVA model), 그리고 피험자내 요인 1개와 피험자간 요인 1개가 포함된 혼합모형(mixed model)에 대해서 살펴본다.

반복측정모형에서 효과별 제곱합(SS) 분류와 각 효과 검증의 원칙 및 자유도(df)

반복측정모형에서는 각 효과의 제곱합과 자유도를 나누고 각 효과의 유의성을 검증하기 위한 적절한 오차항을 선택하는 것이 매우 복잡하므로 각 모형별로 SS 분류와 검증의 원칙 그리고 df를 미리 정리해 본다.

먼저

A, B: 피험자간 요인으로 각각의 하위수준(집단) 수를 a, b

C, D: 피험자내 요인으로 각각의 반복측정 수를 c, d

S: 피험자 요인으로 각 집단별 개체 수를 n

이라고 하자. 각 설계별 전체 SS_t를 구성하는 효과와 오차항을 분류하고 확인하는 주요 원칙은 다음과 같다.

① 피험자간 요인(A)과 피험자 요인(S) 간에는 상호작용이 없다. 이는 피험자간 요인(즉 집단)별로 피험자(S)가 다르기 때문이다: A, S/A

② 피험자내 요인(C)과 S 간에는 상호작용이 있다: C, S, CS

③ 피험자간 요인(A)이 포함된 모형에서는 피험자간 요인별로 S가 다르므로 S는 항상 피험자간 요인의 하위수준 집단별로 표현된다: S/A

④ 피험자간 요인(A)만 포함된 효과에 대한 검증의 오차항은 S가 된다: S/A

⑤ 피험자내 요인(C)이 포함된 효과에 대한 검증의 오차항은 피험자내 요인과 피험자 요인의 상호작용항이 된다: CS

⑥ S의 효과는 일반적으로 관심사가 아니다.

위 원칙에 따라 각종 모형별로 구성효과와 SS, 효과 검증의 오차항과 자유도를 정리해 보면 다음과 같다.

1. 일원분산분석: A, S
   1) 구성효과: A, S/A
   2) 각 효과에 대한 오차항: A ← S/A
   3) SS와 자유도

SS_t (an − 1)

	피험자간		피험자내
SS	SS_A	$SS_{S/A}$	없음
df	$(a-1)$	$a(n-1)$	

2. 일원반복측정 분산분석: C, S
   1) 구성효과: S, C, CS
   2) 각 효과에 대한 오차항: C ← CS
   3) SS와 자유도

SS_t (nc − 1)

	피험자간	피험자내	
SS	SS_S	SS_C	SS_{CS}
df	$(n-1)$	$(c-1)$	$(n-1)(c-1)$

3. 이원반복측정 분산분석: C, D, S
   1) 구성효과: S, C, D, CD, CS, DS, CDS
   2) 각 효과에 대한 오차항: C ← CS, D ← DS, CD ← CDS
   3) SS와 자유도

SS_t (ncd − 1)

	피험자간	피험자내					
SS	SS_S	SS_C	SS_D	SS_{CD}	SS_{CS}	SS_{DS}	SS_{CDS}
df	$(n-1)$	$(c-1)$	$(d-1)$	$(c-1)(d-1)$	$(c-1)(n-1)$	$(d-1)(n-1)$	$(c-1)(d-1)(n-1)$

4. 혼합모형: A, C, S
   1) 구성효과: A, S/A, C, AC, CS/A
   2) 각 효과에 대한 오차항: A ← S/A, C ← CS/A, AC ← CS/A
   3) SS와 자유도

SS_t (acn − 1)

	피험자간		피험자내		
SS	SS_A	$SS_{S/A}$	SS_C	SS_{AC}	$SS_{CS/A}$
df	$(a-1)$	$a(n-1)$	$(c-1)$	$(a-1)(c-1)$	$a(c-1)(n-1)$

5. 혼합모형: A, B, C, S
   1) 구성효과: A, B, AB, S/AB, C, AC, BC, ABC, CS/AB
   2) 각 효과에 대한 오차항: (A, B, AB) ← S/AB, (C, AC, ABC) ← CS/AB
   3) SS와 자유도

SS_t (abcn − 1)

	피험자간			
SS	SS_A	SS_B	SS_{AB}	$SS_{S/AB}$
df	$(a-1)$	$(b-1)$	$(a-1)(b-1)$	$ab(n-1)$

SS_t (abcn − 1)

	피험자내				
SS	SS_C	SS_{AC}	SS_{BC}	SS_{ABC}	$SS_{CS/AB}$
df	$(c-1)$	$(a-1)(c-1)$	$(b-1)(c-1)$	$(a-1)(b-1)(c-1)$	$ab(c-1)(n-1)$

1. 일원 반복측정 분산분석모형(one within-subject variable)

모형의 의미

앞의 예에서 세 가지 스트레스 해소방법의 효과를 비교하기 위해, 20명으로 이루어진 동일 집단에 대해 먼저 처치를 시행하기 전에 사전검사를 실시하여 기본 스트레스 정도를 측정하고, 그 후 각 처치별 스트레스를 측정하여 〈표 15-3〉과 같은 가상적 자료를 얻었다고 하자.

일원 반복측정 분산분석모형은 다음의 식 (1)로 나타낼 수 있다.

$$X_{ij} - \mu_t = C_j + S_i + e_{ij} \tag{1}$$

이 식은 연구대상자 i를 j처치 조건에서 측정한 점수 X_{ij}가 전체 평균 μ_t와의 차이는 j처치의 효과인 C_j, 연구대상자 i에 의한 효과인 S_i, 그리고 오차인 e_{ij} 등 세 가지 요소로 구성되어 있다고 모형을 설정하고 있다. 이 요소들은 실제 자료에서 다음의 식 (2)와 같이 추정할 수 있다.

$$X_{ij} - \overline{X_{..}} = (\overline{X_{.j}} - \overline{X_{..}}) + (\overline{X_{i.}} - \overline{X_{..}}) + (X_{ij} - \overline{X_{.j}} - \overline{X_{i.}} + \overline{X_{..}}) \qquad (2)$$

여기서 X_{ij}는 대상자 i의 j 처치 시의 측정치, $\overline{X_{.j}}$는 j처치에서의 집단 평균, $\overline{X_{i.}}$는 대상자 i의 전 처치에 대한 평균, 그리고 $\overline{X_{..}}$는 전체 평균을 나타낸다. 그리고 대상자 수는 n, 처치 수(반복측정의 횟수)는 c로 표시한다.

이 식에서는 j처치의 효과 C_j는 j처치 시의 집단 평균과 전체 평균과의 차이로, 개인 차이에 의한 효과 S_i는 각 연구대상자의 평균과 전체 평균과의 차이로, 그리고 처치와 대상자 간의 상호작용을 오차항으로 간주하여 추정한다. 위 식의 양변을 제곱하여 모든 학생에 대해 합하여 정리하면 다음과 같은 식 (3)을 얻는다.

$$\Sigma\Sigma(X_{ij} - \overline{X_{..}})^2 = \Sigma\Sigma(\overline{X_{.j}} - \overline{X_{..}})^2 + \Sigma\Sigma(\overline{X_{i.}} - \overline{X_{..}})^2 + \Sigma\Sigma(X_{ij} - \overline{X_{.j}} - \overline{X_{i.}} + \overline{X_{..}})^2 \qquad (3)$$

$$\text{SS: } SS_t = SS_C + SS_S + SS_{CS}$$

$$\text{df: } cn - 1 = c - 1 + n - 1 + (c-1)(n-1)$$

처치의 효과 또는 반복측정 간의 평균차이에 대한 유의성 검증은 다음의 F검증으로 이루어진다.

$$F = \frac{SS_C/(c-1)}{SS_{CS}/(c-1)(n-1)} = \frac{MS_C}{MS_{CS}} \qquad (4)$$

자료에서 구한 이 F값을 $F_{(c-1),(c-1)(n-1)}$ 분포와 비교해서 p값을 구하거나 임계치 $F_{(c-1),(c-1)(n-1),\alpha}$과 비교하여 각 처치 또는 반복측정 모집단의 평균이 동일하다는 H_o: $\mu_1 = \mu_2 = \cdots = \mu_c$를 검증할 수 있다.

처치의 효과에 대한 실제적 유의성, 즉 효과의 크기(ES: effect size)는 부분 η_p^2로 다음과 같이 산출할 수 있다.

$$\eta_p^2(C) = \frac{SS_C}{SS_C + SS_{CS}}$$

일원 반복측정 분산분석의 분산분석표는 이원분산분석의 경우와 비슷하게 다음의 〈표 15-1〉과 같이 정리할 수 있다. 여기서 피험자 차이 S의 F값은 큰 의미가 없다. 이 피험자

SS나 MS는 단순히 피험자 사이의 변량이 어느 정도 되는지 알려 줄 뿐이며 이를 모형에 포함한 것은 오차변량에서 피험자 변량을 제거하여 오차변량을 감소시켜 검증력을 높이려는 것이다.

〈표 15-1〉 일원 반복측정 분산분석표

분산원	제곱합(SS)	자유도(df)	평균제곱(MS)	F	p값	ES
피험자(S)	SS_S	$n-1$	MS_S			
처치(C)	SS_C	$c-1$	MS_C	MS_C/MS_{CS}	p	η_p^2(C)
오차(CS)	SS_{CS}	$(c-1)(n-1)$	MS_{CS}			
전체	SS_t	nc − 1				

중다비교검증

SPSS의 메뉴화면을 이용한 일원 반복측정 설계에서 사전비교(계획비교)는 연구자가 직접 대비계수를 입력할 수는 없고 대신 SPSS가 특정 상황에 대해 미리 설계해 놓은 다음의 〈표 15-2〉의 대비 중에서 선택할 수 있다. 공변수가 있거나(예를 들어 ANCOVA) 반복측정과 같은 특수한 모형의 사후검증은 SPSS의 **Post Hoc**에서 선택하지 않고 **Options**에서 **Bonferroni**나 **Sidak** 방법을 선택하여 수행한다.

예시자료

음악감상, 스포츠, 명상법 등 세 가지 스트레스 해소방법의 효과를 비교하기 위해, 20명으로 이루어진 동일 집단에 대해 먼저 처치를 시행하기 전에 사전검사를 실시하여 기본 스트레스 정도를 측정하고, 그 후 일주일마다 각 방법으로 처치 후 스트레스 정도를 측정하여 〈표 15-3〉과 같은 자료를 얻었다고 가정하자.

다음의 〈그림 15-1〉은 〈표 15-3〉의 자료를 입력한 **SPSS Data Editor** 화면의 일부를 보여 주고 있다.

〈표 15-2〉 SPSS에서 제공하는 특별 대비

<table>
<tr><th rowspan="2">대비 선택</th><th rowspan="2">정의</th><th colspan="3">네 개 범주의 경우의 예</th></tr>
<tr><th>대비 순서</th><th>집단 간 비교</th><th>비고</th></tr>
<tr><td rowspan="3">Deviation (First)</td><td rowspan="3">첫 번째 범주를 제외하고 각 범주의 효과를 전체 효과와 비교</td><td>1</td><td>2와 (1, 2, 3, 4)</td><td rowspan="3">비직교 대비</td></tr>
<tr><td>2</td><td>3과 (1, 2, 3, 4)</td></tr>
<tr><td>3</td><td>4와 (1, 2, 3, 4)</td></tr>
<tr><td rowspan="3">Deviation (Last)</td><td rowspan="3">마지막 범주를 제외하고 각 범주의 효과를 전체 효과와 비교</td><td>1</td><td>1과 (1, 2, 3, 4)</td><td rowspan="3">비직교 대비</td></tr>
<tr><td>2</td><td>2와 (1, 2, 3, 4)</td></tr>
<tr><td>3</td><td>3과 (1, 2, 3, 4)</td></tr>
<tr><td rowspan="3">Simple (First)</td><td rowspan="3">각 범주를 첫 번째 범주와 비교</td><td>1</td><td>1과 2</td><td rowspan="3">비직교 대비</td></tr>
<tr><td>2</td><td>1과 3</td></tr>
<tr><td>3</td><td>1과 4</td></tr>
<tr><td rowspan="3">Simple (Last)</td><td rowspan="3">각 범주를 마지막 범주와 비교</td><td>1</td><td>1과 4</td><td rowspan="3">비직교 대비</td></tr>
<tr><td>2</td><td>2와 4</td></tr>
<tr><td>3</td><td>3과 4</td></tr>
<tr><td rowspan="3">Difference</td><td rowspan="3">첫 번째를 제외한 각 범주를 모든 앞 범주들 평균과 비교</td><td>1</td><td>4와 (1, 2, 3)</td><td rowspan="3">직교 대비</td></tr>
<tr><td>2</td><td>3과 (1, 2)</td></tr>
<tr><td>3</td><td>2와 1</td></tr>
<tr><td rowspan="3">Repeated</td><td rowspan="3">첫 번째를 제외한 각 범주를 바로 앞 범주와 비교</td><td>1</td><td>1과 2</td><td rowspan="3">비직교 대비</td></tr>
<tr><td>2</td><td>2와 3</td></tr>
<tr><td>3</td><td>3과 4</td></tr>
<tr><td rowspan="3">Helmert</td><td rowspan="3">마지막을 제외한 각 범주를 모든 뒤 범주들 평균과 비교</td><td>1</td><td>1과 (2, 3, 4)</td><td rowspan="3">직교 대비</td></tr>
<tr><td>2</td><td>2와 (3, 4)</td></tr>
<tr><td>3</td><td>3과 4</td></tr>
<tr><td rowspan="3">Polynomial</td><td rowspan="3">첫 번째 범주에서 마지막 범주 순서로 경향(trend) 분석</td><td>1</td><td>linear(1차)</td><td rowspan="3">직교 대비</td></tr>
<tr><td>2</td><td>quadratic(2차)</td></tr>
<tr><td>3</td><td>cubic(3차)</td></tr>
</table>

〈표 15-3〉 각 처치 후 스트레스 측정치

대상자	사전	음악	스포츠	명상	대상자	사전	음악	스포츠	명상
1	90	72	70	73	11	79	64	55	63
2	86	70	51	86	12	84	77	50	63
3	85	72	85	67	13	92	89	81	90
4	86	67	70	74	14	82	69	47	75
5	84	77	46	71	15	78	59	61	58
6	84	83	67	83	16	76	57	58	76
7	87	79	67	68	17	85	65	66	70
8	86	75	53	70	18	76	71	49	64
9	83	78	45	74	19	85	76	55	69
10	74	66	48	52	20	83	80	45	74

분석방법

SPSS에서 메뉴를 이용한 반복측정 모형은 일반선형모형(GLM: General Linear Model)의 범주 내에서 분석할 수 있다. 메뉴에서 **Analyze → General Linear Model → Repeated Measures**를 클릭하여 〈그림 15-2〉와 같은 반복측정 요인, 즉 피험자내 요인(within-subject)을 정의하는 대화상자를 불러온다.

먼저 이 화면 상부에서 반복측정 요인의 이름과 반복측정 횟수(levels)를 입력한다. 〈그림 15-2〉에서는 스트레스 해소방법 요인의 이름을 **method**로 정해서 입력하고 4번 반복측정하였기 때문에 **4**를 입력한 것을 보여 주고 있다. **Add**를 클릭한 후 더 이상 정의할 반복측정 요인이 없으면 **Define**을 클릭하여 〈그림 15-3〉과 같은 반복측정 요인을 정의할 대

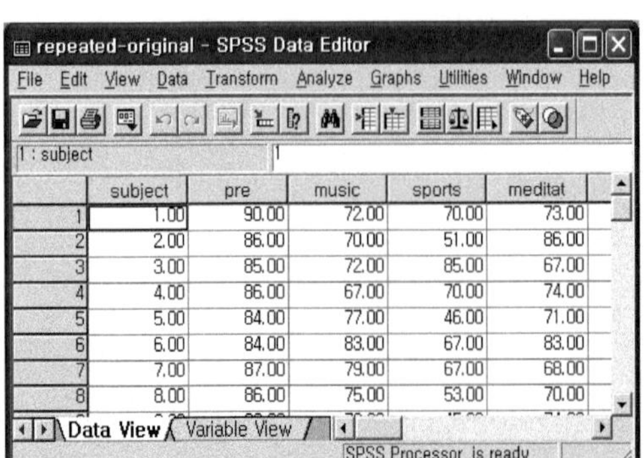

〈그림 15-1〉

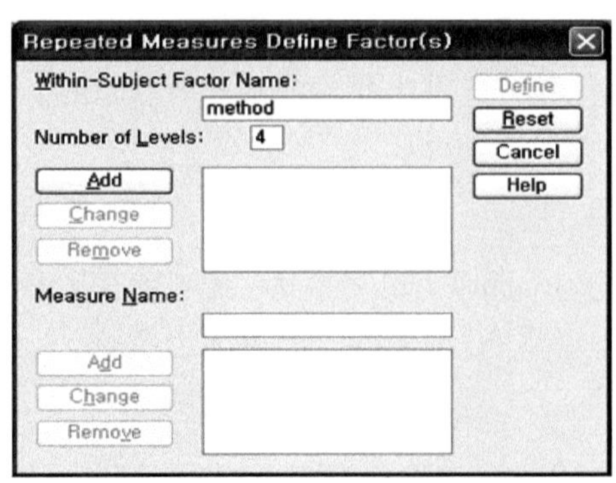

〈그림 15-2〉

화상자를 불러온다.

이 화면에서는 앞에서 정의한 반복측정 요인에 대해 각 하위수준, 즉 각 반복측정을 나타내는 변수 이름을 정의해 준다. 우리의 예에서는 첫 번째 측정이 변수 **pre**, 두 번째가 **music** 등이므로 이들을 정의해 준 결과가 〈그림 15-3〉에 나타나 있다. 이 화면에서 또한 **Plots**를 클릭하여 각 처치방법별 평균 그래프를 요청할 수 있다. 그리고 각 처치 즉 반복측정별 평균에 대한 사후검증은 이 화면에서 **Options**를 클릭하여 〈그림 15-4〉의 화면을 불러내어 여기서 반복측정 요인에 관한 사후검증을 요청할 수 있다. 〈그림 15-4〉는 반복측정 요인 **method**에 대해서 사후검증으로 **Sidak** 방법이 선택된 결과를 보여 주고 있다.

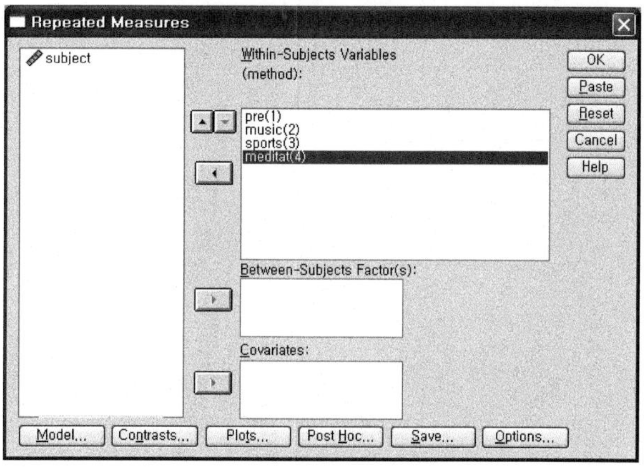

〈그림 15-3〉

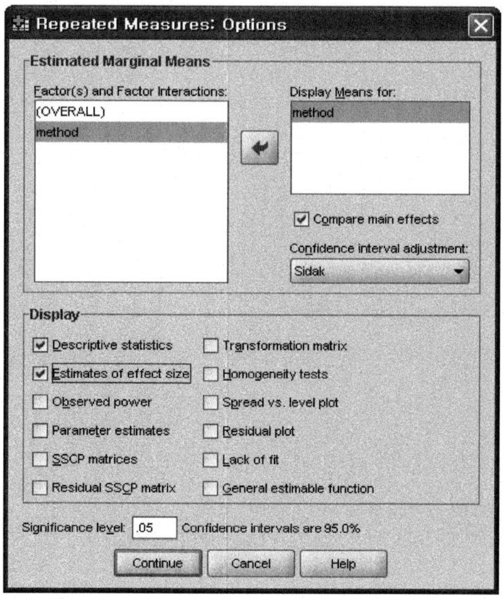

〈그림 15-4〉

분석결과 보기

〈표 15-4〉는 〈그림 15-4〉의 **Options**에서 **Descriptive statistics**를, 〈그림 15-5〉는 〈그림 15-3〉에서 **Plots**을 선택한 결과의 산출물을 보여 준다. 스트레스 해소 프로그램을 시행하기 전에는 평균이 83.25였으나 각 방법으로 처치를 한 경우 모두 평균이 낮아져 sport의 경우가 가장 낮고 음악과 명상은 평균이 서로 비슷하면서 스포츠의 경우보다는 훨씬 높음을 알 수 있다.

〈표 15-4〉

Descriptive Statistics

	Mean	Std. Deviation	N
pre	83.2500	4.63255	20
music	72.3000	7.99408	20
sports	58.4500	11.95815	20
meditat	71.0000	9.00292	20

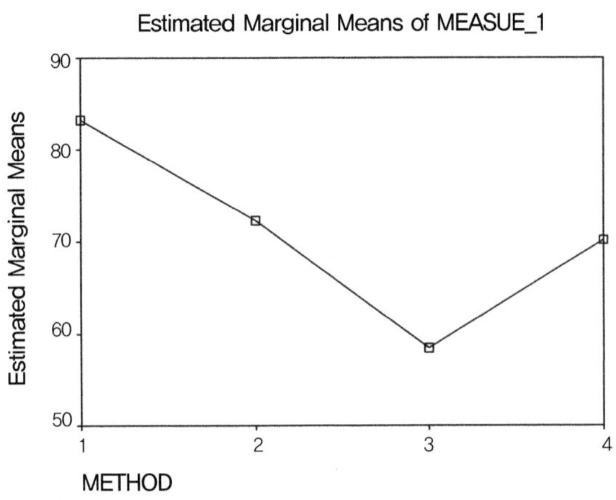

〈그림 15-5〉

〈표 15-5〉, 〈표 15-6〉 그리고 〈표 15-7〉은 각기 피험자내 요인에 대한 분석과 피험자간 요인에 대한 분석결과, 그리고 **Sidak** 방법에 의한 사후검증 결과를 보여 주고 있다. 현재의 모형에는 피험자간 요인이 없기 때문에 〈표 15-6〉의 오차항이 바로 S의 효과를 나타낸다.

〈표 15-5〉 및 〈표 15-6〉의 산출물을 이용하여 〈표 15-1〉의 각 셀에 해당되는 값을 구하여 분산분석표를 작성하면 〈표 15-8〉과 같다.

〈표 15-5〉

Tests of Within-Subjects Effects

Measure:MEASURE_1

Source		Type III Sum of Squares	df	Mean Square	F	Sig.	Partial Eta Squared
method	Sphericity Assumed	6180.100	3	2060.033	39.731	.000	.676
	Greenhouse-Geisser	6180.100	1.898	3256.594	39.731	.000	.676
	Huynh-Feldt	6180.100	2.102	2939.665	39.731	.000	.676
	Lower-bound	6180.100	1.000	6180.100	39.731	.000	.676
Error (method)	Sphericity Assumed	2955.400	57	51.849			
	Greenhouse-Geisser	2955.400	36.057	81.965			
	Huynh-Feldt	2955.400	39.944	73.989			
	Lower-bound	2955.400	19.000	155.547			

〈표 15-6〉

Tests of Between-Subjects Effects

Measure: MEASURE_1
Transformed Variable: Average

Source	Type III Sum of Squares	df	Mean Square	F	Sig.
Intercept	406125.000	1	406125.000	2639.430	.000
Error	2923.500	19	153.868		

〈표 15-7〉

Pairwise Comparisons

Measure: MEASURE_1

(I) method	(J) method	Mean Difference (I-J)	Std. Error	Sig.[a]	95% Confidence Interval for Difference[a] Lower Bound	Upper Bound
1	2	10.950*	1.381	.000	6.897	15.003
	3	24.800*	2.321	.000	17.989	31.611
	4	12.250*	1.593	.000	7.577	16.923
2	1	-10.950*	1.381	.000	-15.003	-6.897
	3	13.850*	3.026	.001	4.972	22.728
	4	1.300	1.951	.987	-4.424	7.024
3	1	-24.800*	2.321	.000	-31.611	-17.989
	2	-13.850*	3.026	.001	-22.728	-4.972
	4	-12.550*	2.884	.002	-21.013	-4.087
4	1	-12.250*	1.593	.000	-16.923	-7.577
	2	-1.300	1.951	.987	-7.024	4.424
	3	12.550*	2.884	.002	4.087	21.013

Based on estimated marginal means

*. The mean difference is significant at the .05 level.

a. Adjustment for multiple comparisons: Sidak.

〈표 15-8〉 일원 반복측정 분산분석표

분산원	제곱합(SS)	자유도(df)	평균제곱(MS)	F	p	ES(η_p^2)
피험자(S)	2923.5	19	153.87			
처치(C)	6180.1	3	2060.03	39.7	.000	.676
오차(CS)	2955.4	57	51.85			
전체	12059.0	79				

〈표 15-8〉에서 알 수 있는 바와 같이 스트레스 해소방법에 따른 스트레스 해소에는 유의한 차이가 나타났다($F(3, 57) = 39.7, p < .001$). 〈표 15-7〉의 사후검증 결과를 보면 음악과 명상 간만 제외하고는 모든 처치 사이에서 유의한 차이가 나타났다. 특히 비교집단이라고 할 수 있는 사전검사 점수와는 모든 처치집단에서 유의하게 스트레스가 낮아졌음을 알 수 있다.

만약 연구자가 사전에 통제(비교)집단과 각 처치집단 간의 차이에 대해서만 관심이 있었다면 사전대비 방법을 이용할 수 있다. 예시자료의 경우 비교집단이 첫 번째 집단이고 이 집단과 각 집단을 비교하면 되므로 〈표 15-2〉의 **Simple(First)** 대비에 해당된다. 따라서 〈그림 15-3〉에서 **Contrast**를 클릭하여 〈그림 15-6〉과 같은 **Contrasts** 대화상자를 불러내어 이러한 사전대비를 수행할 수 있다. 〈그림 15-6〉에서는 **Simple**과 **First**를 선택한 후 **Change**를 클릭해야 한다.

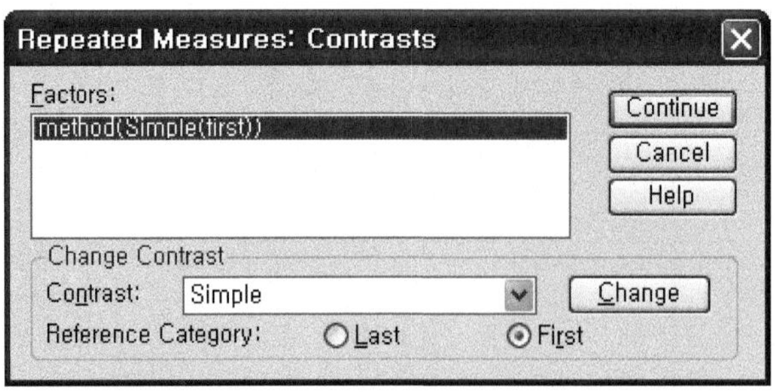

〈그림 15-6〉

〈표 15-9〉는 〈그림 15-6〉의 결과 출력물이다. 〈표 15-9〉에서는 모든 처치 범주들이 비교집단인 사전검사 범주와 유의한 차이를 보여 주고 있다.

〈표 15-9〉

Tests of Within-Subjects Contrasts

Measure: MEASURE_1

Source	method	Type III Sum of Squares	df	Mean Square	F	Sig.
method	Level 2 vs. Level 1	2398.050	1	2398.050	62.850	.000
	Level 3 vs. Level 1	12300.800	1	12300.800	114.163	.000
	Level 4 vs. Level 1	3001.250	1	3001.250	59.169	.000
Error(method)	Level 2 vs. Level 1	724.950	19	38.155		
	Level 3 vs. Level 1	2047.200	19	107.747		
	Level 4 vs. Level 1	963.750	19	50.724		

분석결과의 기술

연구대상자 20명에 대한 처치 전 및 각 처치 후 측정한 스트레스의 평균과 표준편차는 다음의 표와 같았다.

스트레스의 평균과 표준편차

구분	처치 전(기본)	음악	스포츠	명상
M	83.25	72.30	58.45	71.00
SD	4.63	7.99	11.96	9.00

이들 자료에 대한 일원 반복측정 분산분석의 분산분석표와 사후검증의 결과는 다음의 표와 같다. 이 결과를 보면 처치 전(기본) 및 3가지 처치 사이에는 유의한 차이가 나타났다 ($F(3, 57) = 39.73, p < .001$). 그리고 ES($\eta_p^2$) 값도 .676으로 상당히 높아 실제적 유의성도 상당히 높았다. 사후검증의 결과로 이를 보다 구체적으로 살펴보면, 3가지 처치 방법은 모두 처치 전의 스트레스를 유의하게 감소시켜 모두 스트레스 해소에는 효과가 있었다. 그 중 스포츠는 다른 두 방법보다 효과가 높았으며, 음악과 명상 사이에는 유의한 차이가 없었다.

분산원	제곱합(SS)	자유도(df)	평균제곱(MS)	F	p값	ES(η_p^2)
처치	6180.100	3	2060.03	39.7	.000	.676
피험자	2923.500	19	153.87	2.97	.001	
오차	2955.400	57	51.85			
전체	12059.000	79				

사후검증(Sidak) 결과(평균차이 및 p값)

구분	음악	명상	스포츠
처치 전	10.95 (.000)	12.25(.000)	24.80(.000)
음악		1.30(.987)	13.85(.000)
명상			12.55(.000)

2. 이원 반복측정 분산분석모형(two within-subject variable)

이원 반복측정 분산분석의 의미

앞 일원 반복측정 분산분석에서는 하나의 피험자내(within-subject) 요인 변수를 포함하고 있는 설계를 다루었다. 즉 동일한 피험자들을 대상으로 음악, 스포츠, 명상 등의 스트레스 해소방법으로 반복측정하여 이들 방법 간에 스트레스 해소 효과에 유의한 차이가 있는지를 알아보았다. 여기서 스트레스 해소방법이 피험자내 변수이다. 그런데 연구자는 이들 방법을 언제 시행하는 것이 좋은지가 궁금하여 동일한 피험자들을 대상으로 각 방법을 오전, 오후, 저녁 세 번에 걸쳐 실시하였다고 했을 때, 이 설계는 피험자내 변수, 즉 반복측정 변수가 두 개(스트레스 해소방법(C)과 실시 시간대(D))인 이원 반복측정 분산분석모형이 된다. 〈표 15-10〉은 이러한 경우의 가상적인 예시자료를 보여 주고 있다.

앞의 예에서 세 가지 스트레스 해소방법의 효과를 비교하기 위해 20명으로 이루어진 동일한 집단에 대해 각 방법별로 오전, 오후, 저녁으로 나누어 세 번에 걸쳐 시행한 후 스트레스를 측정하여 〈표 15-10〉과 같은 자료를 얻었다고 하자.

이원 반복측정 분산분석모형은 다음의 식으로 나타낼 수 있다.

$$X_{ijk} - \mu_t = S_i + C_j + D_k + CS_{ij} + DS_{ik} + CD_{jk} + CDS_{ijk} \quad (5)$$

이 식은 피험자 i를 C 변수(스트레스 해소방법)의 j 처치조건에서 D 변수(실시 시기)의 k 처치조건에서 측정한 점수 X_{ijk}와 전체 평균 μ_t와의 차이는 피험자 i에 의한 효과 S_i, C 변수의 효과인 C_j, D 변수의 효과인 D_k, 처지 C와 피험자 간 상호작용 CS_{ij}, 처치 D와 피험자 간 상호작용 DS_{ik}, C와 D 간의 상호작용 CD_{jk}, 그리고 C와 D, 그리고 피험자 간 상호작용 CDS_{ijk}로 구성된다고 모형을 설정하고 있다. 앞의 일원 반복측정 분산분석에서 논의한

〈**표 15-10**〉 예시자료

연구 대상자	사전			음악			스포츠			명상		
	오전	오후	저녁	오전	오후	저녁	오전	오후	저녁	오전	오후	저녁
1	90	95	93	72	80	74	70	65	71	73	76	68
2	86	90	89	70	77	73	51	45	50	86	89	82
3	85	91	83	72	81	74	85	81	86	67	73	61
4	86	90	89	67	73	70	70	64	69	74	77	70
5	84	88	86	77	85	79	46	45	47	71	73	65
6	84	87	86	83	86	85	67	63	68	83	85	79
7	87	93	89	79	87	80	67	62	66	68	72	73
8	86	91	88	75	85	78	53	48	54	70	74	64
9	83	86	84	78	84	80	48	43	49	52	56	50
10	74	79	77	66	74	68	48	43	50	52	55	47
11	79	84	82	64	72	66	55	52	56	63	65	58
12	84	88	87	77	84	80	50	48	51	63	65	60
13	92	97	95	89	95	92	81	76	83	90	90	87
14	82	88	85	69	78	74	47	45	48	75	77	70
15	78	82	80	59	67	63	61	56	60	58	60	52
16	76	81	79	57	66	60	58	52	59	76	74	71
17	85	89	86	65	72	68	66	62	67	70	73	65
18	76	81	79	71	77	73	49	45	52	64	65	60
19	85	90	87	76	84	78	55	51	58	69	72	65
20	83	89	86	80	86	82	45	41	45	74	71	70

바와 같이 각 피험자내 변수의 효과에 대한 오차항은 그 변수와 피험자 간 상호작용이 된다. 따라서 C 변수 효과에 대한 오차항은 CS, D에 대한 오차항은 DS, CD에 대한 오차항은 CDS가 된다. 식 (5)의 각 요소들은 실제 자료에서 다음과 같이 추정할 수 있다.

$$\begin{aligned} X_{ijk} - \overline{X_{...}} = {} & (\overline{X_{i..}} - \overline{X_{...}}) + (\overline{X_{.j.}} - \overline{X_{...}}) + (\overline{X_{..k}} - \overline{X_{...}}) + \\ & (\overline{X_{ij.}} - \overline{X_{i..}} - \overline{X_{.j.}} + \overline{X_{...}}) + (\overline{X_{i.k}} - \overline{X_{i..}} - \overline{X_{..k}} + \overline{X_{...}}) + \\ & (\overline{X_{.jk}} - \overline{X_{.j.}} - \overline{X_{..k}} + \overline{X_{...}}) + (\overline{X_{ijk}} - \overline{X_{ij.}} - \overline{X_{i.k}} - \overline{X_{.jk}} + \overline{X_{.j.}} + \\ & \overline{X_{..k}} + \overline{X_{i..}} - \overline{X_{...}}) \end{aligned} \qquad (6)$$

식 (6)의 양변을 제곱하여 모든 피험자에 대해 더하여 정리하면 다음과 같은 식을 얻는다.

$$\text{SS: } SS_t = SS_S + SS_C + SS_D + SS_{CS} + SS_{DS} + SS_{CD} + SS_{CDS} \quad (7)$$
$$\text{df: } ncd-1 = (n-1) + (c-1) + (d-1) + (n-1)(c-1) + (n-1)(d-1) + (c-1)(d-1) + (n-1)(c-1)(d-1)$$

$$SS_t = \Sigma\Sigma\Sigma(X_{ijk} - \overline{X_{...}})^2 \qquad SS_S = cd\Sigma(\overline{X_{i..}} - \overline{X_{...}})^2 \qquad SS_C = nd\Sigma(\overline{X_{.j.}} - \overline{X_{...}})^2$$
$$SS_D = nc\Sigma(\overline{X_{..k}} - \overline{X_{...}})^2 \qquad SS_{CS} = d\Sigma\Sigma(\overline{X_{ij.}} - \overline{X_{i..}} - \overline{X_{.j.}} + \overline{X_{...}})^2$$
$$SS_{DS} = c\Sigma\Sigma(\overline{X_{i.k}} - \overline{X_{i..}} - \overline{X_{..k}} + \overline{X_{...}})^2 \qquad SS_{CD} = n\Sigma\Sigma(\overline{X_{.jk}} - \overline{X_{.j.}} - \overline{X_{..k}} + \overline{X_{...}})^2$$
$$SS_{CDS} = \Sigma\Sigma\Sigma(\overline{X_{ijk}} - \overline{X_{ij.}} - \overline{X_{i.k}} - \overline{X_{.jk}} + \overline{X_{.j.}} + \overline{X_{..k}} + \overline{X_{i..}} - \overline{X_{...}})^2$$

여기서 n은 피험자 수, c, d는 C와 D 변수의 하위수준의 수이다. 예시자료의 경우, $c = 4$, $d = 3$, $n = 20$이다. 그리고 각 효과의 ES(η_p^2)는 다음과 같이 산출할 수 있다.

$$\eta_p^2(C) = SS_C/(SS_C + SS_{CS}) \quad \eta_p^2(D) = SS_D/(SS_D + SS_{DS}) \quad \eta_p^2(CD) = SS_{CD}/(SS_{CD} + SS_{CDS})$$

위의 결과는 다음의 〈표 15-11〉과 같이 분산분석표로 정리할 수 있다.

〈표 15-11〉 이원 반복측정 분산분석표

분산원	제곱합 (SS)	자유도 (df)	평균제곱 (MS)	F	p값	ES
피험자(S)	SS_S	$n-1$	MS_S			
처치(C)	SS_C	$c-1$	MS_C	MS_C/MS_{CS}	p	η_p^2(C)
오차(CS)	SS_{CS}	$(n-1)(c-1)$	MS_{CS}			
처치(D)	SS_D	$d-1$	MS_D	MS_D/MS_{DS}	p	η_p^2(D)
오차(DS)	SS_{DS}	$(n-1)(d-1)$	MS_{DS}			
상호작용(CD)	SS_{CD}	$(c-1)(d-1)$	MS_{CD}	MS_{CD}/MS_{CDS}	p	η_p^2(CD)
오차(CDS)	SS_{CDS}	$(n-1)(c-1)(d-1)$	MS_{CDS}			
전체	SS_t	$ncd-1$				

분석방법

다음의 〈그림 15-7〉은 〈표 15-10〉을 입력한 **SPSS Data Editor** 화면의 일부이다. 변수이름은 처치와 시기를 나타내기 위해 앞 글자는 처치(**p: pre, m: music, s: sport, t: meditation**)

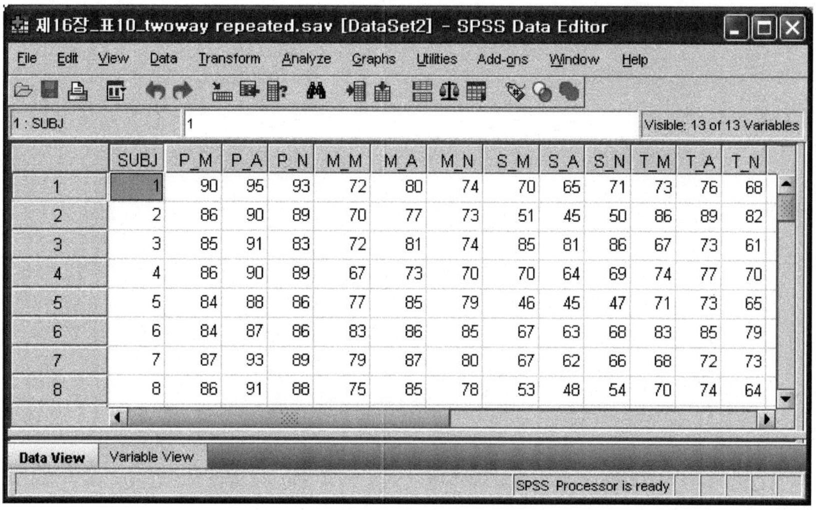

	SUBJ	P_M	P_A	P_N	M_M	M_A	M_N	S_M	S_A	S_N	T_M	T_A	T_N
1	1	90	95	93	72	80	74	70	65	71	73	76	68
2	2	86	90	89	70	77	73	51	45	50	86	89	82
3	3	85	91	83	72	81	74	85	81	86	67	73	61
4	4	86	90	89	67	73	70	70	64	69	74	77	70
5	5	84	88	86	77	85	79	46	45	47	71	73	65
6	6	84	87	86	83	86	85	67	63	68	83	85	79
7	7	87	93	89	79	87	80	67	62	66	68	72	73
8	8	86	91	88	75	85	78	53	48	54	70	74	64

〈그림 15-7〉

를, 뒤 글자는 시기(**m: morning, a: afternoon, n: night**)를 의미하도록 부여하였다.

일원 반복측정 분산분석의 경우와 마찬가지로 메뉴에서 **Analyze → General Linear Model → Repeated Measures**를 클릭하여 〈그림 15-8〉과 같은 피험자내 요인(**within-subject**)을 정의하는 대화상자를 불러온다. 여기서 먼저 첫 번째 피험자내 요인인 처치의 이름을 **method**로 정해 주고 하위수준의 수 **4**를 입력한 후 **Add**를 클릭한다. 다음으로 두 번째 피험자내 요인인 처치의 시기 이름을 **시간대**로 정해 입력하고 하위수준의 수 **3**도 입력하여 **Add**를 클릭한다. 〈그림 15-8〉은 이 단계가 다 끝난 상태를 보여 주고 있다.

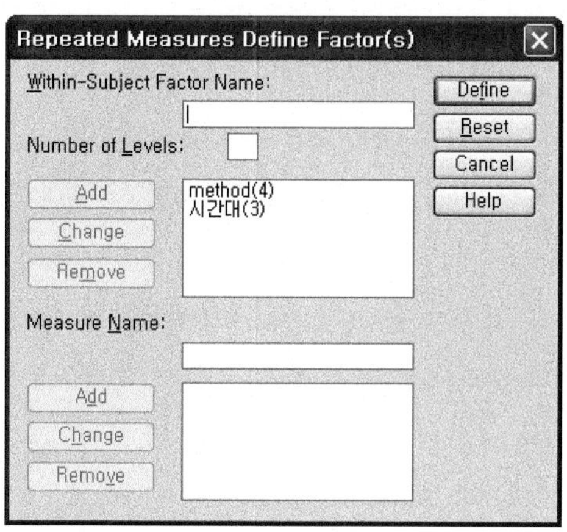

〈그림 15-8〉

이 단계가 끝나면 **Define**을 클릭하여 각 요인을 정의할 대화상자 〈그림 15-9〉를 불러낸다.

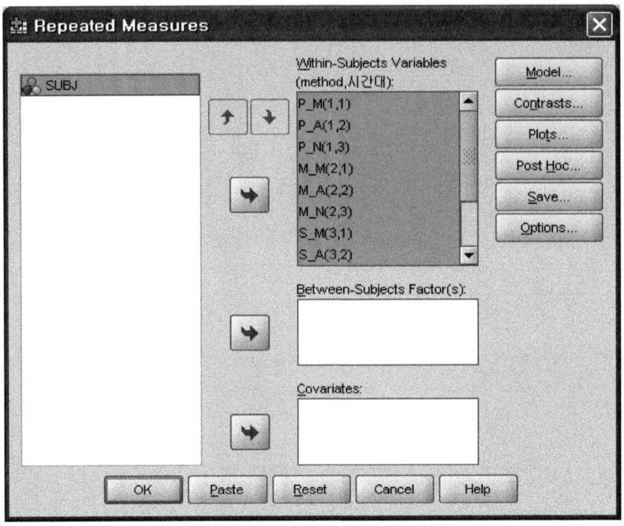

〈그림 15-9〉

이 상자에는 피험자내 요인의 순서와 물음표와 더불어 정의할 순서가 ( ) 속에 표시되어 있다. 이에 맞추어 해당 변수들의 이름을 옮겨 준다. 〈그림 15-9〉는 이러한 단계가 끝난 상황을 보여 준다. 현재의 모형에서는 피험자간 요인이 없으므로 **Between-Subjects Factor** 부분은 그대로 비워 둔다. 다음으로 각 처치의 조합별 평균과 주효과에 대한 사후검증을 위해 〈그림 15-9〉에서 **Options**를 클릭하여 〈그림 15-10〉의 대화상자를 불러 필요한 사항을 선택한다. 현재의 그림에서는 **Descriptive Statistics**와 **Sidak** 방법에 의한 사후검증이 선택되어 있다.

그런데 본 예시자료의 두 번째 피험자내 요인인 **시간대**에 따라 스트레스 해소 정도에 어떤 추세가 있는지가 관심사라면 이는 계획비교에서 알아볼 수 있다. 이 경우 〈그림 15-9〉에서 **Contrast**를 클릭하여 〈그림 15-11〉과 같은 **Contrast** 대화상자를 불러 여기서 **추세분석(trend analysis)**을 설정할 수 있다. 이 화면에서는 **Polynomial**을 선택하면 SPSS가 필요한 추세분석을 수행해 준다. 그런데 SPSS의 메뉴 방법에서는 연구자의 선택과 상관없이 반복측정 요인에 대해서는 자동적으로 추세분석을 실시해 준다. 따라서 반복측정 요인이 아닌 변수에 대해 추세분석을 원하면 이 화면에서 설정할 수 있다.

처치 조합별 평균에 대한 프로파일 그래프를 보기 위해서는 〈그림 15-9〉에서 **Plots**를 선택하여 〈그림 15-12〉와 같은 대화상자를 불러내어 필요한 plot을 설정할 수 있다. 현재

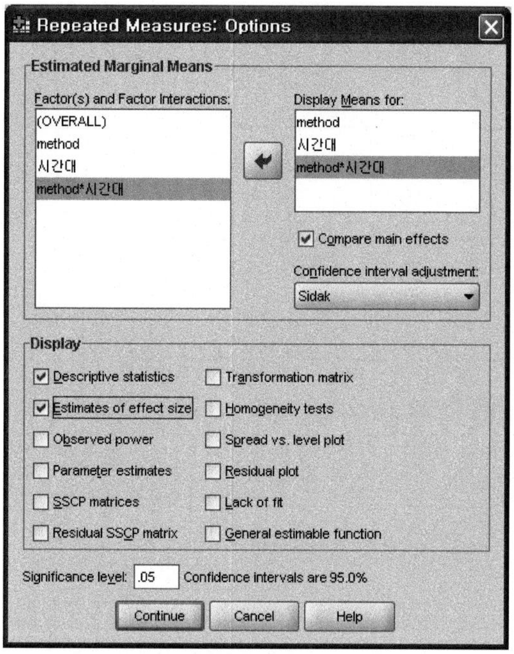

〈그림 15-10〉

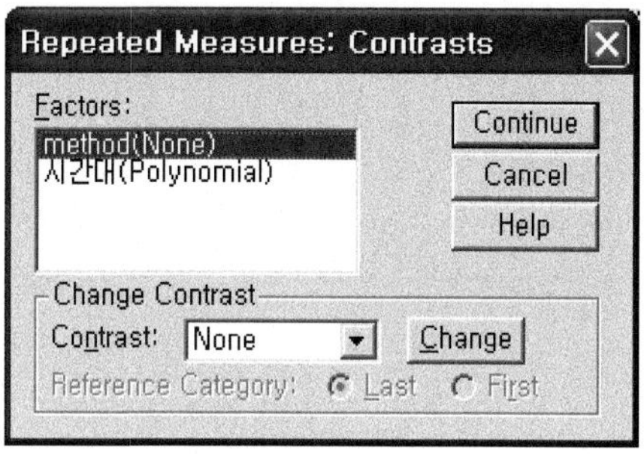

〈그림 15-11〉

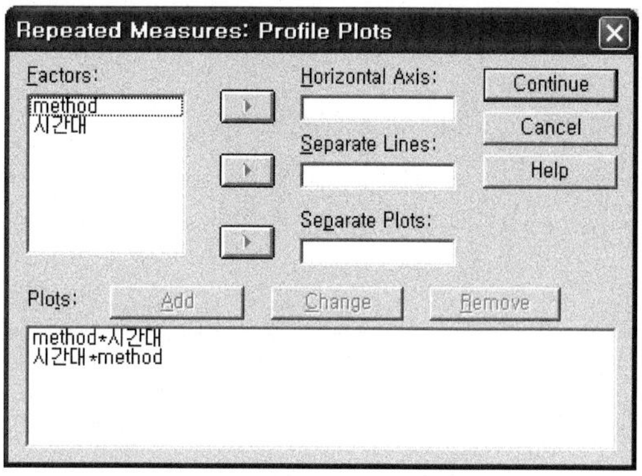

〈그림 15-12〉

〈그림 15-12〉에서는 **method**를 수평축으로 하여 **시간대**별 plot과 **시간대**별을 수평축으로 하여 **method**별 plot 모두를 출력하기 위한 선택결과를 보여 주고 있다.

분석결과 보기

다음의 〈표 15-12〉, 〈표 15-13〉, 〈표 15-14〉는 〈그림 15-10〉의 **Options** 대화상자에서 **주변평균(marginal means)**을, 〈표 15-15〉는 **Descriptive Statistics**를 선택한 결과이다.

〈표 15-12〉

Measure: MEASURE_1

METHOD	Mean	Std. Error	95% Confidence Interval	
			Lower Bound	Upper Bound
1	85.567	1.028	83.416	87.718
2	75.600	1.714	72.012	79.188
3	57.467	2.597	52.031	62.902
4	69.283	2.180	64.721	73.846

〈표 15-13〉

Measure: MEASURE_1

시간대	Mean	Std. Error	95% Confidence Interval	
			Lower Bound	Upper Bound
1	71.013	1.418	68.044	73.981
2	73.513	1.402	70.577	76.448
3	71.413	1.434	68.412	74.413

〈표 15-14〉

Measure: MEASURE_1

METHOD	시간대	Mean	Std. Error	95% Confidence Interval	
				Lower Bound	Upper Bound
1	1	83.250	1.036	81.082	85.418
	2	87.950	1.055	85.742	90.158
	3	85.500	1.030	83.345	87.655
2	1	72.300	1.788	68.559	76.041
	2	79.650	1.656	76.183	83.117
	3	74.850	1.725	71.240	78.460
3	1	58.600	2.638	53.078	64.122
	2	54.350	2.549	49.015	59.685
	3	59.450	2.621	53.964	64.936
4	1	69.900	2.217	65.260	74.540
	2	72.100	2.112	67.678	76.522
	3	65.850	2.278	61.081	70.619

〈표 15-15〉

Descriptive Statistics

	Mean	Std. Deviation	N
P_M	83.25	4.633	20
P_A	87.95	4.718	20
P_N	85.50	4.605	20
M_M	72.30	7.994	20
M_A	79.65	7.407	20
M_N	74.85	7.714	20
S_M	58.60	11.798	20
S_A	54.35	11.398	20
S_N	59.45	11.723	20
T_M	69.90	9.915	20
T_A	72.10	9.447	20
T_N	65.85	10.189	20

이를 정리하여 각 처치 조합별 평균과 표준편차를 정리하면 다음의 〈표 15-16〉과 같다.

〈표 15-16〉 처치별 스트레스의 평균(표준편차)

시간대	사전검사	음악	스포츠	명상	전체 평균
오전	83.25(4.63)	72.30(7.80)	58.60(11.80)	69.90(9.92)	71.01
오후	87.95(4.72)	79.65(7.41)	54.35(11.40)	72.10(9.45)	73.51
저녁	85.50(4.61)	74.85(7.71)	59.45(11.72)	65.85(10.19)	71.41
전체 평균	85.57	75.60	57.47	69.28	71.98

각 처치별 평균은 〈표 15-12〉의 결과인 〈표 15-13〉의 프로파일에서 더 쉽게 비교해 볼 수 있다. 전체적으로 볼 때, 스프츠가 가장 효율적이고 다음이 명상, 그리고 음악이 그 뒤를 잇고 있다. 그리고 각 방법마다 시간대별로 효과가 달라 시간대와 방법 사이에 상호작용이 존재함을 짐작할 수 있다.

다음의 〈표 15-17〉은 피험자내(within-subjects) 요인, 〈표 15-18〉은 피험자간(between-subjects) 요인의 분석결과이다. 이들 표에서 각 효과를 정리하여 〈표 15-11〉에 해당되는 분산분석표를 작성하면 〈표 15-19〉와 같다. 이 〈표 15-19〉에서 알 수 있는 바와 같이 **method**의 주효과, **시간대**의 주효과, 그리고 둘 사이의 상호작용 모두 통계적으로 유의하다. 그리고 각 효과의 ES(η_p^2)는 각각 .745, .814, .885로 매우 높게 나타났다.

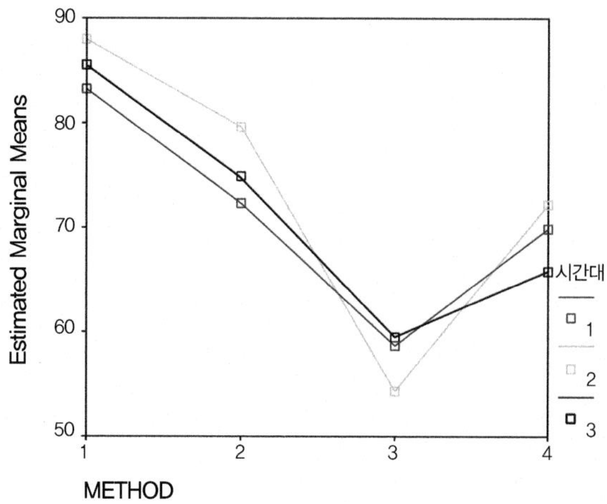

〈그림 15-13〉

〈표 15-17〉

Tests of Within-Subjects Effects

Measure: MEASURE_1

Source		Type III Sum of Squares	df	Mean Square	F	Sig.	Partial Eta Squared
method	Sphericity Assumed	24936.646	3	8312.215	55.378	.000	.745
	Greenhouse-Geisser	24936.646	2.090	11928.640	55.378	.000	.745
	Huynh-Feldt	24936.646	2.354	10592.055	55.378	.000	.745
	Lower-bound	24936.646	1.000	24936.646	55.378	.000	.745
Error (method)	Sphericity Assumed	8555.604	57	150.098			
	Greenhouse-Geisser	8555.604	39.719	215.402			
	Huynh-Feldt	8555.604	44.731	191.267			
	Lower-bound	8555.604	19.000	450.295			
시간대	Sphericity Assumed	288.533	2	144.267	83.105	.000	.814
	Greenhouse-Geisser	288.533	1.363	211.635	83.105	.000	.814
	Huynh-Feldt	288.533	1.433	201.399	83.105	.000	.814
	Lower-bound	288.533	1.000	288.533	83.105	.000	.814
Error (시간대)	Sphericity Assumed	65.967	38	1.736			
	Greenhouse-Geisser	65.967	25.904	2.547			
	Huynh-Feldt	65.967	27.220	2.423			
	Lower-bound	65.967	19.000	3.472			
method * 시간대	Sphericity Assumed	1190.267	6	198.378	145.684	.000	.885
	Greenhouse-Geisser	1190.267	3.567	333.728	145.684	.000	.885
	Huynh-Feldt	1190.267	4.492	264.957	145.684	.000	.885
	Lower-bound	1190.267	1.000	1190.267	145.684	.000	.885
Error (method* 시간대)	Sphericity Assumed	155.233	114	1.362			
	Greenhouse-Geisser	155.233	67.765	2.291			
	Huynh-Feldt	155.233	85.354	1.819			
	Lower-bound	155.233	19.000	8.170			

〈표 15-18〉

Tests of Between-Subjects Effects

Measure: MEASURE_1
Transformed Variable: Average

Source	Type III Sum of Squares	df	Mean Square	F	Sig.
Intercept	1243440.104	1	1243440.104	2594.869	.000
Error	9104.646	19	479.192		

〈표 15-19〉 이원 반복측정 분산분석표

분산원	제곱합(SS)	자유도(df)	평균제곱(MS)	F	p값	ES(η_p^2)
피험자(S)	9104.646	19	479.192			
C(method)	24936.646	3	8312.215	55.38	.000	.745
오차(CS)	8555.604	57	150.098			
D(시간대)	288.533	2	144.267	83.105	.000	.814
오차(DS)	65.697	38	1.736			
상호작용(CD)	1190.267	6	198.378	145.684	.000	.885
오차(CDS)	155.233	114	1.362			
전체	44296.626	239				

다음의 〈표 15-20〉은 방법의 주효과에 대한 **Sidak** 방법에 의한 사후검증 결과를 보여 준다. 통제를 위한 처치라고 할 수 있는 사전검사(method 1)와 비교했을 때 모든 처치가 다 유의하게 스트레스를 낮추어 준 것을 알 수 있다. 처치 간을 비교하면 음악(2)과 명상(4) 사이에는 유의한 차이가 없고 나머지 쌍은 모두 유의한 차이를 보여 주고 있다. 즉 스포츠의 경우가 가장 효과적이고 다음이 음악과 명상으로 그 둘 사이에는 유의한 차이가 없다.

〈표 15-20〉

Measure: MEASURE_1

(I) method	(J) method	Mean Difference (I-J)	Std. Error	Sig.[a]	95% Confidence Interval for Difference[a]	
					Lower Bound	Upper Bound
1	2	9.967*	1.301	.000	6.150	13.784
	3	28.100*	2.279	.000	21.414	34.786
	4	16.283*	1.707	.000	11.274	21.293
2	1	-9.967*	1.301	.000	-13.784	-6.150
	3	18.133*	2.890	.000	9.654	26.613
	4	6.317	2.176	.054	-.069	12.702
3	1	-28.100*	2.279	.000	-34.786	-21.414
	2	-18.133*	2.890	.000	-26.613	-9.654
	4	-11.817*	2.671	.002	-19.653	-3.980
4	1	-16.283*	1.707	.000	-21.293	-11.274
	2	-6.317	2.176	.054	-12.702	.069
	3	11.817*	2.671	.002	3.980	19.653

Based on estimated marginal means

*. The mean difference is significant at the .05 level.

a. Adjustment for multiple comparisons: Sidak.

〈표 15−21〉은 **시간대**의 주효과에 대한 사후검증 결과이다. 모든 쌍에서 유의한 차이가 나타났다. 〈그림 15−13〉에서 보는 바와 같이 시간대와 방법 사이에는 상호작용이 나타나고 있다. 사전검사와 음악의 경우에는 오전, 저녁, 오후 순으로 효과적이었으며, 스포츠는 오후가 가장 효과적이고 오전과 저녁은 서로 비슷하다. 명상의 경우는 저녁, 아침, 오후의 순으로 효과적이다.

〈표 15−21〉

Pairwise Comparisons

Measure: MEASURE_1

(I) 시간대	(J) 시간대	Mean Difference (I-J)	Std. Error	Sig.[a]	95% Confidence Interval for Difference[a]	
					Lower Bound	Upper Bound
1	2	-2.500*	.196	.000	-3.013	-1.987
	3	-.400*	.143	.034	-.775	-.025
2	1	2.500*	.196	.000	1.987	3.013
	3	2.100*	.267	.000	1.402	2.798
3	1	.400*	.143	.034	.025	.775
	2	-2.100*	.267	.000	-2.798	-1.402

Based on estimated marginal means

*. The mean difference is significant at the .05 level.

a. Adjustment for multiple comparisons: Sidak.

다음의 〈표 15−22〉는 **시간대**에 대한 추세분석 결과이다.

method의 하위수준 사이에는 논리적인 순서가 없어 추세분석 결과의 해석은 무의미하므로 시간대의 결과만 살펴보자. 시간대에서는 하위수준이 세 개이므로 선형(일차함수)과 이차함수 추세만 추정할 수 있다. 〈표 15−22〉에서 보면 시간대에 따른 스트레스 감소 정도는 선형추세(p = .012), 이차함수 추세(p < .001) 모두 유의하다. 이는 〈표 15−16〉에서 오전의 전체 평균이 71.01에서 오후에 73.55로 증가하였다가, 다시 오후에 71.41로 감소하여 전체적으로 위로 볼록한 형태로 이차 함수적인 추세를 보인다. 그리고 오전에 71.01에서 저녁에 71.41로 약간 증가하여 전체적으로 증가하는 선형 추세를 보인다고 할 수 있다. 그러나 그 절대량은 그리 크지 않지만 표본의 크기가 매우 큰 관계로 p값이 낮게 나와 통계적으로 유의한 결과를 보인 것이라고 생각할 수 있다.

분석결과의 기술

학생들의 스트레스 해소방법의 효율성을 비교하기 위해 연구대상자 20명에 대해 사전에

〈표 15-22〉

Tests of Within-Subjects Contrasts

Measure: MEASURE_1

Source	METHOD	시간대	Type III Sum of Squares	df	Mean Square	F	Sig.
METHOD	Linear		13460.301	1	13460.30	118.4	.000
	Quadratic		7117.704	1	7117.704	63.381	.000
	Cubic		4358.641	1	4358.641	19.431	.000
Error(METHOD)	Linear		2159.849	19	113.676		
	Quadratic		2133.713	19	112.301		
	Cubic		4262.043	19	224.318		
시간대		Linear	6.400	1	6.400	7.795	.012
		Quadratic	282.133	1	282.133	106.4	.000
Error(시간대)		Linear	15.600	19	.821		
		Quadratic	50.367	19	2.651		
METHOD * 시간대	Linear	Linear	212.180	1	212.180	129.1	.000
		Quadratic	51.627	1	51.627	28.454	.000
	Quadratic	Linear	67.600	1	67.600	43.687	.000
		Quadratic	136.533	1	136.533	121.8	.000
	Cubic	Linear	.720	1	.720	1.062	.316
		Quadratic	721.607	1	721.607	528.1	.000
Error(METHOD*시간대)	Linear	Linear	31.220	19	1.643		
		Quadratic	34.473	19	1.814		
	Quadratic	Linear	29.400	19	1.547		
		Quadratic	21.300	19	1.121		
	Cubic	Linear	12.880	19	.678		
		Quadratic	25.960	19	1.366		

스트레스 정도를 측정한 후 음악, 스포츠, 명상의 3가지 스트레스 해소방법을 일정 시간 간격을 두고 각기 시행하였다. 또한 어느 시간대에 실시하는 것이 더 효과적인지도 알아보기 위해 각 방법을 오전, 오후, 저녁 등 세 번에 걸쳐 시행하여 각각 시행 후 스트레스를 측정하였다. 각 처치/시간대별 스트레스의 평균과 표준편차는 다음과 같았다.

시간대별 각 처치별 스트레스의 평균(표준편차)

시간대	사전검사	음악	스포츠	명상	평균
오전	83.25(4.63)	72.30(7.80)	58.60(11.80)	69.90(9.92)	71.01
오후	87.95(4.72)	79.65(7.41)	54.35(11.40)	72.10(9.45)	73.51
저녁	85.50(4.61)	74.85(7.71)	59.45(11.72)	65.85(10.19)	71.41
평균	85.57	75.60	57.47	69.28	71.98

측정 자료를 이원 반복측정 분산분석으로 분석한 분산분석표는 다음과 같았다. 표에서 알 수 있는 바와 같이 스트레스 해소 방법의 주효과는 통계적으로 유의하였으며($F(3, 57) = 55.38, p < .001$), 효과의 크기 $\eta_p^2 = .745$로 상당히 높게 나타났다. **Sidak** 방법에 의한 사후검증 결과, 3가지 방법 모두 사전검사 경우에 비해 통계적으로 유의한 스트레스의 감소가 나타났다. 3가지 방법 중에서는 스트레스가 스포츠에서 가장 낮았으며 음악과 명상은 스포츠에 비해 그 효과가 유의하게 낮았고, 음악과 명상 사이에는 유의한 차이가 나타나지 않았다.

시간대의 주 효과도 통계적으로 유의하였으며($F(2, 38) = 83.105, p < .001$), 효과의 크기 $\eta_p^2 = .814$로 역시 높게 나타났다. 오전이 가장 효과적이고 그 다음이 저녁과 오후의 순이었으며, 이들 간에는 모두 유의한 차이가 있었으나 〈그림 15-13〉에서 보는 바와 같이 시간대와 처치 사이에는 상당한 상호작용이 있어 이들 양상은 다소 복잡하였다. 해소방법을 사용하기 전과 음악의 경우에는 오전, 저녁, 오후 순으로 효과적이었으며, 스포츠는 오후가 가장 효과적이고 오전과 저녁은 서로 비슷하였다. 명상의 경우는 저녁, 아침, 오후의 순으로 효과적이었다.

시간대에 따른 추세분석의 결과, 선형 추세($F(1, 19) = 7.80, p = .012$), 이차함수 추세 ($F(1, 19) = 106.4, p < .001$) 모두 통계적으로 유의하였다.

스트레스 해소방법과 시간대에 의한 분산분석표

분산원	제곱합(SS)	자유도(df)	평균제곱(MS)	F	p값	ES(η_p^2)
피험자(S)	9104.646	19	479.192			
C(method)	24936.646	3	8312.215	55.38	.000	.745
오차(CS)	8555.604	57	150.098			
D(시간대)	288.533	2	144.267	83.105	.000	.814
오차(DS)	65.697	38	1.736			
상호작용(CD)	1190.267	6	198.378	145.684	.000	.885
오차(CD)	155.233	114	1.362			
전체	44296.626	239				

스트레스 해소방법에 대한 사후검증(Sidak) 결과

평균차이(p값)

구분	음악	스포츠	명상
사전검사	9.97(.000)	28.10(.000)	16.28(.000)
음악		18.13(.000)	6.32(.054)
스포츠			−11.82(.002)

3. 반복측정 설계에서의 혼합모형 (one between-subject variable and one within-subject variable)

혼합모형의 의미

반복측정 설계에서 혼합모형은 모형에 피험자내(within-subject) 요인과 피험자간(between-subject) 요인을 다 포함하고 있는 모형을 말한다. 예를 들면 두 가지 컴퓨터 게임 형태별로 각각 36명의 학생을 무작위로 배치하여 한 집단은 게임 중에서 어휘 학습이 일어나도록 하고 다른 집단은 단순 게임을 하도록 한다. 처치를 하기 전 먼저 사전검사를 실시하고, 처치가 진행되는 동안 일정 기간 간격으로 세 번에 걸친 평가를 실시하여 국어 어휘능력을 측정하였다면, 게임형태별로 다른 피험자를 배치하였으므로 게임형태는 피험자간 요인이 되고, 각 집단 내에서 4번의 평가는 동일 피험자를 반복 측정하였으므로 피험자내 요인이 된다. 여기서는 피험자내 요인과 피험자간 요인이 각기 1개인 가장 단순한 혼합모형에 대해서 살펴본다.

다음의 〈표 15−23〉의 예시자료는 위에서 예로 든 연구의 각 집단별 국어 어휘능력의 평가결과다.

〈표 15-23〉 예시자료

어휘학습 게임 집단 (실험집단)								단순 게임 집단 (비교집단)							
사전	1차	2차	3차	사전	1차	2차	3차	사전	1차	2차	3차	사전	1차	2차	3차
27	27	29	28	23	26	25	26	19	22	16	16	18	19	18	17
19	20	22	24	12	19	19	25	28	26	25	25	15	15	15	15
14	19	21	22	13	17	20	21	26	26	21	21	17	19	16	18
25	28	26	28	19	24	25	26	18	20	17	17	20	21	21	21
15	17	20	23	16	23	21	22	17	17	15	15	17	16	18	17
16	20	22	24	14	19	23	21	21	18	16	16	25	26	24	22
15	18	21	22	19	20	24	23	20	23	21	21	19	19	19	20
17	22	23	22	15	19	22	23	20	21	19	19	20	20	18	18
21	24	26	24	22	26	28	27	20	21	20	19	16	20	18	17
22	27	27	24	21	24	25	26	23	23	22	23	19	19	19	20
20	22	25	29	19	22	25	24	11	12	13	12	21	23	23	23
15	19	19	23	28	27	26	27	20	19	19	18	13	18	22	22
14	17	18	20	21	26	25	27	21	19	19	19	20	21	22	19
18	21	22	22	25	26	25	26	23	21	21	20	20	22	25	21
25	26	25	26	25	28	29	27	15	15	18	17	15	15	18	17
23	25	24	26	11	13	13	17	22	22	23	22	24	25	25	25
19	22	25	26	19	20	20	22	23	25	24	20	22	21	22	22
23	26	28	28	17	20	20	21	13	13	15	15	17	18	15	15

피험자간 요인과 피험자내 요인이 각기 1개인 혼합모형은 다음의 식 (8)과 같이 나타낼 수 있다.

$$X_{ijk} - \mu_t = A_j + S_{ij}/A_j + C_k + AC_{jk} + CS_{ijk}/A_j \tag{8}$$

여기서 A는 집단간 요인을, C는 집단내 요인을 나타낸다. 예시자료의 경우, A는 게임형태(어휘학습 게임, 일반 게임)이며 하위수준의 수 a는 2이고, C는 반복측정인 평가이며, 하위수준의 수 $c = 4$이다. 식 (8)의 모형은 A의 j 집단의 i번째 학생의 k번째 종속변수 값 X_{ijk}와 전체 평균과의 차이는 피험자간 변수 A의 효과인 A_j, A의 j 집단 내에서 피험자 개인차이인 S_{ij}/A_j, 피험자내 반복측정에 의한 변화 효과인 C_k, A와 C 사이의 상호작용 효과 AC_{jk}, 그리고 A의 j 집단 내에서 피험자와 반복측정 C 간의 상호작용 CS_{ijk}/A_j로 나누어 설명함을 의미한다. 여기서 피험자간 요인인 A_j의 효과 검증에 필요한 오차항은 일반 분산분석과 마찬가지로 집단내 개인차를 의미하는 S_{ij}/A_j가, 그리고 피험자내 요인인 C_k와 상호작용 AC_{jk}에 대한 오차항은 다른 반복측정 모형과 마찬가지로 피험자와 반복측정 간의 상호작용 항 CS_{ijk}/A_j를 사용한다. 식 (8)의 각 요소들은 실제 자료에서 다음의 식 (9)와 같이 추정할 수 있다.

$$X_{ijk} - \overline{X_{...}} = (\overline{X_{.j.}} - \overline{X_{...}}) + (\overline{X_{ij.}} - \overline{X_{.j.}}) + (\overline{X_{..k}} - \overline{X_{...}}) + (\overline{X_{.jk}} - \overline{X_{.j.}} - \overline{X_{..k}} + \overline{X_{...}}) + (X_{ijk} - \overline{X_{.jk}} - \overline{X_{ij.}} + \overline{X_{.j.}}) \quad (9)$$

식 (9)의 양변을 제곱하여 모든 피험자에 대해 합산하여 정리하면 다음과 같다.

$$\begin{array}{lccccccccccc} \text{SS:} & SS_t & = & SS_A & + & SS_{S/A} & + & SS_C & + & SS_{AC} & + & SS_{CS/A} \\ \text{df:} & acn-1 & = & (a-1) & + & a(n-1) & + & (c-1) & + & (a-1)(c-1) & + & a(c-1)(n-1) \end{array} \quad (10)$$

$$SS_t = \Sigma\Sigma\Sigma(X_{ikj} - \overline{X_{...}})^2 \qquad SS_A = nb\Sigma(\overline{X_{.j.}} - \overline{X_{...}})^2 \qquad SS_{S/A} = b\Sigma\Sigma(\overline{X_{ij.}} - \overline{X_{.j.}})^2$$

$$SS_C = na\Sigma(\overline{X_{..k}} - \overline{X_{...}})^2 \qquad SS_{AC} = n\Sigma\Sigma(\overline{X_{.jk}} - \overline{X_{.j.}} - \overline{X_{..k}} + \overline{X_{...}})^2$$

$$SS_{CS/A} = \Sigma\Sigma\Sigma(X_{ikj} - \overline{X_{.jk}} - \overline{X_{ij.}} + \overline{X_{.j.}})^2$$

여기서 n은 각 집단의 피험자 수, a는 요인 A의 하위수준의 수, c는 요인 C의 하위수준 수이다. 예시자료에서는 $a = 2, c = 4, n = 36$이다.

그리고 각 요인들의 효과의 크기(ES: effect size) η_p^2는 다음과 같이 산출할 수 있다.

$$\eta_p^2(A) = SS_A/(SS_A + SS_{S/A}) \quad \eta_p^2(C) = SS_C/(SS_C + SS_{CS/A}) \quad \eta_p^2(AC) = SS_{AC}/(SS_{AC} + SS_{CS/A})$$

위의 결과는 〈표 15-24〉와 같이 분산분석표로 정리할 수 있다.

〈표 15-24〉 혼합모형 분산분석표

분산원	제곱합(SS)	자유도(df)	평균제곱(MS)	F	p값	ES(η_p^2)
피험자간(A)	SS_A	$a-1$	MS_A	$MS_A/MS_{S/A}$	p	$\eta_p^2(A)$
오차(S/A)	$SS_{S/A}$	$a(n-1)$	$MS_{S/A}$			
피험자내(C)	SS_C	$c-1$	MS_C	$MS_C/MS_{CS/A}$	p	$\eta_p^2(C)$
상호작용(AC)	SS_{AC}	$(a-1)(c-1)$	MS_{AC}	$MS_{AC}/MS_{CS/A}$	p	$\eta_p^2(AC)$
오차(SC/A)	$SS_{CS/A}$	$a(c-1)(n-1)$	$MS_{CS/A}$			
전체	SS_t	$acn-1$				

분석방법

다음의 〈그림 15-14〉는 〈표 15-23〉의 예시자료를 입력한 SPSS Data Editor 화면의 일부이다. 피험자내 요인인 게임형태의 변수 이름은 **treat**이고 어휘학습 게임 집단은 1로, 단순 게임 집단은 2로 입력하였다.

다른 반복측정 모형의 경우와 마찬가지로 메뉴에서 **Analyze** → **General Linear Model** → **Repeated Measures**를 클릭하여 〈그림 15-15〉와 같은 피험자내 요인(within-subject)을 정의하는 대화상자를 불러온다. 여기서 피험자내 요인인 평가의 이름을 **evaluation**으로 정해 주고 하위수준의 수 **4**를 입력한 후 **Add**를 클릭한다. 〈그림 15-15〉는 이 단계가 다 끝난 상태를 보여 주고 있다. 이 단계가 끝나면 **Define**을 클릭하여 〈그림 15-16〉의 각 요인을 정의할 대화상자를 부른다. 먼저 피험자내 요인인 **evaluation**의 4가지 수준의 이름을 옮겨 준다. 다음으로는 피험자간 요인인 **treat**를 해당 상자인 **Between-Subjects Factor(s)** 상자로 이동해 준다. 〈그림 15-16〉은 피험자내 요인과 피험자간 요인에 대한 정의가 다 끝난 상태를 보여 주고 있다.

다음으로 각 요인 조합별 평균과 주효과에 대한 사후검증을 위해 〈그림 15-16〉에서 **Options**를 클릭하여 〈그림 15-17〉의 **Options** 대화상자를 불러내어 필요한 사항을 선택한다. 현재의 그림에서는 기술통계와 **Sidak** 방법에 의한 사후검증이 선택되어 있다. 처치 조합별 평균에 관한 프로파일 그래프를 보기 위해서는 〈그림 15-16〉에서 **Plots**를 클릭하여 〈그림 15-18〉을 불러내어 필요한 plot을 설정할 수 있다. 현재의 그림에서는 **evaluation**을 수평축으로 하여 **treat**별로 그래프를 출력하기 위한 선택 결과를 보여 주고 있다.

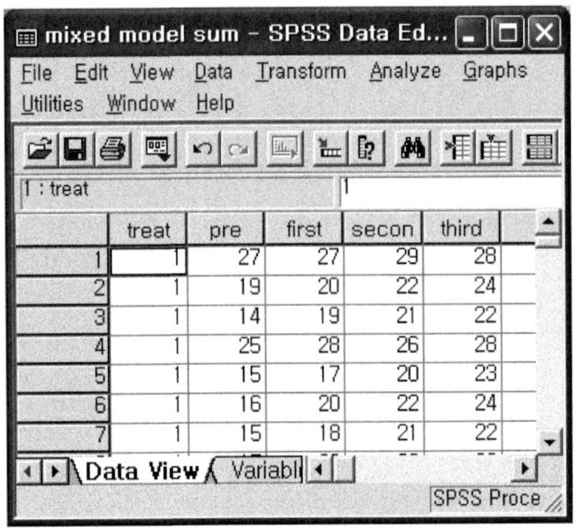

〈그림 15-14〉

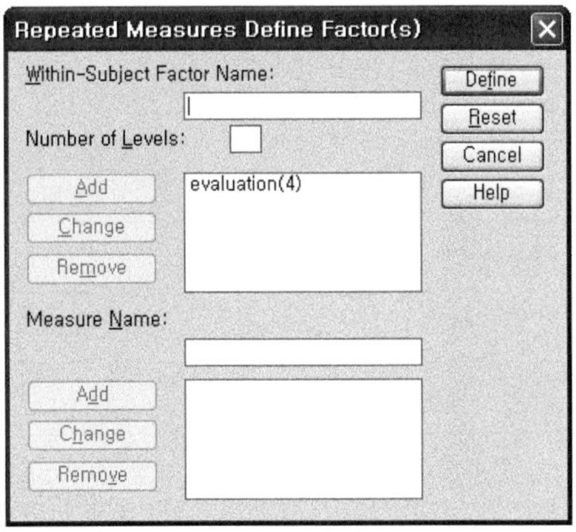

〈그림 15-15〉

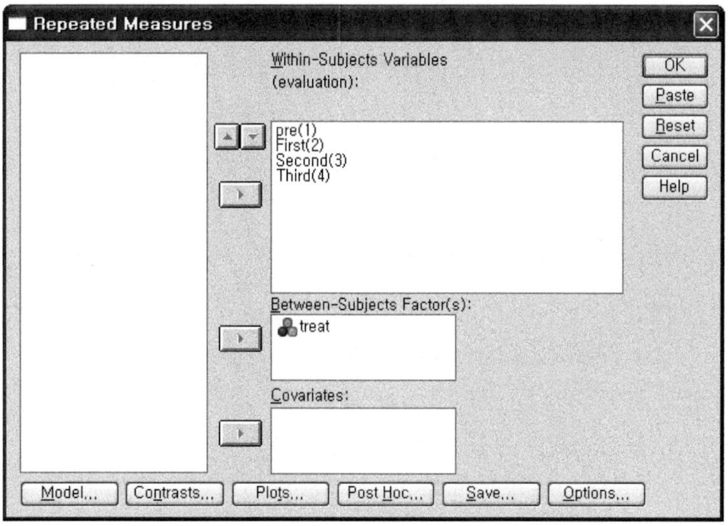

〈그림 15-16〉

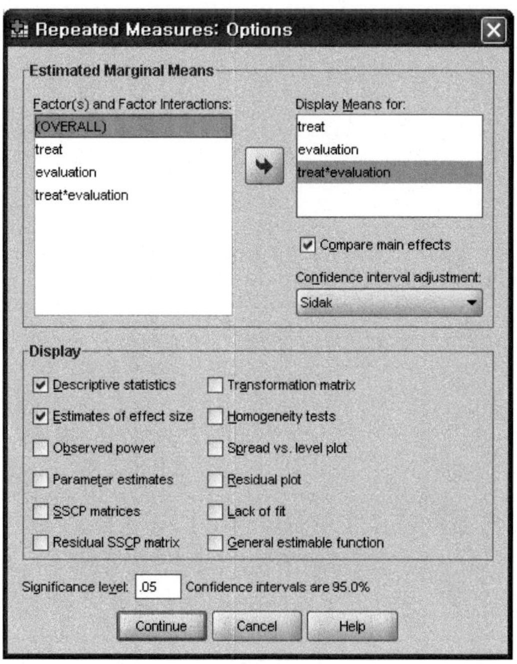

〈그림 15-17〉

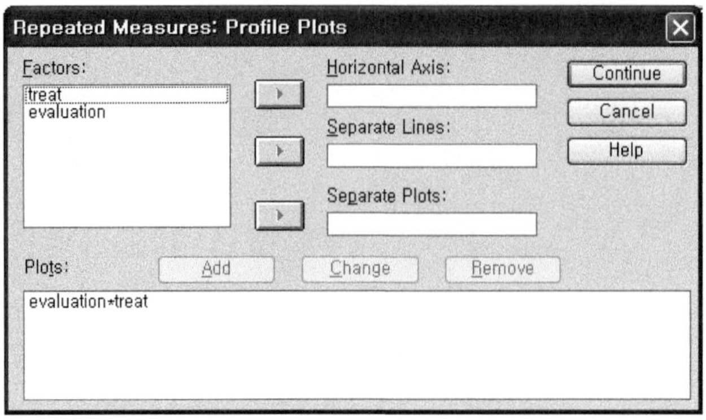

〈그림 15-18〉

분석결과 보기

다음의 〈표 15-25〉는 각 처치와 평가시기 조합별 평균과 표준편차를 보여 주며, 이는 〈그림 15-17〉의 **Options** 창에서 **Descriptive Statistics**를 선택한 결과이다. 평가가 진행됨에 따라 실험집단은 평균이 증가하고 있는 반면 비교집단은 큰 변화가 없음을 알 수 있다. 이는 평균 프로파일인 〈그림 15-19〉에서도 확인할 수 있다. 〈그림 15-19〉는 〈그림 15-18〉에서 선택한 결과이다.

〈표 15-25〉

Descriptive Statistics

	treat	Mean	Std. Deviation	N
pre	실험	19.08	4.417	36
	비교	19.39	3.713	36
	Total	19.24	4.054	72
First	실험	22.19	3.786	36
	비교	20.00	3.521	36
	Total	21.10	3.795	72
Second	실험	23.28	3.419	36
	비교	19.50	3.256	36
	Total	21.39	3.822	72
Third	실험	24.22	2.706	36
	비교	19.00	3.014	36
	Total	21.61	3.873	72

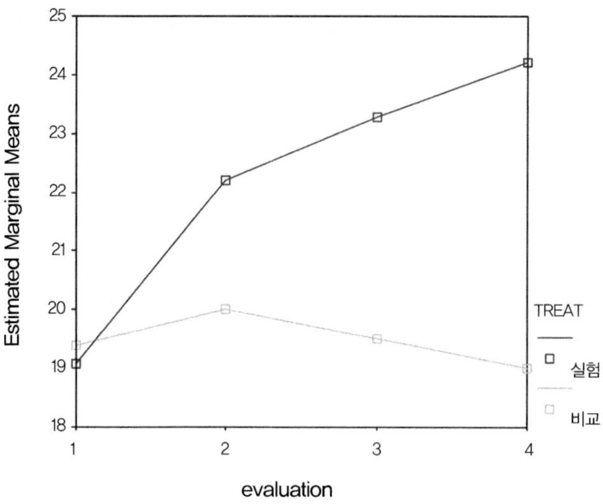

〈그림 15-19〉

다음의 〈표 15-26〉 및 〈표 15-27〉은 피험자내 요인(**evaluation**)과 피험자간 요인(**treat**)의 효과를 분석한 결과이다. 이들 표에서 각 효과를 정리하여 〈표 15-24〉에 해당되는 분산분석표를 작성하면 다음의 〈표 15-28〉과 같다. 우선 피험자간 요소인 처치의 효과는 통계적으로 유의하며($F(1, 70) = 12.567, p = .001$) 효과의 크기는 $\eta_p^2 = .152$로 Cohen의 기준으로 중간정도이다. 〈그림 15-19〉에서 알 수 있는 바와 같이 사전검사를 제외하면 모든 측정에서 실험집단(어휘학습 게임 집단)이 비교집단(일반게임 집단)보다 더 효과적이다. 〈그림 15-19〉에서는 반복측정과 처치 사이의 상호작용이 매우 뚜렷함을 볼 수 있다. 이는 〈표 15-28〉에서 상호작용 효과가 통계적으로 유의($F(3, 210) = 43.812, p < .001$)함으로 확인할 수 있다. 상호작용의 효과의 크기는 $\eta_p^2 = .385$로 높게 나타났다. 비교집단의 경우는 평가가 진행됨에 따라 큰 변화가 없지만 실험집단의 경우 계속적으로 증가하고 있다. 결론적으로 어휘학습 게임을 이용하는 경우 국어 어휘능력이 계속 증가하지만 비교집단의 경우는 큰 변화가 없다. 반복측정의 주효과에 대한 사후검증의 결과가 〈표 15-29〉에 나와 있다. 사전검사와 모든 평가 사이에는 유의한 차이가 있으나 1차, 2차, 3차 평가 간에는 유의한 차이가 없다. 이는 〈그림 15-19〉에서 알 수 있는 바와 같이 실험집단에서는 계속적인 증가가 있으나 비교집단에서는 1차 평가 이후 약간의 감소가 있어 1차 평가 이후 전체적인 주효과의 증가가 미미하게 나타났기 때문이라고 판단된다. 실험집단만 보면 계속 증가하는 추세를 보임을 알 수 있다. 반복측정에 따른 변화의 추세분석 결과인 〈표 15-30〉을 보면 선형추세, 이차함수 추세, 삼차함수 추세 모두 유의하다.

〈표 15-26〉

Tests of Within-Subjects Effects

Measure : MEASURE_1

Source		Type III Sum of Squares	df	Mean Square	F	Sig.	Partial Eta Squared
evaluation	Sphericity Assumed	254.472	3	84.824	36.846	.000	.345
	Greenhouse-Geisser	254.472	2.108	120.724	36.846	.000	.345
	Huynh-Feldt	254.472	2.206	115.356	36.846	.000	.345
	Lower-bound	254.472	1.000	254.472	36.846	.000	.345
evaluation * treat	Sphericity Assumed	302.583	3	100.861	43.812	.000	.385
	Greenhouse-Geisser	302.583	2.108	143.548	43.812	.000	.385
	Huynh-Feldt	302.583	2.206	137.166	43.812	.000	.385
	Lower-bound	302.583	1.000	302.583	43.812	.000	.385
Error (evaluation)	Sphericity Assumed	483.444	210	2.302			
	Greenhouse-Geisser	483.444	147.552	3.276			
	Huynh-Feldt	483.444	154.417	3.131			
	Lower-bound	483.444	70.000	6.906			

〈표 15-27〉

Tests of Between-Subjects Effects

Measure : MEASURE_1
Transformed Variable : Average

Source	Type III Sum of Squares	df	Mean Square	F	Sig.	Partial Eta Squared
Intercept	125000.000	1	125000.000	2944.200	.000	.977
treat	533.556	1	533.556	12.567	.001	.152
Error	2971.944	70	42.456			

〈표 15-28〉

분산원	제곱합(SS)	자유도(df)	평균제곱(MS)	F	p값	ES(η_p^2)
피험자간(A)	533.556	1	533.556	12.567	.001	.152
오차(S/A)	2971.944	70	42.456			
피험자내(C)	254.472	3	84.824	36.846	.000	.345
상호작용(AC)	302.583	3	100.861	43.812	.000	.385
오차(CS/A)	483.444	210	2.302			
전체	4545.999	287				

〈표 15-29〉

Pairwise Comparisons

Measure: MEASURE_1

(I) evaluation	(J) evaluation	Mean Difference (I-J)	Std. Error	Sig.[a]	95% Confidence Interval for Difference[a] Lower Bound	Upper Bound
1	2	-1.861*	.203	.000	-2.411	-1.311
	3	-2.153*	.298	.000	-2.959	-1.346
	4	-2.375*	.315	.000	-3.227	-1.523
2	1	1.861*	.203	.000	1.311	2.411
	3	-.292	.230	.757	-.916	.332
	4	-.514	.256	.259	-1.208	.180
3	1	2.153*	.298	.000	1.346	2.959
	2	.292	.230	.757	-.332	.916
	4	-.222	.189	.814	-.735	.291
4	1	2.375*	.315	.000	1.523	3.227
	2	.514	.256	.259	-.180	1.208
	3	.222	.189	.814	-.291	.735

Based on estimated marginal means

*. The mean difference is significant at the .05 level.

a. Adjustment for multiple comparisons: Sidak.

〈표 15-30〉

Tests of Within-Subjects Contrasts

Measure: MEASURE_1

Source	evaluation	Type III Sum of Squares	df	Mean Square	F	Sig.
evaluation	Linear	198.025	1	198.025	46.791	.000
	Quadratic	48.347	1	48.347	33.796	.000
	Cubic	8.100	1	8.100	6.513	.013
evaluation * treat	Linear	297.025	1	297.025	70.183	.000
	Quadratic	5.014	1	5.014	3.505	.065
	Cubic	.544	1	.544	.438	.510
Error(evaluation)	Linear	296.250	70	4.232		
	Quadratic	100.139	70	1.431		
	Cubic	87.056	70	1.244		

혼합모형에서의 단순주효과 검증

혼합모형의 추정결과 본 예시자료의 경우와 같이 피험자간 요인 A와 피험자내 요인 C 간의 상호작용 AC의 효과가 유의한 경우, 이원분산분석의 경우처럼 각 요인별 단순주효과를 검증할 수 있다. 즉 〈그림 15-19〉에서 각 집단별로 4번의 측정평균 사이에 유의한 차이가 있는지(C의 단순주효과), 그리고 각 측정시점별로 집단간 평균에 유의한 차이가 있는지(A의 단순주효과) 검증할 수 있다.

먼저 피험자내 요인(C)의 단순주효과를 검증하기 위해서는 〈표 15-26〉에서 피험자간 요인(A) 하위수준별로 MS_C와 $MS_{CS/A}$를 산출해야 한다. MS_C는 자료파일을 A의 하위수준별로 나누어 피험자내 요인(C)에 대해 일원 반복측정 분산분석을 실시하여 산출한다. 예시자료의 경우 실험집단과 비교집단으로 나누어 각각 일원 반복측정 분산분석을 실시하는 것이다. 그런데 이 효과 검증을 위한 *F*검증에서 무엇을 오차항으로 사용할 것인가에 대해서는 2가지 의견이 있다. 전통적인 방법에서는 전체모형의 $MS_{CS/A}$를 사용해 왔으나, Boik이나 Howell 등은 A의 하위수준별 분석에서의 MS_{CS} 사용을 권장하고 있다.

다음으로 피험자간 요인(A)의 단순주효과를 검증하기 위해서는 〈표 15-27〉에서 피험자내 요인(C)의 각 하위수준별로 MS_A와 오차항 $MS_{S/A}$를 산출해야 한다. MS_A는 피험자내 요인(C)의 각 하위수준별, 즉 반복측정별로 피험자간 요인에 의한 일원분산분석을 시행하여 산출한다. 예시자료의 경우 사전, 1차, 2차, 3차를 각각 종속변수로, 집단(실험, 비교)을 독립변수로 4번의 일원분산분석을 시행하여 집단간 MS들을 산출하면 이것이 각 하위수준별 MS_A가 된다. 그런데 A의 단순주효과에 대한 오차항의 평균제곱 $MS_{S/A}$와 자유도(df) 산출은 상당히 복잡하다. 먼저 오차항의 평균제곱은 전체모형에서의 오차항을 통합하여 산출한다. 즉 〈표 15-28〉의 값들을 이용하여 다음과 같이 구할 수 있다.

$$MS_{S/A} = \frac{SS_{S/A} + SS_{CS/A}}{df_{S/A} + df_{CS/A}}$$

예시자료의 경우 〈표 15-28〉에서 $MS_{S/A} = (2971.944 + 483.444)/(70 + 210) = 12.34$이다. 그런데 MS_A의 효과를 검증하기 위한 $F = MS_A/MS_{S/A}$ 검증에서 분자의 자유도는 $(a - 1)$로 예시자료에서 $2 - 1 = 1$이지만 $MS_{S/A}$의 자유도 $df_{MS_{S/A}}$는 Welch(1938)와 Satterthwaite(1946)에 의해 다음과 같이 주어진다(Howell, 2013).

$$df_{MS_{S/A}} = \frac{(SS_{S/A} + SS_{CS/A})^2}{\frac{SS_{S/A}^2}{df_{S/A}} + \frac{SS_{CS/A}^2}{df_{CS/A}}}$$

예시자료의 경우 〈표 15-28〉의 값을 사용하면 자유도는 다음과 같이 계산된다.

$$df_{MS_{S/A}} = \frac{(2971.944 + 483.444)^2}{\frac{2971.944^2}{70} + \frac{483.444^2}{210}} = 93.80 \cong 94$$

그러면 우리의 예시자료 분석에서 피험자간 요인 A와 피험자내 요인 C 사이의 상호작용은 $F(3, 210) = 43.812$, $p = < .001$로 유의하였으므로 A와 C의 단순주효과를 검증해 보자.

먼저 C(반복측정)의 단순주효과를 검증하기 위해 주어진 자료 파일을 〈그림 15－20〉과 같이 집단별로 나누어 〈그림 15－21, 22, 23〉과 같이 일원 반복측정 분산분석을 실시해 보자.

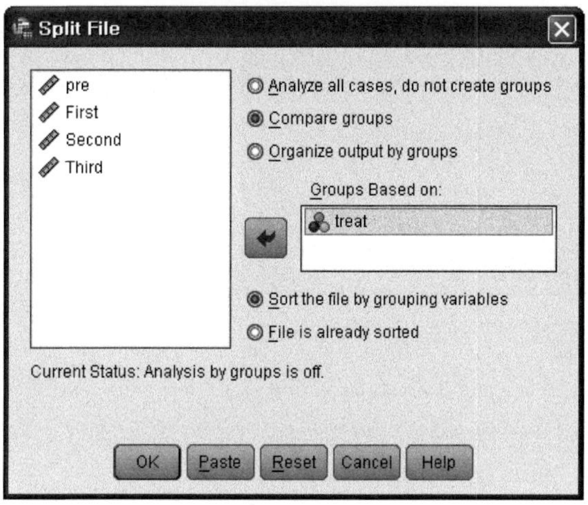

〈그림 15-20〉

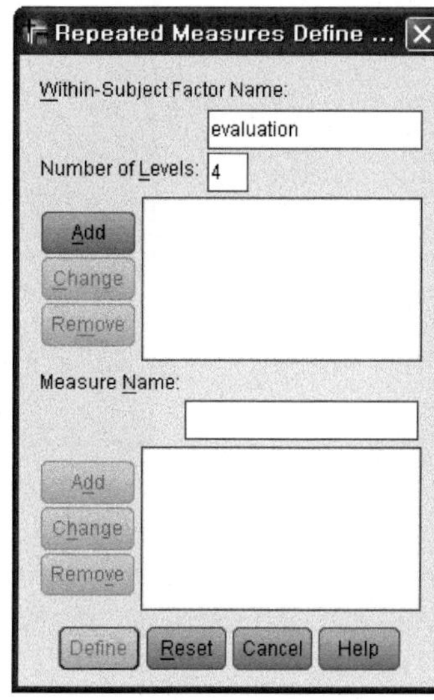

〈그림 15-21〉

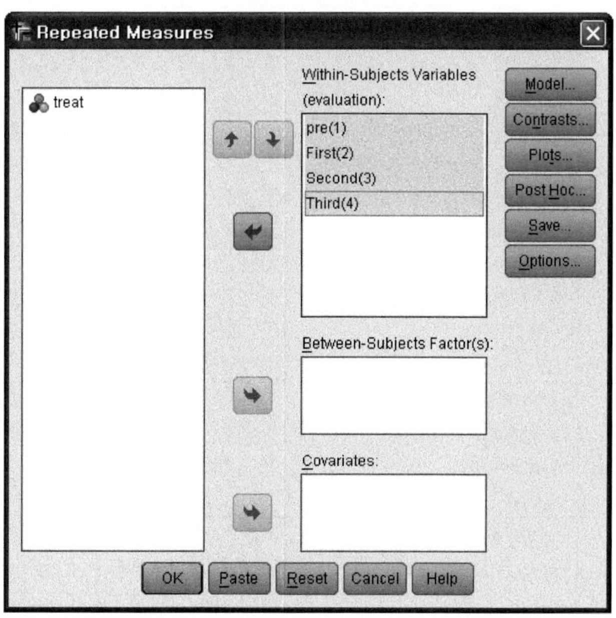

〈그림 15-22〉

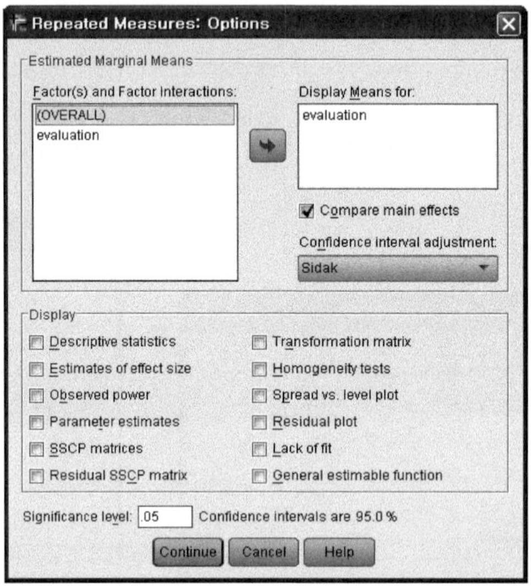

〈그림 15-23〉

다음의 〈표 15-31, 32, 33〉은 각 집단별(A)로 반복측정(피험자내: C) 값에 대한 일원 반복측정 분산분석 결과의 산출물이다.

〈표 15-31〉

Tests of Within-Subjects Effects

Measure: MEASURE_1

treat	Source		Type III Sum of Squares	df	Mean Square	F	Sig.
실험	evaluation	Sphericity Assumed	538.722	3	179.574	76.251	.000
		Greenhouse-Geisser	538.722	2.206	244.155	76.251	.000
		Huynh-Feldt	538.722	2.361	228.153	76.251	.000
		Lower-bound	538.722	1.000	538.722	76.251	.000
	Error (evaluation)	Sphericity Assumed	247.278	105	2.355		
		Greenhouse-Geisser	247.278	77.227	3.202		
		Huynh-Feldt	247.278	82.643	2.992		
		Lower-bound	247.278	35.000	7.065		
비교	evaluation	Sphericity Assumed	18.333	3	6.111	2.717	.048
		Greenhouse-Geisser	18.333	1.854	9.889	2.717	.078
		Huynh-Feldt	18.333	1.953	9.387	2.717	.074
		Lower-bound	18.333	1.000	18.333	2.717	.108
	Error (evaluation)	Sphericity Assumed	236.167	105	2.249		
		Greenhouse-Geisser	236.167	64.885	3.640		
		Huynh-Feldt	236.167	68.360	3.455		
		Lower-bound	236.167	35.000	6.748		

〈표 15-32〉

Pairwise Comparisons

Measure: MEASURE_1

treat	(I) evaluation	(J) evaluation	Mean Difference (I-J)	Std. Error	Sig.[b]	95% Confidence Interval for Difference[b] Lower Bound	Upper Bound
실험	1	2	−3.111*	.295	.000	−3.933	−2.289
		3	−4.194*	.402	.000	−5.315	−3.074
		4	−5.139*	.470	.000	−6.449	−3.829
	2	1	3.111*	.295	.000	2.289	3.933
		3	−1.083*	.283	.003	−1.872	−.295
		4	−2.028*	.366	.000	−3.049	−1.007
	3	1	4.194*	.402	.000	3.074	5.315
		2	1.083*	.283	.003	.295	1.872
		4	−.944*	.319	.032	−1.833	−.056
	4	1	5.139*	.470	.000	3.829	6.449
		2	2.028*	.366	.000	1.007	3.049
		3	.944*	.319	.032	.056	1.833
비교	1	2	−.611	.280	.196	−1.391	.169
		3	−.111	.440	1.000	−1.337	1.115
		4	.389	.418	.931	−.778	1.555
	2	1	.611	.280	.196	−.169	1.391
		3	.500	.364	.692	−.515	1.515
		4	1.000*	.359	.050	.000	2.000
	3	1	.111	.440	1.000	−1.115	1.337
		2	−.500	.364	.692	−1.515	.515
		4	.500	.205	.114	−.072	1.072
	4	1	−.389	.418	.931	−1.555	.778
		2	−1.000*	.359	.050	−2.000	.000
		3	−.500	.205	.114	−1.072	.072

b. Adjustment for multiple comparisons: Sidak.

〈표 15-33〉

Tests of Within-Subjects Contrasts

Measure: MEASURE_1

treat	Source	evaluation	Type III Sum of Squares	df	Mean Square	F	Sig.
실험	evaluation	Linear	490.050	1	490.050	113.927	.000
		Quadratic	42.250	1	42.250	25.606	.000
		Cubic	6.422	1	6.422	5.767	.022
	Error (evaluation)	Linear	150.550	35	4.301		
		Quadratic	57.750	35	1.650		
		Cubic	38.978	35	1.114		
비교	evaluation	Linear	5.000	1	5.000	1.201	.281
		Quadratic	11.111	1	11.111	9.174	.005
		Cubic	2.222	1	2.222	1.618	.212
	Error (evaluation)	Linear	145.700	35	4.163		
		Quadratic	42.389	35	1.211		
		Cubic	48.078	35	1.374		

먼저 〈표 15-31〉의 결과와 전체모형 분석의 결과인 〈표 15-28〉의 결과를 종합하여 피험자내 요인(C), 즉 **evaluation**의 단순주효과 분석은 다음의 〈표 15-34〉와 같이 정리할 수 있다.

〈표 15-34〉

분산원	제곱합(SS)	자유도(df)	평균제곱(MS)	F	p
피험자내(C) (각 집단별 오차항 사용 경우)					
실험집단에서	538.722	3	179.574	76.251	.000
오차	247.278	105	2.355		
비교집단에서	18.333	3	6.11	2.717	.048(.096)*
오차	236.167	105	2.249		
피험자내(C) (전체모형 오차항 사용 경우)					
실험집단에서	538.722	3	179.574	78.008	.000
비교집단에서	18.333	3	6.11	2.654	.050(.10)*
오차	483.444	210	2.302		

*( ) 속의 p값은 Bonfferoni 방법에 의한 값

본 예시자료의 경우는 어느 오차항을 사용하더라도 피험자내(C) 요인의 단순주효과는 실험집단, 비교집단 모두 유의한 결과가 나타났다. 만약 familywise error rate를 통제하는 경우, 두 번의 검증이 이루어지므로 Bonferroni 방법을 사용하면 비교집단의 p값은 .048 × 2 = .098, .050 × 2 = .1로 유의한 차이가 없다고 할 수 있을 것이다.

〈표 15−32〉의 **Sidak** 방법에 의한 사후검증 결과를 보면 실험집단의 경우 모든 짝 비교에서 유의한 차이가 나타났다.

피험자내 요소(C)는 시간 간격을 두고 반복 측정한 것이므로 추세분석도 의미가 있다. 〈그림 15−19〉를 보면 실험집단의 경우 전반적으로 증가하면서 2차 함수의 형태를 띠고 있는데 이는 〈표 15−33〉에서 선형추세(p < .001)와 이차함수 추세(p < .001)로 모두 유의한 것으로 확인할 수 있다. 비교집단의 경우 선형추세(p = .281)로 유의하지 않으나 이차함수 추세(p = .005)로 유의하다.

다음으로 피험자내 요인(C)인 각 측정시점별로 피험자간 요인의 단순주효과를 산출하기 위해 〈그림 15−20〉에서 먼저 **Analyze all cases, do not create groups**를 선택하여 앞 단계에서 분리했던 파일을 통합한 후 〈그림 15−24〉와 같이 일원분산분석을 시행하면 〈표 15−35〉와 같은 결과를 얻는다.

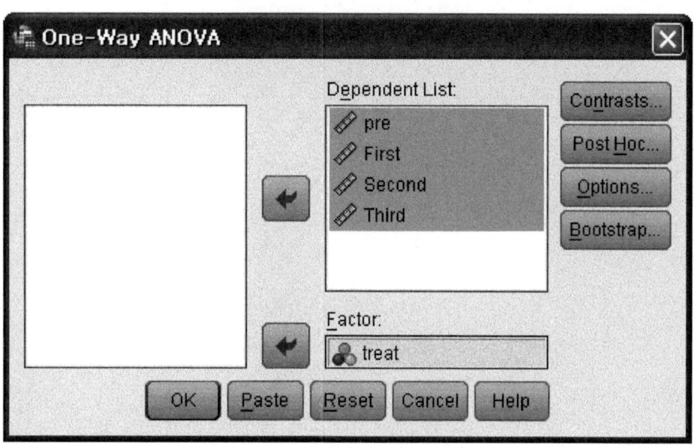

〈그림 15−24〉

〈표 15-35〉

ANOVA

		Sum of Squares	df	Mean Square	F	Sig.
pre	Between Groups	1.681	1	1.681	.101	.752
	Within Groups	1165.306	70	16.647		
	Total	1166.986	71			
First	Between Groups	86.681	1	86.681	6.485	.013
	Within Groups	935.639	70	13.366		
	Total	1022.319	71			
Second	Between Groups	256.889	1	256.889	23.048	.000
	Within Groups	780.222	70	11.146		
	Total	1037.111	71			
Third	Between Groups	490.889	1	490.889	59.841	.000
	Within Groups	574.222	70	8.203		
	Total	1065.111	71			

〈표 15-35〉에서 얻은 각 반복측정별 MS_A와 앞 논의 단계에서 산출한 오차항의 $MS_{S/A}$ 및 $df_{MS_{S/A}}$를 이용하여 피험자간 요인(A) 즉 집단의 단순주효과는 다음의 〈표 15-36〉과 같이 정리할 수 있다.

〈표 15-36〉 평가시점별(C) 집단간(A) (피험자간) 단순주효과

분산원	제곱합(SS)	자유도(df)	평균제곱(MS)	F	p
피험자간(A)					
사전검사에서	1.681	1	1.681	.136	.713
1차 평가에서	86.681	1	86.681	7.024	.009
2차 평가에서	256.889	1	256.889	20.818	.000
3차 평가에서	490.889	1	490.889	39.780	.000
오차		94	12.34		

〈표 15-36〉의 결과에서 알 수 있는 바와 같이 사전검사 경우를 제외하고 모든 평가 시점에서 실험집단과 비교집단 간에는 유의한 차이가 나타났다.

분석결과의 기술

어휘학습 게임 집단(실험집단)과 단순게임 집단(비교집단)의 사전검사 및 3차에 걸친 국

어 어휘능력 평가의 평균 및 표준편차는 다음과 같았다.

집단	사전검사	1차 평가	2차 평가	3차 평가	전체 평균
실험집단	19.08(4.42)	22.19(3.79)	23.28(3.42)	24.22(2.71)	22.19
비교집단	19.39(3.71)	20.00(3.52)	19.50(3.26)	19.00(3.01)	19.47
전체 평균	19.24	21.10	21.39	21.61	20.83

피험자간 요인인 게임 형태와 피험자내 요인인 반복측정 평가의 효과를 분석한 분산분석표는 〈표 15-28〉과 같았다.

우선 피험자간 요소인 게임 형태의 효과는 통계적으로 유의하였다($F(1, 70) = 12.567$, $p = .001$). 〈그림 15-19〉에서 알 수 있는 바와 같이 사전검사를 제외하면 모든 측정 단계에서 실험집단(어휘학습 게임 집단)이 비교집단(일반게임 집단)보다 더 효과적이었다. 피험자내 요소인 반복측정의 주효과도 통계적으로 유의하였다($F(3, 210) = 43.812$, $p < .001$). 피험자간 요소의 효과의 크기(η_p^2)는 .152로 Cohen의 기준으로 중간정도였으며, 피험자내 요소의 효과의 크기는 .345로 높은 수준이었다.

그런데 〈그림 15-19〉에서 보는 바와 같이 실험집단의 경우 평가가 진행됨에 따라 어휘 성적의 평균에 뚜렷한 증가가 있지만 비교집단에서는 평가 진행에 따른 변화가 크게 나타나지 않아 피험자간 요소와 피험자내 요소 간에 상호작용이 있으며 〈표 15-28〉에서 두 요인 사이의 상호작용이 $F(3, 210) = 43.812$, $p < .001$으로 통계적으로 유의하였다. 이 상호작용의 효과의 크기는 .385로 높은 수준의 실제적 유의성을 보여 주었다.

상호작용의 성격을 파악하기 위하여 피험자내 요인(반복측정 평가)의 단순주효과와 피험자간 요인(집단)의 단순주효과를 분석한 결과는 〈표 15-34〉, 〈표 15-36〉과 같았다. 〈표 15-34〉에서 알 수 있는 바와 같이 familywise error rate를 통제했을 때, 실험집단에서는 반복측정 평가의 평균 간에 유의한 차이가 나타났으나 비교집단에서는 유의하지 않았다. 실험집단의 각 평균 간 Sidak 방법에 의한 사후검증 결과 모든 짝에서 유의한 차이가 있었다. 그리고 실험집단의 경우 평가진행에 따른 평균 변화에 선형추세($F(1, 35) = 113.927$, $p < .001$)와 이차추세($F(1, 35) = 25.606$, $p < .001$) 모두 유의하게 나타났다.

피험자간 요인(집단)의 단순주효과 검증에서는 〈표 15-36〉의 결과에서 보는 바와 같이 사전검사를 제외하고는 모든 평가에서 실험집단이 비교집단에 비해 평균이 유의하게 높게 나타났다.

16장 공분산분석

전통적 수업방법, 수준별 수업방법, 그리고 혼합형 수업방법 등 3가지 수업방법에 따라 학생들의 학업성취에 어떠한 차이가 나는지 알아보기 위한 실험연구를 가정해 보자. 독립변수인 수업방법이 종속변수인 학업성취에 미치는 효과를 알아보기 위해서는 동등한 세 집단에 각 수업방법을 적용하여 지도한 후 학업성취를 측정하여 각 집단 간에 학업성취의 평균에 유의한 차이가 있는지 통계적으로 검증한다. 이 검증이 바로 분산분석(analysis of variance: ANOVA)이다. 그런데 세 집단 간에 애초에 지능의 차이가 있었다면, 세 집단 간의 성취의 차이는 수업방법의 효과뿐만 아니라 지능의 차이에 의해서도 영향을 받았을 가능성이 있다. 즉 지능이 오차의 요소로 작용할 수 있다. 이런 경우 수업방법의 효과를 보다 정밀하게 검증하기 위해서 지능을 미리 측정하여 모형에 포함시켜, 종속변수인 성취의 변량 중에서 지능에 의한 부분을 제거(통제)하고 난 뒤, 집단 간에 성취의 차이를 검증해 주어야 한다. 이러한 목적으로 사용하는 통계적 방법이 공분산분석(analysis of covariance: ANCOVA)이며 공변량분석이라고도 한다.

공분산분석에서는 종속변수와 독립변수 외에 오차요소로 작용할 수 있는 양적인 외재변수(extraneous variable)를 함께 측정하여 이를 모형에 포함하여 통계적으로 통제한다. 이러한 양적인 외재변수를 공변수(covariate) 또는 공변인이라 한다. 지금의 예에서 지능이 공변수에 해당된다. 분산분석모형이 양적인 종속변수를 질적인 독립변수로 설명 또는 예측하려는 모형이라고 한다면, 공분산분석모형은 양적인 종속변수를 질적인 독립변수와 양적인 독립변수(공변수)로 함께 설명 또는 예측하려는 모형이라고 할 수 있다. 변수 간의 관계 측면에서 보면 다음과 같이 표현할 수 있다.

[범주형 변수(수업방법), 양적 변수(공변수: 지능)] → 양적 변수(성취)

[독립변수, 독립변수] → 종속변수

한편, 통계 모형에서 오차의 양을 축소하여 편의되지 않은(unbiased) 처치의 효과를 추정하기 위해서, 무작위 배분에 의해 각 처치집단을 구성한다거나, 각 변수의 측정오차를 줄이기 위해 노력하는 등의 통제를 실험적 통제(experimental control)라고 한다. 그런데 실험적 통제로는 제거하기 어렵거나 때로는 불가능한 오차 요소를 통계적으로 통제하는 것을 통계적 통제(statistical control)라고 한다. 공분산분석모형은 외재변수인 공변수의 효과를 회귀분석 방법을 이용하여 통계적으로 통제하는 방법이라고 할 수 있다. 앞 예의 경우, 통제하려는 외재변수인 지능이 종속변수인 성취에 미치는 영향을 통제하기 위해 각 처치집단(수업집단) 내에서 성취를 종속변수로, 지능을 독립변수로 해서 회귀모형을 설정하여 성취의 변량 중에서 지능이 설명한 부분을 제외한 나머지 변량에 대하여 분산분석으로 집단 간에 차이가 있는지를 검증하는 것이다. 즉 각 집단내 회귀모형을 통하여 외재변수의 종속변수에 대한 효과를 제거하여 통제한 후 남은 변량의 집단간 차이를 분산분석에 의해 비교하게 되는 것이다. 따라서 통계분석 모형의 측면에서 볼 때, 공분산분석모형은 분산분석모형과 회귀분석(regression analysis)모형이 결합된 것이라고 할 수 있다.

1. 공분산분석모형의 구조

공분산분석모형의 구조적 특성을 이해하기 위해 앞 예를 이용하여 모형을 수식으로 표현해 보자. 먼저 종속변수인 성취를 독립변수인 수업방법으로 설명하는 분산분석모형은 다음의 식 (1)과 같이 나타낼 수 있다.

$$Y_{ij} = \mu_t + \tau_j + \varepsilon_{ij} \tag{1}$$

여기서

Y_{ij} : j 처치집단의 i번째 사람의 성취

μ_t : 종속변수의 전체 모집단 평균

τ_j : j 집단의 처치 효과

ε_{ij} : j 집단의 i번째 사람에 대한 오차항

그런데, 각 집단 내에서 성취의 변량 중 지능에 의해 설명되는 부분을 회귀모형으로 설

정하면, 지능에 의해 설명되는 부분을 제외한 잔차는 $Y_{ij} - \beta(X_{ij} - \mu_x)$로 표현할 수 있다. 여기서 β는 Y의 X에 대한 회귀식에서 기울기이고, μ_x는 모집단 전체의 공변수 평균, 그리고 X_{ij}는 j 집단의 i번째 사람의 공변수 값(지능)을 의미한다. 앞에서 언급한 바와 같이 이 잔차의 집단간 차이를 분산분석모형으로 설정하는 것이 공분산분석모형이므로 이는 다음과 같이 표현할 수 있다.

$$Y_{ij} - \beta(X_{ij} - \mu_x) = \mu_t + \tau_j + \varepsilon_{ij} \tag{2}$$

여기서 공변수를 전체평균과의 차이로 표시하는 것은 회귀식에서 절편 부분을 없애 μ_t가 종속변수의 전체 평균을 나타내게 하기 위해서이다. 공분산분석모형 식 (2)에서 왼쪽 변은 회귀분석모형의 형식을, 그리고 오른쪽 변은 분산분석모형의 형식을 취하고 있음을 알 수 있다. 식 (2)를 달리 표현하면 다음과 같다.

$$Y_{ij} = \mu_t + \tau_j + \beta(X_{ij} - \mu_x) + \varepsilon_{ij} \tag{3}$$

이 식은 공분산분석모형이 개인의 성취를 전체 평균 요소(μ_t), 집단 j의 처치효과(τ_j), 공변수에 의해 설명되는 부분[$\beta(X_{ij} - \mu_x)$], 그리고 모형에 의해 설명되지 않는 오차(ε_{ij})로 나누어 설명하고 있음을 보여 준다.

분산분석모형인 식 (1)과 공분산분석모형인 식 (3)을 비교해 보면 식 (3)에서는 있는 공변수에 의해 설명되는 부분인 $\beta(X_{ij} - \mu_x)$ 항이 식 (1)에서는 없기 때문에 이 부분이 오차 항에 포함되어 분산분석모형의 오차 크기가 공분산분석모형의 오차보다 커짐을 알 수 있다. 이 부분 때문에 진실험설계의 경우, 처치의 집단간 차이를 검증하는 데 있어 공분산분석의 검증력이 분산분석보다 높아지게 되고, 준실험설계나 상관연구의 경우에는 이 부분이 기존집단에 이미 존재하는 차이를 나타내고, 따라서 공분산분석은 이를 통제하여 기존집단의 비동질성을 교정해 주는 효과를 얻게 되는 것이다.

J개의 하위수준을 지닌 하나의 질적 독립변수와 하나의 양적 공변수를 가진 모형의 경우, 분산분석표는 〈표 16-1〉과 같이 정리할 수 있다.

〈표 16-1〉에서 p_m은 공변수 X와 집단을 나타내는 질적 변수에 의한 전체 효과, p_x는 공변수 X의 효과, 그리고 p_g는 공변수 X의 효과를 통제한 후의 집단간 평균차이, 즉 조정평균 차이의 유의성에 대한 p값을 나타낸다.

〈표 16-1〉

분산원	제곱합(SS)	자유도(df)	평균제곱(MS)	F	p
모형	SSm	J	MSm	MSm/MSw	p_m
공변수	SSx	1	MSx	MSx/MSw	p_x
집단간	SSg	$J-1$	MSg	MSg/MSw	p_g
오차	SSw	$N-J-1$	MSw		
전체	SSt	$N-1$			

2. 공분산분석모형의 목적

실제 문헌상에서 공분산분석모형이 적용되는 경우는 크게 3가지로 요약해 볼 수 있다. 첫 번째는 앞에서 이미 설명한 바와 같이 연구대상자들을 무작위로 처치집단에 배분하는 진실험설계(true-experimental design)에서 공변수의 효과를 제거하여 보다 정밀한 독립변수의 효과를 검증하려는 경우이다. 두 번째는 연구대상자들을 무작위로 배분할 수 없어 이미 구성되어 있는 기존집단(intact group)을 이용하는 준실험설계(quasi-experimental design)에서 사전검사 또는 비동질성을 나타내는 변수를 공변수로 모형에 포함하여 통제함으로써, 기존집단 간의 비동질성을 교정하려는 경우이다. 그리고 세 번째는 상관연구나 조사연구 등에서 집단간 차이에 대한 독립변수의 효과를 확인하기 위해 다른 여러 외재변수들을 공변수로 설정하여 통제하기 위한 수단으로 활용하는 경우이다. 어느 경우에 공분산분석모형을 활용하든 통계적 계산과정 및 분석과정은 동일하다. 그러나 어떠한 설계를 했느냐에 따라 그 결과해석의 타당성에는 커다란 차이가 날 수 있다.

3. 비동질집단의 교정에 대한 논란

무작위 배분으로 처치집단을 구성하는 진실험설계에서 검증력을 높이기 위하여 공분산분석을 사용하는 것에 대해서는 그 타당성에 의문의 여지가 없다. 그러나 준실험설계나 상관연구에서 기존집단의 차이를 조정해 주기 위해 공분산분석을 이용하는 것에 대해서는 많은 논란이 있다. 이 논란의 주요 배경은 비동질적 집단의 경우, 아무리 집단간 차이를 공변수로 통제한다 하더라도 그 통제한 변수 외에 우리가 모르는 또 다른 차이가 있을 수 있기 때문에 어떠한 통계적 방법으로도 집단의 비동질성은 없앨 수 없다는 것이다. 이러한 주장에도 일리는 있지만 통제가 용이한 자연과학과는 달리 인간을 대상으로 하는 사회과학이나 행동과학 분야에서는 현실적으로 무작위 배분이 어려운 경우가 대부분이다. 또한 특정 직종에서 남녀간 임금에 성차별이 있는지를 알아보는 연구의 예와 같은 경우, 근무경력과 임금은 통상 양의 상관이 있는데 만약 그 직종에서 남자들이 여자들보다 근무경력이 높은 경향이 있다면 근무경력을 통제하느냐에 따라 남녀간 평균 임금 비교의 결과는 달라질 것이다. 그런데 이러한 경우는 원천적으로 무작위 배분이 불가능하다. 이외에도 아주 중요한 연구과제로 진실험설계가 어려운 경우가 얼마든지 있을 수 있으며 이러한 경우 집단간 비동질성을 보정하기 위하여, 또는 여러 가지 외재변수를 통제하기 위한 차선책으로 공분산분석모형에 의한 통계적 통제를 사용하지 않을 수 없는 것이다. 따라서 연구대상 집단들의 비동질성을 교정하기 위한 목적으로 사용하는 경우, 연구자는 공분산분석 방법이 가지고 있는 문제점이나 한계를 인식하고 주어진 상황하에서 최선을 다해서 해석의 타당성 확보를 위한 논리적 점검을 해야 할 것이며 무분별하고 맹목적인 남용을 경계해야 할 것이다.

4. 공변수의 선정 및 측정

공분산분석모형에서 어떤 변수들을 공변수로 선정할 것인가 하는 것은 매우 중요한 문제이다. 만약 공변수와 종속변수 간에 아무런 상관관계가 없다면, 공변수에 의해 설명되는 종속변수의 변량이 없으므로 오차분산의 감소를 기대할 수 없게 된다. 결과적으로 공변수를 이용하여 얻어지는 하등의 이점이 없게 되며 따라서 차라리 보다 단순한 분산분석모형을 이용하는 것이 나을 것이다. 그러므로 공변수는 종속변수와 상관이 깊은 변수 중에서 선정하는 것이 좋다. 이 상관계수의 절대값이 높을수록 오차변량의 감소가 커지는데 적어도 상관계수의 절대값이 .3 또는 .4 이상 되어야 공변수 이용의 이점을 기대할 수 있다. 사람을 연구대상으로 하는 분야에서 흔히 이용되는 공변수의 예로는 사전검사 점수, 적성, IQ, 태도, 나이, 사회경제적 지위(SES) 등이 있다.

실험연구의 경우에 또 하나 주의해야 할 점은 공변수 값은 가능한 한 실험처치가 이루어지기 전에 측정되어야 한다는 것이다. 연구가 진행되는 중에 공변수 값을 측정해야 하는 경우에는 이 값들이 어떤 경우에도 처치의 영향을 받지 않아야만 한다. 앞 수업방법의 효과를 비교하는 연구의 예에서 연구자가 학생들이 연구 기간 동안 학습에 투여한 시간의 양을 통제하기 위하여 이를 공변수로 선정하였다고 가정해 보자. 이 경우 교수방법이 종속변수뿐만 아니라 학생들의 학습 시간량에도 영향을 줄 수 있으며, 따라서 공분산 분석에서 이를 통제할 경우 처치가 종속변수에 주는 효과의 일부분까지도 제거하게 되어 오도된 결과를 가져올 수도 있게 된다.

5. 조정평균(adjusted mean)

질적 독립변수의 각 범주에 의해 분류되는 집단 간에 종속변수의 평균에 유의한 차이가 있는지를 비교하는 것이 분산분석(ANOVA)이라고 한다면 공분산분석모형은 양적인 공변수(X)를 통제했을 때, 이들 종속변수의 평균에 차이가 있는지를 비교하는 것이라고 할 수 있다. 이러한 통제는 각 집단이 이 공변수에 대한 평균이 서로 다른 것을 고려한 것이다. 따라서 공분산분석모형에 있어서 이 공변수를 통제하는 효과는 만약 이들 집단이 공변수의 평균이 모두 같다고 가정했을 때, 기대되는 종속변수의 평균이 얼마인가로 알아볼 수 있을 것이다. 각 집단의 공변수의 평균이 전체 평균과 같다고 가정했을 때, 기대되는 종속변수의 평균을 조정평균이라고 한다. 결국 공분산분석에서는 집단 간에 이들 조정평균에 유의한 차이가 있는가를 검증하는 것이 주 목적이라고 볼 수 있을 것이다.

진실험설계의 경우, 연구대상자들을 각 집단에 무작위로 배분했다고 하더라도 각 집단의 공변수 표본평균이 완전히 같지는 않을 것이다. 공변수에 대하여 집단별로 차이가 존재할 것이고 또 공변수와 종속변수 사이에는 상당한 상관관계가 있을 것이므로 실험 처치를 시행하기 이전에 이미 존재하는 이 집단 차이 때문에 한 집단의 종속변수 평균이 다른 집단들보다 높을 수 있다. 따라서 조정평균은 이 차이를 통제하는 것이라고 할 수 있다. 반면에 준실험설계나 조사연구 등과 같이 처치집단 또는 비교하고자 하는 집단을 무작위로 배분할 수 없어 기존집단을 사용하는 경우에는 공분산분석모형은 처음부터 이 집단들의 비동질성을 통제하기 위한 목적으로 사용된 것으로 조정평균은 바로 공변수의 평균 차이로 나타난 이러한 비동질성을 조정한 것이라고 할 수 있다.

공변수 X(지능)의 평균 차이에 의한 종속변수(성취) 평균의 조정을 그래프로 좀 더 자세히 살펴보자.

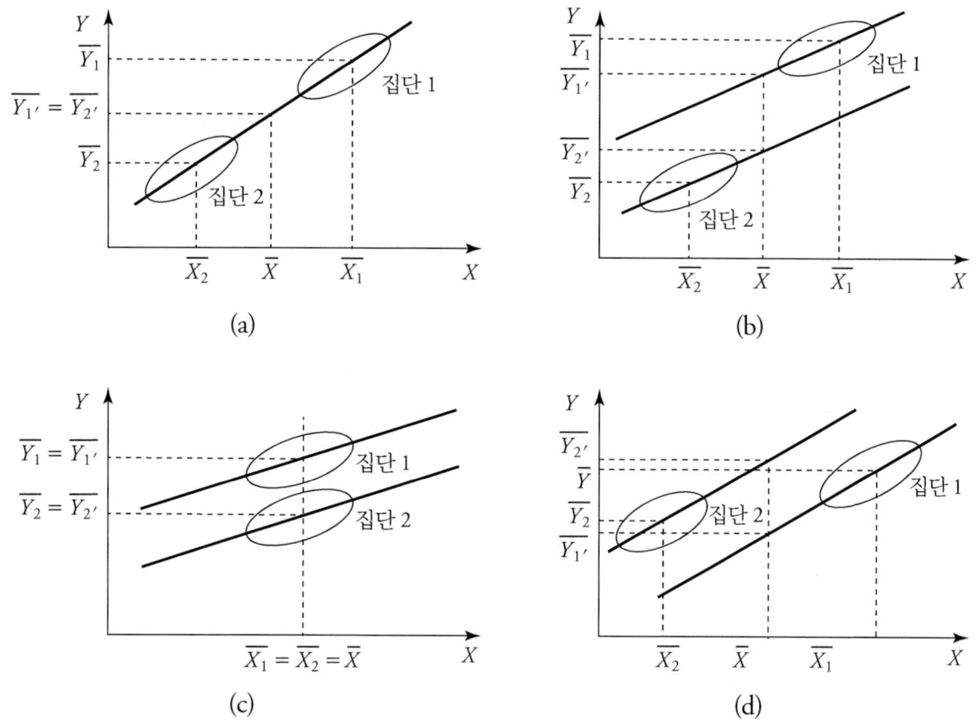

〈그림 16-1〉

먼저 그림 〈그림 16-1〉의 (a) 경우, 집단 1과 집단 2 사이의 종속변수 성취의 평균 차이는 $\overline{Y_1} - \overline{Y_2}$이다. 그런데 두 집단 사이에는 처음부터 지능의 차이가 있었다. 이 지능 차이를 회귀식을 통해 통제하여 두 집단의 지능 평균이 전체 평균인 $\overline{X}$로 동일하다고 가정했을 때의 종속변수의 평균인 조정평균을 구해 보면, $\overline{Y_1}$의 조정평균은 $\overline{Y_{1'}}$, $\overline{Y_2}$의 조정평균은 $\overline{Y_{2'}}$가 되어 두 집단의 성취의 차이는 사라지게 되는 것이다. 그림 (b)는 지능의 차이를 통제한 후의 조정평균의 차이가 원래 평균의 차이보다 축소된 경우를 보여 주고 있다. 그림 (d)는 극단적인 경우로 지능을 통제하면 두 집단의 효과가 역전된다. 만약 그림 (c)처럼 두 집단 사이에 공변수 차이가 없는 경우에는 원래의 평균 차이와 조정평균의 차이가 동일하다. 집단 간에 공변수 평균의 차이가 많이 날수록 조정이 더 많이 일어나게 되는 것이다.

6. 공분산분석모형의 가정

공분산분석모형은 회귀분석모형과 분산분석모형이 결합된 것이기 때문에 이 모형의 가정도 회귀식 기울기의 동일성 가정을 제외하고는 일반적인 회귀분석모형과 분산분석모형의 가정과 동일하다.

① 정규성: 각 집단 내에서 주어진 공변수 X값에 대한 종속변수 Y는 정규분포를 한다. 즉 주어진 X에 대한 Y의 조건분포는 정규분포를 한다.

② 등분산성: 주어진 X에 대한 Y의 조건분포의 분산은 모든 집단에서, 그리고 공변수 X의 전 범위 내에서 모두 동일하다.

③ 선형성: 각 집단 내에서 종속변수와 공변수 간의 관계는 선형이다.

④ 회귀식 기울기의 동일성: 각 집단 내에서 종속변수 Y의 공변수 X에 대한 회귀식의 기울기는 모든 집단에서 동일하다.

⑤ 독립성: 각 개체의 측정치는 서로 독립적이다.

⑥ 공변수와 처치 간의 독립성: 공변수의 값들은 처치의 영향을 받지 않아야 한다.

⑦ 오차 없는 공변수의 측정: 공변수는 오차 없이 측정되었다.

7. 회귀식 기울기의 동일성

식 (2)와 (3)에서 회귀식의 기울기 β에 집단을 나타내는 첨자가 없이 모든 집단이 동일한 β를 사용하고 있는 것에서 알 수 있듯이, 공분산분석모형에서 근본 가정 중의 하나는 각 집단별 종속변수의 공변수에 대한 회귀식의 기울기가 〈표 16-1〉처럼 모든 집단에서 동일하다는 것이다. 다시 말해서 처치와 공변수 사이에 상호작용이 없다는 의미이다. 공분산분석모형의 타당성은 먼저 이 가정의 타당성이 전제되어야 한다. 실제 공분산분석모형의 적용 과정에서 이 가정의 검증은 먼저 처치와 공변수 사이의 상호작용 항을 모형에 포함하여 추정한 후, 이 상호작용의 유의성을 통계적으로 검증한다. 상호작용 효과가 유의하지 않아 동일한 기울기가 적절하다고 판단되면 상호작용 항을 뺀 공분산분석모형을 설정하여 자료를 분석하게 된다.

그런데 이 상호작용이 유의하여 서로 다른 기울기가 더 타당하다고 판단되는 경우, 이 상호작용 항을 포함한 모형으로 자료를 분석하게 된다. 이러한 상호작용모형을 보통 ATI(aptitude-treatment-interaction)모형이라고도 부른다. 원래 상호작용모형의 목적은 공변수와 처치 간의 상호작용을 알아보기 위한 것인 반면, 공분산분석모형은 공변수를 통제하기 위한 것이지만, 실제 분석에서는 어떤 모형에서 출발하였든지 간에 상호작용 항이 유의하면 상호작용모형으로, 유의하지 않으면 공분산분석모형으로 분석하는 것이 일반적이다.

8. 중다비교검증

공분산분석처럼 공변수가 있거나 반복측정과 같은 특수한 모형의 경우, SPSS의 메뉴화면을 이용한 분석에서는 사전비교(계획비교)의 경우는 연구자가 직접 대비계수를 입력할 수는 없고 대신 SPSS가 특정 상황에 대해 미리 설계해 놓은 다음의 〈표 16−2〉의 대비 중에서 선택할 수 있다. 그리고 사후검증의 경우도 SPSS의 **Post Hoc**에서 선택하지 않고 〈그림 16−5〉와 같이 **Options**에서 **Bonferroni**(more conservative, less power)나 **Sidak**(more power, less conservative) 방법을 선택하여 수행한다.

9. 공분산분석모형의 분석내용 및 순서

공분산분석모형으로 자료를 분석하는 경우, 가장 먼저 해야 할 일은 각 집단 내에서 종속변수와 공변수 사이의 회귀계수가 모든 집단에 걸쳐 동일한지를 알아보기 위하여 처치변수와 공변수 사이에 상호작용이 유의한지를 검증하는 것이다. 그 결과로 공분산분석모형이 적절한지 아니면 상호작용모형(ATI)이 적절한지를 결정한다. 일단 공분산분석모형이 적절하다고 판단되면 다음의 단계에서는 공변수를 통제했을 때, 처치의 효과가 유의한지를 검증한다. 이는 공변수의 효과를 조정한 종속변수의 조정평균이 집단 간에 유의한 차이가 있는지를 검증하는 것이다. 조정평균의 차이가 유의한 경우, 조정평균에 대한 사후검증을 실시할 수 있다. 그리고 때에 따라서는 공변수가 오차변량을 축소하는 데 얼마나 기여했는지 그 유의성을 검증할 수도 있다.

10. SPSS 분석방법

전통적 수업방법, 수준별 수업방법, 그리고 혼합형 수업방법 등 3가지 수업방법에 따라 학생들의 성취에 어떤 차이가 나는지 알아보기 위하여 연구대상 학생 75명을 무작위로 3개의 집단으로 분류하여 한 학기 동안 각각의 방법으로 수업한 뒤, 성취검사를 실시하여 〈표 16−3〉과 같은 가상적인 결과를 얻었다. 그리고 이 연구를 시작하기 전에 미리 모든 학생의 지능을 측정해 두었다. 그리고 〈표 16−4〉는 이 자료를 요약한 통계이다.

〈표 16-2〉 SPSS에서 제공하는 특별 대비

대비 선택	정의	네 개 범주의 경우의 예		
		대비 순서	집단간 비교	비고
Deviation (First)	첫 번째 범주를 제외하고 각 범주의 효과를 전체 효과와 비교	1	2와 (1, 2, 3, 4)	비직교 대비
		2	3과 (1, 2, 3, 4)	
		3	4와 (1, 2, 3, 4)	
Deviation (Last)	마지막 범주를 제외하고 각 범주의 효과를 전체 효과와 비교	1	1과 (1, 2, 3, 4)	비직교 대비
		2	2와 (1, 2, 3, 4)	
		3	3과 (1, 2, 3, 4)	
Simple (First)	각 범주를 첫 번째 범주와 비교	1	1과 2	비직교 대비
		2	1과 3	
		3	1과 4	
Simple (Last)	각 범주를 마지막 범주와 비교	1	1과 4	비직교 대비
		2	2와 4	
		3	3과 4	
Difference	첫 번째를 제외한 각 범주를 모든 앞 범주들 평균과 비교	1	4와 (1, 2, 3)	직교 대비
		2	3과 (1, 2)	
		3	2와 1	
Repeated	첫 번째를 제외한 각 범주를 바로 앞 범주와 비교	1	1과 2	비직교 대비
		2	2와 3	
		3	3과 4	
Helmert	마지막을 제외한 각 범주를 모든 뒤 범주들 평균과 비교	1	1과 (2, 3, 4)	직교 대비
		2	2와 (3, 4)	
		3	3과 4	
Polynomial	첫 번째 범주에서 마지막 범주 순서로 경향(trend) 분석	1	linear	직교 대비
		2	quadratic	
		3	cubic	

〈표 16-3〉 3가지 수업방법의 효과에 관한 연구의 가상적 자료

전통적 수업방법(1)		수준별 수업방법(2)		혼합형 수업방법(3)	
지능(X)	성취(Y)	지능(X)	성취(Y)	지능(X)	성취(Y)
95	58	95	58	94	59
95	55	97	55	95	56
99	59	100	60	99	62
99	55	100	55	99	57
102	60	102	60	99	61
101	57	105	58	102	60
102	57	102	57	99	58
103	61	102	62	101	63
102	58	105	58	104	60
104	59	105	61	102	63
106	62	106	63	104	65
106	59	109	59	107	61
107	60	107	61	107	62
108	62	108	64	106	64
108	60	111	61	109	61
109	62	108	63	107	65
111	64	111	65	109	63
110	63	113	64	111	66
113	59	114	60	111	62
114	63	114	62	112	64
112	66	115	68	113	69
115	65	114	66	112	68
115	63	117	64	115	65
116	67	119	68	116	70
117	68	117	68	115	70

〈**표 16-4**〉 예시자료의 요약 통계

구분	X		Y		표본의 크기
	평균	표준편차	평균	표준편차	n
집단 1	106.76	6.463	60.88	3.480	25
집단 2	107.84	6.587	61.60	3.753	25
집단 3	105.92	6.390	62.96	3.769	25
전체	106.84	6.441	61.81	3.722	75

여기서 우리의 주 관심사는 세 집단의 지능차이를 통제했을 때, 세 집단 간에 성취의 차이가 유의한가, 즉 수업방법에 따라 성취의 차이가 있는가 하는 것이다. 이는 지능의 차이에 의한 효과를 통제한 후의 성취평균인 성취의 조정평균이 집단 간에 유의한 차이가 있는지의 검증으로 이루어진다.

〈그림 16-2〉는 자료가 입력된 SPSS **데이터 편집기(SPSS Data Editor)** 화면의 일부를 보여 주고 있다. 여기서 종속변수인 성취는 **Y**, 공변수인 지능은 **X**, 독립변수인 수업방법은 **group**이라는 변수 이름을 주었고, **group**의 각 하위수준의 값은 **1(전통적)**, **2(수준별)**, **3(혼합형)**을 부여하였다.

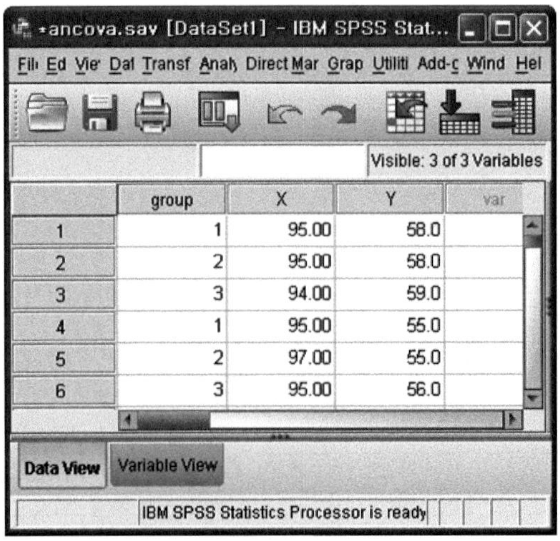

〈그림 16-2〉

SPSS에서 공분산분석은 일반선형모형(General Linear Model: GLM)의 범주 내에서 이루어진다. 따라서 데이터 편집기 화면에서 **Analyze → General Linear Model → Univariate**를 클릭하여 〈그림 16-3〉과 같은 **Univariate** 대화상자를 불러온다. 왼쪽 변수가 모여 있는 상자에서 종속변수인 **Y**를 **Dependent Variable** 상자로, 독립변수인 **group**을 **Fixed Factor(s)** 상자로, 그리고 공변수인 **X**를 **Covariate(s)** 상자로 이동시킨다. 〈그림 16-3〉은 해당 변수들의 이동이 끝난 상태를 보여 주고 있다.

그런데 앞에서도 논의한 바와 같이 공분산분석모형을 설정하기 위해서는 먼저 각 집단별 회귀식의 기울기가 동일하다는 가정이 만족되는지, 즉 공변수와 집단을 나타내는 독립변수 사이에 상호작용이 유의하지 않는지 먼저 점검하여야 한다. 이를 위해서는 〈그림 16-3〉의 **Univariate** 대화상자에서 **Model**을 클릭하여 〈그림 16-4〉와 같은 **Univariate: Model** 대화상자를 불러온다. 상호작용 항이 포함된 모형을 설정하기 위해서는 먼저 연구자가 모형을 설정할 수 있도록 **Custom**을 클릭하여 선정한다. 그러면 **Factors & Covariates** 상자가 활성화되어 변수 이름이 진한 색으로 변한다. 여기서 **group**과 **X**를 하나씩 선정하여 **Model** 상자로 이동시킨다. 그리고 〈Shift〉 키를 이용하여 **group**과 **X**를 동시에 클릭하여 이동시키면 〈그림 16-4〉와 같이 **Model** 상자에 **group*X** 항으로 나타나며 이 항이 바로 상호작용 항이다.

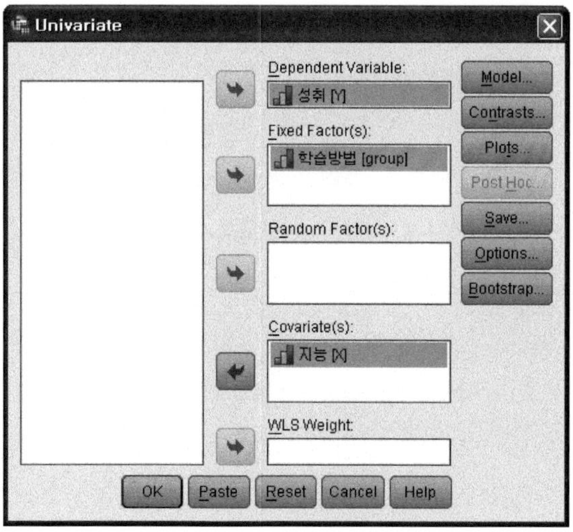

〈그림 16-3〉

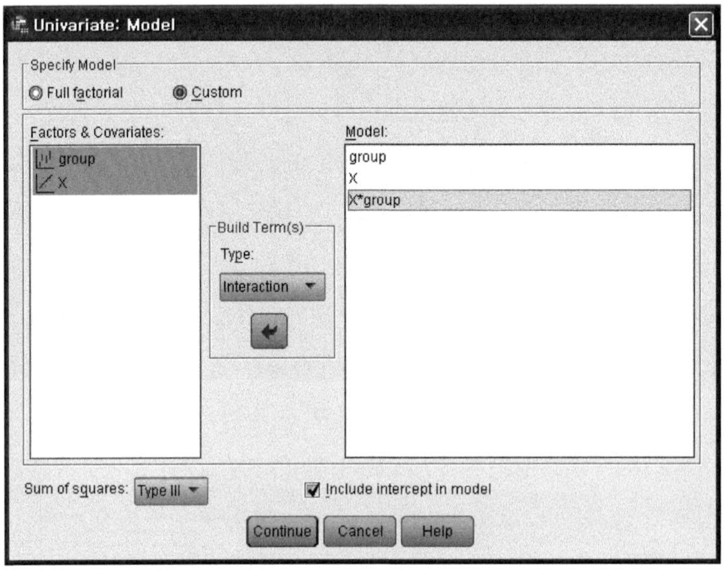

〈그림 16-4〉

이와 같이 설정한 모형의 추정결과 상호작용 항이 유의하지 않으면, 회귀식의 기울기가 동일하다는 가정을 의심할 만한 근거가 없으므로 처음 〈그림 16-4〉에서 기본으로 미리 선정되어 있는 (**Full factorial**) 것과 같이 일상적인 공분산분석모형을 설정하게 된다.

일상적인 공분산분석 모형을 설정한 경우, 각 집단별 기술통계량, 조정평균, 조정평균에 대한 사후비교 등을 위해서는 〈그림 16-3〉의 **Univariate** 대화상자에서 **Options**를 클릭하여 〈그림 16-5〉와 같은 **Options** 대화상자를 부른다. 〈그림 16-5〉에서는 집단별 기술통계량과 조정평균을 얻기 위해 변수 **group**을 **Display Means for** 상자로 이동하고, **Display** 부분에서 기술통계, ES, 관찰검증력 출력을 위해 해당 부분을 선택하였다. **Sidak** 방법에 의한 조정평균의 사후비교를 위해 **Compare main effects**를 선택하고, **Confidence interval adjustment**에서 **Sidak**을 선택하였다.

먼저 〈그림 16-6〉은 〈그림 16-4〉에서 선정한 상호작용 모형의 결과의 일부분이다. 이 결과에서 상호작용을 나타내는 **group*X** 줄을 보면 이 상호작용이 유의하지 않음을 알 수 있다($F(2, 69) = .036, p = .964$). 따라서 상호작용을 포함하지 않은 일상적인 공분산분석모형을 설정하여 분석한다. 〈그림 16-7, 8〉은 예시의 공분산분석모형과 〈그림 16-5〉의 선택사항에 의한 분석결과를 보여 주는 출력물의 일부이다.

먼저 〈그림 16-7〉의 위쪽 표는 각 집단별로 종속변수에 대한 평균과 표준편차를 보여 주고 있다. 이 결과는 공변수 **X**(지능)을 통제하지 않았을 때, 각 집단별 성취의 평균이다. 이 결과를 보면, 집단 3(혼합형)이 평균이 가장 높고, 다음이 집단 2(수준별), 그리고 집단

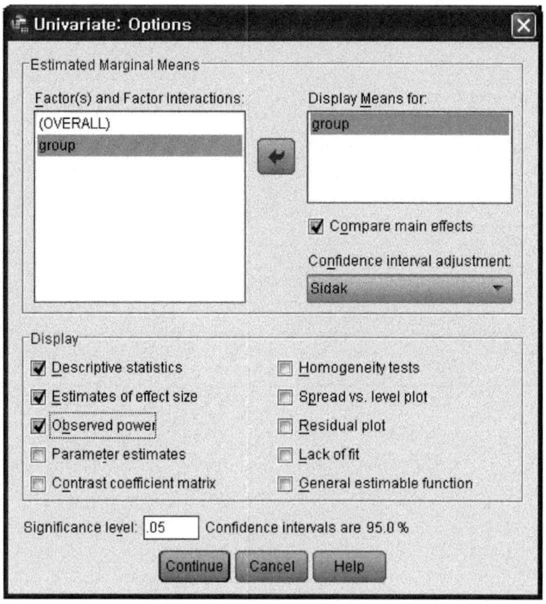

〈그림 16-5〉

Tests of Between-Subjects Effects

Dependent Variable:성취

Source	Type III Sum of Squares	df	Mean Square	F	Sig.	Partial Eta Squared	Noncent. Parameter	Observed Power[b]
Corrected Model	706.731[a]	5	141.346	30.606	.000	.689	153.032	1.000
Intercept	39.511	1	39.511	8.556	.005	.110	8.556	.822
group	.038	2	.019	.004	.996	.000	.008	.051
X	650.881	1	650.881	140.938	.000	.671	140.938	1.000
group * X	.335	2	.167	.036	.964	.001	.073	.055
Error	318.656	69	4.618					
Total	287592.000	75						
Corrected Total	1025.387	74						

a. R Squared = .689 (Adjusted R Squared = .667)
b. Computed using alpha = .05

〈그림 16-6〉

1(전통적)이 가장 낮음을 알 수 있다.

〈그림 16-7〉 아래쪽 표는 분산분석표이다. 먼저 전체적으로 이 모형은 유의하다. ($F(3,\ 71) = 52.409, p < .001$). 세분하여 살펴보면, 먼저 공변수 **X**가 성취 차이를 설명하여, 오차분산을 줄이는 데 유의한 역할을 하였음을 알 수 있다($F(1, 71) = 144.811, p <$ .001). 그리고 공변수 **X**(지능)을 통제했을 때, 성취 평균의 집단 차이도 유의하다($F(2, 71)$ $= 10.30, p < .001$). 이는 공변수를 통제했을 때, 성취의 평균 즉 조정평균이 집단 간에 유

Descriptive Statistics

Dependent Variable:성취

학습방법	Mean	Std. Deviation	N
전통적	60.880	3.4799	25
수준별	61.600	3.7528	25
혼합형	62.960	3.7692	25
Total	61.813	3.7224	75

Tests of Between-Subjects Effects

Dependent Variable:성취

Source	Type III Sum of Squares	df	Mean Square	F	Sig.	Partial Eta Squared	Noncent. Parameter	Observed Power[b]
Corrected Model	706.396[a]	3	235.465	52.409	.000	.689	157.228	1.000
Intercept	39.641	1	39.641	8.823	.004	.111	8.823	.834
X	650.609	1	650.609	144.811	.000	.671	144.811	1.000
group	92.578	2	46.289	10.303	.000	.225	20.606	.984
Error	318.991	71	4.493					
Total	287592.000	75						
Corrected Total	1025.387	74						

a. R Squared = .689 (Adjusted R Squared = .676)
b. Computed using alpha = .05

〈그림 16-7〉

Estimates

Dependent Variable:성취

학습방법	Mean	Std. Error	95% Confidence Interval	
			Lower Bound	Upper Bound
전통적	60.917[a]	.424	60.072	61.762
수준별	61.136[a]	.426	60.287	61.985
혼합형	63.387[a]	.425	62.539	64.235

a. Covariates appearing in the model are evaluated at the following values: 지능 = 106.8400.

Pairwise Comparisons

Dependent Variable:성취

(I) 학습방법	(J) 학습방법	Mean Difference (I-J)	Std. Error	Sig.[a]	95% Confidence Interval for Difference[a]	
					Lower Bound	Upper Bound
전통적	수준별	-.219	.601	.977	-1.689	1.251
	혼합형	-2.470*	.600	.000	-3.938	-1.001
수준별	전통적	.219	.601	.977	-1.251	1.689
	혼합형	-2.251*	.604	.001	-3.728	-.773
혼합형	전통적	2.470*	.600	.000	1.001	3.938
	수준별	2.251*	.604	.001	.773	3.728

Based on estimated marginal means

a. Adjustment for multiple comparisons: Sidak.
*. The mean difference is significant at the .05 level.

〈그림 16-8〉

의한 차이가 있다는 의미이다.

따라서 연구자가 원한다면, 다음 단계에서는 어느 집단 간에 조정평균에 유의한 차이가 있는지를 검증하는 사후검증을 실시할 수 있다. 조정평균 및 조정평균의 95% 신뢰구간은 〈그림 16-8〉의 위쪽에, 그리고 **Sidak** 방법에 의한 사후검증 결과는 〈그림 16-8〉의 아래쪽 표에 나와 있다.

원래 평균과 조정평균을 비교해 보면, 집단 1은 60.88에서 60.92로, 집단 2는 61.60에서 61.14로, 그리고 집단 3은, 62.96에서 63.39로 별로 큰 조정이 없었으며, 순위도 변동이 없다. 이는 〈표 16-4〉에서 알 수 있는 바와 같이 세 집단 사이에 공변수인 지능(X)의 평균에 별로 차이가 없었기 때문이다. 만약 공변수 평균에 차이가 많았다면, 원래 평균과 조정평균 사이에는 차이가 많았을 것이다.

조정평균에 대한 사후검증의 결과를 보면, 집단 3과 집단 1(평균 차이 = 2.47, p < .001), 그리고 집단 3과 집단 2(평균 차이 2.251, p = .001)에 유의한 차이가 있으며, 집단 2와 집단 1 사이에는 유의한 차이가 없다(차이 = .219, p = .977).

11. 효과의 크기와 검증력 분석

효과의 크기

일원분산분석이나 이원분산분석의 경우와 마찬가지로 모형전체나 공변수, 그리고 집단 간 효과에 대한 ES로는 η^2나 η_p^2와 같은 R-family를, 조정평균에 대한 사후검증의 평균차이의 ES로는 d-family를 사용할 수 있다. ES d 산출 시 사용하는 표준편차 S로는 공변수를 제외한 분산분석에서의 $\sqrt{\text{MSw}}$를 사용하거나 비교집단(통제집단)의 S를 사용한다.

〈그림 16-5〉의 **Options**에서 ES 추정치 출력을 선택했기 때문에 〈그림 16-7〉 아래쪽 표에 처치(**group**)인 학습방법의 효과의 크기 η_p^2의 추정치가 .225로 나타나 있다. 이 값은 Cohen의 대효과 기준치 .14를 상회하여 아주 높은 수준의 효과라고 할 수 있다.

실제로 계산으로 구하는 경우, 〈그림 16-7〉의 SS 값들을 다음 식에 대입하여

$$\eta_p^2 = \frac{SS_{\text{effect}}}{(SS_{\text{effect}} + SS_{\text{error}})} = (92.578)/(92.578 + 318.991) = .225$$

를 얻을 수 있다. η^2의 경우는

$$\eta^2 = \frac{SS_{\text{effect}}}{SS_{\text{total}}} = 92.578/1025.387 = .090$$

이 된다.

조정평균의 사후비교에 대한 ES d를 계산하기 위한 S를 구하기 위해 공변수인 지능을 제외하고 일원분산분석한 결과는 〈그림 16-9〉와 같다.

ANOVA

성취

	Sum of Squares	df	Mean Square	F	Sig.
Between Groups	55.787	2	27.893	2.071	.133
Within Groups	969.600	72	13.467		
Total	1025.387	74			

〈그림 16-9〉

〈그림 16-9〉에서 $\sqrt{\text{MSw}} = \sqrt{13.467} = 3.670$이다. 먼저 유의한 조정평균 차이를 나타낸 혼합형 집단과 전통적 집단 차이의 경우에는 $d = 2.470/3.670 = 0.67$, 혼합형 집단과 수준별 집단 차이의 경우는 $d = 2.251/3.670 = 0.61$이다. 본 예시자료의 경우 전통적 집단을 비교집단으로 간주하여 전통적 집단의 $S = 3.480$을 사용하면 위의 d값은 각각 0.71과 0.65가 된다.

검증력 분석

〈그림 16-5〉의 **Options**에서 관찰검증력(**observed power**) 출력을 선택했기 때문에 〈그림 16-7〉 아래쪽 표에 산출된 처치(**group**)인 학습방법의 관찰검증력은 .984로 아주 높게 나타났다. 이는 공변수 도입에 의한 오차변량의 축소로 ES 값이 커진 효과의 영향도 받았을 것이다.

만약 연구자가 중간 크기의 효과(f = .25)를 검증력 .8로 검출하기 위해 필요한 표본의 크기를 **G*Power3**로 사전 검증력 분석을 한 경우, 〈그림 16-10〉에서와 같이 총 128명, 집단별 43명 정도가 필요했다는 결과를 얻었을 것이다.

만약 연구자가 처음부터 집단별 25명 총 75명의 표본만으로 연구할 계획을 세우고 중간 크기의 ES를 검출해 낼 사후 검증력을 산출했다면, 〈그림 16-11〉에서와 같이 검증력은 .460이었을 것이다.

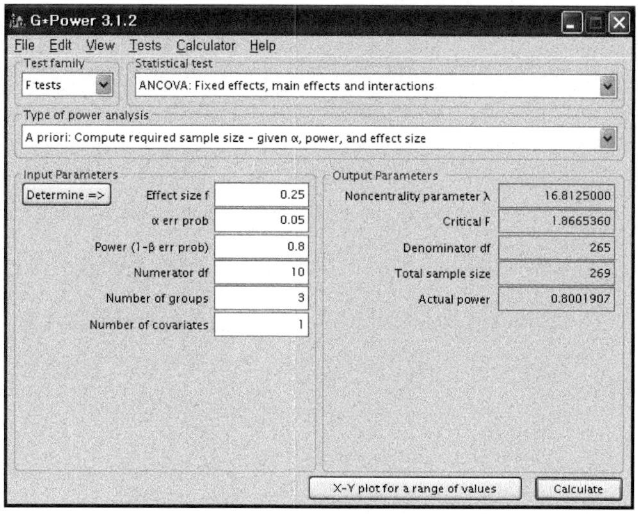

〈그림 16-10〉

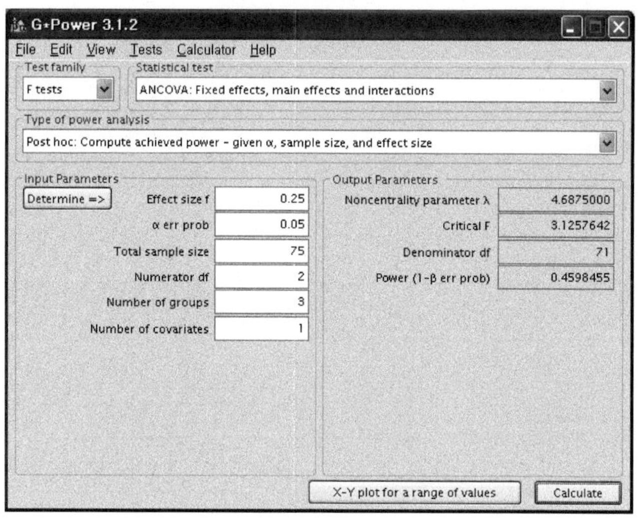

〈그림 16-11〉

12. 분석결과의 기술

각 처치 집단별 지능과 성취의 평균과 표준편차, 그리고 표본의 크기는 다음의 〈표 16-5〉와 같았다. 그리고 이들 자료를 지능을 공변수, 수업방법을 독립변수, 그리고 성취를 종속변수로 해서 공분산분석한 분산분석표는 〈표 16-6〉과 같았다.

먼저 공변수인 지능의 효과는 유의하였다($F(1, 71) = 144.811$, $p < .001$). 그리고 지능

을 통제했을 때, 수업방법에 따른 세 집단 간의 조정평균에도 통계적으로 유의한 차이가 있었으며($F(2, 71) = 10.303, p < .001$). 효과의 크기 η_p^2값이 .225로 높은 수준의 실제적 유의성을 나타내었다.

〈표 16-7〉은 세 집단의 조정평균과 조정평균 차이, 그리고 Sidak 방법에 따른 사후검증 결과를 나타내고 있다. 사후검증 결과를 보면, 혼합형 집단은 전통적 집단(차이 = 2.470, $p < .001$)과 수준별 집단(차이 = 2.251, $p < .001$)보다 조정평균이 유의하게 높았으며 두 차이의 효과의 크기 d는 각각 0.67과 0.61로 Cohen의 기준으로 중간과 대효과의 사이였다. 수준별 집단과 전통적 집단 사이에는 유의한 차이가 없었다(차이 = .219, $p = .977$).

〈표 16-5〉

수업방법	지능(X)		성취(Y)		표본의 크기
	평균	표준편차	평균	표준편차	n
전통적(1)	106.76	6.463	60.88	3.480	25
수준별(2)	107.84	6.587	61.60	3.753	25
혼합형(3)	105.92	6.390	62.96	3.769	25
전체	106.84	6.441	61.81	3.722	75

〈표 16-6〉

분산원	제곱합(SS)	자유도(df)	평균제곱(MS)	F	p	ES(η_p^2)
모형	706.396	3	235.465	52.409	.000	.689
지능	650.609	1	650.609	144.811	.000	.671
수업방법	92.578	2	46.289	10.303	.000	.225
오차	318.991	71	4.493			
전체	1025.388	74				

〈표 16-7〉

수업방법	조정평균	조정평균 차이(p) / ES(d)	
		전통적	수준별
전통적	60.917		
수준별	61.136	.219(.977)	
혼합형	63.387	2.470(.000) / 0.67	2.251(.000) / 0.61

17장 가변수와 일반선형모형

1. 가변수(dummy variable)의 의미

양적인 독립변수와 양적인 종속변수 간의 관계는 회귀분석(regression analysis) 계열로 상관연구 분야에서, 그리고 집단 간 평균 비교에 관한 분석은 집단을 나타내는 범주형 독립변수와 평균이 대변하는 양적 종속변수 간의 관계를 다루는 것으로 분산분석(ANOVA) 계열의 분석에 속하며 주로 실험연구 분야에서 각각 주로 개발, 사용되어 왔다.

예를 들어, 양적 독립변수 SES(X_1), 지능(X_2), 동기(X_3)와 양적 종속변수 성취(Y)의 관계는 다음과 같은 회귀식으로 모형화할 수 있다.

$$\hat{Y} = b_0 + b_1X_1 + \ b_2X_2 + b_3X_3$$

그런데 범주형 독립변수인 평가방법(X)이 양적 종속변수인 해당 과목에 대한 태도(Y)에 미치는 연구의 경우, 평가방법의 하위수준(집단)을 집단 포트폴리오($X = 1$), 개인 포트폴리오($X = 2$), 지필검사($X = 3$)로 값을 주어 분산분석 대신 이를 $\hat{Y} = b_0 + b_1X$와 같이 회귀식으로 모형화했다고 가정해 보자. 이 경우 명명척도로 양적인 의미가 전혀 없는 X는 회귀식에서는 양적인 의미를 가지게 되므로 문제가 된다. 그런데 이 경우 원래의 범주형 변수의 하위수준을 인위적인 양적 변수로 표기(coding)하여 가변수(dummy variable) 형태로 변환하면 회귀모형의 독립변수로 투입할 수 있게 된다. 따라서 양적 변수는 그대로, 범주형 변수는 가변수로 변환하면 양적 변수와 범주형 변수를 독립변수로 하는 회귀모형을 설정할 수 있게 되며 이를 일반선형모형(GLM: General Linear Model)이라고 하며, 분산분석 계열과 회귀분석 계열을 회귀분석 모형 우산 아래로 통합할 수 있게 된다.

범주형 변수를 가변수로 표기하여 모형을 표현하면 범주형(질적) 변수와 양적 변수, 그리고 그들 변수 간 상호작용 항들을 모두 중다회귀모형의 독립변수로 설정할 수 있어, 중다회귀모형의 범주 내에서 여러 가지 모형들의 모수를 추정하고 그 추정치의 통계적 유의성을 검증하고 해석할 수 있게 된다. 그리고 상관분석, 회귀분석, 분산분석, 그리고 공분산분석 등, 각 모형 사이의 관계를 명확히 나타낼 수 있고, 모든 기본 추정 과정을 거의 모든 통계분석용 프로그램으로 수행할 수 있어, 복잡한 계산보다는 기본 원리에 집중할 수 있는 등 여러 가지 장점이 있다.

가변수를 표기하는 방법에는 여러 가지가 있으나 다음과 같은 일반적인 원칙을 따라야 한다: ① 필요한 가변수의 수는 해당 질적 변수의 하위수준의 수, 즉 처치나 집단의 수보다 하나가 적다. 집단의 수가 J개이면 $(J-1)$개의 가변수가 필요하다. ② 집단이 다르면 가변수 값이 달라야 한다. ③ 동일 집단 내에 속한 모든 개체는 동일한 가변수 값을 가져야 한다. 위 조건 내에서는 어떠한 값을 부여하여도 상관이 없지만 이해와 해석이 용이하도록 가표기(dummy coding), 효과표기(effect coding), 그리고 대비표기(contrast coding) 등 세 가지 방법이 널리 사용되고 있다.

2. 가변수 표기방법(coding system)

가표기(dummy coding)

질적 독립변수의 하위수준이 세 개인 경우, 즉 세 집단의 경우를 예로 들어 보자. 세 집단을 나타내기 위해 필요한 두 개의 가변수를 W_1, W_2라고 한다면 가표기 방법에서는 W_1과 W_2에 〈표 17-1〉과 같이 값을 부여한다.

〈표 17-1〉 세 집단을 나타내기 위한 가표기 방법

집단	W_1	W_2
1	1	0
2	0	1
3	0	0

즉 집단 1에 속하는 개체는 모두 $W_1 = 1$, $W_2 = 0$ 값을, 집단 2에 속하는 개체는 모두 $W_1 = 0$, $W_2 = 1$ 값을, 그리고 마지막 집단에 속하는 개체는 전 가변수에 0을 부여한다. 가

표기 방법에서는 첫 번째 집단은 첫 번째 가변수의 값을 1로, 나머지 가변수의 값은 모두 0을 부여하고, 두 번째 집단은 두 번째 가변수의 값을 1로, 나머지는 전부 0을 부여하는 식으로 하여 마지막 집단은 모든 가변수를 0으로 표기한다.

이제 이 가변수들을 이용하여 분산분석모형을 중다회귀모형의 형태로 표현하면 다음과 같다.

$$Y_{ij} = \alpha + \beta_1 W_1 + \beta_2 W_2 + \varepsilon_{ij} \qquad (1)$$

또는 각 집단의 평균값(기댓값)의 형태로 다음과 같이 표현할 수 있다.

$$E(Y) = \alpha + \beta_1 W_1 + \beta_2 W_2 \qquad (2)$$

이렇게 표현된 모형은 일반적인 중다회귀모형과 동일한 방법으로 추정하게 되는 것이다. 즉 모든 개체에 대해 소속 집단별에 따른 가변수 값을 부여하고 통계분석용 프로그램의 일반적인 중다회귀모형으로 분석할 수 있다. 그러나 각 회귀계수의 의미는 일반적인 회귀모형과는 달라진다.

이 회귀계수의 의미를 명확히 알아보기 위해 식 (2)의 각 가변수에 해당 집단의 가변수 값들을 대입해 보자. 먼저 집단 3의 경우, $W_1 = 0$, $W_2 = 0$을 대입하면

$$\text{집단 3 모형: } E(Y) = \mu_3 = \alpha + \beta_1(0) + \beta_2(0) = \alpha$$

가 되고 따라서 이 모형에서 모수 α는 더 이상 일반회귀모형에서의 회귀식 절편이 아니라 대신 세 번째 모집단의 평균(μ_3)을 나타낸다.

첫 번째 집단의 경우는 $W_1 = 1$, $W_2 = 0$ 값을 식 (2)에 대입하면

$$\text{집단 1 모형: } E(Y) = \mu_1 = \alpha + \beta_1(1) + \beta_2(0) = \alpha + \beta_1$$

가 되고 $W_1 = 0$, $W_2 = 1$을 대입하여 두 번째 모집단의 평균(μ_2)를 구하면

$$\text{집단 2 모형: } E(Y) = \mu_2 = \alpha + \beta_1(0) + \beta_2(1) = \alpha + \beta_2$$

가 된다. 따라서 회귀식 형태로 표현된 분산분석모형 식 (2)에서는

$$\mu_3 = \alpha$$
$$\mu_1 - \mu_3 = \beta_1$$
$$\mu_2 - \mu_3 = \beta_2$$

를 의미하게 되는 것이다. 〈표 17-2〉는 회귀식 형태의 분산분석모형의 모수의 의미와 해

당 세 모집단의 평균을 요약한 것이다.

〈표 17-2〉 가표기 방법에 의한 모형 $E(Y) = \alpha + \beta_1 W_1 + \beta_2 W_2$의 회귀계수 해석

집단	W_1	W_2	Y의 평균	회귀계수의 의미
1	1	0	$\mu_1 = \alpha + \beta_1$	$\beta_1 = \mu_1 - \mu_3$
2	0	1	$\mu_2 = \alpha + \beta_2$	$\beta_2 = \mu_2 - \mu_3$
3	0	0	$\mu_3 = \alpha$	$\alpha = \mu_3$

일반적으로 J개 집단의 경우, α는 마지막 집단, 즉 모든 가변수의 값이 0인 집단의 종속변수 모평균 μ_J를, β_j는 j번째 집단과 마지막 집단의 모평균 차이 $(\mu_j - \mu_J)$를 의미한다. 여기서 주의할 것은 이러한 해석은 가표기 방식으로 가변수를 표기한 경우에 한한다는 것이다. 다른 방식으로 표기한 경우에는 그 의미가 달라진다.

일반적인 분산분석의 유의성 검증은 다음과 같은 가설 검증으로 이루어진다.

H_o: $\mu_1 = \mu_2 = \mu_3$
H_a: 적어도 한 쌍의 모집단 평균은 다르다.

위 귀무가설 H_o가 진이라면 $\beta_1 = \mu_1 - \mu_3 = 0, \beta_2 = \mu_2 - \mu_3 = 0$가 되므로 이 귀무가설은 가표기 방법에 의한 회귀모형으로 표현된 모형에서는 다음과 같이 표현할 수 있다.

$$H_o: \beta_1 = \beta_2 = 0$$

회귀식을 중심으로 한 종속변수 Y의 조건분포는 정규분포를 하며 동일한 분산을 가진다는 회귀모형의 가정은 가표기 방법을 포함한 가변수 설정 모형에서는 각 집단이 정규분포를 하며 분산이 동일하다는 의미가 되는데 이는 정확히 분산분석모형의 가정과 일치하는 것이다. 결론적으로 말한다면, 가변수에 의한 회귀식 형태의 분산분석모형은 보통의 분산분석모형과 정확히 서로 대응함을 알 수 있다.

가변수 표기방법 중에서 이 가표기 방법이 가장 널리 사용되고 있다. 그런데 한 가지 언급하고 넘어갈 것은 실제로 자료를 분석할 때, 보통의 분산분석 방법보다 회귀식 형태의 분산분석모형의 사용을 권장하는 것은 아니라는 점이다. 실제 집단 간 평균 비교의 경우, 대부분의 연구자나 자료 분석자들에게는 전통적인 분산분석법의 용어나 계산법, 그리고 통계 프로그램이 더 익숙한 것이 사실이다. 여기서 회귀식 형태의 분산분석모형을 설명하

고 있는 것은 가변수의 개념과 회귀계수로 집단 평균의 차이를 표현하는 방식을 소개하기 위함인데 이러한 개념과 방식은 앞으로 논의할 보다 복잡한 공분산분석모형이나 상호작용모형(ATI 모형)에 더 유용하게 이용될 수 있기 때문이다.

효과표기(effect coding)

효과표기 방법에서는 세 개의 집단을 나타내기 위하여 가변수 W_1, W_2에 다음의 〈표 17-3〉과 같이 값을 부여한다.

〈표 17-3〉 세 집단을 나타내기 위한 효과표기 방법

집단	W_1	W_2
1	1	0
2	0	1
3	−1	−1

효과표기의 경우는 마지막 집단에 모두 −1을 부여한다는 것을 제외하고는 가표기와 동일하다. 만약 집단이 두 개라서 가변수가 하나뿐인 경우에는 첫 번째 집단은 1을, 나머지 집단에는 −1을 부여한다. 이렇게 각 가변수의 값을 표기했을 때, 회귀식의 각 모수의 의미를 확인하기 위해 식 (2)에 각 집단의 가변수 값을 대입하면 다음과 같은 결과를 얻을 수 있다.

$$\text{집단 1 모형: } E(Y) = \mu_1 = \alpha + \beta_1$$
$$\text{집단 2 모형: } E(Y) = \mu_2 = \alpha + \beta_2$$
$$\text{집단 3 모형: } E(Y) = \mu_3 = \alpha - \beta_1 - \beta_2$$

세 집단의 표본의 크기가 같다고 가정했을 때, 모집단의 종속변수 전체 평균 μ_t는

$$\mu_t = \frac{\mu_1 + \mu_2 + \mu_3}{3} = \frac{(\alpha + \beta_1 + \alpha + \beta_2 + \alpha - \beta_1 - \beta_2)}{3} = \alpha$$

가 된다. 즉 α는 종속변수의 전체 모집단 평균인 μ_t를 나타냄을 알 수 있다. 따라서 첫 번째 집단의 평균 $(\alpha + \beta_1)$과 전체 평균 α와의 차이를 구하면 β_1이 되므로 β_1은 첫 번째 집단의 모집단 평균과 전체 모집단 평균의 차이를 의미하게 된다. 같은 방법으로 계산하면 β_2

는 두 번째 집단의 모집단 평균과 전체 모집단 평균의 차이를 의미하게 된다. 즉 β_1과 β_2는 각 집단의 처치효과를 나타낸다고 할 수 있기 때문에 이 표기방법을 효과표기라고 부른다. 〈표 17−4〉는 이들 결과를 요약한 것이다.

〈표 17−4〉 효과표기 방법에 의한 모형 $E(Y) = \alpha + \beta_1 W_1 + \beta_2 W_2$의 회귀계수 해석

집단	W_1	W_2	Y의 평균	회귀계수의 의미
1	1	0	$\mu_1 = \alpha + \beta_1$	$\beta_1 = \mu_1 - \mu_t$
2	0	1	$\mu_2 = \alpha + \beta_2$	$\beta_2 = \mu_2 - \mu_t$
3	−1	−1	$\mu_3 = \alpha - \beta_1 - \beta_2$	$\alpha = \mu_t$

일반적으로 J개 집단의 경우, α는 종속변수의 전체 모평균을, β_j는 j번째 집단과 전체 집단의 모평균 차이, 즉 j 집단의 처치 효과를 의미하게 된다.

대비표기(contrast coding)

대비표기는 직교표기(orthogonal coding)라고도 하는데 이 방법은 각 집단 간 평균 차이에 대한 여러 가지 가설에 대한 검증을 수행할 수 있게 해주는 것으로 일반적인 분산분석(ANOVA)에서 사전비교 또는 계획비교와 같은 것이다. 수업방법의 효과를 비교하는 연구의 예에서, 연구자는 사전에 다음의 두 가지에 대해서 관심이 있다고 가정해 보자. (1) 전통적 수업방법(집단 1)과 새로운 수업방법 즉 수준별 수업방법(집단 2) 및 혼합형 수업방법(집단 3) 사이에 효과의 차이가 있는가? (2) 새로운 두 가지 수업방법 즉 수준별 수업방법과 혼합형 수업방법 사이에 효과의 차이가 있는가? 첫 번째 관심사는 다음과 같이 통계적 가설로 표현할 수 있을 것이다.

$$H_o: \mu_1 = (\mu_2 + \mu_3)/2 \quad \text{또는} \quad 2\mu_1 - \mu_2 - \mu_3 = 0$$
$$H_a: \mu_1 \neq (\mu_2 + \mu_3)/2 \quad \text{또는} \quad 2\mu_1 - \mu_2 - \mu_3 \neq 0$$

그리고 두 번째 관심사의 경우는 다음과 같이 통계적 가설로 표현할 수 있을 것이다.

$$H_o: \mu_2 = \mu_3 \quad \text{또는} \quad \mu_2 - \mu_3 = 0$$
$$H_a: \mu_2 \neq \mu_3 \quad \text{또는} \quad \mu_2 - \mu_3 \neq 0$$

위 두 가지 가설에 대응하기 위하여 다음의 〈표 17−5〉와 같이 각 가변수에 값을 부여한다.

〈표 17–5〉 세 집단을 나타내기 위한 대비표기의 한 방법

집단	W_1	W_2
1	2	0
2	−1	1
3	−1	−1

여기서 가변수 W_1의 벡터 (2, −1, −1)은 첫 번째 가설을 구성하고 있는 모수의 계수, 그리고 W_2의 벡터 (0, 1, −1)은 두 번째 가설을 구성하고 있는 모수의 계수와 같음을 유의할 필요가 있다. 이렇게 가변수를 표기한 경우, 식 (2)에서 회귀계수 β_1은 첫 번째 가설의 평균 차이를, β_2는 두 번째 가설의 평균 차이를 나타낸다. 즉 두 계수는 두 가설에서 대비하는 평균의 차이를 나타낸다고 할 수 있다. 이를 확인하기 위해 식 (2)에 각 집단의 가변수 값을 대입하면 다음과 같은 결과를 얻을 수 있다.

$$\text{집단 1 모형: } E(Y) = \mu_1 = \alpha + 2\beta_1$$
$$\text{집단 2 모형: } E(Y) = \mu_2 = \alpha - \beta_1 + \beta_2$$
$$\text{집단 3 모형: } E(Y) = \mu_3 = \alpha - \beta_1 - \beta_2$$

따라서 첫 번째 가설에서의 대비를 위하여 집단 2와 3의 평균을 구하면

$$(\mu_2 + \mu_3)/2 = (2\alpha - 2\beta_1)/2 = \alpha - \beta_1$$

이 된다. 이 평균과 집단 1의 평균과의 차이를 구하면

$$\alpha + 2\beta_1 - (\alpha - \beta_1) = 3\beta_1$$

이 된다. 따라서 회귀계수 β_1에 대한 유의성 검증은 첫 번째 대비의 유의성을 의미하며 β_1값에 일정 상수를 곱하면 이 대비에서 비교되는 평균의 차이를 나타낸다.

두 번째 가설의 대비의 경우, 집단 2와 집단 3의 평균 차이를 구하면

$$(\alpha - \beta_1 + \beta_2) - (\alpha - \beta_1 - \beta_2) = 2\beta_2$$

이 된다. 따라서 여기서도 마찬가지로 β_2의 유의성은 두 번째 대비의 유의성을 의미하며 β_2값에 일정 상수를 곱하면 이 대비에서 비교되는 평균의 차이를 나타내게 되는 것이다.

이들 예에서 본 바와 같이 〈표 17−5〉에서 어떻게 표기하느냐에 따라 각 모집단의 평균

에 대한 다양한 대비를 설정할 수 있다. 그런데 각 대비가 서로 독립적이 되기 위해서는 각 가변수의 값들로 이루어진 벡터가 다음과 같은 조건을 갖추어야 한다: ① 각 가변수 벡터의 값들의 합은 0이어야 한다. ② 어느 두 가변수의 벡터 요소를 서로 곱한 값들의 합은 (벡터의 내적이라고 함) 0이어야 한다. 〈표 17-5〉에서 W_1의 경우 각 값들을 합하면 2 + (−1) + (−1) = 0, W_2의 경우는 0 + 1 + (−1) = 0이므로 첫 번째 조건을 만족한다. 그리고 두 벡터 값들을 서로 곱해 합을 구하면 {2.0} + {(−1).1} + {(−1).(−1)} = 0로 두 번째 조건을 만족하므로 두 대비는 서로 독립적이다. 이를 직교대비라고도 한다.

3. 가표기에 의한 분산분석의 예

앞에서도 언급한 바와 같이 여러 가지 가변수 표기방법 중에서 가표기 방법이 가장 일반적으로 사용되므로 가표기 방법으로 분산분석모형을 설정해 보자. 다음의 〈그림 17-1〉은 본 교재 일원분산분석 장의 예시자료와 가변수 값이 함께 입력되어 있는 **Editor** 화면이다. 집단이 3개이므로 두 개의 가변수 ***W*1**과 ***W*2**를 설정하였다. 첫 번째 집단인 포트폴리오 집단은 ***W*1** = 1, ***W*2** = 0, 두 번째 개인 포트폴리오 집단은 ***W*1** = 0, ***W*2** = 1, 그리고 마지막 집단인 지필검사 집단은 ***W*1** = 0, ***W*2** = 0로 입력되어 있다.

먼저 이 자료를 **Analyze** → **Compare Means** → **One-Way ANOVA** 메뉴로 일반적인 분산분석을 실시한 결과가 〈그림 17-2〉에 나타나 있다. 여기서 사후검증은 중다비교로 인한 제1종 오류를 보호하지 않는 **LSD**를 선정하였다.

〈그림 17-3〉과 같이 이제 가변수를 이용하여 동일 자료를 회귀분석을 실시하여 나온 결과가 〈그림 17-4〉이다. 분산분석의 결과와 회귀분석의 결과를 비교해 보면 우선 두 결과의 분산분석표가 동일함을 알 수 있다. 그리고 회귀분석에서의 절편 추정치 41.8은 세 번째 집단인 지필검사 집단의 평균 41.8과 동일하다. 회귀모형의 β_1 추정치 7.4는 첫 번째 집단인 포트폴리오 집단의 평균과 마지막 지필검사 집단의 평균차이 49.2 − 41.8 = 7.4와, β_2의 추정치 10.3은 두 번째 집단인 개인 포트폴리오 집단과 마지막 집단의 평균차이 52.1 − 41.8 = 10.3과 동일함을 확인할 수 있다. 그리고 이 차이의 통계적 유의성 결과는 사후검증의 **LSD** 결과와 동일하다.

*제13장_표1_oneway.sav [DataSet1] - SPSS Data Editor

	처치	태도	W1	W2
1	1	26	1	0
2	1	57	1	0
3	1	48	1	0
4	1	46	1	0
5	1	54	1	0
6	1	46	1	0
7	1	58	1	0
8	1	47	1	0
9	1	61	1	0
10	1	49	1	0
11	2	56	0	1
12	2	46	0	1
13	2	44	0	1
14	2	41	0	1
15	2	57	0	1
16	2	53	0	1
17	2	45	0	1
18	2	62	0	1
19	2	60	0	1
20	2	57	0	1
21	3	41	0	0
22	3	41	0	0
23	3	46	0	0
24	3	34	0	0
25	3	45	0	0
26	3	30	0	0
27	3	43	0	0
28	3	41	0	0
29	3	50	0	0
30	3	47	0	0

〈그림 17-1〉

Descriptives

태도

	N	Mean	Std. Deviation	Std. Error	95% Confidence Interval for Mean		Minimum	Maximum
					Lower Bound	Upper Bound		
집단	10	49.20	9.807	3.101	42.18	56.22	26	61
개인	10	52.10	7.460	2.359	46.76	57.44	41	62
지필	10	41.80	6.015	1.902	37.50	46.10	30	50
Total	30	47.70	8.821	1.610	44.41	50.99	26	62

ANOVA

태도

	Sum of Squares	df	Mean Square	F	Sig.
Between Groups	564.200	2	282.100	4.501	.021
Within Groups	1692.100	27	62.670		
Total	2256.300	29			

Multiple Comparisons

태도
LSD

(I) 평가방법	(J) 평가방법	Mean Difference (I-J)	Std. Error	Sig.	95% Confidence Interval	
					Lower Bound	Upper Bound
집단	개인	-2.900	3.540	.420	-10.16	4.36
	지필	7.400*	3.540	.046	.14	14.66
개인	집단	2.900	3.540	.420	-4.36	10.16
	지필	10.300*	3.540	.007	3.04	17.56
지필	집단	-7.400*	3.540	.046	-14.66	-.14
	개인	-10.300*	3.540	.007	-17.56	-3.04

*. The mean difference is significant at the 0.05 level.

〈그림 17-2〉 일반적인 분산분석 결과

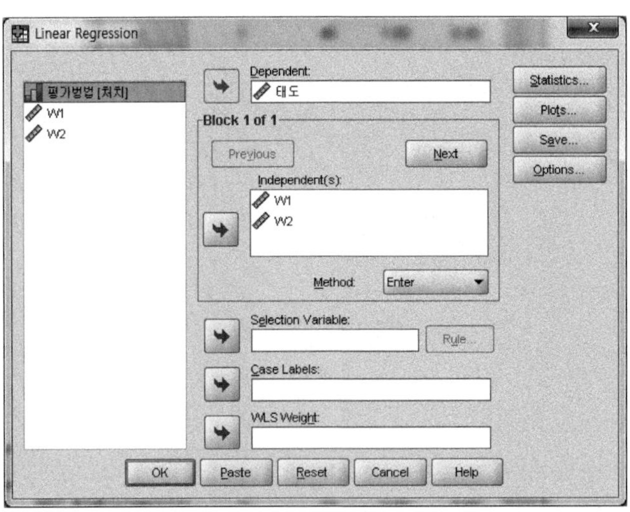

〈그림 17-3〉

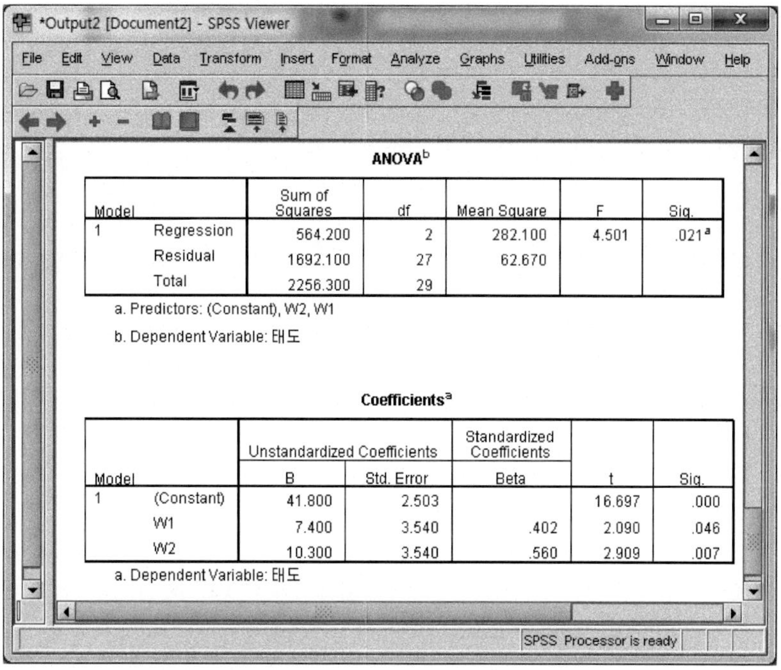

ANOVA[b]

Model		Sum of Squares	df	Mean Square	F	Sig.
1	Regression	564.200	2	282.100	4.501	.021[a]
	Residual	1692.100	27	62.670		
	Total	2256.300	29			

a. Predictors: (Constant), W2, W1
b. Dependent Variable: 태도

Coefficients[a]

Model		Unstandardized Coefficients		Standardized Coefficients	t	Sig.
		B	Std. Error	Beta		
1	(Constant)	41.800	2.503		16.697	.000
	W1	7.400	3.540	.402	2.090	.046
	W2	10.300	3.540	.560	2.909	.007

a. Dependent Variable: 태도

〈그림 17-4〉 가표기에 의한 회귀분석모형 분석결과

4. 가표기에 의한 공분산분석모형과 상호작용모형의 설정

공분산분석모형

앞에서와 같이 가표기 방법으로 공분산분석모형을 설정해 보자. 분산분석모형인 식 (2)에 양적 변수인 공변수 X를 추가하면 다음과 같은 공분산분석모형을 얻는다.

$$E(Y) = \alpha + \beta_1 W_1 + \beta_2 W_2 + \beta_3 X \tag{3}$$

분산분석의 경우와 마찬가지로 이 모형의 회귀계수의 의미를 알아보기 위하여 식 (3)의 각 가변수에 〈표 17-1〉과 같이 해당 집단의 가변수 값을 대입해 보면 다음과 같은 결과를 얻을 수 있다.

$$\text{집단 1 모형: } E(Y) = \alpha + \beta_1 + \beta_3 X$$
$$\text{집단 2 모형: } E(Y) = \alpha + \beta_2 + \beta_3 X$$
$$\text{집단 3 모형: } E(Y) = \alpha + \beta_3 X$$

다음의 〈그림 17-5〉는 이 결과를 그래프로 표시한 것이다.

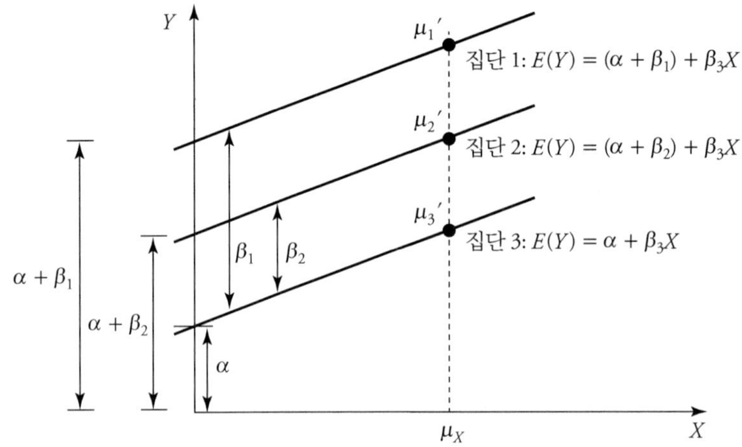

〈그림 17-5〉 모형 $E(Y) = \alpha + \beta_1 W_1 + \beta_2 W_2 + \beta_3 X$의 회귀계수의 의미
(μ_j'는 j 집단의 모집단 조정평균)

우선 각 집단의 평균은 분산분석의 경우와는 달리 상수가 아니라 공변수 X의 일차함수로 표현되며 β_3는 이 직선의 기울기이다. 가변수에 대한 회귀계수 β_1과 β_2는 각 집단과 마지막 집단 간의 절편의 차이를 나타낸다. 그런데 세 집단의 직선은 모두 평행이므로 이 들 회귀계수는 동일한 X값에서 두 회귀직선의 수직거리를 나타낸다. 이는 공변수 X를 통제했을 때 각 집단과 마지막 집단 간의 평균 차이를 의미하게 되는 것이다. 다음의 〈표 17-6〉은 세 집단의 경우를 요약한 것이다.

〈표 17-6〉 모형 $E(Y) = \alpha + \beta_1 W_1 + \beta_2 W_2 + \beta_3 X$의 회귀계수의 의미

집단	가변수 (W_1 W_2)	Y-절편	기울기	특정 X에서의 평균 E(Y)	X 통제 시 세 번째 집단과의 평균 차이
1	(1 0)	$\alpha + \beta_1$	β_3	$\alpha + \beta_1 + \beta_3 X$	β_1
2	(0 1)	$\alpha + \beta_2$	β_3	$\alpha + \beta_2 + \beta_3 X$	β_2
3	(0 0)	α	β_3	$\alpha + \beta_3 X$	0

실제 자료에서 모형의 각 모수를 추정한 결과를 이용하여 임의의 두 집단 간의 평균 차이도 구할 수 있다. 예를 들어 X 통제 시 집단 1과 집단 2의 평균 차이는

$$(\alpha + \beta_2 + \beta_3 X) - (\alpha + \beta_2 + \beta_3 X) = \beta_1 - \beta_2$$

가 된다. 분산분석의 경우와 마찬가지로 여러 개의 집단이 있는 경우 β_j는 X를 고정했을 때, 마지막 집단과 j번째 집단의 평균 차이를 나타낸다.

상호작용모형

공분산분석모형의 근본 가정 중의 하나는 각 집단 내에서 종속변수와 공변수 사이의 회귀식 기울기가 모든 집단에서 동일하다는 것이다. 즉 처치와 공변수 사이에 상호작용이 없다는 의미이다. 공분산분석모형의 타당성은 먼저 이 가정의 타당성이 전제되어야 한다.

그런데 상호작용이 유의하여 상호작용 항을 포함한 모형, 즉 각 집단의 회귀식 기울기가 서로 다른 상호작용모형(ATI)은 식 (3)의 공분산분석모형에 공변수(X)와 가변수(W) 사이의 곱으로 나타나는 상호작용 항을 추가하여 다음의 식 (4)로 나타낼 수 있다.

$$E(Y) = \alpha + \beta_1 W_1 + \beta_2 W_2 + \beta_3 X + \beta_4 (X \cdot W_1) + \beta_5 (X \cdot W_2) \tag{4}$$

앞 모형의 경우와 마찬가지로 이 모형의 회귀계수의 의미를 알아보기 위하여 식 (4)의 각 가변수에 해당 집단의 가변수 값을 대입해 보면 다음과 같은 결과를 얻을 수 있다.

집단 1 모형: $E(Y) = (\alpha + \beta_1) + (\beta_3 + \beta_4)X$

집단 2 모형: $E(Y) = (\alpha + \beta_2) + (\beta_3 + \beta_5)X$

집단 3 모형: $E(Y) = \alpha + \beta_3 X$

공분산분석모형의 경우와는 달리 상호작용모형에서는 각 집단 회귀식의 기울기가 다른 값을 가질 수 있도록 허용하고 있다. 사실상 각 집단의 회귀식은 각 집단별로 별개의 회귀식을 구한 것과 동일하다. 회귀계수 β_4는 첫 번째 집단과 세 번째 집단 간의 기울기 차이를, β_5는 두 번째 집단과 세 번째 집단 간의 기울기 차이를 나타낸다. 또한 세 직선은 서로 평행이 아니므로 집단 간의 평균 차이는 공변수 X값에 따라 달라진다. 즉 집단을 나타내는 독립변수와 공변수 X 사이의 상호작용이 모형 속에 허용되고 있는 것이다. 〈표 17-7〉은 세 집단의 경우를 요약한 것이다.

〈표 17-7〉 세 집단 상호작용모형의 회귀계수의 의미

집단	가변수 (W_1 W_2)	Y-절편	기울기	특정 X에서의 평균 E(Y)	X 통제 시 세 번째 집단과의 평균 차이
1	(1 0)	$\alpha + \beta_1$	$\beta_3 + \beta_4$	$(\alpha + \beta_1) + (\beta_3 + \beta_4)X$	$\beta_1 + \beta_4 X$
2	(0 1)	$\alpha + \beta_2$	$\beta_3 + \beta_5$	$(\alpha + \beta_2) + (\beta_3 + \beta_5)X$	$\beta_2 + \beta_5 X$
3	(0 0)	α	β_3	$\alpha + \beta_3 X$	

실제 자료에서 모형의 각 모수를 추정한 결과를 이용하여 임의의 두 집단 간의 평균 차이도 구할 수 있다. 예를 들어 X 통제 시 집단 1과 집단 2의 평균 차이는

$$[(\alpha + \beta_1) + (\beta_3 + \beta_4)X] - [(\alpha + \beta_2) + (\beta_3 + \beta_5)X] = (\beta_1 - \beta_2) + (\beta_4 - \beta_5)X$$

이며 이 역시 공변수 X값에 따라 달라진다.

5. 가변수에 의한 상호작용모형과 공분산분석모형 분석의 예

제16장의 예시자료 〈표 16-3〉의 자료를 가변수를 사용하여 회귀모형으로 분석해 보자. 먼저 이 자료의 경우 범주형 변수인 수업방법 집단이 3개이므로 두 개의 가변수가 필요하다. 따라서 가장 널리 사용되는 가표기 방법을 사용하면 〈표 17-1〉과 유사한 〈표 17-8〉과 같이 표기할 수 있다.

〈표 17-8〉 세 집단을 나타내기 위한 가표기 방법

집단	W_1	W_2
전통적 수업	1	0
수준별 수업	0	1
혼합형 수업	0	0

다음의 〈그림 17-6〉은 원래의 자료에 가변수, 그리고 공변수와 집단 간의 상호작용 효과를 나타내기 위해 $\boldsymbol{X}$와 $\boldsymbol{W}_1$을 곱하여 만든 $\boldsymbol{XW}_1$, $\boldsymbol{X}$와 $\boldsymbol{W}_2$를 곱하여 만든 $\boldsymbol{XW}_2$가 함께 입력된 **SPSS Data Editor** 화면의 일부이다.

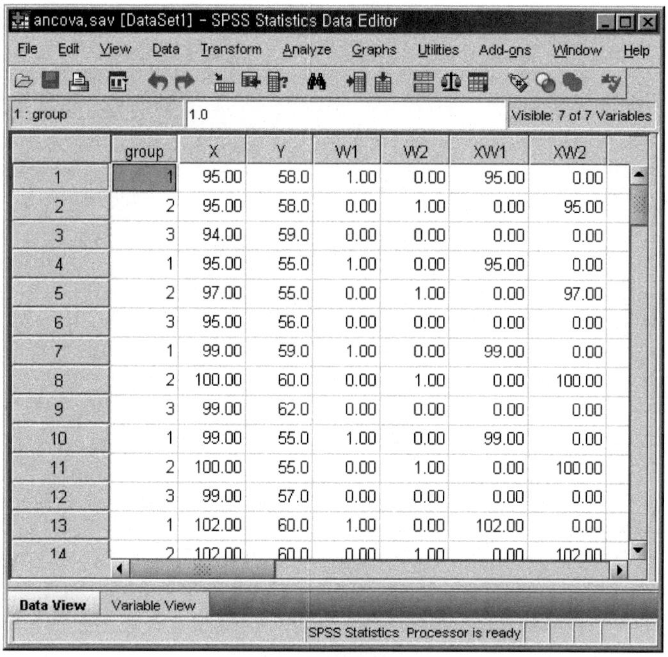

〈그림 17–6〉

먼저 공변수와 집단 간의 상호작용이 없는지, 즉 집단들의 회귀식 기울기가 동일하다는 가정에 문제가 없는지 알아보자. 이는 순차적 회귀모형을 사용하여 먼저 공변수 X와 집단을 나타내는 가변수 W_1과 W_2를 한 묶음으로 모형에 투입한 후, 상호작용 항 XW_1과 XW_2를 한 묶음으로 추가로 투입했을 때 증가하는 ΔR^2의 유의성 검증으로 알아볼 수 있다. 순차적 회귀방법을 사용하기 위해서는 **Analyze → Regression**을 클릭하여 〈그림 17–7〉과 같은 회귀분석 대화상자를 불러와 먼저 X, W_1, W_2를 입력하고 **Next** 버튼을 클릭한 후 다시 XW_1과 XW_2를 입력하고 **Next** 버튼을 클릭한다. **Options**에서 **R square change**를 선택한 후 〈그림 17–7〉의 **OK** 버튼을 클릭하여 분석을 수행한다.

다음의 〈그림 17–8〉은 상호작용 항의 유의성을 알아보기 위해 시행한 순차적 회귀모형 분석결과의 일부이다. 여기에서 상호작용 항에 의한 R^2 증가에 대한 F값은 .036, p값은 .964로 유의하지 않으며, 앞 장에서 **SPSS GLM**을 이용하여 구한 상호작용 항의 결과와 일치한다.

상호작용이 유의하지 않으므로 〈그림 17–7〉의 회귀분석 화면과 같이 공변수 X와 가변수 W_1, W_2를 독립변수로 입력한 후 공분산분석 모형을 수행한 결과의 일부가 〈그림 17–9〉에 나타나 있다. 〈그림 17–7〉에서 변수 **group**을 입력하지 않는 것은 집단 변수가 가변수 W_1과 W_2로 입력되기 때문이다. 먼저 〈그림 17–9〉의 상단부에 분산분석표

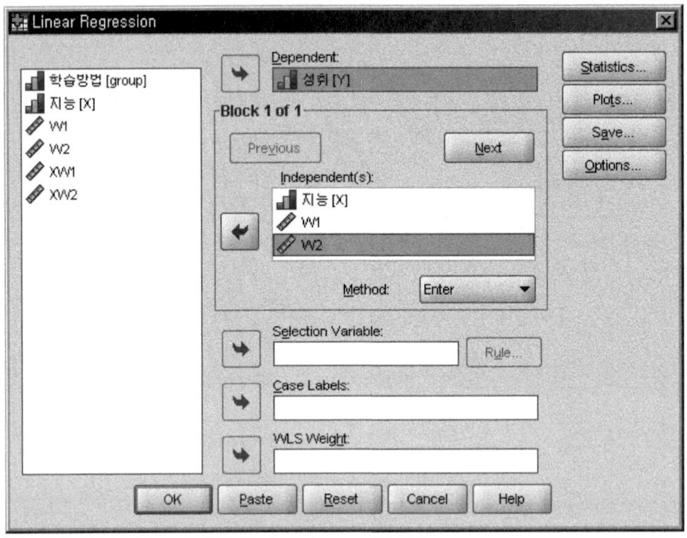

〈그림 17-7〉

Model Summary

Model	R	R Square	Adjusted R Square	Std. Error of the Estimate	Change Statistics				
					R Square Change	F Change	df1	df2	Sig. F Change
1	.830[a]	.689	.676	2.1196	.689	52.409	3	71	.000
2	.830[b]	.689	.667	2.1490	.000	.036	2	69	.964

a. Predictors: (Constant), W2, 지능, W1

b. Predictors: (Constant), W2, 지능, W1, XW1, XW2

〈그림 17-8〉

가 나타나 있다. 이를 16장에서 분석했던 결과인 제16장 〈그림 16-7〉과 비교해 보면 〈그림 17-9〉의 **Regression**은 제16장 〈그림 16-7〉의 **Corrected Model**과, **Residual**은 **Error**와, **Total**은 **Corrected Total**과 완벽히 일치함을 알 수 있다. 그러나 GLM 결과와는 달리 〈그림 17-9〉에서는 집단과 공변수의 효과를 따로 분리하여 출력해 주지 않고 있다. 〈그림 17-9〉의 하부에는 앞에서 논의했던 식 (3)과 같이 회귀식으로 표현된 공분산분석 모형의 회귀계수 추정치가 출력되어 있다. 앞에서도 살펴본 바와 같이 식 (3)에 각 집단의 가변수 값을 대입하면 각 집단별 회귀식을 얻을 수 있다.

$$E(Y) = \alpha + \beta_1 W_1 + \beta_2 W_2 + \beta_3 X \quad (3)$$

전통적 수업집단 모형: $E(Y) = (\alpha + \beta_1) + \beta_3 X$ (3a)

수준별 수업집단 모형: $E(Y) = (\alpha + \beta_2) + \beta_3 X$ (3b)

혼합형 수업집단 모형: $E(Y) = \alpha + \beta_3 X$ (3c)

각 집단의 회귀식에 〈그림 17−9〉의 추정치를 대입해 보면 다음과 같다.

$$\text{전통적: } E(Y) = (13.83 - 2.47) + .464X = 11.36 + .464X \quad (3d)$$

$$\text{수준별: } E(Y) = (13.83 - 2.25) + .464X = 11.58 + .464X \quad (3e)$$

$$\text{혼합형: } E(Y) = 13.83 + .464X \quad (3f)$$

〈그림 17−10〉은 식 (3d, e, f)를 그래프로 나타낸 것이다. 식과 그래프에서 나타난 바와 같이 세 집단의 회귀식 기울기는 .464로 동일하고 β_1은 첫 번째 집단과 마지막 집단, β_2는 두 번째 집단과 마지막 집단과의 절편차이를 나타내며 이는 지능 X와 관계없는 (즉 상호작용이 없는) 집단 간의 평균 차이를 나타낸다.

ANOVA[b]

Model		Sum of Squares	df	Mean Square	F	Sig.
1	Regression	706.396	3	235.465	52.409	.000[a]
	Residual	318.991	71	4.493		
	Total	1025.387	74			

a. Predictors: (Constant), W2, 지능, W1

b. Dependent Variable: 성취

Coefficients[a]

Model		Unstandardized Coefficients		Standardized Coefficients	t	Sig.
		B	Std. Error	Beta		
1	(Constant)	13.828	4.105		3.369	.001
	지능	.464	.039	.803	12.034	.000
	W1	-2.470	.600	-.315	-4.113	.000
	W2	-2.251	.604	-.287	-3.726	.000

a. Dependent Variable: 성취

〈그림 17−9〉

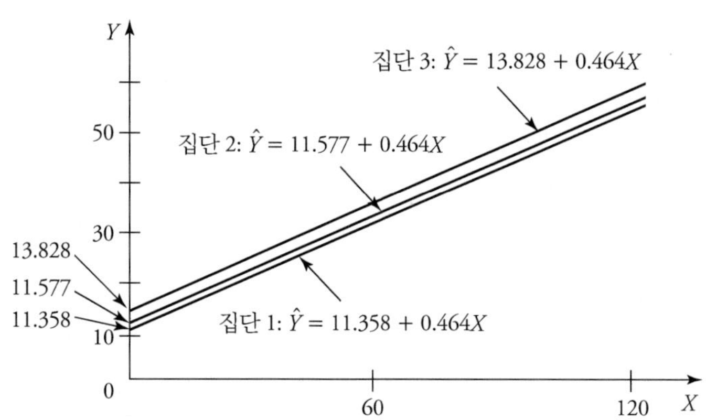

〈그림 17−10〉

식 (3d, e, f)에 지능(공변수)의 전체 평균 $\overline{X} = 106.84$를 대입하면 16장에서 논의했던 공변수의 효과를 교정한 조정평균($\overline{Y_j'}$)을 구할 수 있다.

$$\overline{Y_1'} = 11.36 + 0.464\overline{X} = 11.36 + 0.464(106.84) = 60.93$$
$$\overline{Y_2'} = 11.58 + 0.464\overline{X} = 11.58 + 0.464(106.84) = 61.15$$
$$\overline{Y_3'} = 13.83 + 0.464\overline{X} = 13.83 + 0.464(106.84) = 63.40$$

다음의 〈표 17−9〉는 공분산분석모형에 의한 각 집단별 회귀식, 비조정평균, 그리고 조정평균을 비교한 것이다.

〈표 17−9〉 공분산분석모형에 의한 각 집단별(j) 회귀식, 비조정평균 및 조정평균

집단	회귀식	$\overline{X_j}$	$\overline{Y_j}$ (비조정)	$\overline{Y_j'}$ (조정)
전통적 수업집단	$\hat{Y} = 11.36 + 464X$	106.76	60.88	60.93
수준별 수업집단	$\hat{Y} = 11.58 + 464X$	107.84	61.60	61.15
혼합형 수업집단	$\hat{Y} = 13.83 + 464X$	105.92	62.96	63.40

〈표 17−9〉에서 Y의 비조정 표본평균 값은 기술통계 부분에서 얻을 수 있지만 각 집단 회귀식에 해당 집단의 공변수 표본 평균인 $\overline{X_j}$값을 대입하여 얻을 수도 있다. 이는 모든 회귀식은 해당 집단의 ($\overline{X_j}$, $\overline{Y_j}$) 좌표를 지나가기 때문이다.

6. 가표기에 의한 일반선형모형 분석의 예

어느 직종에서 남녀 간 임금에 성차별이 있다는 주장이 제기되어 해당 직종에서 남녀 각 20명을 무작위로 선정하여 경력(X_1), 생산성(X_2), 그리고 임금(Y)을 조사한 결과 다음의 〈표 17−10〉과 같은 가상적 결과를 얻었다고 하자.

다음의 〈그림 17−11〉은 범주형 변수인 성별을 가변수로 나타내 다른 변수와 함께 SPSS에 입력한 **Editor** 화면이다. 범주가 두 개로 가변수 1개가 필요하므로 이를 W라고 하고 가표기 방법에 따라 남자는 $W = 1$, 여자는 $W = 0$로 표기하여 입력하였다. 먼저 경력과 생산성을 고려하지 않았을 때, 남녀 간 임금차이의 유의성을 검증해 보기 위해 독립집

〈표 17-10〉 성별 경력, 생산성, 임금

남자			여자		
X_1	X_2	Y	X_1	X_2	Y
3.0	4.0	107.0	3.0	3.0	104.0
4.0	5.0	122.0	2.0	5.0	115.0
4.0	6.0	128.0	3.0	4.0	101.0
3.0	5.0	117.0	2.0	3.0	103.0
6.0	6.0	139.0	5.0	4.0	119.0
5.0	4.0	115.0	6.0	5.0	127.0
11.0	6.0	167.0	4.0	4.0	111.0
15.0	5.0	175.0	8.0	3.0	130.0
13.0	4.0	157.0	5.0	5.0	130.0
11.0	4.0	149.0	3.0	4.0	96.0
16.0	5.0	174.0	4.0	5.0	129.0
14.0	6.0	166.0	5.0	3.0	107.0
9.0	6.0	157.0	3.0	3.0	101.0
10.0	4.0	147.0	8.0	5.0	140.0
8.0	5.0	142.0	5.0	4.0	110.0
11.0	5.0	150.0	3.0	4.0	111.0
13.0	6.0	171.0	2.0	3.0	92.0
12.0	4.0	164.0	4.0	5.0	115.0
11.0	4.0	144.0	3.0	3.0	89.0
9.0	3.0	127.0	4.0	2.0	100.0

단 t검증을 실시한 결과가 〈표 17-12〉에 주어져 있다. 이 결과를 보면 남자의 평균이 여자의 평균보다 34.4 높았으며 이는 통계적으로 유의하였다: $t(38) = 6.098$, $p < .001$.

이번에는 성별을 가변수로 하여 다른 두 변수 경력과 생산성과 함께 다음과 같이 회귀모형을 설정해 보자.

$$E(Y) = \alpha + \beta_1 X_1 + \beta_2 X_2 + \beta_3 W$$

31 : | Visible: 5 of 5 Variables

	성별	경력	생산성	임금	W	var
1	1	3	4	107	1	
2	1	4	5	122	1	
3	1	4	6	128	1	
4	1	3	5	117	1	
5	1	6	6	139	1	
6	1	5	4	115	1	
7	1	11	6	167	1	
8	1	15	5	175	1	
9	1	13	4	157	1	
10	1	11	4	149	1	
11	1	16	5	174	1	
12	1	14	6	166	1	
13	1	9	6	157	1	
14	1	10	4	147	1	
15	1	8	5	142	1	
16	1	11	5	150	1	
17	1	13	6	171	1	
18	1	12	4	164	1	
19	1	11	4	144	1	
20	1	9	3	127	1	
21	2	3	3	104	0	
22	2	2	5	115	0	
23	2	3	4	101	0	
24	2	2	3	103	0	
25	2	5	4	119	0	
26	2	6	5	127	0	
27	2	4	4	111	0	
28	2	8	3	130	0	
29	2	5	5	130	0	
30	2	3	4	96	0	
31	2	4	5	129	0	
32	2	5	3	107	0	
33	2	3	3	101	0	

〈그림 17-11〉

T-Test

Group Statistics

	성별	N	Mean	Std. Deviation	Std. Error Mean
임금	남자	20	145.90	20.946	4.684
	여자	20	111.50	14.058	3.143

Independent Samples Test

		Levene's Test for Equality of Variances		t-test for Equality of Means					95% Confidence Interval of the Difference	
		F	Sig.	t	df	Sig. (2-tailed)	Mean Difference	Std. Error Difference	Lower	Upper
임금	Equal variances assumed	3.673	.063	6.098	38	.000	34.400	5.641	22.981	45.819
	Equal variances not assumed			6.098	33.230	.000	34.400	5.641	22.927	45.873

〈그림 17-12〉 남녀 간 임금의 단순 비교 결과

위의 식에 남자는 $W = 1$, 여자는 $W = 0$를 대입하면 다음과 같다.

$$\text{남자: } E(Y) = \alpha + \beta_1 X_1 + \beta_2 X_2 + \beta_3$$
$$\text{여자: } E(Y) = \alpha + \beta_1 X_1 + \beta_2 X_2$$

따라서 가변수 W의 회귀계수 β_3은 경력(X_1)과 생산성(X_2)을 통제했을 때, 여자($W = 0$)에 비해 남자($W = 1$)의 평균이 얼마나 높은가를 의미하게 된다.

〈그림 17–13〉과 같이 가변수를 이용한 회귀분석을 실시하여 얻은 결과가 〈그림 17–14〉에 나와 있다. 여기서 W의 회귀계수 β_3의 추정치는 1.563으로 유의하지 않았다: $t = .642$, $p = .525$. 즉 경력과 생산성을 통제했을 때, 남자가 여자보다 임금이 평균 1.563 더 높았지만 이는 통계적으로 유의하지 않았다는 의미이므로 남녀 간 평균 임금 차이는 있지만 경력과 생산성을 통제했을 때, 임금 차이는 유의하지 않아 성차별이 있다는 주장은 설득력을 잃게 된다.

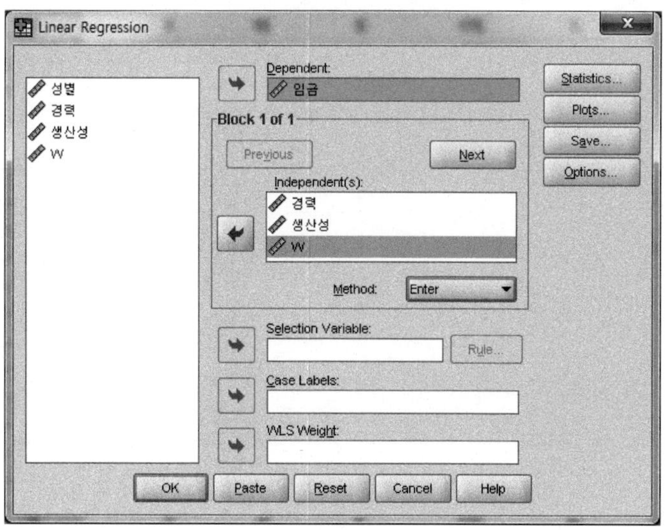

〈그림 17–13〉

Coefficients[a]

Model		Unstandardized Coefficients		Standardized Coefficients	t	Sig.
		B	Std. Error	Beta		
1	(Constant)	63.071	3.952		15.959	.000
	경력	4.783	.285	.789	16.776	.000
	생산성	7.485	.954	.318	7.845	.000
	W	1.563	2.437	.032	.642	.525

a. Dependent Variable: 임금

〈그림 17–14〉

7. SPSS GLM을 이용한 가변수 모형의 분석

식 (3)을 포함하여 범주형 변수를 사용한 일반선형모형에서 일일이 가변수를 표기하여 회귀계수 값을 추정하기는 매우 번거롭다. 다행히 SPSS의 **GLM**에서는 **Options**에서 회귀식 형식 모형의 회귀계수를 출력할 수 있도록 하고 있다. 우리의 공분산분석 예시자료의 경우 먼저 〈그림 17－15〉와 같이 **GLM** 대화상자에서 범주형 변수인 **group**은 **Fixed Factor(s)** 상자로, 공변수인 **X**는 **Covariate(s)** 상자로, 종속변수인 성취는 **Dependent Variable** 상자로 이동시킨다. 그 다음 **Options**에서 **Parameter estimates**를 선택해 주면 원하는 결과를 얻을 수 있다.

〈그림 17－16〉은 그 출력 결과이다. 이를 가변수를 사용하여 회귀분석한 결과인 〈그림 17－9〉 하부의 내용과 비교해 보면 그 의미가 명백해질 것이다.

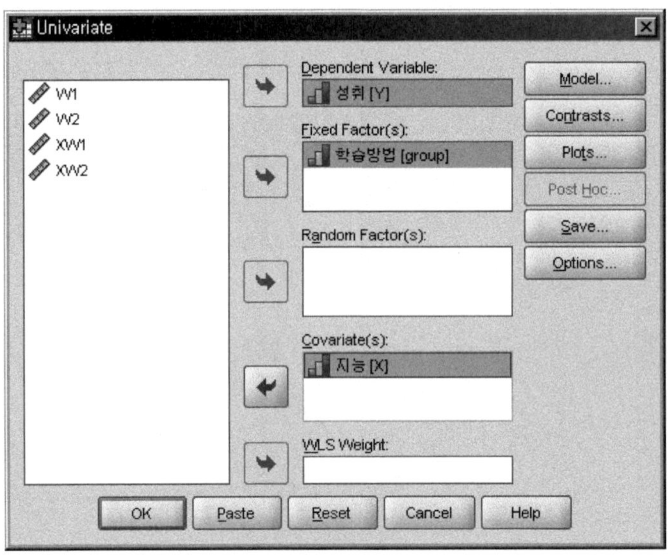

〈그림 17－15〉

Parameter Estimates

Dependent Variable:성취

Parameter	B	Std. Error	t	Sig.	95% Confidence Interval	
					Lower Bound	Upper Bound
Intercept	13.828	4.105	3.369	.001	5.643	22.013
X	.464	.039	12.034	.000	.387	.541
[group=1]	-2.470	.600	-4.113	.000	-3.667	-1.272
[group=2]	-2.251	.604	-3.726	.000	-3.455	-1.046
[group=3]	0[a]	.	.	.	.	.

a. This parameter is set to zero because it is redundant.

〈그림 17－16〉

8. 일반선형모형(general linear model): 참고자료

두 집단의 경우

W_1: dummy variable(가변수) W_1

dummy coding(가표기) : 집단 1 1

집단 2 0

X_1: 연속변수

일반선형모형: $Y = B_0 + B_1W_1 + B_2X_1 + B_3W_1X_1 + \varepsilon$

$E(Y) = \mu = B_0 + B_1W_1 + B_2X_1 + B_3W_1X_1$

(1) t검증(범주형 변수만 있고 연속변수가 없는 경우)

$\mu = B_0 + B_1W_1$ $(B_2 = B_3 = 0)$

$\mu_1 = B_0 + B_1(1) = B_0 + B_1$

$\mu_2 = B_0 + B_1(0) = B_0$

$\mu_1 - \mu_2 = B_1$: 두 집단 간 평균차이

(2) ANCOVA 모형

$\mu = B_0 + B_1W_1 + B_2W_1$ $(B_3 = 0)$

$\mu_1 = (B_0 + B_1) + B_2X_1$

$\mu_2 = B_0 + B_2X_1$: B_2 공변수 X_2의 효과(기울기)

$\mu_1 - \mu_2 = B_2$: B_1 공변수 X_2 통제 후의 집단 간 평균차이

각 집단의 조정평균

$\mu_1{}' = (B_0 + B_1) + B_2\overline{X_1}$

$\mu_2{}' = B_0 + B_2\overline{X_1}$

(3) ATI(aptitude−treatment−interaction) 모형

$\mu = B_0 + B_1W_1 + B_2X_1 + B_3W_1X_1$

$\mu_1 = (B_0 + B_1) + (B_2 + B_3)X_1$

$\mu_2 = B_0 + B_2X_1$

공변수의 효과가 집단에 따라 다름(상호작용): B_3

(4) 회귀모형(범주형 변수가 없는 경우)

$\mu = B_0 + B_2X_1$ $(B_1 = B_3 = 0)$

세 집단의 경우

집단: W_1, W_2: dummy variable(2개의 가변수 필요)

dummy coding(가표기):

	W_1	W_2
집단 1	1	0
집단 2	0	1
집단 3	0	0

X_1: 연속변수

일반선형모형: $Y = B_0 + B_1W_1 + B_2W_2 + B_3X_1 + B_4W_1X_1 + B_5W_2X_1 + \varepsilon$

$$E(Y) = \mu = B_0 + B_1W_1 + B_2W_2 + B_3X_1 + B_4W_1X_1 + B_5W_2X_1$$

(1) ANOVA 모형

$\mu = B_0 + B_1W_1 + B_2W_2 \qquad (B_3 = B_4 = B_5 = 0)$

$\mu_1 = B_0 + B_1$

$\mu_2 = B_0 + B_2$

$\mu_3 = B_0$

$\mu_1 - \mu_2 = B_1 - B_2$

$\mu_1 - \mu_3 = B_1$

$\mu_2 - \mu_3 = B_2$

(2) ANCOVA 모형

$\mu = B_0 + B_1W_1 + B_2W_2 + B_3X_1 \qquad (B_4 = B_5 = 0)$

$\mu_1 = (B_0 + B_1) + B_3X_1$

$\mu_2 = (B_0 + B_2) + B_3X_1$

$\mu_3 = B_0 + B_3X_1$

(3) ATI 모형

$\mu = B_0 + B_1W_1 + B_2W_2 + B_3X_1 + B_4W_1X_1 + B_5W_2X_1$

$\mu_1 = (B_0 + B_1) + (B_3 + B_4)X_1$

$\mu_2 = (B_0 + B_2) + (B_3 + B_5)X_1$

$\mu_3 = B_0 + B_3X_1$

Example A

Assume DV of Attitude and IV's of Education (in years), Party (D = Demo, R = Republic, I =

Independence), Income ($), and Occupation (B = Blue collar, P = Professional, M = manual, U = Unemployment)

(1) State the model and coding (assume no interaction)

X_1: Education / W_1, W_2: Party / X_2: Income / W_3, W_4, W_5: Occupation

coding

Party	W_1	W_2
D	1	0
R	0	1
I	0	0

Occupation	W_3	W_4	W_5
B	1	0	0
P	0	1	0
M	0	0	1
U	0	0	0

$$\mu = B_0 + B_1X_1 + B_2W_1 + B_3W_2 + B_4X_2 + B_5W_3 + B_6W_4 + B_7W_5$$

(2) How would each effect be described?

해당 변수 외 다른 변수들을 통제했을 때;

① Education: B_1 and $\Delta R^2(X_1/W_1, W_2, X_2, W_3, W_4, W_5)$

② Party

Global: $\Delta R^2(W_1, W_2/X_1, X_2, W_3, W_4, W_5)$

Contrasts: $\mu_D - \mu_I = B_2$

$\mu_R - \mu_I = B_3$

$\mu_D - \mu_R = B_2 - B_3$

③ Income: B_4 and $\Delta R^2(X_2/X_1, W_1, W_2, W_3, W_4, W_5)$

④ Occupation

Global: $\Delta R^2(W_3, W_4, W_5/X_1, W_1, W_2, X_2)$

Contrasts: $\mu_B - \mu_U = B_5$ $\quad$ $\mu_B - \mu_P = B_5 - B_6$

$\mu_P - \mu_U = B_6$ $\quad$ $\mu_B - \mu_M = B_5 - B_7$

$\mu_M - \mu_U = B_7$ $\quad$ $\mu_P - \mu_M = B_6 - B_7$

Example B

(1) 연구문제

종속변수: 현 정부의 교육정책에 관한 태도 (양적 변수)

독립변수: 응답자의 교육수준(연수) / 거주지역(대도시, 중소, 읍면) / 연소득 / 연령 / 성별

(2) 분석모형

① 변수의 표기

태도: Y 교육수준: X_1 거주지역: W_1, W_2 연소득: X_2 연령: X_3 성별: W_3

	W_1	W_2
대도시(B)	1	0
소도시(M)	0	1
읍면지역(S)	0	0

	W_3
남자(M)	1
여자(F)	0

② 모형: $E(Y) = \beta_0 + \beta_1 X_1 + \beta_2 W_1 + \beta_3 W_2 + \beta_4 X_2 + \beta_5 X_3 + \beta_6 W_3$

③ 각 독립변수의 효과

교육수준: β_1 and $\Delta R^2(X_1/\text{others})$

거주지역: 전체; $\Delta R^2(W_1, W_2/\text{others})$

대비; $\mu_B - \mu_S = \beta_2$ $\mu_M - \mu_S = \beta_3$ $\mu_B - \mu_M = \beta_2 - \beta_3$

연소득: β_4 and $\Delta R^2(X_2/\text{others})$

연령: β_5 and $\Delta R^2(X_3/\text{others})$

성별: 전체; $\Delta R^2(W_3/\text{others})$

대비; $\mu_M - \mu_F = \beta_6$

Example C

(1) 연구문제

어느 직종의 임금에 성차별이 있는가?

⇒ 임금과 관련이 있는 다른 변수 통제 후에도 남녀 사이에 임금 차이가 있는가?

종속변수: 해당 직종 근로자의 임금(Y)

독립변수: 근로자의 근무연수(X_1), 근로자의 학력(교육연수)(X_2)

근로자의 생산성 점수(X_3), 성별(W) (남자; 1, 여자; 0)

(2) 모형

$E(Y) = \beta_0 + \beta_1 X_1 + \beta_2 X_2 + \beta_3 X_3 + \beta_4 W$

(3) 분석

β_4: 다른 변수 통제 후 남녀 사이의 평균임금 차이. 이 추정치가 통계적으로나 실제적으로 유의하다면 임금의 성차별 주장에 근거가 있다고 할 수 있음

18장 범주형 변수(질적 변수) 분석

범주형 변수(categorical variable)는 변수의 값이 양을 나타내는 것이 아니라 어떤 범주를 나타내는 변수이다. 예를 들어 교사의 근무지역에 따른 직무만족도의 차이를 알아보는 연구에서 근무지역을 대도시, 중소도시, 읍면지역으로 구분하였다면 근무지역은 범주형 변수에 속하고, 변수의 값은 대도시, 중소도시, 읍면지역 등 3개의 범주로 구성되는 것이다. 편의상 대도시를 1, 중소도시를 2, 읍면지역을 3으로 표기했을 때, 이러한 변수 값은 명명척도(nominal scale)라고 부른다. 반면 변수 직무만족도는 그 정도를 양으로 표시하므로 양적 변수라고 하고, 그 변수의 값은 특성에 따라 서열척도, 동간척도, 비율척도 등으로 분류된다.

변수와 변수 간의 관계를 탐구하는 연구에서 한 변수, 특히 독립변수가 범주형 변수인 경우 범주형 변수는 일반적으로 집단을 나타낸다. 위의 예의 경우, 근무지역과 직무만족도와의 관계는 범주형 변수와 양적 변수 간의 관계를 나타내며, 추리통계적인 측면에서는 범주형 변수의 범주에 의한 집단 즉 대도시, 중소도시, 읍면지역 교사 집단에 따라 양적 변수의 평균 차이, 즉 직무만족도 평균 차이에 대한 추리가 분석의 관심사가 된다. 범주의 수가 두 개이면 t검증, 세 개 이상이면 분산분석(변량분석)의 F검증이 적용되고 범주별 표본이 독립적이 아닌 경우 종속표본 t검증, 반복측정 분산분석 등으로 분석하게 된다. 어느 경우이든 범주형 변수의 범주에 따른 집단 간에 양적 변수의 평균 차이가 주 관심사가 된다.

이 장에서는 분석대상 변수가 한 개의 범주형 변수 또는 범주형 변수와 범주형 변수 간의 관계에 관한 여러 추리 통계를 다룬다. 이 경우 자료는 범주에 따른 각 집단별 빈도수나 비율로 표현된다. 그리고 집단별 표본의 독립성 여부에 따라서도 통계적 방법이 달라진다. 범주형 변수와 범주형 변수 간의 관계에서 각 변수 범주별 집단이 독립적인 경우는 두 변수 간의 관련성 여부를 검증하는 것으로 독립성 검증이라고도 불리며 가장 널리 사용되는 통계방법의 하나로 별도의 장에서 논의한다. 그런데 범주형 변수와 빈도수로 이루어진 자료를 다루는 통계방법은 비모수통계로 분류된다. 비모수 통계방법 중 각 모수 통계방법에 대응되는 통계들 역시 별도의 장에서 비모수 통계검증이라는 제목으로 따로 다룬다.

1. 단일모집단 비율에 관한 추리

예를 들어, 우리나라 대도시 초등학교 저학년 학생들의 휴대전화 소지 비율(π)에 관심이 있다고 하자. n명의 저학년 학생들을 표본으로 뽑아 휴대전화 소지자 수를 조사하여 그 값을 X라고 하면 표본의 비율은 $\hat{\pi} = \frac{X}{n}$가 된다. 따라서 표본의 비율 $\hat{\pi}$로 모집단의 비율 π에 대한 추리를 위해서는 $\hat{\pi}$의 표집분포를 알아야 한다. $\hat{\pi}$의 표집분포에 의한 확률 산출은 이항분포에 의한 정확한 방법과 정규분포를 이용한 근사법 등 크게 두 가지 방법으로 이루어진다.

이항분포에 의한 추리

표본의 비율은 $\hat{\pi} = \frac{X}{n}$로 표시되므로 $\hat{\pi}$의 분포는 X와 연계된다. X는 모집단의 비율이 π인 모집단에서 n 개체를 무작위로 뽑았을 때 그 중 해당 특성을 지닌 개체 수에 해당되므로 이항확률변수가 되고 X는 이항분포(binomial distribution)를 하게 된다. 이항분포는 모집단의 비율 π와 표본의 크기 n에 좌우되므로 일반적으로 $X \sim B(n, \pi)$와 같이 표시된다.

이항확률변수 X가 특정한 값 x를 가질 확률은 다음과 같이 계산할 수 있다.

$$P(X = x) = {}_nC_x \pi^x (1 - \pi)^{n - x} \tag{1}$$

위의 식을 이용하여 직접 계산하거나 (n, π, x)별로 주어진 표를 이용하면 정확한 확률을 구할 수 있으나 매우 복잡하고 특히 n이 큰 경우 SPSS를 이용해도 시간이 많이 걸린다.

정규근사법에 의한 추리

n이 충분히 큰 경우 이항확률변수 X는 정규분포에 접근하므로 정규분포를 이용하여 X에 관한 확률을 구할 수 있다. 이항분포의 평균은 $E(X) = \mu = n\pi$, 분산은 $V(X) = \sigma^2 = n\pi(1 - \pi)$이므로 n이 충분히 큰 경우 $X \sim N(n\pi, n\pi(1 - \pi))$로 나타낼 수 있으며, 표본의 비율 $\hat{\pi}$의 표집분포는 $\hat{\pi} \sim N(\pi, \pi(1 - \pi)/n)$가 된다. 따라서 단일 모집단 비율 π에 관한 검증통계량은 다음과 같은 Z검증이 된다.

$$Z = \frac{\hat{\pi} - \pi}{\sqrt{\frac{\pi(1-\pi)}{n}}} \quad (2)$$

그리고 π의 $100(1-\alpha)\%$ 신뢰구간(CI)은 다음과 같은 식으로 구할 수 있다.

$$\hat{\pi} \pm Z_{\alpha/2}\sqrt{\frac{\hat{\pi}(1-\hat{\pi})}{n}} \quad (3)$$

예시자료 분석

예시자료

연구자는 대도시 초등학교 저학년 학생들의 휴대전화 소지비율을 알아보고자 대도시 초등학교 1, 2학년 학생 중에서 남학생 30명, 여학생 30명을 표본으로 선정하여 조사해 본 결과 〈표 18-1〉과 같은 가상적인 자료를 얻었다. 이 자료에서는 남자는 1, 여자는 2, 그리고 소지한 경우 1, 소지하지 않은 경우는 2로 표기하였다. 이 자료를 토대로 연구자는 저학년 학생들의 소지비율은 50% 미만일 것이라는 가설을 검증하려고 한다.

다음의 〈그림 18-1〉은 〈표 18-1〉의 자료가 입력된 **Data Editor** 화면이다.

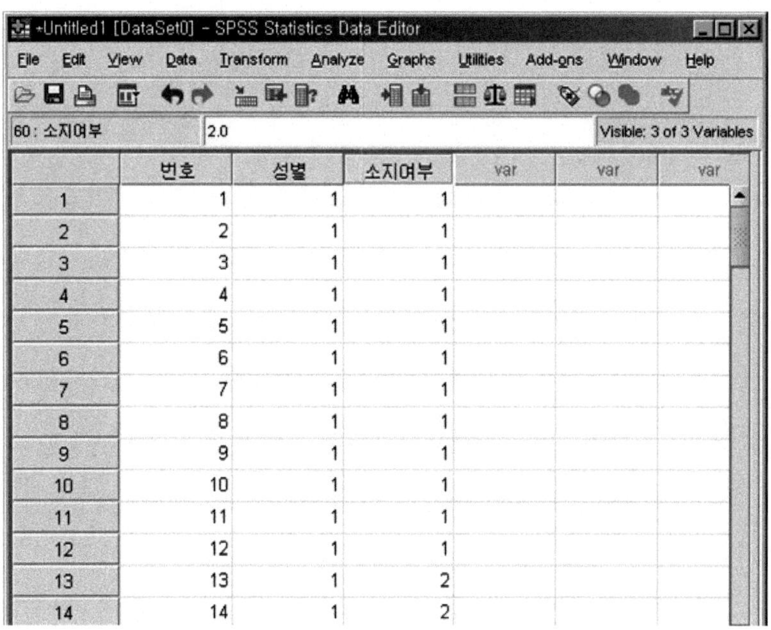

	번호	성별	소지여부	var	var	var
1	1	1	1			
2	2	1	1			
3	3	1	1			
4	4	1	1			
5	5	1	1			
6	6	1	1			
7	7	1	1			
8	8	1	1			
9	9	1	1			
10	10	1	1			
11	11	1	1			
12	12	1	1			
13	13	1	2			
14	14	1	2			

〈그림 18-1〉

〈표 18-1〉

대상자	성별	소지여부	대상자	성별	소지여부	대상자	성별	소지여부
1	1	1	21	1	2	41	2	2
2	1	1	22	1	2	42	2	2
3	1	1	23	1	2	43	2	2
4	1	1	24	1	2	44	2	2
5	1	1	25	1	2	45	2	2
6	1	1	26	1	2	46	2	2
7	1	1	27	1	2	47	2	2
8	1	1	28	1	2	48	2	2
9	1	1	29	1	2	49	2	2
10	1	1	30	1	2	50	2	2
11	1	1	31	2	1	51	2	2
12	1	1	32	2	1	52	2	2
13	1	2	33	2	1	53	2	2
14	1	2	34	2	1	54	2	2
15	1	2	35	2	1	55	2	2
16	1	2	36	2	1	56	2	2
17	1	2	37	2	1	57	2	2
18	1	2	38	2	1	58	2	2
19	1	2	39	2	1	59	2	2
20	1	2	40	2	2	60	2	2

유의성 검증

단일모집단 비율에 관한 검증을 위해서 메뉴에서 **Analyze** → **Nonparametric Tests** → **(Legacy : SPSS 최근 버전)** → **Binomial**을 차례로 클릭하여 〈그림 18-2〉와 같은 대화상자를 불러온다.

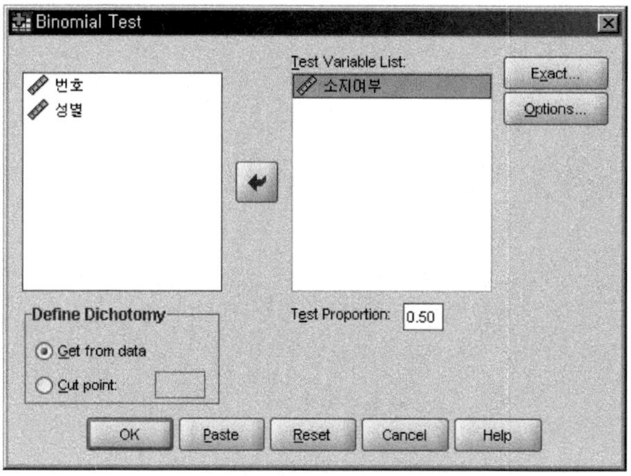

〈그림 18-2〉

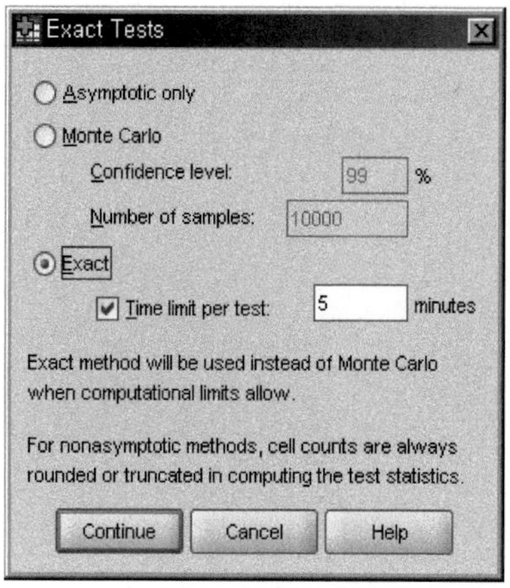

〈그림 18-3〉

이 대화상자에서 검증할 변수 **소지여부**를 **Test Variable List** 상자에, 검증할 값 **.5**를 **Test Proportion**에 입력한다. 다음으로 정확한 값을 구할 것인지 아니면 근사치를 구할 것인지를 선택하기 위해 **Exact** 버튼을 클릭하여 〈그림 18-3〉과 같은 상자를 불러온다.

이항분포를 이용한 정확한 p값과 정규근사법에 의한 근사치 모두를 구하기 위해서는 **Exact**를, 자료가 너무 많아 시간이 많이 걸려 근사치만 구하고자 하는 경우는 **Asymptotic only**를 선택한다. 〈그림 18-3〉에서는 **Exact**를 선택하였다.

〈표 18-2〉는 분석결과 출력물이다. 이 표에서 60명 표본 학생의 소지비율은 $\hat{\pi} = .35$이며 이 표에서 양측검증의 p값은 정확한 값과 근사치 모두 .027로 산출되었다. 그런데 원래 연구자의 가설은 단측검증이므로($H_o : \pi = .5, H_a : \pi < .5$) $p = .027/2 = .014$가 되어 소지비율은 .5보다 통계적으로 유의하게 낮았다고 결론을 내릴 수 있다.

〈표 18-2〉

Binomial Test

		Category	N	Observed Prop.	Test Prop.	Asymp. Sig. (2-tailed)	Exact Sig. (2-tailed)
소지여부	Group 1	소지	21	.35	.50	.027[a]	.027
	Group 2	미소지	39	.65			
	Total		60	1.00			

a. Based on Z Approximation.

신뢰구간 추정

SPSS는 단일집단 비율에 대한 신뢰구간 추정을 직접 제공하지 않는다. 따라서 앞에서 제시한 신뢰구간 식을 이용하여 계산하여야 한다. 95% 신뢰구간을 구하는 경우, $Z_{\alpha/2} = Z_{.025} = 1.96$, $\hat{\pi} = .35$, $n = 60$을 식에 대입하면 다음과 같은 결과를 얻는다.

$$.35 \pm 1.96\sqrt{\frac{.35(1-.35)}{60}} = .35 \pm 1.96(.0616) = .35 \pm .12 = (.23, .47)$$

2. 두 독립집단 비율 차이에 관한 추리

분석방법

앞의 휴대전화 소지비율의 자료에서 연구자가 남녀 사이의 소지비율 차이에 관심이 있다고 하자. 이를 위해 〈표 18-1〉의 자료를 요약하면 다음의 〈표 18-3〉과 같다.

〈표 18-3〉

		소지여부		합계
		소지	미소지	
성별	남자	12	18	30
	여자	9	21	30
합계		21	39	60

이와 같은 표를 2 × 2 분할표(contingency table) 또는 교차표(cross tabulation)라고 한다. 이 표에서 남자의 소지비율은 $\hat{\pi}_1 = 12/30 = .4$, 여자의 소지비율은 $\hat{\pi}_2 = 9/30 = .3$이다. 이와 같은 자료의 두 비율의 차이 검증은 초기하분포를 이용한 Fisher's Exact Test, 정규근사법을 이용한 Z검증, 그리고 Z검증과 동일한 자유도 1의 χ_1^2 검증 등으로 이루어진다.

정규근사법의 경우, 검증통계량 Z는 식 (4)와 같다.

$$Z = \frac{(\hat{\pi}_1 - \hat{\pi}_2) - (\pi_1 - \pi_2)}{\sqrt{\frac{\pi_1(1-\pi_1)}{n_1} + \frac{\pi_2(1-\pi_2)}{n_2}}} \quad (4)$$

이를 이용하면 두 모집단 비율 차이($\pi_1 - \pi_2$)의 100(1 − α)% 신뢰구간은 식 (5)와 같이 나타낼 수 있다.

$$(\hat{\pi}_1 - \hat{\pi}_2) \pm Z_{\alpha/2}\sqrt{\frac{\hat{\pi}_1(1-\hat{\pi}_1)}{n_1} + \frac{\hat{\pi}_2(1-\hat{\pi}_2)}{n_2}} \quad (5)$$

예시자료 분석

유의성 검증

〈표 18-1〉의 자료에서 남자와 여자의 비율차이의 유의성을 검증해 보자. 먼저 〈그림 18-1〉에서 **Analyze → Descriptive Statistics → Crosstabs** 순으로 클릭하여 〈그림 18-4〉와 같은 대화상자를 부른다. 〈표 18-1〉의 자료를 〈표 18-3〉과 같은 교차표로 정리하면서 비율을 비교하기 위해 **Row**와 **Column** 상자로 해당 변수를 이동시킨다.

다음으로 **Exact**를 클릭하면 〈그림 18-5〉와 같은 **Exact Tests** 대화상자가 나타난다. 단일집단 비율 검증에서와 마찬가지로 **Exact**를 선택하면 Fisher의 검증과 정규근사법에 의한 Z검증을 동시에 수행해 주고, 자료가 너무 많아 시간이 많이 걸리리라고 예상되어 Z검증만 시행하고자 하는 경우에는 **Asymptotic only**를 선택한다. 여기서는 **Exact**를 선택하였다.

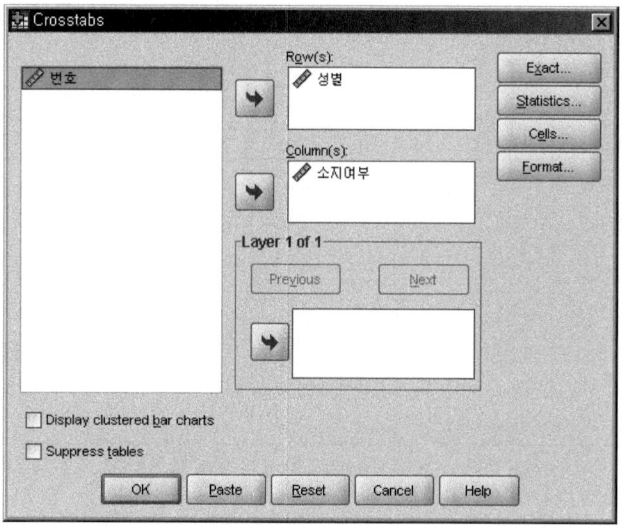

〈그림 18-4〉

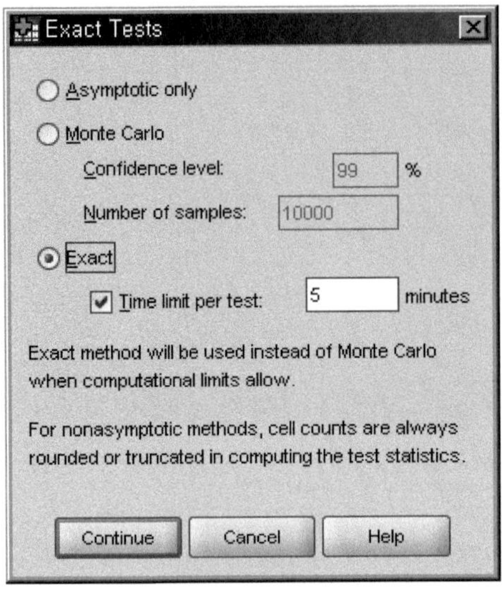

〈그림 18-5〉

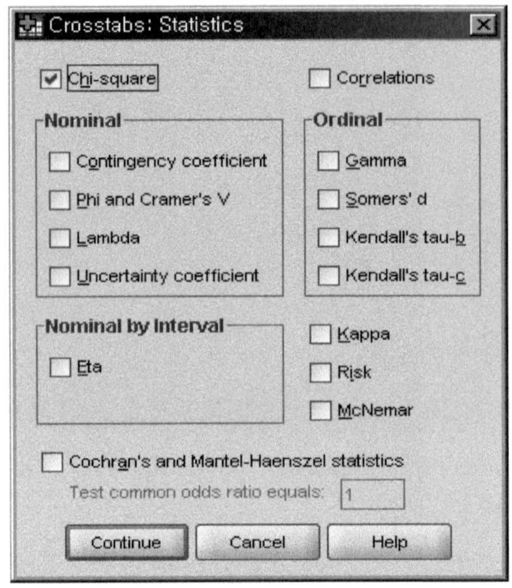

〈그림 18-6〉

다음으로 〈그림 18-4〉에서 **Statistics**를 클릭하여 나타난 〈그림 18-6〉의 대화상자에서 **Chi-square**를 선택한다. SPSS의 메뉴방법에서는 **Chi-square**를 선택하지 않으면 교차표만 출력해 주고 검증통계는 출력해 주지 않는다.

앞에서 제시했던 〈표 18-3〉과 아래의 〈표 18-4〉는 분석결과 출력물이다.

〈표 18-4〉

	Value	df	Asymp. Sig. (2-sided)	Exact Sig. (2-sided)	Exact Sig. (1-sided)	Point Probability
Pearson Chi-Square	.659[a]	1	.417	.589	.294	
Continuity Correction[b]	.293	1	.588			
Likelihood Ratio	.661	1	.416	.589	.294	
Fisher's Exact Test				.589	.294	
Linear-by-Linear Association	.648[c]	1	.421	.589	.294	.155
N of Valid Cases	60					

a. 0 cells (.0%) have expected count less than 5. The minimum expected count is 10.50.
b. Computed only for a 2x2 table
c. The standardized statistic is .805.

〈표 18-4〉에서 **Fisher's Exact Test**의 양측검증 p값은 .589로 남자와 여자의 비율차이는 통계적으로 유의하지 않다는 결론을 내릴 수 있다. 이 표에서 **Fisher**를 제외하면 모두 점근

적(asymptotic) 방법에 의한 근사치이며, **Continuity Correction**은 도수인 이산확률변수를 연속확률변수로 근사치를 구함으로 발생하는 오차를 줄이기 위한 연속성 교정을 해 준 결과이다. 위의 표에서 알 수 있는 바와 같이 연속적 교정 없이 구한 근사치 p값은 .417로 정확한 값 .588과 차이가 있다. 그런데 연속성 교정을 해 준 결과는 .588로 정확한 값 .589와 거의 일치함을 알 수 있다.

두 모집단 비율 차이($\pi_1 - \pi_2$)의 신뢰구간

남자의 표본 소지비율 $\hat{\pi}_1 = .4$와 여자의 표본 소지비율은 $\hat{\pi}_2 = .3$, 그리고 $Z_{.025} = 1.96$을 식 (5)에 대입하여 95% 신뢰구간을 구하면 다음과 같다.

$$(.4-.3) \pm 1.96\sqrt{\frac{.4(1-.4)}{30} + \frac{.3(1-.3)}{30}} = .10 \pm 1.96(.1225) = .10 \pm .24 = (-.14, .34)$$

다른 변수에 의해 2 × 2 교차표가 반복되는 경우: Mantel–Haenszel Statistics

초등학교 저학년 남녀 학생 간 휴대폰 소지비율 차이를 검증한 앞 예에서 저학년(1, 2), 중학년(3, 4), 고학년(5, 6) 등 학년 수준을 제3의 변수로 하여 학년 수준을 통제했을 때, 성별과 소지비율 사이의 관계가 어떤지 관심이 있다고 하자. 이러한 상황에서의 검증을 위해 설계된 것이 Mantel–Haenszel 검증이다. 이 부분은 본 교재의 독립성 검증부분에서 함께 논의한다.

3. 여러 독립집단 비율에 관한 추리: 적합도 검증(goodness of fit tests)

분석방법

한 범주형 변수에서 범주가 여러 개이고 범주를 구성하는 표본이 서로 독립적인 경우에서 각 범주별 관찰 빈도나 비율이 기대하는 빈도와 일치하는지를 분석하는 것을 적합도 검증이라고 한다. 이 적합도 검증은 여러 독립집단의 비율에 차이가 있는지, 각 범주의 빈도가 어떤 이론적인 분포와 일치하는지, 또는 연구자가 설정한 특정 비율과 일치하는지 등의 분석에서 많이 사용된다. 이 적합도 검증은 다음과 같은 Chi–square 검증으로 이루어진다.

$$\chi^2 = \Sigma\frac{(O_i - E_i)^2}{E_i} \sim \chi^2_{(c-1)} \qquad (6)$$

여기서 O_i는 각 범주의 관찰빈도, E_i는 연구자의 가설에 의한 기대빈도를 나타내며, Chi-square 검증의 자유도는 $(c - 1)$로 c는 범주의 수이다. 관찰한 빈도가 기대한 빈도에 잘 적합할수록 $(O_i - E_i)$ 차이가 작아진다. 따라서 적합도 검증의 경우는 χ^2값이 유의하지 않아야 모형과 자료가 잘 적합하고 있다고 할 수 있다.

예시자료 분석

어느 대학에서 5년 전 전국 인문계 고등학교 1학년 학생을 대상으로 희망하는 대학 전공계열을 조사한 가상적인 결과가 이공계 45%, 사회계 22%, 인문계 16%, 예체능계 12%, 기타 5%였다. 이 대학에서는 올해 고등학교 1학년 학생들의 희망 전공계열 비율이 5년 전과 변화가 있는지 알아보기 위해 100명을 선정하여 조사한 가상적인 결과가 이공계 52명, 사회계 20명, 인문계 15명, 예체능 10명, 기타 3명이었다. 그런데 희망 전공계열 비율에 변화가 없었다면 각 전공별 기대빈도는 이공계 45명, 사회계 22명, 인문계 16명, 예체능계 12명, 기타 5명이다. 〈표 18-5〉는 이를 정리한 것이다.

〈표 18-5〉

구분	희망 전공계열				
	이공계	사회계	인문계	예체능계	기타
관찰빈도(O_i)	52	20	15	10	3
기대빈도(E_i)	45	22	16	12	5

〈표 18-5〉의 값을 χ^2 식 (6)에 대입하여 계산하면 $\chi^2 = 2.467$, $df = 5 - 1 = 4$가 되고 $\alpha = .05$라고 했을 때 임계치 $\chi^2_{.05} = 9.49$이므로 $2.467 < 9.49$로 기각영역에 속하지 않아 관찰빈도와 기대빈도는 통계적으로 유의한 차이가 없다는 결론, 즉 지금의 희망비율은 5년 전 희망비율과 통계적으로 유의한 변화가 없다는 결론을 내릴 수 있다.

〈그림 18-7〉은 이 예시자료를 SPSS로 분석하기 위해 입력한 **Data Editor** 화면이고 〈그림 18-8〉은 메뉴에서 **Data → Weight Cases**로 불러온 대화화면으로 **빈도**를 가중치 변수로 지정해 주기 위한 것이다.

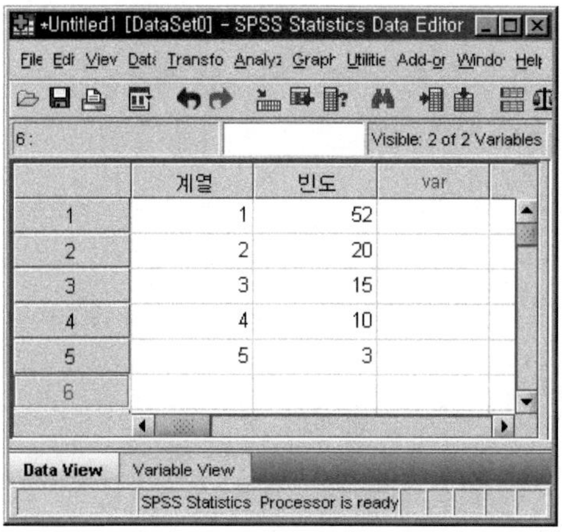

〈그림 18-7〉

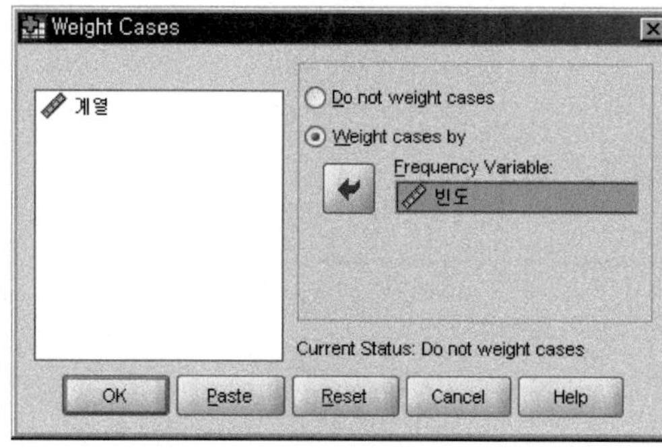

〈그림 18-8〉

가중치 지정 과정이 끝나면 메뉴에서 **Analyze → Nonparametric Tests → Chi-Square**를 클릭하여 〈그림 18-9〉의 **Chi-Square Test** 화면을 부른다. 먼저 검증할 변수로 **계열**을 **Test Variable List**로 옮겨 준다. 다음으로 기대빈도를 산출하기 위한 비율을 **Expected Values** 상자에서 설정해 준다. 본 예시자료의 경우 각 비율이 다르므로 **Values**를 선택한 후 .45를 옆 빈 상자에 입력하고 **Add**를 클릭한다. 이후 순서대로 각 비율을 입력한 후 **Add**를 클릭해 준다. 만약 연구자가 각 범주의 비율이 동일한지를 검증하는 경우라면 **All categories equal**만 선택해 주면 될 것이다.

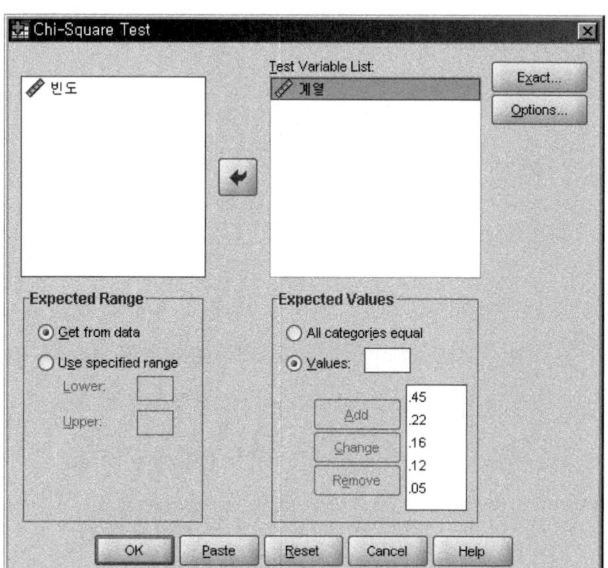

〈그림 18-9〉

〈표 18-6〉과 〈표 18-7〉은 분석결과의 출력물이다. 〈표 18-6〉은 **관찰빈도**와 **기대빈도**, **관찰빈도**와 **기대빈도**의 차이인 **잔차(residual)**를 보여 준다. 〈표 18-7〉은 검증결과를 보여 준다. $\chi^2_4 = 2.467, p = .651$로 통계적으로 유의한 차이가 없었다는 결론을 얻을 수 있다.

〈표 18-6〉

계열

	Observed N	Expected N	Residual
이공계	52	45.0	7.0
사회계	20	22.0	−2.0
인문계	15	16.0	−1.0
예체능	10	12.0	−2.0
기타	3	5.0	−2.0
Total	100		

〈표 18-7〉

Test Statistics

	계열
Chi-Square	2.467[a]
df	4
Asymp. Sig.	.651

4. 두 종속집단 비율 차이에 관한 추리(McNemar 검증)

분석내용

대학에서 이공계를 전공하도록 장려하는 영상 홍보물의 효과를 점검하기 위하여 고등학생 1학년 학생 60명을 표본으로 선정하여 먼저 이공계 전공 희망 여부를 조사한 후 영상 홍보물을 보여 준 후 다시 이공계 전공 희망 여부를 조사하여 전과 후의 비율 차이를 비교하려고 한다고 해 보자. 이 경우 전과 후의 두 집단은 동일한 대상자이므로 종속집단이 된다. 이렇게 동일 집단에 대해 반복 조사하거나 대응표본 또는 짝지은 표본의 경우 등이 종속집단의 경우에 속한다. 이러한 두 종속집단의 비율 차이는 McNemar 검증으로 이루어진다.

예시자료 분석

다음의 〈표 18−8〉은 1학기 초에 고등학교 1학년 학생 60명에 대해 홍보 영상물 시청 전후의 이공계 전공 희망 여부를 조사한 가상적인 자료이며, 〈표 18−9〉는 이 자료를 분할표로 정리한 것이다. 희망하면 1, 희망하지 않으면 2로 표기하였다.

〈표 18−8〉

대상	전	후	대상	전	후	대상	전	후	대상	전	후
1	1	1	16	1	1	31	2	1	46	2	2
2	1	1	17	1	2	32	2	1	47	2	2
3	1	1	18	1	2	33	2	1	48	2	2
4	1	1	19	1	2	34	2	1	49	2	2
5	1	1	20	1	2	35	2	2	50	2	2
6	1	1	21	2	1	36	2	2	51	2	2
7	1	1	22	2	1	37	2	2	52	2	2
8	1	1	23	2	1	38	2	2	53	2	2
9	1	1	24	2	1	39	2	2	54	2	2
10	1	1	25	2	1	40	2	2	55	2	2
11	1	1	26	2	1	41	2	2	56	2	2
12	1	1	27	2	1	42	2	2	57	2	2
13	1	1	28	2	1	43	2	2	58	2	2
14	1	1	29	2	1	44	2	2	59	2	2
15	1	1	30	2	1	45	2	2	60	2	2

〈표 18−9〉

		시청 후		
		희망함	희망하지 않음	합계
시청 전	희망함	16명	4명	20명
	희망하지 않음	14명	26명	40명
	합계	30명	30명	60명

〈표 18–9〉를 보면 희망비율이 홍보 영상물 시청 전에는 20/60 = .33이었고 시청 후에는 30/60 = .50으로 증가했음을 알 수 있다.

〈그림 18–10〉은 이 자료를 입력한 **Data Editor** 화면이다. 그런데 원시자료를 그대로 입력하지 않고 〈표 18–9〉와 같이 이미 교차표로 정리되어 있는 경우에는 〈그림 18–11〉과 같이 입력하여 각 셀의 도수를 나타내는 변수를 **Weight Cases**로 가중치로 지정해 주면 더 간단히 입력할 수 있다. 가중치로 지정해 주기 위해서는 메뉴에서 **Data → Weight Cases**를 클릭하여 **학생수**를 가중치로 선택하면 된다.

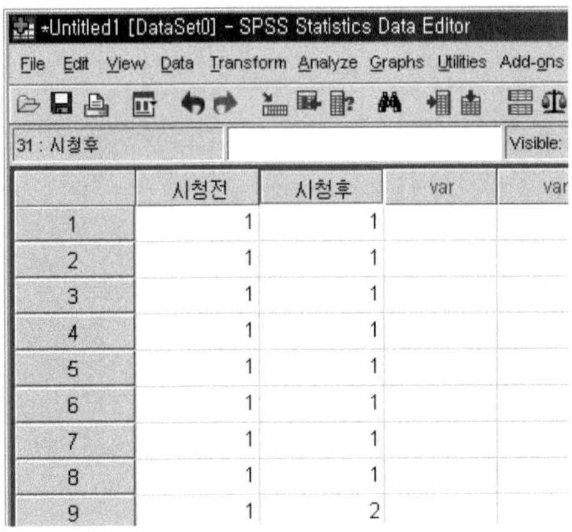

〈그림 18–10〉

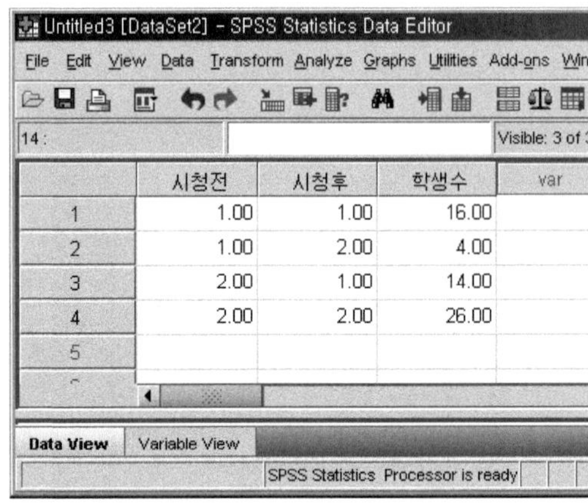

〈그림 18–11〉

McNemar 검증을 위해서 메뉴에서 **Analyze → Nonparametric Tests → 2 Related Samples**를 차례로 클릭하여 〈그림 18–12〉의 대화상자를 부른 뒤 두 변수를 **Test Pairs** 상자로 이동시켜 주고 **Test Type**에서 **McNemar**를 선택한 후 **OK** 버튼을 클릭한다.

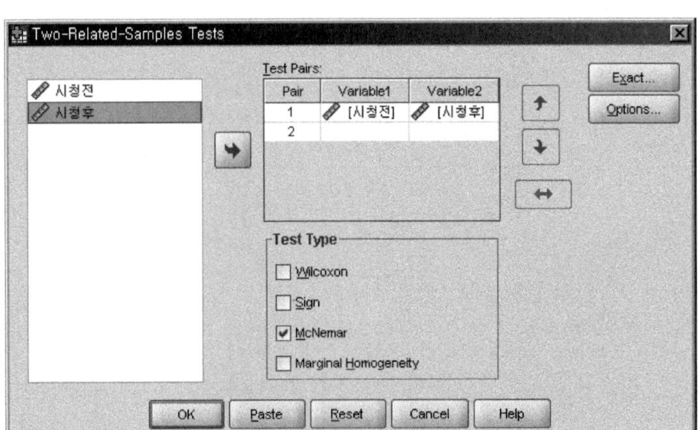

〈그림 18–12〉

〈표 18-10〉과 〈표 18-11〉은 분석결과의 출력물이다. McNemar 검증결과 p값은 .031로 시청 전과 후의 희망 비율 차이는 통계적으로 유의하다는 결론을 내릴 수 있다.

〈표 18-10〉

시청 전 & 시청 후

시청 전	시청 후	
	희망함	희망 않음
희망함	16	4
희망 않음	14	26

〈표 18-11〉

Test Statistics[b]

	시청 전 & 시청 후
N	60
Exact Sig. (2-tailed)	.031[a]

a. Binomial distribution used.
b. McNemar Test

5. 여러 종속집단 비율 차이에 관한 추리(Cochran Q 검증)

분석내용

앞 〈표 18-8〉의 예에서 연구자가 1학년 말과 2학년 말에 동일한 학생들을 대상으로 추가로 이공계 전공 희망여부를 조사하였다면 총 4개의 종속집단이 된다. 또 다른 예로 중학교 체육교육과정을 개편하기 위해 체육교사 30명을 대상으로 구기 종목 중 배구, 축구, 야구, 농구, 탁구별로 교육과정에 반드시 넣어야 하는가에 대해 찬반 여부를 물어 종목 간 찬성 비율 차이의 유의성을 알아보고자 한 경우 총 5개의 종속집단이 된다. 이러한 여러 종속집단의 비율 차이의 유의성은 Cochran Q 검증으로 이루어진다. 따라서 이 검증은 두 종속집단의 비율 차이를 검증하는 McNemar 검증을 일반화한 것이라고 할 수 있다.

예시자료 분석

〈표 18-12〉는 전국 중학교 체육교사 중 30명을 표집하여 5개 구기 종목별로 중학교 체육교육과정에 반드시 포함시키는 것에 대해 찬성 여부를 조사한 가상적인 자료이다. 찬성의 경우 1, 아닌 경우는 2로 표기하였다. 〈그림 18-13〉은 〈표 18-12〉의 자료가 입력된 **Data Editor** 화면이다.

SPSS로 분석하기 위해서 메뉴에서 **Analyze** → **Nonparametric Tests** → **K Related Samples**를 차례로 클릭하여 〈그림 18-14〉의 화면을 불러온다. 검증할 변수로 5개 구기 종목을 **Test Variables** 상자로 이동시키고 **Test Type**에서 **Cochran's Q**를 선택한다.

〈표 18-12〉

교사	배구	축구	야구	농구	탁구	교사	배구	축구	야구	농구	탁구
1	1	1	2	1	1	16	1	1	1	1	1
2	1	1	2	1	1	17	2	1	2	2	2
3	1	2	1	2	2	18	1	1	2	1	2
4	1	1	1	1	2	19	1	1	1	1	2
5	2	1	2	1	1	20	1	1	2	2	2
6	1	1	1	1	1	21	1	2	2	1	2
7	2	1	2	2	2	22	1	1	2	1	1
8	1	1	2	1	1	23	1	1	1	1	1
9	1	1	2	1	1	24	2	1	2	2	2
10	1	2	1	2	2	25	1	1	2	1	2
11	1	1	1	1	2	26	1	1	1	1	2
12	2	1	2	1	1	27	1	1	2	2	2
13	1	1	1	1	1	28	1	2	2	1	2
14	2	1	2	2	2	29	1	1	2	1	1
15	1	1	2	1	1	30	1	1	1	1	1

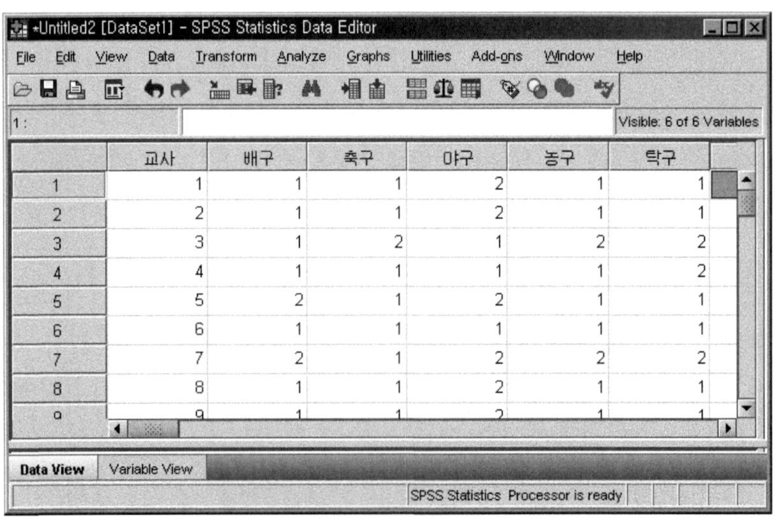

〈그림 18-13〉

〈표 18−13〉과 〈표 18−14〉는 분석의 결과이다. 먼저 〈표 18−13〉에서 각 구기별 찬성 비율이 배구 24/30 = .80, 축구 26/30 = .87, 야구 11/30 = .37, 농구 22/30 = .73, 그리고 탁구 14/30 = .47이며 구기 간 비율 차이에 대한 Cochran's Q 검증의 p값은 .000으로 찬성비율에 유의한 차이가 있음을 알 수 있다.

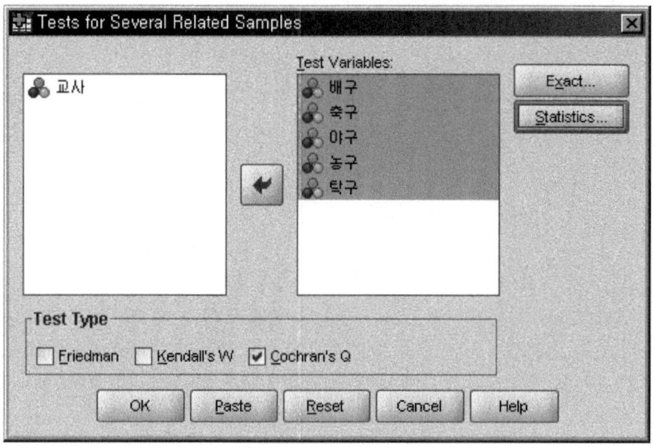

〈그림 18−14〉

〈표 18−13〉

Frequencies

	Value	
	1	2
배구	24	6
축구	26	4
야구	11	19
농구	22	8
탁구	14	16

〈표 18−14〉

Test Statistics

N	30
Cochran's Q	28.530[a]
df	4
Asymp. Sig.	.000

a. 1 is treated as a success.

19장 독립성 검증(χ^2검증)

1. 독립성 검증

범주형 변수(질적 변수)와 범주형 변수 사이의 관련성 분석은 χ^2(chi−square) 검증을 사용한다. 특히 설문지를 사용하여 자료를 수집하는 조사연구의 경우 두 질적 변수 사이의 관련성이 관심의 대상이 되는 경우가 많다. 예를 들어 현직 교사들을 상대로 현재 교육현장의 문제점을 조사하는 설문지 문항 중에 '현재 교육현장에서 근무여건상 가장 시급히 해결해야 할 문제가 무엇이라고 생각하십니까?'라는 설문과 함께 ① 과밀학급의 해소 ② 교사들의 잡무 경감 ③ 교사들의 승진제도 개선 ④ 교사들의 처우 개선 ⑤ 기타라는 답지가 주어진 경우, 각 답지에 몇 명, 몇 %가 반응했는가도 관심사이지만 그 의견이 교사가 근무하고 있는 학교의 위치(① 대도시, ② 중소도시, ③ 읍면지역)에 따라 차이가 나는지도 주요 관심사인 것이다.

이러한 범주형 변수 간의 관계는 다음의 〈표 19−1〉과 같은 표로 요약된다.

〈표 19–1〉

위치 \ 문제	과밀학급	잡무 경감	승진제도	처우 개선	기타	전체
대도시	20명	5명	12명	9명	4명	50명
중소도시	5명	13명	6명	11명	5명	40명
읍면지역	3명	14명	6명	4명	3명	30명
전체	28명	32명	24명	24명	12명	120명

이와 같은 표를 분할표(contingency table) 또는 교차표(cross table)라고 한다. 이 표의 각 셀은 빈도수(frequency)를 나타내고, 실제로 관찰한 빈도수이므로 관찰빈도(observed frequencies)라고 하는데 O_{ij}라고 표시하기로 하자. 이 표에서 학교의 위치와 시급한 문제는 서로 독립적인지(관계가 없는지) 아니면 위치에 따라 인식하고 있는 문제에 차이가 있는지를 검증하려는 경우 χ^2검증을 이용하며 이를 독립성 검증이라고도 부른다. 여기서 자료는 빈도수로 구성되어있음을 유의할 필요가 있다.

독립성 검증에서의 가설검증

통계적 가설

H_o: 두 변수는 서로 독립적이다. (상호작용이 없다. / 관계가 없다.)

H_a: 두 변수는 서로 독립적이 아니다. (상호작용이 있다. / 관계가 있다.)

검증통계량

H_o가 참인 경우, 즉 두 변수가 서로 독립적이면 각 셀의 기대빈도(expected frequencies) E_{ij}는 다음과 같이 구할 수 있다. 먼저 대도시에서 과밀학급 셀에 들어갈 기대빈도를 구해 보자. 전체 120명 중 50명이 대도시에 근무하므로 과밀학급이 문제라고 답한 사람 28명 중 대도시에 근무할 기대빈도 E_{11}는 $28 \times \frac{50}{120}$로 계산할 수 있다. 중소도시에서 승진문제라고 답한 사람의 기대빈도 E_{32}는 $24 \times \frac{40}{120} = \frac{24 \times 40}{120}$이 된다. 따라서 이를 일반화시켜 보면 A변수의 i번째, B변수의 j번째 셀의 기대빈도 E_{ij}는

$$E_{ij} = \frac{n_{i.}n_{.j}}{N} \tag{1}$$

가 된다. 여기서 $n_{i.}$은 A변수의 i번째 범주의 총 빈도수, $n_{.j}$는 B변수의 j번째 범주의 총 빈도수이고 N은 전체 빈도수이다.

H_o가 참이라면 실제 관찰한 빈도 O_{ij}와 기대빈도 E_{ij}는 차이가 없을 것이다. 이들 차이에 대한 유의성 검증은 다음의 Pearson의 χ^2검증으로 이루어진다.

$$\chi^2 = \Sigma\frac{(O_{ij} - E_{ij})^2}{E_{ij}} \sim \chi^2_{(r-1)(c-1)} \tag{2}$$

이 검증의 자유도 $(r-1)(c-1)$로 r은 줄수, c는 칸수를 가리킨다. 이 검증 값이 커지면

H_o에 의한 E_{ij}와 실제 관찰한 O_{ij}가 일치하지 않고 차이가 많이 난다는 의미이므로 H_o가 참일 확률이 낮아진다는 의미이다. 따라서 χ^2값이 커질수록 H_o를 기각하는 단측검증이 이루어진다.

관련성의 강도

χ^2 통계량은 두 변수 관련성에 대한 통계적 유의성을 나타내 주지만 그 관련성의 정도, 즉 실제적 유의성을 의미하는 것은 아니다. 두 질적 자료로 구성된 분할표에서 두 변수 사이의 관련성의 실제적 유의성을 알아보기 위해 많이 이용되는 것이 **Cramer's V** 통계량이다.

$$V = \sqrt{\frac{\chi^2}{N(k-1)}}$$

여기서 N은 전체 도수, k는 r(줄의 수)과 c(칸의 수) 중에서 작은 값이다.

이 값은 0에서 1 사이의 값을 지니며, 1에 가까울수록 두 변수의 관계가 강함을 나타낸다. 이 값은 일반적인 상관계수와 거의 같은 의미로 해석할 수 있다.

잔차분석

χ^2검증을 한 결과, H_o를 기각한 경우, 그 다음의 단계로 어느 셀에서 기대빈도(E_{ij})와 관찰빈도(O_{ij})의 차이($E_{ij} - O_{ij}$)(잔차; residual)가 유의한가를 검증할 수 있다. 이를 독립성 검증에서의 잔차분석(residual analysis)이라고 한다. 이는 마치 분산분석에서 전반적 F검증이 유의하면, 다음 단계로 유의한 차이가 있는 쌍을 찾아내기 위해 사후검증을 실시하는 것과 유사한 의도이다.

각 셀 잔차의 유의성은 다음과 같이 검증한다.

통계적 가설

H_o: $(E_{ij} - O_{ij}) = 0$

H_a: $(E_{ij} - O_{ij}) \neq 0$

검증통계량

검증통계량은 표준화 잔차와 교정 표준화 잔차 두 가지가 사용되는데 전문가에 따라 어느 것이 더 좋은지에 대해서는 의견 차이가 있다.

표준화 잔차(standardized residuals): $Z = \dfrac{(O_{ij} - E_{ij})}{\sqrt{E_{ij}}} \sim Z$

교정 표준화 잔차(adjusted standardized residuals): $Z = \dfrac{(O_{ij} - E_{ij})}{\sqrt{E_{ij}(1 - r_p)(1 - r_c)}} \sim Z$

여기서 r_p와 r_c는 각각 해당 셀이 속한 줄의 비율과 칸의 비율을 나타낸다.

두 검증 모두 대략적으로 Z분포를 하므로 이 값의 절대치가 2보다 크면 그 잔차가 통계적으로 유의하다고 결론 내릴 수 있을 것이다.

예시자료

대도시 50명, 중소도시 40명, 읍면지역 30명을 무작위로 선정한 현직 초등학교 교사들에게 앞 설문지로 조사한 결과가 다음의 〈표 19-2〉와 같았다고 가정하자. 여기서 변수 **위치**의 각 값은 대도시 = 1, 중소도시 = 2, 읍면지역 = 3을, **문제**의 각 값은 1 = 과밀학급의 해소, 2 = 교사들의 잡무 경감, 3 = 교사들의 승진제도 개선, 4 = 교사들의 처우 개선, 5 = 기타를 나타낸다. 〈그림 19-1〉은 자료가 입력된 **SPSS Data Editor** 화면의 일부를 보여 주고 있다.

그런데 자료가 〈표 19-2〉와 같은 원시자료가 아니라 〈표 19-1〉과 같이 이미 교차표로 정리되어 있는 경우는 〈그림 19-2〉와 같이 입력하여 각 셀의 도수를 나타내는 변수(〈그림 19-2〉에서는 변수 **도수**)를 **Weight cases**로 가중치로 지정해 주어도 된다. 가중치로 지정해 주기 위해서는 데이터 편집기 화면의 메뉴에서 **Data → Weight Cases**를 클릭하여 〈그림 19-3〉의 **Weight Cases** 대화상자를 불러내어 지정한다. 〈그림 19-3〉은 가중치 지

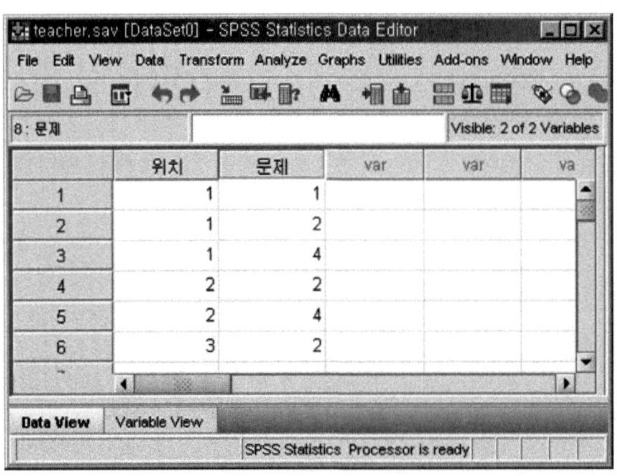

〈그림 19-1〉

〈표 19-2〉

위치	문제	위치	문제	위치	문제	위치	문제	위치	문제	위치	문제
1	1	1	2	1	4	2	2	2	4	3	2
1	1	1	2	1	4	2	2	2	4	3	2
1	1	1	2	1	4	2	2	2	4	3	2
1	1	1	2	1	4	2	2	2	4	3	2
1	1	1	2	1	4	2	2	2	4	3	2
1	1	1	3	1	4	2	2	2	5	3	2
1	1	1	3	1	5	2	2	2	5	3	2
1	1	1	3	1	5	2	2	2	5	3	3
1	1	1	3	1	5	2	3	2	5	3	3
1	1	1	3	1	5	2	3	2	5	3	3
1	1	1	3	2	1	2	3	3	1	3	3
1	1	1	3	2	1	2	3	3	1	3	3
1	1	1	3	2	1	2	3	3	1	3	3
1	1	1	3	2	1	2	3	3	2	3	4
1	1	1	3	2	1	2	4	3	2	3	4
1	1	1	3	2	2	2	4	3	2	3	4
1	1	1	3	2	2	2	4	3	2	3	4
1	1	1	4	2	2	2	4	3	2	3	5
1	1	1	4	2	2	2	4	3	2	3	5
1	1	1	4	2	2	2	4	3	2	3	5

정을 위해 **Weight cases by**가 선택되었고, 가중치를 나타내는 변수를 지정하는 **Frequency Variable**로 변수 **도수**가 입력된 것을 보여 주고 있다.

분석방법

교차표(분할표)를 구성하는 두 변수 사이의 독립성을 검증하기 위한 χ^2 통계치를 얻기 위해서는 먼저 화면의 메뉴 줄에서 **Analyze** → **Descriptive Statistics** → **Crosstabs**을 클릭하여 다음의 〈그림 19-4〉와 같은 **Crosstabs** 대화상자를 불러낸다.

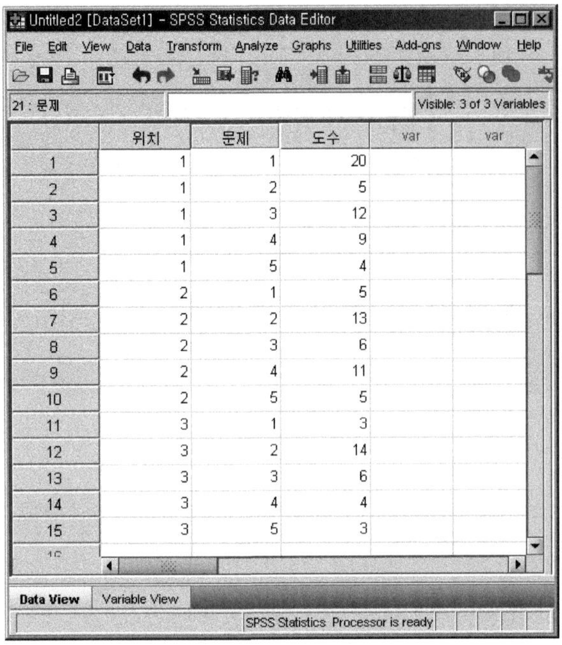

〈그림 19-2〉

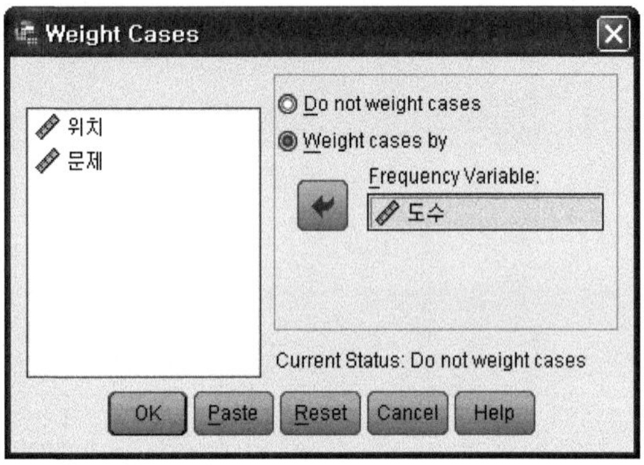

〈그림 19-3〉

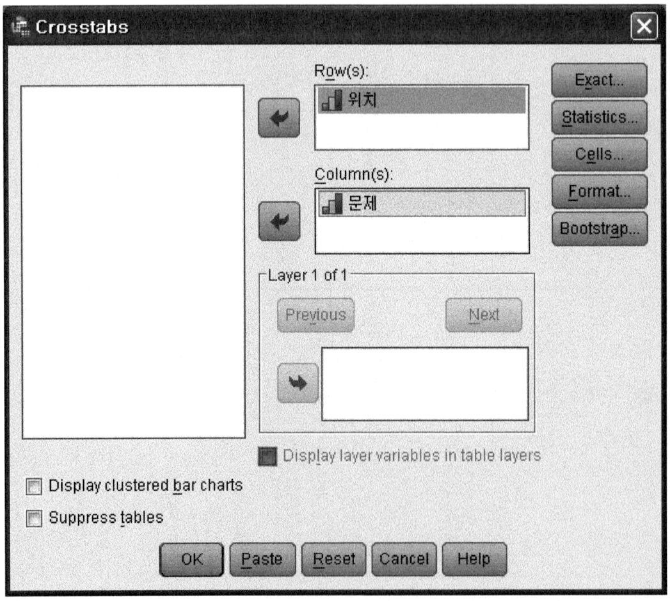

〈그림 19-4〉

〈그림 19-4〉에서는 왼쪽 상자에서 **위치**를 **Row(s)(행)**으로, **문제**를 **Column(s)(열)**로 이동시킨 결과를 보여 주고 있다. 행과 열의 결정은 얻고자 하는 교차표의 X축과 Y축을 어떤 변수로 할 것인가에 따라 사용자가 결정하면 될 것이다.

행과 열에 해당되는 변수를 결정하고 나면 대화상자의 **Cells**를 클릭하여 다음의 〈그림 19-5〉의 **Cell Display** 대화상자를 부른다. 여기서는 교차표의 각 셀 내에 들어갈 값들을 정의한다. 여기서 정의해 주지 않으면 교차표의 각 셀에는 해당 관측빈도만 나타난다.

〈그림 19-5〉에서는 기대빈도 및 다른 퍼센트 값도 선택한 것을 보여 주고 있다. 그리고 잔차 분석을 위해서 잔차 자체(**Unstandardized**), 표준화 잔차(**Standardized**), 교정 표준화 잔차(**Adjusted standardized**)도 선택되었다.

〈그림 19-4〉의 대화상자로 돌아와 **Statistics**를 클릭하여 〈그림 19-6〉의 **Statistics** 대화상자를 부른다. 이 상자에서 여러 가지 검증통계량을 선택하게 되는데 〈그림 19-6〉에서는 **Chi-square**와 **Phi and Cramer's V**를 선정했음을 보여 주고 있다. 다시 〈그림 19-4〉의 **Crosstabs** 대화상자 화면으로 돌아와 최종적으로 **OK**를 클릭하면 뷰어 화면에서 〈그림 19-7, 8〉과 같은 분석결과를 얻을 수 있다.

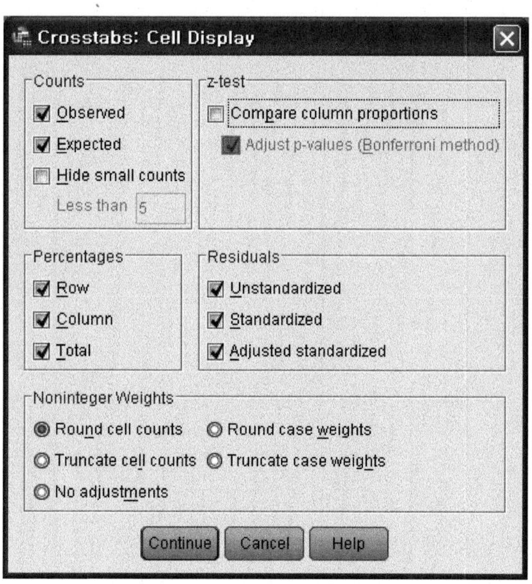

〈그림 19-5〉

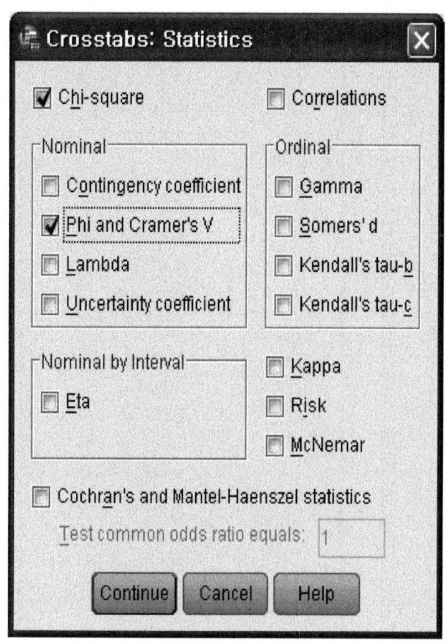

〈그림 19-6〉

분석결과 보기

예시자료에 대한 분석결과의 일부가 〈그림 19-7〉에 나와 있다. 그림의 표는 **위치**와 **문제** 변수에 대한 교차표이다. 각 셀에는 관찰빈도(**Count**)와 기대빈도(**Expected Count**), 그리고 관찰빈도에 대한 각종 비율과 잔차에 대한 정보가 나타나 있다.

〈그림 19-8〉에는 학교의 위치와 문제 인식 간의 관계에 대한 몇 종류의 χ^2검증통계치와 자유도, 그리고 관찰유의도(p)가 주어져 있다. 이들 중 **Pearson chi-square**가 가장 널리 사용된다. 본 예시의 경우, **Pearson chi-square** 값이 23.710이고 자유도는 8, 그리고 관찰유의도 p값은 .003이다. 관찰유의도 값은 모집단에서 두 변수가 서로 독립적임에도 불

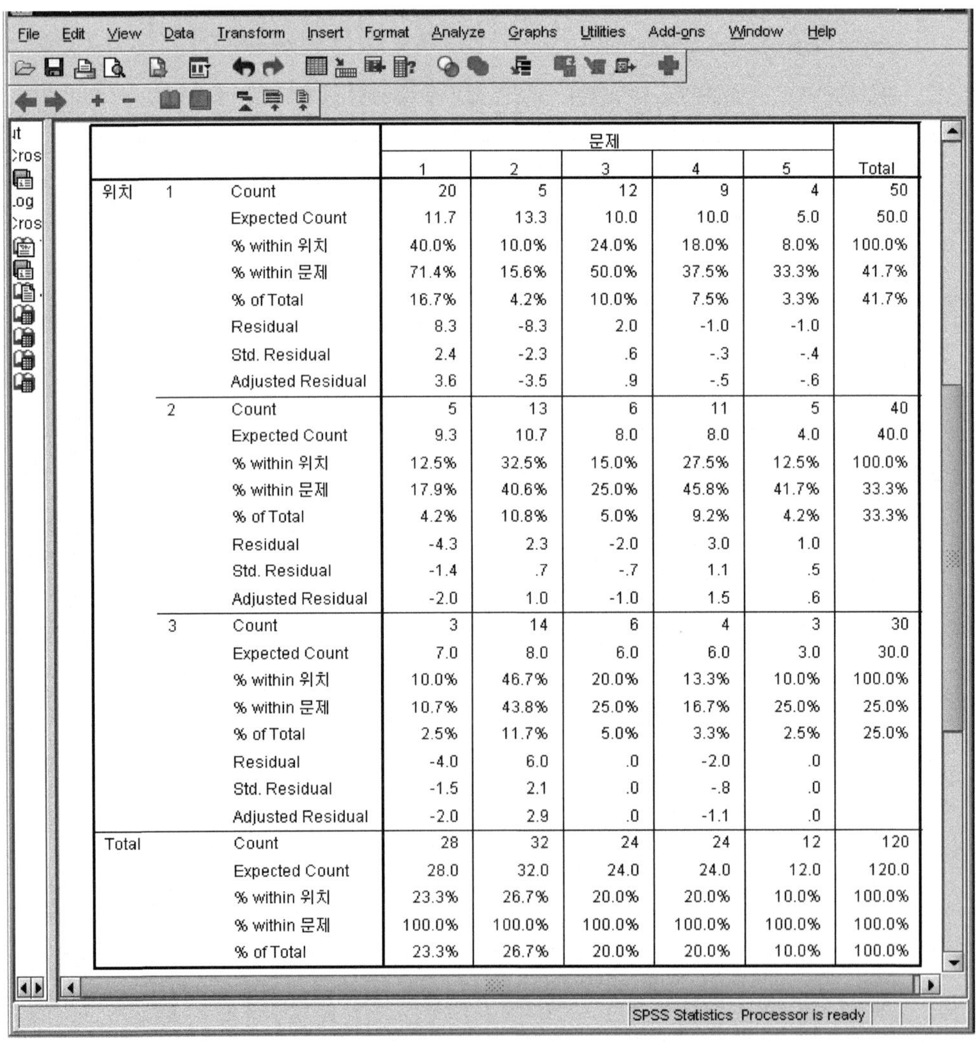

			문제					
			1	2	3	4	5	Total
위치	1	Count	20	5	12	9	4	50
		Expected Count	11.7	13.3	10.0	10.0	5.0	50.0
		% within 위치	40.0%	10.0%	24.0%	18.0%	8.0%	100.0%
		% within 문제	71.4%	15.6%	50.0%	37.5%	33.3%	41.7%
		% of Total	16.7%	4.2%	10.0%	7.5%	3.3%	41.7%
		Residual	8.3	-8.3	2.0	-1.0	-1.0	
		Std. Residual	2.4	-2.3	.6	-.3	-.4	
		Adjusted Residual	3.6	-3.5	.9	-.5	-.6	
	2	Count	5	13	6	11	5	40
		Expected Count	9.3	10.7	8.0	8.0	4.0	40.0
		% within 위치	12.5%	32.5%	15.0%	27.5%	12.5%	100.0%
		% within 문제	17.9%	40.6%	25.0%	45.8%	41.7%	33.3%
		% of Total	4.2%	10.8%	5.0%	9.2%	4.2%	33.3%
		Residual	-4.3	2.3	-2.0	3.0	1.0	
		Std. Residual	-1.4	.7	-.7	1.1	.5	
		Adjusted Residual	-2.0	1.0	-1.0	1.5	.6	
	3	Count	3	14	6	4	3	30
		Expected Count	7.0	8.0	6.0	6.0	3.0	30.0
		% within 위치	10.0%	46.7%	20.0%	13.3%	10.0%	100.0%
		% within 문제	10.7%	43.8%	25.0%	16.7%	25.0%	25.0%
		% of Total	2.5%	11.7%	5.0%	3.3%	2.5%	25.0%
		Residual	-4.0	6.0	.0	-2.0	.0	
		Std. Residual	-1.5	2.1	.0	-.8	.0	
		Adjusted Residual	-2.0	2.9	.0	-1.1	.0	
Total		Count	28	32	24	24	12	120
		Expected Count	28.0	32.0	24.0	24.0	12.0	120.0
		% within 위치	23.3%	26.7%	20.0%	20.0%	10.0%	100.0%
		% within 문제	100.0%	100.0%	100.0%	100.0%	100.0%	100.0%
		% of Total	23.3%	26.7%	20.0%	20.0%	10.0%	100.0%

〈그림 19-7〉

구하고 표집의 우연에 의해서 χ^2 값이 적어도 23.710이 될 확률이 .003이라고 해석할 수 있다. 따라서 이 값은 관례적인 비교치 0.05나 0.01보다 작으므로 우리는 주어진 자료에서 위치와 문제의 두 변수 사이에는 유의한 관련성이 있다는 결론을 내릴 것이다.

그런데 〈그림 19-8〉의 표 밑에 기대빈도가 5보다 작은 셀의 수가 2개라는 내용이 나와 있다. 이는 χ^2검증의 가정이 만족하기 위해서는 각 셀의 기대빈도수가 적어도 5가 되어야 하기 때문에 5보다 작은 셀이 있는 경우에 경고로 이러한 메시지가 나타난다. 본 예시 결과의 경우 2개 셀에서 기대빈도수가 5보다 작으므로 해석에 조심해야 한다는 의미이다. 이런 경우의 해결책으로는 표본의 수를 늘리거나 아니면 셀을 합해서 새로운 셀을 만드는 방법을 사용한다. 예를 들어 **위치** 변수에서 대도시와 중소도시를 합해서 도시지역으로 하는 것 등이다.

〈그림 19-8〉에서는 **Cramer's V**값이 .314임을 알 수 있다. 이는 일반적인 상관계수와 거의 같은 의미로 해석할 수 있으므로 실제적 유의성은 Cohen의 기준에 의하면 관련성의 강도가 중간정도라고 해석할 수 있을 것이다.

다음으로 위치와 문제 사이에는 유의한 관계가 있으므로 어느 셀에서 기대빈도와 관찰빈도 사이의 잔차가 유의한지를 살펴본다. 먼저 잔차 검증을 위한 Z값을 계산하는 방법에 대해서 알아보자. **위치** 1, **문제** 1 셀의 경우 잔차 검증을 위한 표준화 Z값과 교정 표준화 Z

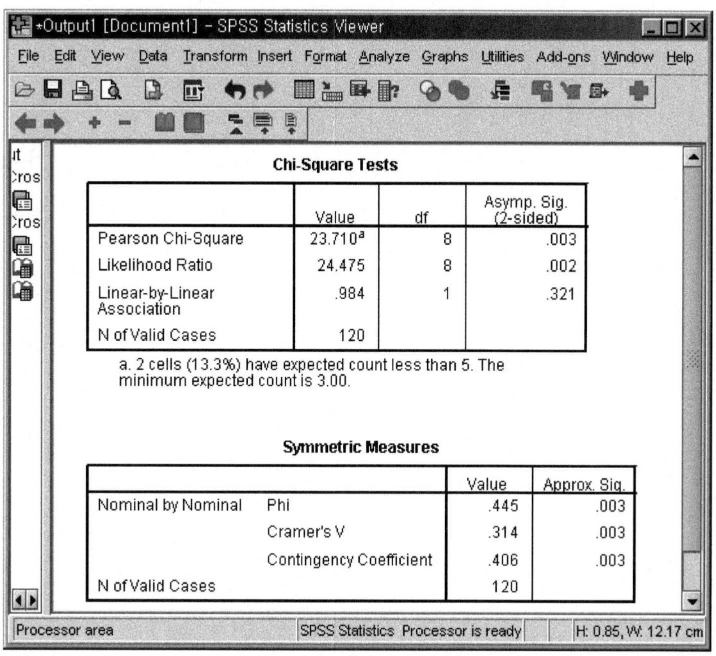
*Output1 [Document1] - SPSS Statistics Viewer

Chi-Square Tests

	Value	df	Asymp. Sig. (2-sided)
Pearson Chi-Square	23.710a	8	.003
Likelihood Ratio	24.475	8	.002
Linear-by-Linear Association	.984	1	.321
N of Valid Cases	120		

a. 2 cells (13.3%) have expected count less than 5. The minimum expected count is 3.00.

Symmetric Measures

		Value	Approx. Sig.
Nominal by Nominal	Phi	.445	.003
	Cramer's V	.314	.003
	Contingency Coefficient	.406	.003
N of Valid Cases		120	

〈그림 19-8〉

값은 〈그림 19−7〉의 값들을 이용하여 앞에서 논의한 식에 대입하여 다음과 같이 계산할 수 있다:

표준화 잔차 $Z = (20 - 11.7)/\sqrt{11.7} = 2.426$
교정 표준화 잔차 $Z = (20 - 11.7)/\sqrt{11.7(1 - .417)(1 - .233)} = 3.629$

이들 값은 〈그림 19−7〉의 해당 셀에 각각 **Std. Residual**과 **Adjusted Residual**이란 이름으로 주어진다. 양측검증의 경우, p값이 0.05가 되는 Z 임계치를 표준정규분포(Z)표에서 찾아보면 ±1.96이므로 (편의상 기준치로 ±2를 사용하기도 함) 두 종류의 잔차 값이 1.96보다 크거나 −1.96보다 작은 셀은 잔차가 유의하다고 해석할 수 있다. 예를 들면, **위치** 1(대도시), **문제** 1(과밀학급) 셀의 경우, 관찰빈도는 20, 기대빈도는 11.7로 잔차는 20−11.7 = 8.3이고 잔차의 Z값은 2.4와 3.6으로 이는 임계치 1.97보다 크므로 유의하다. 따라서 대도시 지역에서는 **문제** 1(과밀학급)이 기대빈도보다 관찰빈도가 유의하게 많아 이는 대도시 지역의 교사들이 여러 문제 중 과밀학급 문제를 심각한 문제로 생각하고 있다고 해석할 수 있다. 또는 다른 지역에 비해 대도시의 교사들이 과밀학급 문제를 훨씬 더 심각하게 여기고 있다고 해석할 수도 있다.

위치 1(대도시), **문제** 2(잡무 경감) 셀의 경우는, Z값이 −2.3과 −3.5로 모두 임계치 −1.96보다 작으므로 잔차가 유의하다고 할 수 있다. 이 경우는 관찰빈도가 기대빈도보다 유의하게 작으므로 이는 대도시의 교사들이 잡무 경감 문제는 여러 문제 중에서 훨씬 덜 심각한 문제로 인식하고 있다고 해석할 수 있을 것이다. 또는 다른 지역에 비해 대도시 교사들이 잡무 경감 문제에 대해 그 심각성을 훨씬 적게 느끼고 있다고 해석할 수 있다. 마지막으로 위치 1(대도시), 문제 3(승진제도) 셀의 경우, Z값은 .6과 .9로 유의하지 않으므로 관찰빈도와 기대빈도 사이의 잔차가 유의하지 않다. 이는 대도시 교사들은 승진제도에 있어서는 별로 주목할 점을 보이지 않고 있다고 할 수 있다.

효과의 크기와 검증력 분석

효과의 크기

교차표의 독립성 검증(χ^2검증)의 경우 결과 보고용 ES 지수에는 여러 가지 논란이 있으나 여기서는 **Cramer's V**를 ES 지수로 이미 산출하여 .314의 값을 얻었다.

검증력 분석

GLM 범주에서 분석할 수 없는 모형의 경우에는 SPSS의 메뉴 방법으로 관찰 검증력을 구할 수 없다. 따라서 여기서는 **G*Power3**를 이용하여 관찰 검증력을 구해 보자. 관찰 검증력을 구하기 위해서는 먼저 검증력 산정을 위한 ES 지수 w값을 구해야 한다. 제6장에서 보면 교차표 χ^2검증의 ES 지수는 $w = \sqrt{\Sigma\frac{(\pi_{1i}-\pi_{0i})^2}{\pi_{0i}}}$ 이다. 여기서 π_{0i}는 H_o에 의한 빈도의 비율, 즉 기대빈도의 비율이고 π_{1i}는 H_a에 의한 빈도 비율, 즉 관찰빈도의 비율이다. 다음의 〈그림 19−9〉 **G*Power3**의 ES 화면에서 $p(Ho)$에는 기대빈도의 전체 빈도에 대한 비율을, p(H1)에는 관찰빈도의 비율 값을 입력한다. 구한 ES w값은 .47정도로 Cohen의 대효과 기준 .5에 접근하므로 큰 효과라고 할 수 있다. 〈그림 19−9〉에서 구한 이 값을 이용하여 관찰 검증력을 구해 본 결과 〈그림 19−10〉에서와 같이 .98 정도로 매우 높은 검증력을 보여 주었다. 이는 관찰한 ES가 대효과로 컸기 때문이었을 것이다. 왜냐하면 다음의 〈그림 19−11〉의 사전 검증력 분석에서 중간 효과의 경우로 검증력 .8을 위해서는 표본의 크기가 167명이 필요하다는 결과가 나왔는데 실제 사용한 표본의 크기는 120명으로 이보다 작았지만 관찰 검증력이 높게 나온 것은 예상보다 ES가 훨씬 컸기 때문이라고 할 수 있을 것이다.

다음으로 연구자가 120명의 표본으로 중간 정도의 효과의 크기를 검출할 사후 검증력을 구해 보면 〈그림 19−12〉에서와 같이 검증력은 .63 정도이다. 이는 실제 ES가 대효과가 아닌 중간 정도의 효과였다면 이 연구설계의 검증력은 .63 정도라는 의미이다.

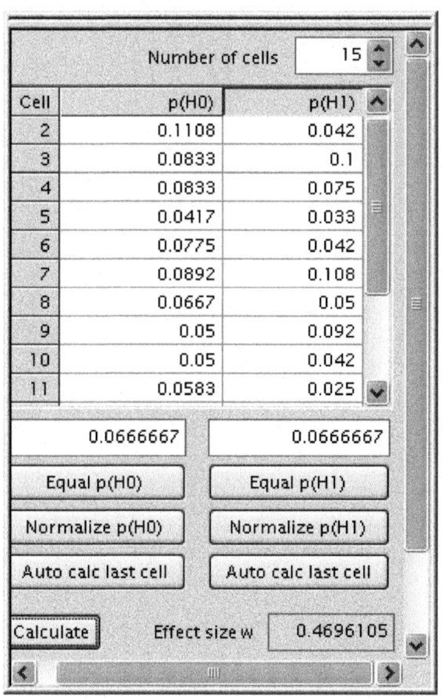

〈그림 19−9〉

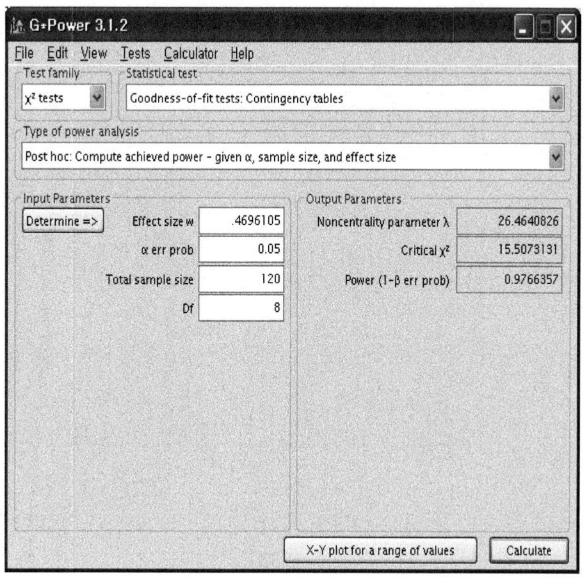

〈그림 19−10〉

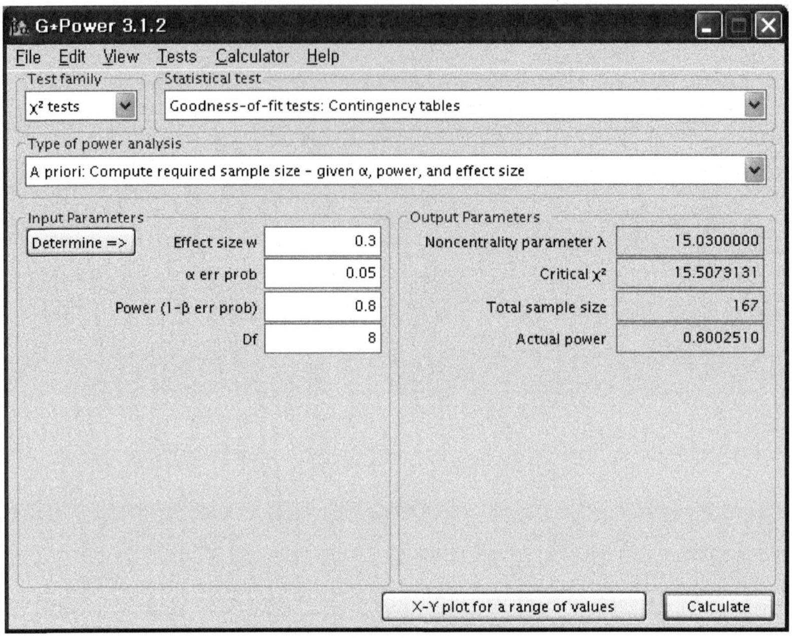

〈그림 16-11〉

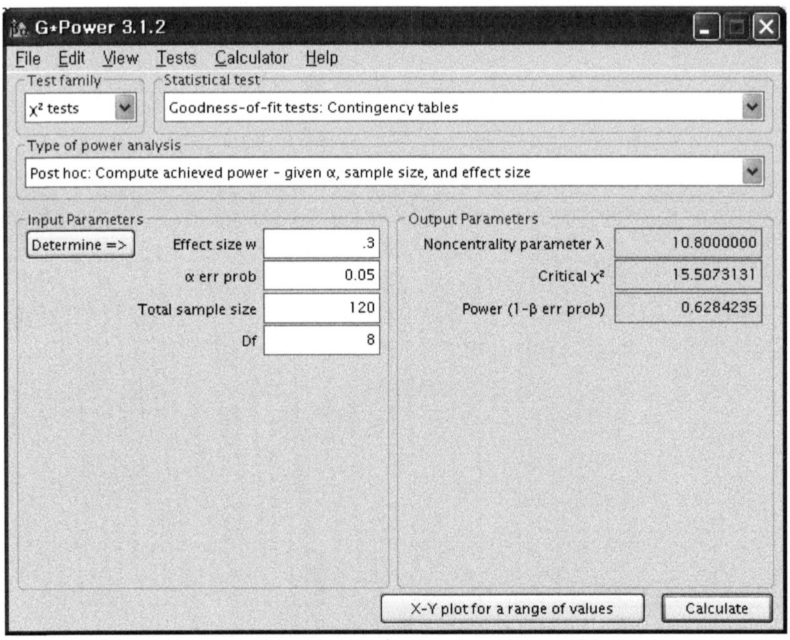

〈그림 16-12〉

분석결과의 기술

설문지를 이용한 대부분의 연구에서는 예시에서처럼 **위치**와 **문제**와 같이 단지 두 개의 질적 변수 간의 관계만을 분석하는 경우보다는 **성별**과 **문제**, **교사의 직위**와 **문제** 등과 같이 다른 변수들과의 관계도 같이 분석하는 것이 일반적이다. 이런 경우, 분석결과는 아래와 같이 표로 요약하고 이를 설명하는 것이 좋다.

근무위치와 성별에 따른 문제 인식은 다음의 표와 같았다.

단위: 명(문제 %)

구분 \ 문제		과밀학급	잡무경감	승진제도	처우개선	기타	χ^2	p	Cramer's V
근무위치	대도시	20(40.0)	5(10.0)	12(24.0)	9(18.0)	4(8.0)	23.71	0.003	.314
	중소도시	5(12.5)	13(32.5)	6(15.0)	11(27.5)	5(12.5)			
	읍면지역	3(10.0)	14(46.7)	6(20.0)	4(13.3)	3(10.0)			
성별	남자						7.81	0.09	
	여자								

근무위치에 따라 가장 시급히 해결해야 할 문제의 인식에는 통계적으로 유의한 차이가 있었으며($\chi^2(8) = 23.71, p = .003$), Cramer's V 값이 .314로 실제적으로도 유의한 결과를 보여 주었다. 성별과 문제 인식 사이에는 서로 유의한 관계가 없었다($\chi^2(4) = 7.81, p = .09$). 교정 표준화 잔차분석 결과, 대도시 지역의 교사들은 다른 문제에 비해 과밀학급을 훨씬 더 심각하게($Z = 3.6, p < 0.001$) 잡무경감은 훨씬 덜 심각하게 생각하고 있었으며($Z = -3.5, p < 0.001$), 중소도시 교사들은 과밀학급을 훨씬 덜 심각하게($Z = -2.0, p < 0.05$), 그리고 읍면지역 교사들은 잡무경감을 훨씬 더 심각하게 생각하는($Z = 2.9, p < 0.01$) 반면 과밀학급 문제는 훨씬 덜 심각하게 생각하고 있는 것으로 나타났다($Z = -2.0, p < 0.05$).

2. 우도비 검증(likelihood ratio tests)

앞 장의 적합도 검증이나 앞에서의 독립성 검증에서 사용한 χ^2검증은 좀 더 구체적으로 말하면 Pearson's χ^2검증이다. 그런데 이 Pearson's χ^2 대신 사용할 수 있는 것이 우도비 검증이다. 일차원 분할표의 적합도 검증의 경우,

$$\text{우도비 } \chi^2 = 2\Sigma O_i \log_e\left(\frac{O_i}{E_i}\right) \sim \chi^2_{(c-1)}$$

그리고 이차원 분할표의 독립성 검증은

$$\text{우도비 } \chi^2 = 2\Sigma O_{ij} \log_e\left(\frac{O_{ij}}{E_{ij}}\right) \sim \chi^2_{(c-1)(r-1)}$$

이 된다. 표본의 크기가 아주 큰 경우에는 Pearson's χ^2나 우도비 χ^2가 서로 비슷한 결과를 주지만 표본의 크기가 작은 경우에는 표준적인 Pearson's χ^2가 더 좋은 것으로 알려져 있다. SPSS의 경우 일반적으로 두 값 모두 출력해 준다.

그런데 다원 분할표를 분석하는 로그선형모형(log−linear model)이나 범주형 종속변수를 분석하는 로지스틱 회귀(logistic regression) 등은 우도비 검증을 많이 사용하고 있다.

3. 3원 2 × 2 × K 교차표의 독립성 검증: Mantel–Haenszel Statistics

분석방법

2 × 2 교차표의 독립성 검증은 결국 한 범주형 변수의 두 범주에 의한 두 독립집단의 다른 범주형 변수의 특정 범주 비율 차이의 유의성을 검증하는 것과 동일하다. 그런데 제3의 변수를 통제했을 때, 두 범주형 변수의 관계를 탐구하는 경우에 Mantel−Haenszel 검증통계에 의한 검증을 사용한다. 그런데 2 × 2 교차표의 반복을 포함하여 더 많은 범주를 가진 다원 교차표의 경우는 보다 일반적인 로그선형모형 분석법을 사용해야 한다.

예시자료 분석

예를 들어, 어떤 연수에 참여한 초등학교 교사 635명(남자 175명, 여자 460)을 대상으로 교사평가에 학생성취도를 반영하는 것에 대한 찬반 여부를 조사한 가상적인 결과, 남자는 175명 중 81명이 찬성하여 찬성비율이 .463, 여자는 460명 중 263명이 찬성하여 찬성비율이 .572였다고 하자. 두 비율차이에 대한 χ^2검증결과는 $\chi^2_1 = 6.054$, $p = .016$으로 비율차이

가 유의하다.

그런데 교사의 근무지역을 통제하면 어떤 결과가 나오는지 알아보기 위하여 635명의 자료를 지역별로 다시 정리한 결과가 〈표 19-3〉과 같았다고 하자.

〈표 19-3〉

구분	남자					여자					승산비 odds ratio
	찬성	반대	합계	찬성 비율	승산 odds	찬성	반대	합계	찬성 비율	승산 odds	
대도시	39	21	60	.65	1.85	195	80	275	.71	2.43	.76
중소도시	30	45	75	.40	.66	43	67	110	.39	.64	1.03
읍면지역	12	28	40	.30	.43	25	50	75	.33	.50	.86
합계	81	94	175	.46	.86	263	197	460	.57	1.33	.64

SPSS로 분석하기에 앞서 먼저 〈표 19-3〉을 살펴보자. 지역을 고려하지 않은 경우 여자의 찬성비율이 .57로 남자의 비율 .46보다 높았다. 그런데 지역을 통제하여 지역별로 살펴보면 대도시의 경우 .71 대 .65, 중소도시는 .39 대 .40, 읍면지역은 .33 대 .30으로 남녀의 비율이 거의 비슷하다. 그런데 찬성비율이 매우 높은 대도시에서 남자의 수보다 여자의 수가 압도적으로 많아 전체적으로 보면 여자의 찬성비율을 높여 주게 된 것임을 알 수 있다.

〈그림 19-13〉은 〈표 19-3〉의 자료가 입력된 **Data Editor** 화면을 보여 주고 있다. **지역**의 경우 대도시는 1, 중소도시는 2, 읍면지역은 3으로, **성별**은 남자는 1, 여자는 2로, 찬반은 찬성은 1, 반대는 2로 표기하였다. SPSS로 분석하기 위해서는 먼저 변수 **도수**로 가중치를 주어야 하므로 메뉴에서 **Data** → **Weight Cases**를 클릭하여 〈그림 19-14〉와 같이 **도수**로 가중치를 지정해 준다. 그 다음 **Analyze** → **Descriptive Statistics** → **Crosstabs**를 클릭하여 〈그림 19-15〉와 같은 **Crosstabs** 대화화면을 부른다. 여기서 2 × 2 교차표를 이루는 변수들(**성별, 찬반**)을 각각 **Row**와 **Column** 상자로 옮기고 통제할 제3의 변수(**지역**)를 **Layer** 상자로 이동시킨다.

다음 **Statistics** 버튼을 클릭하여 나타난 〈그림 19-16〉에서 **Chi-square**와 **Cochran's and Mantel-Haenszel statistics**를 선택한다. **Chi-square**를 선택한 것은 각 지역(**Layer**)별로 2 × 2 교차표에 대한 독립성을 검증하라는 의미이다.

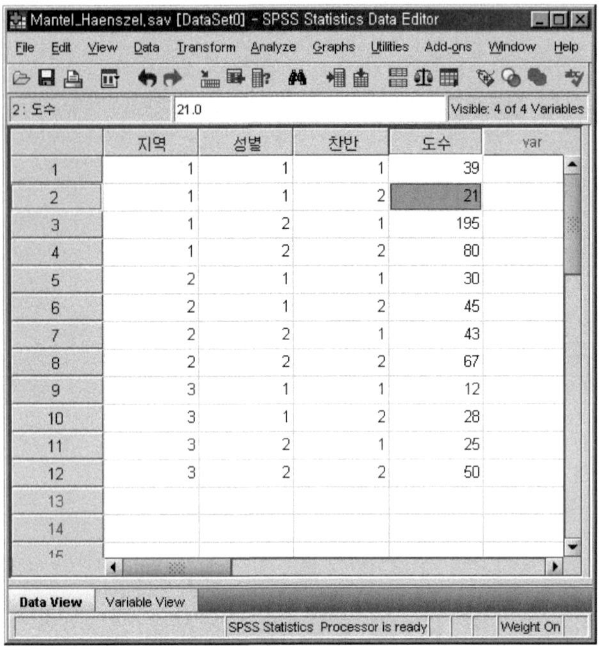

〈그림 19–13〉

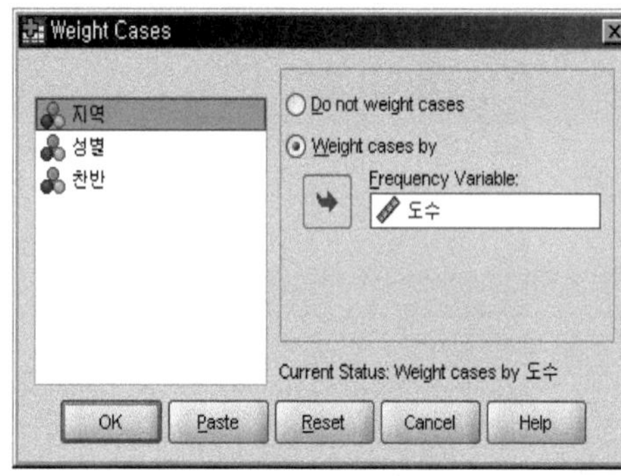

〈그림 19–14〉

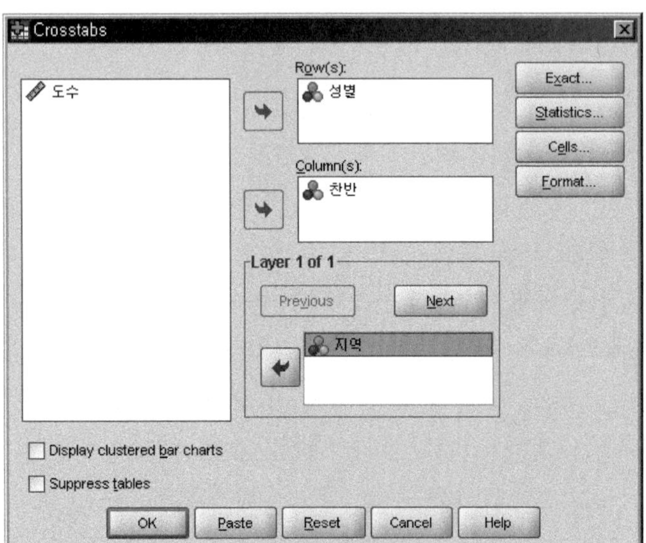

〈그림 19–15〉

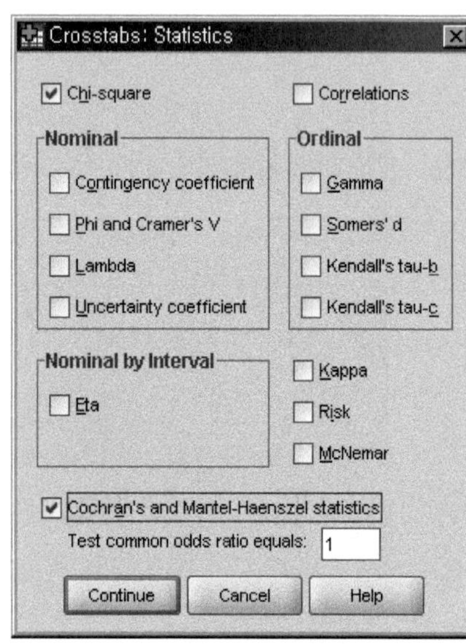

〈그림 19–16〉

〈표 19−4〉는 〈그림 19−16〉에서 **Chi-square**를 선택한 결과이다. 각 지역 모두에서 성별과 찬반에는 유의한 관련성이 없는 즉 남녀 사이의 찬성비율 차이가 유의하지 않음을 보여 주고 있다.

〈표 19−4〉

Chi−Square Tests

지역		Value	df	Asymp. Sig. (2−sided)	Exact Sig. (2−sided)	Exact Sig. (1−sided)
1	Pearson Chi−Square	.817[a]	1	.366	.438	.225
	Continuity Correction[b]	.560	1	.454		
	Likelihood Ratio	.799	1	.371	.438	.225
	Fisher's Exact Test				.357	.225
	Linear−by−Linear Association	.814[c]	1	.367	.438	.225
	N of Valid Cases	335				
2	Pearson Chi−Square	.015[d]	1	.901	1.000	.511
	Continuity Correction[b]	.000	1	1.000		
	Likelihood Ratio	.015	1	.901	1.000	.511
	Fisher's Exact Test				1.000	.511
	Linear−by−Linear Association	.015[e]	1	.901	1.000	.511
	N of Valid Cases	185				
3	Pearson Chi−Square	.133[f]	1	.716	.835	.442
	Continuity Correction[b]	.024	1	.877		
	Likelihood Ratio	.134	1	.715	.835	.442
	Fisher's Exact Test				.835	.442
	Linear−by−Linear Association	.132[g]	1	.717	.835	.442
	N of Valid Cases	115				

Mantel−Haenszel 검증통계는 각 통제변인(여기서는 지역)에 의한 범주들의 승산비가 동등하다는 가정에 기반하고 있다. 〈표 19−5〉는 이 가정을 검증한 결과이다. 검증의 p값이 .769로 승산비 차이가 유의하지 않다는 결론을 얻을 수 있으므로 이 가정을 의심할 만한 근거가 없다는 결론을 내릴 수 있다. 이는 〈표 19−3〉에서 승산비가 .76, 1.03, .86으로 중소도시의 경우가 조금 높기는 하지만 전체적으로 큰 차이가 없는 것과 일치한다.

〈표 19-5〉

Tests of Homogeneity of the Odds Ratio

	Chi-Squared	df	Asymp. Sig. (2-sided)
Breslow-Day	.526	2	.769
Tarone's	.526	2	.769

마지막으로 〈표 19-6〉에서 Mantel-Haenszel 검증결과 p = .514로 각 지역별로 성별과 찬반 사이의 독립성 가설을 기각하지 못하므로 지역을 통제하는 경우 성별 간 찬성비율의 차이는 통계적으로 유의하지 않다는 결론을 내린다.

〈표 19-6〉

Tests of Conditional Independence

	Chi-Squared	df	Asymp. Sig. (2-sided)
Cochran's	.426	1	.514
Mantel-Haenszel	.308	1	.579

20장 비모수 통계검증

모수통계학은 정규분포(정규성, normality) 가정, 등분산성(homogeneity of variance) 가정 등 여러 가지 가정에 기초하여 검증을 실시한다. 일반적으로 모수통계검증은 이러한 가정에 대해 항내성(robustness)이 강한 편이다. 즉 얼마간 이러한 가정이 위배되어도 큰 문제가 없는 것으로 알려져 있다. 모수통계에서는 이러한 가정이 위배되는 경우 각종 대체적인 검증들이 제안되어 있다. 예를 들어 등분산성 가정이 의심스러운 경우, 독립집단 t검증에서는 일반적인 t검증 대신 Cochran & Cox가 제안한 t와 Satterwaite 자유도를 사용한다든가 분산분석에서는 Brown & Forsythe F나 Welch F를 사용할 수 있다.

비모수통계는 모수통계에서 요구하는 가정이 거의 없기 때문에 가정에 문제가 있는 경우, 모수통계에 대한 또 하나의 대안이 될 수 있다. 비모수통계에서는 대개 원래의 자료를 그 값의 크기에 따라 등위(rank)로 변환하여 그 등위 자료를 분석한다. 예를 들어, 두 집단을 비교하는 경우, 두 집단 대상자 전체를 대상으로 점수에 따라 등위를 부여하고 각 집단 내에서 등위의 합을 구한다. 만약 두 집단에 차이가 없다면 각 그 합은 두 집단이 서로 비슷할 것이고 두 집단 사이에 차이가 있다면 집단 간 등위 합 차이가 클 것이다.

그런데 자료가 근원적으로 서열척도인 경우에 비모수 통계방법은 아주 적절한 방법이지만 동간인 자료를 등위로 변환하면 원래 자료에 있던 점수 간 차이의 정도에 대한 정보가 상실된다. 그 정보의 상실로 인해 비모수통계의 검증력이 떨어질 가능성이 있다. 그러나 항상 그런 것은 아니고 모수통계의 가정이 만족하는 경우에만 모수통계의 검증력이 더 높다.

1. 두 독립집단의 비교

모수통계의 두 독립집단 t검증에 해당되는 비모수 통계검증에는 Wilcoxon rank−sum test, Mann−Whitney U test, Kolmogorov−Smirnov Z test 등이 있다.

Wilcoxon rank−sum test

수입이 있는 여성 10명과 수입이 없는 여성 10명을 대상으로 양성평등에 관한 태도검사를 실시하여 다음과 같은 자료(Hinkle, p.573)를 얻었다고 하자.

먼저 두 집단의 전체 자료를 그 크기 순서대로 가장 작은 값에 1, 다음이 2 순으로 등위를 부여한다. 만약 동점이 있으면 동점에 평균 등위를 부여한다. 동점이 너무 많은 경우에는 비모수통계가 적절하지 않을 수도 있다. 만약 두 모집단의 변수 분포가 동일하다면 두 집단의 등위 합은 비슷할 것이고 다르다면 등위 합에 차이가 날 것이다. **Wilcoxon rank-sum test**는 두 집단의 등위 합 R_1과 R_2 중에서 다음과 같이 W_S 값을 취하여 이루어진다.

$n_1 = n_2$인 경우: W_S는 R_1과 R_2 중 작은 값

$n_1 < n_2$인 경우(항상 작은 쪽을 n_1으로 해서 Wilcoxon 등위합(W_S) 분포표를 찾아야 함):

$$W_S = R_1\text{과 } W_S' = 2\overline{W} - W_S \text{ 중 작은 값, 여기서 } 2\overline{W} = n_1(n_1 + n_2 + 1)$$

〈표 20-1〉 예시자료

	수입이 있는 여성		수입이 없는 여성	
	원점수	등위(rank)	원점수	등위(rank)
	19	3	16	1
	22	5	18	2
	28	8	21	4
	32	11	26	6
	34	13	27	7
	37	14	29	9
	40	17	31	10
	42	18	33	12
	43	19	38	15
	46	20	39	16
등위 합	$R_1 = 128$		$R_2 = 82$	

위에서 구한 W_S 값을 Wilcoxon 등위합(W_S) 분포표의 임계치와 비교하여 검증한다. 예시자료의 경우 두 집단의 표본크기가 동일하므로 두 등위 합 중 작은 값을 취하면 $W_S = 82$가 된다. 표에서 $n_1 = 10$, $n_2 = 10$, $\alpha = .05$(표에는 단측값이 나와 있음. 따라서 .025 값을 취함)에 해당되는 임계치는 78이다. 검증통계치 W_S가 임계치보다 작아야 (H_0: 두 모집단 점수 분포는 동일하다)을 기각하는데 예시자료의 경우 82는 78보다 크므로 기각할 수 없다.

Wilcoxon rank-sum test에 대한 정규 근사법

n_1과 $n_2 > 20$인 경우 W_S는 다음과 같이 근사적으로 정규분포를 한다.

$$W_S \sim N(\mu_W, \sigma_W^2)$$

$$\mu_W = \frac{n_1(n_1 + n_2 + 1)}{2}, \qquad \sigma_W^2 = \frac{n_1 \cdot n_2(n_1 + n_2 + 1)}{12}$$

따라서 W_S에 대하여 다음과 같은 Z검증을 시행할 수 있다.

$$Z = \frac{W_S - \dfrac{n_1(n_1 + n_2 + 1)}{2}}{\sqrt{n_1 \cdot n_2(n_1 + n_2 + 1)/12}}$$

Mann-Whitney U test

Mann-Whitney U test는 Wilcoxon rank-sum test와 수학적으로 동일한 검증이다. U test는 다음과 같은 과정으로 U 값을 산출하여 이 통계치를 Mann-Whitney U 분포표의 임계치와 비교하여 임계치보다 작을 때 유의한 차이가 있다는 결론을 얻게 된다.

$$U_1 = n_1 \cdot n_2 + \frac{n_1(n_1 + 1)}{2} - R_1$$

$$U_2 = n_1 \cdot n_2 + \frac{n_2(n_2 + 1)}{2} - R_2$$

$$U = \text{smaller}\ (U_1, U_2)\ \text{if}\ n_1 = n_2 \quad \text{또는} \quad U = R_1\ \text{if}\ n_1 < n_2$$

예시자료의 경우,

$$U_1 = (10)(10) + (10)(10 + 1)/2 - 128 = 27$$

$$U_2 = (10)(10) + (10)(10 + 1)/2 - 82 = 73$$

따라서 $U = 27$이고 표에서 $\alpha = .05$에 해당되는 임계치 24보다 크므로 H_0를 기각할 수 없어 통계적으로 유의한 차이가 없다는 결론을 얻게 된다. Mann-Whitney U test는 Wilcoxon rank-sum test와 수학적으로 동일한 검증으로 다음과 같은 관계가 있다.

$$U = \frac{n_1(n_1 + 2n_2 + 1)}{2} - W_S$$

따라서 본 교재에서는 U 분포표를 따로 제시하지 않았다.

Kolmogorov-Smirnov Z test

Mann-Whitney test와 유사한 검증으로 n_1과 n_2가 25보다 작은 경우 Mann-Whitney test보다 검증력이 더 높은 것으로 알려져 있다.

예시자료 SPSS 분석

먼저 〈그림 20-1〉은 〈표 20-1〉의 예시자료가 입력되어 있는 **SPSS Data Editor** 화면을 보여 준다. 〈그림 20-1〉의 화면에서 **Analyze → Nonparametric Tests → 2 Independent Samples**를 클릭하여 〈그림 20-2〉의 대화상자를 불러온다. 이 화면에서 원하는 검증을 선택한다. **Mann-Whitney *U***를 선택하면 이 검증과 **Wilcoxon rank-sum test**는 동일한 검증이므로 분석결과에는 두 검증의 결과가 다 출력된다. 현재 〈그림 20-2〉에서는 **Mann-Whitney *U***와 **Kolmogorov-Smirnov *Z***가 선택되어 있다. 〈그림 20-2〉에서 **Exact** 상자를 클릭하면 추정 방법을 선택할 수 있다. 표본의 크기가 큰 경우 미리 선택되어 있는 **Asymtotic only**를 선택한다. 표본의 크기가 작은 경우 **Exact**나 **Monte Carlo**를 선택할 수 있다. 그런데 표본이 큰 경우 **Exact**를 선택하면 시간이 오래 걸릴 수도 있다.

〈표 20-2〉와 〈표 20-3〉은 **Mann-Whitney *U*** 선택의 결과물이다. 〈표 20-2〉에서 $R_1 = 128$, $R_2 = 82$임을 알 수 있고 〈표 20-3〉에서 $U = 27$, $W_S = 82$이며, 정규근사법에 의한 Z값은 $Z = -1.739$, 그리고 이들 검증에 의한 양측검증 유의도는 $p = .082$(**Asymtotic**) 또는 $p = .089$(**Exact**)로 유의수준 $\alpha = .05$에서 유의하지 않음을 알 수 있다.

〈표 20-4〉는 **Kolmogorov-Smirnov *Z* test** 결과를 보여 준다. $Z = .894$, $p = .4$로 역시 유의하지 않다.

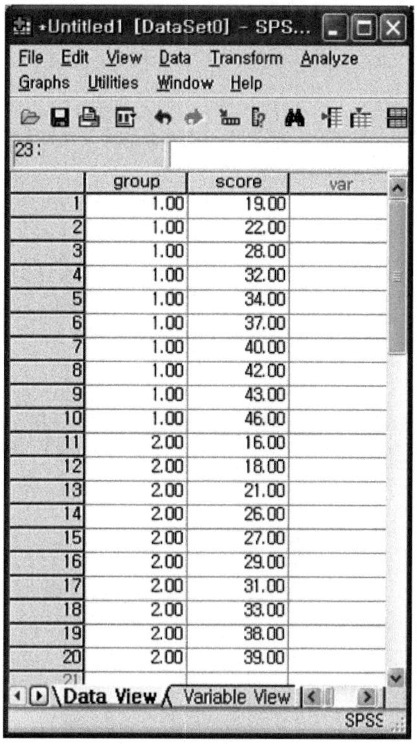

〈그림 20-1〉

〈표 20-2〉

Ranks

	group	N	Mean Rank	Sum of Ranks
score	with income	10	12.80	128.00
	without income	10	8.20	82.00
	Total	20		

〈표 20-3〉

	score
Mann-Whitney U	27.000
Wilcoxon W	82.000
Z	-1.739
Asymp. Sig. (2-tailed)	.082
Exact Sig. [2*(1-tailed Sig.)]	.089[a]

a. Not corrected for ties.

b. Grouping Variable: group

〈표 20-4〉

Test Statistics[a]

		score
Most Extreme Differences	Absolute	.400
	Positive	.000
	Negative	-.400
Kolmogorov-Smirnov Z		.894
Asymp. Sig. (2-tailed)		.400

a. Grouping Variable: group

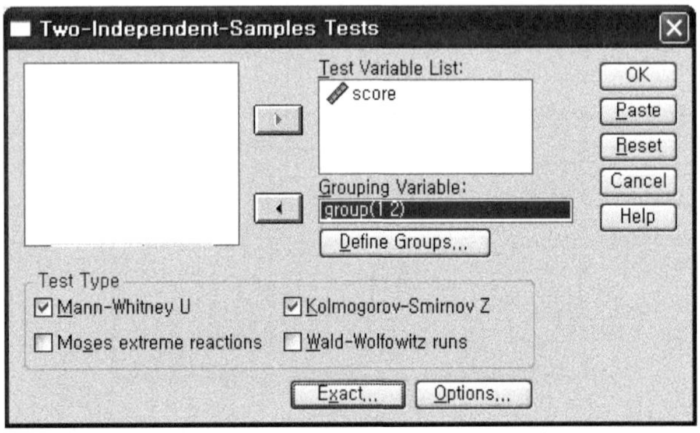

〈그림 20-2〉

2. 두 종속집단의 비교

모수통계학의 짝 이룬 집단 또는 종속집단 t검증에 해당되는 것으로 Wilcoxon's signed-rank test와 Sign test 등의 검증이 있다. 두 종속집단의 비교는 대응표본(matched samples)의 비교나 사전검사(pretest) 사후검사(posttest) 비교가 대표적인 예이다.

Wilcoxon's Signed-Rank Test

어느 연구자는 일련의 개별 상담이 시험불안 해소에 어떤 영향을 주는지 알아보고자 한다. 15명의 학생을 선발하여 먼저 시험불안 정도를 측정하고 일련의 개별 상담을 실시한 후 다시 시험불안을 측정하여 다음과 같은 가상적인 예시자료 결과를 얻었다고 하자.

〈표 20-5〉 예시자료

연구대상자	사전검사	사후검사	차이	차이의 등위
1	45	33	12	8
2	53	49	4	3
3	45	50	−5	−4
4	23	25	−2	−1
5	39	19	20	15
6	36	30	6	5
7	44	26	18	13
8	67	48	19	14
9	55	58	−3	−2
10	39	53	−14	−10
11	46	30	16	12
12	50	35	15	11
13	39	30	9	6
14	30	17	13	9
15	48	37	11	7

이 검증에서는 다음과 같이 검증통계량 T값을 구한다.

① 먼저 짝을 이룬 점수 사이의 차이점수를 구한다.

② 차이점수의 절대값 기준으로 등위를 구하고 등위에 차이점수의 부호를 붙여 준다. 일반적으로 차이점수가 0인 경우에는 등위에서 제외하고 분석한다. 차이가 0인 경우가 많으면 자료의 수가 줄어드는 문제가 있다.

③ 양수인 등위의 합의 절대값(T_+)과 음수인 등위의 합의 절대값(T_-)을 각각 구한다. 만약 두 집단 점수에 차이가 없다면 이 두 값은 비슷할 것이다. 위 예시자료의 경우, $T_+ = 103$, $T_- = 17$ 이 된다.

④ 두 값을 비교하여 작은 값을 T값으로 한다. 예시자료의 경우 $T = 17$이다.

⑤ 이 T값을 Wilcoxon T 분포표의 임계치와 비교하여, 임계치보다 작은 경우 유의한 차이가 있다는 결론을 얻는다. 예시자료의 경우, $n = 15, \alpha = .05$의 임계치가 25이므로 17은 25보다 작아 전후 검사 점수 사이에는 유의한 차이가 있다는 결론을 얻는다.

Wilcoxon's signed-rank test에 대한 정규근사법

표본의 크기 n이 큰 경우($n > 25$, Hinkle; $n > 50$, Howell), T는 다음과 같이 근사적으로 정규분포를 한다.

$$T \sim N(\mu_T, \sigma_T^2)$$

$$\mu_T = \frac{n(n+1)}{4}, \qquad \sigma_T^2 = \frac{n(n+1)(2n+1)}{24}$$

따라서 T에 대하여 다음과 같은 Z검증을 시행할 수 있다.

$$Z = \frac{T - \frac{n(n+1)}{4}}{\sqrt{\frac{n(n+1)(2n+1)}{24}}}$$

Sign Test

sign test는 차이점수의 부호만으로 검증하는 것으로 만약 두 점수 집단에 차이가 없다면 차이점수의 부호는 양의 개수와 음의 개수가 비슷할 것이다. 차이점수가 동일하여 동점 등위가 많은 경우 Wilcoxon's signed-rank test 대신 사용할 수 있지만 대신 등위 정보를 고려하지 않아 정보가 상실되므로 검증력은 상당히 약해진다. 다음의 〈표 20-6〉은 〈표 20-5〉의 예시자료에 차이점수의 부호를 추가한 것이다.

위의 자료의 경우 이항분포를 이용하여 정확한 p값을 구하는 방법과 χ^2검증으로 근사치를 구하는 방법이 있다. 먼저 이항분포를 이용하여 p값을 구해 보자. 예시자료에서 +부호는 총 15개 중 11개이다. 두 집단의 점수에 차이가 없다면 부호가 + 또는 −일 확률은 .5라고 할 수 있다. 따라서 우연에 의해 15개 중 11개 이상이 + 부호일 확률을 이항분포표를 이용하여 구하면 다음과 같다.

$$p(11) = .0417 \quad p(12) = .0139 \quad p(13) = .0032 \quad p(14) = .0005 \quad p(15) = .0000$$

이들 값을 다 합하면 .0593이 된다. 양측검증의 p값은 이를 2배해 주어야 하므로 p = .1186이 되어 .05보다 크므로 영가설을 기각할 수 없어 유의한 차이를 발견할 수 없다.

다음으로 χ^2검증을 이용해 보자. 예시자료의 결과는 다음과 같은 분할표로 정리할 수 있다.

〈표 20-6〉 예시자료

연구대상자	사전검사	사후검사	차이	차이의 부호
1	45	33	12	+
2	53	49	4	+
3	45	50	−5	−
4	23	25	−2	−
5	39	19	20	+
6	36	30	6	+
7	44	26	18	+
8	67	48	19	+
9	55	58	−3	−
10	39	53	−14	−
11	46	30	16	+
12	50	35	15	+
13	39	30	9	+
14	30	17	13	+
15	48	37	11	+

구분	사전검사	사후검사
기대빈도(E_i)	7.5	7.5
관찰빈도(O_i)	11	4

두 집단의 점수가 동일하다면 사전검사 점수가 더 큰 경우와 사후검사 점수가 더 큰 경우의 기대빈도는 동일하게 7.5가 될 것이다.

위의 값으로 검증통계치 χ^2값을 구하면 다음과 같다.

$$\chi^2 = \Sigma\frac{(O_i - E_i)^2}{E_i} = \frac{(11-7.5)^2}{7.5} + \frac{(4-7.5)^2}{7.5} = 3.27$$

자유도(df) = 1, α = .05의 임계치가 3.384이므로 H_o 기각 실패하여 역시 유의한 결과를 얻지 못했다.

예시자료 SPSS 분석

〈그림 20−3〉은 〈표 20−6〉의 예시자료가 입력된 **SPSS Data Editor** 화면을 보여 준다. 메뉴에서 **Analyze → Nonparametric Test → 2 Related Sample**을 클릭하여 〈그림 20−4〉의 대화상자를 불러 대응되는 두 변수를 선정하여 이동하고 필요한 검증을 선택한다. 〈그림 20−4〉에서는 **Wilcoxon's signed-rank test**와 **Sign test**가 선택되어 있는 것을 보여 주고 있다.

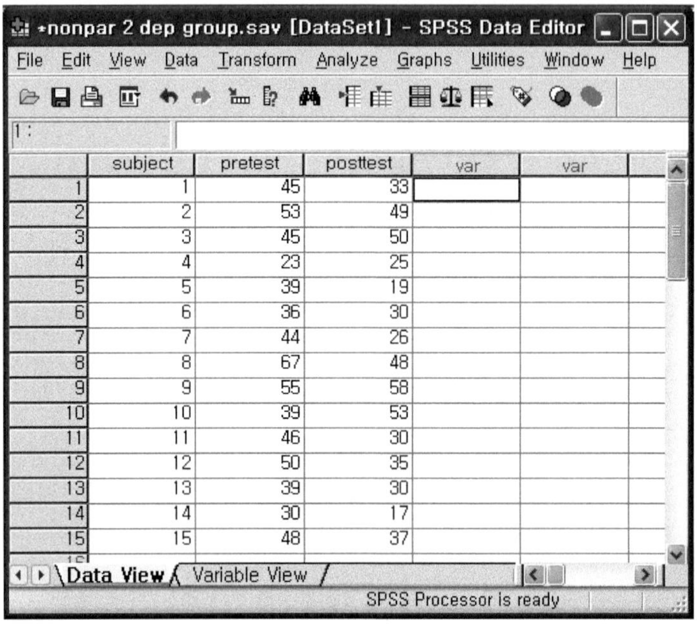

〈그림 20−3〉

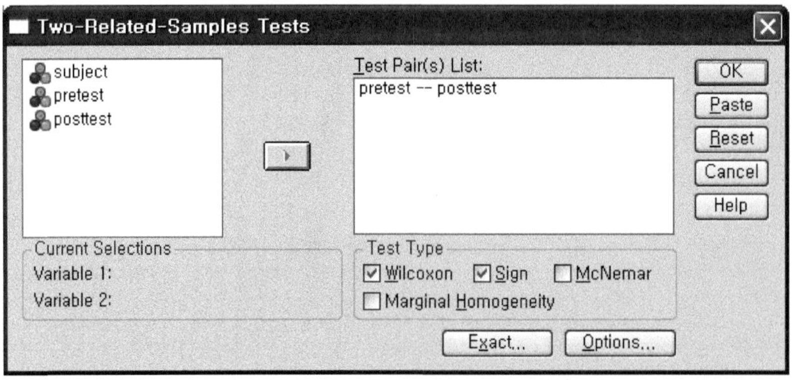

〈그림 20−4〉

〈표 20−7〉은 **Wilcoxon's signed-rank test** 결과를, 〈표 20−8〉은 **Sign Test**의 결과를 보여 준다. 먼저 〈표 20−7〉의 위쪽은 $T_+ = 17$, $T_- = 103$임을 보여 준다. 예시자료 분석에서는 그 부호가 반대인데 이는 〈표 20−5〉에서는 차이점수를 (사전검사−사후검사)로 구한 반면 SPSS에서는 (사후검사−사전검사)로 구했기 때문이며, 어느 경우라도 $T = 17$이라는 점엔 차이가 없다. 〈표 20−7〉의 하단 부는 이 T점수에 대한 정규근사법 검증의 Z값은 -2.442, $p = .015$로 유의한 결과를 보여 준다.

〈표 20−7〉 Wilcoxon Signed Ranks Test

Ranks

		N	Mean Rank	Sum of Ranks
posttest − pretest	Negative Ranks	11[a]	9.36	103.00
	Positive Ranks	4[b]	4.25	17.00
	Ties	0[c]		
	Total	15		

a. posttest < pretest
b. posttest > pretest
c. posttest = pretest

Test Statistics[b]

	posttest − pretest
Z	-2.442[a]
Asymp. Sig. (2-tailed)	.015

a. Based on positive ranks.
b. Wilcoxon Signed Ranks Test

〈표 20−8〉에서는 차이의 부호 수와 이에 대한 유의성을 이항분포를 이용하여 검증한 결과를 보여 준다. 여기서 $p = .118$로 앞에서 계산한 값과 일치하며 유의한 결과를 얻지 못했다. 동일한 자료에 대해 **Wilcoxon's signed-rank test**에서는 유의한 결과를 얻은 반면 **Sign Test**에서는 유의한 결과를 얻지 못해 **Sign Test**의 검증력이 더 떨어짐을 짐작할 수 있다.

〈표 20-8〉 Sign Test

Frequencies

		N
posttest - pretest	Negative Differences[a]	11
	Positive Differences[b]	4
	Ties[c]	0
	Total	15

a. posttest < pretest

b. posttest > pretest

c. posttest = pretest

Test Statistics[b]

	posttest - pretest
Exact Sig. (2-tailed)	.118[a]

a. Binomial distribution used.

b. Sign Test

3. K개 독립집단의 비교: Kruskal-Wallis 일원분산분석

Kruskal-Wallis one-way ANOVA는 Wilcoxon's rank-sum test를 일반화하여 *K*개의 독립집단의 경우에 적용하는 것이다. 이는 모수통계의 일원분산분석에 해당된다고 할 수 있다. Wilcoxon's rank-sum test와 마찬가지로 각 개별 점수에 집단에 관계없이 전체적으로 등위(rank)를 부여하여 각 집단별 등위의 합을 구한다. 만약 집단 간에 점수 분포의 차이가 없으면 각 집단의 등위 합이 차이가 없을 것이다.

다음 〈표 20-9〉의 예시자료는 일원분산분석에서 사용하였던 자료에 등위가 추가된 것이다. 등위는 집단에 관계없이 전체적으로 부여한 것이다. 점수가 동일한 경우에는 해당 점수들의 등위 평균을 등위 값으로 하였다. 이 자료는 연구대상자 30명을 세 집단으로 나누어 한 학기 동안 각기 평가방법으로 평가한 다음 학기 말에 해당 과목에 대한 태도를 조사한 것이다.

〈표 20-9〉 예시자료

집단 포트폴리오 집단 점수	등위	개인 포트폴리오 집단 점수	등위	지필검사 집단 점수	등위
26	1	56	23	41	5.5
57	25	46	13.5	41	5.5
48	18	44	9	46	13.5
46	13.5	41	5.5	34	3
54	22	57	25	45	10.5
46	13.5	53	21	30	2
58	27	45	10.5	43	8
47	16.5	62	30	41	5.5
61	29	60	28	50	20
49	19	57	25	47	16.5

등위 합(R_k) $R_1 = 184.5$ $R_2 = 190.5$ $R_3 = 90$
등위 평균($\overline{R_k}$) $\overline{R_1} = 18.45$ $\overline{R_2} = 19.05$ $\overline{R_3} = 9.00$

Kruskal–Wallis test는 근본적으로 이 등위의 합이 집단 간에 차이가 있는지를 검증하는 것이라 할 수 있다. 이 등위 합의 차이를 나타내는 통계치 H는 다음과 같이 구하며 이 H는 자유도가 $(K-1)$인 χ^2분포를 갖는다.

$$H = \frac{12}{N(N+1)} \Sigma \frac{R_k^2}{n_k} - 3(N+1) \sim \chi^2_{K-1}$$

여기서 N은 $N = n_1 + n_2 + \cdots n_k$으로 전체 개체 수, K는 집단 수, n_k는 k번째 집단의 개체 수, R_k는 k번째 집단의 등위 합이다. 예시자료의 경우,

$$H = \frac{12}{30(31)} \left(\frac{184.5^2}{10} + \frac{190.5^2}{10} + \frac{90^2}{10} \right) - 3(31) = 8.2$$

가 되고 자유도는 $K - 1 = 3 - 1 = 2$이다. $\alpha = .05$일 때 임계치가 5.99이므로 8.2는 기각영역에 속하게 되어 H_o를 기각하여 세 집단의 점수에는 유의한 차이가 있다는 결론을 얻게 된다.

사후검증(Post hoc Test)

Kruskal-Wallis 검증에 대한 사후검증은 대개 다음의 두 가지 방법으로 수행할 수 있다. 첫 번째 방법은 비교하고자 하는 짝의 비교를 두 독립집단 비교의 Wilcoxon rank-sum(또는 Mann-Whitney) test로 시행하는 대신 전체적인 제1종 오류를 통제하기 위하여 Bonferroni correction 기법을 사용하는 것이다. 즉 전체 α를 비교하고자 하는 짝 비교의 수로 나누어 각 짝 비교의 제1종 오류로 배당하는 방법이다. 이 경우 짝 비교의 수가 많아지면 각 짝 비교에 배당되는 제1종 오류 값이 너무 작아지므로 꼭 필요한 비교만 수행해야 할 것이다.

두 번째는 Siegel과 Castellan(1988)이 제안한 방법으로 비교하고자 하는 짝의 등위 합 차이의 절대값과 다음 부등식의 오른쪽 항을 비교하는 것이다. 차이의 절대값이 이 값보다 큰 경우 유의한 차이라고 할 수 있다.

$$|\overline{R_u} - \overline{R_v}| \geq Z_{\alpha/K(K-1)} \sqrt{\frac{N(N+1)}{12}\left(\frac{1}{n_u} + \frac{1}{n_v}\right)}$$

여기서 $\overline{R_u}$, $\overline{R_v}$ 는 비교하고자 하는 집단의 등위 평균이다. 예시자료의 경우 $\alpha = .05$, $K = 3$으로 하면, $_{\alpha/K(K-1)} = 0.05/\{3(3-1)\} = .0083$으로 표준정규분포($Z$)표에서 $Z_{.0083} = 2.395$이다. 이 값을 대입하여 위의 부등식 오른쪽 항을 계산하면 다음과 같다.

$$Z_{\alpha/K(K-1)} = \sqrt{\frac{N(N+1)}{12}\left(\frac{1}{n_u} + \frac{1}{n_v}\right)} = 2.395\sqrt{\frac{30(31)}{12}\left(\frac{1}{10} + \frac{1}{10}\right)} = 9.43$$

따라서 두 집단에 유의한 차이가 있기 위해서는 두 집단 등위 평균 차이의 절대값이 이 값보다 커야 한다. 〈표 20-9〉에서 세 집단의 등위 평균 차이를 구해 보면 집단 1과 3, 집단 2와 3 사이에 유의한 차이가 있으며, 집단 1과 2 사이에는 유의한 차이가 없음을 알 수 있다.

예시자료 SPSS 분석

〈그림 20-5〉는 〈표 20-9〉의 예시자료가 입력된 화면을 보여 준다. 이 화면에서 **Analyze → Nonparametric Tests → K Independent Samples**를 클릭하여 〈그림 20-6〉의 화면을 띄워 종속변수와 독립변수를 옮겨 주고 **Kruskal-Wallis H**를 선택한다.

〈표 20-10〉과 〈표 20-11〉은 분석의 결과를 보여 주고 있다. 〈표 20-10〉에서는 각 집단의 등위 평균을, 〈표 20-11〉은 H에 대한 χ^2검증 결과를 보여 주고 있다. χ^2값은 앞에서 계산했던 값과 동일한 8.2이고 이에 대한 $p = .016$으로 유의한 결과를 보여 주고 있다.

사후검증

SPSS에서는 Siegel & Castellan 방법을 제공하지 않기 때문에 Bonferroni correction을 사용하여 Mann−Whitney U검증으로 짝 비교를 해 보자. 모든 짝을 다 비교하는 경우, 집단 1과 2, 집단 1과 3, 집단 2와 3 등 세 번의 비교를 하게 되므로 α = .05로 하는 경우 한 비교에 .05/3 = .017의 제1종 오류 확률을 배당할 수 있다. 따라서 각 짝 비교에 대한 U 검증의 p 값을 .017과 비교한다.

각 짝에 대한 Mann−Whitney U 검증 시행 결과, 집단 1과 2의 p값은 .912, 집단 1과 3은 .015, 집단 2와 3은 .009로 집단 1과 2의 짝을 제외하면 모두 .017보다 작으므로 집단 1과 3, 그리고 집단 2와 3 짝에서 유의한 차이가 있다는 결론을 얻을 수 있다.

〈표 20-10〉

Ranks

	평가방법	N	Mean Rank
태도	집단	10	18.45
	개인	10	19.05
	지필	10	9.00
	Total	30	

〈표 20-11〉

Test Statistics[a,b]

	태도
Chi-Square	8.248
df	2
Asymp. Sig.	.016

a. Kruskal Wallis Test

b. Grouping Variable: 평가방법

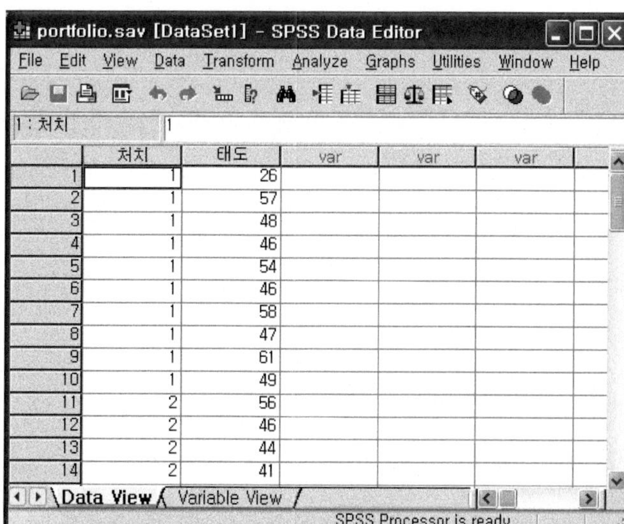

〈그림 20-5〉

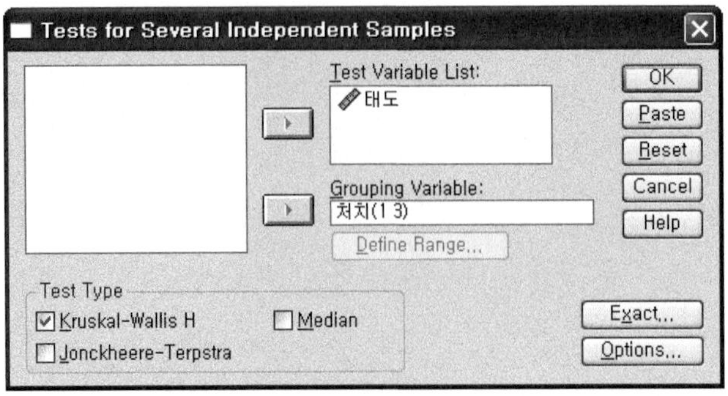

〈그림 20-6〉

4. K개 종속집단의 비교: Friedman's Analysis of Variance

Friedman's ANOVA는 모수통계의 일원반복측정 분산분석(one-way repeated measures ANOVA)에 해당되는 검증이라고 할 수 있다. 이 검증이 앞에서 논의했던 여러 비모수통계와 차이가 나는 점은 등위를 전체 집단에서 결정하는 것이 아니라 각 개체의 반복측정 내에서 한다는 것이다. 예를 들어 다음의 〈표 20-12〉의 예시자료를 보자. 이 예시자료는 반복측정 일원분산분석에서 사용하였던 자료에 등위(rank)가 추가된 것이다. 이 자료는 연구대상자 20명에게 사전에 스트레스 정도를 측정한 다음 세 가지 스트레스 해소방법을 시행한 후 스트레스를 측정한 반복측정 자료이다. 연구대상자 1의 경우, 스포츠가 점수가 가장 낮아 등위가 1, 다음이 음악으로 등위가 2, 다음이 명상으로 등위가 3, 마지막으로 사전검사가 등위 4가 된다. 같은 방법으로 모든 개체 내에서 각 측정의 등위를 부여한다.

만약 각 반복측정 점수에 차이가 없다면 각 개체 내에서의 등위는 무작위가 되어 각 측정별 등위의 합은 차이가 없을 것이다. Friedman's ANOVA는 이 등위 합이 측정 간 차이가 있는지를 검증하는 셈이다. 이 등위 합의 차이를 나타내는 통계치 Fr은 다음과 같이 구하며 이 Fr은 자유도가 $(K-1)$인 χ^2분포를 갖는다.

$$\mathrm{Fr} = \frac{12}{nK(K+1)}\Sigma R_k^2 - 3n(K+1) \sim \chi^2_{K-1} \quad (n > 10)$$

여기서 n은 전체 개체 수, K는 반복측정의 횟수, R_k는 k번째 측정의 등위 합이다. 예시자료의 경우,

$$\mathrm{Fr} = \frac{12}{20(4)(5)}(78.5^2 + 47.5^2 + 27.5^2 + 46.5^2) - (3)(20)(5) = 40.11$$

〈표 20-12〉 예시자료

스트레스 점수					개체 내 등위			
연구대상자	사전	음악	스포츠	명상	사전	음악	스포츠	명상
1	90	72	70	73	4	2	1	3
2	86	70	51	86	3.5	2	1	3.5
3	85	72	85	67	3.5	2	3.5	1
4	86	67	70	74	4	1	2	3
5	84	77	46	71	4	3	1	2
6	84	83	67	83	4	2.5	1	2.5
7	87	79	67	68	4	3	1	2
8	86	75	53	70	4	3	1	2
9	83	78	45	74	4	3	1	2
10	74	66	48	52	4	3	1	2
11	79	64	55	63	4	3	1	2
12	84	77	50	63	4	3	1	2
13	92	89	81	90	4	2	1	3
14	82	69	47	75	4	2	1	3
15	78	59	61	58	4	2	3	1
16	76	57	58	76	3.5	1	2	3.5
17	85	65	66	70	4	1	2	3
18	76	71	49	64	4	3	1	2
19	85	76	55	69	4	3	1	2
20	83	80	45	74	4	3	1	2

등위 합(R_k)	$R_1 = 78.5$	$R_2 = 47.5$	$R_3 = 27.5$	$R_4 = 46.5$
등위 평균($\overline{R_k}$)	$\overline{R_1} = 3.93$	$\overline{R_2} = 2.38$	$\overline{R_3} = 1.38$	$\overline{R_4} = 2.33$

가 되고 자유도는 $K - 1 = 4 - 1 = 3$이다. $\alpha = .05$일 때 임계치가 7.81이므로 40.11은 기각영역에 속하게 되어 H_o를 기각하여 네 가지 조건하에서의 스트레스 점수에는 유의한 차이가 있다는 결론을 얻게 된다.

사후검증(Post hoc Test)

Friedman ANOVA 검증에 대한 사후검증도 Kruskal–Wallis 검증의 경우와 마찬가지로 대개 다음의 두 가지 방법으로 수행할 수 있다. 첫 번째 방법은 비교하고자 하는 짝의 비교를 두 종속집단 비교의 Wilcoxon signed−rank test로 시행하는 대신 전체적인 제1종 오류를 통제하기 위하여 Bonferroni correction 기법을 사용하는 것이다. 즉 전체 α를 비교하고자 하는 짝 비교의 수로 나누어 각 짝 비교의 제1종 오류로 배당하는 방법이다. 이 경우 짝 비교의 수가 많아지면 각 짝 비교에 배당되는 제1종 오류 값이 너무 작아지므로 꼭 필요한 비교만 수행해야 할 것이다.

두 번째는 Siegel과 Castellan(1988)이 제안한 방법으로 비교하고자 하는 짝의 등위 합 차이의 절대값과 다음 부등식의 오른쪽 항을 비교하는 것이다. 차이의 절대값이 이 값보다 큰 경우 유의한 차이라고 할 수 있다.

$$|\overline{R_u} - \overline{R_v}| \geq Z_{\alpha/K(K-1)} \sqrt{\frac{K(K+1)}{6n}}$$

여기서 $\overline{R_u}$, $\overline{R_v}$는 비교하고자 하는 반복측정의 등위 평균이다. 예시자료의 경우 α = .05, K = 4로 하면, $_{\alpha/K(K-1)} = 0.05/\{4(4-1)\} = .00417$로 표준정규분포($Z$)표에서 $Z_{.0042}$ = 2.635이다. 이 값을 대입하여 위의 부등식 오른쪽 항을 계산하면 다음과 같다.

$$Z_{\alpha/K(K-1)} = \sqrt{\frac{K(K+1)}{6n}} = 2.635\sqrt{\frac{4(5)}{6(20)}} = 1.076$$

따라서 두 집단에 유의한 차이가 있기 위해서는 두 측정의 등위 평균 차이의 절대값이 이 값보다 커야 한다. 〈표 20−9〉에서 네 반복측정의 등위 평균 차이를 구해 보면 측정 1과 2가 1.55, 집단 1과 3이 2.55, 측정 1과 4가 1.6으로 1.076보다 크므로 유의한 차이가 있고 나머지 짝에서는 유의한 차이가 없음을 알 수 있다.

예시자료 SPSS 분석

〈그림 20−7〉은 〈표 20−12〉의 예시자료가 입력된 화면의 일부분이다. 이 화면에서 **Analyze → Nonparametric Tests → K Related Samples**를 클릭하여 〈그림 20−8〉의 대화화면을 불러 반복측정된 변수를 옮겨 주고 **Friedman**을 선택한다.

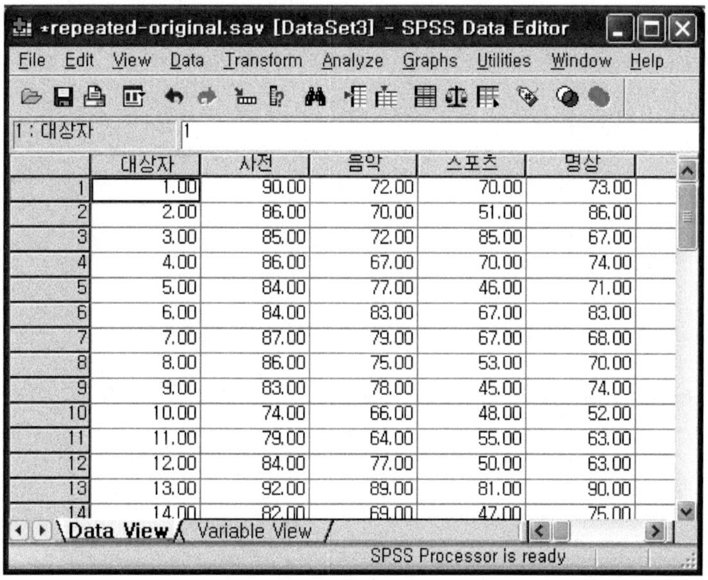

〈그림 20-7〉

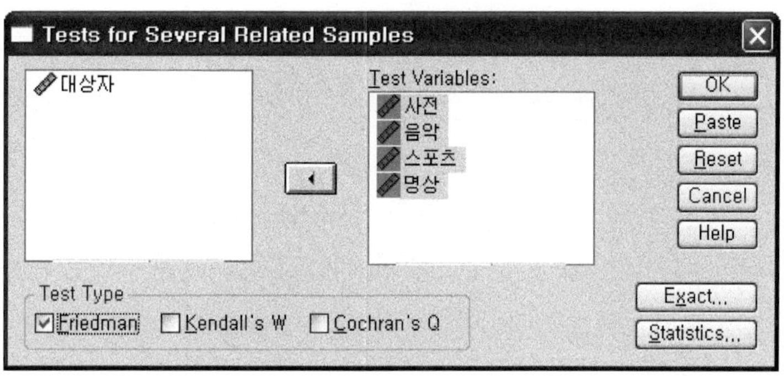

〈그림 20-8〉

〈표 20-13〉과 〈표 20-14〉는 분석의 결과를 보여 주고 있다. 〈표 20-13〉에서는 각 반복측정 등위 평균을, 〈표 20-14〉는 Fr에 대한 χ^2검증 결과를 보여 주고 있다. χ^2값은 40.929로 앞에서 계산한 Fr값 40.11과 약간의 차이가 난다. 이는 등위가 동일한 경우의 처리 방법에서 약간의 차이가 나기 때문으로 실제적으로는 동일한 값이라고 할 수 있다. 이 χ^2검증의 p값은 .000으로 유의한 결과를 보여 주고 있다.

〈표 20-13〉

Ranks

	Mean Rank
사전	3.93
음악	2.38
스포츠	1.38
명상	2.33

〈표 20-14〉

Test Statistics[a]

N	20
Chi-Square	40.929
df	3
Asymp. Sig.	.000

a. Friedman Test

사후검증

SPSS에서는 Siegel & Castellan 방법을 제공하지 않기 때문에 Bonferroni correction을 사용하여 Wilcoxon signed-rank test로 짝 비교를 해 보자. 모든 짝을 다 비교하는 경우 6번을 비교하게 되므로 α = .05로 하는 경우 한 비교에 .05/6 = .008의 제1종 오류 확률을 배당할 수 있다. 만약 비교하는 짝이 너무 많아 이 값이 너무 작다고 생각되면 비교하는 짝의 수를 줄일 수 있을 것이다. 예시자료의 경우 사전검사를 통제집단이라 생각하고 이 사전검사의 경우와 각 반복측정을 비교하면 3번을 비교하게 되어 각 비교의 제1종 오류 확률은 .05/3 = .017로 높아질 것이다.

각 짝에 대한 Wilcoxon signed-rank test를 시행한 결과 음악과 명상 차이의 p = .354로 .008보다 크고 나머지는 모두 .008보다 작으므로 음악과 명상의 차이만 제외하고 모든 짝에서 그 차이가 유의하다.

21장 측정도구 및 평정자간 신뢰도

연구에서 필요한 변수를 측정하기 위한 도구로는 주로 검사지나 설문지와 같은 검사도구를 이용하여 측정 대상자가 스스로 반응하게 하거나 자기보고(self report)하게 한다. 그런데 면담, 면접이나 관찰 등에 의해 변수 값을 측정하는 경우 관찰자나 평정자가 도구가 되는 셈이다. 이러한 도구들이 제 기능을 하고 있는가를 가늠하는 잣대로 보통 타당도(validity)와 신뢰도(reliability)를 이용한다. 따라서 연구논문에서는 연구자가 사용한 도구의 신뢰도와 타당도에 대한 논의를 포함하는 것이 일반적이다.

타당도는 측정도구가 측정하고자 하는 것을 측정하고 있는가에 대한 것이다. 예를 들어, 부모의 사회경제적 지위(SES)를 재는 검사도구라면 이 검사도구를 제작함에 있어서 SES라는 구인을 제대로 정의하고, 적절한 문항을 사용하여 여기서 나온 점수를 가지고 각 연구대상자들의 사회경제적 위치의 점수로 해석할 수 있는가 하는 것이다. 검사도구의 신뢰도는 검사결과 나온 점수가 얼마나 일관성이 있는가 하는 것이다. 예를 들어, 동일 집단에 대해 SES 검사도구로 측정했을 때, 측정할 때마다 연구대상자들의 SES 점수 순위가 바뀐다면, 그 도구에서 나온 측정치는 신뢰성에 문제가 있다고 할 수 있다.

그런데 검사도구에 대한 신뢰도와 평정자에 대한 신뢰도를 추정하는 방법에는 상당한 차이가 있다.

1. 검사도구의 신뢰도

검사도구의 신뢰도는 크게 세 가지 형태가 있는데, 동일 검사도구라도 어느 형태의 값을 구하느냐에 따라 그 신뢰도 값이 달라질 수 있으며, 그 의미도 다르다. 그 첫 번째는 재검사 신뢰도(또는 검사-재검사 신뢰도)로 이는 일정 기간을 두고 동일 집단에게 동일 검사를 두 번 시행하여 나온 점수의 일관성을 재는 것으로 두 검사 점수 사이의 상관계수를 신뢰도 값으로 사용한다. 두 번째는 동형검사 신뢰도로 동일한 검사라고 할 수 있는 A, B형 두 개의 검사를 만들어 이를 동일 집단에게 동시에 시행하여 두 검사 점수 사이의 상관계수를 구한 것이다. 검사 대상자의 입장에서 보면 이 두 가지 형태는 신뢰도를 구하기 위해 무언가 특별한 일을 해야 한다는 번거로움이 있다. 세 번째 형태는 한 검사도구를 구성하는 각 문항의 기능이 동일한지를 측정하는 문항내적 일관성을 재는 방법이다. 이는 검사의 각 문항을 각각 독립된 별개의 동형검사로 보고 그 검사의 시행은 하나의 문항으로 이루어진 동형검사를 반복 측정한 것으로 간주하여 각 문항 결과의 일관성, 즉 각 문항 간의 상관계수를 측정하여 일종의 평균을 계산하는 방법이다. 이 방법은 별도의 특별한 조치 없이 검사를 시행하고 그 결과를 통계적으로 분석하여 신뢰도를 쉽게 추정할 수 있어 가장 널리 이용된다. 여기서도 SPSS를 이용하여 주어진 자료에서 문항내적 일관성에 의한 신뢰도를 구하는 방법을 알아본다.

문항내적 일관성의 추정

Cronbach α(α 계수)

$$r_{xx} = \frac{n}{n-1}\left(1 - \frac{\Sigma S_i^2}{S_X^2}\right)$$

S_i^2: 각 문항 점수의 분산
S_X^2: 각 개체 점수 간의 분산
n: 문항의 수

KR-20

$$r_{xx} = \frac{n}{n-1}\left(1 - \frac{\Sigma p_i q_i}{S_X^2}\right)$$

p_i: i 문항의 정답률
q_i: i 문항의 오답률
S_X^2: 각 개체 점수 간의 분산
* KR-20은 Cronbach α의 특수한 경우(0, 1점으로 채점하는 경우)

예시자료

포트폴리오 평가방법이 사회과목 태도에 미치는 영향에 대한 연구에서 〈표 21－1〉과 같은 사회과목에 대한 태도를 측정하기 위한 도구를 사용하여 연구대상자 45명에 대해 〈표 21－2〉와 같은 결과를 얻었다고 하자. (이러한 척도를 Likert 척도라고 함)

〈표 21-1〉 사회과목에 대한 태도 검사

5: 전적으로 그렇다.
4: 대체로 그렇다.
3: 그저 그렇다. 잘 모르겠다.
2: 대체로 그렇지 않다.
1: 전혀 그렇지 않다.

1. 사회시간이 기다려진다. ( )
2. 사회시간이 되면 신이 난다. ( )
3. 사회시간이 재미있고 흥미롭다. ( )
4. 사회수업 준비는 꼭 한다. ( )
5. 사회공부는 계획을 세워서 한다. ( )
6. 사회공부는 왜 해야 하는지 안다. ( )
7. 사회공부와 관련된 책을 자주 읽는다. ( )
8. 사회시간에 열심히 참여한다. ( )
9. 사회시간에 선생님의 말씀이나 친구의 발표를 집중해서 듣는다. ( )
10. 사회시간에 필요한 자료를 열심히 수집한다. ( )
11. 사회시간에 모둠 내에서 맡은 역할을 충실히 한다. ( )
12. 사회시간에 다른 사람이 도움을 요청하면 도와준다. ( )
13. 사회과제를 해결하기 위하여 자료를 찾는 것이 재미있다. ( )
14. 사회시간에 내 의견을 충분히 발표한다. ( )
15. 사회시간은 중요하다고 생각한다. ( )
16. 사회과의 공부 내용은 쉽게 이해가 잘 된다. ( )
17. 사회과를 우리가 배우는 과목 중에서 좋아한다. ( )
18. 사회과에 대해서 더 많은 것을 배우고 싶다. ( )

〈표 21-2〉 사회과 태도검사 결과

```
1 5 5 4 4 5 5 3 2 4 3 3 4 5 4 5 5 5 4
1 5 5 5 3 1 4 3 4 4 3 3 4 4 2 4 3 3 5
1 5 4 5 2 1 2 4 5 3 4 3 4 5 2 3 3 4 4
1 5 3 4 3 4 5 5 4 3 3 5 4 5 4 5 5 4 5
1 5 5 5 5 3 5 2 5 5 5 5 3 5 5 5 4 5 5
1 4 4 4 4 3 5 4 4 4 4 4 4 5 3 4 4 3 4
1 5 4 4 5 3 5 3 5 5 5 5 5 5 4 5 5 4 5
1 5 5 5 4 4 5 4 3 5 5 5 5 4 3 4 3 5 4
1 4 3 4 3 4 3 2 5 4 3 5 5 4 5 4 3 3 5
1 5 5 5 4 3 4 4 3 3 2 3 4 5 2 5 5 5 5
1 1 3 5 1 1 3 5 1 3 1 1 5 1 1 1 5 3 3
1 3 3 2 3 3 4 5 4 5 4 5 5 5 1 3 5 3 4
1 5 5 5 4 2 4 2 4 4 4 4 4 5 5 5 2 3 2
1 5 4 4 2 1 4 1 4 4 1 2 3 2 2 3 4 2 4
1 3 5 5 3 1 3 3 5 2 2 5 5 1 3 3 3 3 5
2 5 5 4 4 4 5 3 3 4 3 4 3 5 4 4 4 4 3
2 3 3 3 3 3 2 3 2 2 4 2 2 2 3 1 1 2 2
2 5 5 5 5 3 4 5 5 4 4 3 2 5 3 4 5 5 5
2 5 5 5 4 4 5 5 3 3 5 3 4 5 4 5 4 5 5
2 5 4 5 3 4 5 2 4 4 2 5 5 5 4 5 3 4 5
2 5 5 5 5 1 5 5 5 5 3 5 5 5 5 5 5 5 5
2 5 2 5 5 1 5 5 4 4 1 . 1 5 4 5 4 5 4
2 2 3 2 5 3 3 4 4 5 2 3 5 5 3 5 5 1 5
2 5 5 5 5 1 5 1 5 5 3 5 5 1 1 5 5 5 5
2 1 1 1 5 5 1 5 3 2 4 5 5 5 5 5 1 2 5
2 4 4 4 3 3 4 4 5 5 3 4 4 5 5 5 5 3 4
2 4 5 3 5 4 5 3 4 4 4 3 2 5 2 5 4 3 5
2 2 2 2 4 5 5 4 4 5 4 4 5 3 3 4 5 4 5
2 4 3 5 4 2 5 4 3 4 4 3 5 5 4 5 3 1 5
2 5 3 5 5 3 5 3 5 5 5 4 3 5 3 5 3 4 5
3 2 2 1 3 1 3 2 2 5 4 2 3 2 2 5 3 2 2
3 1 1 1 1 1 5 2 1 5 3 2 4 5 4 2 5 2 4
3 3 2 3 2 2 1 1 2 3 2 2 1 1 1 4 3 2 5
3 2 2 3 3 3 3 2 3 3 3 3 3 3 2 3 3 1 3
3 2 3 2 4 4 4 3 . 2 4 5 3 1 3 5 3 1 2
3 1 1 2 3 2 4 3 3 2 2 3 3 1 2 3 2 1 2
3 2 3 2 3 2 2 3 2 3 1 2 3 2 3 4 4 3 4
3 4 3 2 3 2 2 3 3 4 2 3 3 3 4 4 3 3 2
3 2 3 2 3 3 4 3 2 2 2 3 2 5 1 3 1 1 2
3 2 3 2 3 4 4 4 3 4 3 4 5 5 3 5 3 4 5
3 3 2 2 5 4 4 3 4 4 5 5 3 3 4 5 2 1 3
3 2 2 2 4 3 3 2 3 4 3 3 4 4 2 5 3 4 5
3 1 2 2 3 2 3 2 2 1 1 1 1 2 3 3 2 2 1
3 3 3 4 3 2 3 1 2 4 2 2 2 5 2 3 2 1 4
3 5 5 5 5 4 5 5 5 5 5 4 3 5 4 4 5 3 4
```

*첫 번째 값은 집단을 나타냄
 1: 집단 포트폴리오 집단, 2: 개인 포트폴리오 집단, 3: 지필검사 집단
*나머지 18개 값은 각 문항에 대한 반응

다음의 〈그림 21-1〉은 〈표 21-2〉의 자료를 **SPSS Data Editor**에 입력하여 처치 집단은 **처치**라는 변수 이름으로, 그리고 각 문항의 반응은 **문항1 문항2**, …, **문항18**로 변수 이름을 부여한 것을 보여 준다.

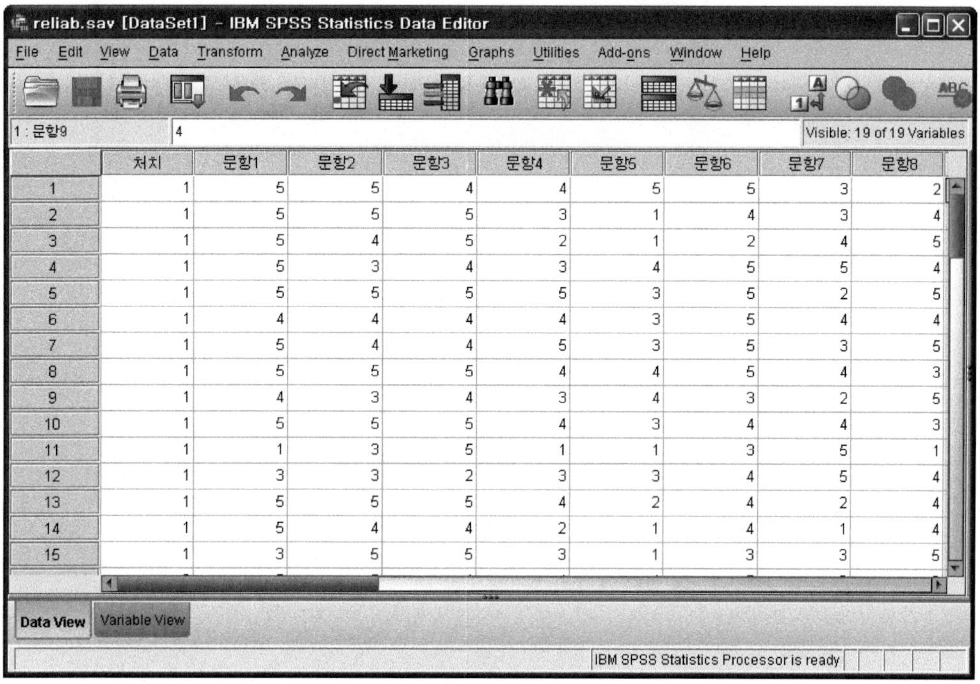

〈그림 21-1〉

참고적으로 문항1에서 문항18까지의 점수를 전부 합하여 각 학생의 **태도** 점수를 구하고자 하는 경우, **Transform** → **Compute Variable**을 클릭하여 〈그림 21-2〉와 같은 **Compute Variable** 화면을 불러내어 **sum**이라는 함수를 이용하면 용이하게 목적을 달성할 수 있다. 각종 함수는 〈그림 21-2〉의 오른쪽에서 선정할 수 있다. 〈그림 21-2〉는 **sum** 함수를 이용하기 위하여 입력한 결과를 보여 주고 있다.

분석방법

신뢰도를 구하기 위해 앞에서 준 식을 구성하는 각 통계치를 별도로 구해서 그 결과를 식에 대입하여 구할 수도 있으나, SPSS에는 신뢰도를 바로 구할 수 있는 분석방법을 포함하고 있다. 이를 위해서는 화면의 메뉴에서 **Analyze** → **Scale** → **Reliability Analysis**를 클릭하여 〈그림 21-3〉의 **Reliability Analysis** 대화상자를 불러온다. 대화상자의 왼쪽 변수 중에서 검사척도를 이루는 문항이 **문항1**에서 **문항18**까지이므로 이들을 전부 오른쪽의 **Items** 상

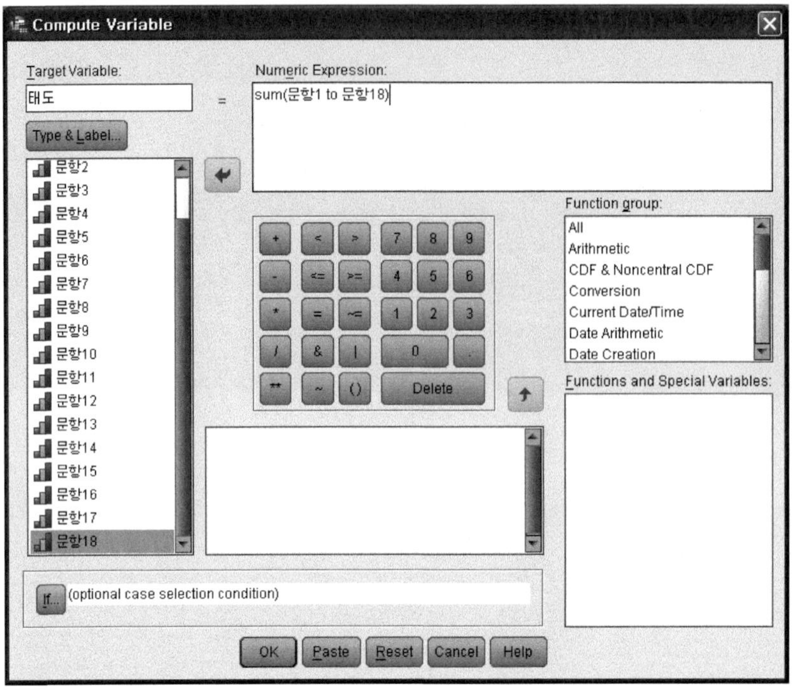

〈그림 21-2〉

자로 이동시킨다. 〈그림 21-3〉은 이동이 이루어진 후의 상태를 보여 주고 있다. Cronbach α를 구하기 위해서는 대화상자 왼쪽 밑의 **Model**에서 **Alpha**를 선택한다. 여기서는 알파 계수 외에도 반분신뢰도(**Split-half**), 동형검사신뢰도(**Parallel**) 등을 위한 선택을 할 수 있다.

〈그림 21-3〉에서 **Statistics**를 클릭하여 〈그림 21-4〉와 같은 **Statistics** 대화상자를 불러와 문항별, 그리고 척도값(즉 각 개인의 태도 값)에 대한 여러 가지 통계 값을 선택할 수 있다.

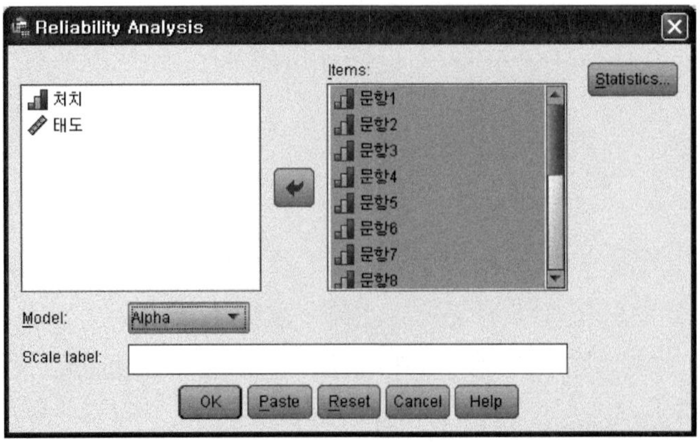

〈그림 21-3〉

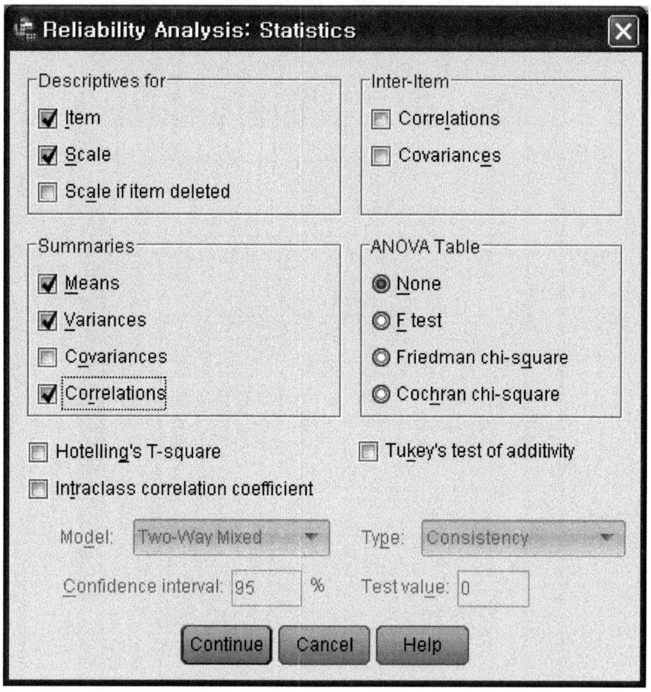

〈그림 21-4〉

분석결과 보기

〈그림 21-5〉와 〈그림 21-6〉은 예시에서 선택한 분석결과를 보여 주고 있다. 먼저 〈그림 21-5〉의 위쪽에는 Cronbach's α값이 .899임을 보여 주고 있으며 아래쪽에는 각 문항의 평균(**Mean**)과 표준편차(**Std. Deviation**)를 보여 주고 있다. 이는 **Statistics** 대화상자에서 **item**에 대한 기술통계를 선택한 결과이다. 〈표 21-2〉에서는 총 45명이었으나 〈그림 21-5〉에서 총 인원 수(**N**)가 43명인 것은 〈표 21-2〉에서 2명이 결측치(SPSS에서는 결측치를 •로 입력)를 가지고 있어 SPSS가 이들을 제외했기 때문이다.

〈그림 21-6〉에서는 문항과 척도값의 각종 통계치들을 보여 준다. 이들 역시 **Statistics** 대화상자에서 선택한 결과들이다.

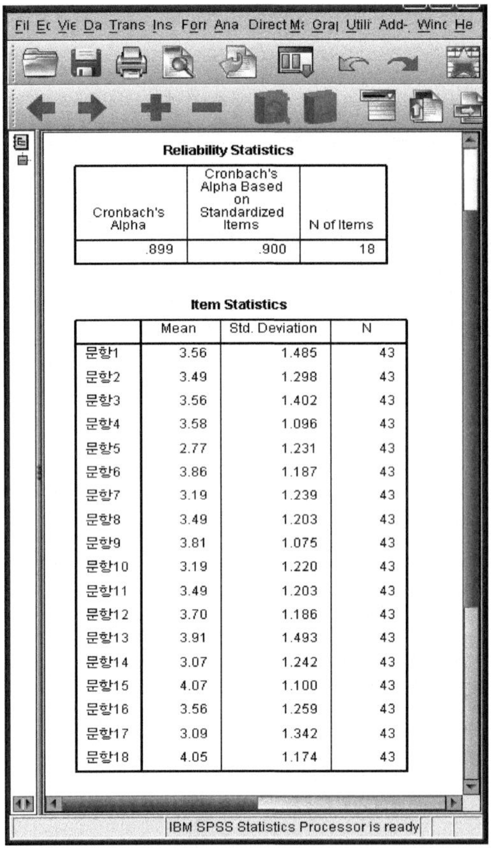

Reliability Statistics

Cronbach's Alpha	Cronbach's Alpha Based on Standardized Items	N of Items
.899	.900	18

Item Statistics

	Mean	Std. Deviation	N
문항1	3.56	1.485	43
문항2	3.49	1.298	43
문항3	3.56	1.402	43
문항4	3.58	1.096	43
문항5	2.77	1.231	43
문항6	3.86	1.187	43
문항7	3.19	1.239	43
문항8	3.49	1.203	43
문항9	3.81	1.075	43
문항10	3.19	1.220	43
문항11	3.49	1.203	43
문항12	3.70	1.186	43
문항13	3.91	1.493	43
문항14	3.07	1.242	43
문항15	4.07	1.100	43
문항16	3.56	1.259	43
문항17	3.09	1.342	43
문항18	4.05	1.174	43

〈그림 21-5〉

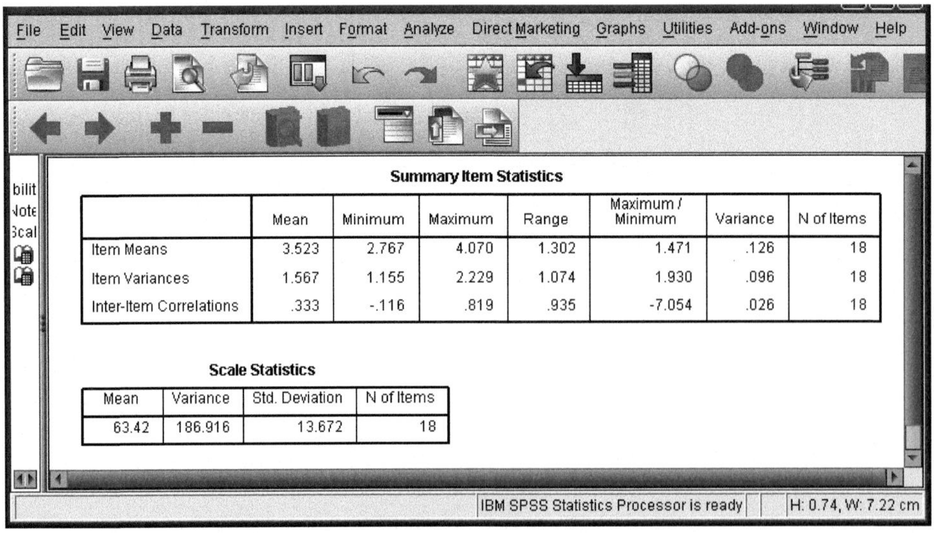

Summary Item Statistics

	Mean	Minimum	Maximum	Range	Maximum / Minimum	Variance	N of Items
Item Means	3.523	2.767	4.070	1.302	1.471	.126	18
Item Variances	1.567	1.155	2.229	1.074	1.930	.096	18
Inter-Item Correlations	.333	-.116	.819	.935	-7.054	.026	18

Scale Statistics

Mean	Variance	Std. Deviation	N of Items
63.42	186.916	13.672	18

〈그림 21-6〉

2. 평정자간 신뢰도(interrater reliability)

관찰자나 평정자에 의한 자료 수집의 경우, 자료의 신뢰도를 높이기 위해 동일한 관찰 대상을 여러 명의 평정자가 관찰/평정을 하는 것이 바람직하다. 여러 명의 평정/관찰 결과가 평정자 간에 유사하면, 즉 일관성이 있으면 신뢰성이 높다고 할 것이다. 평정자간의 신뢰도를 평가하는 방법은 자료의 성격에 따라 여러 가지가 있다.

양적(연속적) 자료

예를 들어 세 명의 평정자 (A, B, C)가 10명의 대상자를 관찰하여 대상자의 사회성을 1~5점 척도로 측정하여 다음의 〈표 21-3〉과 같은 예시자료를 얻었다고 하자.

〈표 21-3〉 예시자료

대상자	평정자 A	평정자 B	평정자 C
1	4	3	3
2	2	3	1
3	5	4	3
4	4	2	3
5	1	1	2
6	2	2	1
7	5	3	4
8	4	2	3
9	5	4	4
10	2	3	3

Pearson의 적률상관계수

〈표 21-3〉과 같은 양적 자료의 경우, 평정자간 신뢰도를 평가하는 방법으로 평정자간 적률상관계수를 구할 수 있으며, 가장 흔하게 사용하는 방법 중의 하나이다. 위의 자료 경우, 평정자 A와 B, A와 C, 그리고 B와 C 사이의 상관계수를 제시해 줄 수 있다. 상관계수는 널리 사용되는 통계로 많은 연구자들이 그 의미를 쉽게 이해할 수 있다는 장점이 있다. 반면 두 평정자간 점수가 달라도 평정자 내에서 각 대상자들의 상대적 위치가 유사하면 상관계수가 아주 높게 나온다는 문제점이 있다. 예를 들어 평정자 B 점수를 평정자 A의 점수에 2

점을 더해 구했다면 두 점수 사이의 상관계수는 1이 되어 점수가 다름에도 불구하고 완벽한 신뢰도의 값을 가지게 된다는 문제점이 있다.

SPSS 예시자료 분석

〈그림 21-7〉은 〈표 21-3〉의 자료가 입력되어 있는 **SPSS Data Editor** 화면이다.

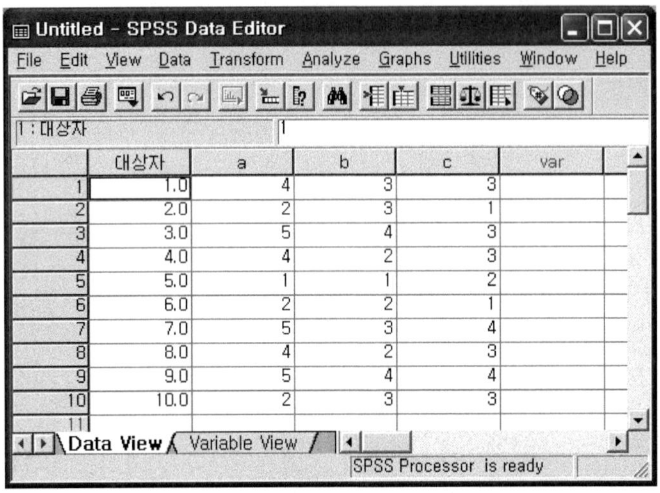

〈그림 21-7〉

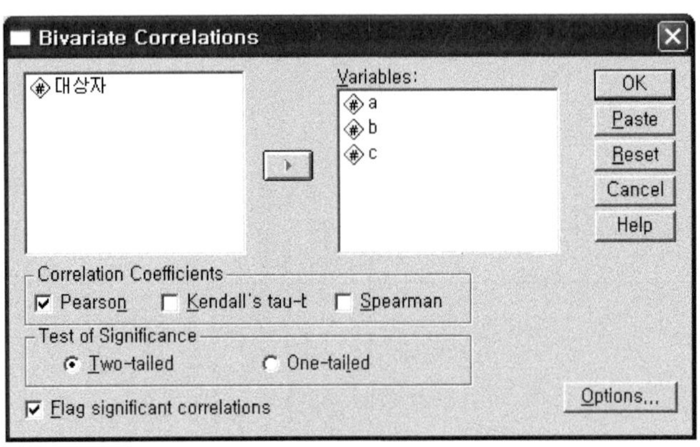

〈그림 21-8〉

각 평정자 점수 간 상관계수를 구하기 위해서는 〈그림 21-7〉에서 **Analyze → Correlate → Bivariate**를 클릭하여 〈그림 21-8〉의 **Bivariate Correlations** 대화상자를 불러와서 상관계수를 구할 변수(여기서는 평정자)들을 **Variables** 상자로 옮기고, 상자 중간 부분에서

Pearson을 선택한다.

〈표 21-4〉와 〈표 21-5〉는 SPSS 출력물의 일부분이다. 〈표 21-5〉에서 보는 바와 같이 평정자 A와 B 사이는 .638, 평정자 A와 C는 .780으로 어느 정도의 상관계수를 보여 주나 B와 C 사이는 .453으로 신뢰도로서는 상당히 낮은 값을 나타내고 있다.

〈표 21-4〉

Descriptive Statistics

	Mean	Std. Deviation	N
A	3.40	1.506	10
B	2.70	.949	10
C	2.70	1.059	10

〈표 21-5〉

Correlations

		A	B	C
A	Pearson Correlation	1	.638*	.780**
	Sig. (2-tailed)	.	.047	.008
	N	10	10	10
B	Pearson Correlation	.638*	1	.453
	Sig. (2-tailed)	.047	.	.188
	N	10	10	10
C	Pearson Correlation	.780**	.453	1
	Sig. (2-tailed)	.008	.188	.
	N	10	10	10

*. Correlation is significant at the 0.05 level (2-tailed).

**. Correlation is significant at the 0.01 level (2-tailed).

유목내 상관(Intraclass correlation)

유목내 상관에 의한 평정자간 신뢰도 평가는 보다 복잡한 통계모형에 기반을 두고 있다. 대상자 i가 평정자 j에게서 받은 점수를 X_{ij}라고 하자. 이 값은 다음과 같은 모형으로 나타낼 수 있다.

$$X_{ij} = \mu_t + \pi_i + \alpha_j + \pi\alpha_{ij} + e_{ij} \qquad (1)$$

여기서 μ_t는 전체 평균, π_i는 대상자 i에 의한 차이, α_j는 평정자 j에 의한 차이, $\pi\alpha_{ij}$는 평정자 j가 대상자 i에 대해 가지는 특정 인상, 즉 상호작용에 의한 효과, 그리고 e_{ij}는 무선오차 부분을 나타낸다. 대상자 간의 점수 차이가 개인의 차이에 의해 주로 결정된다면 평정자에 의한 차이 즉 평정자 오차가 작아질 것이다. 따라서 전체 분산 중 대상자 효과의 분산이 차지하는 비율로 평정자 신뢰도를 평가할 수 있으며, 이 값이 유목내 상관에 해당된다.

$$유목내\ 상관 = \sigma_\pi^2 / (\sigma_\alpha^2 + \sigma_\pi^2 + \sigma_{\alpha\pi}^2 + \sigma_e^2) \quad (2)$$

식 (2)의 각 요소는 평정자가 반복측정 요인이 되는 반복측정 분산분석의 결과를 이용하여 추정한다. 식 (1)과 (2) 마지막 두 요소는 반복측정에서 서로 분리할 수 없기 때문에 평정자와 대상자 간의 상호작용 요소가 오차요소의 역할을 한다. 반복측정 분산분석 결과를 이용하여 추정한 식은 다음과 같다.

$$유목내\ 상관 = \frac{MS_S - MS_{SA}}{MS_S + (J-1)MS_{SA} + J(MS_A - MS_{SA})/n} \quad (3)$$

여기서 J는 평정자의 수, n은 대상자의 수이며, 다른 항은 이미 제16장 반복측정 분산분석에서 설명한 바와 같이 MS_S는 대상자 평균제곱, MS_A는 반복측정 요인 즉 평정자 평균제곱, 그리고 MS_{SA}는 대상자와 평정자간 상호작용 평균제곱을 나타낸다.

SPSS 분석

SPSS를 이용하여 유목내 상관계수를 구하는 방법은 두 가지가 있다. 첫 번째는 반복측정 분산분석을 이용하여 식 (3)의 각 항을 추정하여 (3)을 계산하는 방법이고 두 번째는 SPSS의 척도(scale)를 이용하여 직접 구하는 방법이다.

먼저 첫 번째 방법으로 추정해 보자. 〈그림 21-7〉에서 **Analyze → General Linear Model → Repeated Measures**를 클릭하여 〈그림 21-9〉와 같은 반복측정 요인, 즉 평정자를 정의하는 대화상자를 연다.

〈그림 21-9〉의 상부에서 반복측정 요인의 이름을 정의하고, 반복측정 요인의 수준 수, 즉 반복측정 횟수, 여기서는 평정자 수를 그 다음에 입력한다. 현재의 화면에서는 요인의 이름은 **rater**로, 수준 수는 **3**이 입력되어 있다. 입력 후 **Add**를 클릭하여 하단 부 큰 상자로 옮긴 후 상단 오른쪽 **Define**을 클릭하여 반복측정 요인을 정의할 〈그림 21-10〉의 대화상자를 연다.

이 화면에서는 반복측정 요인(rater)의 하위수준(a, b, c)을 정의해 준다. 여기서는 3개의 하위수준이 이미 옮겨져 있는 것을 보여 주고 있다. 이후 **OK** 버튼을 클릭하여 실제 분석을 실시한다.

다음의 〈표 21-6〉과 〈표 21-7〉은 SPSS 출력물의 일부이다. 이 표의 결과를 이용하여 분산분석표를 작성하면 〈표 21-8〉과 같다.

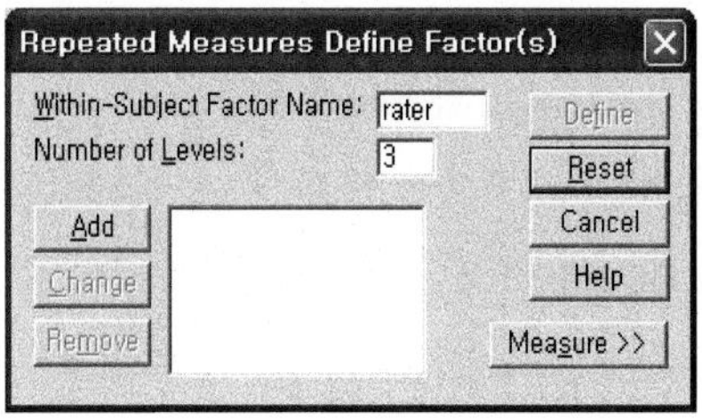

〈그림 21-9〉

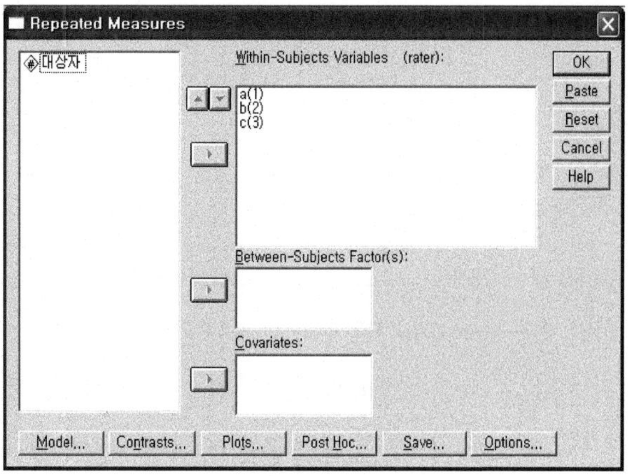

〈그림 21-10〉

〈표 21-6〉

Tests of Within-Subjects Effects

Measure: MEASURE_1

Source		Type III Sum of Squares	df	Mean Square	F	Sig.
RATER	Sphericity Assumed	3.267	2	1.633	2.921	.080
	Greenhouse-Geisser	3.267	1.900	1.719	2.921	.083
	Huynh-Feldt	3.267	2.000	1.633	2.921	.080
	Lower-bound	3.267	1.000	3.267	2.921	.122
Error(RATER)	Sphericity Assumed	10.067	18	.559		
	Greenhouse-Geisser	10.067	17.099	.589		
	Huynh-Feldt	10.067	18.000	.559		
	Lower-bound	10.067	9.000	1.119		

〈표 21-7〉

Tests of Between-Subjects Effects

Measure: MEASURE_1
Transformed Variable: Average

Source	Type III Sum of Squares	df	Mean Square	F	Sig.
Intercept	258.133	1	258.133	81.421	.000
Error	28.533	9	3.170		

〈표 21-8〉

분산원(Source)	제곱합(SS)	자유도(df)	평균제곱(MS)	F	p
평정자(A)	3.267	2	1.633	2.921	.080
대상자(S)	28.533	9	3.170		
오차(SA)	10.067	18	.559		
전체	41.867	29			

〈표 21－8〉의 값들을 식 (3)에 대입하여 구하면 다음과 같다.

$$\text{유목내 상관계수} = \frac{3.170 - .559}{3.170 + (3-1) \times .559 + 3(1.633 - .559)/10} = .566$$

다음은 SPSS의 **Scale**을 이용하여 유목내 상관계수를 구해 본다. 〈그림 21－7〉에서 **Analyze → Scale → Reliability Analysis**를 클릭하여 〈그림 21－11〉의 **Reliability Analysis** 대화상자를 연다. 이 상자에서 신뢰도를 구할 세 평정자를 문항으로 취급하여 오른쪽으로 옮겨 준다. 그 다음에 **Statistics**를 클릭하여 〈그림 21－12〉의 **Statistics** 대화상자를 연다.

〈그림 21－12〉에서 **intraclass correlation coefficient**를 선택하고 **Model**은 **Two-Way** 중에서 아무거나, **Type**은 **Absolute Agreement**를 선택한다.

위의 선택 후 분석을 시행하면 다음과 같이 앞서 반복측정 분산분석에서 얻은 것과 동일한 값을 얻을 수 있다.

Single Measure Intraclass Correlation = .5663

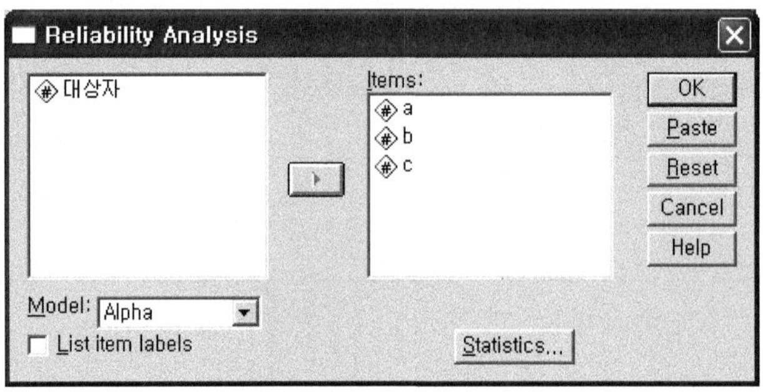

〈그림 21－11〉

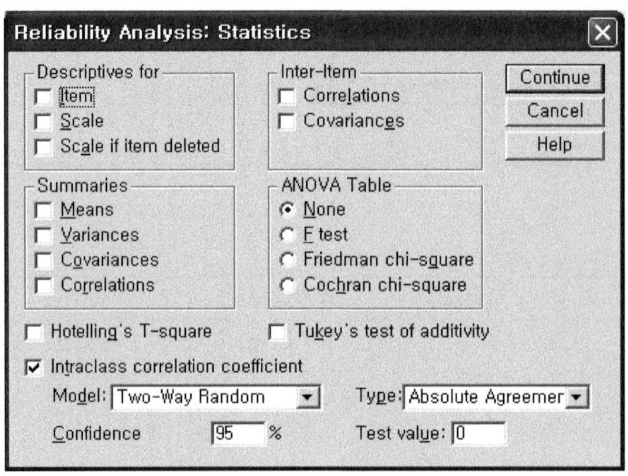

〈그림 21－12〉

유목내 상관계수도 최댓값이 1이므로 .5663은 신뢰도의 값으로는 별로 높지 않은 값이라고 할 수 있다.

범주형 자료

예를 들어 임상경험이 많은 2명의 심리학자 (A, B)가 30명의 청소년을 면담하여 심리학자별로 각 청소년의 성격을 3가지 형(가, 나, 다)으로 분류하여 가형은 1, 나형은 2, 다형은 3으로 입력하여 다음의 〈표 21-9〉와 같은 결과를 얻었다고 하자.

일치 백분율

두 심리학자가 분류한 범주가 서로 일치하는 대상자의 백분율로 신뢰도를 평가할 수 있다. 〈표 21-9〉의 자료를 SPSS의 **Crosstabs**를 이용하여 정리하면 〈표 21-10〉과 같다. 〈표 21-10〉에서 대각선에 있는 셀이 두 평정자의 분류가 일치하는 부분이다. 일치하는 대상자의 수는 전부 21명(8 + 6 + 7)으로 전체 대상자 30명에 대해서 70%의 일치율을 보이고 있다.

그런데 두 평정자의 일치 경우 중 우연에 의한 것도 있으므로 이 부분을 고려한 것이 Cohen의 kappa(κ)이다.

〈표 21-9〉 범주형 예시자료

대상자	A	B	대상자	A	B	대상자	A	B
1	1	1	11	1	3	21	3	1
2	1	1	12	1	3	22	3	2
3	1	1	13	1	3	23	3	2
4	1	1	14	2	2	24	3	3
5	1	1	15	2	2	25	3	3
6	1	1	16	2	2	26	3	3
7	1	1	17	2	2	27	3	3
8	1	1	18	2	2	28	3	3
9	1	2	19	2	2	29	3	3
10	1	2	20	2	3	30	3	3

〈표 21-10〉

구분		평정자 B 분류			합계(비율)
		가(1) 형	나(2) 형	다(3) 형	
평정자 A 분류	가(1) 형	8	2	3	13(.433)
	나(2) 형	0	6	1	7(.233)
	다(3) 형	1	2	7	10(.333)
합계(비율)		9(.30)	10(.333)	11(.367)	30(100)

SPSS 예시자료 분석

〈그림 21-13〉은 〈표 21-9〉의 자료가 입력된 **SPSS Data Editor** 화면이다. 〈그림 21-13〉에서 **Analyze** → **Descriptive Statistics** → **Crosstabs**를 클릭하여 〈그림 21-14〉와 같은 Crosstabs 대화상자를 연다. 〈표 21-10〉과 같은 교차표를 출력하기 위해서는 〈그림 21-14〉에서와 같이 선택해 준다. 여기서 나온 출력물을 기초로 〈표 21-10〉을 작성하였다.

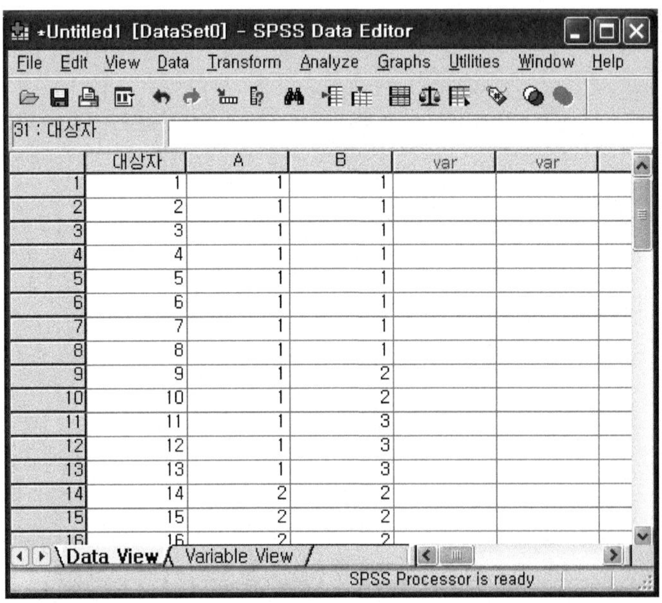

〈그림 21-13〉

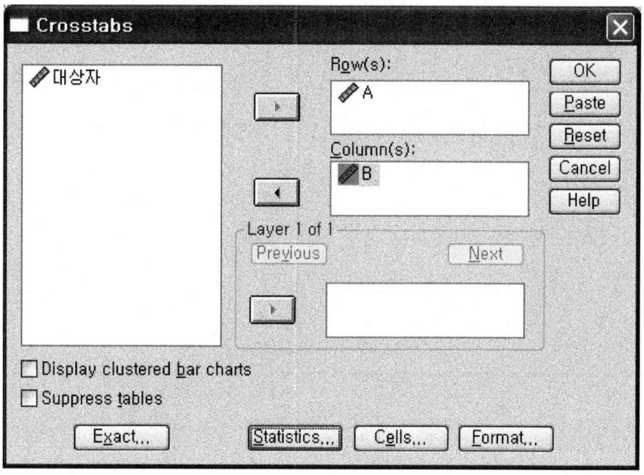

〈그림 21-14〉

Cohen의 kappa(κ)

Cohen의 kappa(κ)는 우연에 의해 일치한 경우를 제외한 전체 경우 중에서 우연에 의한 부분을 제외한 일치 경우의 수의 비로 평정자간 신뢰도를 평가한다.

$$\text{kappa}(\kappa) = \frac{\Sigma f_o - \Sigma f_e}{N - \Sigma f_e} \tag{4}$$

여기서 f_o는 관찰한 일치빈도, f_e는 우연에 의해 일치할 기대빈도, N은 전체 대상자 수이다. 〈표 21-10〉에서 우연에 의해 가(1) 형으로 일치할 기대빈도는 .300 × .433 × 30 = 3.897, 나(2) 형은 .333 × .233 × 30 = 2.328, 다(3) 형은 .367 × .333 × 30 = 3.666, 그리고 이들을 합하면 9.891, 그리고 관찰한 일치빈도는 21이므로 이들 값을 식 (4)에 대입하면 kappa(κ) = .552가 된다.

Landis와 Koch(1977)는 Cohen의 kappa(κ) 값의 해석에 대해 다음과 같은 기준을 제시하고 있다.

.21 ~ .40 fair reliability

.41 ~ .60 moderate reliability

.61 ~ .80 substantial reliability

.80 이상 almost perfect reliability

SPSS 예시자료 분석

SPSS에서 kappa(κ) 값을 직접 구하기 위해서는 〈그림 21－14〉에서 **Statistics** 버튼을 클릭하여 〈그림 21－15〉의 대화상자를 열어 **Kappa**를 선택해 주면 된다. 〈표 21－11〉은 SPSS 출력물의 일부분이다. 여기서 kappa 값 .552는 앞에서 계산한 값과 일치함을 알 수 있다.

〈표 21-11〉

Symmetric Measures

		Value	Asymp. Std. Error[a]	Approx. T[b]	Approx. Sig.
Measure of Agreement	Kappa	.552	.122	4.381	.000
N of Valid Cases		30			

a. Not assuming the null hypothesis.

b. Using the asymptotic standard error assuming the null hypothesis.

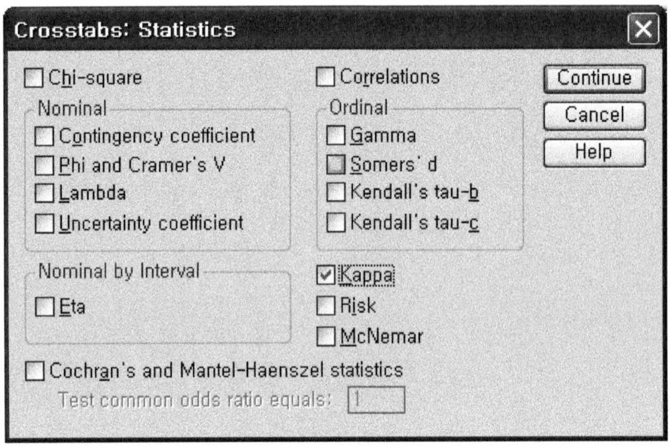

〈그림 21-15〉

등위(rank) 자료: Kendall's coefficient of concordance(Kendall's W)

어떤 대상자들이나 자극들에 대해 평정자들이 등수를 부여했을 경우, 그 등수가 평정자간에 어느 정도 일치하는지로 신뢰도를 평가할 수 있다. 예를 들어 10명의 평정자에게 현재 우리 교육현장의 문제 5개(사교육비, 학원폭력 등)를 그 심각성에 따라 1위에서 5위까지 순위를 매기게 한 경우, 또는 10명의 평정자들에게 5명의 연예인 명단을 주고 좋아하는 순서를 정하게 하는 경우에 평정자간에 등수가 일치하는 정도의 신뢰도이다. 이러한 용도로 사용하는 것이 Kendall's coefficient of concordance(Kendall's W)이다. 앞 예의 교육현장 문제에 대한 10명의 평정 등수가 〈표 21－12〉의 예시자료와 같았다고 하자.

〈표 21-12〉 예시자료

평정자	교육문제 1	교육문제 2	교육문제 3	교육문제 4	교육문제 5
1	1	2	3	4	5
2	1	2	4	5	2
3	2	4	3	1	5
4	2	1	4	3	5
5	1	3	2	5	4
6	3	1	2	4	5
7	2	3	1	5	4
8	1	2	3	4	5
9	2	1	4	3	5
10	1	2	4	5	3
합계	16	21	30	39	43

만약 평정자간에 등수가 거의 비슷하여 문제 1에 대부분이 등수 1을 주었다면 등수 합이 10에 가까울 것이고 문제 5에 대부분 5등을 주었다면 합은 50에 가까울 것이다. 따라서 동일 문제에 비슷한 등수를 주었다면 문제 간에 등수의 합이 서로 차이가 많을 것이다. 그렇지 않은 경우라면 등수의 합이 서로 차이가 많지 않을 것이다. 따라서 등수가 서로 일치할수록 합계점수 사이의 분산이 커지게 된다. Kendall's W는 합계점수들 사이의 최대 가능한 분산에 대한 합계점수들 사이의 실제 분산의 비로 정의된다.

$$W = \frac{\text{합계점수들의 분산}}{\text{합계점수들의 최대 가능 분산}}$$

그런데 Kendall의 W는 그 해석상 어려움이 있어 Hay는 W값을 보고하는 동시에 모든 평정자 짝의 등위 점수 사이의 Spearman 상관계수를 구해 그 상관계수의 평균을 해석하는 것이 더 의미 있다고 제안하고 있다.

SPSS 예시자료 분석

다음의 〈그림 21-16〉은 〈표 21-12〉의 자료가 입력된 **SPSS Data Editor** 화면이다. 이 화면에서 **Analyze → Nonparametric Tests → K Related Samples**를 클릭하여 〈그림 21-17〉의 화면을 열고 **Test Variables** 상자로 5개의 문제를 옮기고 **Kendall's W**를 선택한다. 〈표 21-13〉은 분석결과물의 일부이며, 여기서 W값은 .534임을 알 수 있다.

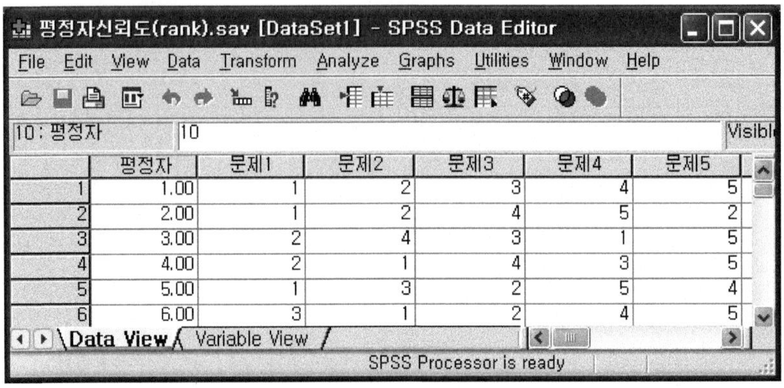

〈그림 21-16〉

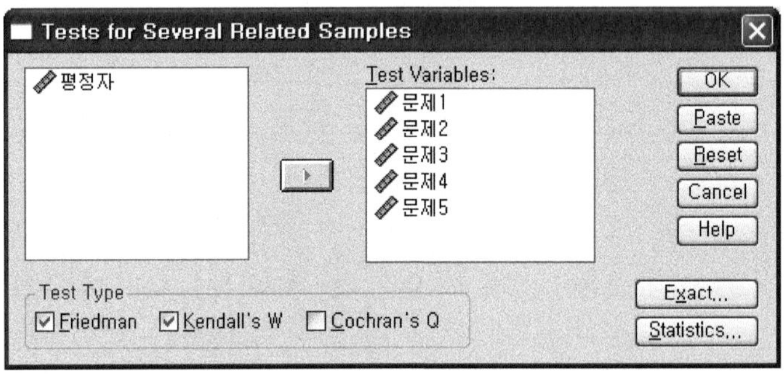

〈그림 21-17〉

〈표 21-13〉

Test Statistics

N	10
Kendall's W[a]	.534
Chi-Square	21.367
df	4
Asymp. Sig.	.000

a. Kendall's Coefficient of Concordance

22장 로지스틱 회귀

1. 로지스틱 회귀모형(logistic regression model)의 내용

지금까지 앞에서 다룬 일반적인 회귀모형은 그 종속변수가 연속변수이다. 예를 들어 학생들의 지적 능력과 성취동기, 그리고 SES를 이용하여 연속변수인 성취수준을 설명 또는 예측하는 모형이 일반적인 중다회귀모형이다. 이 경우, 종속변수를 예측하는 데 사용하는 독립변수는 양적 변수는 물론 가변수를 사용하여 범주형(질적)도 사용할 수 있다. 그런데 로지스틱 회귀모형에서의 종속변수는 연속변수가 아니라 범주형(categorical) 변수이다. 예를 들어 이 로지스틱 회귀모형이 가장 널리 사용되고 있는 분야 중의 하나인 보건학 부분에서는 기존 환자의 임상자료를 활용하여 특정 질병의 발병여부를 종속변수로, 체온, 맥박수 등 여러 진단변수를 독립변수로 질병 발병여부를 예측할 수 있는 모형을 만든 후, 새로운 환자를 대상으로 진단 변수를 측정하여 해당 질병 진단에 사용한다. 즉 각종 진단자료와 최종 질병 유무의 데이터베이스 자료를 이용하여 일반적인 진단자료로 질병 발생 확률 예측 모형을 만들어, 새로운 환자 진단 시 비용이 저렴한 일반적인 진단자료로 먼저 질병 발생 확률을 예측한 후, 확률이 높은 경우에는 보다 고비용의 정밀한 진단 검사를 실시할 수 있는 것이다. 또한 이 모형을 이용하여 각 독립변수의 발병 확률에 미치는 효과를 점검할 수도 있다.

종속변수의 범주가 둘 이상인 경우도 다룰 수 있지만 여기서는 범주가 두 개인 이분형(dichotomous, binary) 변수에 대해서만 논의한다. 이분형 종속변수는 가변수의 경우와 마찬가지로 한 범주는 0, 다른 범주는 1로 나타낸다. 일반적으로 관심사가 일어난 경우를 1(성공), 아닌 경우를 0(실패)으로 표기한다. 앞 예에서 발병한 경우 1, 아닌 경우 0으로 표기하는 것이 그것이다.

모형의 설정

일반회귀모형의 경우, 독립변수가 1개인 단순회귀모형 $\hat{Y} = a + bX$는 〈그림 22-1〉과 같이 나타낼 수 있다. 이를 확장하여 k개의 독립변수를 포함하는 중다회귀모형은 $\hat{Y} = a + b_1X_1 + b_2X_2 + \cdots + b_kX_k$로 표현된다.

그런데 종속변수 Y_i가 이분형(예/아니오, 성공/실패 등)인 경우, 종속변수가 연속변수인 일반회귀모형을 직접적으로 적용하기는 어렵다. 로지스틱 회귀모형에서는 대신 이분형 종속변수를 연속변수로 표현하기 위하여 Y_i를 직접 예측하는 대신 Y_i가 1일 확률 $\hat{Y}_i$을 종속변수로 하여 예측하며 주어진 X에 대해 Y_i가 1일 확률 $\hat{Y}_i$는 다음의 〈그림 22-2〉와 같은 모양을 갖는다고 가정한다. 그런데 〈그림 22-2〉와 같은 모양을 갖는 함수에는 로지스틱 함수와 normal ogive 등이 있는데 로지스틱 회귀모형에서는 이름 그대로 로지스틱 함수를 사용한다. probit 회귀모형에서는 normal ogive를 사용한다.

독립변수가 X 하나인 경우 이분형 종속변수를 사용하는 〈그림 22-2〉의 이분(binary) 로지스틱 모형은 다음과 같이 나타낼 수 있다.

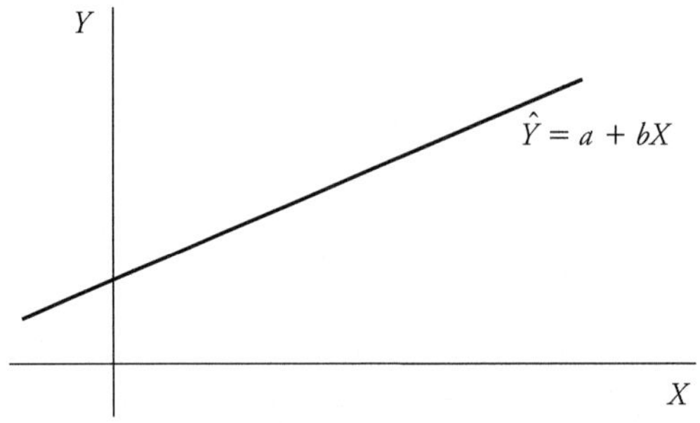

〈그림 22-1〉

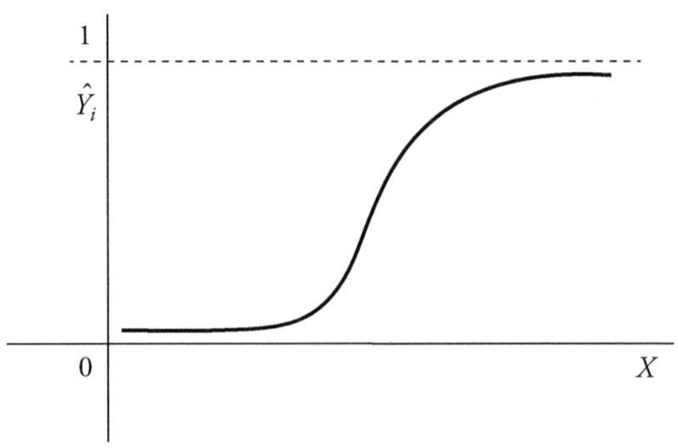

〈그림 22-2〉

$$\hat{Y}_i = \frac{e^{a+bX}}{1+e^{a+bX}} = \frac{1}{1+e^{-(a+bX)}} \qquad Y_i = \begin{cases} 0 \\ 1 \end{cases} \tag{1}$$

중다회귀모형의 경우와 마찬가지로 k개의 독립변수의 경우로 확장하면 식 (1)의 모형은

$$\hat{Y}_i = \frac{e^{a+b_1X_1+b_2X_2+\cdots+b_kX_k}}{1+e^{a+b_1X_1+b_2X_2+\cdots+b_kX_k}} = \frac{1}{1+e^{-(a+b_1X_1+b_2X_2+\cdots+b_kX_k)}} \qquad Y_i = \begin{cases} 0 \\ 1 \end{cases} \tag{2}$$

로 표현할 수 있다. 모형표현의 단순성을 위해서 $u(X) = a + b_1X_1 + b_2X_2 + \cdots + b_kX_k$, $X = (X_1, X_2, \cdots X_k)$로 나타내면 위 식 (2)의 모형은

$$\hat{Y}_i = \frac{e^{u(X)}}{1+e^{u(X)}} = \frac{1}{1+e^{-u(X)}} \quad Y_i = \begin{cases} 0 \\ 1 \end{cases} \quad u(X) = a + b_1X_1 + b_2X_2 + \cdots + b_kX_k \tag{3}$$

과 같이 나타낼 수 있다.

여기서 $X = (X_1, X_2, \cdots X_k)$는 독립변수들로 이루어진 벡터, Y_i는 실제 이분형 종속변수로 $Y_i = 0$ 또는 $Y_i = 1$의 값을 가지며 $\hat{Y}_i$는 주어진 $u(X)$에서 $Y_i = 1$일 확률이다. 이 확률값 $\hat{Y}_i$가 1에 가까우면 실제 값 $Y_i = 1$과, 그리고 확률 $\hat{Y}_i$가 0에 가까우면 실제 값 $Y_i = 0$과 거의 비슷해진다. 결국 이 모형은 k개의 독립변수(양적 또는 범주형)로 〈그림 22−2〉의 모양을 갖는 종속변수의 값이 성공($Y_i = 1$)일 확률 $\hat{Y}_i$를 예측하는 것이다.

모형의 수학적 의미

식 (3)을 구성하는 처음 식의 이분 로지스틱 모형을 $e^{u(X)}$에 대해 풀면 다음과 같이 표현할 수 있다.

$$e^{u(X)} = \frac{\hat{Y}_i}{1-\hat{Y}_i} \tag{4}$$

위 식에서 $\hat{Y}_i/(1-\hat{Y}_i)$는 어떤 개체의 성공의 확률($\hat{Y}_i$)을 실패의 확률($1-\hat{Y}_i$)로 나눈 것으로 이를 승산(odds)이라고 한다. 따라서 추정된 $u(X)$에 대한 $e^{u(X)}$ 값은 각 개체의 승산을 나타낸다.

위 식의 양변에 자연 로그($\log_e$ 또는 ln)를 취해서 $u(X)$에 대해 풀면 다음과 같다.

$$u(X) = \log_e \frac{\hat{Y}_i}{1-\hat{Y}_i} \quad (\text{또는 } \ln \frac{\hat{Y}_i}{1-\hat{Y}_i}) \tag{5}$$

이 식에서 알 수 있는 바와 같이 $u(X)$의 추정치는 승산에 자연 로그를 취한 값으로 이를

로지트(logit)라고 한다.

결과적으로 로지스틱 회귀모형은 다음의 3가지 형태로 나타낼 수 있다.

$$\hat{Y}_i = \frac{e^{u(X)}}{1 + e^{u(X)}} = \frac{1}{1 + e^{-u(X)}} \quad \text{: 로지스틱(Logistic)} \tag{6}$$

$$e^{u(X)} = \frac{\hat{Y}_i}{1 - \hat{Y}_i} \quad \text{: 승산(odds)} \tag{7}$$

$$u(X) = \log_e \frac{\hat{Y}_i}{1 - \hat{Y}_i} \quad \text{: 로지트(Logit)} \tag{8}$$

따라서 주어진 자료로 추정된 $a, b_1, b_2, \cdots, b_k$ 값으로 이루어진 $u(X) = a + b_1X_1 + b_2X_2 + \cdots + b_kX_k$를 위의 각 식에 대입한 모형에서 식 (6)은 각 개체의 성공확률을, 식 (7)은 각 개체의 승산을, 그리고 식 (8)은 각 개체의 로지트 값을 알려 준다.

회귀계수의 추정

일반중다회귀모형 $\hat{Y} = a + b_1X_1 + b_2X_2 + \cdots + b_kX_k$에서 회귀계수 $a, b_1, b_2, \cdots, b_k$는 최소자승법(least squares methods)을 주로 사용한다. 즉 원래의 종속변수 Y_i와 $\hat{Y}_i$와의 차이인 잔차(residual)의 제곱합인 $\Sigma(Y_i - \hat{Y}_i)^2$을 최소로 하는 $a, b_1, b_2, \cdots, b_k$ 를 구한다. 그런데 로지스틱 모형에서는 반복최대우도추정법(iterative maximum−likelihood estimation)을 사용한다. 이 방법에서는 실제 종속변수 관측 값 Y_i(1 또는 0)와 예측된 확률 $\hat{Y}_i$로 다음의 값을 이용한다.

$$-2\text{LL(log}-\text{likelihood)} = 2\Sigma[Y_i \ln(\hat{Y}_i) + (1 - Y_i)\ln(1 - \hat{Y}_i)] \tag{9}$$

−2LL은 일반회귀모형의 잔차 제곱합과 유사한 것으로 모형에 의해 설명되고 남은 정보의 양을 나타내는 지시자로 이 값이 클수록 모형이 실제 자료에 적합하지 않다는 의미이다. 추정방법은 임의로 선정한 회귀계수로 시초 모형을 만들어 오차를 구하고 다시 관찰자료와 가까워지는 (오차가 작아지는) 방향으로 즉 −2LL 값이 작아지는 방향으로 회귀계수를 변경하여 새 모형과 전 단계 모형의 −2LL 값 차이가 거의 없어질 때까지(이를 모형의 수렴이라고 함) 반복한다. −2LL의 차이는 χ^2검증으로 이루어진다.

추정된 모형의 평가(적합도 검증)

log-likelihood에 의한 χ^2검증

일반회귀모형의 적합도 검증의 기본 지수는 R^2이다. R^2 = SSr/SSt = (SSt − SSe)/SSt을 다른 측면에서 보면 분모를 이루는 항은 SSt = $\Sigma(Y - \overline{Y})^2$인데 이는 독립변수가 없는 경우 Y를 $\overline{Y}$로 예측할 때의 오차정보를, 분자항은 독립변수를 도입한 모형으로 예측했을 때의 오차정보를 나타낸다고 할 수 있어 이 두 모형을 비교하는 셈이다. 즉 적합도를 검증하기 위해 독립변수가 도입된 new model(분자 부분)을 독립변수가 없는 baseline model(분모 부분)과 비교하는 것으로 볼 수 있다. 로지스틱 모형의 경우도 마찬가지로 평가하고자 하는 새 모형(new model)의 −2LL과 기본비교모형(baseline model)의 −2LL을 비교한다. 이 두 차이는 χ^2 분포를 한다.

$$\chi^2 = [-2\text{LL(baseline)} - (-2\text{LL(new)}] = 2[\text{LL(new)} - \text{LL(base)}] \quad (10)$$

df: [새 모형의 모수 수 (k + 1)] − [기본비교모형의 모수 수]

기본비교모형으로 가장 널리 사용되는 것은 constant−only model (앞으로 상수모형으로 부르기로 한다.)로 $u(X) = a$이다. 이는 독립변수(predictor)가 전혀 없는 모형으로 Y_i의 0과 1의 개수를 비교하여 많은 쪽으로 전부 예측하는 모형이다. 이 상수모형을 기본비교모형으로 사용하여 새 모형의 적합도를 검증하는 것을 SPSS에서는 **Omnibus Test**라고 한다.

−2LL 통계는 서로 내재된(nested) 두 모형을 비교할 때도 사용한다. 모수의 수가 적은 기본비교모형과 더 복잡한 새 모형을 비교하여 유의한 χ^2 감소가 이루어지지 않으면 간단한 모형을 채택한다.

Hosmer−Lemeshow Test

평가하고자 하는 모형으로 일종의 관찰빈도/기대빈도 교차표를 만들고 이 표에 대한 χ^2검증이 이루어진다. 이 검증이 유의하지 않아야 모형과 실제 자료가 잘 적합하므로 좋은 모형이다. SPSS에서는 이 검증이 선택사항이다.

각 회귀계수의 유의성(wald test)

각 회귀계수 $a, b_1, b_2, \cdots, b_k$의 유의성은 Wald 통계량(χ^2)으로 이루어진다.

$$\text{Wald} = \frac{b_j^2}{\text{SE}b_j^2} \quad (11)$$

이 유의성 검증은 다른 독립변수를 통제했을 때 해당 독립변수 기여의 유의성이다. 그런데 이 Wald 검증은 너무 보수적이어서 검증력이 매우 낮은 것으로 알려져 있어 대안으로 해당 독립변수를 제외했을 때와 포함했을 때의 −2LL 차이에 대한 χ^2검증을 사용하기도 한다.

각 독립변수 효과의 해석, 요약, 보고

로지트(logit)로 해석

$u(X) = a + b_1X_1 + b_2X_2 + \cdots + b_kX_k = \ln\frac{\hat{Y}_i}{1-\hat{Y}_i}$이므로 각 회귀계수 b_j의 의미는 다른 독립변수 통제 시 해당 독립변수 X_j 값 1단위 증가에 기대되는 승산의 ln 값(로지트)의 증가로 해석할 수 있다. 그런데 이 로지트는 그 일상적인 의미를 쉽게 이해하기 어려운 단점이 있다.

승산비(odds ratio)로 해석

승산형식 모형 식 (7)은 다음과 같이 나타낼 수 있다.

$$e^{u(X)} = e^{a + b_1X_1 + b_2X_2 + \cdots + b_jX_j + \cdots b_kX_k} = e^a . e^{b_1X_1} . e^{b_2X_2} \cdots e^{b_jX_j} \cdots e^{b_kX_k} = \frac{\hat{Y}_i}{1-\hat{Y}_i} \quad (12)$$

그런데 독립변수 X_j가 1단위 증가하면 $e^{b_j(X_j+1)} = e^{b_jX_j} . e^{b_j}$이므로 위 식은 다음과 같이 된다.

$$e^a . e^{b_1X_1} . e^{b_2X_2} \cdots e^{b_j(X_j+1)} \cdots e^{b_kX_k} = e^a . e^{b_1X_1} . e^{b_2X_2} \cdots e^{b_jX_j} . e^{b_j} \cdots e^{b_kX_k} = e^{b_j}\frac{\hat{Y}_i}{1-\hat{Y}_i} \quad (13)$$

즉 다른 독립변수를 통제했을 때, X_j가 1단위 증가하면 승산이 e^{b_j}배로 증가된다. 이 e^{b_j}를 독립변수 X_j의 승산비라고 한다. 따라서 회귀계수 b_j의 또 다른 의미는 다른 독립변수를 통제했을 때, X_j가 1단위 증가하면 승산이 e^{b_j}배로 증가한다는 승산비로 해석할 수 있다. 이 승산비가 1보다 크면 승산이 증가, 1보다 작으면 승산이 감소한다는 의미이다. 그런데 SPSS의 경우는 성공(이분종속변수 값을 1로 입력한 것)에 대한 승산비, SAS는 실패에 대한 승산비를 출력해 준다. 승산비는 개별 독립변수의 효과의 크기로도 해석할 수 있다. 1에서 멀어질수록 영향력이 커지므로 큰 효과, 1에 접근할수록 작은 효과이다. 1에서 멀어질수록 큰 효과이므로 1보다 작은 경우는 역수를 취해서 반대로 해석할 수도 있다. 예를 들어 $e^{b_j} = .5$인 경우 X_j가 1단위 증가하면 승산이 반으로 감소한다는 의미이다. 그런데 .5

의 역수는 2이므로 X_j가 1단위 감소하면 승산이 2배로 증가, 또는 X_j가 1단위 증가하면 실패의 승산이 2배 증가한다 등으로 해석할 수 있다.

성공의 확률(비율)로 해석

어떤 개체의 독립변수들의 값이 X로 주어졌을 때, 그 개체의 종속변수 값이 성공일 확률이 식 (6)과 같으므로 다른 독립변수들을 일정한 값(예를 들어 평균)으로 고정하고 관심 독립변수 X_j의 어떤 특정 값에 대한 종속변수의 성공확률을 구해 해당 독립변수의 효과를 검토해 볼 수 있다. 또는 X_j의 값을 특정 구간 값으로 변화시켰을 때, 종속변수의 성공확률이 어떤 범위로 변화하는지를 검토해 볼 수도 있다. 후자의 경우 X_j 변화의 구간은 특정 값 범위, 1표준편차, 최솟값과 최댓값 즉 범위, 사분범위(IQR) 등을 고려해 볼 수 있다.

표준화 회귀계수

일반회귀모형의 경우와 마찬가지로 표준화 회귀계수로 각 독립변수의 중요성을 비교할 수 있다. 그런데 SPSS에서는 로지스틱 회귀의 표준화 회귀계수를 제공하지 않는다. 따라서 표준화 회귀계수를 구하기 위해서는 사용자가 먼저 독립변수를 Z점수로 변환한 뒤 모형을 추정해야 한다.

일반회귀모형의 R^2와 유사한 통계량 등 적합도 및 효과의 크기

Mcfadden's R^2

$$R^2 = 1 - \frac{\mathrm{LL(new)}}{\mathrm{LL(baseline)}} \tag{14}$$

이 값은 일반회귀모형의 R^2보다 작은 경향이 있으며 .2~.4도 매우 큰 값이다.

Hosmer & Lemeshow's R^2

$$R^2 = 1 - \frac{-2\mathrm{LL(new)}}{-2\mathrm{LL(baseline)}} \tag{15}$$

Cox & Snell

$$R_{cs}^2 = 1 - e^{-\frac{2}{n}[\mathrm{LL(new)} - \mathrm{LL(baseline)}]} \tag{16}$$

이 값은 최댓값이 1이 안 되므로 이를 교정한 것이 Nagelkerke R^2이다.

Nagelkerke R^2

$$R_N^2 = \frac{R_{cs}^2}{1 - e^{\frac{2}{n}\mathrm{LL(baseline)}}} \tag{17}$$

분류의 정확성

추정된 모형으로 주어진 자료에서 각 개체의 성공의 확률을 구해 확률이 일정 임계치 이상(보통 .5로 SPSS에서는 이 값으로 사전 설정되어 있고 수정 가능)인 경우 성공, 아니면 실패로 분류하여 주어진 자료의 실제 성공, 실패 분류와 비교하여 그 일치도를 구해 모형의 적합성을 평가할 수 있다.

분류의 옳고 그름의 정도를 보다 세분하면 다음과 같다.

Sensitivity of prediction: 성공으로 예측한 것 중에서 실제로 성공인 비율
Specificity of prediction: 실패로 예측한 것 중에서 실제로 실패인 비율
False positive ratio: 성공으로 예측한 것 중 실제로는 실패인 비율
False negative ratio: 실패로 예측한 것 중 실제로는 성공인 비율

로지스틱 회귀모형의 구축방법

중다회귀모형에서 표준적 회귀(동시적 회귀), 순차적 회귀, 단계적 회귀 등의 방법 등에 의한 모형 구축 방법 내지 접근법을 논의하였다. 로지스틱 경우도 중다회귀의 경우와 완전히 동일한 전략을 사용한다. 표준적 회귀에서는 모든 독립변수를 동시에 모형에 포함시키고, 순차적 회귀에서는 연구자가 사전에 설정한 순서대로 모형에 투입한다. 그리고 단계적 회귀에서는 많은 수의 독립변수 중에서 순차 선택법, 역순 제거법, 단계적 선택법 등의 방법으로 모형을 구축한다. 예를 들어, 기존의 모형에 포함된 독립변수에 추가적으로 투입한 독립변수들의 유의성은 순차적 회귀 전략을 사용하여 기존의 독립변수를 먼저 투입하고 다음에 새로운 변수를 투입했을 때, 예측력이 얼마나 증대하는가로 검증하게 된다. 일반중다회귀모형과의 차이점은 R^2 증가에 대한 F검증 대신 새 독립변수들을 투입했을 때 -2LL의 감소를 χ^2 통계로 검증한다는 것일 것이다.

로지스틱 회귀모형의 특성과 다른 모형과의 관계

종속변수의 범주 수에 따른 모형의 분류

이 교재에서는 범주의 수가 2개인 이분 로지스틱 회귀모형만을 다루었지만 3개 이상의 경우도 분석할 수 있다. 범주가 3개 이상인 경우 다분 로지스틱 회귀모형(multinomial logistic) 또는 다분 로지스틱 모형(multinomial logistic 또는 polychotomous logistic)이라고 한다. 범주의 수가 m인 경우 $m-1$개의 로지스틱 모형으로 분석한다. 그런데 m개의 범주에 순서가 있는가 없는가에 따라 $m-1$개의 모형의 의미가 달라진다. 순서가 있는 경우, 첫 번째 모형은 첫 번째 범주 이상에 속할 확률, 두 번째 모형은 두 번째 범주 이상에 속할 확률 등의 의미를 나타내며, SPSS에서는 SPSS PLUM으로 분석한다. 순서가 없는 경우 각 모형은 특정 범주에 속할 확률을 나타낸다. 순서가 있는 경우 양적 변수(연속변수)로 간주하여 일반적인 중다회귀를 사용할 수 있으나 분포가 정규분포와 너무 달라 연속변수로 고려하기 어려운 경우는 특히 로지스틱 모형이 적합하다.

다른 통계방법과의 비교

① 로지스틱 회귀모형은 독립변수의 정규성, 선형성, 등분산성 가정 등이 필요 없고, 독립변수로 양적 변수, 질적 변수 모두 쉽게 포함할 수 있어 융통성이 매우 높다. 그리고 앞에서도 살펴본 바와 같이 종속변수가 이분은 물론 다분 모두 가능하다.

② 로지스틱 회귀모형은 특히 비선형관계에서 유용하다. 예를 들어 혈압이 낮은 범위 내에서는 혈압 10 정도 변화에는 심장병 확률이 큰 차이가 없으나 높은 수준에서는 큰 차이가 있는 경우가 전형적인 비선형관계이다.

③ 로지스틱 회귀모형에서 문제가 생기는 경우는 범주에 해당 개체가 없거나 너무 적은 경우(빈곳이 없고 5보다 적은 것이 20% 이하라야 한다), 그리고 중간 자료가 없는 경우이다(이를 complete separation이라고 함).

④ 독립변수의 분포가정이 만족되는 경우는 판별분석(discriminant analysis)이 검증력이 더 높고 효율적이다.

⑤ 독립변수가 모두 범주형 변수(질적 변수)인 경우는 로그선형모형이 더 편리하다.

⑥ 독립변수의 독립성 가정이 만족하지 않을 경우는 다층모형(ML: Multilevel Model) (위계선형모형(HLM: Hierarchical Linear Model)이라고도 함)을 사용하는 것이 바람직하다. 이 모형은 또한 집단수준의 변수가 개인수준 종속변수에 미치는 영향을 탐구할 수도 있다.

2. SPSS 분석방법

예시자료

예시자료는 Wuenschk의 자료로 http://core.ecu.edu/psyc/wuenschk/SPSS/Logistic.sav에서 가져온 것이다. 이 자료는 315명의 대학생을 대상으로 자신이 어떤 대학의 연구심의위원회 위원이라고 가정하고 현재 대학 내에서 시행되고 있는 어떤 한 가상적인 연구에 대한 가상적인 민원을 심의하여 그 연구를 계속하게 할 것인지 그만두게 할 것인지를 결정하게 한 결과이다. 민원의 내용은 동물을 대상으로 하는 해당 연구가 동물에게 너무 가혹하다는 내용 등이다. 가상적 위원들인 연구대상자들에게는 가상적 연구자가 자신의 연구를 방어하기 위해 제출한 연구의 목적 및 연구의 필요성을 설명한 다섯 가지 다른 시나리오(scenario) 중의 하나을 읽게 하였다. 그 시나리오의 주제는 각각 cosmetic, theory, meat, veterinary, medical이었다. 그리고 연구대상자들을 대상으로 그들의 성별과 윤리적 입장을 나타내는 relativism 차원과 idealism 차원을 측정하였다. relativism 차원의 의미는 이 점수가 높은 사람

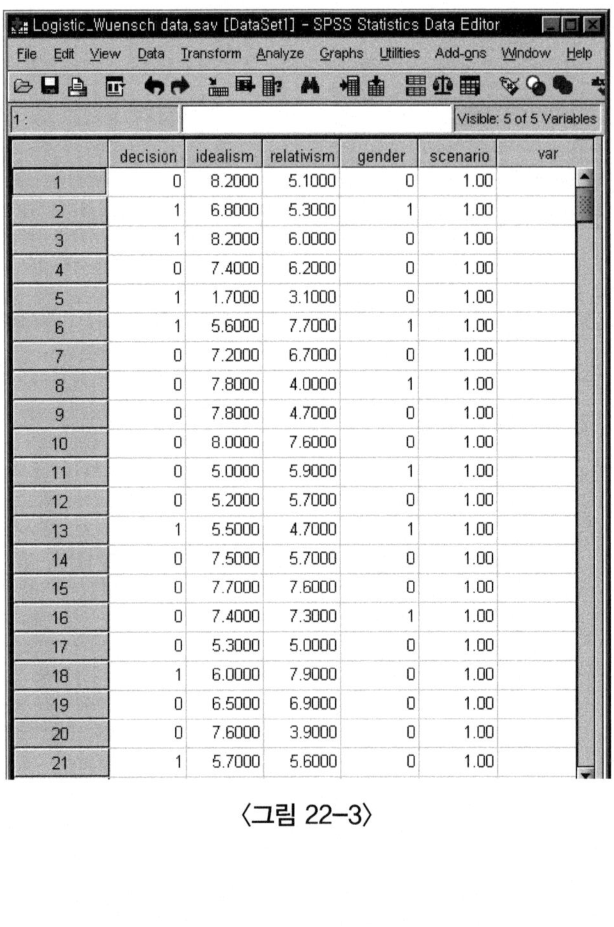

	decision	idealism	relativism	gender	scenario	var
1	0	8.2000	5.1000	0	1.00	
2	1	6.8000	5.3000	1	1.00	
3	1	8.2000	6.0000	0	1.00	
4	0	7.4000	6.2000	0	1.00	
5	1	1.7000	3.1000	0	1.00	
6	1	5.6000	7.7000	1	1.00	
7	0	7.2000	6.7000	0	1.00	
8	0	7.8000	4.0000	1	1.00	
9	0	7.8000	4.7000	0	1.00	
10	0	8.0000	7.6000	0	1.00	
11	0	5.0000	5.9000	1	1.00	
12	0	5.2000	5.7000	0	1.00	
13	1	5.5000	4.7000	1	1.00	
14	0	7.5000	5.7000	0	1.00	
15	0	7.7000	7.6000	0	1.00	
16	0	7.4000	7.3000	1	1.00	
17	0	5.3000	5.0000	0	1.00	
18	1	6.0000	7.9000	0	1.00	
19	0	6.5000	6.9000	0	1.00	
20	0	7.6000	3.9000	0	1.00	
21	1	5.7000	5.6000	0	1.00	

〈그림 22-3〉

일수록 보편적인 도덕적 원리를 부정하고 행동의 개인적 상황적 분석을 선호한다. idealism 차원은 이 점수가 높은 사람일수록 윤리적인 행동은 항상 바람직한 결과를 낳는 것이지 나쁜 결과를 낳거나 나쁜 결과와 좋은 결과가 같이 나타나지 않는다고 믿는다는 의미이다. (변수의 구체적인 성격은 Wuenschk 참조)

따라서 **성별**, **relativism**, **idealism**, **scenario**를 독립변수로, 연구의 계속 여부 결정이 종속변수가 된다. 독립변수 중 **성별**과 **scenario**가 범주형 변수이고, **relativism**과 **idealism**이 연속변수(양적 변수)이다. 〈그림 22－3〉은 이 자료가 담긴 **Data Editor** 화면의 일부이다. 이 화면에 나타난 자료는 원래 Wuenschk의 자료와 조금 차이가 난다. 독립변수 중 **성별**과 **scenario**는 질적 자료이기 때문에 가변수로 변환하여야 한다. 성별은 범주가 2개로 하나의 가변수가 필요한데 이미 입력한 자료가 가변수의 역할을 하므로 따로 신경 쓸 필요가 없다. scenario의 경우는 범주가 5개이므로 4개의 가변수가 필요하다. Wuenschk 원래 자료에서는 **scenario**를 위한 4개의 가변수가 미리 만들어져 입력되어 있다. 그런데 SPSS의 로지스틱 회귀모형에서는 범주형 변수임을 사용자가 알려 주면 SPSS 자신이 가변수를 만들어 분석한다. 그러나 이 가변수를 **Data Editor** 화면에 변수로 추가하지는 않는다. SPSS가 내부적으로 가변수를 생성하여 분석하는 과정을 보여 주기 위해 〈그림 22－3〉의 화면에서는 Wuenschk의 원래 자료와는 달리 **scenario**라는 변수를 만들어 cosmetic은 1로, theory는 2, meat는 3, veterinary는 4, medical은 5로 표기하여 입력하였다. **성별**(gender)은 가변수 역할을 하도록 여자는 0, 남자는 1로, 종속변수인 **decision**은 stop(중단, 실패)은 0, continue(계속, 성공)는 1로 표기하였다.

SPSS 분석

다른 명백한 이론적인 이유가 없는 경우에는 모든 독립변수를 동시에 투입하는 표준적 로지스틱 회귀를 사용하는 것이 가장 일반적이다. 여기서도 표준적(standard)/동시적(simultaneous) 로지스틱 회귀에 대해서만 살펴본다.

이분 로지스틱 회귀모형 분석을 위해서는 메뉴에서 **Analyze** → **Regression** → **Binary Logistic**을 차례로 클릭하여 〈그림 22－4〉와 같은 **Logistic Regression** 화면을 부른다. 이 화면에서 종속변수는 **Dependent** 상자로, 모든 독립변수는 **Covariates** 상자로 이동시킨다. 그런데 독립변수 중 **scenario**는 범주형 변수이므로 SPSS가 내부적으로 가변수를 만들어야 한다. 이를 위해서 〈그림 22－4〉 화면에서 **Categorical** 버튼을 클릭하여 〈그림 22－5〉의 **Define Categorical Variables** 상자를 불러 범주형 변수를 모두 **Categorical Covariates** 상자로 옮겨 준다. 예시자료에서는 **gender**와 **scenario**가 범주형 변수이지만 **gender**는 범주가 두 개로 가변수가 하나만 필요하기 때문에 **gender** 자신이 가변수 역할을 해 주므로 따로 범주형 변수로 정의하지 않아도 되므로 **scenario**만 옮겨 준다. 가변수 표기방법 중에서 가표기(dummy coding)는 모든 가변수의 값이 0으로 표기되는 범주가 기준(reference)이 된다. 〈그림 22-5〉의 **Define Categorical Variables** 상자의 **Reference Category**에서 **Last**를 선택하면 마지막 범주(여기서는 medical), **First**를 선택하면 처음 범주(여기서는 cosmetic)가 기준이 된다. 〈그림 22-5〉에서는 **Last**를 선택하였다. 마지막으로 **Options** 화면에서 **Hosmer-Lemeshow goodness-of-fit**과 **iteration history**를 선택해 준다. 후자의 선택은 상수모형(constant-only 모형)의 -2LL 값을 출력해 주기 위해서이다.

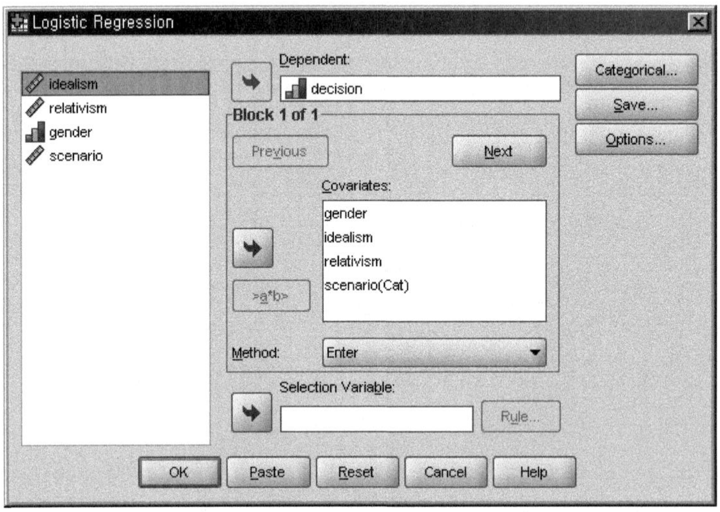

〈그림 22-4〉

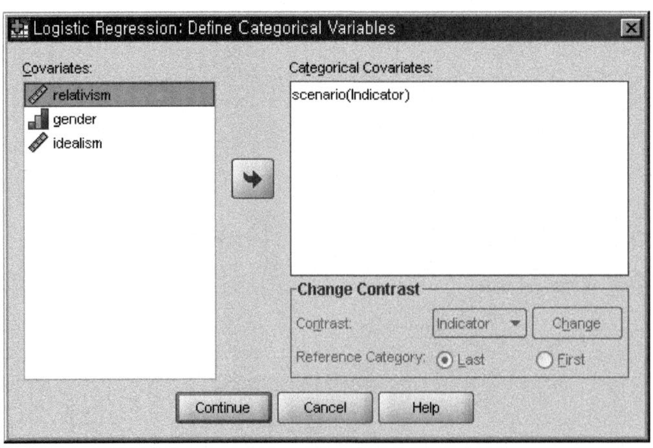

〈그림 22-5〉

분석결과

먼저 〈표 22−1〉은 범주형 독립변수 **scenario**의 표기 정보를 보여 준다. **Data Editor** 화면에서 하위수준 값 1은 **COSMETIC**, 2는 **THEORY** 등으로 **Label**을 부여하였기 때문에 범주별 이름이 왼쪽에 나와 있다. 그리고 하위수준이 5개이므로 4개의 가변수가 (1), (2), (3), (4)의 형식으로 표시되어 있다. 첫 번째 범주 **COSMETIC**은 처음 가변수 값이 1이고 나머지는 0, 두 번째 가변수 **THEORY**는 두 번째 가변수 값이 1이고 나머지는 모두 0, 세 번째 범주 **MEAT**는 세 번째 가변수 값이 1이고 나머지는 0, 네 번째 범주 **VETERINARY**는 네 번째 가변수 값이 1이고 나머지는 0이 부여되어 있다. 마지막 범주 **MEDICAL**은 기준집단으로 모든 가변수 값이 0으로 주어져 있다.

〈표 22−1〉

Categorical Variables Codings

		Frequency	Parameter coding			
			(1)	(2)	(3)	(4)
scenario	COSMETIC	62	1.000	.000	.000	.000
	THEORY	64	.000	1.000	.000	.000
	MEAT	63	.000	.000	1.000	.000
	VETERIN	63	.000	.000	.000	1.000
	MEDICAL	63	.000	.000	.000	.000

상수모형의 결과

다음의 **Block 0: Beginning Block** 제목하의 〈표 22−2a, b, c, d〉들은 로지스틱 회귀모형의 적합도 검증에서 비교의 기본이 되는 기본비교모형(baseline model)으로 가장 많이 사용되는, 독립변수가 없고 절편항만 있는 상수모형(constant only 모형)의 추정 결과이다. 즉 이 모형은 $u(X) = \mathrm{a}$이다. SPSS는 항상 상수모형의 추정결과를 출력해 준다. 먼저 〈표 22−2a〉에서 상수모형의 −2LL 값은 425.566이다. 이는 다음 단계의 보다 복잡한 모형의 유의성 검증 시 비교의 기반이 된다. 〈표 22−2a〉와 〈표 22−2c〉에서 추정된 a값은 −.379임을 알 수 있다. 따라서 추정된 모형은 $u(X) = a = -.379$, $e^{u(X)} = e^{-.379} = .684$이므로 로지스틱 모형 식 (6)에 대입하면 모든 사람이 동일한 확률 .41로 예측된다.

$$\hat{Y}_i = \frac{e^{u(X)}}{1 + e^{u(X)}} = \frac{.684}{1 + .684} = .41$$

종속변수는 계속을 1로 표기하였으므로 확률 .5를 기준으로 계속과 중단으로 분류한다면 .41은 .5보다 작으므로 모든 사람을 중단으로 예측한 결과가 된다. 이는 아무런 독립변수를 사용하지 않은 상수모형에서는 계속(성공)과 중단(실패) 중 많은 쪽으로 예측하는 것이다. 〈표 22-2b〉에서 보면 총 315명 중 계속이 128명, 중단이 187명으로 중단이 더 많았음을 알 수 있다.

그리고 식 (7)에서 $e^{u(X)} = \frac{\hat{Y}_i}{1-\hat{Y}_i}$ 로 이는 승산을 가리킨다. 따라서 위에서 $e^{u(X)} = .684$이므로 승산이 .684라는 의미이다. 이는 독립변수 없이 예측하면 관찰 승산 128/(315−128) = .684과 동일하다. 〈표 22-2b〉의 분류표에서 분류의 정확성을 보면 59.4%인데 이는 315명 모두 중단으로 예측했는데 실제 중단으로 답한 사람이 187명이므로 전체 315명 중 옳게 예측한 비율은 187/187 = .594로 계산된다.

마지막 〈표 22-2d〉에서 **Score** 부분은 Rao's Efficient Score Statistic이라고 하는데 상수모형에 해당 독립변수를 포함시켰을 때 예상되는 $\chi^2(-2LL)$의 감소량을 가리킨다. **gender**의 경우 단독으로 모형에 포함시키면 25.685의 감소가 일어나고 하나의 변수이므로 자유도는 1, 그리고 p값은 .000이므로 유의하다. **idealism**과 **relativism**도 같은 방법으로 해석할 수 있다. **scenario**의 경우는 범주형 변수로 4개의 가변수로 표현되므로 자유도가 4가 되는데 p = .114로 유의하지 않다.

Block 0: Beginning Block

〈표 22-2a〉

Iteration History[a,b,c]

Iteration		−2 Log likelihood	Coefficients
			Constant
Step 0	1	425.568	−.375
	2	425.566	−.379
	3	425.566	−.379

a. Constant is included in the model.
b. Initial −2 Log Likelihood: 425.566

〈표 22-2b〉

Classification Table[a,b]

Observed			Predicted: decision stop	Predicted: decision continue	Percentage Correct
Step 0	decision	stop	187	0	100.0
		continue	128	0	.0
	Overall Percentage				59.4

a. Constant is included in the model.
b. The cut value is .500

〈표 22-2c〉

Variables in the Equation

		B	S.E.	Wald	df	Sig.	Exp(B)
Step 0	Constant	-.379	.115	10.919	1	.001	.684

〈표 22-2d〉

Variables not in the Equation

			Score	df	Sig.
Step 0	Variables	gender	25.685	1	.000
		idealism	47.679	1	.000
		relativism	7.239	1	.007
		scenario	7.437	4	.114
		scenario(1)	.003	1	.955
		scenario(2)	2.933	1	.087
		scenario(3)	.556	1	.456
		scenario(4)	.013	1	.909
	Overall Statistics		77.665	7	.000

모형의 추정결과

제목 **Block 1: Method = Enter**의 출력물 〈표 22-3a, b, c, d, e〉들은 모든 독립변수를 모형에 포함시켜 추정한 결과들을 나타낸다. 먼저 전반적인 적합도를 살펴보자. 〈표 22-3a〉는 **Omnibus Test**의 결과를 보여 준다. SPSS에서는 상수모형을 기본비교모형으로 하여 현재의 모형을 비교하여 검증하는 것을 **Omnibus Test**라고 한다. 먼저 **Chi-square** 값은 87.506인데 이는 〈표 22-2a〉의 상수모형의 -2LL 값 425.566과 〈표 22-3b〉의 현재 모형의 -2LL 값

338.060의 차이 425.566 − 338.060 = 87.506에 해당된다. 이 값의 자유도 7은 추가로 투입된 변수의 수 7개(**gender**, **idealism**, **relativism**, **scenario** 가변수 4개)에 해당된다. 이 검증의 p값은 .000으로 유의하다. 즉 독립변수의 투입으로 유의한 χ^2 감소가 일어나 적합성이 증가되었다. 〈표 22−3c〉의 **Hosmer & Lemeshow Test**는 유의하지 않아야 적합하다는 의미인데 이 검증의 결과도 p = .599로 유의하지 않다. 그리고 **Cox & Snell** R^2과 **Nagelkerke** R^2 값이 각각 .243, .327로 상당하다. 분류의 정확성을 보면 전체적인 정확도가 71.7%로 높은 편이다. 따라서 본 모형의 전반적인 적합도는 높은 편이라고 할 수 있다.

추정된 최종 모형을 검토하기 전에 〈표 22−3d〉의 분류표를 좀 더 자세히 살펴보자. 성공(계속)으로 예측한 것 중에서 실제로 성공(계속)인 비율인 **Sensitivity of prediction**은 74/(35 + 74) = .679, 실패(중단)로 예측한 것 중에서 실제로 실패(중단)인 비율인 **Specificity of prediction**은 152/(152 + 54) = .738, 성공으로 예측한 것 중 실제로는 실패인 비율인 **False positive ratio**는 35/(35 + 74) = .321, 실패로 예측한 것 중 실제로는 성공인 비율인 **False negative ratio**는 54/(152 + 54) = .262, 전체적인 정확도는 (152 + 74)/315 = .717이다. 이를 표로 정리하면 〈표 22−4〉와 같다.

Block 1: Method = Enter

〈표 22−3a〉

Omnibus Tests of Model Coefficients

		Chi-square	df	Sig.
Step 1	Step	87.506	7	.000
	Block	87.506	7	.000
	Model	87.506	7	.000

〈표 22−3b〉

Model Summary

Step	−2 Log likelihood	Cox & Snell R Square	Nagelkerke R Square
1	338.060[a]	.243	.327

a. Estimation terminated at iteration number 5 because parameter estimates changed by less than .001.

〈표 22–3c〉

Hosmer and Lemeshow Test

Step	Chi–square	df	Sig.
1	6.431	8	.599

〈표 22–3d〉

Classification Table[a]

Observed			Predicted		
			decision		Percentage Correct
			stop	continue	
Step 1	decision	stop	152	35	81.3
		continue	54	74	57.8
	Overall Percentage				71.7

a. The cut value is .500

〈표 22–3e〉

Variables in the Equation

		B	S.E.	Wald	df	Sig.	Exp(B)
Step 1[a]	gender	1.255	.277	20.586	1	.000	3.508
	idealism	–.701	.114	37.891	1	.000	.496
	relativism	.326	.127	6.634	1	.010	1.386
	scenario			8.182	4	.085	
	scenario(1)	–.709	.420	2.850	1	.091	.492
	scenario(2)	–1.160	.428	7.346	1	.007	.314
	scenario(3)	–.866	.424	4.164	1	.041	.421
	scenario(4)	–.542	.410	1.751	1	.186	.581
	Constant	2.279	1.033	4.867	1	.027	9.766

a. Variable(s) entered on step 1: gender, idealism, relativism, scenario.

〈표 22–4〉

Sensitivity	67.9%
Specificity	73.8%
False Positive Ratio	32.1%
False Negative Ratio	26.2%
Overall % Correct	71.7%

회귀계수의 해석

다음으로 〈표 22－3e〉에서 추정된 회귀계수를 살펴보자. 각 회귀계수의 유의성 즉 다른 변수들을 통제했을 때 각 독립변수의 유의성을 **Wald** 검증으로 보면, **gender**, **idealism**, **relativism** 모두 $p < .001$로 유의하지만 **scenario**의 경우는 전체적으로 보면 $p = .085$로 유의하지 않지만 기준 범주인 **Medical**과의 차이는 두 번째 범주(**Theory**)가 $p = .007$, 세 번째 범주(**Meat**)가 $p = .041$로 유의하다.

이제 추정된 회귀계수를 해석해 보자. 로지스틱 회귀모형에서 회귀계수의 의미는 승산비로 해석하는 것이 가장 이해하기 편하다. 먼저 **gender**(성별)의 경우 $b = 1.255$이므로 승산비는 $e^{1.255} = 3.508$로 〈표 22－3e〉의 마지막 열의 **Exp(B)**가 e^{b_j}로 이 승산비를 나타낸다. **gender**에서 여자는 0, 남자는 1로 표기했으므로 여자가 기준이 된다. 따라서 승산비 3.508은 모든 다른 독립변수를 통제했을 때, 여자보다 남자의 승산이 3.508배 높다는 의미이다. 이는 다른 독립변수 값이 동일한 경우, 계속의 중단에 대한 비율이 여자보다 남자가 3.508배 높게 나타난다고 예측할 수 있다는 의미이다. **idealism**의 경우 승산비가 .496이므로 모든 다른 독립변수를 통제했을 때, **idealism** 점수가 1점 높아지면 승산은 .496배가 된다고 예측된다. .496의 역수를 구하면 1/.496 = 2.02이므로 **idealism** 점수가 1점 낮아지면 승산이 2.02배가 된다고도 해석할 수 있다. **relativism**의 경우는 승산비가 1.386이므로 다른 독립변수들을 통제했을 때, 이 점수가 1점 높아지면 승산은 1.386배 높아진다고 예측할 수 있다. 다음으로 **scenario**를 보자. 유의한 두 개의 범주만 해석해 보면 먼저 범주2(**Theory**)의 승산비가 .314이므로 다른 독립변수들을 통제했을 때, **Medical scenario**를 읽은 경우보다 **Theory scenario**를 읽은 경우 승산은 .314배가 된다. 달리 표현하면 .314의 역수는 1/.314 = 3.18이므로 **Theory**보다 **Medical**의 경우 승산이 3.18배 증가한다고 할 수 있다. 범주3(**Meat**)의 경우는 승산비가 .421이고 역수는 1/.421 = 2.38이므로 **Meat**보다 **Medical**의 승산이 2.38배 높다고 예측된다.

마지막으로 최종적으로 추정된 로지스틱 회귀 식은 다음과 같이 쓸 수 있다.

$$\hat{Y}_i = \frac{e^{u(X)}}{1 + e^{u(X)}};\ u(X) = 2.279 + 1.255(\text{gender}) - .701(\text{idealism}) +.\ 326(\text{relativism}) - .709(\text{cosmetic}) - 1.160(\text{theory}) - .866(\text{meat}) - .542(\text{veterinary})$$

따라서 어떤 대학생이 성별은 여자이고, **idealism** 점수가 6.5, **relativism** 점수가 7.5이며 **medical** 주제의 **scenario**를 읽은 경우, **gender = 0**이고 **medical** 범주이므로 모든 가변수 값은 0이 되며 이 값들을 나머지 독립변수 값과 함께 위의 추정식에 대입하면

$$u(X) = 2.279 + 1.255(0) - .701(6.5) + .326(7.5) = .1675;\ \hat{Y}_i = 1.675/(1+1.675) = .626$$

이 된다. 즉 이 여학생의 경우 성공 즉 '계속'이라고 의사결정을 내릴 확률이 .626이 된다고 예측할 수 있다. 그리고 확률 .5를 기준으로 했을 때, 이 여학생의 의사결정은 '계속'으로 예측된다.

단변량분석

자료의 의미를 보다 잘 이해하기 위하여 로지스틱 회귀분석에 추가하여 각 독립변수별로 종속변수와의 단변량 분석을 시행해 보자.

먼저 성별에 따라 의사결정에 차이가 나는지 알아보기 위해 의사결정(계속, 중단) × 성별(남, 녀) 교차표에 대한 χ^2검증을 시행하기 위해 SPSS 메뉴에서 **Analyze → Descriptive Statistics → crosstabs**를 차례로 선택하여 나타난 **Crosstabs** 창에서 **decision**과 **gender**를 **Row(s)**와 **Column(s)**로 옮기고 **Statistics**를 클릭하여 **Chi-square**를 선택하고 분석을 수행한다. 분석결과 남자(59.1%)는 여자(30.0%)보다 연구를 계속해야 한다는 비율이 더 높았고 이에 대한 χ^2검증결과는 $\chi^2(1, n = 315) = 25.685, p < .001$으로 통계적으로 유의하였다.

다음으로 의사결정과 **idealism**과의 관계는 계속으로 결정한 집단과 중단으로 결정한 집단 간의 독립집단 t검증으로 알아볼 수 있다. 이를 위해 SPSS 메뉴에서 **Analyze → Compare Means → Independent-Sample T Test**를 클릭하여 불러온 **Independent-Sample T Test** 화면에서 **idealism**을 **Test Variable(s)** 상자로, **decision**을 **Grouping Variable** 상자로 옮겨 준 후 **Define Groups** 상자를 클릭하여 **Group1**에 **0**, **Group2**에 **1**을 입력한 후 분석을 시행한다. 분석결과를 보면 계속집단은 평균이 5.87, 표준편차가 1.232, 중단집단은 평균이 6.92, 표준편차가 1.224로 계속집단이 중단집단보다 평균이 1.052점 낮게 나타났다. 이 차이에 대한 t검증의 결과는 $t(313) = 7.472, p < .001$으로 통계적으로 유의하다. 같은 방법으로 두 집단 사이의 relativism 차이에 대한 독립집단 t검증의 결과를 보면 계속집단(M = 6.26, SD = .987)의 평균이 중단집단(M = 5.91, SD = 1.190) 평균보다 .346 높고 이는 통계적으로 유의하다($t(313) = 2.713, p = .007$).

마지막으로 scenario 집단에 따라 의사결정에 차이가 있는지는 의사결정(계속, 중단) × scenario(Cosmetic, Theory, Meat, Veterinary, Medicine) 교차표에 대한 χ^2검증으로 알아볼 수 있다. 검증결과는 $\chi^2(4, n = 315) = 7.437, p = .114$ 로 유의한 관련성이 없었다.

3. 분석결과의 기술

(http://core.ecu.edu/pysc/wuenschk/MV/multReg/Logistic–SPSS.pdf를 참고함)

〈표 22–4〉에서 보는 바와 같이 여러 시나리오 중 의학적 시나리오를 읽은 응답자 집단만 과반수로 연구 계속을 지지하였다. 전체적으로는 응답자의 과반수(59.4%)가 연구를 중단해야 한다는 의견을 표명하였다. 응답자가 연구를 계속하는 것에 동의할 것인지에 대한 확률을 예측하기 위해 로지스틱 회귀분석을 시행하였다. 독립변수는 응답자의 성별, idealism, relativism, 그리고 scenario를 나타내는 4개의 가변수이다. 절편항만 포함한 모형(상수모형)에 대비한 전체모형의 검증 결과는 통계적으로 유의하였다: $\chi^2(7, n = 315) = 87.51, p < .001$. 모형은 연구를 승인한 사람 중 57.8%를, 승인하지 않은 사람 중에서는 81.3%를, 그리고 전체적으로는 71.7%를 옳게 분류하였다.

〈표 22–4〉 연구 승인 비율에 대한 scenario의 효과

scenario	승인 백분율(%)
Theory	31
Meat	37
Cosmetic	40
Veterinary	41
Medical	54

〈표 22–5〉는 각 독립변수의 로지스틱 회귀계수, Wald 검증, 그리고 승산비를 보여 준다. 통계적 유의성의 .05 유의수준에서 성별, idealism, relativism, 그리고 두 개의 scenario 가변수에서 유의한 부분효과가 있었다. 성별의 승산비는 다른 변수들을 통제했을 때, 남자의 승인 대 비승인의 비 즉 승산이 여자의 승산보다 3.5배 높을 것으로 예측된다는 것을 가리키고 있다. idealism 승산비의 역수는 9점 척도의 idealism 점수가 1점 높아지면 연구대상자가 연구를 승인하지 않을 승산이 배가 됨을 보여 주었다. relativism의 효과는 통계적으로 유의하기는 하지만 idealism의 효과보다 훨씬 작아서 9점 척도의 idealism 점수 1점 증가에 대해 연구 승인에 대한 승산은 1.39배 증가로 연결되었다.

scenario 변수는 medical scenario를 기준 집단으로 가변수로 표기하였다. theory와 meat scenario만 기준인 medical scenario보다 통계적으로 낮은 유의한 효과를 나타내었다. 이 두 가변수 승산의 역수를 구해 보면 medical scenario의 연구 승인 승산은 meat scenario보다

2.38배, 그리고 theory scenario보다 3.22배 높았음을 나타내었다.

〈표 22-5〉 성별, idealism, relativism, scenario로 연구 승인 결정 예측 로지스틱 회귀

독립변수	b	Wald χ^2	p	승산비
성별	1.25	20.59	< .001	3.51
idealism	−.070	37.89	< .001	0.50
relativism	0.33	6.63	.01	1.39
scenario				
cosmetic	−0.71	2.85	.091	0.49
theory	−1.16	7.35	.007	0.31
meat	−0.87	4.16	.041	0.42
veterinary	−0.54	1.75	.186	0.58

단변량분석의 결과를 보면 남자(59.1%)가 여자(30.0%)보다 연구를 계속해야 한다는 비율이 유의하게 높았고($\chi^2(1, n = 315) = 25.685, p < .001$), 연구 계속을 승인한 집단(M = 5.87, SD = 1.232)은 승인하지 않은 집단(M = 6.92, SD = 1.224)에 비해 통계적으로 유의하게 이상적(realistic) 성향이 낮았으며($t(313) = 7.472, p < .001$), 승인집단(M = 6.26, SD = .987)이 비승인집단(M = 5.91, SD = 1.190)보다 통계적으로 유의하게 더 상대론적(relativistic)이었다($t(313) = 2.713, p = .007$). scenario의 효과는 통계적으로 유의하지 않았다($\chi^2(4, n = 315) = 7.437, p = .114$).

2원 교차표 독립성검증과의 비교

독립변수가 scenario 하나뿐인 경우를 가정하여 로지스틱 회귀모형을 고려해 보자. 이 경우 종속변수도 범주형이고 독립변수도 범주형이므로 앞 단변량분석에서 decision(2) × scenario(5) 교차표 분석과 동일한 상황이다. 따라서 교차표 분석의 결과와 로지스틱 회귀모형의 결과를 비교해 보자. 먼저 교차표 분석을 위해 SPSS 메뉴에서 **Analyze** → **Descriptive Statistics** → **Crosstabs**를 클릭하여 나타난 **Crosstabs** 화면에서 **Rows** 상자에 **decision**을, **Columns** 상자에 **scenario**를 옮기고 **Statistics**를 클릭하여 **Chi-square**를, **Cells**를 클릭하여 **Percentage**에서 **Column**을 선택한 후 분석을 시행한다. 〈표 22-6a, b〉는 이 교차표 분석의 결과이다. 다음으로 로지스틱 회귀분석을 위해서 메뉴에서 **Analyze** → **Regression** → **Binary Logistic**을 차례로 클릭하여 나타난 **Logistic Rgression** 화면에서

Dependent 상자에 **decision**을, **Covariate**에 **scenario**를 옮겨 주고 **Categorial** 버튼을 클릭하여 **scenario**를 **Categorical Covariates** 상자에 옮겨 범주형 변수로 지정한 후 분석을 시행한다. 〈표 22-7a, b, c〉는 로지스틱 회귀모형의 분석결과이다.

〈표 22-6a〉

decision * scenario Crosstabulation

			scenario					Total
			COSMETIC	THEORY	MEAT	VETERIN	MEDICAL	
decision	stop	Count	37	44	40	37	29	187
		% within scenario	59.7%	68.8%	63.5%	58.7%	46.0%	59.4%
	continue	Count	25	20	23	26	34	128
		% within scenario	40.3%	31.3%	36.5%	41.3%	54.0%	40.6%
Total		Count	62	64	63	63	63	315
		% within scenario	100.0%	100.0%	100.0%	100.0%	100.0%	100.0%

〈표 22-6b〉

Chi-Square Tests

	Value	df	Asymp. Sig. (2-sided)
Pearson Chi-Square	7.437[a]	4	.114
Likelihood Ratio	7.417	4	.115
Linear-by-Linear Association	3.669	1	.055
N of Valid Cases	315		

a. 0 cells (.0%) have expected count less than 5. The minimum expected count is 25.19.

〈표 22-7a〉

Omnibus Tests of Model Coefficients

		Chi-square	df	Sig.
Step 1	Step	7.417	4	.115
	Block	7.417	4	.115
	Model	7.417	4	.115

〈표 22-7b〉

Classification Table[a]

Observed			Predicted: decision stop	Predicted: decision continue	Percentage Correct
Step 1	decision	stop	158	29	84.5
		continue	94	34	26.6
	Overall Percentage				61.0

a. The cut value is .500

〈표 22-7c〉

Variables in the Equation

		B	S.E.	Wald	df	Sig.	Exp(B)
Step 1[a]	scenario			7.291	4	.121	
	scenario(1)	−.551	.362	2.320	1	.128	.576
	scenario(2)	−.948	.370	6.571	1	.010	.388
	scenario(3)	−.712	.364	3.835	1	.050	.490
	scenario(4)	−.512	.360	2.025	1	.155	.599
	Constant	.159	.253	.396	1	.529	1.172

a. Variable(s) entered on step 1: scenario.

먼저 두 모형의 χ^2검증의 결과를 비교해 보면 〈표 22-7a〉 우도비(likelihood ratio)검증을 사용하는 로지스틱 모형의 χ^2값은 7.417, 자유도는 4, p값은 .115이다. 이 값들은 교차표 검증의 결과인 〈표 22-6b〉의 우도비의 결과와 완전히 동일하다. 다음으로 로지스틱 회귀모형에서 예측한 각 scenario별 성공(승인: continue)비율과 〈표 22-6a〉의 교차표에 나타난 범주별 승인비율을 비교해 보자. 로지스틱 회귀모형에서 성공비율 즉 확률은 $\hat{Y}_i = \frac{e^{u(X)}}{1+e^{u(X)}}$로 주어지므로 승인비율을 구하기 위해서는 각 scenario별로 $u(X)$값을 구할 필요가 있다. 〈표 22-7c〉의 결과에 따라 추정 $u(X)$는 각 범주별 가변수로 다음과 같이 나타낼 수 있다.

$$u(X) = .159 - .551^{*}\text{Cosmetic} - .948^{*}\text{Theory} - .712^{*}\text{Meat} - .512^{*}\text{Veterinary}$$

각 가변수의 값은 해당 범주에 속하면 1, 아니면 0이다. 먼저 Cosmetic 집단의 경우, Cosmetic = 1, 나머지는 0을 위 식에 입력하면 $u(X) = .159 - .551 = -.392$가 된다. Theory 집단의 경우는 Theory = 1, 나머지는 0, 그리고 기준집단인 Medical은 모든 가변수의 값에

0을 대입한다. 다음의 〈표 22−8〉은 각 집단별 $u(X)$, $e^{u(X)}$, 그리고 $\hat{Y}_i = \frac{e^{u(X)}}{1 + e^{u(X)}}$ 값을 보여준다. 〈표 22−8〉의 마지막 칸(예측한 승인확률)과 〈표 22−6a〉의 각 집단별 continue(승인)의 비율을 비교해 보면 완전히 동일함을 알 수 있다.

그리고 〈표 22−8〉의 세 번째 칸의 $e^{u(X)}$ 값은 각 집단별 승산(odds)을 나타낸다. Cosmetic의 경우를 예를 들면 승인(continue)이 25명, 중단(stop)이 37명이므로 승인의 승산은 25/37 = .676이 된다. 〈표 22−7c〉의 마지막 칸 **Exp(B)**는 승산비를 나타냄을 앞에서 논의하였다. 가변수에 대한 승산비이므로 이 승산비는 기준집단인 Medical에 대한 승산비이다. 예를 들어 Theory 집단의 경우 〈표 22−8〉에서 승산이 .454이므로 Medical에 대한 승산비를 구하면 .454/1.172 = .387로 이 값은 〈표 22−7c〉의 승산비와 반올림 오차 내에서 동일하다. 이를 실제 자료로 확인해 보면 Theory는 승인이 20명, 중단이 44로 승산이 20/44, Medical은 승인이 34명, 중단이 29명으로 승산이 34/29, 따라서 승산비는 (20/44) ÷ (34/29) = .388이 된다.

결론적으로 교차표 분석과 로지스틱 회귀분석은 완전히 동일한 결과를 제시함을 알 수 있다. 그러나 로지스틱 회귀는 범주형뿐만 아니라 양적 독립변수도 사용할 수 있고 결과물도 더 많은 정보를 제공해 주는 장점이 있다.

〈표 22−8〉

집단	u(X)	$e^{u(X)}$	$\hat{Y}_i = \frac{e^{u(X)}}{1 + e^{u(X)}}$
Cosmetic	−.392	.676	.403
Theory	−.789	.454	.312
Meat	−.553	.575	.365
Veterinary	−.353	.703	.413
Medical	.159	1.172	.540

23장 로그선형모형/다원빈도분석

1. 배경

로그선형모형(loglinear model)은 여러 개의 범주형 변수 간의 관계를 탐구할 때 사용할 수 있는 통계모형이다. 예를 들어 〈표 23－1〉과 같이 교사들의 성별(남, 녀), 근무지역(대도시, 중소도시, 읍면), 지지교원단체(단체1, 단체2) 간의 관계를 분석할 때 사용할 수 있으며 다원빈도분석, 다원교차표분석(multiway crosstabs analysis: MCA)이라고도 한다. 본 교재의 앞 장에서 다루었던 두 범주형 변수 간의 2원(two－way)교차표(분할표)의 독립성 χ^2검증은 가장 단순한 로그선형모형 분석이라고 할 수 있다. 그런데 범주형 변수가 3개(three－way) 이상인 다원 분할표를 여러 개의 두 변수 간 χ^2로 나누어 분석하는 것은 적절하지 않다. 후자의 경우, 세 요인 또는 그 이상의 상호작용을 알아볼 수 없고, 여러 개의 두 변수 간 관련성을 동시에 검토할 수 없는 문제가 있기 때문이다. 이는 마치 분산분석 대신 여러 번의 t검증을 수행하는 것이 적절하지 않은 것과 마찬가지이다.

로그선형모형은 독립변수와 종속변수의 구별이 없는 모형으로 symmetric model 또는 non－dependent model에 속한다. 반면 앞 장에서 다루었던 로지스틱 회귀는 하나의 범주형 변수가 종속변수(또는 response variable)의 역할을, 나머지 전 변수가 독립변수 (또는 explanatory variable) 역할을 하는 asymmetric model 또는 dependent model에 속한다. 따라서 로지스틱 회귀는 종속변수와 독립변수가 명확히 구별되는 일반회귀분석과 유사한 반면, 로그선형모형은 구별이 명확하지 않은 상관분석과 유사한 셈이 된다. 그러므로 분석하고자 하는 범주형 변수들이 그 성격상 독립변수와 종속변수로 구분하기 어려운 경우에는 로그선형모형을, 명확한 경우에는 로지스틱 모형(또는 로지트 모형(Logit Model))을 사용하는 것이 적절하다고 할 수 있다. 그러나 후자도 자주 로그선형모형으로 분석하기도 하지만

〈표 23-1〉

성별(A)	근무지역(B)	지지교원단체(C)		합계
		단체1	단체2	
남	대도시	35명	55명	90명
	중소도시	25명	35명	60명
	읍면지역	30명	10명	40명
	합계	90명	100명	190명
여	대도시	60명	30명	90명
	중소도시	45명	15명	60명
	읍면지역	35명	5명	40명
	합계	140명	50명	190명
전체 합계		230명	150명	380명

로지스틱 모형의 경우가 종속변수에 대한 승산비 등으로 결과를 해석하기가 더 용이하다.

그런데 로그선형모형에서는 분석하고자 하는 범주형 변수를 독립변수와 종속변수로 구분하는 대신 교차표 각 셀의 빈도수 자체를 종속변수로, 모든 범주형 변수를 독립변수로 하여 범주형 독립변수들로 종속변수인 셀의 빈도를 예측/설명하는 모형이라고 개념화하는 것이 이해하기가 편리하다.

중다회귀모형에서 종속변수를 Y, 두 개의 독립변수를 X_1, X_2 그리고 모형의 목적을 두 개의 독립변수와 상호작용(X_1X_2)으로 Y를 예측/설명하는 것이라고 하고 식 (1)과 같이 표현해 보자.

$$Y \leftarrow X_1, X_2, X_1X_2 \tag{1}$$

이 경우 회귀모형에서는 Y를 예측하는 $\hat{Y}$를 다음의 회귀식으로 모형을 설정한다.

$$Y \leftarrow \hat{Y} = a + b_1X_1 + b_2X_2 + b_3X_1X_2 \tag{2}$$

즉 Y의 예측치 $\hat{Y}$는 각 효과의 합으로 나타난다.

$$\hat{Y} = [\text{상수}] + [X_1] + [X_2] + [X_1X_2] \tag{3}$$

여기서 $[X_1]$, $[X_2]$는 각 독립변수의 주효과를, $[X_1X_2]$는 상호작용 효과를 표현한 것이다. 그런데 앞 장의 독립성 검증에서 두 범주형 변수를 A와 B라고 하고 각 셀의 기대빈도 E_{ij}를 종속변수라 간주했을 때, 두 변수가 서로 독립적(즉 상호작용이 없음)이라는 H_o에 의해 각 셀의 기대빈도는 다음과 같았다.

$$E_{ij} = \frac{n_{i.}n_{.j}}{N} = N \cdot \frac{n_{i.}}{N} \cdot \frac{n_{.j}}{N} = [\text{상수}][\text{A}][\text{B}] \tag{4}$$

위 식에서 N은 전체 개체수, $n_{i.}$은 A변수의 i번째 범주의 전체 개체수, $n_{.j}$는 B변수의 j번째 범주의 전체 개체수를 나타내고, 마지막 항에서 [상수]는 전체 평균적인 효과, [A]는 변수 A에서 i 범주에 속한 효과, [B]는 변수 B에서 j 범주에 속한 효과라고 할 수 있다. 상호작용이 있다면 위 식은 보다 일반적으로 다음과 같이 쓸 수 있다.

$$O_{ij} \leftarrow E_{ij} = [\text{상수}][\text{A}][\text{B}][\text{AB}] \tag{5}$$

이 기대빈도 E_{ij}로 관찰빈도 O_{ij}를 예측한다고 할 수 있다. 그런데 위의 식에서 각 셀의 기대 빈도수에 영향을 주는 A변수, B변수, AB상호작용의 효과는 모두 곱의 형태로 기여하고 있다. 그런데 중다회귀모형의 경우 종속변수를 예측하는 회귀모형은 각 독립변수의 주효과나 상호작용 효과는 식 (2)와 (3)과 같이 덧셈 형태로 기여하고 있어 각 변수의 효과를 다른 변수와 구별하여 탐색하기가 용이하다. 분산분석의 경우도 가변수를 활용하여 회귀형태로 나타내면 A변수, B변수, AB 상호작용 기여 역시 덧셈 형태가 된다. 즉 종속변수가 양적변수인 일반선형모형은 각 변수나 상호작용 효과 등의 기여는 덧셈 형태로 나타나지만 범주형 변수들 간 분할표에서 각 셀 빈도수에 대한 각 변수나 상호작용 효과의 기여는 식 (5)의 경우처럼 곱셈의 형태로 나타난다. 곱셈 형태의 모형에서는 각 변수의 효과를 다른 변수의 효과와 분리하여 비교분석하기가 어렵다. 따라서 곱셈의 형태를 보다 편리한 덧셈의 형태로 바꾸어 주기 위해 식 (5)의 양변에 자연로그(Log_e 또는 ln)를 취하면 다음과 같다.

$$\ln E_{ij} = \ln\{[\text{상수}][\text{A}][\text{B}][\text{AB}]\} = \ln[\text{상수}] + \ln[\text{A}] + \ln[\text{B}] + \ln[\text{AB}] \tag{6}$$

식 (6)의 가장 오른쪽 변의 각 효과에 자연로그를 취한 것을 *로 표시하면 식 (6)은

$$\ln E_{ij} = [\text{상수}]^* + [\text{A}]^* + [\text{B}]^* + [\text{AB}]^* \tag{7}$$

가 되어 각 효과의 덧셈 형태의 선형모형으로 변화되어 마치 분산분석이나 회귀의 모형처럼 표현할 수 있게 되고 각 효과들을 다른 효과와 분리하여 비교할 수 있게 된다. 원래의 곱셈의 형식으로 이루어진 비선형모형에 로그를 취하여 각 효과의 합으로 표현된 선형으로

변화시켜 분석하기 때문에 로그선형모형이란 명칭으로 불리게 된 것이다.

결국 로그선형모형은 각 셀의 기대빈도에 자연로그를 취한 종속변수를 범주형 독립변수 각 효과의 합으로 표현한 모형이라고 할 수 있다. 독립변수가 범주형 변수인 경우 이를 가변수로 표시하면 회귀모형으로 표현할 수 있으므로 로그선형모형은 각 셀 기대빈도의 자연로그 값을 종속변수로, 각 범주형 변수의 가변수를 독립변수로 한 일반선형모형이 되는 셈이다.

〈표 23-1〉과 같이 A, B, C 세 개의 범주형 변수가 있고, 변수 A의 범주 수는 2개, B는 3개, C는 2개라고 해 보자. 필요한 가변수는 범주의 수보다 하나가 적으므로 변수 A의 가변수는 A_1, 변수 C의 가변수는 C_1, B는 2개의 가변수가 필요하므로 B_1과 B_2라고 하고 다음 식 (8)과 같은 가표기(dummy coding)를 설정해 보자.

	A(성별)		B(근무지역)			C(지지단체)	
	A_1		B_1	B_2		C_1	
남자	1	대도시	1	0	단체1	1	(8)
여자	0	중소도시	0	1	단체2	0	
		읍면지역	0	0			

범주형 변수가 A, B, C 세 개이므로 기대빈도 E_{ijk}에 기여할 수 있는 효과에는 각 변수 A, B, C의 주효과, AB, AC, BC의 이원 상호작용 효과, 그리고 ABC의 삼원 상호작용 효과가 있다. 이를 가변수로 나타내 보면 A는 A_1, B는 B_1과 B_2, C는 C_1, 그리고 이원 상호작용 AB는 A_1B_1과 A_1B_2, AC는 A_1C_1, BC는 B_1C_1과 B_2C_1, 삼원 상호작용 ABC는 $A_1B_1C_1$과 $A_1B_2C_1$로 표시할 수 있다. 따라서 모든 효과를 독립변수로 다 포함시키는 경우, 이 자료의 로그선형모형은 다음의 식 (9)와 같이 나타낼 수 있을 것이다.

$$\begin{aligned}\ln E_{ijk} = k &+ a_1A_1 + b_1B_1 + b_2B_2 + c_1C_1 + \\ &d_1A_1B_1 + d_2A_1B_2 + d_3A_1C_1 + d_4B_1C_1 + d_5B_2C_1 + d_6A_1B_1C_1 + d_7A_1B_2C_1 \end{aligned} \tag{9}$$

식 (9)와 같이 모든 효과를 독립변수로 모두 포함시킨 모형을 포화모형(saturated model)이라고 한다.

2. 모형의 선정과 추정

포화모형과 모형의 선정방향

식 (9)와 같이 모든 효과를 포함하고 있는 포화모형은 모든 관련성 정보(자유도)를 다 사용하기 때문에 기대빈도(E_{ijk})와 관찰빈도(O_{ijk})가 완벽하게 일치하여 오차가 없게 된다. 이원분산분석의 경우, A와 B의 주효과, AB 상호작용 효과를 모두 사용해도, 한 셀(집단) 내의 개체들의 종속변수 값이 다르므로 완벽하게 설명할 수 없다. 그러나 로그선형모형의 경우, 분석 대상이 빈도수이므로 각 셀에 속한 사람은 모두 그 셀의 집단원이라는 점에서 동일하여 집단 내 오차가 없으므로 모든 효과를 다 사용하는 경우 관찰빈도와 완전히 동일한 기대빈도가 산출된다. 즉 관찰빈도를 완벽하게 설명할 수 있다. 따라서 로그선형모형 분석의 첫 번째 핵심 과제는 포화모형을 기본비교모형(baseline model)으로 삼아 이 모형에서 중요하지 않은 효과들을 제거하여 보다 적은 수의 효과로 모형의 기대빈도 E_{ijk}가 관찰빈도 O_{ijk}(이는 포화모형의 기대빈도와 동일)와 유의한 차이가 없는 가장 간단한(most parsimonious) 모형을 선정하는 것이라고 할 수 있다.

적합도 검증

각 후보 모형별로 기대빈도가 관찰빈도와 얼마나 일치하는지, 즉 모형이 관찰자료를 얼마나 잘 설명하는지 검증하는 적합도 검증에는 Pearson의 χ^2검증이나 우도비(likelihood ratio) χ^2검증이 사용된다. 특히 우도비 검증은 Pearson χ^2와 거의 동일하지만 가법성의 특성을 가지고 있어 로그선형모형에서는 주로 이를 사용한다.

$$\text{우도비 검증: } \chi^2 = 2\Sigma O_{ijk} \ln\frac{O_{ijk}}{E_{ijk}} = 2\Sigma O_{ijk}(\ln O_{ijk} - \ln E_{ijk}) \tag{10}$$

위의 식에서 모형의 기대빈도 E_{ijk}가 관찰빈도 O_{ijk}와 비슷할수록($\ln O_{ijk} - \ln E_{ijk}$) 값이 작아져 모형이 적합함을 가리킨다. 따라서 이 검증이 유의하지 않아야 검증모형이 포화모형과 별 차이가 없는 좋은 모형이라고 할 수 있다. 이 검증은 다음과 같은 가설을 검증하는 셈이 된다.

H_o: O_{ijk}와 현 검증모형에 의한 E_{ijk}가 같다.

H_a: O_{ijk}와 E_{ijk}가 다르다.

단계적 후진제거법(stepwise/backward elimination method)

연구자가 사전에 이론적으로 설정한 모형이 있는 경우(hypothesis testing/confirmatory analysis), 그 모형으로 분석할 수 있으나 그런 경우는 상당히 드문 편이다. 특히 고차원(high order) 모형의 경우, 대개 모형의 구축이나 탐색적 분석의 성격이 강해, 여러 가지 후보 모형을 서로 비교하여 자료에 적합하면서 동시에 가장 간단한 최종모형을 선정한다.

로그선형모형 분석에서 후보 모형들을 설정하고 비교하여 최종모형을 선정하는 몇 가지 방법이 있으나 stepwise/backward elimination(단계적 후진제거) 방법이 가장 널리 사용된다. 이 방법에서는 모든 효과/관련성을 전부 포함하는 가장 복잡한 모형인 식 (9)와 같은 포화모형에서 시작하여 적합도 검증의 χ^2 증가가 유의하지 않을 때까지 최상위 상호작용부터 높은 순으로 차례로 제거하여 최종모형을 결정한다. A, B, C 변수로 이루어진 3원 분할표의 경우, 가장 높은 삼원 상호작용 (ABC)로부터 시작하여 그 다음은 두 변수 간의 상호작용 (AB, AC, BC), 그리고 마지막으로 각 변수의 주효과(A, B, C)의 순으로 제거한다. 이원 상호작용 AB, AC, BC와 같이 동일한 차수인 경우는 그 항을 제거했을 때 증가하는 χ^2를 서로 비교하여 증가가 작은 순서로 제거한다. 따라서 모형 선정의 방향은 최상위 상호작용부터 시작하여 χ^2가 유의하지 않을 때까지 차례로 제거하여 간단하면서도 오차가 작은 모형을 선정하는 것이라고 할 수 있다.

이러한 모형 설정방법의 측면에서 보면 2원 교차표의 독립성 검증도 동일한 논리를 사용한 셈이 된다. 즉 A, B, AB의 효과를 모두 사용하여 모형을 설정하면 기대빈도 E_{ij}는 관찰빈도 O_{ij}와 동일하여 χ^2값은 0이 된다. 독립성 검증은 A와 B가 서로 독립적이라는 H_o, 즉 상호작용 AB가 없다는 H_o에 의해 AB효과를 제거하고 A와 B만으로 기대빈도를 구했을 때 증가한 χ^2를 검증하는 것과 동일하다. 이 검증이 유의하면 AB 효과가 유의하여 제거할 수 없다는 의미, 즉 두 변수 간에 상호작용이 유의하다는 의미가 되는 것이다.

위계적 모형(hierarchical model)

그런데 각 효과(관련성)를 복잡도 순으로 단계별로 제거하면서 그 단계별 적합도 차이가 χ^2검증이 되기 위해서는 모형이 위계적(hierarchical)이어야 한다. 위계적 모형이 되기 위해서는 다음 단계의 모형(단순한 모형)은 전 단계 모형(복잡한 모형)에 속해 있는 효과의 일부로만 구성되어야 한다. 즉 단순한 모형은 복잡한 모형에 내재(nested)되어야 한다. 그리고 한 모형 내에서 상위 상호작용을 구성하고 있는 각 효과는 반드시 하위 상호작용과 주효과로 구성되어야 한다. 예를 들어 한 모형에서 제일 높은 상호작용으로 AB, AC가 포함되어 있으면, 이 모형에는 AB, AC 외에 A, B, C가 포함되어야 한다. 따라서 이 모형을 기호로 표시하는 경우, 최상위 효과만으로 (AB, AC)로 표시하고 이는 이 효과들과 이 효과를 구성하는 각 하위 효과들이 포함된 모형을 의미하게 된다. SPSS에서는 전체 모형을 나타내는 (AB, AC)와 같은 것을 **Generating Class**라고 한다. 그런데 상위 효과부터 차례로 제거하는 후진제거법을 사용하면 다음 단계 및 최종 모형은 자동적으로 위계적 모형이 된다. 위계적 모형의 장점은 하위모형이 상위모형에 내재(nested)되어 있어 두 모형의 적합도 차이를 χ^2검증으로 비교할 수 있고 모형을 최상위 효과만으로 (즉 **Generating Class**를 사용하여) 쉽게 표기할 수 있다는 점이다. 예를 들어 (AB)모형은 (AB, A, B)를 간단히 표현한 것이다. 그리고 최종적으로 선정된 효과를 가변수를 사용한 모형으로 추정했을 때, 회귀계수를 승산이나 승산비의 의미로 해석할 수도 있어 매우 유용하다. 따라서 위계적 모형이 로그선형모형 분석에서 표준적으로 사용되며 여기서도 이 모형만 논의한다.

SPSS의 경우 위계적 모형은 메뉴에서 **Analyze → Loglinear → Model Selection**을 클릭하여 최종모형을 선정하여 추정할 수 있고 이 과정에 단계적 후진제거법 사용(**Use backward elimination**)이 기본 선택사항으로 설정되어 있다.

비위계적 모형/일반모형(non-hierarchical model/general model)

비위계적 모형은 일반모형이라고도 하는데 위계적 모형의 제한을 하지 않은 모형이다. 즉 (AB, B)의 두 효과로 이루어진 모형은 상위 (AB)를 이루는 효과 중 (A)의 효과가 없기 때문에 비위계적 모형에 속한다. 이 모형은 위계적 모형에서와 같은 모형 설정의 제한이 없지만 두 모형의 차이를 χ^2검증으로 비교할 수 없다 (그러나 각 모형의 적합도는 평가할 수 있다). 그리고 회귀계수의 의미를 승산이나 승산비로 해석하기 어렵다. 그러나 경우에 따라서는 탐색적 자료분석의 측면에서 단계적 후진제거법으로 위계적 모형인 잠정적인 모형을 자동적으로 선정하고 이 잠정적 모형을 일반모형으로 다시 분석하여 불필요한 효과를 제거하여 더 단순한 일반모형을 만들기도 한다.

SPSS에서 비위계적/일반적 모형은 **Analyze → Loglinear → General**을 클릭하여 추정할 수 있다.

최종모형과 모수의 추정

〈표 23-1〉의 자료에 대한 식 (9)와 같은 삼원 로그선형모형의 포화모형에서 후진제거법으로 ABC와 AB가 제거되었다고 가정하면 최종모형은 (AC, BC)로 표시할 수 있다. 따라서

위계적 모형의 성격을 가지는 최종모형을 구성하는 효과는 A, B, C, AC, BC들이다. 그러므로 식 (9)의 포화모형에서 단순화된 최종 위계모형은 다음의 식 (11)과 같이 된다.

$$\ln E_{ijk} = k + a_1A_1 + b_1B_1 + b_2B_2 + c_1C_1 + d_3A_1C_1 + d_4B_1C_1 + d_5B_2C_1 \quad (11)$$

SPSS의 **Loglinear Analysis**에서 후진제거법에 의한 위계적 모형 선정의 선택사항으로 **Parameter Estimates**를 선택하면 포화모형에 대해서만 회귀계수(k, a_1, b_1, b_2, c_1, …) 추정치와 그 유의성 검증결과를 출력해 준다. 식 (11)과 같은 최종모형의 회귀계수 추정결과를 출력하기 위해서는 **Analyze → Loglinear → General**로 일반모형 추정과정을 선택하여 앞에서 결정된 최종모형을 설정하고 **Option**에서 **Estimates**를 선택하여 한 번 더 추정해야 한다. 그런데 여기서 주의해야 할 점은 SPSS의 산출물에서 위계적 모형 경우는 식 (8)의 가표기 방식이 아니라 효과표기(effect coding 또는 deviation coding, deviation contrast) 가변수에 대해서, 일반모형은 식 (8)의 가표기(dummy coding 또는 indicator coding) 가변수에 대한 회귀계수의 추정치를 제공해 준다. (자세한 가변수 표기방법은 이 교재의 17장을 참고) 따라서 위계적 모형으로 도출된 최종모형의 회귀계수를 일반모형에서 다시 추정해야 최종모형에 대한 회귀계수 추정치를 얻을 수 있을 뿐만 아니라 이 추정치가 가장 흔히 사용하는 가표기 가변수에 대한 것이 된다.

가표기의 기준집단: SPSS에서 로그선형모형 분석을 하는 경우, 범주형 변수들을 식 (8)과 같이 미리 가변수로 변환하여 입력할 필요는 없고 분산분석의 경우처럼 성별(A)은 남자 1, 여자 2, 근무지역은 대도시 1, 중소도시 2, 읍면지역 3, 지지단체는 단체1은 1, 단체2는 2와 같이 명명척도로 입력하면 SPSS가 내부적으로 가변수로 변환하여 모형을 추정한다. 그런데 SPSS의 **General Loglinear Model**에서 사용하는 가표기는 각 범주형 변수의 명명척도 값 중 가장 높은 값을 가진 범주, 즉 마지막 집단에 해당 범주형 변수의 모든 가변수 값을 0으로 부여하여 기준집단으로 설정한다. 따라서 방금 예시한 명명척도로 입력한 경우, 여자로 읍면지역에 근무하며 단체2를 지지하는 집단이 기준집단이 된다.

잔차분석(residual analysis)

일단 최종모형이 결정되고 추정되면 이 모형이 예측한 각 셀에 대한 기대빈도 E_{ijk}를 산출할 수 있다. 실제 관찰빈도 O_{ijk}와 이 기대빈도와의 차이를 잔차라고 한다. 이 잔차가 작을수록 최종모형이 해당 셀에 잘 적용된다는 의미이다. χ^2에 의한 적합도 검증은 모형의 전반적인 적합 정도에 대한 정보를 제공해 준다. 그런데 비록 모형이 전반적으로는 잘 적합하더라도 개별 특정 셀에는 잘 적용되지 않을 수가 있으므로 잔차분석은 이러한 셀을 찾아내는 데 도움을 준다. 잘 적합된 최종모형이라면 이상적으로는 이 잔차가 매우 작을 것이고 유의하지 않은 양이나 음의 값을 가진 잔차가 전 교차표에 골고루 분포하리라고 기대할 수 있다. 잔차분석은 χ^2에 의한 적합도 검증에 추가하여 각 셀에 대한 모형의 적합도를 검토하는 수단을 제공해 주는 셈이다.

SPSS는 다음 4가지 형태의 잔차정보를 제공해 준다.

① Residual(잔차): 잔차 $= O_{ijk} - E_{ijk}$

② Standardized Residual(표준화 잔차): 표준화 잔차 $= \dfrac{O_{ijk} - E_{ijk}}{\sqrt{E_{ijk}}}$

이 잔차는 거의 표준정규분포를 하므로 이 값의 절대값이 1.96(대략 2)보다 큰 경우 해당 셀에서 모형이 잘 적합하지 않다는 의미이다. 이러한 셀이 전체의 5%를 넘으면 다른 모형을 고려해 볼 필요가 있다. (아래 ③, ④의 경우도 동일)

③ Adjusted Residual(교정 잔차): 교정 잔차 = $(O_{ijk} - E_{ijk})/\{(O_{ijk} - E_{ijk})$의 표준오차$\}$

이 잔차도 거의 표준정규분포를 하므로 절대값이 1.96(2)보다 크면 해당 셀의 적합도에 문제가 있음을 의미한다.

④ Deviance: Studentized Deviance Residual이라고도 하며 위의 교정 잔차를 더욱 더 정밀하게 한 것으로 볼 수 있다. 이 값은 전반적 우도비 χ^2값, 즉 모형의 비적합도 정도에 각 셀이 기여한 정도를 나타낸다. 이 잔차 값을 제곱하여 모든 셀에 대해 전부 합하면 우도비 χ^2값과 같다. 이 값도 거의 표준정규분포를 한다.

3. 최종모형 추정결과의 분석

기대빈도의 산출

예를 들어 최종모형으로 식 (11)의 모형이 선정되어 상수항 k와 회귀계수 $a_1, b_1, b_2, c_1, d_3, d_4, d_5$가 추정되었다고 하자. $\log_e X = y + z$일 때 $X = e^{(y+z)} = e^y \cdot e^z$가 되는 관계를 이용하여 기대빈도의 자연로그로 표현되어 있는 식 (11)을 기대빈도 E_{ijk}에 대한 식으로 변환하면 식 (12)와 같다.

$$\begin{aligned} E_{ijk} &= e^{k + a_1A_1 + b_1B_1 + b_2B_2 + c_1C_1 + d_3A_1C_1 + d_4B_1C_1 + d_5B_2C_1} \\ &= e^k \cdot e^{a_1A_1} \cdot e^{b_1B_1} \cdot e^{b_2B_2} \cdot e^{c_1C_1} \cdot e^{d_3A_1C_1} \cdot e^{d_4B_1C_1} \cdot e^{d_5B_2C_1} \qquad (12) \end{aligned}$$

식 (12)에 각 셀에 해당되는 가변수 값을 대입하여 각 셀(집단)의 기대빈도를 산출할 수 있다. 예를 들어, 기준집단의 경우 모든 가변수 값이 0이므로 이를 식 (12)에 대입하면 $e^0 = 1$이므로 기준집단의 기대빈도는 $E_{ijk} = e^k$가 된다. 따라서 상수항의 지수함수 값은 기준집단의 기대빈도가 됨을 알 수 있다. 또 다른 예로 남자($A_1 = 1$)로 대도시($B_1 = 1$, $B_2 = 0$)에 근무하며 단체1($C_1 = 1$)을 지지하는 집단의 경우 기대빈도는 $E = e^k e^{a_1} e^{b_1} e^{c_1} e^{d_3} e^{d_4}$가 된다. SPSS의 경우 자동적으로 각 셀의 기대빈도를 산출해 준다.

추정된 회귀계수의 해석

식 (12)에서 각 가변수의 값은 0이거나 1이다. 따라서 어떤 가변수 항의 회귀계수를 λ라고 하면 다른 변수를 통제했을 때, 식 (12)에서 알 수 있는 바와 같이 해당 가변수의 값이 1이면 0인 경우보다 기대빈도가 e^λ배가 된다. 그런데 $\lambda > 0$이면 $e^\lambda > 0$, $\lambda = 0$이면 $e^\lambda = 1$, 그리고 $\lambda < 0$이면 $e^\lambda < 1$이므로 λ가 양수이면 해당 셀의 기대빈도는 증가하고, 음수이면 감소하게 된다. 그리고 이 모형의 독립변수가 가변수의 형태이므로 척도가 동일하다고 할 수 있다. 따라서 일반회귀모형의 표준회귀 경우처럼 기대빈도를 결정하는 각 가변수의 상대적 중요성은 λ들을 직접 비교하거나 λ의 표준오차를 감안한 Z값을 비교할 수도 있다. SPSS는 λ와 Z값을 제공해 준다.

식 (11) 또는 식 (12)에서 a_1, b_1, b_2, c_1는 독립변수의 주효과를, d_3, d_4, d_5는 상호작용 효과를 나타낸다. 그런데 주효과의 이론적 의미의 해석은 대개의 경우 별 필요가 없다. 〈표 23-1〉 자료의 경우 성별(A)이나 지역(B)에 따른 빈도수의 차이는 연구자가 표본을 그렇게 선정한 표집계획 때문일 수 있으므로 A와 B의 주효과의 이론적 해석은 별 의미가 없다. 그리고 지지단체(C)의 경우는 교사들이 어느 단체를 더 지지하는가가 관심이 될 수 있지만 다른 변수와 상호작용이 있으면 거기에 내포되는 경우가 많다. 예를 들어 〈표 23-1〉의 경우처럼 남자의 경우 지지단체에 큰 차이가 없지만 여자의 경우는 단체1에 대한 지지가 높으므로 지지단체에 대한 해석은 성별을 고려해야 하는, 즉 성별과 지지단체의 상호작용 틀에서 논의해야 할 필요가 있기 때문이다. 상호작용이 없는 경우, 연구자의 표집계획과 관련이 없는 주효과는 해석할 수도 있을 것이다.

승산과 승산비로서의 회귀계수: 변수 간의 상호작용 측면에서 보면 주효과의 λ에 대한 e^λ 값은 해당 셀 기대빈도의 기준집단에 대한 승산을, 상호작용의 e^λ 값은 기대빈도 해당 효과 승산의 기준집단 승산에 대한 승산비로 해석할 수 있다. 이 해석은 위계적 모형의 경우에 한하여, 뒤에서 상호작용 해석 부분에서 다시 논의한다.

변수 간 상호작용의 해석

해석방향

로그선형모형 분석의 가장 큰 목적은 모형 내의 다른 범주형 변수들을 통제했을 때, 나머지 두 변수 간의 관련성(상호작용)을 탐구하는 것이라고 할 수 있다. 3개의 범주형 변수 간의 관계를 분석하는 경우, 다른 한 변수를 통제했을 때 나머지 두 변수 간의 관련성(상호작용)을 해석하는 것이다.

상호작용의 해석 시 하위 상호작용은 상위 상호작용에 내포되어 있으므로 상위 작용이 유의하면 상위 작용 위주로 해석한다. 예를 들어 ABC 삼원 상호작용이 유의하면 AB의 상호작용은 C에 따라 달라지므로 결국 삼원 상호작용 측면에서 해석해야 한다.

그리고 앞에서 이미 논의한 바와 같이 각 변수의 주효과는 다른 변수와 상호작용이 있는 경우 상호작용에 내포되므로 따로 해석할 필요가 없다. 다음의 〈표 23-3〉에 제시한 상호작용이 있는 예의 경우, 만족 여부의 효과는 근무지역에 따라 달라지므로 근무지역을 고려하지 않은 만족여부의 분석은 의미 없는 것이다. 그러나 상호작용이 없는 경우, 연구자의 표집계획과 관련이 없는 주효과는 해석할 수도 있다. 다음의 〈표 23-2〉에 제시한 상호작용이 없는 예의 경우, 근무지역 간 빈도수 분포는 연구자가 그렇게 표본을 선정했기 때문이므로 근무지역의 주효과는 의미가 없지만 만족 여부의 경우는 교사들이 직무에 '만족함'이 '만족 안함'의 2배가 된다는 것은 해석의 의미가 있다고 할 수 있을 것이다.

두 범주형 변수 간의 상호작용 형태

3개의 범주형 변수 간의 관계에서 다른 변수를 통제했을 때, 두 변수 간의 관련성(상호작용)은 크게 3가지로 나누어 볼 수 있다.

① 조건적 독립(conditional independence): 다른 변수를 통제했을 때 나머지 두 변수 간에 관련성(상호작용)이 없는 경우. 이는 상호작용이 없는 주효과 모형을 의미함

② 동질적 관련성 또는 상호작용(homogeneous association or interaction): 다른 변수의 하위 수준에 관계없이 나머지 두 변수의 관련성이 동일한 경우. 이는 두 변수 간의 상호작용이 다른 변수와 독립적임을 뜻하며 최고수준 상호작용이 이원 상호작용이라는 의미임

③ 이질적 관련성 또는 상호작용(heterogeneous association or interaction): 다른 변수를 통제했을 때, 통제변수의 하위 수준에 따라 나머지 두 변수의 관련성이 다른 경우. 이는 두 변수 간의 상호작용이 세 번째 변수에 따라 달라지는 것으로 세 변수 간 상호작용

이 존재한다는 의미이며 최고수준 상호작용이 삼원 상호작용이라는 것을 나타냄

통합가능성(collapsibility)

통합가능성이라는 것은 예를 들어 AB 상호작용 분석을 위한 AB 교차표를 C의 하위수준별로 산출하는 대신 C를 통합하여 하나의 AB 교차표로 분석할 수 있는가 하는 문제를 가리킨다. AB를 C에 대해 통합해서 분석할 수 있기 위해서는, 즉 통합해서 분석하거나 별도로 분석해도 동일한 결과가 나오는 경우는 다음과 같은 조건을 만족해야 한다(아래의 조건에서 '= 0'의 의미는 해당 상호작용이 유의하지 않다는 의미임).

AB 교차표를 C에 통합하여 분석하기 위한 조건
① 3원 상호작용이 유의하지 않아야 함: ABC = 0
② A 또는 B가 C와 독립적이어야 함: AC = 0 또는 BC = 0

교차표에서의 상호작용 분석: 승산비(odds ratio)

두 변수 간에 통계적으로 유의한 상호작용을 분석하기 위해 작성된 두 변수 간의 교차표에서 실제적 유의성인 효과의 크기(effect size)와 관계의 구체적 내용을 알아보기 위해 승산비를 산출하기도 한다. 예를 들어 대도시, 중소도시, 읍면지역에서 각기 90명, 60명, 30명의 교사를 선정하여 교직에 대한 만족 여부를 조사했다고 가정해 보자. 〈표 23-2〉는 상호작용이 없는 경우의 예이다. 각 지역별 '만족함'의 '만족 안함'에 대한 승산은 2로 지역에 관계없이 만족하는 경우가 안 하는 경우의 2배이므로 상호작용이 없으며, 읍면의 승산에 대한 승산비는 모두 1이다. 즉 상호작용이 없는 경우 모든 승산비는 1이 됨을 알 수 있다.

〈표 23-2〉 상호작용이 없는 경우의 예

구분	대도시	중소도시	읍면	합계	
만족함	60명	40명	20명	120	독립성 검증 $\chi^2(2) = 0, p = 1$
만족 안함	30명	20명	10명	60	
합계	90명	60명	30명	180명	
승산	60/30 = 2	40/20 = 2	20/10 = 2		
승산비*	2/2 = 1	2/2 = 1			

* 읍면 기준

〈표 23-3〉은 상호작용이 있는 경우이다. 중소도시와 읍면지역에서는 승산이 2이지만 대도시에서는 오히려 '만족 안함' 비율이 많아 승산이 .5로 근무지역과 만족여부는 서로 상호작용이 있다. 읍면에 대한 승산비는 중소도시의 경우는 1이지만 대도시는 .025로 1과 많은 차이가 난다. 즉 상호작용이 있는 경우 승산비가 1이 아닌 값이 존재함을 알 수 있다. 승산비가 1에서 멀어질수록 상호작용 효과가 큰 것을 의미하며, 이 승산비를 효과의 크기 지수로도 활용할 수 있다.

〈표 23-3〉 상호작용이 있는 경우

<table>
<tr><th>구분</th><th>대도시</th><th>중소도시</th><th>읍면</th><th>합계</th><td rowspan="6">독립성 검증
$\chi^2(2) = 20$,
$p < .001$</td></tr>
<tr><td>만족함</td><td>30명</td><td>40명</td><td>20명</td><td>120명</td></tr>
<tr><td>만족 안함</td><td>60명</td><td>20명</td><td>10명</td><td>60명</td></tr>
<tr><td>합계</td><td>90명</td><td>60명</td><td>30명</td><td>180명</td></tr>
<tr><td>승산</td><td>30/60 = .5</td><td>40/20 = 2</td><td>20/10 = 2</td><td></td></tr>
<tr><td>승산비*</td><td>.5/2 = .025</td><td>2/2 = 1</td><td></td><td></td></tr>
</table>

* 읍면 기준

최종 선정모형의 종류와 분석내용

〈표 23-1〉의 자료에 대한 식 (9)와 같은 A, B, C 세 개의 범주형 변수에 대한 삼원 로그선형모형의 포화모형에서 후진제거법으로 선정될 수 있는 최종 위계모형은 복잡도의 순으로 크게 다섯 가지 종류로 분류할 수 있다: ① 포화모형(ABC), ② 삼원 상호작용만 제거되고 모든 이원 상호작용이 유의한 모형(AB, AC, BC), ③ 두 개의 이원 상호작용만 유의한 모형(예를 들어 (AC, BC)), ④ 한 개의 이원 상호작용만 유의한 모형(예를 들어 (BC)), ⑤ 유의한 상호작용이 없는 모형(예를 들어, (A, B, C)). 이들 종류에 따라 상호작용의 형태, 통합가능성 등에 차이가 나며, 따라서 분석의 방향도 달라진다.

① 포화모형: (ABC) 모형

- 구성효과: ABC, AB, AC, BC, A, B, C
- 최종모형: $\ln E_{ijk} = k + a_1A_1 + b_1B_1 + b_2B_2 + c_1C_1 + d_1A_1B_1 + d_2A_1B_2 + d_3A_1C_1 + d_4B_1C_1 + d_5B_2C_1 + d_6A_1B_1C_1 + d_7A_1B_2C_1$ (13)

- ABC가 유의하므로 하위의 상호작용 AB, AC, BC는 모두 ABC에 내포됨
- ABC가 유의하므로 AB와 C 사이에 상호작용이 있으며 이는 AB의 효과가 C에 따라 달라진다는 의미이며, AC와 BC도 동일한 형태임. 따라서 두 변수 간 상호작용은 모두 이질적 상호작용이 됨
- ABC ≠ 0로 통합조건을 만족하지 않으므로 각 이원 상호작용은 모두 나머지 변수에 대해 통합하여 분석할 수 없음. 따라서 AB는 C, AC는 B, 그리고 BC는 A의 하위수준별로 분석해야 함
- 예) A의 하위수준별 BC 상호작용: 각 셀의 기대빈도 및 승산비: 〈표 23−4〉

〈표 23−4〉 (ABC) 모형의 기대빈도, 승산 및 승산비

성별(A)	근무지역(B)	지지교원단체(C)		승산*	승산비**
		단체1(C_1 = 1)	단체2(C_1 = 0)		
남 ($A_1 = 1$)	대 ($B_1 = 1, B_2 = 0$)	$e^ke^{a_1}e^{b_1}e^{c_1}e^{d_1}e^{d_3}e^{d_4}e^{d_6}$	$e^ke^{a_1}e^{b_1}e^{d_1}$	$e^{c_1}e^{d_3}e^{d_4}e^{d_6}$	$e^{d_4}e^{d_5}$
	중 ($B_1 = 0, B_2 = 1$)	$e^ke^{a_1}e^{b_2}e^{c_1}e^{d_2}e^{d_3}e^{d_5}e^{d_7}$	$e^ke^{a_1}e^{b_2}e^{d_2}$	$e^{c_1}e^{d_3}e^{d_5}e^{d_7}$	$e^{d_5}e^{d_7}$
	읍 ($B_1 = 0, B_2 = 0$)	$e^ke^{a_1}e^{c_1}e^{d_1}e^{d_3}$	$e^ke^{a_1}$	$e^{c_1}e^{d_3}$	
여 ($A_1 = 0$)	대 ($B_1 = 1, B_2 = 0$)	$e^ke^{b_1}e^{c_1}e^{d_1}e^{d_4}$	$e^ke^{b_1}$	$e^{c_1}e^{d_4}$	e^{d_4}
	중 ($B_1 = 0, B_2 = 1$)	$e^ke^{b_2}e^{c_1}e^{d_1}e^{d_5}$	$e^ke^{b_2}$	$e^{c_1}e^{d_5}$	e^{d_5}
	읍 ($B_1 = 0, B_2 = 0$)	$e^ke^{c_1}$	e^k	e^{c_1}	

* 승산: 단체1 기대빈도의 단체2의 기대빈도에 대한 승산

** 승산비: 대도시와 중소도시 승산의 읍면지역 승산에 대한 승산비

참고: A의 하위수준별 승산비가 다름: 이질적 상호작용
상수항의 지수함수 e^k: 기준집단의 기대빈도
통합불가능

② **삼원 상호작용만 제거되고 모든 이원 상호작용이 유의한 모형**: (AB, AC, BC) 모형

- 구성효과: AB, AC, BC, A, B, C
- 최종모형: $\ln E_{ijk} = k + a_1A_1 + b_1B_1 + b_2B_2 + c_1C_1 + d_1A_1B_1 + d_2A_1B_2 + d_3A_1C_1 + d_4B_1C_1 + d_5B_2C_1$ (14)

- ABC가 유의하지 않아 상호작용 AB는 C와 상호작용이 없으므로 C의 하위수준별 AB의 상호작용은 동일. 마찬가지로 B의 하위수준별 AC, A의 하위수준별 BC 모두 동일함. 따라서 모든 이원 상호작용은 동질적 상호작용이 됨
- 모든 이원 상호작용이 유의하여 통합조건을 만족하지 않아 하위수준별로 분석해야 함
- 예) A의 하위수준별 BC 상호작용: 각 셀의 기대빈도 및 승산비: 〈표 23-5〉

〈표 23-5〉 (AB, AC, BC) 모형의 기대빈도, 승산 및 승산비

성별(A)	근무지역(B)	지지교원단체(C)		승산*	승산비**
		단체1(C_1 = 1)	단체2(C_1 = 0)		
남 ($A_1 = 1$)	대 ($B_1 = 1, B_2 = 0$)	$e^k e^{a_1} e^{b_1} e^{c_1} e^{d_1} e^{d_3} e^{d_4}$	$e^k e^{a_1} e^{b_1} e^{d_1}$	$e^{c_1} e^{d_3} e^{d_4}$	e^{d_4}
	중 ($B_1 = 0, B_2 = 1$)	$e^k e^{a_1} e^{b_2} e^{c_1} e^{d_2} e^{d_3} e^{d_5}$	$e^k e^{a_1} e^{b_2} e^{d_2}$	$e^{c_1} e^{d_3} e^{d_5}$	e^{d_5}
	읍 ($B_1 = 0, B_2 = 0$)	$e^k e^{a_1} e^{c_1} e^{d_3}$	$e^k e^{a_1}$	$e^{c_1} e^{d_3}$	
여 ($A_1 = 0$)	대 ($B_1 = 1, B_2 = 0$)	$e^k e^{b_1} e^{c_1} e^{d_4}$	$e^k e^{b_1}$	$e^{c_1} e^{d_4}$	e^{d_4}
	중 ($B_1 = 0, B_2 = 1$)	$e^k e^{b_2} e^{c_1} e^{d_5}$	$e^k e^{b_2}$	$e^{c_1} e^{d_5}$	e^{d_5}
	읍 ($B_1 = 0, B_2 = 0$)	$e^k e^{c_1}$	e^k	e^{c_1}	

* 승산: 단체1 기대빈도의 단체2의 기대빈도에 대한 승산

** 승산비: 대도시와 중소도시 승산의 읍면지역 승산에 대한 승산비

참고: A의 하위수준별 승산비가 같음: 동질적 상호작용
통합불가능

③ 두 개의 이원 상호작용만 유의한 모형: (예) (AC, BC) 모형

- 구성효과: AC, BC, A, B, C
- 최종모형: $\ln E_{ijk} = k + a_1 A_1 + b_1 B_1 + b_2 B_2 + c_1 C_1 + d_3 A_1 C_1 + d_4 B_1 C_1 + d_5 B_2 C_1$ (15)
- ABC가 유의하지 않아 상호작용 AC는 B와 상호작용이 없으므로 B의 하위수준별 AC의 상호작용은 동일. 마찬가지로 A의 하위수준별 BC 모두 동일함. 따라서 두 개의 이원 상호작용은 동질적 상호작용이 됨
- ABC = 0이고 AB = 0이므로 AC와 BC 모두 통합조건을 만족함. 따라서 AC는 B의 고

려 없이, BC는 A의 고려 없이 통합하여 상호작용 분석 가능함

- 예 1) A의 하위수준별 BC 상호작용: 각 셀의 기대빈도 및 승산비: 〈표 23-6〉

〈표 23-6〉 (AC, BC) 모형의 기대빈도, 승산 및 승산비

성별(A)	근무지역(B)	지지교원단체(C)		승산*	승산비**
		단체1($C_1 = 1$)	단체2($C_1 = 0$)		
남 ($A_1 = 1$)	대 ($B_1 = 1, B_2 = 0$)	$e^k e^{a_1} e^{b_1} e^{c_1} e^{d_3} e^{d_4}$	$e^k e^{a_1} e^{b_1}$	$e^{c_1} e^{d_3} e^{d_4}$	e^{d_4}
	중 ($B_1 = 0, B_2 = 1$)	$e^k e^{a_1} e^{b_2} e^{c_1} e^{d_3} e^{d_5}$	$e^k e^{a_1} e^{b_2}$	$e^{c_1} e^{d_3} e^{d_5}$	e^{d_5}
	읍 ($B_1 = 0, B_2 = 0$)	$e^k e^{a_1} e^{c_1} e^{d_3}$	$e^k e^{a_1}$	$e^{c_1} e^{d_3}$	
여 ($A_1 = 0$)	대 ($B_1 = 1, B_2 = 0$)	$e^k e^{b_1} e^{c_1} e^{d_4}$	$e^k e^{b_1}$	$e^{c_1} e^{d_4}$	e^{d_4}
	중 ($B_1 = 0, B_2 = 1$)	$e^k e^{b_2} e^{c_1} e^{d_5}$	$e^k e^{b_2}$	$e^{c_1} e^{d_5}$	e^{d_5}
	읍 ($B_1 = 0, B_2 = 0$)	$e^k e^{c_1}$	e^k	e^{c_1}	
통합	대 ($B_1 = 1, B_2 = 0$)	$e^k e^{b_1} e^{c_1} e^{d_4}(e^{a_1} e^{d_3} + 1)$	$e^k e^{b_1}(e^{a_1} + 1)$	$\frac{e^{c_1} e^{d_4}(e^{a_1} e^{d_3} + 1)}{(e^{a_1} + 1)}$	e^{d_4}
	중 ($B_1 = 0, B_2 = 1$)	$e^k e^{b_2} e^{c_1} e^{d_5}(e^{a_1} e^{d_3} + 1)$	$e^k e^{b_2}(e^{a_1} + 1)$	$\frac{e^{c_1} e^{d_5}(e^{a_1} e^{d_3} + 1)}{(e^{a_1} + 1)}$	e^{d_5}
	읍 ($B_1 = 0, B_2 = 0$)	$e^k e^{c_1}(e^{a_1} e^{d_3} + 1)$	$e^k(e^{a_1} + 1)$	$\frac{e^{c_1}(e^{a_1} e^{d_3} + 1)}{(e^{a_1} + 1)}$	

* 승산: 단체1 기대빈도의 단체2의 기대빈도에 대한 승산

** 승산비: 대도시와 중소도시 승산의 읍면지역 승산에 대한 승산비

참고: A의 하위수준별 승산비가 같음: 동질적 상호작용

A(성별) 구별 없이 통합하여도 승산비는 동일: 통합가능

B(근무지역) 하위수준별 AC도 동일한 특징

• 예 2) C의 하위수준별 AB 상호작용: 각 셀의 기대빈도 및 승산비: 〈표 23-7〉

〈표 23-7〉 (AC, BC) 모형의 기대빈도, 승산 및 승산비

단체(C)	성별(A)	근무지역(B)		
		대도시 ($B_1 = 1, B_2 = 0$)	중소도시 ($B_1 = 1, B_2 = 0$)	읍면지역 ($B_1 = 1, B_2 = 0$)
단체1 ($C_1 = 1$)	남($A_1 = 1$)	$e^k e^{a_1} e^{b_1} e^{c_1} e^{d_3} e^{d_4}$	$e^k e^{a_1} e^{b_2} e^{c_1} e^{d_3} e^{d_5}$	$e^k e^{a_1} e^{c_1} e^{d_3}$
	여($A_1 = 0$)	$e^k e^{b_1} e^{c_1} e^{d_4}$	$e^k e^{b_2} e^{c_1} e^{d_5}$	$e^k e^{c_1}$
	승산*	$e^{a_1} e^{d_3}$	$e^{a_1} e^{d_3}$	$e^{a_1} e^{d_3}$
	승산비**	1	1	
단체2 ($C_1 = 0$)	남($A_1 = 1$)	$e^k e^{a_1} e^{b_1}$	$e^k e^{a_1} e^{b_2}$	$e^k e^{a_1}$
	여($A_1 = 0$)	$e^k e^{b_1}$	$e^k e^{b_2}$	e^k
	승산*	e^{a_1}	e^{a_1}	e^{a_1}
	승산비**	1	1	

* 승산: 남자 기대빈도의 여자 기대빈도에 대한 승산

** 승산비: 대도시와 중소도시 승산의 읍면지역 승산에 대한 승산비

참고: AB의 상호작용이 없기 때문에 승산비가 모두 1이 됨

④ **한 개의 이원 상호작용만 유의한 모형: (예) (BC) 모형**

• 구성효과: BC, B, C

• 최종모형: $\ln E_{ijk} = k + b_1B_1 + b_2B_2 + c_1C_1 + d_4B_1C_1 + d_5B_2C_1$ (16)

• ABC = 0이므로 BC와 A의 상호작용이 없기 때문에 BC의 상호작용은 A와 독립. 따라서 동질적 상호작용

• ABC = 0이고 AB = 0, AC = 0이므로 통합조건 만족

• 예) A의 하위수준별 BC 상호작용: 각 셀의 기대빈도 및 승산비: 〈표 23−8〉

〈표 23–8〉 (BC) 모형의 기대빈도, 승산 및 승산비

성별(A)	근무지역(B)	지지교원단체(C)		승산*	승산비**
		단체1(C_1 = 1)	단체2(C_1 = 0)		
남 ($A_1 = 1$)	대 ($B_1 = 1, B_2 = 0$)	$e^k e^{b_1} e^{c_1} e^{d_4}$	$e^k e^{b_1}$	$e^{c_1} e^{d_4}$	e^{d_4}
	중 ($B_1 = 0, B_2 = 1$)	$e^k e^{b_2} e^{c_1} e^{d_5}$	$e^k e^{b_2}$	$e^{c_1} e^{d_5}$	e^{d_5}
	읍 ($B_1 = 0, B_2 = 0$)	$e^k e^{c_1}$	e^k	e^{c_1}	
여 ($A_1 = 0$)	대 ($B_1 = 1, B_2 = 0$)	$e^k e^{b_1} e^{c_1} e^{d_4}$	$e^k e^{b_1}$	$e^{c_1} e^{d_4}$	e^{d_4}
	중 ($B_1 = 0, B_2 = 1$)	$e^k e^{b_2} e^{c_1} e^{d_5}$	$e^k e^{b_2}$	$e^{c_1} e^{d_5}$	e^{d_5}
	읍 ($B_1 = 0, B_2 = 0$)	$e^k e^{c_1}$	e^k	e^{c_1}	
통합	대 ($B_1 = 1, B_2 = 0$)	$2e^k e^{b_1} e^{c_1} e^{d_4}$	$2e^k e^{b_1}$	$e^{c_1} e^{d_4}$	e^{d_4}
	중 ($B_1 = 0, B_2 = 1$)	$2e^k e^{b_2} e^{c_1} e^{d_5}$	$2e^k e^{b_2}$	$e^{c_1} e^{d_5}$	e^{d_5}
	읍 ($B_1 = 0, B_2 = 0$)	$2e^k e^{c_1}$	$2e^k$	e^{c_1}	

* 승산: 단체1 기대빈도의 단체2의 기대빈도에 대한 승산

** 승산비: 대도시와 중소도시 승산의 읍면지역 승산에 대한 승산비

참고: A의 하위수준별 승산비가 같음: 동질적 상호작용

A(성별) 구별 없이 통합하여도 승산비는 동일

AB = 0, AC = 0이므로 이들 상호작용에 대한 승산비는 모두 1이 됨

⑤ **상호작용이 없는 모형 즉 주효과 모형: (예) (A, B, C) 모형**

• 구성효과: A, B, C

• 최종모형: $\ln E_{ijk} = k + a_1 A_1 + b_1 B_1 + b_2 B_2 + c_1 C_1$ (17)

• 상호작용이 없으므로 두 변수 간의 모든 교차표는 다른 변수의 하위수준별로 나누거나 통합하거나 상관없이 모든 승산비는 1

• 예) A의 하위수준별 BC 상호작용: 각 셀의 기대빈도 및 승산비: 〈표 23-9〉

〈표 23-9〉 (A, B, C) 모형의 기대빈도, 승산 및 승산비

성별(A)	근무지역(B)	지지교원단체(C)		승산*	승산비**
		단체1(C_1 = 1)	단체2(C_1 = 0)		
남 ($A_1 = 1$)	대 ($B_1 = 1, B_2 = 0$)	$e^k e^{a_1} e^{b_1} e^{c_1}$	$e^k e^{a_1} e^{b_1}$	e^{c_1}	1
	중 ($B_1 = 0, B_2 = 1$)	$e^k e^{a_1} e^{b_2} e^{c_1}$	$e^k e^{a_1} e^{b_2}$	e^{c_1}	1
	읍 ($B_1 = 0, B_2 = 0$)	$e^k e^{a_1} e^{c_1}$	$e^k e^{a_1}$	e^{c_1}	
여 ($A_1 = 0$)	대 ($B_1 = 1, B_2 = 0$)	$e^k e^{b_1} e^{c_1}$	$e^k e^{b_1}$	e^{c_1}	1
	중 ($B_1 = 0, B_2 = 1$)	$e^k e^{b_2} e^{c_1}$	$e^k e^{b_2}$	e^{c_1}	1
	읍 ($B_1 = 0, B_2 = 0$)	$e^k e^{c_1}$	e^k	e^{c_1}	
통합	대 ($B_1 = 1, B_2 = 0$)	$e^k e^{b_1} e^{c_1}(e^{a_1} + 1)$	$e^k e^{b_1}(e^{a_1} + 1)$	e^{c_1}	1
	중 ($B_1 = 0, B_2 = 1$)	$e^k e^{b_2} e^{c_1}(e^{a_1} + 1)$	$e^k e^{b_2}(e^{a_1} + 1)$	e^{c_1}	1
	읍 ($B_1 = 0, B_2 = 0$)	$e^k e^{c_1}(e^{a_1} + 1)$	$e^k(e^{a_1} + 1)$	e^{c_1}	

* 승산: 단체1 기대빈도의 단체2의 기대빈도에 대한 승산

** 승산비: 대도시와 중소도시 승산의 읍면지역 승산에 대한 승산비

참고: 상호작용이 없으므로 모든 승산비는 1

통합하여도 결과는 동일

4. 분석의 실제 I

예시자료

〈표 23-1〉의 예시자료는 교사들의 성별(A), 근무지역(B), 그리고 지지하는 교원단체(C)의 3원 교차표로 이들 변수들 간의 관련성이 분석의 주 관심사이다. 관련성/효과는 (ABC)(3원 상호작용), (AB, AC, BC)(이원 상호작용), (A, B, C)(주 효과) 등인데 주 효과는 연구자의 표집 계획에 좌우될 경우 별 의미가 없을 수도 있다. 그리고 주 효과는 상위의 상호작용 효과에 혼재될 가능성도 있기 때문에 로그선형모형 분석에서는 상호작용 분석이 주 관심사가 된다.

〈그림 23−1〉과 같이 SPSS에 자료를 입력하고, 〈그림 23−3〉과 같이 각 변수의 이름 **A**, **B**, **C**에 Label을 설정하고 범주형 변수의 각 명명척도 값에도 Label을 설정해 준다. 〈그림 23−2〉에서는 각 셀의 도수인 **f**로 가중치를 부여하고 있다.

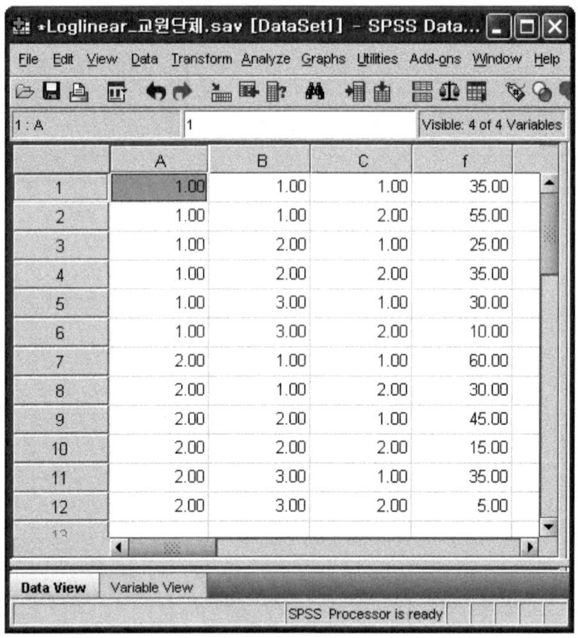

〈그림 23−1〉

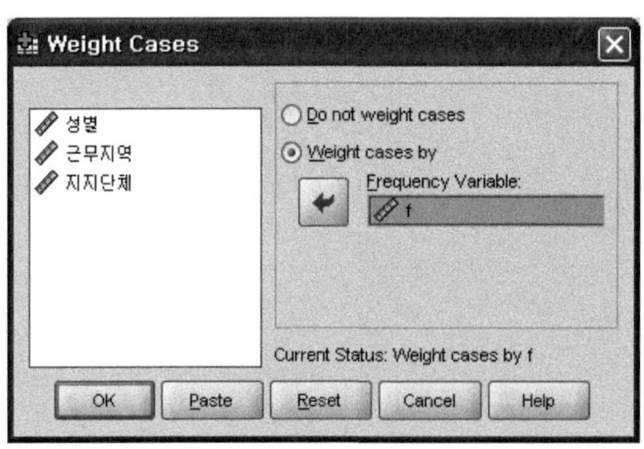

〈그림 23−2〉

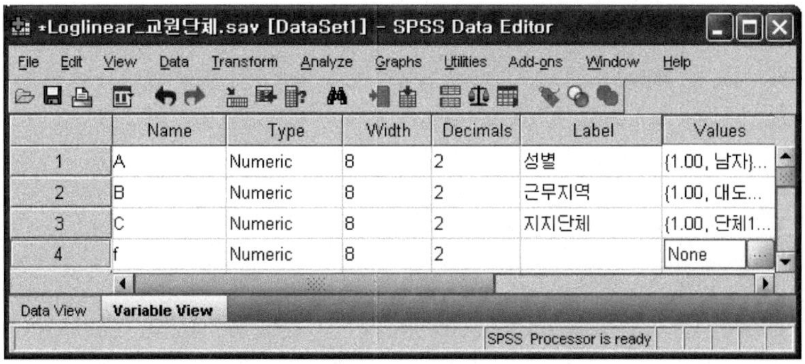

〈그림 23-3〉

단계적 후진제거법에 의한 모형의 설정

위계적 모형에서 후진제거법으로 분석하기 위해서는 메뉴에서 **Analyze → Loglinear**를 클릭하여 나타난 선택사항 중에서 **Model Selection**을 선택한다. 여기서 **Hierarchical model**이 아닌 **General model**을 원하는 경우는 **General**을 선택한다.

〈그림 23-4〉는 **Model Selection**을 선택한 결과 나타난 화면이다. 먼저 **Use backward elimination**을 선택하고 각 범주형 변수를 **Factor(s)** 상자로 옮긴 후 **Define Range** 버튼을 클릭하여 각 변수별로 최댓값과 최솟값을 정해 준다. 그 후 **Options** 버튼을 클릭하여 〈그림 23-5〉의 **Options** 대화상자를 불러 **Parameter estimates**와 **Association table**을 선택한 후 분석을 시작한다. **Parameter estimates**는 가변수를 사용한 모형의 회귀계수를, **Association table**은 각 효과별 유의성 검증 결과(**Partial Chi-Square**)를 출력하기 위함이다.

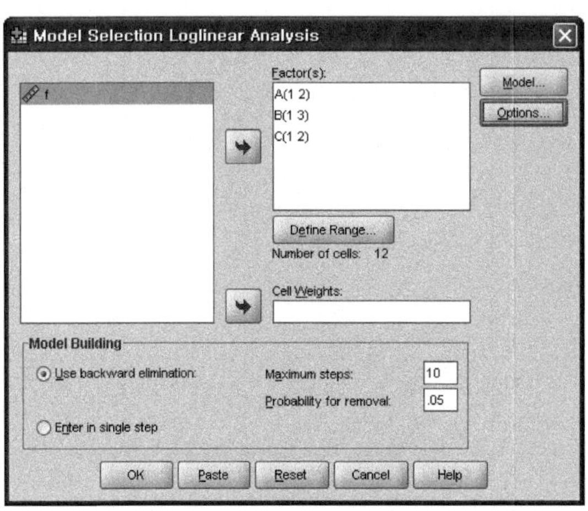

〈그림 23-4〉

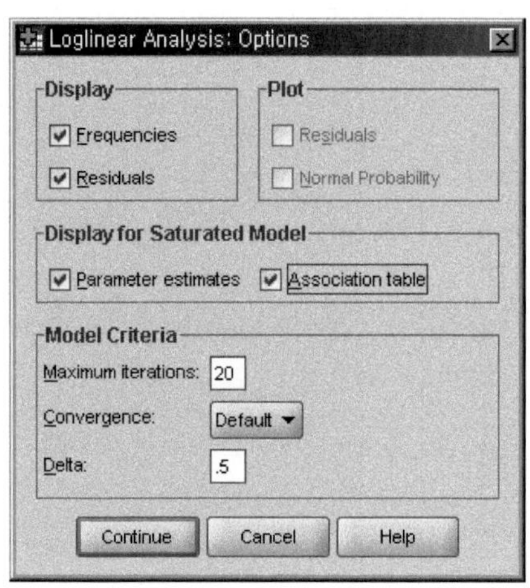

〈그림 23-5〉

〈그림 23-5〉의 **Delta**에 **.5**가 기본 선택사항으로 입력되어 있다. 이 값은 빈도수가 0인 셀이 있는 경우를 대비하여 각 셀의 도수에 .5를 더해 주는 것이다. 원래 자료가 교차표로 되어 있어 빈도가 0인 셀이 없음을 확인할 수 있는 경우에는 0으로 해도 되지만 결과에는 큰 차이가 없다.

모형의 선정 과정 및 결과

포화모형(saturated model)의 결과

메뉴 방법의 〈그림 23-4〉에서 기본 선택사항인 **Use backward elimination**을 선택하여 분석하면 〈표 23-10〉에서 〈표 23-13〉까지와 같은 위계적 포화모형(saturated model)의 결과를 출력해 보여 준다. 예시자료의 경우 포화모형은 (ABC)로 표시할 수 있으며, 이는 ABC, AB, AC, BC, A, B, C 등 모든 효과로 모형을 설정한 것을 의미한다. 포화모형은 기대빈도로 관찰빈도를 완벽하게 예측할 수 있으며. 이 결과는 〈표 23-10〉에 잘 나타나 있다. 또한 이 경우, 〈표 23-11〉과 같이 관찰빈도와 기대빈도의 차이를 반영하는 χ^2값은 0이 되고, 모형에서 자유도를 다 사용하였기 때문에 자유도도 0이 되어 검증의 의미가 없어진다.

〈표 23-10〉

Cell Counts and Residuals

성별	근무지역	지지단체	Observed		Expected		Residuals	Std. Residuals
			Count[a]	%	Count	%		
남자	대도시	단체1	35.500	9.3%	35.500	9.3%	.000	.000
		단체2	55.500	14.6%	55.500	14.6%	.000	.000
	중소도시	단체1	25.500	6.7%	25.500	6.7%	.000	.000
		단체2	35.500	9.3%	35.500	9.3%	.000	.000
	읍면지역	단체1	30.500	8.0%	30.500	8.0%	.000	.000
		단체2	10.500	2.8%	10.500	2.8%	.000	.000
여자	대도시	단체1	60.500	15.9%	60.500	15.9%	.000	.000
		단체2	30.500	8.0%	30.500	8.0%	.000	.000
	중소도시	단체1	45.500	12.0%	45.500	12.0%	.000	.000
		단체2	15.500	4.1%	15.500	4.1%	.000	.000
	읍면지역	단체1	35.500	9.3%	35.500	9.3%	.000	.000
		단체2	5.500	1.4%	5.500	1.4%	.000	.000

a. For saturated models, .500 has been added to all observed cells.

〈표 23-11〉

Goodness-of-Fit Tests

	Chi-Square	df	Sig.
Likelihood Ratio	.000	0	.
Pearson	.000	0	.

〈표 23-12〉

K-Way and Higher-Order Effects

	K	df	Likelihood Ratio Chi-Square	Likelihood Ratio Sig.	Pearson Chi-Square	Pearson Sig.	Number of Iterations
K-way and Higher Order Effects[a]	1	11	107.825	.000	96.842	.000	0
	2	7	50.854	.000	48.938	.000	2
	3	2	.721	.697	.729	.695	3
K-way Effects[b]	1	4	56.971	.000	47.904	.000	0
	2	5	50.133	.000	48.209	.000	0
	3	2	.721	.697	.729	.695	0

a. Tests that k-way and higher order effects are zero.
b. Tests that k-way effects are zero.

〈표 23-13〉

Partial Associations

Effect	df	Partial Chi-Square	Sig.	Number of Iterations
A*B	2	1.559	.459	2
A*C	1	29.506	.000	2
B*C	2	22.187	.000	2
A	1	.000	1.000	2
B	2	40.002	.000	2
C	1	16.969	.000	2

〈표 23-12〉와 〈표 23-13〉은 현재의 포화모형에서 앞으로 후진제거과정에서 제거의 후보가 되는 각 효과에 대한 정보를 제공해 준다. 먼저 〈표 23-12〉 상단부에서는 해당 차수 이상 효과의 유의성을 보여 준다. 먼저 1원항인 주효과 이상, 즉 모든 효과를 제거하는 경우, 다시 말하면 **A, B, C**를 전혀 사용하지 않는 경우 (이는 모든 셀의 기대 빈도수가 동일하다고 예측하는 것을 의미함) 기대빈도와 관찰빈도 차이를 나타내는 χ^2값이 107.825이고 $p < .001$로 유의함을 보여 준다. 즉 **A, B, C**에 의해 빈도의 분포 양상이 달라짐을 의미한다.

2원 상호작용 이상을 제거하면 역시 $\chi^2 = 50.854, p < .001$로 유의하며, 3원 상호작용 이상(이 경우는 3원 상호작용이 가장 높으므로 3원 효과 단독) 제거하면 $\chi = .721, p = .697$로 유의하지 않다. 즉 3원항을 제거해도 오차가 거의 없다는 의미이다. 이는 2원항 이상에서는 유의했는데 3원항은 유의하지 않다는 의미이므로 앞으로 후진제거법 과정에서 3원항이 제거될 가능성이 높음을 시사해 준다. 〈표 23-12〉의 하단부는 각 차수별 유의성을 보여 준다. 여기서도 3원항이 유의하지 않으므로 앞의 것과 동일한 결론을 준다.

〈표 23-13〉은 각 수준 내에서 각 부분 효과에 대한 부분 χ^2값을 보여 주고 있다. 이 표는 〈그림 23-5〉에서 **Association table**을 선택하면 제공된다. 여기서 보면, 2원항에서 **AB** 제거에 의한 χ^2 증가가 1.559로 유의하지 않아 이 또한 제거될 가능성이 높아 보인다. 1원항의 경우는 **A**가 유의하지 않지만 2원항의 **AC, BC**가 유의하므로 위계적 모형의 조건상 모형에 포함될 가능성이 있다.

〈표 23-13〉에서 각 효과의 자유도는 1원 효과는 (범주수 − 1), 2원 효과는 독립성 검증의 경우와 마찬가지로 (범주수 − 1) × (범주수 − 1)이다. 이는 식 (9)와 같은 가변수를 이용한 모형의 측면에서 보면 가변수 간의 곱으로 생성되는 상호작용 항의 수와 동일하다.

최종모형의 선정

〈표 23-14〉는 후진제거법에 의한 모형의 설정과 선정 과정을 보여 주고 있다.

〈표 23-14〉

Step Summary

Step[a]			Effects	Chi-Square[c]	df	Sig.	Number of Iterations
0	Generating Class[b]		A*B*C	.000	0	.	
	Deleted Effect	1	A*B*C	.721	2	.697	4
1	Generating Class[b]		A*B, A*C, B*C	.721	2	.697	
	Deleted Effect	1	A*B	1.559	2	.459	2
		2	A*C	29.506	1	.000	2
		3	B*C	22.187	2	.000	2
2	Generating Class[b]		A*C, B*C	2.280	4	.684	
	Deleted Effect	1	A*C	27.947	1	.000	2
		2	B*C	20.627	2	.000	2
3	Generating Class[b]		A*C, B*C	2.280	4	.684	

a. At each step, the effect with the largest significance level for the Likelihood Ratio Change is deleted, provided the significance level is larger than .050.
b. Statistics are displayed for the best model at each step after step 0.
c. For 'Deleted Effect', this is the change in the Chi-Square after the effect is deleted from the model.

먼저 Step 0에서는 모든 효과가 포함된 포화모형(saturated model)(**ABC**)를 보여 준다. 첫 번째로 최상위인 3원 상호작용 항 **ABC**를 제거하는 경우 χ^2 증가가 .721, p = .697로 이 상호작용 항을 제거하여도 거의 문제가 없음을 알 수 있다. 다음 단계인 Step 1은 3원 상호작용이 제외된 2원 상호작용 모형(**AB, AC, BC**)을 보여 준다. 세 개의 2원 상호작용 항에서 **AB** 항 제거 시 χ^2 증가가 제일 적으며, p = .459로 유의하지 않아 이 항이 다음 단계에서 제거된다. Step 2는 **AB**가 제거되고 난 모형(**AC, BC**)을 보여 준다. 이 모형의 $\chi^2 = 2.280$, $p = .684$로 적합도에 문제가 없으며, 이 모형에서 **AC** 제거 시 $\chi^2 = 27.947$, $p < .001$, **BC** 제거 시 $\chi^2 = 20.627$, $p < .001$로 모두 유의하기 때문에 더 이상 제거할 항이 없게 된다. 〈표 23−14〉의 Step 3과 〈표 23−16〉은 최종모형(**AC, BC**)의 적합성에 대한 유의도 검증 결과를 보여 주고 있다. 전반적 검증은 $\chi^2(4) = 2.280$, $p = .684$)로 적합도에 문제가 없고 〈표 23−15〉에서 관찰빈도와 모형의 기대빈도와 차이의 잔차분석 결과에서 Z검증으로 해석할 수 있는 표준화 잔차가 2 이상인 셀이 하나도 없어 모형이 자료에 잘 적합하고 있다고 판단된다.

앞에서도 언급한 바와 같이 위계적 모형의 조건상 모형(**AC, BC**)은 두 개의 2원 상호작용 효과뿐만 아니라 해당 항을 구성하는 모든 하위 효과도 포함하므로 최종모형을 이루는 효과는 **A, B, C, AC, BC**가 된다.

〈표 23−15〉

Cell Counts and Residuals

성별	근무지역	지지단체	Observed Count	Observed %	Expected Count	Expected %	Residuals	Std. Residuals
남자	대도시	단체1	35.000	9.2%	37.174	9.8%	−2.174	−.357
		단체2	55.000	14.5%	56.667	14.9%	−1.667	−.221
	중소도시	단체1	25.000	6.6%	27.391	7.2%	−2.391	−.457
		단체2	35.000	9.2%	33.333	8.8%	1.667	.289
	읍면지역	단체1	30.000	7.9%	25.435	6.7%	4.565	.905
		단체2	10.000	2.6%	10.000	2.6%	.000	.000
여자	대도시	단체1	60.000	15.8%	57.826	15.2%	2.174	.286
		단체2	30.000	7.9%	28.333	7.5%	1.667	.313
	중소도시	단체1	45.000	11.8%	42.609	11.2%	2.391	.366
		단체2	15.000	3.9%	16.667	4.4%	−1.667	−.408
	읍면지역	단체1	35.000	9.2%	39.565	10.4%	−4.565	−.726
		단체2	5.000	1.3%	5.000	1.3%	.000	.000

〈표 23-16〉

Goodness-of-Fit Tests

	Chi-Square	df	Sig.
Likelihood Ratio	2.280	4	.684
Pearson	2.295	4	.682

회귀계수의 추정

앞에서 최종 모형을 이루는 효과로 **A, B, C, AC, BC**가 선정되었다. 따라서 최종 선정된 모형을 각 변수를 나타내는 가변수로 표현하면 다음과 같다.

$$\ln E_{ijk} = k + a_1A_1 + b_1B_1 + b_2B_2 + c_1C_1 + d_3A_1C_1 + d_4B_1C_1 + d_5B_2C_1 \tag{18}$$

식 (18)의 형식으로 표현된 모형에서 각 가변수의 회귀계수는 주 효과의 경우 기준집단에서의 승산을, 상호작용 경우 기준집단에 대한 승산비를 나타낸다(이는 뒤에서 실제 결과로 살펴본다). 그런데 SPSS 메뉴 방법에서 후진제거법으로 모형을 선정하면 포화모형에 대해서만 회귀계수 값(SPSS output에서는 **Parameter Estimates**라고 함)을 출력해 준다. 따라서 최종 선정된 모형의 회귀계수 값을 구하기 위해서는 최종모형을 일반모형으로 한 번 더 추정해야 한다. 이 경우 메뉴에서 **Analyze** → **Loglinear** → **General**을 클릭하여 〈그림 23-6〉의 대화상자를 불러오고 해당 변수를 **Factors(s)** 상자로 이동시킨다. 그리고 **Model** 버튼을 클릭하여 〈그림 23-7〉의 대화상자를 불러 **Custom**을 선택하고 모형을 구성하는 3개의 주 효과와 2개의 상호작용 효과 항으로 모형을 구성해 준다. 이때 반드시 하위 수준 항부터 먼저 넣어 주어야 한다. 다음으로 **Options**를 클릭하여 〈그림 23-8〉을 불러 필요한 것을 선택한다. 최종모형의 회귀계수 추정값을 얻기 위해서는 **Estimates**를, 각종 잔차분석을 위해서는 **Residuals**를 선택한다. 앞에서 이미 논의한 바와 같이 SPSS에서 범주형 변수의 가변수의 표기는 위계적 모형은 효과표기(effect coding)를 사용하는 반면 일반모형은 가표기(dummy coding) 방법을 사용한다. 가표기에서 각 범주형 변수의 명명척도 값이 가장 높은 범주를 가변수의 값을 0으로 주어 기준집단으로 설정한다. SAS나 다른 프로그램들은 기준집단 설정을 다른 방법으로 할 수 있기 때문에 결과 해석 시 유의하여야 한다.

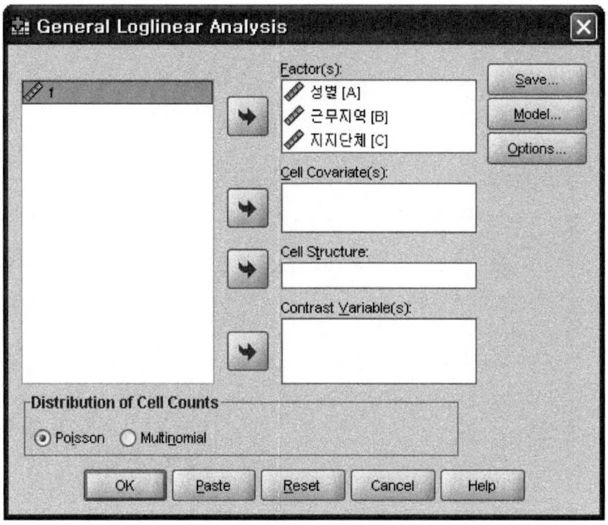
General Loglinear Analysis
1
Factor(s):
성별 [A]
근무지역 [B]
지지단체 [C]
Cell Covariate(s):
Cell Structure:
Contrast Variable(s):
Save...
Model...
Options...
Distribution of Cell Counts
Poisson
Multinomial
OK
Paste
Reset
Cancel
Help

〈그림 23-6〉

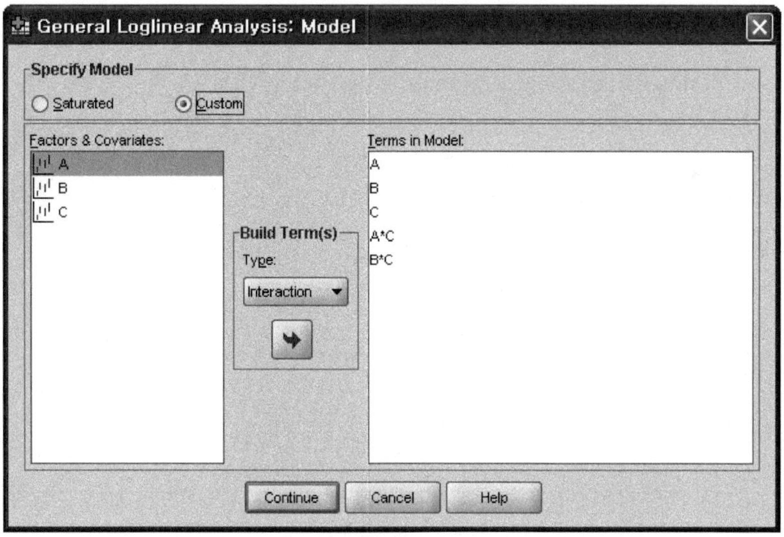
General Loglinear Analysis: Model
Specify Model
Saturated
Custom
Factors & Covariates:
A
B
C
Build Term(s)
Type:
Interaction
Terms in Model:
A
B
C
A*C
B*C
Continue
Cancel
Help

〈그림 23-7〉

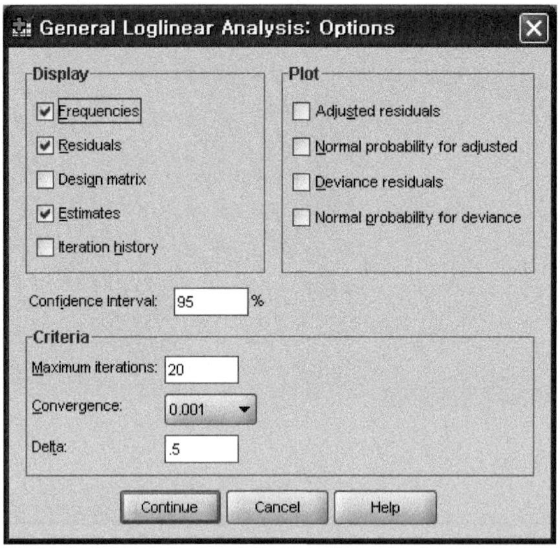

〈그림 23-8〉

그리고 일반모형 추정에서 제공되는 잔차정보도 〈표 23-17〉과 같이 **Residual, Standardized Residuals, Adjusted Residuals, Deviance** 등으로 위계모형의 경우보다 더 다양하다.

〈표 23-18〉은 추정된 결과를 보여 준다.

〈표 23-17〉

Cell Counts and Residuals[a, b]

성별	근무지역	지지단체	Observed Count	Observed %	Expected Count	Expected %	Res.	Stan. Res.	Adj. Res.	Deviance
남자	대도시	단체1	35	9.2%	37.174	9.8%	−2.174	−.357	−.597	−.360
		단체2	55	14.5%	56.667	14.9%	−1.667	−.221	−.583	−.223
	중소도시	단체1	25	6.6%	27.391	7.2%	−2.391	−.457	−.702	−.464
		단체2	35	9.2%	33.333	8.8%	1.667	.289	.612	.286
	읍면지역	단체1	30	7.9%	25.435	6.7%	4.565	.905	1.370	.880
		단체2	10	2.6%	10.000	2.6%	.000	.000	.000	.000
여자	대도시	단체1	60	15.8%	57.826	15.2%	2.174	.286	.597	.284
		단체2	30	7.9%	28.333	7.5%	1.667	.313	.583	.310
	중소도시	단체1	45	11.8%	42.609	11.2%	2.391	.366	.702	.363
		단체2	15	3.9%	16.667	4.4%	−1.667	−.408	−.612	−.415
	읍면지역	단체1	35	9.2%	39.565	10.4%	−4.565	−.726	−1.370	−.740
		단체2	5	1.3%	5.000	1.3%	.000	.000	.000	.000

a. Model: Poisson
b. Design: Constant + A + B + C + A * C + B * C

〈표 23-18〉

Parameter Estimates[b, c]

Parameter	Estimate	Std. Error	Z	Sig.	95% Confidence Interval	
					Lower Bound	Upper Bound
Constant	1.609	.283	5.691	.000	1.055	2.164
[A = 1.00]	.693	.173	4.002	.000	.354	1.033
[A = 2.00]	0[a]	.	.	.	.	.
[B = 1.00]	1.735	.280	6.194	.000	1.186	2.283
[B = 2.00]	1.204	.294	4.090	.000	.627	1.781
[B = 3.00]	0[a]	.	.	.	.	.
[C = 1.00]	2.069	.313	6.602	.000	1.454	2.683
[C = 2.00]	0[a]	.	.	.	.	.
[A = 1.00] * [C = 1.00]	−1.135	.220	−5.167	.000	−1.566	−.704
[A = 1.00] * [C = 2.00]	0[a]	.	.	.	.	.
[A = 2.00] * [C = 1.00]	0[a]	.	.	.	.	.
[A = 2.00] * [C = 2.00]	0[a]	.	.	.	.	.
[B = 1.00] * [C = 1.00]	−1.355	.323	−4.195	.000	−1.988	−.722
[B = 1.00] * [C = 2.00]	0[a]	.	.	.	.	.
[B = 2.00] * [C = 1.00]	−1.130	.341	−3.313	.001	−1.798	−.461
[B = 2.00] * [C = 2.00]	0[a]	.	.	.	.	.
[B = 3.00] * [C = 1.00]	0[a]	.	.	.	.	.
[B = 3.00] * [C = 2.00]	0[a]	.	.	.	.	.

a. This parameter is set to zero because it is redundant.
b. Model: Poisson
c. Design: Constant + A + B + C + A * C + B * C

따라서 추정된 모형은 다음과 같이 나타낼 수 있다.

$$\ln E_{ijk} = k + a_1A_1 + b_1B_1 + b_2B_2 + c_1C_1 + d_3A_1C_1 + d_4B_1C_1 + d_5B_2C_1 \quad (19a)$$

$$= 1.609 + .693A_1 + 1.735B_1 + 1.204B_2 + 2.069C_1 - 1.135A_1C_1$$

$$- 1.355B_1C_1 - 1.130B_2C_1$$

$$E_{ijk} = e^{1.609} \cdot e^{.694A_1} \cdot e^{1.735B_1} \cdot e^{1.204B_2} \cdot e^{2.069C_1} \cdot e^{-1.135A_1C_1} \cdot e^{-1.355B_1C_1} \cdot e^{-1.130B_2C_1} \quad (19b)$$

결과의 해석

추정회귀계수의 의미

〈표 23-18〉에서 보는 바와 같이 모든 회귀계수는 $p < .001$로 유의하다. 먼저 각 가변수의 회귀계수는 각 셀의 기대빈도에 대한 해당 변수의 영향력으로 해석할 수 있다. 예를 들어 대도시($B_1 = 1$, $B_2 = 0$)에서 단체1($C_1 = 1$)을 지지하는 기대빈도에 대한 성별(A_1)의 영향

력을 살펴보자. 식 (19b)에 이들 가변수 값을 대입하면 다음과 같다.

$$E_{ijk} = e^{1.609} \cdot e^{.694A_1} \cdot e^{1.735} \cdot e^{2.069} \cdot e^{-1.135A_1} \cdot e^{1.355} \tag{20}$$

여기서 남자는 $A_1 = 1$, 여자는 $A_1 = 0$이므로 남자의 경우 $A_1 = 1$을 대입하면 남자는 여자보다 단체1을 지지하는 기대빈도가 주효과로 $e^{.694} = 2.002$배, C와의 상호작용 효과로 $e^{-1.135} = .321$배가 되어 전체적으로는 $2.002 \times .321 = .643$배가 된다. 다른 값들도 동일한 방법으로 해석할 수 있을 것이다.

상수항의 회귀계수 추정치는 1.609로 이 값의 지수함수 값은 $e^{1.609} = 4.998 \cong 5$로 기준집단의 기대빈도와 동일하다. 주효과 추정치의 지수함수 값은 기준집단에서의 승산을 의미함을 앞에서 언급한 바 있는데 이제 이를 확인해 보자. 먼저 성별 가변수 A_1의 회귀계수 추정치는 .603, $e^{.603} = 1.999 \cong 2$로 다른 모든 가변수의 값이 0인 읍면지역($B_1 = 0$, $B_2 = 0$), 단체2($C_1 = 0$)에서 남자($A_1 = 1$) 기대빈도의 여자($A_1 = 0$) 기대빈도에 대한 승산인 10/5 = 2와 동일하다. 근무지역의 가변수 B_1의 경우, $e^{1.735} = 5.67$으로 여자($A_1 = 0$), 단체2($C_1 = 0$)에서 대도시($B_1 = 1$, $B_2 = 0$) 기대빈도의 읍면지역($B_1 = 0$, $B_2 = 0$) 기대빈도에 대한 승산 28.333/5 = 5.67과 동일하다. 그리고 B_2의 경우, $e^{1.204} = 3.33$으로 중소도시($B_1 = 0$, $B_2 = 1$) 기대빈도의 읍면지역 기대빈도에 대한 승산 16.667/5 = 3.33과 동일하다. 주효과의 마지막으로 C_1의 $e^{2.069} = 7.92$은 여자($A_1 = 0$), 읍면지역($B_1 = 0$, $B_2 = 0$)에서 단체1($C_1 = 1$) 기대빈도의 단체2($C_1 = 0$) 기대빈도에 대한 승산 39.565/5 = 7.91과 반올림 오차 내에서 동일하다.

예시자료에서 성별(A)과 근무지역(B)의 주효과는 표집계획에 따른 것이라고 할 수 있으므로 (즉 연구자가 성별 및 근무지역별로 표본을 그렇게 선정하였으므로) 그 자체로서는 별 이론적 의미가 없다. 따라서 의미 있는 주효과는 C인데 AC, BC가 유의하므로 C의 효과는 A와의 상호작용, 그리고 B와의 상호작용 틀에서 의미를 해석해야 한다. 단지 전체적으로 보면 단체1을 지지하는 교사가 230명, 단체2는 150으로 승산이 230/150 = 1.533이 되어 단체1을 지지하는 교사가 단체2보다 1.533배가 된다는 것은 의미가 있다고 할 수 있을 것이다.

상호작용 항의 회귀계수는 승산비를 의미함을 앞에서 또한 논의한 바 있다. 먼저 A_1C_1 항의 회귀계수 −1.135의 지수함수 값 $e^{-1.135} = .3214$는 뒤에 나오는 AC 교차표 〈표 23−19〉에서 보는 바와 같이 남자(A_1)의 단체1($C_1 = 1$)의 단체2($C_1 = 0$)에 대한 승산의 해당 여자 승산에 대한 승산비를 의미한다. 그리고 〈표 23−20〉의 BC 교차표에서 알 수 있는 바와 같이 B_1C_1의 $e^{-1.355} = .258$은 대도시($B_1 = 1$, $B_2 = 0$)의 단체1($C_1 = 1$)의 단체2($C_1 = 0$)

에 대한 승산의 해당 읍면지역 승산에 대한 승산비를, B_2C_1의 $e^{-1.130} = .323$은 중소도시($B_1 = 0, B_2 = 1$)의 동일 승산의 해당 읍면지역 승산에 대한 승산비를 의미한다.

상호작용의 해석

후진제거법으로 선정된 최종 위계모형은 (AC, BC) 모형으로 앞에서 논의한 최종모형 종류의 분류에서 세 번째인 두 개의 이원 상호작용만 유의한 모형에 속한다. 따라서 두 상호작용 모두 나머지 변수의 수준에 관계없이 동일한 동질적 상호작용이 되고 또한 통합 가능하다.

먼저 〈표 23-19〉는 AC 상호작용을 알아보기 위한 AC 교차표이다. 동질적 상호작용과 통합가능성의 특징을 확인하기 위하여 나머지 변수인 근무지역(B)의 하위수준별 및 통합한 내용으로 표를 작성하였다. 이 표에서 알 수 있는 바와 같이 B의 하위수준별 승산비는 동일하여 동질적 상호작용을 확인할 수 있고, 통합한 경우의 승산비도 역시 동일하여 통합가능성을 확인할 수 있다.

상호작용의 특징을 보면 남자의 경우는 단체1에 대한 지지의 단체2에 대한 지지에 대한 승산이 .9이지만 여자의 경우는 승산이 2.8로 여자의 단체1에 대한 지지비율이 훨씬 높음을 알 수 있다. 그리고 남자 승산의 여자 승산에 대한 승산비는 .3214로 이는 〈표 23-18〉에서 **[A = 1]*[C = 1]**의 줄에서 $e^{-1.135} = .3214$, $Z = -5.167$, $p < .001$로 유의하다. 이 승산비는 단체2의 단체1에 대한 승산의 승산비로 구하거나 아니면 여자 승산의 남자 승산에 대한 비로 구하면 승산비는 1/.3214 = 3.111로 나타낼 수도 있다.

〈표 23-20〉은 BC 상호작용을 알아보기 위한 BC 교차표이다. BC의 경우도 AC와 마찬가지로 동질적 상호작용과 통합가능성을 확인할 수 있다.

상호작용의 특징을 보면, 대도시에서는 단체1 지지의 단체2 지지에 대한 승산이 1.1176, 중소도시는 1.4, 그리고 읍면지역은 4.33으로 읍면지역에 대한 승산비는 대도시는 1.1176/4.3333 = .258이고 이는 〈표 23-18〉의 **[B = 1]*[C = 1]**의 줄에서 $e^{-1.355} = .258$, $Z = -4.195$, $p < .001$로 유의하고, 중소도시는 1.4/4.3333 = .323이고 **[B = 2]*[C = 1]** 줄에서 $e^{-1.130} = .323$, $Z = -3.313$, $p = .001$로 유의하다.

BC 상호작용을 종합해 보면 단체1 지지비율이 단체2 지지보다 모든 지역에서 높지만 특히 읍면지역에서는 월등히 높음을 알 수 있다.

〈표 23-19〉 AC 상호작용

근무지역(B)	성별(A)	지지단체(C)				승산* (Odds)	승산비** (Odds Ratio)
		관찰빈도		기대빈도			
		단체1	단체2	단체1	단체2		
대도시	남자	35	55	37.174	56.667	.656	.3214
	여자	60	30	57.826	28.333	2.041	
중소도시	남자	25	35	27.391	33.333	.8217	.3214
	여자	45	15	42.609	16.667	2.5565	
읍면지역	남자	30	10	25.435	10.000	2.5435	.3214
	여자	35	5	39.565	5.000	7.913	
통합	남자	90	100	90	100	.900	.3214
	여자	140	50	140	50	2.800	

*승산: 단체1의 단체2에 대한 승산

** 승산비: 남자 승산의 여자 승산에 대한 비

〈표 23-20〉 BC 상호작용

성별(A)	근무지역(B)	지지단체(C)				승산* (Odds)	승산비** (Odds Ratio)
		관찰빈도		기대빈도			
		단체1	단체2	단체1	단체2		
남자	대도시	35	55	37.174	56.667	.6560	.258
	중소도시	2	35	27.391	33.333	.8217	.323
	읍면지역	30	10	25.435	10.000	2.5435	
여자	대도시	60	30	57.826	28.333	2.0409	.258
	중소도시	45	15	42.609	16.667	2.5565	.323
	읍면지역	35	5	39.565	5.000	7.913	
통합	대도시	95	85	95	85	1.1176	.258
	중소도시	70	50	70	50	1.4000	.323
	읍면지역	65	15	65	15	4.3333	

*승산: 단체1의 단체2에 대한 승산

** 승산비: 대도시, 중소도시 승산의 읍면지역 승산에 대한 비

분석결과의 기술

후진제거법에 의한 위계적 모형으로 3원 로그선형모형 분석결과, 3원 상호작용 성별(A) × 근무지역(B) × 지지단체(C)는 $\chi^2(2) = .721$, $p = .697$, 2원 상호작용 AB는 $\chi^2(2) = 1.559$, $p = .459$로 유의하지 않아 제거되고, 이들 효과 제거 후 2원 상호작용 AC는 $\chi^2(1) = 27.947$, $p < .001$, BC는 $\chi^2(2) = 20.627$, $p < .001$로 유의하여 이 두 효과를 최상위 상호작용으로 포함하는 최종모형이 선정되었다. 이 최종모형의 우도비 검증은 $\chi^2(4) = 2.280$, $p = .684$로 포화모형과 유의한 차이를 보이지 않아 관찰 자료에 잘 적합하였다. 그리고 〈표 23-17〉의 잔차분석에서 유의한 잔차를 가진 셀이 없어 이 또한 적합도에 문제가 없음을 보여 주었다.

〈표 23-19〉와 〈표 23-20〉은 각각 유의한 상호작용을 나타낸 성별(A) × 지지단체(C)와 근무지역(B) × 지지단체(C)의 2원 교차표와 승산 및 승산비를 보여 주고 있다. 먼저 〈표 23-19〉에서 단체1 지지에 대한 승산이 남자의 경우는 .9, 여자의 경우는 2.8로 여자가 남자의 3.11(1/.32)배로 여자가 훨씬 높았으며, 이 승산비는 $Z = -5.167$, $P < .001$로 유의하였다. 〈표 23-20〉의 결과를 보면 단체1의 지지 승산이 대도시는 1.1176, 중소도시는 1.4, 그리고 읍면지역은 4.33으로 읍면지역이 대도시의 3.88(1/.258)배, $Z = -4.195$, $p < .001$, 중소도시의 3.10(1/.323)배, $p = .001$로 모두 유의하였다.

결론적으로 단체1에 대한 지지비율은 여자일수록, 그리고 대도시에서 읍면지역으로 갈수록 높아지는 경향을 보이는 것으로 나타났다.

5. 분석의 실제 II

예시자료

다음의 〈표 23-21〉은 미국의 어느 지역 고등학교 3학년 학생을 대상으로 술(A), 담배(C), 그리고 마리화나(M)를 해 본 경험이 있는지를 조사한 실제 자료이다.

〈표 23-21〉

술(A)	담배(C)	마리화나(M)	
		예	아니오
예	예	911명	538명
	아니오	44명	456명
아니오	예	3명	43명
	아니오	2명	279명

후진제거법에 의한 최종 위계적 모형 선정

〈표 23−22〉, 〈표 23−23〉, 〈표 23−24〉, 〈표 23−25〉는 포화모형으로부터 시작하여 최종 모형을 선정하는 과정을 보여 주고 있다. 여기서 알 수 있는 바와 같이 ACM 3원 상호작용 항은 $\chi^2(1) = .374, p = .541$로 유의하지 않아 제거되고 다음으로 높은 2원 상호작용은 AC는 $\chi^2(1) = 187.380, p < .001$, AM은 $\chi^2(1) = 91.644, p < .001$, CM은 $\chi^2(1) = 496.995, p < .001$로 모두 유의하여 모형에 포함되었다. 따라서 최종 선정된 모형은 모든 2원 상호작용 항이 포함되는 (AC, AM, CM) 모형으로 A, C, M, AC, AM, CM 효과로 구성된 모형이다.

〈표 23−24〉에서 최종모형의 적합도는 $\chi^2(1) = .401, p = .527$로 포화모형과 유의한 차이가 없으며, 〈표 23−26〉의 잔차분석 결과도 실제 관찰한 빈도와 모형이 예측한 빈도에 유의한 차이가 있는 셀이 없어 최종모형이 자료에 잘 적합하다고 판단된다.

〈표 23−22〉

K−Way and Higher−Order Effects

	K	df	Likelihood Ratio Chi−Square	Likelihood Ratio Sig.	Pearson Chi−Square	Pearson Sig.	Number of Iterations
K−way and Higher Order Effects[a]	1	7	2851.461	.000	2676.337	.000	0
	2	4	1286.020	.000	1411.386	.000	2
	3	1	.374	.541	.401	.526	4
K−way Effects[b]	1	3	1565.441	.000	1264.951	.000	0
	2	3	1285.646	.000	1410.985	.000	0
	3	1	.374	.541	.401	.526	0

a. Tests that k−way and higher order effects are zero.
b. Tests that k−way effects are zero.

〈표 23−23〉

Partial Associations

Effect	df	Partial Chi−Square	Sig.	Number of Iterations
A*C	1	187.380	.000	2
A*M	1	91.644	.000	2
C*M	1	496.995	.000	2
A	1	1281.714	.000	2
C	1	227.814	.000	2
M	1	55.913	.000	2

〈표 23-24〉

Goodness-of-Fit Tests[a, b]

	Value	df	Sig.
Likelihood Ratio	.374	1	.541
Pearson Chi-Square	.401	1	.527

a. Model: Poisson
b. Design: Constant + A + C + M + A * C + A * M + C * M

〈표 23-25〉

Step Summary

Step[a]			Effects	Chi-Square[c]	df	Sig.	Number of Iterations
0	Generating Class[b]		A*C*M	.000	0	.	
	Deleted Effect	1	A*C*M	.374	1	.541	4
1	Generating Class[b]		A*C, A*M, C*M	.374	1	.541	
	Deleted Effect	1	A*C	187.380	1	.000	2
		2	A*M	91.644	1	.000	2
		3	C*M	496.995	1	.000	2
2	Generating Class[b]		A*C, A*M, C*M	.374	1	.541	

a. At each step, the effect with the largest significance level for the Likelihood Ratio Change is deleted, provided the significance level is larger than .050.
b. Statistics are displayed for the best model at each step after step 0.
c. For 'Deleted Effect', this is the change in the Chi-Square after the effect is deleted from the model.

〈표 23-26〉

Cell Counts and Residuals[a,b]

술	담배	마리화나	Observed Count	Observed %	Expected Count	Expected %	Res.	Stan. Res.	Adj. Res.	Deviance
예	예	예	911	40.0%	910.383	40.0%	.617	.020	.633	.020
		아니오	538	23.6%	538.617	23.7%	-.617	-.027	-.633	-.027
	아니오	예	44	1.9%	44.617	2.0%	-.617	-.092	-.633	-.093
		아니오	456	20.0%	455.383	20.0%	.617	.029	.633	.029
아니오	예	예	3	.1%	3.617	.2%	-.617	-.324	-.632	-.334
		아니오	43	1.9%	42.383	1.9%	.617	.095	.633	.095
	아니오	예	2	.1%	1.383	.1%	.617	.524	.633	.491
		아니오	279	12.3%	279.617	12.3%	-.617	-.037	-.633	-.037

a. Model: Poisson
b. Design: Constant + A + C + M + A * C + A * M + C * M

최종모형의 추정

〈그림 23-9〉와 〈그림 23-10〉은 후진제거법으로 최종 선정된 위계적 모형을 일반 로그선형모형으로 다시 추정하기 위한 SPSS 화면이고, 〈표 23-27〉은 회귀계수 추정결과를 보여준다. (〈표 23-27〉은 원래의 출력에서 필요 없는 부분은 제외하고 편집한 것이다.) 따라서 〈표 23-27〉의 결과에서 최종 추정된 모형은 다음의 식 (21)과 같으며 모든 효과의 회귀계수는 $p < .001$로 유의하다.

$$\ln E_{ink} = 5.633 + .488A_1 - 1.887C_1 - 5.309M_1 + 2.055A_1C_1 + 2.986A_1M_1 + 2.848C_1M_1 \quad (21a)$$

$$E_{ijk} = e^{5.633} \cdot e^{.488A_1} \cdot e^{-1.887C_1} \cdot e^{-5.309M_1} \cdot e^{2.055A_1C_1} \cdot e^{2.986A_1M_1} \cdot e^{2.848C_1M_1} \quad (21b)$$

여기서 A_1, C_1, M_1은 각각 변수 A, C, M의 가변수로 '예'의 경우 1, '아니오'의 경우 0의 값을 갖는다.

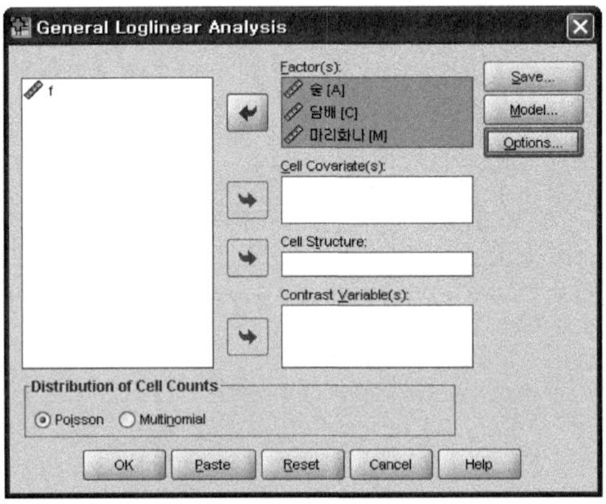

〈그림 23-9〉

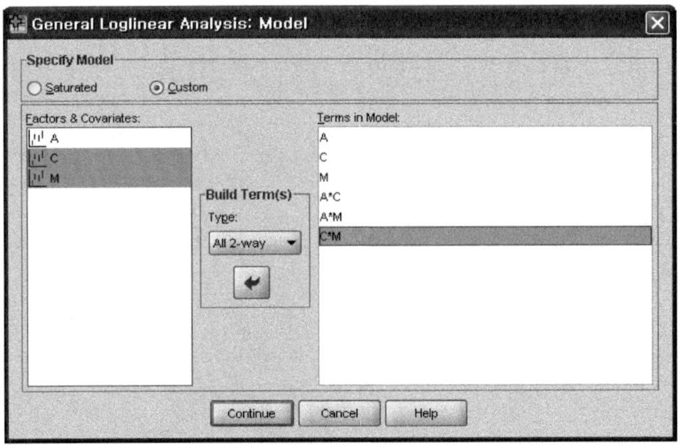

〈그림 23-10〉

〈표 23-27〉

Parameter Estimates[b,c]

Parameter	Estimate	Std. Error	Z	Sig.	95% Confidence Interval	
					Lower Bound	Upper Bound
Constant	5.633	.060	94.361	.000	5.516	5.750
[A = 1.00]	.488	.076	6.437	.000	.339	.636
[C = 1.00]	−1.887	.163	−11.597	.000	−2.206	−1.568
[M = 1.00]	−5.309	.475	−11.182	.000	−6.240	−4.378
[A = 1.00] * [C = 1.00]	2.055	.174	11.804	.000	1.713	2.396
[A = 1.00] * [M = 1.00]	2.986	.464	6.432	.000	2.076	3.896
[C = 1.00] * [M = 1.00]	2.848	.164	17.383	.000	2.527	3.169

분석결과의 해석

회귀계수의 해석

예를 들어 담배(C)나 술(A)을 해 본 경우 마리화나(M)를 해 본 경우와 얼마나 관련성이 있는지를 알아보자. 식 (21b)에서 마리화나를 해 본 경우의 기대빈도를 $M_1 = 1$을 대입해서 구해 보면 다음과 같다.

$$E_{ijk} = e^{5.633} \cdot e^{.488A_1} \cdot e^{-1.887C_1} \cdot e^{-5.309} \cdot e^{2.055A_1C_1} \cdot e^{2.986A_1} \cdot e^{2.848C_1} \quad (22)$$

먼저 술을 해 보았을 때, 마리화나를 해 본 것과의 관계를 보자. 술을 해 본 경우, $A_1 = 1$을 위 식에 대입해 보면 마리화나를 해 본 기대빈도는 주효과로 $e^{.448} = 1.565$배, M과의 상호작용 효과로 $e^{2.986} = 19.8$배, 그리고 담배($C_1 = 1$)를 해 본 경우라면 담배와의 상호작용으로 $e^{2.055} = 7.8$배가 늘어남을 알 수 있다.

다음으로 담배를 해 본 것과의 관계를 살펴보기 위해 $C_1 = 1$을 대입해 보면 주효과로 $e^{-1.887} = .15$배, 마리화나와의 상호작용으로 $e^{2.848} = 17.3$배, 그리고 술($A_1 = 1$)을 해 본 경우라면 술과의 상호작용으로 $e^{2.055} = 7.8$배가 늘어난다.

여기서 주목할 것은 마리화나를 해 본 경우는 다른 것을 해 본 것과 아주 높은 관계가 있는 즉 상호작용이 높다는 것이다. 마리화나를 해 본 기대빈도는 술과 마리화나를 같이 했을 때 19.8배, 담배와 술을 같이 했을 때 7.8배, 담배와 마리화나를 같이 했을 때 17.3배가 증가된다고 예측된다.

상호작용의 해석

최종모형은 3원 상호작용만 제거되고 모든 2원 상호작용이 유의한 (AC, AM, CM) 모형으로 모형종류의 분류에서 두 번째 범주에 속한다. ACM 상호작용이 유의하지 않으므로 모든 2원 상호작용은 동질적 상호작용이다. 그리고 통합조건을 만족하지 못하므로 모든 2원 상호작용은 나머지 변수에 대해 통합할 수 없다.

① AC 상호작용

〈표 23−28〉은 마리화나(M)의 '예', '아니오'별로, 그리고 통합하여 작성한 AC 교차표이다.

〈표 23−28〉

마리화나(M)	술(A)	담배(C)				승산* (Odds)	승산비** (Odds Ratio)
		관찰빈도		기대빈도			
		예	아니오	예	아니오		
예	예	911	44	910.383	44.617	20.404	7.8
	아니오	3	2	3.617	1.383	2.615	
아니오	예	538	456	538.617	455.383	1.183	7.8
	아니오	43	279	42.383	279.617	.1516	
통합***	예	1449	500	1449	500	2.898	17.7
	아니오	46	281	46	281	0.164	

* 승산: 담배(C) '예'의 '아니오'에 대한 승산

** 승산비: 술(A) '예' 승산의 '아니오' 승산에 대한 승산비

*** 통합: 통합하면 결과가 달라짐을 보여 주기 위한 것이므로 실제에서는 통합하지 말아야 함

이 표에서 알 수 있는 바와 같이 마리화나 경험 여부를 통제했을 때, 술을 마셔 본 경험이 있는 경우의 흡연 승산이 안 마셔 본 경우의 승산보다 7.8배나 높은 것으로 나타났다. 이는 〈표 23−27〉에서 AC의 회귀계수 2.055의 $e^{2.055} = 7.8$에 해당되며, $Z = 11.804$, $p < .001$로 유의하다. 그리고 이 승산비가 M의 하위수준별로 동일하여 AC가 동질적 상호작용임을 확인할 수 있다. 그리고 통합한 경우 승산비가 17.7로 달라지므로 통합할 수 없음도 알 수 있다.

② AM 상호작용

〈표 23−29〉는 담배(C) 흡연 경험 여부를 통제했을 때, AM의 교차표이다. 술(A)을 마셔 본 경험이 있는 경우의 마리화나 승산이 안 마셔 본 경우보다 19.8배나 높은 것으로 나타났으며, 이는 〈표 23−27〉에서 AM의 회귀계수 2.98의 $e^{2.986}$ = 19.8에 해당되며, Z = 6.432, p < .001로 유의하다.

〈표 23−29〉

담배(C)	술(A)	마리화나(M)				승산* (Odds)	승산비** (Odds Ratio)
		관찰빈도		기대빈도			
		예	아니오	예	아니오		
예	예	911	538	910.383	538.617	1.690	19.8
	아니오	3	43	3.617	42.383	.085	
아니오	예	44	456	44.617	455.383	.098	19.8
	아니오	2	279	1.383	279.617	.005	
통합***	예	955	994	955	994	.961	61.87
	아니오	5	322	5	322	.016	

* 승산: 마리화나(M) '예'의 '아니오'에 대한 승산

** 승산비: 술(A) '예' 승산의 '아니오' 승산에 대한 승산비

*** 통합: 통합하면 결과가 달라짐을 보여 주기 위한 것이므로 실제에서는 통합하지 말아야 함

③ CM 상호작용

〈표 23−30〉은 술(A)을 통제했을 때 CM의 교차표이다.

담배를 피우는 경우 마리화나 승산이 안 피우는 경우보다 17.3배 높게 나타났으며, 이는 〈표 23−27〉에서 CM의 회귀계수 2.848의 $e^{2.848}$ = 17.3에 해당되며, Z = 17.383, p < .001로 유의하다.

〈표 23-30〉

술(A)	담배(C)	마리화나(M)				승산* (Odds)	승산비** (Odds Ratio)
		관찰빈도		기대빈도			
		예	아니오	예	아니오		
예	예	911	538	910.383	538.617	1.690	17.3
	아니오	44	456	44.617	455.383	0.098	
아니오	예	3	43	3.617	42.383	.0853	17.3
	아니오	2	279	1.383	279.617	.005	
통합***	예	914	581	914	581	1.573	25.14
	아니오	46	735	46	735	.0626	

* 승산: 마리화나(M) '예'의 '아니오'에 대한 승산

** 승산비: 담배(C) '예' 승산의 '아니오' 승산에 대한 승산비

*** 통합: 통합하면 결과가 달라짐을 보여 주기 위한 것이므로 실제에서는 통합하지 말아야 함

분석결과의 기술

술(A), 담배(C), 마리화나(M)를 해 본 경험의 관계에 대한 〈표 23-21〉로 주어진 3원 교차표 자료를 후진제거법에 의한 위계적 모형 설정으로 3원 로그선형분석 결과 3원 상호작용 ACM은 $\chi^2(1) = .374$, $p = .541$로 유의하지 않아 제거되고, 그 다음의 모든 2원 상호작용은 유의하여 AC, AM, CM의 상호작용을 최상위 효과로 하는 최종 위계적 모형이 도출되었다. 이 최종모형의 우도비는 $\chi^2(1) = .374$, $p = .541$로 관찰빈도와 모형의 기대빈도에 유의한 차이가 없고, 〈표 23-26〉의 잔차분석 또한 유의한 잔차가 없어 모형이 자료에 잘 적합한 것으로 나타났다.

마리화나 경험 여부를 통제했을 때, AC의 상호작용은 〈표 23-28〉에서 보는 바와 같이 술을 마셔 본 경험이 있는 경우의 흡연 승산이 안 마셔 본 경우의 승산보다 7.8배나 높은 것으로 나타났으며, 이 승산비는 $Z = 11.804$, $p < .001$로 유의하였다.

담배(C) 흡연 경험을 통제했을 때, AM의 상호작용은 〈표 23-29〉에서 보는 바와 같이, 술(A)을 마셔 본 경험이 있는 경우의 마리화나 승산이 안 마셔 본 경우보다 19.8배나 높은 것으로 나타났으며, 이 승산비는 $Z = 6.432$, $p < .001$로 유의하였다.

술(A)을 통제했을 때 CM의 상호작용은 〈표 23−30〉에서 보는 바와 같이, 담배를 피우는 경우 마리화나 승산이 안 피우는 경우보다 17.3배 높게 나타났으며, 이 승산비는 $Z = 17.383$, $p < .001$로 유의하였다.

결론적으로 술(A), 담배(C), 마리화나(M)는 한 가지를 하는 경우 다른 것도 하는 비율이 매우 높은 것으로 나타났다.

로지스틱 회귀모형 결과와의 비교

〈표 23−21〉의 자료를 마리화나(M) 경험여부를 종속변수, 술(A)과 담배(C) 경험여부를 독립변수로 하는 로지스틱 회귀모형으로 분석해 로그선형모형의 결과와 비교해 보자. 로지스틱 모형에서 변수 간의 관련성은 〈그림 23−11〉과 같이 표현할 수 있다. 여기서 경로 a는 A와 M과의 관계, b는 C와 M과의 간계, c는 A와 C와의 관계에 해당되므로 이들은 각각 로그선형모형에서의 AM, CM, AC 상호작용에 해당된다. 따라서 이 로지스틱 모형은 로그선형모형의 (AM, AC, CM)에 해당된다고 할 수 있다.

〈표 23−31〉은 로지스틱 회귀모형 분석의 결과이다. 이 표에서 A의 회귀계수 2.986과 표준오차 .465는 로그선형모형 결과인 〈표 23−27〉에서 AM 상호작용의 결과와, C의 회귀계수 2.848과 표준오차 .164는 CM의 상호작용 결과와 완전히 동일함을 확인할 수 있다.

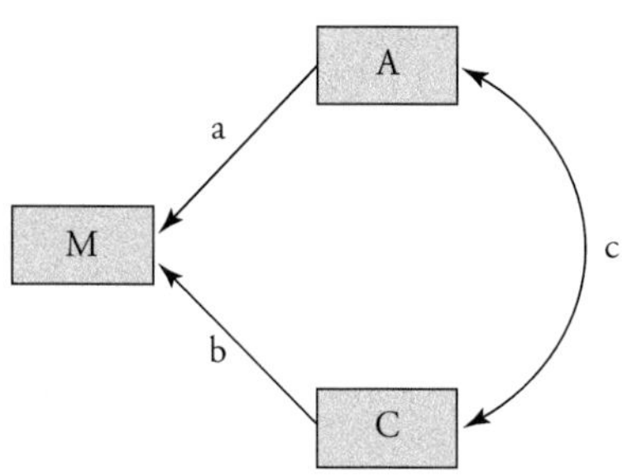

〈그림 23−11〉

〈표 23−31〉 Logistic Model의 결과

Variables in the Equation

		B	S.E.	Wald	df	Sig.	Exp(B)
Step 1	A	2.986	.465	41.293	1	.000	19.807
	C	2.848	.164	302.141	1	.000	17.251
	Constant	−5.309	.475	124.820	1	.000	.005

24장 다층모형/위계적 선형모형

1. 다층모형의 내용

다층모형의 배경

교육학, 심리학, 사회학 등을 포함한 행동과학이나 사회과학 등에서의 연구 자료들은 그 성격상 다층구조(multilevel) 혹은 위계적(hierarchical) 구조를 지니고 있는 경우가 많다. 학생의 학업성취의 경우, 학생들은 학급에 속해 있고, 학급은 학교에 속해 있는 등의 위계적 구조를 지니고 있다. 그런데 연구대상 종속변수들의 대부분은 학생의 학업성취와 같이 위계구조상 최하위수준인 학생수준의 변수지만 여기에 영향을 미치는 변수들은 학생수준뿐만 아니라 학급수준, 학교수준에서도 존재한다. 학생의 학업성취의 경우, 학생수준에서는 학생의 성취동기, 학급수준에서는 담임교사의 열의, 학교수준에서는 학부모들의 전반적 SES 수준 등을 예로 들 수 있을 것이다.

그런데 이러한 자료들의 다층구조를 무시하고 다층구조를 단층구조로 전환한 뒤 회귀분석이나 분산분석, 공분산분석 등의 선형모형들을 사용하는 경우 결과의 해석이나 검증의 오류 등, 여러 가지 문제가 발생한다. 예를 들어 학교의 특성변수들로 학생의 성취를 예측하는 분석에서 다층모형을 사용하지 않는 경우, 개별 학생 자료에서 학교평균을 구해 학교수준으로 통합(aggregation)하여 다른 고유의 학교수준 변수와 함께 학교수준에서 분석하거나, 학교수준 변수 값들을 해당 학교 학생들에게 동일한 값으로 부여하여(segregation) 다른 고유의 학생수준 변수와 함께 학생수준에서 분석해야 한다. 학교수준으로 분석하는 경우, 개별 학생들의 변수를 학교평균으로 통합하여 사용해야 하므로 학교 내 학생들 간 성적 변량의 정보가 상실되고, 분석결과의 해석은 학교수준에서만 의미가 있는데 이를 학생수준에서 해석하는 생태적 오류(ecological fallacy)를 범할 수 있고 변수의 의미도 변색하며, 검증력도 감소할 수 있다. 분리에 의한 학생수준에서의 분석은 각 학교 내 학생성적의 비독립성이 고려되지 않아 각종 통계적 유의성 검증의 타당성에 문제가 발생하며 따라서 검증의 제1종 오류도 증대된다. 그리고 단층구조화 모형에서 더욱 심각한 것은 각 수준에서의 변수들 간의 상호 관계와 수준과 수준 간의 횡단적 관계를 모형화할 수 없다는 점이다.

위계적 구조의 자료에서 특히 주목해야 할 부분은 자료의 비독립성이다. 동일 학교 재학생은 다른 학교 학생들보다 서로 간에 유사한 점이 많다고 할 수 있다. 이러한 동일 집단 내 개체의 점수가 서로 비슷한 경향의 정도를 유목내 상관(intraclass correlation)이라고 한다. 동일 집단 내 개체의 점수가 비슷할수록 즉 유목내 상관이 높을수록 집단 내 차이는 작아지고 집단 간 차이는 커지게 된다. 유목내 상관에 의해 동일 학교 내 학생 성적 간에는 독립성이 결여될 수 있다. 그런데 많은 통계적 방법들의 가정 중의 하나는 자료의 각 관측치가 서로 독립적이라는 것이다. 단층구조화 모형에서는 이 비독립성을 고려할 수 없기 때문에 모형의 통계적 추정 시 편의된 표준오차와 같은 문제들을 초래한다.

그런데 비독립성은 통계적 추정 관점에서는 성가신 존재일 수 있지만 실제적 측면에서 연구의 관심사가 될 수도 있다. 예를 들어 연구자가 학급 내 또는 학교 내에서의 사회적 상호작용에 초점을 맞추는 경우, 사회적 상호작용은 그 정의로서도 이미 비독립성을 내포하고 있다. 즉 비독립성은 극복해야 할 통계적 문제이면서 동시에 관심의 초점이 될 수 있다.

다층모형은 독립변수와 종속변수 간의 관계를 나타내는 회귀모형의 절편(intercept)과 회귀계수(기울기; slope)를 상위수준 단위에 따라 달라질 수 있게 허용하여 위에서 언급한 여러 문제점들을 다룬다. 하위수준 단위의 회귀식 절편과 기울기를 확률변수로 설정하여 이를 다음 상위수준 단위(집단)회귀식의 종속변수로 모형을 설정할 수 있게 하고, 연구 대상의 집단 내와 집단 간, 그리고 상하위수준 간 관계에 대해 명시적인 통계 모형을 형성하고 검증할 수 있게 해 준다. 또한 무선절편(random intercept)과 무선회귀계수를 포함하여 적절한 오차구조의 명시가 가능하게 되어 표준오차 추정의 편의성(biasedness)을 해결할 수 있게 해 준다.

다층모형(ML: multilevel models)은 위계적 선형모형(HLM: hierarchical linear models) 외에도, 무선계수모형(random coefficient models), 분산성분모형(variance component models), 다층선형모형(MLM: multilevel linear models), 무선효과모형(randon effects models), 혼합효과모형(mixed effects models) 등으로도 불린다.

다층모형의 개관

모형의 개념

학생은 학급에, 학급은 학교에, 그리고 학교는 학군에 속해 있는 등 학교체제에서 위계적 구조가 명확하게 나타나 있어 다층모형을 개념화하기가 용이하다. 따라서 학교 효과성 연구를 배경으로 다층모형을 살펴보자.

논의의 간편성을 위해 하나의 학생수준 예측변수를 사용하여 한 학교에서 학생 i의 성취 Y_i와 예측변수(predictor variable) X_i 간의 회귀모형이 다음과 같다고 하자.

$$Y_i = \beta_o + \beta_1 X_i + E_i \qquad E_i \sim N(0, \sigma^2) \tag{1}$$

여기서 기울기(slope) β_1은 X가 1단위 증가할 때 기대되는 Y의 증가로 X가 Y에 미치는 효과로 해석할 수 있다. 절편(intercept) β_o는 X가 0일 때의 Y의 기댓값이다. 그런데 X가 지능지수라고 한다면 X가 0인 경우가 없으므로 절편 β_o는 실제적 의미가 없다. 그런데 $\bar{Y} = \beta_o + \beta_1 \bar{X}$의 관계가 있으므로 X의 평균 $\bar{X}$가 0이면 $\bar{Y} = \beta_o$가 되므로 β_o는 Y의 평균이라는 실제적인 의미를 지니게 된다. 따라서 X를 평균과의 차이인 편차로 표시하면 편차의 평균은 0으로 $\bar{X} = 0$이 되므로 자연적으로 β_o는 Y의 평균을 의미하게 된다. 이렇게 X를 해당 변수의 평균과의 편차로 나타내는 것을 평균에 의한 **중심점 교정**이라고 하며, 다층모형을 비롯한 많은 회귀 관련 모형에서 사용된다.

식 (1)에서 X_i를 학교 평균과의 편차점수로 나타내면 β_o는 해당학교의 성취평균을, β_1은 X_i의 Y_i에 대한 효과를 나타낸다. 그런데 각 학교별로 이와 같은 회귀식을 구했을 때, 학교의 차이 때문에 β_o 또는 β_1이 학교 간에 차이가 난다고 하자. 다층모형에서는 이 차이를 β_o와 β_1이 학교에 따라 달라지는 확률변수로 간주하여 위의 식 (1)을 제1수준 모형으로 재진술한다. 제1수준 모형은 다음의 세 가지 중 하나의 형태를 지닌다.

$$Y_{ij} = \beta_{oj} + \beta_1 X_{ij} + E_{ij}, \quad E_{ij} \sim N(0, \sigma^2) \tag{2a}$$

$$Y_{ij} = \beta_o + \beta_{1j} X_{ij} + E_{ij}, \quad E_{ij} \sim N(0, \sigma^2) \tag{2b}$$

$$Y_{ij} = \beta_{oj} + \beta_{1j} X_{ij} + E_{ij}, \quad E_{ij} \sim N(0, \sigma^2) \tag{2c}$$

식 (2a)는 절편만 확률변수로 설정하는 무선절편모형(random intercept model), 식 (2b)는 기울기만 확률변수로 설정하는 무선기울기모형(random slope model), 그리고 식 (2c)는 둘 다 확률변수로 설정하는 무선절편 및 기울기모형(random intercept & slope model)이다.

절편 즉 평균을 집단 j에 따라 달라지는 확률변수 β_{oj}로 설정하는 것은 다층모형에서 일반적이다. 그런데 어떤 주어진 모형에서 기울기를 확률변수 β_{1j}로 설정하는 것은 적절할 수도 있고 그렇지 않을 수도 있다. 기울기를 확률변수로 설정하는 것은 독립변수와 종속변수 간의 관계가 집단 간에 차이가 날 수 있도록 허용하는 것이 된다. 집단 간 기울기의 차이는 실제적으로 매우 의미 있는 탐구 대상이 될 수 있다.

여기서는 두 모수 모두 확률변수인 가장 일반적인 식 (2c)의 모형을 선택해 보자. 식 (2c)에서 β_{oj}는 X_{ij}가 0일 때의 Y_{ij} 값이다. 학생의 배경변수 X_{ij}를 해당 학교 평균과의 편차로 나타낸다면 이 값이 0이 되는 것은 배경변수 값이 평균인 경우이므로 β_{oj}는 학교 j의 평균 성취로 해석할 수 있다. 그리고 β_{1j}는 j 학교에서 학생배경 변수가 성취에 미치는 영향이라고 해석할 수 있다.

학교 내 모형(학생수준모형) 식 (2c)는 한 가지 점을 제외하고는 일반회귀모형 식 (1)과 동일하다. 즉 일반회귀모형에서는 회귀계수들을 상수라고 간주하는 데 반해서 다층모형에서는 이들이 학교마다 그 값이 달라질 수 있는 확률변수로 본다는 점이다. 이에 따라 다층모형에서는 각 학교의 평균 β_{oj}와 배경변수 X_j가 성취에 미치는 영향 β_{1j}들의 학교 간 차이를 설명할 수 있는 상위수준 모형을 수립할 수 있게 해 준다.

이제 β_{oj}와 β_{1j}가 학교 간에 얼마나 차이가 나는지 알아보기 위해서 이 절편과 기울기를 종속변수로 하는 다음과 같은 제2수준 모형(학교수준)을 설정할 수 있다.

$$\beta_{oj} = \gamma_{oo} + U_{oj} \tag{3a}$$

$$\beta_{1j} = \gamma_{1o} + U_{1j} \tag{3b}$$

$$U_j \sim N(0, \Gamma), \qquad \Gamma = \begin{bmatrix} \tau_o^2 & \tau_{o1} \\ \tau_{o1} & \tau_1^2 \end{bmatrix} \tag{4}$$

$$\tau_o^2 = \mathrm{Var}(\beta_{oj}) = \mathrm{Var}(U_{oj}) \tag{5a}$$

$$\tau_1^2 = \mathrm{Var}(\beta_{1j}) = \mathrm{Var}(U_{1j}) \tag{5b}$$

$$\tau_{o1} = \tau_{1o} = \mathrm{Cov}(\beta_{oj}, \beta_{1j}) = \mathrm{Cov}(U_{oj}, U_{1j}) \tag{5c}$$

여기서 γ_{oo}는 β_{oj}의 평균으로 전 학교의 평균 성취를, U_{oj}는 전체 평균과 j 학교 평균과의 차이를, γ_{1o}는 β_{1j}의 평균으로 X가 Y에 미치는 영향의 전 학교 평균을, U_{1j}는 영향의 전체 평균과 j 학교와의 차이를 나타낸다. 그리고 τ_o^2은 U_{oj}의 분산으로 학교 간 평균차이의 분산을, τ_1^2은 U_{1j}의 분산으로 X가 Y에 미치는 영향의 학교 간 분산을, $\tau_{o1} = \tau_{1o}$는 학교 평균(β_{oj})과 영향의 크기(β_{1j}) 간의 공분산을 나타낸다.

식 (4)의 Γ 요소 중 각 회귀계수의 학교 간 차이, 즉 분산이 주 관심사이지만 회귀계수 간 공분산도 중요한 의미를 지닐 수 있다. 예를 들어 학교의 성취 평균과 학생배경변수 X의 효과 간의 상관이 천정효과나 바닥효과(ceiling or floor effects)에 의해 음(부적)인 경우가 많다. 이는 평균이 높은 학교에서는 낮은 학교보다 성적이 올라갈 여유 공간이 부족하기 때문이다.

만약 학교 내 모형 식 (2c)에서 β_{oj}와 β_{1j}가 학교 간에 얼마나 차이가 나는지뿐만 아니라 왜 그러한 차이가 나는지 탐구하려는 경우, 이러한 학교 간 차이를 학교수준 변수로 설명하는 다른 형태의 제2수준 모형을 설정할 수 있다. 즉 이들 학교 평균과 영향의 크기가 학교에 따라 차이가 나는 것을 학교 간 모형에서 학교수준 변수로 모형화할 수 있다. 학교효과성 연구의 측면에서 보면, 학교수준 변수 중에서는 학교의 통제 범위 안에 있는 학교의 프로그램이나 정책 등의 변수와 학교가 위치한 지역사회의 특성 등과 같이 학교가 통제할 수 없는 성격의 학교배경 변수로 크게 나누어 볼 수 있다. 따라서 여기서는 학교의 정책을 나타내는 변수 W_{1j}와 학교배경 변수 W_{2j}를 학교수준 변수로 고려해 보자. (W도 학교 내 모형의 X와 마찬가지로 전체 평균과의 편차 점수로 표현된다고 가정한다.) 따라서 제2수준 모형인 학교수준의 학교 간 모형은 다음과 같이 나타낼 수 있다.

$$\beta_{oj} = \gamma_{oo} + \gamma_{o1}W_{1j} + \gamma_{o2}W_{2j} + U_{oj} \quad (6a)$$

$$\beta_{1j} = \gamma_{1o} + \gamma_{11}W_{1j} + \gamma_{12}W_{2j} + U_{1j} \quad (6b)$$

$$U_j \sim N(0, \Gamma), \quad \Gamma = \begin{bmatrix} \tau_o^2 & \tau_{o1} \\ \tau_{o1} & \tau_1^2 \end{bmatrix} \quad (7)$$

그리고 식 (6a), 식 (6b)를 제1수준 식 (2c)에 대입하여 통합모형 형식으로 표현하면 다음의 식 (8)과 같다.

$$Y_{ij} = (\gamma_{oo} + U_{oj}) + (\gamma_{1o} + U_{1j})X_{ij} + \gamma_{o1}W_{1j} + \gamma_{o2}W_{2j} + \gamma_{11}X_{ij}W_{1j} + \gamma_{12}X_{ij}W_{2j} + E_{ij} \quad (8)$$

식 (8)이 일반적인 회귀모형과 비교해서 가장 큰 차이점은 일반회귀모형에서는 모형의 모든 회귀계수가 상수임에 반해서 식 (8)에서는 절편항($\gamma_{oo} + U_{oj}$)과 회귀계수항($\gamma_{1o} + U_{1j}$)이 고정성분 γ와 무선성분 U의 합으로 나타나고 있다는 것이다. 이 무선성분 U는 교육현상의 학교 간 차이와 동일 학교 학생 간의 비독립성을 반영하고 있다. 다층모형에서는 고정성분 γ들과 무선성분 U의 분산, 공분산인 τ_o^2, τ_1^2, τ_{o1}들을 추정해 준다.

만약 학교수준의 오차 항이 없다면, 다시 말해 모든 U값이 0이면 식 (8)은 학생수준 변수 X, 학교수준 변수 W, 그리고 그들의 상호작용 항인 XW를 포함하고 있는 일반회귀모형과 동일하다. 그런데 일반적으로 이들 항이 영이 아니라고 할 때, 이 모형에 대해 일반회귀모형의 일반최소자승법으로 추정하게 되면 회귀계수의 표준오차가 축소되는 편의가 일어나게 되는 것이다.

고정효과(fixed effects)와 무선효과(random effects)

다층모형에서 많이 사용하는 용어인 고정효과와 무선효과(또는 확률효과)는 그 의미에 다소 혼란이 있는데 대개 두 가지 의미로 사용되고 있다. 첫 번째는 식 (8)에서 고정성분 γ들을 고정효과, 무선성분 U의 분산과 공분산인 τ_o^2, τ_1^2, τ_{o1}들을 무선효과라라고 부르는 것이다. 두 번째는 모형에 포함된 예측변수 중에서 그 회귀계수가 상수로 설정된 것은 고정효과, 확률변수로 설정된 것은 무선효과라라고 부르는 것이다. 이 방식에 따르면 식 (2c)와 식 (6a), (6b)의 모형에서 예측변수 X_{ij}의 회귀계수 β_{1j}가 확률변수이므로 X_{ij}가 무선효과이고 W_{1j}과 W_{2j}의 회귀계수는 모두 상수로 설정되었으므로 W_{1j}과 W_{2j}가 고정효과에 해당된다. 이 경우에는 고정성분 γ들을 고정효과 요소, 무선성분 U의 분산과 공분산인 τ_o^2, τ_1^2, τ_{o1}들을 무선효과 요소라라고 한다. 다층모형을 분석할 수 있는 SPSS의 **Mixed Model**에서는 두 번째 의미로 고정효과와 무선효과를 사용하고 있다. 이 글에서도 두 번째 의미로 통일하여 사용하고자 한다. (그런데 무선효과의 경우 회귀계수가 집단에 따라 달라지므로, 차별효과(differential effect)라고 부르는 것이 의미 전달이 더 용이하리라고 생각된다.)

SPSS로 분석하는 경우 한 가지 주의할 점은 무선효과로 설정된 예측변수는 무선효과 요소뿐만 아니라 고정효과 요소도 동시에 지니고 있다는 점이다. 예를 들어 식 (2c)와 식 (3b)에서 무선효과 X_{ij}의 경우 회귀계수 β_{1j}는 $\beta_{1j} = \gamma_{1o} + U_{1j}$로 나타낼 수 있으므로 $\beta_{1j}X_{ij} = (\gamma_{1o} + U_{1j})X_{ij} = \gamma_{1j}X_{ij} + U_{1j}X_{ij}$가 되어 $\gamma_{10}X_{ij}$에서 X_{ij}는 회귀계수가 상수이므로 고정효과, $U_{1j}X_{ij}$에서 X_{ij}는 회귀계수가 확률변수이므로 무선효과가 된다. 따라서 뒤에서 논의할 SPSS에서 분석 시 모형 정의에서 X_{ij}의 경우와 같은 변수는 무선효과와 고정효과 모두에 포함시켜 주어야 한다. 그리고 식 (6b)의 경우처럼 제2수준 모형에서 제1수준 모형의 기울기도 제2수준 예측변수로 모형을 설정하는 경우 식 (8)에서와 같이 $X_{ij}W_{1j}$, $X_{1j}W_{2j}$와 같은 상호작용 항이 형성되고 회귀계수는 상수이므로 XW_1과 XW_2도 고정효과로 설정해 주어야 한다. 가장 편리한 방법은 모형을 식 (8)과 같이 통합모형으로 표현해서 회귀계수가 상수인 것은 고정효과로, 확률변수인 것은 무선효과로 설정해 주는 것이다.

고정효과 요소만 통계적으로 추정하는 일반회귀모형과는 달리 다층모형에서는 고정효과 요소와 더불어 무선효과 요소인 U의 분산-공분산 행렬 Γ를 동시에 추정해 준다. 식 (2c)와 식 (6a), (6b) 또는 식 (8)로 설정된 현 다층모형에는 고정효과 요소로 6개의 γ들과 무선효과 요소로 3개의 τ, 그리고 제1수준 오차 요소 σ^2(이것도 넓은 의미로 무선효과 요소에 속함) 등 모두 10개의 모수로 구성되어 있다. 다층모형은 표본자료로부터 이들에 대한 추정치와 그들의 표준오차를 제공해 주므로 이들에 대한 가설을 검증할 수 있다.

고정효과 요소와 무선효과 요소들은 다층모형에서 실체적 의미를 지니고 있다. 고정효과 요소는 일반 중다회귀모형에서의 부분회귀계수와 동일한 의미로 해석된다. 즉 모형 내의 다른 독립변수들을 통제했을 때, 해당 독립변수가 종속변수에 미치는 영향을 나타낸다. 따라서 식 (6a), (6b)와 식 (8)에서 학교변수 W들이 각기 전체 평균과의 편차점수이므로 고정효과 요소들은 각기 다음과 같은 의미로 해석할 수 있을 것이다.

γ_{oo}: 전체 평균 성취

γ_{1o}: 다른 변수 통제 후 학생의 배경변수가 성취에 미치는 효과

γ_{o1}: 다른 변수 통제 후 학교정책변수가 학교 평균성취에 미치는 영향

γ_{o2}: 다른 변수 통제 후 학교배경변수가 학교 평균성취에 미치는 영향

γ_{11}: 다른 변수 통제 후 학생배경변수와 학교정책변수의 상호작용이 성취에 미치는 효과

γ_{oo}: 다른 변수 통제 후 학생배경변수와 학교배경변수의 상호작용이 성취에 미치는 효과

다층모형에서 무선효과 요소들은 각 수준에서 연구 단위들 간의 변량에 관한 정보, 즉 학교 간 차이에 대한 정보를 제공하므로 위 모형에서의 무선효과 요소들은 다음과 같은 의미로 해석할 수 있을 것이다.

$\tau_o^2 = \text{Var}(\beta_{oj} \mid W_{1j}, W_{2j}) = \text{Var}(U_{oj})$:

학교수준 변수들을 통제했을 때, 학교평균의 학교 간 분산

$\tau_1^2 = \text{Var}(\beta_{1j} \mid W_{1j}, W_{2j}) = \text{Var}(U_{1j})$:

학교수준 변수들을 통제했을 때, 학생배경 변수 효과의 학교 간 분산

$\tau_{o1} = \text{Cov}(U_{oj}, U_{1j})$:

학교수준 변수들을 통제했을 때, 학교평균과 학생배경 변수 효과와의 공분산

다층모형에서는 이들 고정효과 요소와 무선효과 요소에 관한 다양한 연구 가설을 설정하고 검증할 수가 있으며 이러한 점이 다층모형이 갖는 또 다른 장점이라고 할 수 있다.

그런데 여기서 다층모형의 설정에 있어 몇 가지 점을 다시 한 번 지적할 필요가 있다. 첫째로 식 (2a), (2b), (2c)에서 이미 제시한 바와 같이, 학생수준 모형에서 모든 β들이 확률변수일 필요는 없다는 점이다. 배경 이론이나 연구목적에 따라 그들 중 몇몇은 확률변수가 아닌 상수로 설정될 수 있을 것이다. 둘째, 확률변수로 설정된 모든 β_{kj}에 대해 동일한 학교수준 변수로 모형화할 필요는 없다는 점이다. 따라서 학교수준 모형 식 (6a), (6b)에서 β_{oj}와 β_{1j} 모두 W_{1j}와 W_{2j}로 모형을 설정할 필요는 없는 것이다. 예를 들어, β_{1j}의 경우 식 (6b)는 학교수준의 변수 없이 다음의 식 (9)와 같은 절편모형으로 설정할 수도 있을 것이다.

$$\beta_{1j} = \gamma_{1o} + U_{1j} \tag{9}$$

학교효과

학교 효과성 연구의 측면에서 주목할 점은 식 (8)을 구성하고 있는 항들 중 다음의 항들 합이다.

$$\text{학교 } j\text{의 효과: Effect}_j = \gamma_{o1}W_{1j} + \gamma_{11}X_{ij}W_{1j} + U_{1j}X_{ij} + U_{oj} \tag{10}$$

만약 주어진 모형이 이론적으로 옳게 설정되었다고(correctly specified) 가정한다면, 식 (10)은 학교 j가 학생의 성취에 기여한 학교의 효과성이라고 정의할 수 있을 것이다. 이는 학생의 성취에서 학교의 권한이나 통제 바깥에 있어 학교에 책임을 물을 수 없는 학생의 배경(X_{ij}), 학교의 배경(W_{2j}), 그리고 그들의 상호작용을 통제한 후 학교가 기여한 학교효과로 볼 수 있다. 식 (10)으로 표현된 학교효과에는 평균적 효과(U_{oj}), 학생의 배경변수에 따른 차별적 효과($U_{1j}X_{ij}$), 학교의 정책에 의한 효과($\gamma_{o1}W_{1j}$), 그리고 그들의 상호작용에 의한 효과($\gamma_{11}X_{ij}W_{1j}$) 등의 성분을 포함하고 있다.

다층모형의 특징과 적용 분야

지금까지 살펴본 바와 같이, 단층모형과는 달리 다층모형에서는 자료에 내포된 위계수준별로 탐구하고자 하는 현상을 따로 분리하여 제1수준 모형(학교 내 모형)과 제2수준 모형(학교 간 모형)으로 모형을 설정하여 분석할 수 있고, 계층 수준별 해당 수준의 변수들의 주효과와 상호작용 효과뿐만 아니라 수준 간 상호작용도 탐구할 수 있게 해 준다. 즉 다층모형은 분석의 모든 수준(모든 층)에서 예측변수를 투입할 수 있게 해 준다. 학생의 성취를 종속변수로 하는 경우, 최하위수준인 학생수준에서는 성취동기, 공부시간, 학생의 성별을, 학급수준에서는 교사의 열의, 과제의 양, 학교수준에서는 전체적 SES, 학교형태(공립, 사립), 학교크기 등을 그 예로 들 수 있다. 상위수준의 예측변수들은 하위수준의 절편과 기울기 차이를 설명하는 데 도움을 줄 수 있다. 또한 예측변수 간 동일 수준 내에서의 상호작용과 더불어 학생수준의 성취동기와 학급수준의 교사 열의 사이의 관계와 같은 수준 간 (층간) 상호작용도 다룰 수 있다. 그리고 다층모형은 집단 간 차이를 교정한 개인 점수뿐만 아니라 집단 내 개인 차이를 교정한 집단 점수를 예측할 수 있게 해 준다.

모형의 오차도 제1수준의 σ^2, 제2수준의 τ_0^2, τ_1^2, τ_{01} 등으로 분리하여 모형을 설정할 수 있어 집단의 맥락효과(contextual effects)에 의하여 유목내 상관(intraclass correlation)으로 나타나는 오차의 비독립성 문제도 해결할 수 있게 해 준다.

다층모형은 그 자료가 물리적인 위계구조의 경우뿐만 아니라 논리적인 위계구조에도 적용할 수 있기 때문에 이 모형의 활용에 대한 잠재력은 상당히 크다고 할 수 있다. 예를 들어 다층모형을 가장 유용하게 적용할 수 있는 또 하나의 분야는 반복측정 자료의 분석이다. 각 개체에 대해 여러 번 반복측정을 한 경우, 여러 번의 측정이 제1수준, 그 여러 번 측정이 동일 개체 내에서 일어났으므로 개체가 제2수준이 되는 것이다. 학교 구조에 비유하면 각 측정이 학생에 해당되는 최하위 수준에 해당되고, 각 개체가 그 위 수준을 나타내는 학급에 해당된다고 할 수 있다. 다층모형은 반복측정 분산분석과는 달리 모든 시점에서 결측치 없는 완전한 측정 자료를 요구하지 않으며, 각 측정시점에서 개체수가 동일할 필요가 없고, 각 개체별 측정 간격이 동일할 필요가 없어 융통성이 매우 높다. 또한 반복측정에서 시간적으로 가까운 측정 값이 먼 것보다 상관이 더 높은 문제도 적절한 오차 분산의 설정으로 용이하게 대처할 수 있다.

그리고 시간의 흐름에 따른 반복측정이 일어나는 종단적 설계(longitudinal designs)에서 시간척도(time)를 제1수준 모형에 포함시켜 학생의 발달(intra-individual changes)을 성장곡선(growth curve)으로 모형화하고, 제2수준에서 학생 성장의 개인 간 차이(inter-individual differences)를 학생수준 변수로 모형화하여 학생의 발달에 관한 종단적 연구를 수행할 수 있는 것이다. 이때 성장곡선의 경향이 관심사인 경우, 시간의 선형 척도 time뿐만 아니라 $time^2$, $time^3$ 항 등을 모형에 포함시키면 시간에 따른 경향분석(trend analysis)도 수행할 수 있다.

다층모형은 또한 회귀식의 기울기가 집단별로 달라질 수 있기 때문에 기울기가 동등하다는 가정이 필요한 공분산분석의 대안 등으로도 활용할 수 있다.

수준(계층) 수의 확장

지금까지 우리는 논의의 편의성 및 단순성을 위하여 두 개의 수준으로 이루어진 2수준 다층모형을 살펴보았다. 그런데 이 모형은 두 개 이상의 수준으로도 확장할 수 있다. 예를 들어 학생이 학급에, 학급이 학교에 속해 있는 위계구조의 경우 학생수준, 학급수준, 그리고 학교수준으로 구성된 3수준의 다층모형이 되는 것이다.

무변수모형(null model)과 유목내 상관(intraclass correlation)

학생수준이나 학교수준의 변수로 다층모형을 설정하기 전에 다층모형의 설정이 필요한지 알아보기 위하여 먼저 종속변수인 학생 성취의 분산을 집단(학교) 및 개인(학생) 수준으로 분류해 보자. 맥락효과에 의해 집단 내 개체들의 변수 값이 유사하고 집단 간에 차이가 많이 나타나는 경우 다층모형의 역할이 기대되기 때문이다. 이 목적을 위하여 모든 수준에서 예측변수가 전혀 없는 다음과 같은 가장 단순한 다층모형을 고려해 볼 수 있다.

$$\text{제1수준: } Y_{ij} = \beta_{oj} + E_{ij} \qquad E_{ij} \sim N(0, \sigma^2) \tag{11a}$$

$$\text{제2수준: } \beta_{oj} = \gamma_{oo} + U_{oj} \qquad U_{oj} \sim N(0, \tau_o^2) \tag{11b}$$

이와 같이 예측변수가 전혀 없는 모형을 무변수모형(null model) 또는 무조건 모형(unconditional model)이라고 하며, 이와 비교하여 제1수준과 제2수준에 의도한 모든 예측변수가 포함된 식 (2c), 식 (6a), (6b)와 식 (8)의 모형을 전체모형(full models)이라고 한다. 식 (11a)는 학생수준 모형으로 개인 학생의 성취점수 Y_{ij}를 학교평균 β_{oj}와 그와의 차이 E_{ij}의 합으로 나타내었으며 학교수준 모형인 식 (11b)는 각 학교평균 β_{oj}를 전체 평균 γ_{oo}와 그 평균과 학교 j와의 차이 U_{oj}의 합으로 분해한 것이다. 다시 식 (11b)를 (11a)에 대입하면 하나의 식으로 이루어진 다음의 식 (12)와 같은 통합모형을 얻을 수 있다.

$$\text{통합모형: } Y_{ij} = \gamma_{oo} + U_{oj} + E_{ij} \tag{12}$$

식 (11a), (11b)와 (12)는 다층모형에서 가장 단순한 형태라고 할 수 있다. 식 (12)에서 학생성취 Y_{ij}의 분산을 구하면 식 (13)과 같다.

$$\text{Var}(Y_{ij}) = \text{Var}(U_{oj} + E_{ij}) = \tau_o^2 + \sigma^2 \tag{13}$$

다층모형에서는 τ_o^2과 σ^2의 추정치를 제공해 주기 때문에 식 (13)에 의해 종속변수의 전체 분산 중 개인(학생)에 의한 비율 및 집단(학교)에 의한 비율을 구할 수 있다. 여기서 종속변수의 전체 분산 중에서 집단 간 분산이 차지하는 비율을 유목내 상관(ρ_{ICC})(ICC: intraclass correlation)이라고 한다.

$$\rho_{\text{ICC}} = \frac{\tau_o^2}{\tau_o^2 + \sigma^2} \tag{14}$$

이 값은 전체 분산에 대한 비율이므로 분산분석의 η^2와 유사하다. 따라서 상관이란 명칭을 사용하지만 실제적으로는 상관계수를 제곱한 성격의 값이라는 사실을 인식할 필요가 있다.

유목내 상관은 점수 간 비독립성을 측정하는 척도로 사용할 수 있다. 이 값이 크다는 것은 동일 집단 내에서의 점수가 서로 유사성이 많아 독립성 가정이 위배됨을 내포하여 집단의 수준이 점수에 영향을 많이 준다는 것을 의미하며, 따라서 이 집단 간 차이를 학교수준에서 탐색하는 다층모형의 적용이 타당하다고 할 수 있다. 이 값이 아주 작은 경우는 종속변수의 평균이 집단 간에 큰 차이가 없다는 것을 의미하므로 자료는 제1수준에서 분석해도 충분하므로 다층모형의 적용이 필요 없다고 할 수 있다.

유목내 상관은 다층모형 적용의 필요성을 판단하는 기준으로 활용된다. 그러나 작은 수준의 상관도 제1종 오류를 높여 준다. 따라서 실제적인 자료 분석의 전략은 이 상관이 작은 경우, 두 가지 방법 모두로 분석해 결과를 비교하여 차이가 많이 나는 경우는 다층모형의 결과를, 비슷하면 보다 단순한 단층모형의 결과를 보고하는 것이다.

3수준 모형의 경우는 유목내 상관을 각 수준별로 산출한다. 3수준 모형의 무변수모형은 다음과 같이 나타낼 수 있다.

$$Y_{ijk} = \beta_{ojk} + E_{ijk} \qquad E_{ijk} \sim N(0, \sigma^2) \tag{15a}$$

$$\beta_{ojk} = \gamma_{ook} + U_{ojk} \qquad U_{ojk} \sim N(0, \tau_o^2) \tag{15b}$$

$$\gamma_{ook} = \theta_{ooo} + V_{ook} \qquad V_{ook} \sim N(0, \delta_o^2) \tag{15c}$$

$$Y_{ijk} = \theta_{ooo} + U_{ojk} + V_{ook} + E_{ijk} \tag{15d}$$

따라서 식 (15d)에서 개인 점수의 분산을 구하면 다음과 같다.

$$\text{Var}(Y_{ijk}) = \text{Var}(U_{ojk} + V_{ook} + E_{ijk}) = \tau_o^2 + \delta_o^2 + \sigma^2 \tag{16}$$

식 (16)에서 $\tau^2{}_o$은 제2수준의 집단 간 차이의 정도를, δ_o^2은 제3수준 집단 간 차이의 정도를 반영한다. 그러므로 제2수준의 유목내 상관은 다음의 두 가지 방법으로 나타낼 수 있다.

$$\rho_{\text{ICC}_2} = \frac{\tau_o^2}{\tau_o^2 + \delta_o^2 + \sigma^2} \quad \text{또는} \quad \rho_{\text{ICC}_2} = \frac{\tau_o^2 + \delta_o^2}{\tau_o^2 + \delta_o^2 + \sigma^2} \tag{17}$$

그리고 제3수준 유목내 상관은 다음과 같이 나타낼 수 있다.

$$\rho_{\text{ICC}_3} = \frac{\delta_o^2}{\tau_o^2 + \delta_o^2 + \sigma^2} \tag{18}$$

식 (17)의 제2수준의 유목내 상관이 미미한 경우는 단층모형에 비해 다층모형을 설정할 필요가 있는지를, 식 (18)의 제3수준의 유목내 상관이 미미한 경우는 2수준 다층모형에 비해 3수준 다층모형이 필요한지를 검토해 볼 필요가 있을 것이다.

모형의 추정, 적합도 검증 및 실제적 유의성

모형의 추정

다층모형에서는 고정효과 요소에 해당되는 회귀계수와 무선효과 요소의 분산을 동시에 추정해야 한다. 여러 가지 추정방법 중 최대우도추정(Maximum Likelihood Estimation: ML)과 제한적 최대우도추정(Restricted Maximum Likelihood Estimation: REML) 방법이 가장 널리 사용되고 있다. SPSS의 경우, REML 방법이 기본적으로 선택되어 있으나 ML 방법을 선택할 수도 있다. REML은 보다 현실적이고 편의가 적다. 그러나 내재된 모형(nested models)의 비교 시 적합도의 차이가 χ^2 분포를 하지 않아 모형을 비교하는 데 이용할 수 없다는 단점이 있다. 따라서 내재된 모형을 비교하는 경우에는 ML을 선택하는 것이 좋다. 제2수준의 단위 수가 많은 경우는 두 방법의 결과가 비슷하지만 적은 경우는 REML이 더 나은 결과를 제시해 준다.

다층모형의 추정방법은 모두 반복추정과정(iterative process)을 거친다. 따라서 반복 과정에서 추정치가 수렴되지 않는 문제(convergence problem)가 발생할 수 있다. 대개는 모형이 적절하지 않거나 표본의 수가 적은 경우, 그리고 효과가 매우 작은 무선효과가 많은 경우(즉 확률변수로 설정한 기울기의 실제 집단 간 분산이 거의 무시할 수 있을 정도인 경우) 등에서 이러한 문제가 발생한다. 따라서 수렴문제가 발생한 경우는 모형을 다시 검토하여 수정, 추가적 표본 수집, 분산이 아주 적은 무선효과를 고정효과로 변환 등의 방안을 고려해 볼 수 있다.

다층모형을 분석할 수 있는 컴퓨터 프로그램으로는 다층모형 전용으로 HLM과 MLwinN 등이 있으며 범용으로는 SPSS의 Mixed Models과 SAS의 Mixed Models 등이 있으며 Mplus, Stata 등으로도 분석할 수 있다. 전용 프로그램들은 각 수준별 모형을 설정하여 다층모형의 측면에서 이해하기 용이하게 모형을 설정하고 추정할 수 있다. 그러나 SPSS나 SAS의 Mixed Models은 다층모형을 염두에 두고 개발된 것이 아니기 때문에 모형 설정 과정이 직관적으로 이해하기가 다소 어려운 점이 있다.

공분산 구조 형태의 결정

다층모형 소프트웨어를 이용해 다층모형의 무선효과를 추정하기 위해서는 무선효과의 분산-공분산 구조 형태를 명세해야 한다. 즉 식 (4)와 식 (7)에서 제2수준 무선효과 간 분산-공분산 행렬인 Γ의 구조를 결정해 주어야 한다. 3수준 다층모형인 경우에는 제2수준의 구조와 제3수준의 구조를 각각 결정해 주어야 한다. SPSS의 경우 사용자가 선택한 이 구조를 추정의 출발점으로 삼기 때문에 선택한 구조에 따라 추정결과가 달라질 수 있다. 너무 간단한 구조를 택하면 제1종 오류가, 너무 복잡한 구조를 택하면 제2종 오류가 증가한다. 자료의 성격이나 모형의 특성, 관련 이론 등을 고려하여 적절한 구조를 선택해야 한다. 분산-공분산 구조를 결정하기 위한 탐색적 전략으로는 여러 가지 근거에 의하여 몇 개의 후보를 선택, 각기 모형을 추정하여 구조의 변경이 적합도를 개선하는지를 비교 검토해 보는 것이다.

SPSS의 경우 17 종류의 구조를 선택사항으로 제공하고 있는데 가장 널리 사용되는 구조는 다음과 같다.

무선효과의 분산-공분산 행렬 구조의 형태	SPSS에서의 명칭 및 내용
$\begin{bmatrix} 1 & 0 & 0 & 0 \\ 0 & 1 & 0 & 0 \\ 0 & 0 & 1 & 0 \\ 0 & 0 & 0 & 1 \end{bmatrix}$	**Variance components**: 모든 무선효과가 서로 독립적(따라서 공분산이 모두 0)이고 무선효과의 분산은 모두 같다고 가정함. SPSS에서 무선효과에 대한 기본 선택사항
$\begin{bmatrix} \tau_o^2 & 0 & 0 & 0 \\ 0 & \tau_1^2 & 0 & 0 \\ 0 & 0 & \tau_2^2 & 0 \\ 0 & 0 & 0 & \tau_3^2 \end{bmatrix}$	**Diagonal**: 모든 무선효과가 서로 독립적이고 각 무선효과의 분산은 이질적이라고 가정함. SPSS에서 반복측정모형의 기본 선택사항
$\begin{bmatrix} 1 & \tau & \tau^2 & \tau^3 \\ \tau & 1 & \tau & \tau^2 \\ \tau^2 & \tau & 1 & \tau \\ \tau^3 & \tau^2 & \tau & 1 \end{bmatrix}$	**AR(1)**: 이는 1차 자기회귀(autoregressive) 구조를 나타냄. 이 구조는 특히 성장곡선모형에서 많이 사용됨
$\begin{bmatrix} \tau_o^2 & \tau_{o1} & \tau_{o2} & \tau_{o3} \\ \tau_{o1} & \tau_1^2 & \tau_{12} & \tau_{13} \\ \tau_{o2} & \tau_{12} & \tau_2^2 & \tau_{32} \\ \tau_{o3} & \tau_{13} & \tau_{23} & \tau_3^2 \end{bmatrix}$	**Unstructured**: 각 분산, 공분산 모두 제한이 없음

적합도 검증

다층모형의 전반적 적합도는 χ^2우도비(LL: likelihood ratio) 검증으로 이루어진다. 이 검증 값이 작을수록 모형이 자료에 더 잘 적합하다는 의미이다. SPSS는 우도비 검증에 추가하여 여러 가지 교정통계량을 제공하고 있는데 AIC(Akaike's Information Criteria)와 BIC(Schwarz's Baysian Criteria)가 가장 널리 사용된다. 이들도 값이 작을수록 더 잘 적합된 모형을 의미한다.

모형을 구축하는 과정에서 고정효과를 무선효과로 변경하거나 새로운 예측변인(predictor)을 추가하여 새로운 모형을 설정하는 경우, 두 모형의 우도비 차이를 χ^2검증으로 평가할 수 있다.

$$\chi^2 = [-2\text{LL}(\text{간단한 모형})] - [-2\text{LL}(\text{복잡한 모형})] \tag{19a}$$

$$\text{df} = [\text{모수의 수}(\text{복잡한 모형})] - [\text{모수의 수}(\text{간단한 모형})] \tag{19b}$$

식 (19b)에서 모수의 수는 해당 모형에서 추정해야 할 고정효과와 무선효과의 요소 수이다. 이 차이의 검증이 유의하지 않으면 모수를 더 추가하여 모형을 더 복잡하게 만들어도 모형의 오차가 유의하게 감소하지 않는다는 의미이므로 단순성의 원리에 따라 보다 단순한 원래의 모형을 택하게 된다. 단 우도비 차이를 χ^2로 검증하기 위해서는 REML이 아닌 ML에 의해 추정이 이루어져야 하고, 단순모형은 복잡한 모형에 내재된 모형(nested model)이어야 한다. 내재된 모형이 아닌 경우에는 AIC를 비교하여 이 값이 작은 모형을 선택한다.

실제적 유의성(효과의 크기)

설정된 다층모형이 관찰된 자료를 얼마나 잘 설명해 주는가 하는 적합도의 실제적 유의성은 두 가지 측면에서 생각해 볼 수 있다. 첫 번째는, 제1수준 변수 즉 학생배경 변수가 제1수준 단위 내의 분산 즉 학교 내의 학생 간 분산을 얼마나 잘 설명해 주는가 하는 점이다. 두 번째는, 제2수준 변수 즉 학교수준 변수가 제2수준 단위 간 분산, 즉 학교 간 분산을 얼마나 잘 설명하고 있는가 하는 점이다.

학생배경 변수가 학생 간 분산을 얼마나 잘 설명해 주는가 하는 점은 아무런 예측변수를 포함하지 않은 무변수모형인 식 (11a), (11b) 모형과 학생배경 변수만 포함한 모형인 식 (2c), 식 (3a), (3b) 모형의 학생수준 오차 E_{ij}의 분산을 비교하여 평가할 수 있다.

$$\eta^2 = \frac{\text{Var}(E_{ij}) - \text{Var}(E_{ij} | X_{ij})}{\text{Var}(E_{ij})} \tag{20}$$

여기서 $\text{Var}(E_{ij})$는 무변수모형에서의 σ^2, $\text{Var}(E_{ij} | X_{ij})$은 X_{ij}만 포함하여 통제한 모형에서 σ^2이다.

다음으로 학교수준 변수가 학교 간 변량을 설명한 비율은 제1수준에서만 X_{ij}를 포함한 모형 식 (2c), 식 (3a), (3b) 모형에서의 β_{oj}, β_{1j}의 분산 값과 학교수준 변수 W_1, W_2도 포함한 식 (2c), 식 (6a), (6b) 또는 식 (8)로 표현된 전체모형에서의 β_{oj}, β_{1j} 분산 값을 비교하여 구할 수 있다.

$$\eta_o^2 = \frac{\mathrm{Var}(\beta_{oj}) - \mathrm{Var}(\beta_{oj} \mid W_1, W_2)}{\mathrm{Var}(\beta_{oj})} \tag{21a}$$

$$\eta_1^2 = \frac{\mathrm{Var}(\beta_{1j}) - \mathrm{Var}(\beta_{1j} \mid W_1, W_2)}{\mathrm{Var}(\beta_{1j})} \tag{21b}$$

여기서 $\mathrm{Var}(\beta_{oj})$와 $\mathrm{Var}(\beta_{oj} \mid W_1, W_2)$는 해당 모형에서의 τ_o^2, 그리고 $\mathrm{Var}(\beta_{1j})$와 $\mathrm{Var}(\beta_{1j} \mid W_1, W_2)$는 해당 모형에서의 τ_1^2이다.

다층모형의 구축 전략

다층모형도 중다회귀모형과 마찬가지로 이론적, 논리적, 그리고 선행 연구 등에 근거하여 모형에 포함할 비교적 적은 수의 서로 상관이 작은 예측변수를 준비해야 한다.

먼저 식 (11a), (11b)와 식 (12)와 같은 가장 간단한 무변수모형(unconditional model, null model)을 설정하여 분석해 식 (14)의 유목내 상관을 구해 다층모형을 설정할 만한 충분한 유목내 상관이 존재하는지를 검토해 본다. 다음으로 식 (2a)와 같이 모든 제1수준 예측변수를 고정효과로 모형에 포함하여 각 예측변수의 유의성과 기여도 등을 검토해 본다. 그 후 예측변수 중 연구자의 이론에 따라 필요한 변수를 대상으로 한 번에 하나씩 확률 회귀계수를 갖도록, 즉 무선효과로 변경하고 χ^2검증 등으로 모형을 비교하여 최종적으로 고정효과 변수와 무선효과 변수를 결정한다. 만약 유목내 상관이 아주 미약하고, 통계적으로 유의한 무선효과가 없는 경우에는 보다 단순한 단층모형 분석을 고려해 보아야 한다.

제1수준 모형이 결정되고 나면 상위수준의 예측변수, 수준 내 그리고 수준 간 상호작용항 등을 추가해서 모형의 적합도를 비교하여 모형을 평가한다. 그런데 상위수준의 단위 수(집단 수)가 너무 적은 경우에는 추정이나 결과의 일반화에 한계가 있으므로 바로 직전 하위수준 모형에 범주형 예측변수로 포함시키는 방안을 고려해 볼 수 있다.

중심점 교정: 다층모형에서는 절편을 평균의 의미로 해석할 수 있도록 예측변수를 평균과의 차이인 편차로 표현하여, 즉 중심점 교정을 하여 분석하는 것이 일반적이다. 이 중심점 교정은 변수의 곱으로 표현되는 상호작용 항의 공선성 문제를 완화하기 위해서도 필요하다. 그런데 다층모형에서 중심점 교정은 해당 집단의 평균과의 편차를 구하는 경우와 전체 평균과의 편차를 구하는 경우가 있다. 이 두 가지 방법은 서로 장단점이 있으나 이론적이나 결과 해석의 측면에서 필요한 경우가 아니면 전체 평균으로 중심점 교정을 하는 방법이 더 널리 사용되는 것으로 보인다.

2. SPSS Mixed Model에 의한 다층모형 분석

사용방법

자료의 구조 및 입력

초등학교 5학년 자료에서 제1수준은 학생, 제2수준은 학급, 제3수준은 학교이고 종속변수는 학생의 성취점수, 각 수준별 예측변수는 제1수준이 학생의 성취동기, 제2수준은 담임의 열의, 제3수준은 해당 학교 전체 학부모 SES 수준이라고 가정해 보자. 학교 1에서 학급의 수가 3개이고 각 학급당 학생이 4명, 5명, 5명이라고 해 보자(물론 실제 자료 분석으로는 표본의 크기가 너무 작음). 이 경우 학교 1의 자료는 〈표 24-1〉과 같은 구조를 가진다.

〈표 24-1〉의 자료에서 학교수준 예측변수인 SES는 해당 학교에서는 모두 동일한 값을, 학급 변수인 열의는 동일학급에서 모두 동일한 값을, 그리고 학생수준 변수인 동기와 성취는 학생별로 각자의 값을 가지고 있음을 알 수 있다. 그리고 자료의 한 줄(case)이 가장 하위 층 단위인 개별 학생을 나타낸다. SPSS로 다층모형을 분석하기 위해서는 이와 같은 학교 1의 자료와 더불어 모든 학교의 자료를 〈그림 24-1〉과 같은 형식으로 입력해야 한다.

SPSS 메뉴에 의한 모형 설정 방법

앞의 가상적인 학교의 자료에서 다음과 같은 3수준 다층모형을 설정했다고 가정해 보자.

제1수준: $Y_{ijk} = \beta_{ojk} + \beta_{1jk}(\textbf{동기})_{ijk} + E_{ijk}$ (22a)

제2수준: $\beta_{ojk} = \gamma_{ook} + \gamma_{o1k}(\textbf{열의})_{jk} + U_{ojk}$ (22b)

$\beta_{1jk} = \gamma_{1ok} + \gamma_{11k}(\textbf{열의})_{jk} + U_{1jk}$ (22c)

제3수준: $\gamma_{ook} = \theta_{ooo} + \theta_{oo1}(\textbf{SES}) + V_{ook}$ (22d)

$\gamma_{o1k} = \theta_{o1o} + V_{o1k}$ (22e)

$\gamma_{1ok} = \theta_{1oo}$ (22f)

$\gamma_{11k} = \theta_{11o}$ (22g)

통합모형: $Y_{ijk} = (\theta_{ooo} + U_{ojk} + V_{ook}) + (\theta_{1oo} + U_{1jk})(\textbf{동기})_{ijk} +$ (22h)

$(\theta_{o1o} + V_{o1k})(\textbf{열의})_{jk} + \theta_{11o}(\textbf{동기})_{ijk}(\textbf{열의})_{jk} + \theta_{oo1}(\textbf{SES})_k + E_{ijk}$

이 모형에서 제2수준 집단은 학급, 제3수준 집단은 학교이다. 그리고 마지막 통합모형을 보면 우선 절편에서 제2수준의 무선요소 U_{ojk}와 제3수준의 무선요소 V_{ook}이 포함되어 있다.

그리고 각 예측변수를 보면 **동기**와 **열의** 모두 고정효과 요소와 무선효과 요소를 가지고 있고, **SES**와 (**동기**) × (**열의**) 상호작용은 고정효과 요소만 가지고 있음을 알 수 있다.

〈표 24-1〉

학교	학급	전체 SES	담임의 열의	동기	성취
1	1	8	5	12	9
1	1	8	5	9	7
1	1	8	5	11	8
1	1	8	5	7	5
1	2	8	7	15	11
1	2	8	7	10	9
1	2	8	7	5	6
1	2	8	7	8	7
1	2	8	7	13	15
1	3	8	3	14	6
1	3	8	3	10	6
1	3	8	3	8	8
1	3	8	3	7	4
1	3	8	3	9	8

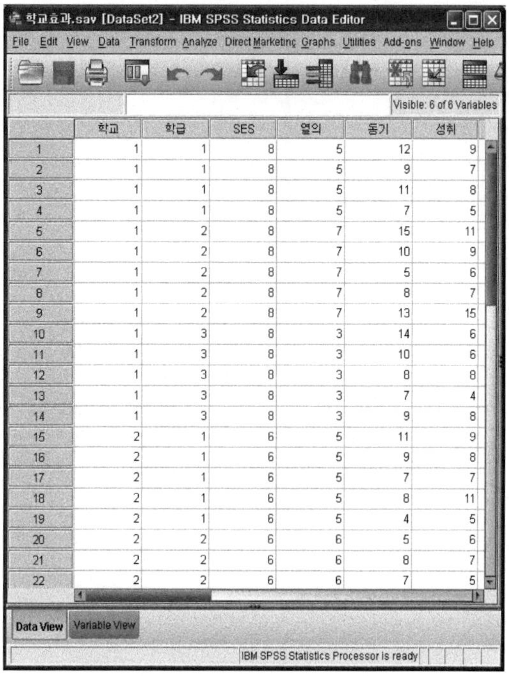

〈그림 24-1〉

SPSS에서 다층모형은 **Mixed Models**을 이용하여 분석할 수 있다. 메뉴에서 **Analyze** → **Mixed Models** → **Linear**를 클릭하여 **Mixed Model**을 부른다. 메뉴 방법에 의한 **Mixed Models**은 기본적으로 4가지 종류의 기본 대화상자로 구성되어 있다. 즉 위계적 구조/다층구조를 설정하는 화면, 종속변수와 예측변수(독립변수)를 설정하는 화면, 고정효과를 설정하는 화면, 무선효과를 설정하는 화면이 그들이다.

첫 번째 다층구조를 설정하는 화면은 〈그림 24-2〉와 같은 **Specify Subjects and Repeated** 대화상자이다. 여기서는 각 상위수준을 나타내는 변수를 **Subjects** 상자로 옮겨 지정해 준다. 〈그림 24-2〉에서는 현재의 가상적 모형의 제2수준 **학급**, 제3수준 **학교**가 **Subjects** 상자에 옮겨진 것을 보여 주고 있다. 수준이 두 개인 2수준 모형인 경우에는 제2수준 집단을 나타내는 변수만 옮겨 주면 된다.

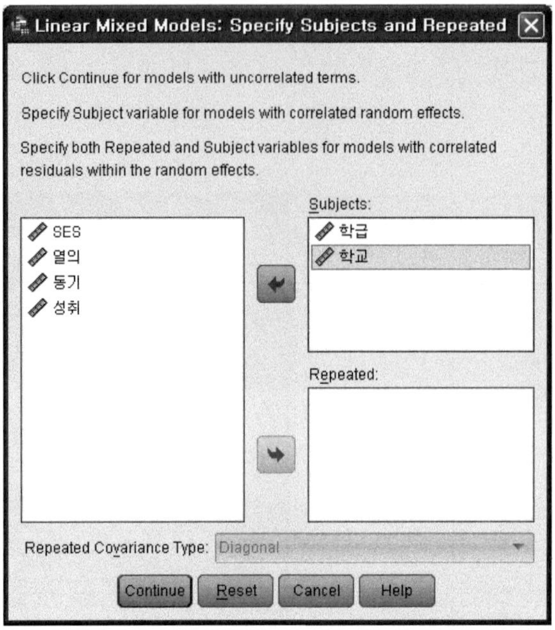

〈그림 24-2〉 위계구조 설정 화면

〈그림 24-2〉에서 **Continue**를 클릭하면 〈그림 24-3〉과 같이 모형의 종속변수와 예측변수(독립변수)를 정의해 주는 상자가 나타난다. 종속변수는 **Dependent Variable** 상자에, 독립변수 중 범주형 변수(가변수로 표시하지 않고, 명명척도로 변수 값을 준 것)는 **Factor(s)** 상자에, 양적 변수는 **Covariate(s)** 상자에 표시해 준다. 〈그림 24-3〉에서는 **Dependent Variable**에 **성취**가, **Covariate(s)** 상자에 **동기**, **열의**, **SES**가 나타나 있다. 다층모형은 그 특성상 여러 번 다른 모형을 설정하는 과정을 거치는 경우가 많으므로 독립변수 상자에는 앞으로 사용할 모든 독립변수들을 다 넣어 두는 것이 편리하다. 특정 모형별 독립변수들은 각 모형을 설정할 때 해당 모형의 고정효과와 무선효과 변수를 선택해서 사용하게 된다. 상호작용 효과는 변수의 곱으로 미리 만들어 넣어 주어도 되지만 나중에 각 효과 지정 시에 상호작용 항을 만들어 넣을 수 있는 방법이 제시되므로 그 때에 만들어 주어도 된다.

다음으로 해야 할 일은 고정효과 변수와 무선효과 변수를 지정해 주는 것이다. 먼저 고정효과를 지정해 주기 위해 〈그림 24-3〉에서 **Fixed** 버튼을 클릭하면 〈그림 24-4〉와 같은 **Fixed Effects** 대화상자가 나타난다. 현재의 모형에서는 4개의 고정효과가 있다. 먼저 3개의 변수를 선택하여 **Add**를 클릭하여 **Model** 상자로 옮겨 준다. 다음으로 상호작용 항을 만들어 옮겨 주기 위해 상단부의 **Build nested terms**를 선택해 준 후 왼쪽 상자에서 **동기**를 선택해서 아래 방향 화살표를 클릭하여 아래의 **Build Term** 상자로 옮긴 뒤 **BY*** 버튼을 클릭하고 다시 열의를 선택하여 아래 방향 화살표를 클릭하면 **Build Term** 상자에 **동기*열의** 상호작용 항이 만들어진다. **Add**를 클릭하면 이 항이 **Model** 상자로 옮겨진다. 그리고 식 (22h)에서 보면 고정효과 요소에 해당되는 절편(intercept) θ_{000}도 추정해야 하므로 〈그림 24-4〉 밑 부분의 **Include intercept**를 선택해 준다.

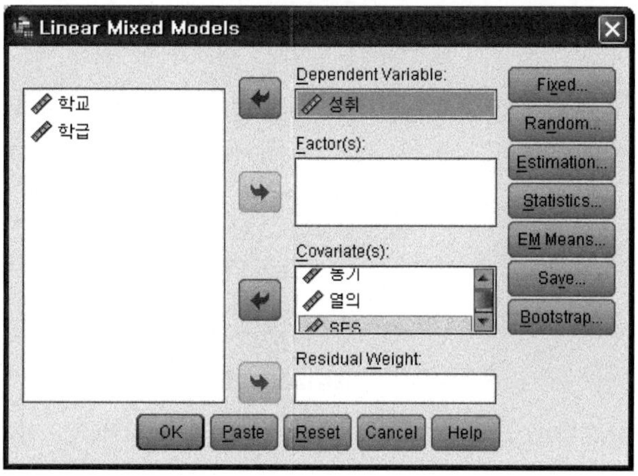

〈그림 24-3〉 종속변수와 독립변수 설정 화면

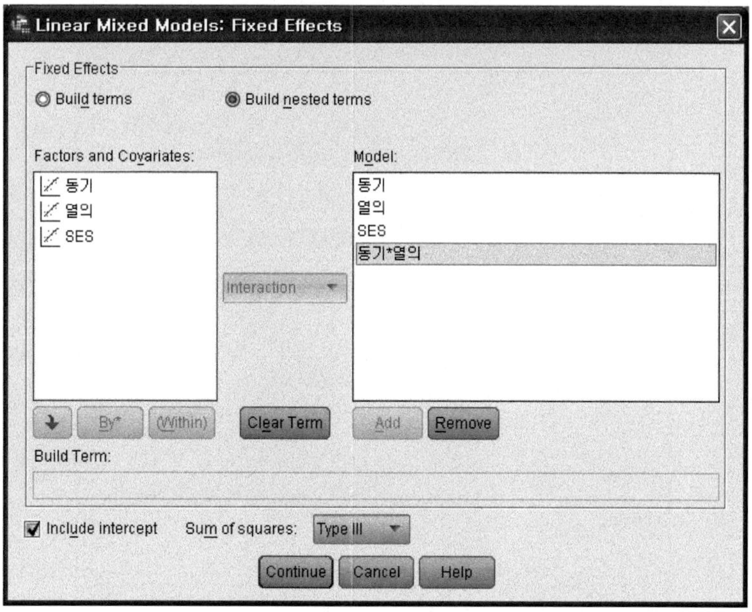

〈그림 24-4〉 고정효과 설정 화면

다음으로 무선효과를 지정하기 위해 〈그림 24-3〉에서 **Random**을 클릭하여 〈그림 24-5〉의 **Random Effects** 대화상자를 불러온다. 현재의 가상적인 모형의 예측변수 중 무선효과(random effect)는 **동기**와 **열의** 두 개다. **동기**의 회귀계수 β_{1j}는 제2수준 학급 모형 식 (22c)에서, 그리고 **열의**의 경우는 제3수준 학교 모형 식 (22e)에서 확률변수로 설명이 된다. 이는 또한 통합모형 식 (22h)에서 **동기**의 무선효과 요소는 U_{1jk}이므로 제2수준인 학급, **열의**는 V_{o1k}이므로 제3수준인 학교의 무선효과임을 알 수 있다.

〈그림 24-5〉에서는 수준별로 무선효과를 지정해 주어야 한다. 먼저 학급수준의 확률변수를 지정해 주기 위해 대화상자 하부의 **Subjetcs** 상자에서 **학급**을 선택하여 **Combinations** 상자로 옮겨 준 후, 학급수준의 무선효과인 **동기**를 선택하고 **Add**를 클릭하여 **Model** 상자로 옮긴다. 그리고 앞에서 논의한 바와 같이 통합모형 식 (22h)에서 절편(intercept)에 학급수준 무선효과 요소 U_{ojk}가 포함되어 있으므로 **Include intercept**를 선택해 준다. 다음으로 해야 할 일은 제2수준 무선효과의 분산-공분산 형태의 구조를 선택하는 것이다. 대화상자 상단 부분의 **Covariance Type**에서 적절한 구조를 선택한다. 본 예에서는 모든 분산-공분산을 추정하기 위해 **Unstructured**를 선택하였다.

다음으로는 학교수준의 무선효과 변수를 지정해 주기 위해 〈그림 24-5〉 대화상자의 상단부 오른쪽의 **Next**를 클릭하여 〈그림 24-6〉과 같이 **학급**의 경우와 같은 방법으로 지정해 준다.

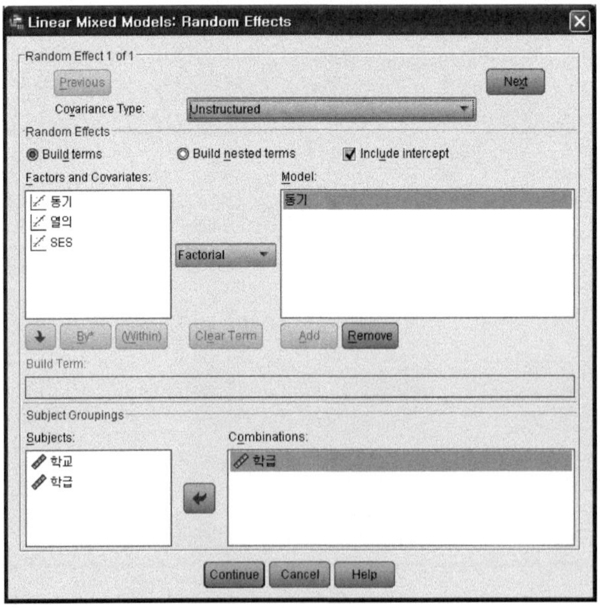

〈그림 24-5〉 제2수준 무선효과 설정 화면

추정방법의 선택(**REML** 또는 **ML**)이나 추정에 관련된 사항을 변경하려면 〈그림 24-3〉에서 **Estimation**을 클릭하여 〈그림 24-7〉과 같은 **Estimation** 대화상자를, 각종 통계치들을 출력하기 위해서는 **Statistics**를 클릭하여 〈그림 24-8〉과 같은 **Statistics** 대화상자를 불러 필요한 통계치를 선택한다. 일반적으로 **Parameter estimates**와 **Tests for covariance parameters**를 선택해 준다.

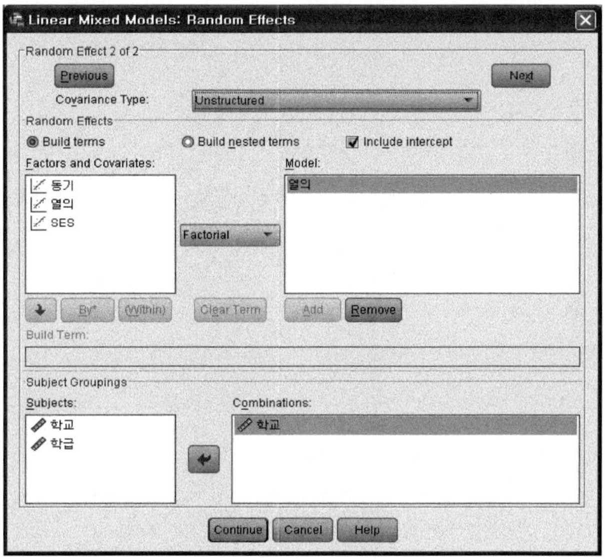

〈그림 24-6〉 제3수준 무선효과 설정 화면

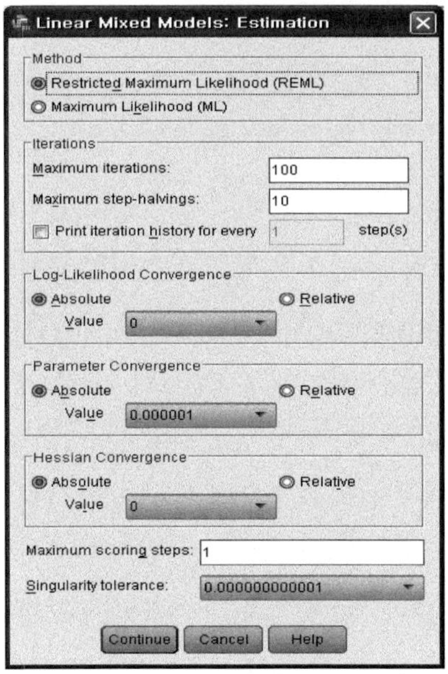

〈그림 24-7〉 추정방법 선택 화면

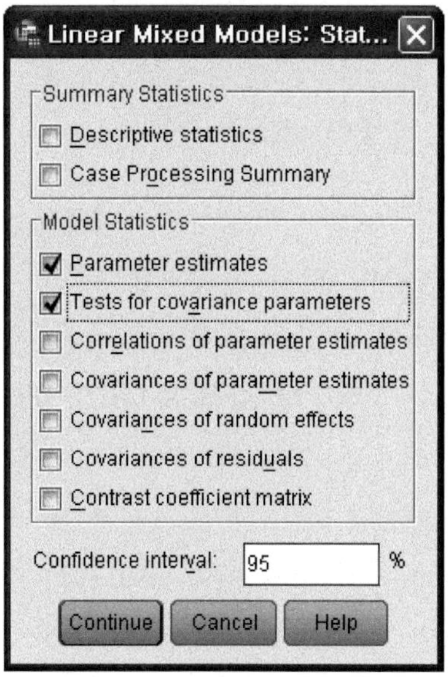

〈그림 24-8〉 출력 통계량 선택 화면

예시자료 분석

관련 분석 및 자료의 출처: http://www.ats.ucla.edu/stat/paperexamples/singer/default.htm

학교효과성 연구

① 데이터 파일

위의 자료출처에서 가져온 **hsb12.sav**에서 실제 분석에 사용된 변수만 남기고 나머지는 제거하고 분석한다. 자료파일은 160개 학교에 내재된 1785명의 학생들로 구성되어 있다. 따라서 이 자료는 2개의 수준으로 이루어진 다층자료이다.

종속변수는 학생수준의 수학성취 점수(**MATHACH**)이다. 변수 **SES**는 학생의 사회경제적 지위의 점수로 학생수준 변수이고 **MEANSES**는 **SES**의 학교 평균점수로 학교수준 변수이다. **SES**와 **MEANSES** 모두 전체 평균으로 중심점 교정을 한 점수이다. 그리고 **CSES**는 학생 **SES** 점수를 소속 학교 평균점수로 중심점 교정한 것으로 $\mathbf{CSES}_{ij} = \mathbf{SES}_{ij} - \mathbf{MEANSES}_j$로 구한 것이다. 변수 **SECTOR**는 범주형 변수로 공립인 경우는 0을 가톨릭 계열의 사립인 경우는 1의 값을 가지고 있다. 90개 학교가 공립, 70개 학교가 사립이다.

② 모형 1: 무변수 모형(무조건 모형)

먼저 맥락효과에 의한 유목내 상관이 있어 다층모형을 설정할 필요가 있는지 등을 알아보기 위하여 다음과 같은 무조건모형을 설정하여 분석해 보자.

$$\text{제1수준: } \mathrm{MATHACH}_{ij} = \beta_{oj} + E_{ij} \qquad E_{ij} \sim N(0, \sigma^2) \tag{23a}$$

$$\text{제2수준: } \beta_{oj} = \gamma_{oo} + U_{oj} \qquad U_{oj} \sim N(0, \tau_o^2) \tag{23b}$$

$$\text{통합모형: } \mathrm{MATHACH}_{ij} = \gamma_{oo} + U_{oj} + E_{ij} \tag{23c}$$

〈그림 24-9〉는 이 모형의 위계구조를 설정하는 화면으로 제2수준을 나타내는 집단 변수 **SCHOOL**을 **Subjects** 상자에 옮긴 것이다. 〈그림 24-10〉은 앞으로 분석할 모형들의 독립변수와 종속변수를 설정해 주는 대화상자로 **Dependent Variable** 상자에 **MATHACH**를, 독립변수 상자에 **MEANSES, CSES, SECTOR**를 옮긴 것이다. 〈그림 24-11〉은 고정효과를 설정해 주는 화면이다. 무변수 모형에서는 독립변수가 없고 통합모형에서 보는 바와 같이 절편에서만 고정효과 요소 γ_{oo}가 있으므로 절편만 선택해 주는데 이는 기본 설정 사항으로 **Include intercept**가 이미 선택되어 있다.

〈그림 24-12〉에서는 무선효과를 설정해 준다. 현 모형이 2수준 다층모형이므로 **Subjects** 상자에서 2수준 집단변수인 **SCHOOL**을 **Combinations** 상자로 이동시킨다. 무

변수 모형으로 무선효과 변수는 없으므로 **Model** 상자는 비워 두고 절편에 무선효과 요소 U_{oj}가 있으므로 **Include intercept**를 선택한다. 출력통계는 〈그림 24-8〉과 같이 선택해 주고, 앞으로 설정할 보다 복잡한 모형들의 적합도를 χ^2 우도비로 검증하기 위해 추정방법은 **ML**을 선택한다.

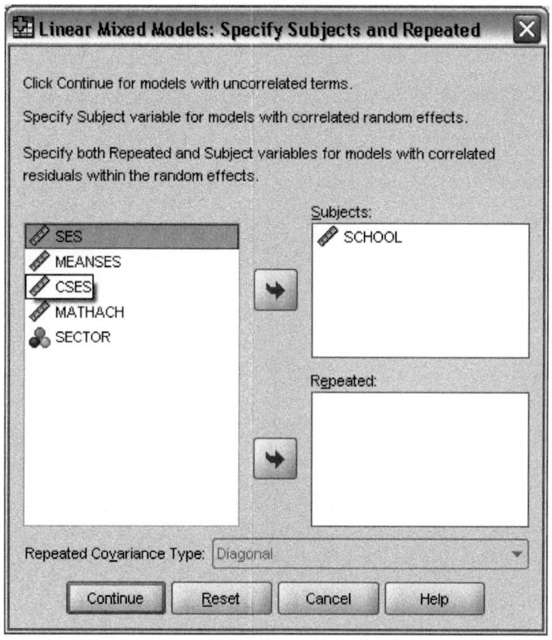

〈그림 24-9〉

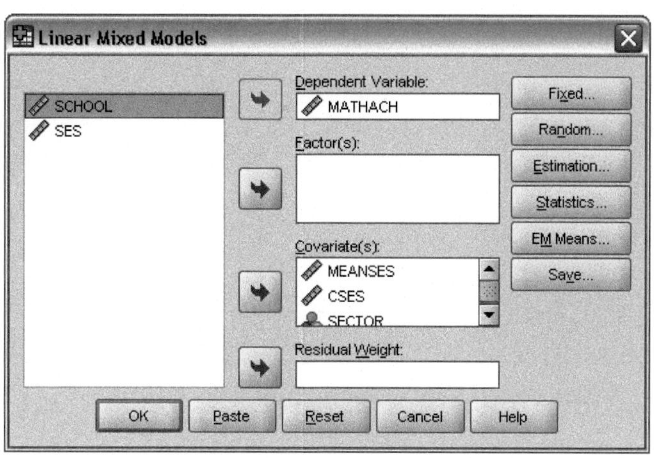

〈그림 24-10〉

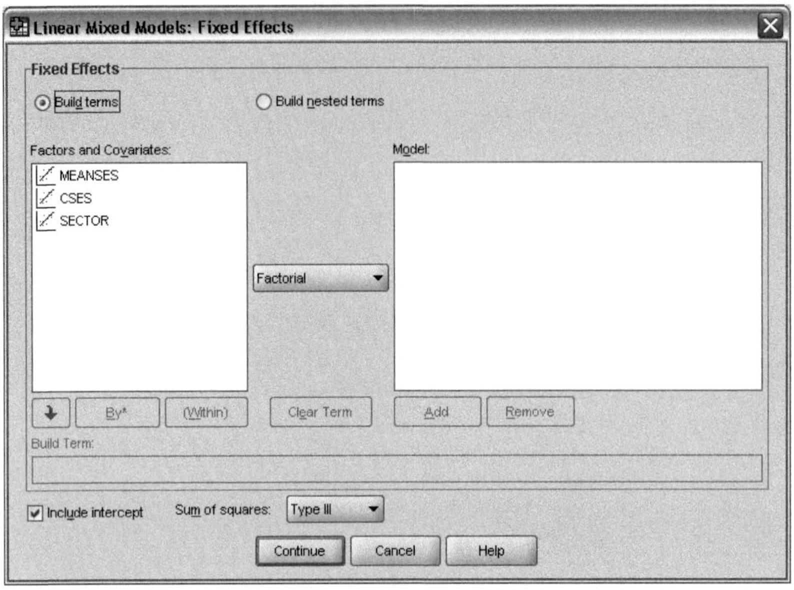

〈그림 24-11〉

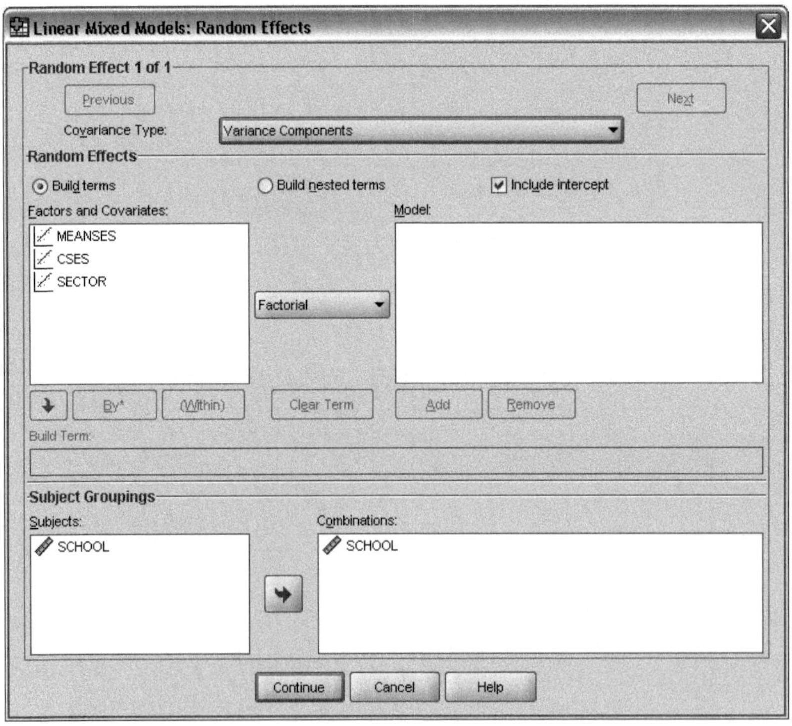

〈그림 24-12〉

〈표 24−2〉, 〈표 24−3〉, 〈표 24−4〉는 무변수 모형의 추정 결과이다. 우선 〈표 24−2〉에서 이 모형의 우도비 값은 $-2LL = 47115.810$이다. 이는 추후의 보다 복잡한 모형의 적합도 검증의 비교 대상이 된다. 〈표 24−3〉에서는 고정효과인 절편 γ_{oo}의 추정치가 12.64로 나타나 있다. 이 값은 전체 학생들의 평균 **MATHACH** 값을 의미한다.

〈표 24−4〉는 무선효과 요소들의 추정치들이다. 먼저 학생수준 오차 E_{ij}의 분산 σ^2는 표에서 **Residual**로 표시된 부분으로 그 추정치는 39.15이다. 그리고 제2수준 β_{oj}의 분산 τ_o^2은 표에서 **intercept**로 표시된 부분으로 그 추정치는 8.55이고 이는 $\boldsymbol{Z = 8.004, p < .001}$로 유의하다. 즉 학교 평균의 학교 간 분산은 유의하다는 것을 의미한다. 이들 값을 이용하여 식 (14)의 유목내 상관을 구해 보면 다음과 같다.

$$\rho_{\text{ICC}} = \frac{\tau_o^2}{\tau_o^2 + \sigma^2} = 8.553484/(8.553484 + 39.1484) = .179$$

즉 학생 개인의 성적 분산 중 17.9%가 학교 간 차이에 의한 것임을 알 수 있다.

〈표 24−2〉

Information Criteria[a]

−2 Log Likelihood	47115.810
Akaike's Information Criterion (AIC)	47121.810
Hurvich and Tsai's Criterion (AICC)	47121.814
Bozdogan's Criterion (CAIC)	47145.449
Schwarz's Bayesian Criterion (BIC)	47142.449

The information criteria are displayed in smaller-is-better forms.
a. Dependent Variable: MATHACH.

〈표 24−3〉

Estimates of Fixed Effects[a]

Parameter	Estimate	Std. Error	df	t	Sig.	95% Confidence Interval Lower Bound	95% Confidence Interval Upper Bound
Intercept	12.637070	.243617	157.621	51.873	.000	12.155895	13.118245

a. Dependent Variable: MATHACH.

〈표 24-4〉

Estimates of Covariance Parameters[a]

Parameter	Estimate	Std. Error	Wald Z	Sig.	95% Confidence Interval	
					Lower Bound	Upper Bound
Residual	39.148400	.660647	59.258	.000	37.874735	40.464896
Intercept [subject = SCHOOL] Variance	8.553464	1.068633	8.004	.000	6.695709	10.926661

a. Dependent Variable: MATHACH.

③ 모형 2: 학교 간 모형

모형 1에서 학교 평균의 학교 간 차이가 유의하였으므로 이 차이를 학교의 맥락을 나타내 주는 **MEANSES**로 설명해 주기 위해 다음과 같은 모형을 설정해 보자.

$$\text{제1수준: MATHACH}_{ij} = \beta_{oj} + E_{ij} \qquad E_{ij} \sim N(0, \sigma^2) \qquad (24a)$$

$$\text{제2수준: } \beta_{oj} = \gamma_{oo} + \gamma_{o1}(\text{MEANSES})_j + U_{oj} \qquad U_{oj} \sim N(0, \tau_o^2) \qquad (24b)$$

$$\text{통합모형: MATHACH}_{ij} = \gamma_{oo} + \gamma_{o1}(\text{MEANSES})_j + U_{oj} + E_{ij} \qquad (24c)$$

이 모형은 **MEANSES**가 고정효과이므로 〈그림 24-13〉과 같이 **MEANSES**만 고정효과로 설정해 주고 나머지는 앞의 무변수 모형과 동일하다.

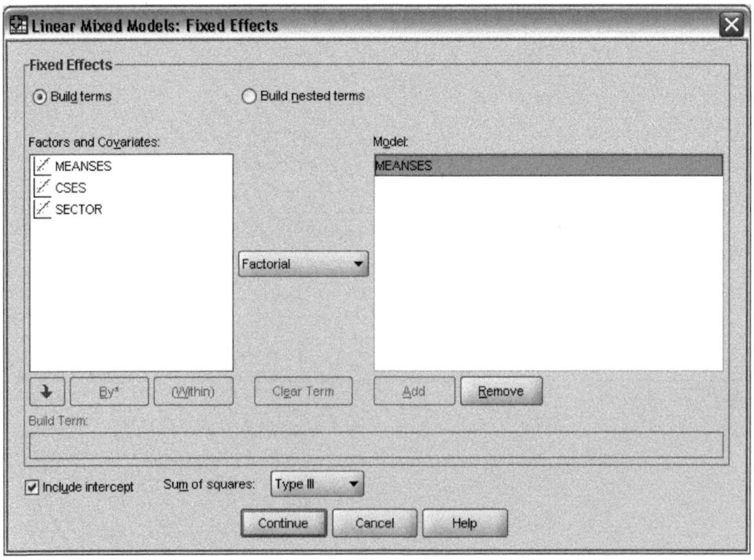

〈그림 24-13〉

〈표 24−5〉, 〈표 24−6〉, 〈표 24−7〉은 이 모형의 추정결과이다. 먼저 이 모형의 우도비 값은 46959.109이므로 앞의 무조건 모형과 비교하여 χ^2우도비 검증을 실시해 보면 다음과 같다.

$$\chi^2 = 47115.810 - 46959.109 = 156.701, \mathrm{df} = 4 - 3 = 1, p < .001$$

따라서 학교수준 변수 **MEANSES**를 포함했을 때, 적합도 개선은 유의함을 알 수 있다.

추정된 고정효과를 이용하여 학생 수학성취를 예측하는 회귀식을 구하면 다음과 같다.

$$\hat{Y}(\mathrm{MATHACH}) = 12.650 + 5.863(\mathrm{MEANSES})$$

회귀계수 5.863은 $t = 16.326, p < .001$로 유의하므로 학교의 평균 SES, 즉 **MEANSES**가 1점 높아지면 수학성취는 5.863점 높아진다고 예측할 수 있다. 학교 평균이 **MEANSES**와 동일한 학교의 평균성취는 12.650으로 예측된다.

〈표 24−5〉

Information Criteria[a]

−2 Log Likelihood	46959.109
Akaike's Information Criterion (AIC)	46967.109
Hurvich and Tsai's Criterion (AICC)	46967.114
Bozdogan's Criterion (CAIC)	46998.628
Schwarz's Bayesian Criterion (BIC)	46994.628

The information criteria are displayed in smaller−is−better forms.
a. Dependent Variable: MATHACH.

〈표 24−6〉

Estimates of Fixed Effects[a]

Parameter	Estimate	Std. Error	df	t	Sig.	95% Confidence Interval	
						Lower Bound	Upper Bound
Intercept	12.649741	.148318	155.693	85.288	.000	12.356766	12.942716
MEANSES	5.862922	.359125	155.350	16.326	.000	5.153523	6.572321

a. Dependent Variable: MATHACH.

〈표 24-7〉

Estimates of Covariance Parameters[a]

Parameter		Estimate	Std. Error	Wald Z	Sig.	95% Confidence Interval	
						Lower Bound	Upper Bound
Residual		39.157321	.660806	59.257	.000	37.883350	40.474134
Intercept [subject = SCHOOL]	Variance	2.593186	.396586	6.539	.000	1.921569	3.499543

a. Dependent Variable: MATHACH.

〈표 24-7〉에서 보면 무변수 모형과 비교했을 때, 학교수준 변수 **MEANSES** 도입으로 학생수준의 오차 분산은 거의 변화가 없으나 학교 평균의 학교 간 분산은 8.553에서 2.593으로 5.96이 감소하였다. 이는 **MEANSES**가 학교 간 평균 차이의 5.96/8.553 = 69.7%를 설명하고 있음을 의미한다. 그리고 **MEANSES**로 학교 간 차이를 설명하고 난 뒤에도 학교 간 분산은 2.593으로 $Z = 6.539$, $p < .001$로 여전히 유의하다. 학교 내 개인점수 분산 39.157과 학교 간 분산 2.593을 더하면 41.75가 아직 설명이 안 되었으며 이 중 제2수준에서 다른 변수로 더 설명될 가능성이 있는 분산의 비는 2.593/41.75 = 6.2%이다. 설명되지 않고 남은 분산의 대부분은 학교 내 분산, 즉 제1수준인 학생수준이다.

④ 모형 3: 학교평균 모형

이제 제1수준인 학교 내에서 학생의 성취 분산을 학생의 **SES**로 설명하기 위해 다음과 같은 모형을 설정해 보자. 아래의 제1수준 모형에서 절편이 해당 학교의 평균을 의미하도록 하기 위해 학생의 **SES**를 학교 평균으로 중심점 교정을 한 **CSES**를 예측변수로 사용한다. 그리고 제2수준은 여전히 무변수 모형의 성격을 띠어 학교의 평균 β_{oj}을 전체 평균요소 γ_{oo}와 평균의 학교 간 차이요소 U_{oj}로 분리하며, SES 효과 β_{1j} 역시 평균요소와 학교 간 요소로 분리하므로 이들 모형을 학교평균 모형이라고 해 보자.

$$\text{제1수준: } \mathrm{MATHACH}_{ij} = \beta_{oj} + \beta_{1j}(\mathrm{SES}_{ij} - \mathrm{MEANSES}_j) + E_{ij} \qquad E_{ij} \sim N(0, \sigma^2)$$
$$= \beta_{oj} + \beta_{1j}\mathrm{CSES}_{ij} + E_{ij} \tag{25a}$$

$$\text{제2수준: } \beta_{oj} = \gamma_{oo} + U_{oj} \qquad U_j \sim N(0, \Gamma) \qquad \Gamma = \begin{bmatrix} \tau_o^2 & \tau_{o1} \\ \tau_{o1} & \tau_1^2 \end{bmatrix} \tag{25b}$$

$$\beta_{1j} = \gamma_{1o} + U_{1j} \tag{25c}$$

$$\text{통합모형: } \mathrm{MATHACH}_{ij} = [\gamma_{oo} + \gamma_{1o}\mathrm{CSES}_{ij} + E_{ij}] + [U_{1j}\mathrm{CSES}_{ij} + U_{oj}] \tag{25d}$$

이 모형에서는 예측변수(독립변수)가 CSES 하나인데 이 변수는 무선효과 요소와 고정효과 요소를 가지므로 〈그림 24-14〉와 〈그림 24-15〉와 같이 고정효과와 무선효과를 설정해 준다. 그런데 무선효과 화면에서 제2수준 회귀계수의 분산-공분산 Γ의 요소를 모두 추정하기 위해서 **Covariance Type**에서 **Unstructured**를 선택한 점을 주의할 필요가 있다.

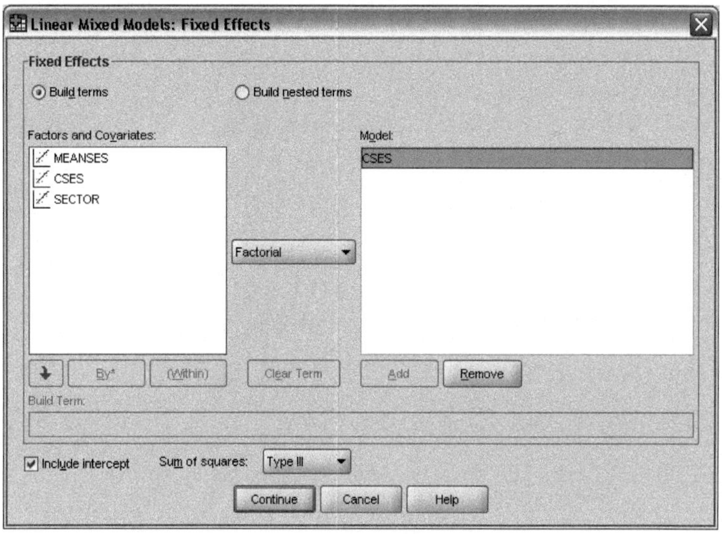

〈그림 24-14〉

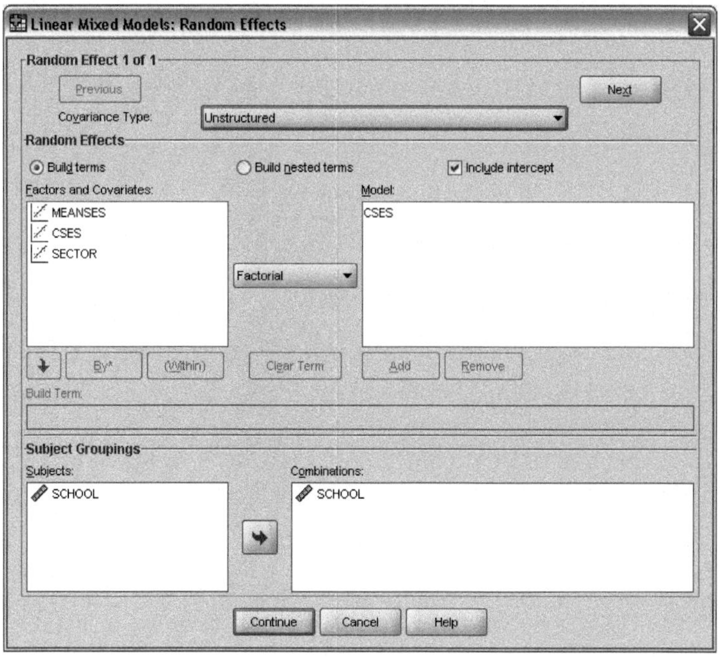

〈그림 24-15〉

〈표 24−8〉, 〈표 24−9〉, 〈표 24−10〉은 이 모형의 추정결과이다. 먼저 무변수 모형과 비교한 χ^2 우도비 검증을 실시해 보자. 〈표 24−8〉에서 이 모형의 우도비는 46710.98이고, 모수의 수는 6개이다.

$$\chi^2 = 47115.810 - 46710.980 = 404.84, \text{df} = 6 - 3 = 3, p < .001$$

이 검증은 유의하므로 학생수준 변수를 채택함으로써 모형의 적합도는 유의하게 증가하였다.

추정된 고정효과로 학생 수학성취를 예측하는 회귀식을 구하면 다음과 같다.

$$\hat{Y}(\text{MATHACH}) = 12.649 + 2.193(\text{CSES})$$

SES가 자신의 학교의 평균과 동일한 학생의 성취 평균은 12.649로 예측된다. 그리고 **CSES**의 회귀계수 2.193은 $t = 17.154, p < .001$로 유의하다. 따라서 학생의 **SES** 점수가 1점 높아지면 수학성취는 2.193점 높아진다고 예측할 수 있다.

다음은 〈표 24−10〉에서 무선효과 요소를 살펴보자. 먼저 제1수준 모형에서의 오차 분산은 $\sigma^2 = 36.700$으로 무조건 모형의 39.1484에 비해서 39.1484−36.700 = 2.4484가 감소하여 학생수준 **SES**가 동일 학교 내 학생 간 분산의 2.4484/39.1484 = 6.25%를 설명하였다. 〈표 24−10〉에서 UN(1, 1)은 $\text{Var}(\beta_{oj}) = \text{Var}(U_{oj}) = \tau_o^2$의 추정치를 가리킨다. 이 추정치는 8.621, $t = 8.061, p < .001$로 유의하다. 즉 학생의 **SES**를 통제하고 나서도 각 학교 평균의 학교 간 차이는 유의하다. UN(2, 1)은 $\text{Cov}(\beta_{oj}, \beta_{1j}) = \tau_{o1}$의 추정치이다. 즉 학교의 수학성취 평균과 **SES**가 성취에 미치는 효과 사이의 공분산을 의미한다. 이 값은 $t = .0504, p = .900$로 유의하지 않다. 즉 **SES**가 성취에 미치는 효과는 학교의 평균 수학성취와 유의한 관련이 없다. 다음으로 UN(2, 2)는 $\text{Var}(\beta_{1j}) = \tau_1^2$의 추정치이다. 이 값은 .678로 $Z = 2.44, p = .015/2 = .0075$로 유의하다. 이는 **SES**가 수학성취에 미치는 효과, 즉 회귀식의 기울기는 학교 간에 유의한 차이가 있음을 의미한다. 여기서 SPSS 결과 분석 시 한 가지 주의할 점은 분산은 음의 값을 가질 수 없으므로 분산의 유의성 검증은 단측검증으로 이루어져야 한다. 그런데 SPSS에서는 양측검증의 p값을 제시하고 있으므로 이를 2로 나누어 주어야 단측검증의 p값이 된다. (SAS의 경우는 단측검증의 p값을 제시해 줌.) 공분산의 경우는 음의 값도 가질 수 있으므로 양측검증의 p값을 그대로 사용하면 된다.

〈표 24-8〉

Information Criteria[a]

−2 Log Likelihood	46710.980
Akaike's Information Criterion (AIC)	46722.980
Hurvich and Tsai's Criterion (AICC)	46722.992
Bozdogan's Criterion (CAIC)	46770.259
Schwarz's Bayesian Criterion (BIC)	46764.259

The information criteria are displayed in smaller-is-better forms.
a. Dependent Variable: MATHACH.

〈표 24-9〉

Estimates of Fixed Effects[a]

Parameter	Estimate	Std. Error	df	t	Sig.	95% Confidence Interval Lower Bound	95% Confidence Interval Upper Bound
Intercept	12.649430	.243737	157.726	51.898	.000	12.168021	13.130840
CSES	2.193147	.127848	156.150	17.154	.000	1.940614	2.445681

a. Dependent Variable: MATHACH.

〈표 24-10〉

Estimates of Covariance Parameters[a]

Parameter		Estimate	Std. Error	Wald Z	Sig. Bound	95% Confidence Interval Lower Bound	95% Confidence Interval Upper Bound
Residual		36.700041	.625736	58.651	.000	35.493887	37.947182
Intercept + CSES [subject = SCHOOL]	UN (1,1)	8.621065	1.069452	8.061	.000	6.760339	10.993940
	UN (2,1)	.050400	.402557	.125	.900	−.738597	.839398
	UN (2,2)	.678250	.277977	2.440	.015	.303759	1.514435

a. Dependent Variable: MATHACH.

⑤ 모형 4: **전체모형**(full models)

학교 평균모형에서 β_{oj}와 β_{1j}의 학교 간 분산이 유의하므로 이를 학교수준 변수인 **MEANSES**와 **SECTOR**로 설명하는 모형을 설정해 보자. 이 모형은 제1수준과 제2수준 변수를 모두 사용하므로 전체모형에 해당된다고 할 수 있다.

$$제1수준: MATHACH_{ij} = \beta_{oj} + \beta_{1j}(CSES)_{ij} + E_{ij} \tag{26a}$$

$$제2수준: \beta_{oj} = \gamma_{oo} + \gamma_{o1}(MEANSES)_j + \gamma_{o2}(SECTOR)_j + U_{oj} \tag{26b}$$

$$\beta_{1j} = \gamma_{1o} + \gamma_{11}(MEANSES)_j + \gamma_{12}(SECTOR)_j + U_{1j} \tag{26c}$$

$$통합모형: MATHACH_{ij} = (\gamma_{oo} + U_{oj}) + \gamma_{o1}(MEANSES)_j + \gamma_{o2}(SECTOR)_j + (\gamma_{1o} + U_{1j})(CSES)_{ij} + \gamma_{11}(CSES)_{ij}(MEANSES)_j + \gamma_{12}(CSES)_{ij}(SECTOR)_j + E_{ij} \tag{26d}$$

이 모형에서 고정효과는 절편(γ_{oo})을 포함하여 **MEANSES**, **SECTOR**, **CSES**, **(CSES)(MEANSES)**, **(CSES)(SECTOR)**가 있고, 무선효과는 절편(U_{oj})과 **CSES**가 있다. 〈그림 24-16〉과 〈그림 24-17〉은 이 모형의 고정효과와 무선효과를 설정하는 화면이다.

〈표 24-11〉, 〈표 24-12〉, 〈표 24-13〉은 전체모형의 추정결과이다. 우선 제2수준에서 예측변수가 전혀 없는 모형 3(학교평균 모형)과 현재 모형 4(전체모형)의 적합도를 비교해 보자. 모형 3의 −2LL 값은 46710.980, 모수의 수는 6개, 모형 4의 −2LL 값은 〈표 24-11〉에서 46496.434, 모수의 수는 10개이다. 적합도 검증결과는 다음과 같이 유의하다.

$$\chi^2 = 46710.980 - 46496.434 = 214.546,\ df = 10 - 6 = 4,\ p < .001$$

그러므로 제2수준에서 예측변수 **MEANSES**와 **SECTOR**를 도입한 결과, 적합도는 유의하게 증가하였다.

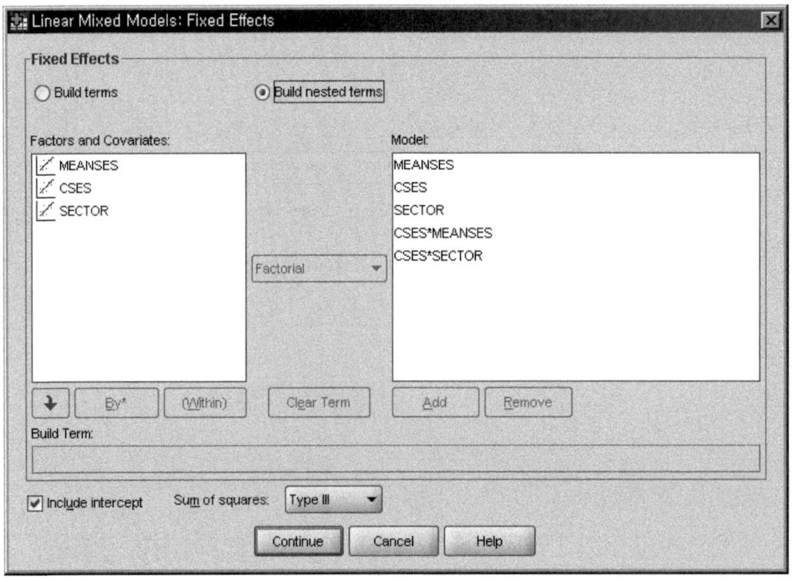

〈그림 24-16〉

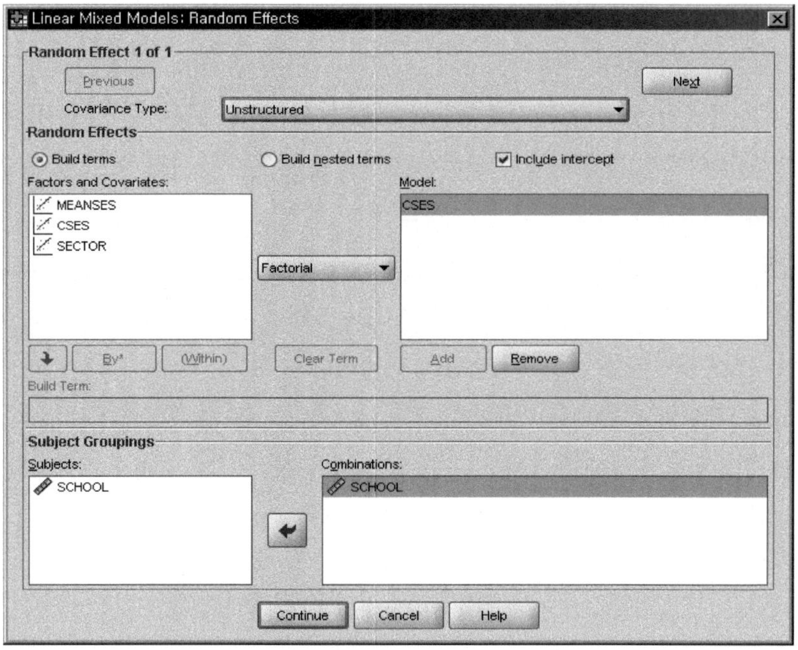

〈그림 24-17〉

다음으로 〈표 24-13〉의 무선효과를 먼저 살펴보자. 제1수준의 오차 분산 σ^2의 추정치는 36.721로 학교평균 모형의 36.7000과 거의 동일하다. 이는 전체모형에서는 제2수준의 변수만 추가하였기 때문에 충분히 예상할 수 있는 결과라고 할 수 있다. 학교 평균의 분산 τ_0^2의 추정치는 8.621에서 2.319로 6.302가 작아져 6.302/8.621 = 73.1%가 감소하였다. 즉 학교수준 변수 **MEANSES**와 **SECTOR**가 학교 평균의 학교 간 분산의 73.1%를 설명한다는 의미이다. 그리고 $\tau_0^2 = 2.319, p < .001$로 유의하므로 여전히 더 설명될 여지가 있다. 그런데 τ_1^2의 추정치는 .678에서 .065로 .623 감소하여 90.4%가 설명되었고, .065도 $Z = .315, p = .753/2 = .377$로 유의하지 않아 **MEANSES**와 **SECTOR**를 통제했을 때 학생 SES의 수학성취에 대한 효과는 학교 간에 유의한 차이가 없다.

〈표 24-12〉에서 고정효과의 추정결과를 보면, 모든 고정효과는 통계적으로 유의하다. 추정된 고정효과로 학생 수학성취를 예측하는 회귀식을 구하면 다음과 같다.

$$\hat{Y}(\text{MATHACH}) = 12.114 + 5.338(\text{MEANSES}) + 1.217(\text{SECTOR}) + 2.939(\text{CSES}) + 1.042(\text{MEANSES})(\text{CSES}) - 1.644(\text{CSES})(\text{SECTOR})$$

다른 변수들을 통제했을 때, 학교의 **MEANSES**가 1단위 높아지면 학교의 평균은 5.338점 높아진다고 예측할 수 있다. **SECTOR**의 경우는 공립을 0, 사립을 1로 표기하였기 때문에 다른 변수를 통제했을 때, 사립학교의 수학성취 평균이 공립보다 1.217점 더 높다.

MEANSES와 **SECTOR**의 효과는 절편 즉 학교평균과 관련이 있는 것이고 **CSES**와 나머지 두 개의 상호작용 효과는 기울기와 연관이 있다. 학생배경 변수인 **CSES**의 경우는 SES가 1단위 높아지면 학생의 수학성취는 2.94점 높아진다고 예측할 수 있다. 상호작용을 보면 **(MEANSES)(CSES)**의 효과가 양의 부호를 가지면서 유의하므로 이는 **CSES**로 **MATHACH**를 예측할 때 그 기울기는 학교의 **MEANSES**가 높을수록 높아진다는 의미이다. 인과관계 측면에서 말한다면 학생의 배경 변수 **SES**가 수학성취에 미치는 효과는 해당 학교의 **MEANSES**가 높을수록 더 강하다는 의미이다.

그리고 **(CSES)(SECTOR)** 상호작용의 경우, 그 효과가 음의 부호를 가지면서 유의하므로 이는 **SECTOR** 값이 증가할수록, 즉 공립에 비해 사립이 학생의 배경변수 **SES**가 수학성취에 미치는 효과가 더 약하다는 의미로 해석할 수 있다.

〈표 24-11〉

Information Criteria[a]

−2 Log Likelihood	46496.434
Akaike's Information Criterion (AIC)	46516.434
Hurvich and Tsai's Criterion (AICC)	46516.465
Bozdogan's Criterion (CAIC)	46595.231
Schwarz's Bayesian Criterion (BIC)	46585.231

The information criteria are displayed in smaller-is-better forms.
a. Dependent Variable: MATHACH.

〈표 24-12〉

Estimates of Fixed Effects[a]

Parameter	Estimate	Std. Error	df	t	Sig.	95% Confidence Interval Lower Bound	95% Confidence Interval Upper Bound
Intercept	12.113603	.196913	163.100	61.517	.000	11.724775	12.502431
MEANSES	5.337950	.365678	153.832	14.597	.000	4.615552	6.060348
CSES	2.939357	.153495	141.106	19.150	.000	2.635910	3.242803
SECTOR	1.216944	.303367	152.420	4.011	.000	.617596	1.816292
MEANSES * CSES	1.042371	.296036	163.634	3.521	.001	.457828	1.626913
CSES * SECTOR	−1.643864	.237358	145.818	−6.926	.000	−2.112971	−1.174757

a. Dependent Variable: MATHACH.

〈표 24-13〉

Estimates of Covariance Parameters[a]

Parameter		Estimate	Std. Error	Wald Z	Sig.	95% Confidence Interval Lower Bound	95% Confidence Interval Upper Bound
Residual		36.721154	.626113	58.649	.000	35.514273	37.969049
Intercept + CSES [subject = SCHOOL]	UN (1,1)	2.318895	.361022	6.423	.000	1.709071	3.146314
	UN (2,1)	.188101	.198514	.948	.343	−.200980	.577182
	UN (2,2)	.065236	.207107	.315	.753	.000129	32.871753

a. Dependent Variable: MATHACH.

⑥ 모형 5: 학교수준 변수 간 상호작용 모형

여기서는 모형 설정의 과정을 예시하는 목적으로 제2수준 변수 간 상호작용 효과도 포함한 모형을 설정해 보자.

$$\text{제1수준: } MATHACH_{ij} = \beta_{oj} + \beta_{1j}(CSES)_{ij} + E_{ij} \quad (27a)$$

$$\text{제2수준: } \beta_{oj} = \gamma_{oo} + \gamma_{o1}(MEANSES)_j + \gamma_{o2}(SECTOR)_j + \gamma_{o3}(MEANSES)_j(SECTOR)_j + U_{oj} \quad (27b)$$

$$\beta_{1j} = \gamma_{1o} + \gamma_{11}(MEANSES)_j + \gamma_{12}(SECTOR)_j + \gamma_{13}(MEANSES)_j(SECTOR)_j + U_{1j} \quad (27c)$$

$$\text{통합모형: } MATHACH_{ij} = (\gamma_{oo} + U_{oj}) + \gamma_{o1}(MEANSES)_j + \gamma_{o2}(SECTOR)_j + (\gamma_{1o} + U_{1j})(CSES)_{ij} + \gamma_{o3}(MEANSES)_j(SECTOR)_j + \gamma_{11}(CSES)_{ij}(MEANSES)_j + \gamma_{12}(CSES)_{ij}(SECTOR)_j + \gamma_{13}(CSES)_{ij}(MEANSES)_j(SECTOR)_j + E_{ij} \quad (27d)$$

이 모형에서는 모형 4(전체모형)에 비해 고정효과에서만 두 개의 상호작용 **(MEANSES)(SECTOR)**, **(CSES)(MEANSES)(SECTOR)**가 추가되므로 고정효과 설정만 변경해 주면 된다. 〈그림 24-18〉은 이들 고정효과를 추가하여 설정한 화면이다.

〈표 24-14〉와 〈표 24-15〉는 이 모형의 추정결과이다. 먼저 두 모형의 우도비를 비교하여 검증해 보면 다음과 같다.

$$\chi^2 = 46496.434 - 46493.999 = 2.435,\ df = 12 - 10 = 2,\ p = .296$$

따라서 2개의 고정효과를 추가하여 개선된 적합도는 유의하지 않다. 또한 〈표 24-15〉에서 추가된 두 고정효과의 유의성을 보면 **(MEANSES)(SECTOR)**는 $p = .122$,

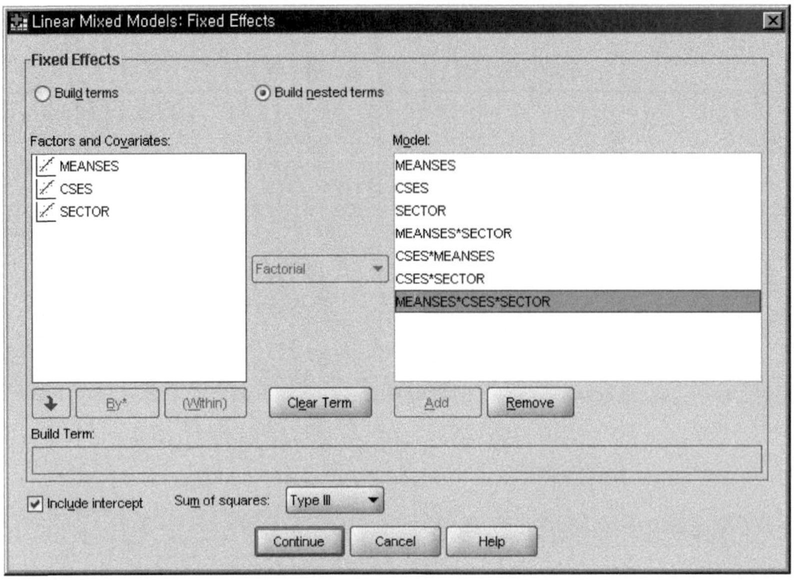

〈그림 24-18〉

(MEANSES)(CSES)(SECTOR)는 $p = .755$로 유의하지 않다. 이 상호작용 항은 모두 제2수준 모형에서의 **(MEANSES)(SECTOR)** 상호작용 항에서 기인한 것이다. 따라서 모형 5는 전체모형에 비해 더 개선된 모형이라고 할 수 없다는 결론을 얻을 수 있다.

〈표 24-14〉

Information Criteria[a]

−2 Log Likelihood	46493.999
Akaike's Information Criterion (AIC)	46517.999
Hurvich and Tsai's Criterion (AICC)	46518.043
Bozdogan's Criterion (CAIC)	46612.556
Schwarz's Bayesian Criterion (BIC)	46600.556

The information criteria are displayed in smaller-is-better forms.
a. Dependent Variable: MATHACH.

〈표 24-15〉

Estimates of Fixed Effects[a]

Parameter	Estimate	Std. Error	df	t	Sig.	95% Confidence Interval Lower Bound	95% Confidence Interval Upper Bound
Intercept	12.184436	.200453	164.206	60.785	.000	11.788638	12.580233
MEANSES	5.873232	.500128	166.344	11.743	.000	4.885815	6.860648
CSES	2.951853	.159487	148.880	18.508	.000	2.636702	3.267005
SECTOR	1.243207	.301127	150.991	4.129	.000	.648239	1.838174
MEANSES * SECTOR	−1.129706	.725789	151.825	−1.557	.122	−2.563656	.304243
MEANSES * CSES	1.131517	.418060	177.055	2.707	.007	.306495	1.956539
CSES * SECTOR	−1.642411	.237390	146.435	−6.919	.000	−2.111564	−1.173258
MEANSES * CSES * SECTOR	−.184730	.592098	163.658	−.312	.755	−1.353865	.984406

a. Dependent Variable: MATHACH.

⑦ 모형 6: **최종모형**(final models)

모형 4(전체모형)에서 **CSES**의 기울기 β_{1j}는 학교 변수 **MEANSES**와 **SECTOR**를 통제했을 때 학교 간 차이(U_{1j})가 유의하지 않았으므로 모형의 단순화를 위해 이 항을 제외한 모형을 설정해 보자. 즉 제2수준 모형에서 β_{1j}의 회귀식을 다음과 같이 설정해 보자.

$$\beta_{1j} = \gamma_{1o} + \gamma_{11}(\text{MEANSES})_j + \gamma_{12}(\text{SECTOR})_j \tag{28a}$$

식 (28a)의 의미는 **CSES**의 기울기 즉 효과의 학교 간 차이를 **MEANSES**와 **SECTOR**로 전부 설명한다는 것이다. 이 경우 통합모형은 다음과 같다.

$$\begin{aligned}\text{MATHACH}_{ij} = (\gamma_{oo} + U_{oj}) + \gamma_{o1}(\text{MEANSES})_j + \gamma_{o2}(\text{SECTOR})_j + \gamma_{1o}(\text{CSES})_{ij} \\ + \gamma_{11}(\text{CSES})_{ij}(\text{MEANSES})_j + \gamma_{12}(\text{CSES})_{ij}(\text{SECTOR})_j + E_{ij}\end{aligned} \tag{28b}$$

이 최종모형과 전체모형과의 차이점은 **CSES**가 더 이상 무선효과로 설정되지 않는다는 것이다. 따라서 모형 설정에서 나머지는 전체모형과 동일하고 무선효과만 〈그림 24-19〉와 같이 다시 설정해 주면 된다. 이 모형에서는 무선효과 예측변수가 없고 절편에만 무선효과 요소가 있으므로 〈그림 24-19〉의 Model 상자에는 아무런 변수가 없고 단지 **Include intercept**만 선택되어 있다.

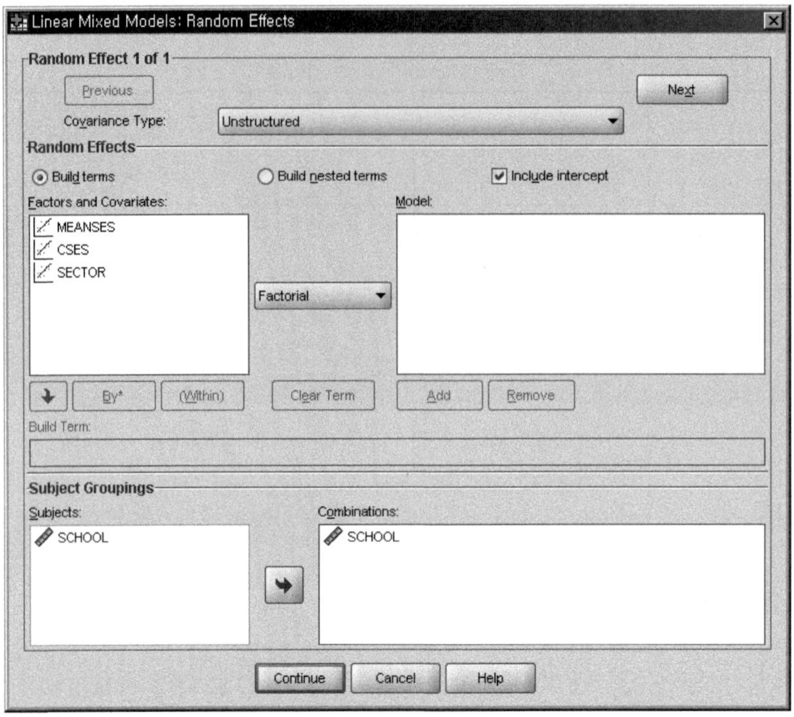

〈그림 24-19〉

〈표 24-16〉, 〈표 24-17〉, 〈표 24-18〉은 최종모형의 추정결과이다.

〈표 24-16〉

Information Criteria[a]

-2 Log Likelihood	46497.438
Akaike's Information Criterion (AIC)	46513.438
Hurvich and Tsai's Criterion (AICC)	46513.458
Bozdogan's Criterion (CAIC)	46576.476
Schwarz's Bayesian Criterion (BIC)	46568.476

The information criteria are displayed in smaller-is-better forms.
a. Dependent Variable: MATHACH.

〈표 24-17〉

Estimates of Fixed Effects[a]

Parameter	Estimate	Std. Error	df	t	Sig.	95% Confidence Interval Lower Bound	95% Confidence Interval Upper Bound
Intercept	12.113840	.196757	163.238	61.568	.000	11.725324	12.502357
MEANSES	5.341838	.365373	153.941	14.620	.000	4.620047	6.063630
CSES	2.935841	.150674	7021.188	19.485	.000	2.640474	3.231208
SECTOR	1.214874	.303113	152.525	4.008	.000	.616033	1.813715
MEANSES * CSES	1.044086	.290982	7021.188	3.588	.000	.473673	1.614498
CSES * SECTOR	−1.642069	.233048	7021.188	−7.046	.000	−2.098914	−1.185224

a. Dependent Variable: MATHACH.

〈표 24-18〉

Estimates of Covariance Parameters[a]

Parameter		Estimate	Std. Error	Wald Z	Sig.	95% Confidence Interval Lower Bound	95% Confidence Interval Upper Bound
Residual		36.750921	.620266	59.250	.000	35.555109	37.986950
Intercept [subject = SCHOOL]	Variance	2.312880	.360274	6.420	.000	1.704365	3.138654

a. Dependent Variable: MATHACH.

이 모형의 고정효과와 무선효과 추정결과는 전체모형과 거의 동일하다. 따라서 적합도에 문제가 없으면 더 단순하므로 이 모형을 최종모형으로 선택할 수 있을 것이다. 〈표 24-19〉는 두 모형의 적합도 통계치를 비교한 것이다. 먼저 우도비의 차이를 검증해 보면 다음과 같다.

$$\chi^2 = 46497.438 - 46496.434 = 1.004, \text{df} = 10 - 8 = 2, p = .61$$

추정모수 수가 2개 감소하여 모형이 더 단순화되었기 때문에 우도비가 1.004 증가하여 적합도가 나빠졌으나 이는 유의하지 않아 별 문제가 되지 않는다. 그리고 다른 적합도 통계치들은 모두 최종모형의 값이 작아 최종모형이 더 나은 모형임을 보여 준다. 따라서 모형 6을 본 분석의 최종모형으로 확정하게 된다. 이 최종모형의 고정효과와 무선효과 해석은 전체모형 모형 4의 경우와 추정치에 미소한 차이가 있을 뿐 동일하다.

〈표 24-19〉

Fit Statistics	전체모형	최종모형
-2 Log Likelihood	46496.434	46497.438
AIC	46518.434	46513.438
AICC	46516.465	46513.458
CAIC	46595.231	46576.476
BIC	46585.231	46568.476

⑧ 최종모형과 무변수 모형의 비교

무변수 모형을 기본비교모형(baseline model)으로 최종모형의 적합도와 실제적 유의성을 검토해 보자. 〈표 24-20〉은 모형의 적합도 통계치를 비교한 것이다.

〈표 24-20〉

Fit Statistics	무변수 모형	최종모형
-2 Log Likelihood	47115.810	46497.438
AIC	47121.810	46513.438
AICC	47121.814	46513.458
CAIC	47145.449	46576.476
BIC	47142.449	46568.476

먼저 우도비 차이를 검증해 보면 다음과 같다.

$$\chi^2 = 47115.810 - 46497.438 = 618.372, \text{df} = 8 - 3 = 5, p < .001$$

이 결과는 5개의 모수를 추가하여 적합도가 유의하게 증대하였다는 것을 의미한다.

다음으로 제1수준 변수 **CSES**가 학교 내 학생 간 분산을 얼마나 잘 설명해 주었나를 알아보기 위해 두 모형의 E_{ij}의 분산을 식 (20)으로 비교해 보자.

$$\eta^2 = \frac{\text{Var}(E_{ij}) - \text{Var}(E_{ij}|\text{CSES}_{ij})}{\text{Var}(E_{ij})} = (39.148 - 36.751)/39.148 = 0.061$$

학생수준 변수 **CSES**는 학교 내 학생 간 분산의 6.1% 정도를 설명하여 학교 내 학생 간 분산의 대부분은 설명되지 않고 남아 있다고 할 수 있다.

이제 제2수준에서 학교수준 변수 **MEANSES**와 **SECTOR**가 학교 간 평균의 분산을 얼마나 설명해 주었는지 알아보기 위해 두 모형의 β_{oj}의 분산 τ_o^2의 추정치로 식 (21a)의 값을 구해 보자.

$$\eta_o^2 = \frac{\text{Var}(\beta_{oj}) - \text{Var}(\beta_{oj}\,|\,\text{MEANSES, SECTOR})}{\text{Var}(\beta_{oj})} = (8.553 - 2.313)/8.553 = .730$$

학교수준 변수 **MEANSES**와 **SECTOR**는 학교 간 평균의 차이의 73.0%를 설명해 매우 높은 수준을 보여 주고 있다.

⑨ 분석결과의 기술

학생 개인의 SES, 학교의 평균 SES(MEANSES), 그리고 학교의 성격(SECTOR)(공립, 사립)이 학생의 수학성취(MATHACH)에 미치는 효과를 2수준 다층모형으로 평가하였다. 자료는 90개의 공립학교, 70개의 가톨릭계 사립학교로 총 160개 학교의 7185명으로 구성되어 있다. 제1수준 모형인 개인(학교 내)모형에서는 학교 내 개인 간 수학성취 차이를 학생 개인의 SES로, 제2수준 모형인 학교(학교 간)모형에서는 학교의 평균 SES와 학교의 성격을 예측변수로 모형을 설정하였다. 모든 예측변수들은 전체평균에 대한 편차점수가 되도록 중심점 교정을 하였으며, 학생배경 변수인 SES는 제1수준 모형 절편이 해당 학교의 평균을 의미하도록 다시 해당 학교의 평균과의 편차점수(CSES)로 나타내었다. 모든 모형은 IBM SPSS의 **Mixed Models**을 이용하여 최대우도(ML: maximum likelihood) 추정방법으로 추정하였다.

먼저 식 (1a)*, (1b)*, (1c)*로 설정된 무변수(무조건) 모형으로 유목내 상관을 구해 본 결과 $\rho_{\text{ICC}} = \dfrac{\tau_o^2}{\tau_o^2 + \sigma^2} = 8.553484/(8.553484 + 39.1484) = .179$로 전체 분산 중 학교 간 차이에 의한 분산이 17.9%를 차지하여 다층모형 설정이 필요함을 보여 주었다.

학생수준과 학교수준의 예측변수를 모두 도입한 식 (2a)*, (2b)*, (2c)*, (2d)*로 구성된 전체모형(full models)을 설정하여 추정해 본 결과 모든 고정효과들이 유의하였다. 그러나 학교의 MEANSES와 학교의 성격 SECTOR를 통제했을 때, 학생배경 변수 SES가 수학성취에 미치는 효과의 학교 간 분산과, SES 효과와 학교 평균 간의 공분산이 유의하지 않아 제2수준 모형에서 기울기의 학교 간 차이를 제외하여 식 (3a)*, (3b)*, (3c)*의 최종모형(final models)을 설정하였다. 이 모형의 적합도는 〈표 24-21〉에서 보는 바와 같이 전체모형과 유의한 차이가 없어 이 모형을 최종모형으로 선정하였다.

무조건 모형(Null Models)

제1수준: $\text{MATHACH}_{ij} = \beta_{oj} + E_{ij} \qquad E_{ij} \sim N(0, \sigma^2) \qquad (1a)^*$

제2수준: $\beta_{oj} = \gamma_{oo} + U_{oj} \qquad U_{oj} \sim N(0\ \tau_o^2) \qquad (1b)^*$

통합모형: $\text{MATHACH}_{ij} = \gamma_{oo} + U_{oj} + E_{ij} \qquad (1c)^*$

전체모형(Full Models)

제1수준: $\text{MATHACH}_{ij} = \beta_{oj} + \beta_{1j}(\text{CSES})_{ij} + E_{ij} \qquad (2a)^*$

제2수준: $\beta_{oj} = \gamma_{oo} + \gamma_{o1}(\text{MEANSES})_j + \gamma_{o2}(\text{SECTOR})_j + U_{oj} \qquad (2b)^*$

$\beta_{1j} = \gamma_{1o} + \gamma_{11}(\text{MEANSES})_j + \gamma_{12}(\text{SECTOR})_j + U_{1j} \qquad (2c)^*$

통합모형: $\text{MATHACH}_{ij} = (\gamma_{oo} + U_{oj}) + \gamma_{o1}(\text{MEANSES})_j + \gamma_{o2}(\text{SECTOR})_j + (\gamma_{1o} + U_{1j})\ (\text{CSES})_{ij} + \gamma_{11}(\text{CSES})_{ij}(\text{MEANSES})_j + \gamma_{12}(\text{CSES})_{ij}(\text{SECTOR})_j + E_{ij} \qquad (2d)^*$

최종모형(Final Models)

제1수준: $\text{MATHACH}_{ij} = \beta_{oj} + \beta_{1j}(\text{CSES})_{ij} + E_{ij} \qquad (3a)^*$

제2수준: $\beta_{oj} = \gamma_{oo} + \gamma_{o1}(\text{MEANSES})_j + \gamma_{o2}(\text{SECTOR})_j + U_{oj} \qquad (3b)^*$

$\beta_{1j} = \gamma_{1o} + \gamma_{11}(\text{MEANSES})_j + \gamma_{12}(\text{SECTOR})_j \qquad (3c)^*$

통합모형: $\text{MATHACH}_{ij} = (\gamma_{oo} + U_{oj}) + \gamma_{o1}(\text{MEANSES})_j + \gamma_{o2}(\text{SECTOR})_j + \gamma_{1o}(\text{CSES})_{ij} + \gamma_{11}(\text{CSES})_{ij}(\text{MEANSES})_j + \gamma_{12}(\text{CSES})_{ij}(\text{SECTOR})_j + E_{ij} \qquad (3d)^*$

〈표 24-22〉와 〈표 24-23〉은 최종모형의 고정효과와 무선효과 추정결과이다. 먼저 〈표 24-23〉의 무선효과 추정결과를 보면 학생의 배경변수 SES를 통제했을 때 학교 내 학생 간의 분산은 36.751로 배경변수가 없는 경우의 39.148보다 2.397이 감소해 SES가 학생 간 분산의 6.1%를 설명해 주었다.

학교수준 변수 MEANSES와 SECTOR로 학교 평균의 학교 간 차이를 설명한 결과 학교 간 분산이 8.553에서 2.313으로 감소하여 73.0%를 차지하였다. 그러나 남아 있는 분산

〈표 24-21〉 다층모형의 적합도 비교

모형	−2 Log Likelihood	모수 수	χ^2 차이 검증
무변수 모형	47115.810	3	
전체모형	46496.434	10	무변수−전체 = 619.176, df = 10 − 3 = 7, p < .001
최종모형	46497.438	8	최종−전체 = 1.004, df = 10 − 8 = 2, p = .61 무변수−최종 = 618.372, df = 8 − 3 = 5, p < .001

2.313은 여전히 유의하여 더 설명할 여지가 있음을 나타내었다.

〈표 24−22〉에서 보는 바와 같이 모든 고정효과는 통계적으로 유의하였다. 추정된 고정효과에 의한 학생 수학성취 예측 회귀식은 다음과 같았다.

$$\hat{Y}(\text{MATHACH}) = 12.114 + 5.342(\text{MEANSES}) + 1.215(\text{SECTOR}) + 2.936(\text{CSES}) + 1.044(\text{MEANSES})*(\text{CSES}) - 1.642(\text{CSES})*(\text{SECTOR})$$

〈표 24−22〉 최종모형의 고정효과 추정결과

Estimates of Fixed Effects[a]

Parameter	Estimate	Std. Error	df	t	Sig.	95% Confidence Interval	
						Lower Bound	Upper Bound
Intercept	12.113840	.196757	163.238	61.568	.000	11.725324	12.502357
MEANSES	5.341838	.365373	153.941	14.620	.000	4.620047	6.063630
CSES	2.935841	.150674	7021.188	19.485	.000	2.640474	3.231208
SECTOR	1.214874	.303113	152.525	4.008	.000	.616033	1.813715
MEANSES * CSES	1.044086	.290982	7021.188	3.588	.000	.473673	1.614498
CSES * SECTOR	−1.642069	.233048	7021.188	−7.046	.000	−2.098914	−1.185224

a. Dependent Variable: MATHACH.

〈표 24−23〉 최종모형의 무선효과 추정결과

Estimates of Covariance Parameters[a]

Parameter		Estimate	Std. Error	Wald Z	Sig.	95% Confidence Interval	
						Lower Bound	Upper Bound
Residual (σ^2)		36.750921	.620266	59.250	.000	35.555109	37.986950
Intercept [subject = SCHOOL]	Variance (τ_0^2)	2.312880	.360274	6.420	.000	1.704365	3.138654

a. Dependent Variable: MATHACH.

다른 변수들을 통제했을 때, 학교의 MEANSES가 1단위 높아지면 학교의 평균은 5.342점 높아지는 것으로 나타났다. SECTOR의 경우는 공립을 0, 사립을 1로 표기하였기 때문에 다른 변수를 통제했을 때, 사립학교의 수학성취 평균이 공립보다 1.215점 더 높았다.

학생배경 변수인 SES가 1단위 높아지면 학생의 수학성취는 2.94점 높아지는 것으로 나타났다. 상호작용을 보면 (MEANSES)(CSES의) 효과가 양으로 나타나 CSES로 MATHACH를 예측할 때 그 기울기는 학교의 MEANSES가 높을수록 높았다. 즉 해당 학교의 MEANSES가 1단위 증가하면 학생의 배경변수 SES가 수학성취에 미치는 효과를 나타내는 기울기는 1.044 증가하는 것으로 나타났다. 그리고 (CSES)(SECTOR) 상호작용의 경우, 그 효과가 음의 부호를 가져 SECTOR 값이 증가할수록, 즉 공립에 비해 사립이 학생의 배경변수 SES가 수학성취에 미치는 효과를 나타내는 기울기가 1.642 낮은 것으로 나타났다.

결론적으로 다른 변수를 통제했을 때, 학교의 MEANSES가 높을수록 그리고 공립에 비해 사립이 학교 평균이 더 높은 것으로, 학생의 배경변수 SES의 경우는 학교의 MEANSES가 높을수록, 사립보다는 공립에서 수학성취에 미치는 효과가 더 강한 것으로 나타났다.

성장곡선 모형(growth curve models)의 분석

① 성장곡선 모형의 내용

각 개인의 신체적 인지적 특성의 발달, 변화, 성장을 연구하기 위해 비교적 긴 시간 축에 걸쳐 여러 번 측정을 했다고 하자. 이 경우 여러 번의 측정이 제1수준이 되고 그 여러 번의 측정이 동일 개체(개인) 내에서 일어났으므로 개체(개인)가 제2수준이 되어 다층모형을 적용할 수 있다. 성장곡선 모형에서는 제1수준 모형에서 개인 내 여러 번 측정한 특성 값의 변화, 즉 성장, 발달을 시간척도(T)에 대한 특성의 회귀식인 성장곡선으로 모형화한다. 예를 들어 시간 간격을 두고 어떤 개인에 대해 4번에 걸쳐 특성 Y를 측정했을 때 그 개인에 대한 성장곡선을 선형으로 나타낸다면 〈그림 24-20〉과 같을 것이다. 따라서 제1수준 모형인 성장곡선은 식 (29a)와 같이 나타낼 수 있다. 이 곡선은 개인 내 성장, 변화(intra-individual change)의 형태를 나타낸다고 할 수 있다.

$$\text{제1수준: } Y_{ij} = \beta_{oj} + \beta_{1j} T_{ij} + E_{ij} \qquad E_{ij} \sim N(0, \sigma^2) \qquad (29a)$$

식 (29a)에서 Y_{ij}는 j 개체(개인)의 시점 i에서의 종속변수 측정치이고 T_{ij}는 j 개체의 시

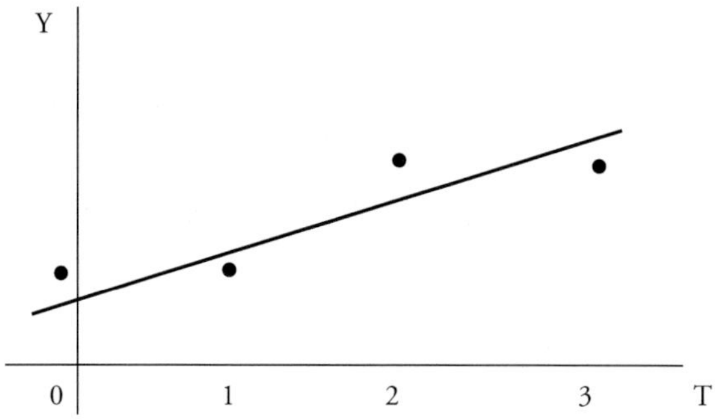

〈그림 24-20〉 개인 j의 시간 T에 대한 성장곡선

점 i의 시간척도이다. β_{oj}의 의미는 시간척도 T를 어떻게 설정하느냐에 따라 달라진다. 시작점을 시간척도 T의 값이 0이 되도록 ($T = 0, 1, 2, 3, 4$) 척도를 설정하면 β_{oj}의 의미는 초기상태(intial status), 중간시점이 0이 되도록 ($T = -2, -1, 0, 1, 2$) 설정하면 평균상태(mean status), 끝시점이 0이 되도록 ($T = -4, -3, -2, -1, 0$) 설정하면 최종상태(final status)가 된다. 기울기 β_{1j}는 성장속도, 변화속도, 성장률 등을 의미한다. 그런데 다층모형에서는 시간척도 T가 모든 개체가 동일할 필요가 없다. 각 개체마다 다른 시점에서 다른 간격으로 측정을 해도, 또한 결측치가 있어도 식 (29a)를 적용하는 데에는 별 문제가 없다. 이러한 점이 반복측정 자료를 다층모형으로 분석할 때의 또 다른 장점들이다.

성장곡선 모형의 제2수준에서는 개인 내 성장(변화)의 개인 간 차이를 각 개인의 특성으로 설명하는 모형을 설정한다. 즉 각 개인 성장곡선의 개인 차이를 설명하려는 것이다. 개인의 특성 변수를 X_j라고 한다면 제2수준의 모형은 식 (29b), (29c), 그리고 통합모형은 식 (29d)와 같이 나타낼 수 있다.

$$\text{제2수준: } \beta_{oj} = \gamma_{oo} + \gamma_{o1}X_j + U_{oj} \qquad U_j \sim N(0, \Gamma) \quad \Gamma = \begin{bmatrix} \tau_o^2 & \tau_{o1} \\ \tau_{o1} & \tau_1^2 \end{bmatrix} \tag{29b}$$

$$\beta_{1j} = \gamma_{1o} + \gamma_{11}X_j + U_{1j} \tag{29c}$$

$$\text{통합모형: } Y_{ij} = \gamma_{oo} + U_{oj} + \gamma_{o1}X_j + \gamma_{1o}T_{ij} + U_{1j}T_{ij} + \gamma_{11}X_jT_{ij} + E_{ij} \tag{29d}$$

시작시점에 시간척도 T의 값을 0으로 설정하고, X를 평균점수로 중심점 교정을 한 경우, 고정효과 γ_{oo}는 전체 평균 초기상태, γ_{o1}은 배경변수의 효과, γ_{1o}는 평균성장, 그리고 γ_{11}은 배경변수와 시간척도의 상호작용, 즉 학생의 배경변수가 성장률에 미치는 효과를 나타낸다. 무선효과의 경우 U_{oj}는 초기상태의 개인 간 차이, U_{1j}는 성장률의 개인 간 차이를 의미한다. 따라서 U_{oj}의 분산인 τ_o^2은 초기상태의 개인 간 분산을, U_{1j}의 분산인 τ_1^2은 성장률의 개인 간 분산을 나타낸다. Cov(U_{oj}, U_{1j})의 값인 τ_{o1}은 초기상태와 성장률 간의 공분산으로 성장곡선 연구에서는 특별한 관심사이다. 즉 이 값이 음수인 경우 초기상태가 높을수록 성장이 늦다는 의미로 천정효과나 바닥효과의 경우가 이에 해당된다. 이 값이 양수인 경우는 초기상태가 높을수록 성장도 빠르다는 의미이므로 부익부, 빈익빈의 상황이라고 할 수 있을 것이다.

② 자료구조의 변경

성장곡선 모형의 자료를 비롯한 반복측정 자료는 동일한 개체를 대상으로 여러 번 측정한 것이므로, 여러 번의 측정이 제1수준이 되고 그 여러 번의 측정이 동일 개체 내에서 일어났으므로 개체가 제2수준이 된다. 그런데 일반적인 반복측정 자료들은 SPSS에 〈그림 24-21〉과 같이 입력되어 있는 경우가 많다. SPSS의 **Mixed Models**을 이용하여 다층모형으로 분석하기 위해서는 〈그림 24-22〉의 형태로 입력되어야 한다. 〈그림 24-22〉와 같이 이미 입력되어 있는 자료를 〈그림 24-22〉와 같은 형태로 바꾸어 주기 위해서는 SPSS 메뉴에서 **Data → Restructure**를 클릭하여 **Restructure Data Wizard**를 이용한다.

③ 예시자료 파일

앞에서 밝힌 자료출처에서 가져온 **Willett.sav** 파일에서 본 예시자료 분석에 사용되지 않는 변수는 제외하였다. 예시자료는 35명의 개인배경 변수 **covar**와 각 개인별로 4번에 걸쳐 종속변수인 반대말 이름대기 기능(Y)을 측정한 것이다. **covar**는 〈그림 24-23〉에서와 같이 평균 113.4571429와의 편차를 구해 중심점 교정을 하여 이를 변수 **cc**라고 하였다. 〈그림 24-24〉는 자료의 일부를 보여 주고 있다. 이 자료에서 **id**는 제2수준을 나타내는 개인을 가리키고, **time**은 시간척도(T)를 나타내며, 시작시점의 **time** 값을 0으로 설정하여 성장곡선의 절편이 초기상태를 의미하도록 하고 있다.

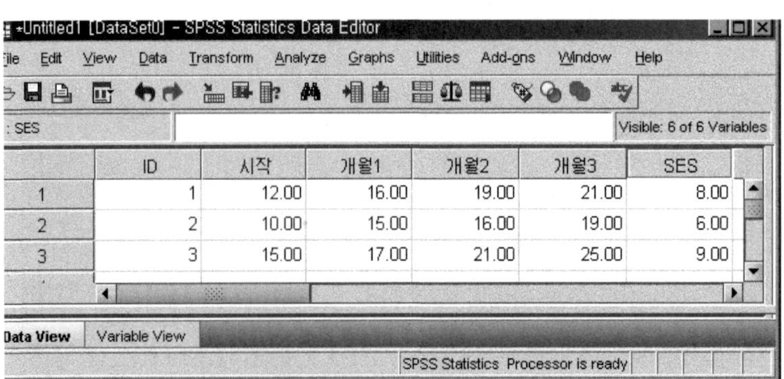

〈그림 24-21〉 반복측정 자료

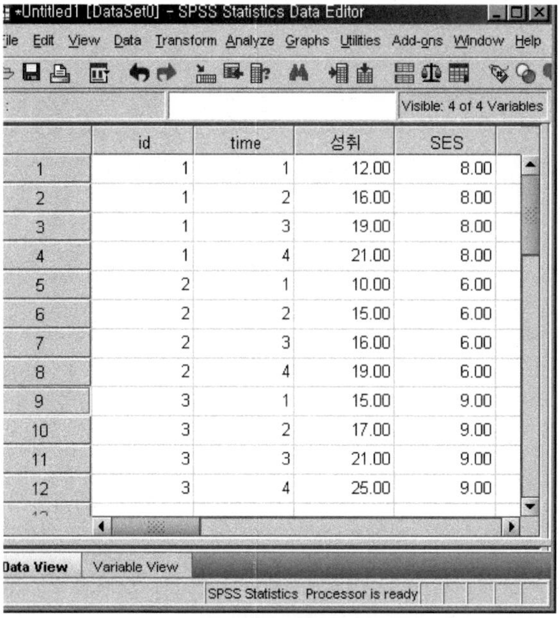

〈그림 24-22〉 다층모형 자료

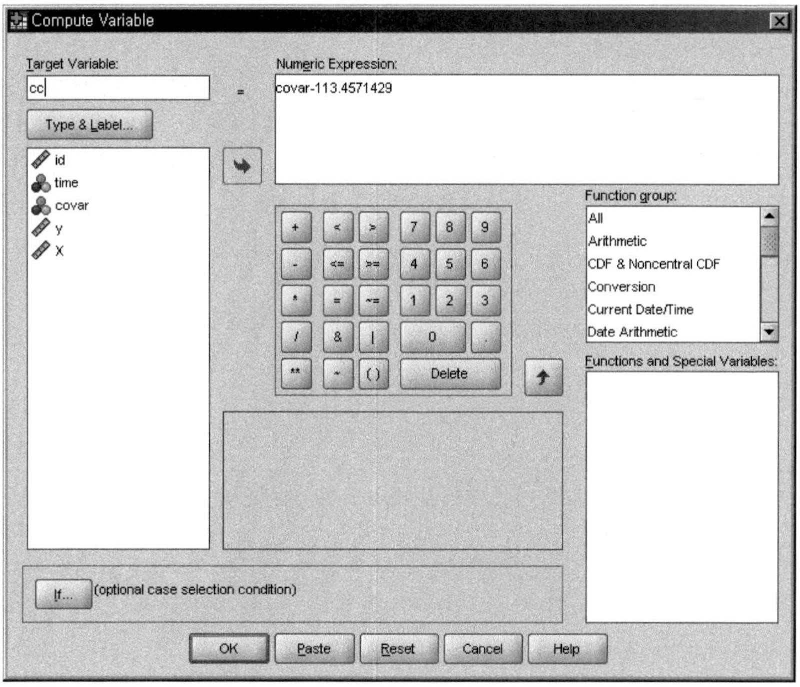

〈그림 24-23〉 배경변수의 중심점 교정

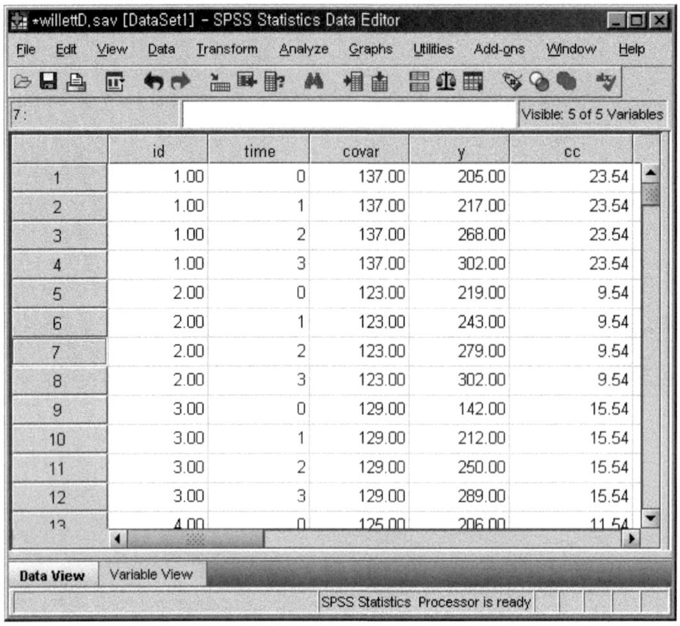

	id	time	covar	y	cc
1	1.00	0	137.00	205.00	23.54
2	1.00	1	137.00	217.00	23.54
3	1.00	2	137.00	268.00	23.54
4	1.00	3	137.00	302.00	23.54
5	2.00	0	123.00	219.00	9.54
6	2.00	1	123.00	243.00	9.54
7	2.00	2	123.00	279.00	9.54
8	2.00	3	123.00	302.00	9.54
9	3.00	0	129.00	142.00	15.54
10	3.00	1	129.00	212.00	15.54
11	3.00	2	129.00	250.00	15.54
12	3.00	3	129.00	289.00	15.54
13	4.00	0	125.00	206.00	11.54

〈**그림 24-24**〉 예시자료의 일부

④ 무변수(무조건) 모형(null models)

동일 개인에 대해 시간에 걸친 여러 측정 값이 〈그림 24-20〉의 경우처럼 변화가 있어야 이 변화를 성장곡선 모형으로 나타내는 것이 의미가 있다. 따라서 성장곡선을 설정하기 전에 각 개인 내 측정시점 간 자료의 분산을 알아보기 위해 다음과 같은 무변수 모형을 추정해 보자.

$$\text{제1수준: } Y_{ij} = \beta_{oj} + E_{ij} \qquad E_{ij} \sim N(0, \sigma^2) \tag{30a}$$

$$\text{제2수준: } \beta_{oj} = \gamma_{oo} + U_{oj} \qquad U_{oj} \sim N(0, \tau_o^2) \tag{30b}$$

$$\text{통합모형: } Y_{ij} = \gamma_{oo} + U_{oj} + E_{ij} \tag{30c}$$

〈그림 24-25〉의 위계구조 설정 화면에서는 각 개인이 제2수준의 집단에 해당되므로 개인을 나타내는 변수 **id**가 **Subjects** 상자로 옮겨져 있다. 〈그림 24-26〉에서는 종속변수 ***Y***가 **Dependent Variable** 상자로, 제1수준 독립변수 **time**과 제2수준 독립변수인 **cc**가 **Covariate(s)** 상자로 각각 옮겨져 있다.

본 무변수 모형에서는 식 (30c)에서 보는 바와 같이 절편에만 고정효과가 있고 예측변수는 없으므로 〈그림 24-27〉의 고정효과 설정 화면에서는 **Include intercept** 부분만 선택한다. 무선효과를 나타내는 독립변수는 없고 절편에만 U_{oj}가 있으므로 〈그림 24-28〉의

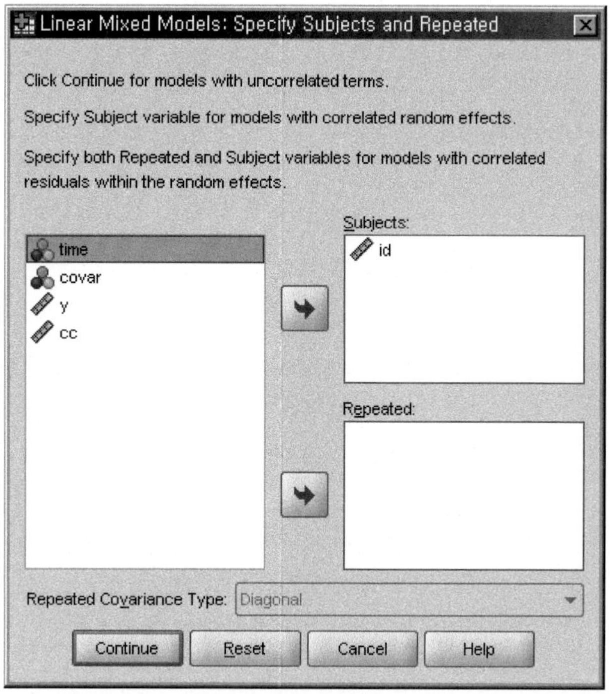

〈그림 24-25〉 위계구조 설정 화면

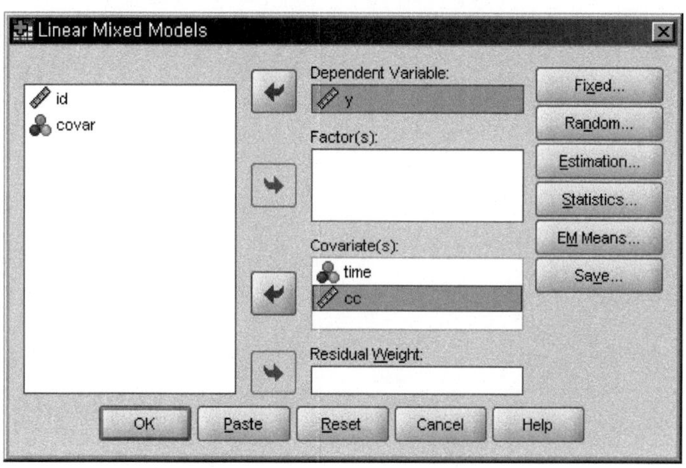

〈그림 24-26〉 종속변수와 독립변수 설정 화면

무선효과 화면에서 **Include intercept**만 선택하고 하단부에서 **id**를 **Combinations**로 옮겨 준다.

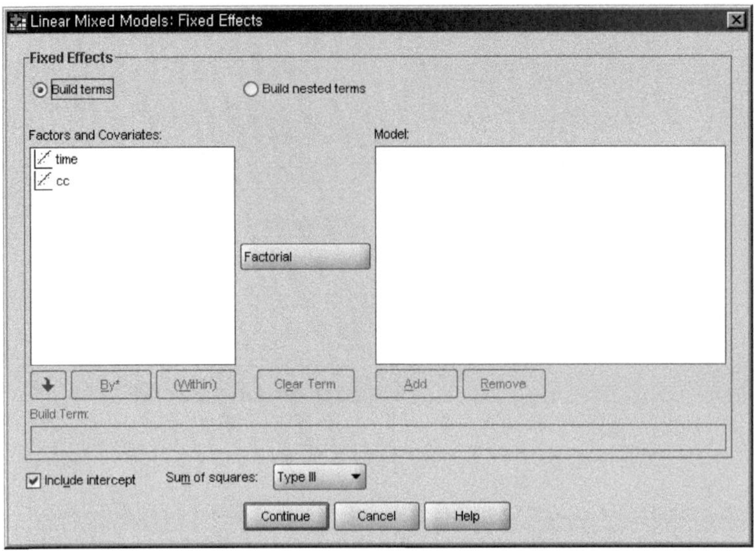

〈그림 24-27〉 고정효과 설정화면

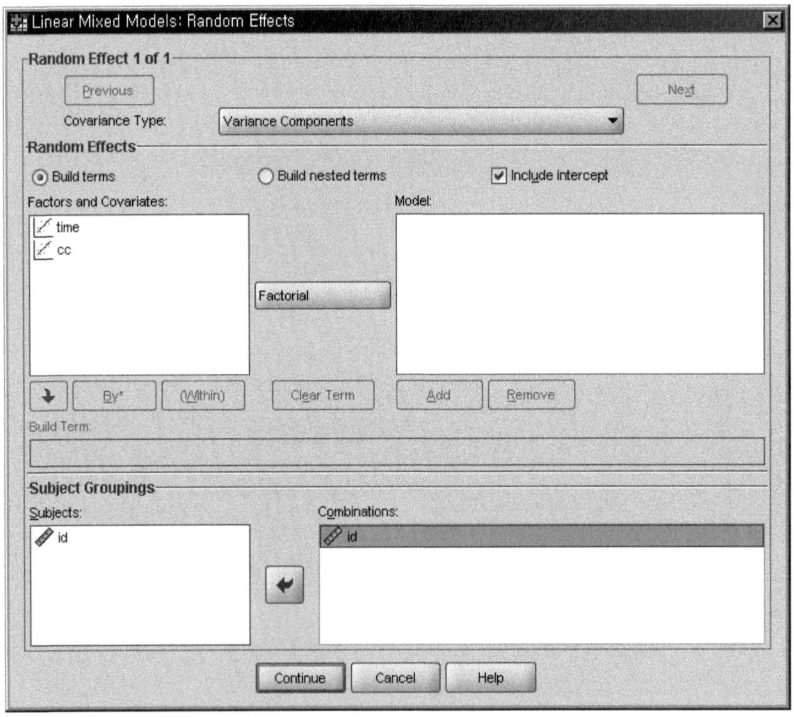

〈그림 24-28〉 무선효과 설정 화면

〈표 24-24〉, 〈표 24-25〉, 〈표 24-26〉은 무변수 모형의 추정결과이다. 먼저 〈표 24-25〉에서 고정효과 요소 γ_{oo}의 추정치는 204.81로 이는 각 개체 내의 4번 측정치의 전체 평균을 의미한다. 다음으로 무선효과 요소의 추정치를 보면 제1수준 σ^2의 추정치가 1583.724, 제2수준 τ_o^2의 추정치가 574.313으로 모두 유의하다. 식 (30c)에서 종속변수의 분산은

$$\mathrm{Var}(Y_{ij}) = \mathrm{Var}(U_{oj})+\mathrm{Var}(E_{ij}) = \tau_o^2 + \sigma^2 = 574.313 + 1583.724 = 2158.037$$

이 된다. 따라서 전체 분산 중 1583.724/2158.037 = 73.4%는 개인 내 측정 간 분산으로 이는 제1수준 변수 시간척도 **time**을 이용한 성장곡선 모형으로, 574.313/2158.037 = 26.6%는 개인 간 차이의 분산으로 이는 제2수준 모형에서 개인배경 변수 **cc**로 설명을 하게 된다. 후자의 비율은 학교효과성 모형에서 유목내 상관에 해당되는 것이다.

〈표 24-24〉

Information Criteria[a]

-2 Log Likelihood	1460.128
Akaike's Information Criterion (AIC)	1466.128
Hurvich and Tsai's Criterion (AICC)	1466.305
Bozdogan's Criterion (CAIC)	1477.953
Schwarz's Bayesian Criterion (BIC)	1474.953

The information criteria are displayed in smaller-is-better forms.
a. Dependent Variable: y.

〈표 24-25〉

Estimates of Fixed Effects[a]

Parameter	Estimate	Std. Error	df	t	Sig.	95% Confidence Interval	
						Lower Bound	Upper Bound
Intercept	204.814286	5.265098	35	38.900	.000	194.125568	215.503003

a. Dependent Variable: y.

〈표 24-26〉

Estimates of Covariance Parameters[a]

Parameter	Estimate	Std. Error	Wald Z	Sig.	95% Confidence Interval	
					Lower Bound	Upper Bound
Residual	1583.723810	218.574651	7.246	.000	1208.377060	2075.660973
Intercept Variance [subject = id]	574.313129	238.282827	2.410	.016	254.674091	1295.128094

a. Dependent Variable: y.

⑤ 무변수 선형성장 모형(평균선형성장곡선 모형)

제1수준에서 선형(직선)성장곡선을 설정하고 제2수준에서는 예측변수가 없는 식 (31a), (31b), (31c), (31d)와 같은 평균 선형성장곡선 모형을 설정해 보자. 이 모형 식에서는 편의상 **time**을 T로 표시하였다. 자료에서 시작점에서의 T 값을 0으로 주었기 때문에 제1수준 모형인 성장곡선의 절편 β_{oj}은 초기상태를 의미한다.

$$\text{제1수준: } Y_{ij} = \beta_{oj} + \beta_{1j}T_{ij} + E_{ij} \qquad E_{ij} \sim N(0, \sigma^2) \tag{31a}$$

$$\text{제2수준: } \beta_{oj} = \gamma_{oo} + U_{oj} \qquad U_j \sim N(0, \Gamma) \qquad \Gamma = \begin{bmatrix} \tau_o^2 & \tau_{o1} \\ \tau_{o1} & \tau_1^2 \end{bmatrix} \tag{31b}$$

$$\beta_{1j} = \gamma_{1o} + U_{1j} \tag{31c}$$

$$\text{통합모형: } Y_{ij} = \gamma_{oo} + U_{oj} + \gamma_{o1}T_{ij} + U_{1j}T_{ij} + E_{ij} \tag{31d}$$

이 모형에서 γ_{oo}는 초기상태의 평균, U_{oj}는 초기상태의 개인 간 차이를, γ_{1o}는 성장률 평균, U_{1j}는 성장률의 개인 차이를 나타낸다. 따라서 고정효과 요소의 추정치로 이루어진 다음의 식 (31e)는 전체 개인들의 평균선형성장곡선을 의미하게 된다.

$$\text{평균선형성장곡선: } Y = \gamma_{oo} + \gamma_{1o}T \tag{31e}$$

식 (31d)에서 보는 바와 같이 절편과 더불어 고정효과로 **time**, 무선효과로 역시 **time**이 이 모형에 포함되므로 〈그림 24-29〉와 〈그림 24-30〉에서와 같이 각각 고정효과와 무선효과로 **time**을 지정해 준다. 〈그림 24-30〉에서 **Covariance Type**은 τ_o^2, τ_1^2, τ_{o1}을 각각 추정하도록 **Unstructured**가 선택되어 있다.

〈표 24-27〉, 〈표 24-28〉, 〈표 24-29〉는 평균선형성장곡선 모형의 추정 결과이다. 먼저 무변수 모형과 비교한 이 모형의 적합도를 검증해 보자. 〈표 24-24〉와 〈표 24-27〉에 나와 있는 두 모형의 −2LL로 그 차이를 검증한 결과는 다음과 같다.

$$\chi^2 = 1460.128 - 1275.365 = 184.763, \text{df} = 6 - 3 = 3, p < .001$$

따라서 평균모형은 무변수 모형에 비해 적합도가 유의하게 높다. 또한 실제적 유의성의 측면에서 두 모형의 σ^2의 추정치를 비교해 보면 무변수 모형이 1583.724, 평균모형이 159.477로 그 차이가 1429.247로 개인 내 시간에 따른 측정치의 분산 중 선형곡선 모형에 의해 1429.247/1583.724 = 90.25%가 설명되어 개인의 성장이 선형성장곡선으로 거의 대부분 설명되고 있음을 알 수 있다.

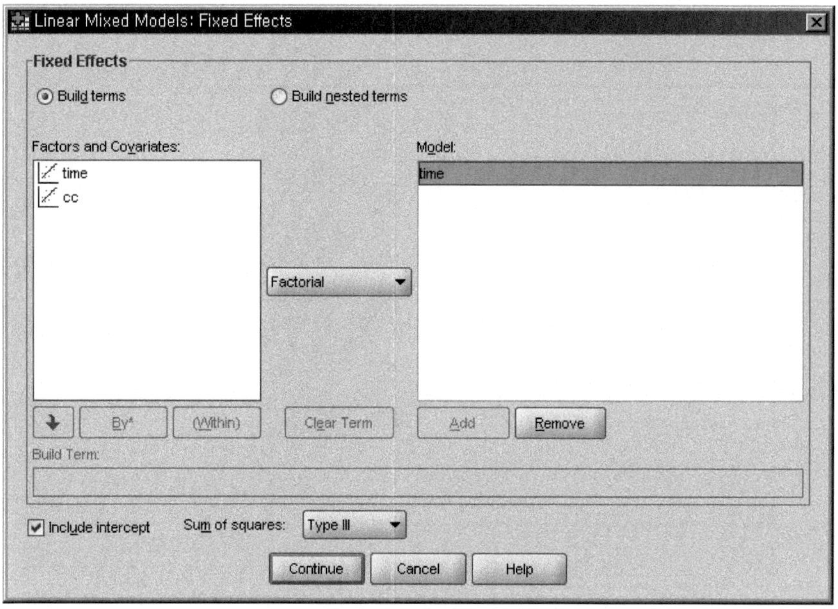

〈그림 24-29〉

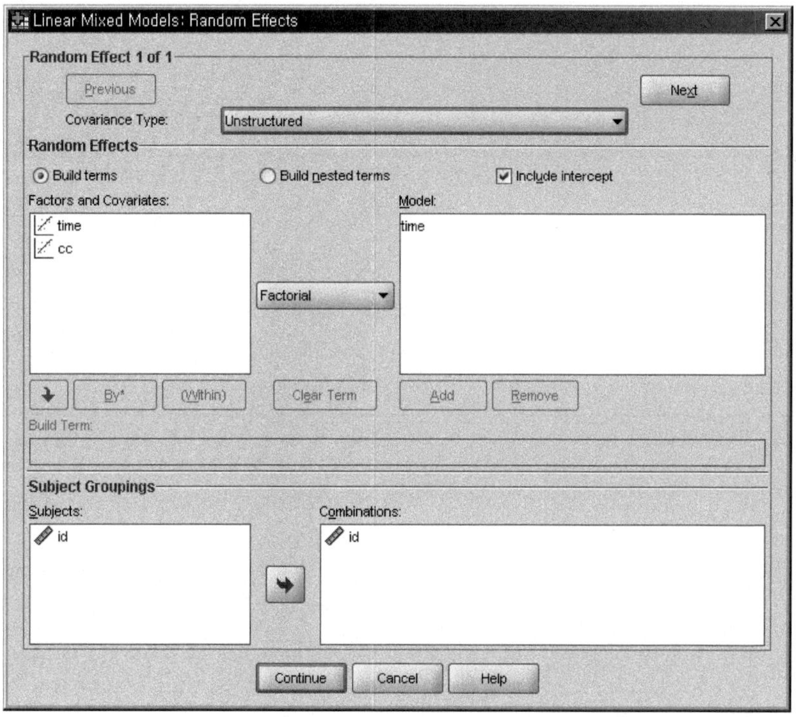

〈그림 24-30〉

〈표 24-27〉

Information Criteria[a]

-2 Log Likelihood	1275.365
Akaike's Information Criterion (AIC)	1287.365
Hurvich and Tsai's Criterion (AICC)	1287.996
Bozdogan's Criterion (CAIC)	1311.014
Schwarz's Bayesian Criterion (BIC)	1305.014

The information criteria are displayed in smaller-is-better forms.
a. Dependent Variable: y.

〈표 24-28〉

Estimates of Fixed Effects[a]

Parameter	Estimate	Std. Error	df	t	Sig.	95% Confidence Interval Lower Bound	95% Confidence Interval Upper Bound
Intercept	164.374286	6.030803	35	27.256	.000	152.131105	176.617467
time	26.960000	2.135428	35	12.625	.000	22.624851	31.295149

a. Dependent Variable: y.

〈표 24-29〉

Estimates of Covariance Parameters[a]

Parameter		Estimate	Std. Error	Wald Z	Sig.	95% Confidence Interval Lower Bound	95% Confidence Interval Upper Bound
Residual		159.477143	26.956557	5.916	.000	114.503596	222.114938
Intercept + time [subject = id]	UN (1,1)	1161.336482	304.882640	3.809	.000	694.215564	1942.771804
	UN (2,1)	-172.767029	85.210031	-2.028	.043	-339.775621	-5.758436
	UN (2,2)	127.706400	38.531177	3.314	.001	70.695340	230.693065

a. Dependent Variable: y.

〈표 24-28〉에서 고정효과의 추정결과를 보면 모든 고정효과는 유의하다. 이들 고정효과 추정치로 평균성장곡선을 구하면 $\hat{Y} = 164.37 + 26.96T$로 평균적으로 시작점 점수는 164.37, 그리고 성장률은 26.96으로 나타났다. 즉 초기상태의 개인 간 평균은 164.37, 성장률의 개인 간 평균은 26.96이라는 의미이다.

다음으로 〈표 24-29〉에서 무선효과의 추정치를 검토해 보면 초기상태의 개인 간 분산인 τ^2_o의 추정치는 1161.34, $Z = 3.81$, $p < .001$로 유의하다. 또한 성장률의 개인 간

분산 $\tau^2{}_1$의 추정치는 127.71, Z = 3.31, p = .001/2 = .0005로 역시 유의하다. 따라서 초기상태와 성장률의 개인 간 차이를 설명하기 위한 제2수준 모형 설정을 고려할 수 있게 된다.

초기상태와 성장률 간의 공분산 추정치는 −172.77, p = .043으로 유의하다. 이 추정치가 음수이므로 초기에 점수가 높은 개인일수록 성장률(성장속도)이 낮다는 것을 알 수 있다.

⑥ 무변수 2차함수 성장곡선모형

앞 평균선형성장곡선이 개인 내 성장의 90.25%를 설명하고 있어 직선 성장곡선이 성장의 형태를 잘 나타내고 있음을 알 수 있다. 그런데 여기서는 분석의 예시적인 측면에서 고차항 성장곡선의 필요성이 있는지 분석해 보자. 현재 주어진 예시자료의 경우 개인 내에서 4번의 시점에서 측정하였기 때문에 최대 3차함수까지의 성장곡선을 고려할 수 있다. 먼저 2차함수의 성장곡선모형을 식 (32)들과 같이 설정해 보자. 만약 이 모형의 적합도가 직선형 성장곡선모형보다 유의하게 높다면 2차함수 성장곡선의 채택을 고려해 보아야 할 것이다.

$$\text{제1수준: } Y_{ij} = \beta_{oj} + \beta_{1j}T_{ij} + \beta_{2j}T_{ij}^2 + E_{ij} \qquad E_{ij} \sim N(0, \sigma^2) \tag{32a}$$

$$\text{제2수준: } \beta_{oj} = \gamma_{oo} + U_{oj} \qquad U_j \sim N(0, \Gamma), \qquad \Gamma = \begin{bmatrix} \tau_o^2 & \tau_{o1} \\ \tau_{o1} & \tau_1^2 \end{bmatrix} \tag{32b}$$

$$\beta_{1j} = \gamma_{1o} + U_{1j} \tag{32c}$$

$$\beta_{2j} = \gamma_{2o} \tag{32d}$$

$$\text{통합모형: } Y_{ij} = \gamma_{oo} + U_{oj} + \gamma_{1o}T_{ij} + U_{1j}T_{ij} + \gamma_{20}T_{ij}^2 + E_{ij} \tag{32e}$$

이 모형에서 추가되는 것은 고정효과에서 T_{ij}^2, 즉 **time²**뿐이므로 〈그림 24−31〉에서와 같이 고정효과에 이 항을 추가해 준다.

〈표 24−30〉과 〈표 24−31〉은 2차함수 성장곡선모형의 추정 결과이다. 우선 적합도에서 두 모형을 비교해 보면 선형모형의 −2LL은 1275.363, 2차함수의 경우는 −2LL = 1275.181로 그 차이가 .182, df = 1, p = .67로 유의하지 않다. 그리고 2차항의 계수 γ_{2o}의 추정치는 .457, p = .669로 역시 유의하지 않다. 따라서 더 이상의 고차항은 검토할 필요성이 없으며 결론적으로 선형성장곡선이 적절하다고 할 수 있다

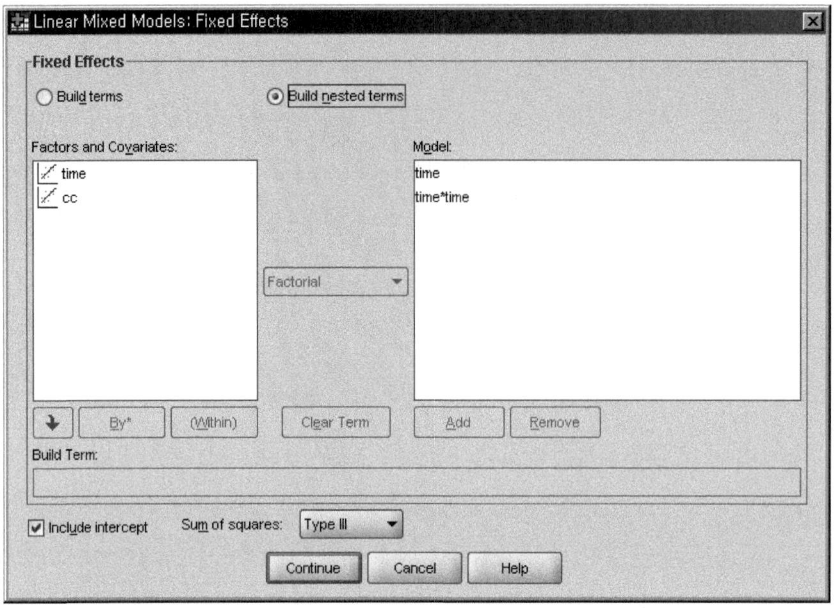

〈그림 24-31〉

〈표 24-30〉

Information Criteria[a]

-2 Log Likelihood	1275.181
Akaike's Information Criterion (AIC)	1289.181
Hurvich and Tsai's Criterion (AICC)	1290.029
Bozdogan's Criterion (CAIC)	1316.772
Schwarz's Bayesian Criterion (BIC)	1309.772

The information criteria are displayed in smaller-is-better forms.
a. Dependent Variable: y.

〈표 24-31〉

Estimates of Fixed Effects[a]

Parameter	Estimate	Std. Error	df	t	Sig.	95% Confidence Interval Lower Bound	95% Confidence Interval Upper Bound
Intercept	164.831429	6.124273	37.203	26.914	.000	152.424754	177.238104
time	25.588571	3.845164	104.708	6.655	.000	17.964073	33.213069
time * time	.457143	1.065897	70.000	.429	.669	-1.668722	2.583008

a. Dependent Variable: y.

⑦ **개인수준 변수를 포함한 선형성장곡선 모형**(full models)

앞의 평균선형성장곡선 모형에서 초기상태와 성장률 모두 개인 간 분산이 유의하다. 따라서 이번 모형에서는 이 차이를 개인 수준 변수인 **cc**로 설명하는 모형을 식 (33)들과 같이 설정한다. 이 모형들은 각 수준별로 준비한 예측변수들을 모두 포함하고 있으므로 전체모형(full model)인 셈이다.

$$\text{제1수준: } Y_{ij} = \beta_{oj} + \beta_{1j}T_{ij} + E_{ij} \qquad E_{ij} \sim N(0, \sigma^2) \tag{33a}$$

$$\text{제2수준: } \beta_{oj} = \gamma_{oo} + \gamma_{o1}CC_j + U_{oj} \qquad U_j \sim N(0, \Gamma), \qquad \Gamma = \begin{bmatrix} \tau_o^2 & \tau_{o1} \\ \tau_{o1} & \tau_1^2 \end{bmatrix} \tag{33b}$$

$$\beta_{1j} = \gamma_{1o} + \gamma_{11}CC_j + U_{1j} \tag{33c}$$

$$\text{통합모형: } Y_{ij} = \gamma_{oo} + U_{oj} + \gamma_{o1}CC_j + \gamma_{1o}T_{ij} + U_{1j}T_{ij} + \gamma_{11}CC_jT_{ij} + E_{ij} \tag{33d}$$

식 (33d)에서 알 수 있는 바와 같이 평균모형과 비교해서 이 모형은 무선효과에는 변화가 없고 고정효과에서 **cc**와 **time*cc** 항이 추가된다. 〈그림 24−32〉는 이 모형의 고정효과 설정 화면이다.

〈표 24−32〉, 〈표 24−33〉, 〈표 24−34〉는 전체모형의 추정결과이다. 먼저 평균모형과 −2LL을 비교하여 이 모형의 적합도를 검증해 보자.

$$\chi^2 = 1275.365 - 1266.901 = 8.464, \text{df} = 8 - 6 = 2, p = 0.015$$

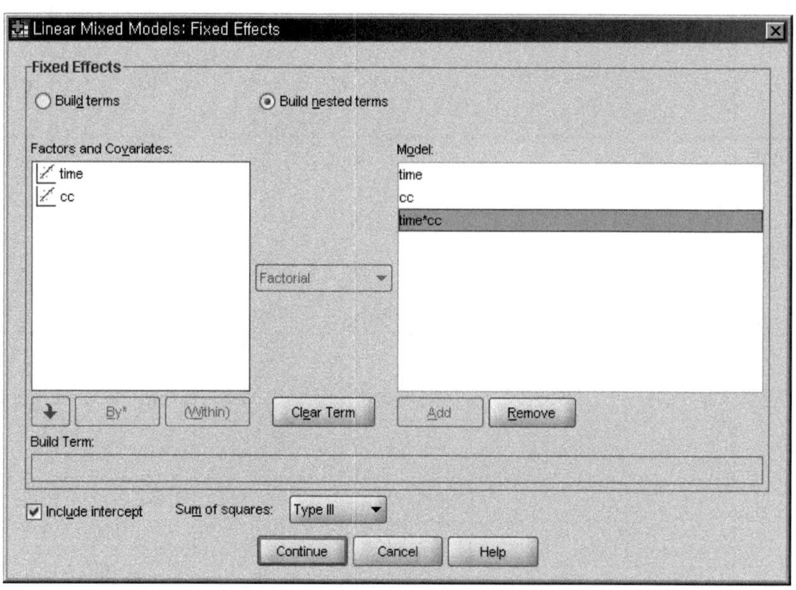

〈그림 24−32〉

평균모형에 비해 전체모형의 적합도는 유의하게 높다. 그런데 〈표 24–33〉과 〈표 24–34〉에서 고정효과와 무선효과를 살펴보면 고정효과 **cc**만 제외하고 모두 유의하다. 즉 개인배경 변수가 초기상태에 미치는 효과가 유의하지 않다. 따라서 고정효과 **cc**를 제외한 모형을 추정해 전체모형과 비교해 보자.

〈표 24–32〉

Information Criteria[a]

–2 Log Likelihood	1266.901
Akaike's Information Criterion (AIC)	1282.901
Hurvich and Tsai's Criterion (AICC)	1284.000
Bozdogan's Criterion (CAIC)	1314.434
Schwarz's Bayesian Criterion (BIC)	1306.434

The information criteria are displayed in smaller–is–better forms.
a. Dependent Variable: y.

〈표 24–33〉

Estimates of Fixed Effects[a]

Parameter	Estimate	Std. Error	df	t	Sig.	95% Confidence Interval Lower Bound	95% Confidence Interval Upper Bound
Intercept	164.374286	6.026170	35.000	27.277	.000	152.140510	176.608062
time	26.960000	1.936075	35.000	13.925	.000	23.029559	30.890441
cc	–.113553	.489400	35.000	–.232	.818	–1.107087	.879982
time * cc	.432858	.157233	35.000	2.753	.009	.113657	.752058

a. Dependent Variable: y.

〈표 24–34〉

Estimates of Covariance Parameters[a]

Parameter		Estimate	Std. Error	Wald Z	Sig.	95% Confidence Interval Lower Bound	95% Confidence Interval Upper Bound
Residual		159.477143	26.956557	5.916	.000	114.503596	222.114938
Intercept + time [subject = id]	UN (1,1)	1159.381465	304.416199	3.809	.000	692.992074	1939.654771
	UN (2,1)	–165.314596	78.280476	–2.112	.035	–318.741510	–11.887682
	UN (2,2)	99.298070	31.821281	3.120	.002	52.986211	186.088163

a. Dependent Variable: y.

⑧ 최종모형

고정효과 **cc**를 제외한 모형은 식 (34)들로 구성된 모형을 의미한다.

$$제1수준: Y_{ij} = \beta_{oj} + \beta_{1j}T_{ij} + E_{ij} \qquad E_{ij} \sim N(0, \sigma^2) \tag{34a}$$

$$제2수준: \beta_{oj} = \gamma_{oo} + U_{oj} \qquad U_j \sim N(0, \Gamma), \quad \Gamma = \begin{bmatrix} \tau_o^2 & \tau_{o1} \\ \tau_{o1} & \tau_1^2 \end{bmatrix} \tag{34b}$$

$$\beta_{1j} = \gamma_{1o} + \gamma_{11}CC_j + U_{1j} \tag{34c}$$

$$통합모형: Y_{ij} = \gamma_{oo} + U_{oj} + \gamma_{1o}T_{ij} + U_{1j}T_{ij} + \gamma_{11}CC_jT_{ij} + E_{ij} \tag{34d}$$

SPSS에서 이 모형을 설정하기 위해서는 〈그림 24-32〉의 **Model** 상자에서 고정효과 **cc**만 선택해서 **Remove**를 클릭하여 제거해 주면 된다.

〈표 24-35〉, 〈표 24-36〉, 〈표 24-37〉은 최종모형을 추정한 결과이다. 먼저 전체모형에 비교한 최종모형의 적합도를 검증해 보자.

$$\chi^2 = 1266.955 - 1266.901 = .054, \text{df} = 8 - 7 = 1, p = .82$$

직접효과 **cc**를 제거하여 적합도가 .0541 감소했으나 이는 유의하지 않다. 그리고 **AIC**나 **BIC** 모두 최종모형이 작다. 따라서 더 단순한 현재의 모형을 최종모형으로 선택한다. (물론 경우에 따라서는 전체모형과 최종모형이 큰 차이가 없으므로 개인배경 변수 **cc**가 단독으로는 종속변수에 미치는 효과가 거의 없다는 사실을 보여 주기 위해 전체모형을 선택할 수도 있을 것이다.)

〈표 24-35〉

Information Criteria[a]

-2 Log Likelihood	1266.955
Akaike's Information Criterion (AIC)	1280.955
Hurvich and Tsai's Criterion (AICC)	1281.803
Bozdogan's Criterion (CAIC)	1308.546
Schwarz's Bayesian Criterion (BIC)	1301.546

The information criteria are displayed in smaller-is-better forms.
a. Dependent Variable: y.

〈표 24-36〉

Estimates of Fixed Effects[a]

Parameter	Estimate	Std. Error	df	t	Sig.	95% Confidence Interval	
						Lower Bound	Upper Bound
Intercept	164.374286	6.030803	35	27.256	.000	152.131105	176.617467
time	26.960000	1.936480	34.979	13.922	.000	23.028650	30.891350
time * cc	.413814	.134112	35	3.086	.004	.141553	.686075

a. Dependent Variable: y.

〈표 24-37〉

Estimates of Covariance Parameters[a]

Parameter		Estimate	Std. Error	Wald Z	Sig.	95% Confidence Interval	
						Lower Bound	Upper Bound
Residual		159.477143	26.956557	5.916	.000	114.503596	222.114938
Intercept + time [subject = id]	UN (1,1)	1161.336482	304.882640	3.809	.000	694.215564	1942.771804
	UN (2,1)	−165.642466	78.399600	−2.113	.035	−319.302857	−11.982074
	UN (2,2)	99.353056	31.843668	3.120	.002	53.010567	186.208719

a. Dependent Variable: y.

다음으로 〈표 24−36〉의 고정효과를 살펴보자. 추정된 고정효과에 의한 종속변수 예측식은 다음과 같다.

$$\hat{Y} = 164.374 + 26.96T + .414(CC)(T) = 164.374 + (26.96 + .414CC)T$$

초기상태의 개인 간 평균 γ_{oo}의 추정치는 164.374, 평균성장률 γ_{1o}의 추정치는 26.96로 모두 평균선형성장모형의 경우와 동일하다. 학생의 배경과 시간척도와의 상호작용 효과 γ_{11}의 추정치는 .414로 역시 유의하다. 이는 학생 배경변수가 한 단위 높아지면 성장률은 .414 증가한다는 것을 의미한다.

무선효과의 추정치를 보면 제1수준의 σ^2의 추정치는 159.477로 평균모형과 차이가 없다. 그리고 초기상태의 분산 τ_o^2의 추정치도 1161.336으로 변화가 없다. 이는 최종모형 식 (34b)에서 학생배경 변수 **cc**를 제거하여 평균모형과 동일하게 되었으므로 예상했던 결과라고 할 수 있을 것이다. 성장률의 분산 τ_1^2 의 추정치는 99.353으로 평균모형의 127.706보다 28.353이 작아 28.353/127.706 = .222, 22.2%의 감소가 일어났다. 즉 개인 간 성장률 차이의 22.2%를 개인배경 변수가 설명하고 있다. 이는 앞 고정효과에서 살펴본 바와 같이 배경변수와 시간척도의 상호작용이 유의하여 배경변수가 1단위 높은 경우 성장률이 .414 증가하는 것과 같은 맥락이다. 초기상태의 분산, 그리고 성장률의 잔여 분산 모두 여전히 유의하여 더 설명할 여지가 있다고 할 수 있을 것이다.

초기상태와 성장률 간의 공분산 τ_{10}의 추정치는 -165.64로 유의하며 평균모형과 큰 차이가 없다. 학생의 배경변수를 통제해도 평균모형의 경우와 마찬가지로 초기상태와 성장률 간에는 음의 상관이 있음을 알 수 있다.

⑨ 분석결과의 기술

35명의 학생들을 대상으로 특정 시간 간격으로 4번에 걸쳐 반대말 이름대기 기능을 측정하여 그 기능 변화를 성장곡선모형으로 설정하여 2수준 다층모형으로 평가하였다. 제1수준 모형에서는 시간척도를 독립변수로, 개인의 성장형태를 성장곡선모형으로 설정하였고, 제2수준 모형에서는 개인수준 변수 covar로 성장곡선의 개인 간 차이를 설명하는 모형을 설정하였다. 시간척도의 값은 제일 처음 측정한 시작시점을 0으로 설정하여 성장곡선의 절편이 종속변수의 초기상태를 의미하도록 하였으며, 개인배경 변수 covar은 전체 평균에 대한 중심점 교정을 실시하여 사용하였다. 모든 모형은 IBM SPSS Mixed Models을 이용하여 최대우도 방법으로 추정하였다.

먼저 각 개인 내에서 4번에 걸쳐 측정한 값을 성장곡선으로 설명할 만한 충분한 변화나 성장이 있는지 알아보기 위하여 식 (30a)−식 (30c)로 설정된 무변수 모형(null models)을 추정해 본 결과, 제1수준의 측정 간 분산 σ^2의 추정치는 1583.724, 제2수준의 개인 간 차이 분산 τ_0^2의 추정치는 574.313으로 전체 분산 중 73.4%가 개인 내 측정 간의 분산이고, 26.6%가 개인 간 차이의 분산이었다. 따라서 제1수준에서 개인 내 분산을 설명하기 위한 성장곡선모형, 제2수준에서 개인수준 변수로 개인 간 차이를 설명하기 위한 모형으로 이루어진 다층모형 설정이 타당함을 보여 주었다.

개인 내 변화를 가장 잘 나타내는 성장곡선의 형태를 알아보고 전 개인의 평균성장곡선을 추정해 보기 위해 식 (31a)−식 (31d)의 평균선형성장곡선 모형(mean models)을 설정하여 추정하였다. 추정결과 개인 내 측정 간 분산은 1583.724에서 159.477로 작아져 90.25%가 감소하여 직선형태의 성장곡선이 개인 내 성장/변화를 잘 나타내 주는 것으로 결론지었다. 이는 추가적으로 실시한 2차함수 성장곡선 모형 추정 결과가 선형성장곡선 모형에 비해 유의한 차이가 나타나지 않은 것으로 확인되었다.

추정된 평균선형성장곡선은 $\hat{Y} = 164.37 + 26.96$으로 평균적으로 각 개인은 초기상태가 164.37, 성장률은 시간척도 1단위 경과에 26.96씩 성장하는 것으로 나타났다. 이러한 평균성장곡선을 중심으로 초기상태 및 성장률 모두 개인 간 분산이 유의하였다.

성장곡선의 개인 간 차이를 개인수준 변수로 설명하기 위해 식 (33a)~식 (33d)의 전체모형(full models)을 설정하여 추정하였다. 추정한 결과 개인배경 변수의 고정효과가 유의하지 않아 이를 제외하여 식 (34a)−식 (34d)의 최종모형(final models)을 설정하였다. 이 모형의 추정결과 전체모형에 비교한 적합도 검증이 $\chi^2 = .054$, $p = .82$로 유의한 차이가 없고 다른 적합도 지수인 AIC, BIC 모두 현재의 모형이 더 나은 것으로 나타나 이를 최종모형으로 확정하였다. 〈표 24−38〉은 본 평가에서 고려한 각 모형의 적합도를 비교한 것이다.

〈표 24−38〉 다층모형의 적합도 비교

모형	−2 Log Likelihood	모수 수	χ^2 차이 검증
무변수 모형	1460.128	3	
평균선형성장곡선 모형	1275.365	6	무변수−평균선형성장곡선 = 184.763, df = 6 − 3 = 3, p < .001
전체모형	1266.901	8	무변수−전체 = 193.227, df = 8 − 3 = 5, p < .001 평균선형성장곡선−전체 = 8.464, df = 8 − 6 = 2, p = .015
최종모형	1266.955	7	무변수−최종 = 193.173, df = 7 − 3 = 4, p < .001 평균선형성장곡선−최종 = 8.41, df = 7 − 6 = 2, p<.015 최종−전체 = .054, df = 8 − 7 = 1, p = .82

〈표 24−39〉와 〈표 24−40〉은 최종모형의 고정효과와 무선효과 추정결과이다. 추정된 고정효과에 의한 종속변수 예측식은 다음과 같았다.

$$\hat{Y} = 164.374 + 26.96T + .414(CC^*T) = 164.374 + (26.96 + .414CC)T$$

개인배경 변수인 covar를 통제했을 때, 초기상태의 개인 간 평균은 164.374, 평균성장률은 26.96로 모두 평균선형성장 모형의 경우와 동일하였다. 학생의 배경과 시간척도와의 상호작용 효과는 .414로 역시 유의하였다. 학생배경 변수가 한 단위 높아지면 성장률은 .414 증가하는 것으로 나타났다.

〈표 24-39〉 최종모형의 고정효과 추정결과

Estimates of Fixed Effects[a]

Parameter	Estimate	Std. Error	df	t	Sig.	95% Confidence Interval	
						Lower Bound	Upper Bound
Intercept	164.374286	6.030803	35	27.256	.000	152.131105	176.617467
time	26.960000	1.936480	34.979	13.922	.000	23.028650	30.891350
time * cc	.413814	.134112	35	3.086	.004	.141553	.686075

a. Dependent Variable: y.

〈표 24-40〉 최종모형의 무선효과 추정결과

Estimates of Covariance Parameters[a]

Parameter		Estimate	Std. Error	Wald Z	Sig.	95% Confidence Interval	
						Lower Bound	Upper Bound
Residual		159.477143	26.956557	5.916	.000	114.503596	222.114938
Intercept + time [subject = id]	UN (1,1)	1161.336482	304.882640	3.809	.000	694.215564	1942.771804
	UN (2,1)	-165.642466	78.399600	-2.113	.035	-319.302857	-11.982074
	UN (2,2)	99.353056	31.843668	3.120	.002	53.010567	186.208719

a. Dependent Variable: y.

무선효과의 경우 개인 내 측정치 간의 분산, 즉 변화의 분산 추정치는 159.477로 평균모형과 차이가 없었다. 그리고 초기상태의 개인 간 분산 추정치도 1161.336으로 변화가 없었다. 성장률의 개인 간 분산 추정치는 99.353으로 평균모형의 127.706보다 28.353이 작아 28.353/127.706 = .222, 22.2%의 감소가 일어나 개인 간 성장률 차이의 22.2%를 개인배경변수가 설명해 주었다. 이는 배경변수가 1단위 높은 경우 성장률이 .414 증가한 상호작용효과와 동일한 맥락이다. 초기상태의 분산, 그리고 성장률의 잔여 분산 모두 여전히 유의하여 더 설명할 여지가 있음을 보여 주었다.

초기상태와 성장률 간의 공분산 τ_{10}의 추정치는 −165.64로 유의하였으며 평균모형과 큰 차이가 없었다. 학생의 배경변수를 통제해도 초기상태와 성장률 간에는 음의 상관이 있음을 나타내어 초기상태가 높을수록 성장은 느리고 낮을수록 성장이 빠른 양상을 보여 주었다.

25장 다변량분산분석

1. MANOVA의 의미

다변량분산분석(MANOVA: multivariate analysis of variance)은 여러 개의 종속변수를 동시에 고려했을 때, 종속변수들의 집단 간 차이를 검증하는 통계방법이라고 할 수 있다. MANOVA와 비교할 때, 일반적인 분산분석은 단변량분산분석(univariate analysis of variance)이라고 할 수 있는데 단변량분산분석에서는 하나의 종속변수만 고려하는데 비해 MANOVA에서는 여러 개의 종속변수를 동시에 고려하는 것이다. 예를 들어, 노인들에게 애완동물을 키우게 했을 때, 정신건강에 어떤 영향을 주는가를 연구하는 경우, 정신건강은 다양한 개념이 복합된 것으로 불안감, 우울감, 일반적인 스트레스 등으로 구성된다고 할 수 있다. 이 경우, 애완동물 사육형태에 따라 세 가지 정신건강이 전체적으로 차이가 나는지를 검증하는 것이 MANOVA라고 할 수 있다.

독립변수		**종속변수**
		불안감(Y_A)
애완동물 사육 종류(개, 고양이, 무사육)	⇒	우울감(Y_B)
		스트레스(Y_C)

MANOVA의 분석 대상이 되는 종속변수들은 개념적으로 서로 관련이 있어야 한다. 아무 관계도 없는 종속변수들이라면 함께 분석해야 할 이유가 없다. 그리고 종속변수들은 서로 낮은 상관에서 중간정도의 상관이 있어야 한다. 상관이 너무 높은 경우 (대개 .6 이상) 다중공선성(multicollinearity) 문제가 발생하므로 이런 경우에는 상관이 높은 변수들을 합하거나 평균 등을 구하는 방법으로 하나의 변수로 통합하는 것이 바람직하다. 종속변수

간 상관계수가 너무 낮으면, 서로 관계가 없는 변수이므로 함께 분석해서 얻어지는 이점이 없다.

2. MANOVA의 장점 및 단점

각각의 종속변수별로 단변량분산분석(ANOVA)을 시행하는 것에 비해 MANOVA는 여러 가지 장점이 있다. 첫째로 ANOVA를 여러 번 시행함에 따르는 전반적인 제1종 오류(familywise error rate)의 증대를 통제하여 일정 수준으로 유지할 수 있다. 둘째, ANOVA는 단일 종속변수에 대해 집단 간 차이가 있는 경우만 알아낼 수 있지만 MANOVA는 종속변수들의 조합에 의해 차이가 있는지를 알아낼 수 있어 ANOVA에 의해서는 찾아낼 수 없는 집단 간 차이도 찾아낼 가능성이 있다. 통계적 측면에서 보면 ANOVA는 각 종속변수의 분산만 고려하지만 MANOVA는 각 종속변수의 분산뿐만 아니라 종속변수 간의 공분산(상관관계)도 함께 고려하기 때문에 검증력이 높아질 가능성이 있다는 것이다.

그러나 MANOVA는 ANOVA보다 모형과 분석이 훨씬 복잡하며, 더 많은 가정이 필요하다. 그리고 각 개별 종속변수에 대한 독립변수의 효과 해석이 애매한 경우가 상당히 많다. 일부 전문가들은 ANOVA에서 발견하지 못한 효과를 MANOVA에서 발견하는 경우는 상당히 드물다고 주장한다. 그리고 복수의 종속변수들이 서로 중복되는 정보를 제공하는 경우, MANOVA의 적용이 별 의미가 없을 수도 있다. 따라서 연구자들은 분석의 복잡성과 해석의 모호성, 복수의 종속변수의 중복성 등의 문제에도 불구하고 복수의 종속변수를 동시에 고려하여 MANOVA를 사용해야 할 것인지를 신중히 고려해야 할 것이다.

3. MANOVA의 원리

MANOVA에서는 원래의 종속변수 자체로 집단 간 차이를 검증하는 것이 아니라 종속변수들의 선형결합(linear combination)으로 새로운 종속변수들을 생성하여 이 변수의 집단 간 차이를 검증한다. 이 새로운 종속변수들은 가능한 한 집단 간의 차이가 최대가 되도록 생성되며, 결과적으로 이 새로운 종속변수들에 대해, 단변량분산분석을 적용하는 셈이 된다. 일반적으로 다변량분석 통계에서는 이렇게 생성된 새 변수를 변량(variate)이라고 하며, 종속변수들의 기저에 깔려 있는 요인, 차원, 잠재변수 등을 나타낸다고 볼 수도 있다.

새로 생성되는 종속변수의 수는 집단의 수에서 1을 뺀 수와 종속변수의 수 중 작은 값이다. 위 애완동물 예의 경우 집단 수에서 1을 뺀 수는 2, 종속변수의 수는 3이므로 새로운 종속변수의 수는 2가 된다. 따라서 새로운 종속변수(variate) U_1과 U_2는 다음과 같이 나타낼 수 있다.

$$U_1 = b_{10} + b_{11}Y_A + b_{12}Y_B + b_{13}Y_C \qquad (1)$$

$$U_2 = b_{20} + b_{21}Y_A + b_{22}Y_B + b_{23}Y_C \qquad (2)$$

새 종속변수를 추출하기 위한 선형결합을 이루는 계수 b들은 집단 간에 U_1과 U_2의 평균 차이가 최대가 되는 동시에 U_1과 U_2가 서로 직교가 되도록 즉 서로 독립적이 되어 상관관계가 없도록 하는 값으로 이루어진다. 따라서 MANOVA는 수학적으로 보면 서로 상관이 있는 종속변수들을 조합하여 그 변수들의 기저에 깔려 있는 서로 독립적인 새로운 변수로 변환하고 이 새로운 변수들의 집단 간 차이를 ANOVA로 분석하는 것이 되고, 원래 종속변수들의 분산과 공분산은 새로운 변수들의 분산으로(서로 독립적이므로 공분산은 0이 됨) 분석이 이루어지는 것이 된다. 위 예의 경우, U_1과 U_2의 각각에 대해 집단 간 차이 변량과 오차의 변량 사이의 비를 구해 ANOVA의 F값에 비견되는 λ_1과 λ_2를 산출하게 된다. λ_1과 λ_2는 식 U_1과 U_2의 고유값(eigenvalue)이라고 하고, (b_{11}, b_{12}, b_{13})와 (b_{21}, b_{22}, b_{23})는 고유벡터(eigenvector)라고 한다. 만약 새로운 변수의 수가 m이면 m개의 λ가 산출된다. 그런데 ANOVA의 F값은 MS_b/MS_w으로 산출되지만 MANOVA의 λ들은 각 새로운 종속변수들에 대한 SS_b/SS_w의 의미를 지니고 있어 차이가 있다. MANOVA의 전반적 유의성 검증은 이 λ들을 어떻게 통합적으로 종합하여, 검증하느냐에 따라 여러 가지 검증통계로 나누어지게 된다.

MANOVA는 판별함수분석(DFA: Discriminant Function Analysis) 또는 판별분석과 수학적으로는 동일한 것이고 그 목적에 있어 차이가 있다. MANOVA는 종속변수들의 집단 간 차이를 새로운 종속변수에 대해 알아보는 반면 DFA는 새로운 변수를 사용하여 집단을 구별하고, 집단을 구별해 주는 차원을 확인하는 목적으로 사용한다. 따라서 DFA에서는 MANOVA에서 종속변수로 사용했던 변수들을 독립변수로 사용하여 종속변수인 집단을 변별한다. 어느 경우이든 변수들을 선형결합하여 생성된 변수들은 동일하다. 식 (1)과 (2)를 DFA에서는 판별함수라고 부른다.

4. MANOVA 시행의 단계

중다공선성의 점검

MANOVA 시행의 첫 단계는 먼저 연구에 포함된 종속변수들 간의 상관계수를 검토하여 중다공선성의 가능성을 점검하는 것이다. 상관계수가 높은 종속변수들의 경우, 다시 검토하여 하나를 제거하거나 합 또는 평균을 내는 방식 등으로 통합하는 방법 등을 고려해 볼 수 있다.

가정의 점검

다음의 단계는 MANOVA가 요구하는 각종 가정의 위배 여부를 검토하는 것이다. 여러 가정 중에서 특히 다변량 정규성(multivariate normality) 가정과 집단 간 분산-공분산 행렬의 동등성(homogeneity of variance-covariance matrices) 가정이 관심의 대상이 된다.

전반적 유의성 검증

단변량분산분석에서는 하나의 *F*값이 나오므로 전반적 검증에 선택의 문제가 없다. 그러나 MANOVA에서는 새로 형성된 각 종속변수별로 *F*값에 준하는 λ가 산출되므로 이 값들을 어떻게 통합하여 검증하느냐에 따라 크게 4가지의 검증통계가 있으므로, 표본의 크기와 검증력을 고려하여 적절한 검증통계를 선정하여야 한다.

추가분석

MANOVA의 전반적인 검증이 유의한 경우, ANOVA의 경우처럼 어느 집단 간에 서로 차이가 나는지, 그리고 여러 종속변수 중 어떤 변수에서 집단 간 차이가 나는지 등에 대한 분석이 필요하다. 이러한 추가분석은 각 종속변수에 대한 단변량분산분석, Roy-Bargman의 단계적 분석(stepdown analysis), 그리고 판별분석 등으로 이루어진다.

5. 분산-공분산 행렬의 동등성 가정의 점검

MANOVA에서의 이 가정은 ANOVA의 등분산성 가정에 해당된다. ANOVA의 경우 종속변수가 하나이므로 이 종속변수의 분산이 각 집단별로 동일하다는 가정을 필요로 한다.

MANOVA의 경우는 종속변수가 여러 개이므로 각 종속변수의 분산이 집단별로 동일할 뿐만 아니라 종속변수 간의 공분산(상관계수)도 동일하다는 가정이 필요하다.

Levene's test

먼저 각 종속변수별로 Levene's test를 실시할 수 있다. 그런데 이 검증은 각 종속변수의 등분산성만 검증하는 것이지 종속변수 간의 공분산의 동등성은 검증 대상에서 빠져 있다. 따라서 종속변수들의 이 검증이 유의하지 않은 경우, 적어도 분산의 동등성 가정엔 문제가 없는 것으로 판단하고 전체적인 동등성을 검증하기 위한 Box's M test를 시행한다.

Box's M test

Box's test는 각 종속변수의 분산과 공분산이 집단별로 동일하다는 가설을 검증하는 것이므로 Levene's test 경우와 마찬가지로 가정이 만족하기 위해서는 이 검증이 유의하지 않아야 한다. 그런데 Box's M test는 다변량정규성 가정에 매우 민감하다. 따라서 다변량정규성에 문제가 있는 경우, 이 검증의 결과가 분산-공분산 행렬의 동등성에 의한 것인지, 아니면 정규성에 문제가 있는 것인지를 구별하기가 어렵게 된다.

각 집단의 표본수가 동일한 경우, Box's M test 결과는 무시해도 좋다고 알려져 있으며, 제일 큰 표본수가 제일 작은 표본수의 1.5배를 초과하지 않으면 가정에 항내성(robustness)이 큰 Hotelling's T^2이나 Pillai-Bartlett 검증을 사용할 수 있다. 표본수가 다른 경우, 표본수가 큰 집단에서 분산-공분산이 크면 전반적 유의성 검증은 보수적이 되어 너무 엄격한 검증이 된다. 반면 표본수가 작은 집단에서 분산-공분산이 큰 경우 검증이 너무 느슨하여 문제가 된다.

그런데 표본수가 너무 크면 분산-공분산이 조금만 차이가 나도 유의한 차이라는 결과가 나올 수 있으므로 주의해야 한다.

6. 전반적 유의성 검증

각 새로운 종속변수별 λ를 어떻게 통합하여 검증하느냐에 따라 크게 4가지 검증방법이 있고, 각 검증방법에서 산출된 통계치는 F분포로 변환하여 F검증을 하게 된다. 표본의 크기와 검증력, 그리고 가정의 만족 여부 등을 고려하여 적절한 검증통계를 선정하여야 한다.

검증통계의 종류

Pillai–Barlett Trace V (Pillai's Trace)

Pillai's Trace는 다음의 식 (3)과 같이 산출된다.

$$V = \sum_{i=1}^{s} \frac{\lambda_i}{1+\lambda_i} \tag{3}$$

그런데 $\lambda_i = \frac{SS_b(U_i)}{SS_w(U_i)}$의 의미이므로 이를 식 $\frac{\lambda_i}{1+\lambda_i}$에 대입하여 정리하면

$$\frac{\lambda_i}{1+\lambda_i} = \frac{SS_b(U_i)}{SS_b(U_i)+SS_w(U_i)} = \frac{SS_b(U_i)}{SS_t(U_i)} = R_i^2(\eta_i^2) \tag{4}$$

가 되어 결국 Pillai's Trace는 새로운 종속변수 U들에 대한 $R_i^2(\eta_i^2)$를 전부 합한 셈이 된다.

Hotelling's T^2

Hotelling's T^2은 모든 λ_i값들을 합한 값이다.

$$T^2 = \sum_{i=1}^{s} \lambda_i \tag{5}$$

$\lambda_i = \frac{SS_b(U_i)}{SS_w(U_i)}$이므로 Hotelling's T^2은 단변량 ANOVA의 F에 준하는 값들을 전부 합한 것이라고 할 수 있다.

Wilks's Lambda(Λ)

Wilks's Lambda(Λ)는 다음의 식 (6)으로 산출된다.

$$\Lambda = \prod_{i=1}^{s} \frac{1}{1+\lambda_i} \tag{6}$$

식 (6)에서 $\prod$는 각 항을 곱하라는 의미이다. $\lambda_i = \frac{SS_b(U_i)}{SS_w(U_i)}$를 식 $\frac{1}{1+\lambda_i}$에 대입하여 정리하면 $\frac{1}{1+\lambda_i} = \frac{SS_w(U_i)}{SS_b(U_i)+SS_w(U_i)} = \frac{SS_w(U_i)}{SS_t(U_i)}$가 되어 각 U_i의 오차변량의 전체변량에 대한 비가 되며, Wilks's Lambda(Λ)는 이 비를 전부 곱한 셈이 된다. 따라서 Wilks's Lambda(Λ)의 값이 작을수록 통계적으로 유의한 검증결과가 된다. (문헌에 따라서는 $\frac{1}{1+\lambda_i}$를 lambda

라 부르기도 함)

Roy's largest root

Roy's largest root 검증방법에서는 고유값(eigenvalue) 중 가장 큰 첫 번째 고유값(λ_1)만으로 검증한다.

$$\theta = \max(\lambda_i) \tag{7}$$

Hotelling's T^2이 모든 λ_i값들을 합한 것이라면 Roy's largest root는 λ_i값들 중 가장 큰 값을 갖는 첫 번째 U의 값만을 고려한 것이다.

검증통계의 선정

집단이 두 개인 경우, 즉 잠재적 차원을 나타내는 U가 하나인 경우는 4가지 검증방법에서 통계치는 모두 동일한 F−값으로 산정되어 동일한 검증이 된다. 차원이 2개 이상인 경우, Roy's는 가장 중요한 차원만으로 검증하는 반면, 나머지는 모든 차원을 종합하여 검증하는 셈이 된다. 따라서 첫 번째 차원에 집단 간 차이가 집중되는 경우에는 Roy's가 가장 검증력이 높다. 가정에 대한 항내성(robustness)을 보면, 4가지 방법 모두 다변량정규성 가정에 대해서는 비교적 항내성이 높으나 Roy's는 분산−공분산 동등성 가정에 가장 취약하다. 표본의 수가 동일한 경우, Pillai's가 여러 가지 가정에 가장 항내성이 높지만 동일하지 않은 경우는 분산−공분산 동등성 가정에 취약하다.

결론적으로 집단별 표본의 수가 비슷한 경우, 가정에 별 문제가 없으면 대부분의 연구논문에서 가장 널리 사용되는 Wilks's를, 가정에 문제가 있으면 Pillai's를 사용하고, 표본의 수가 다르고 가정에 문제가 없으면 Pillai's를 사용하는 것이 무난하다고 할 수 있다.

7. 추가분석

MANOVA의 전반적 검증이 유의하게 나타난 경우, 추가적으로 어느 종속변수가 집단 간에 차이가 나는지, 그리고 전반적 검증의 유의성에 어떤 종속변수가 어느 정도를 기여했는지 등을 분석하게 된다. 그런데 종속변수들을 평가할 때 크게 두 가지 문제에 직면하게 된다. 첫 번째는 여러 번의 유의성 검증에 의한 제1종 오류 증가에 대비한 조정문제이고, 두 번째는 종속변수 사이의 상관에 의한 분산의 중복부분을 어느 종속변수에게 부여할 것인가 하는 문제로 이는 중다회귀분석(MR)에서 서로 상관관계가 있는 각 독립변수의 기여도나 중요도를 평가할 때 부딪치는 문제와 유사하다.

단변량 ANOVA

MANOVA에서 복수의 종속변수에 대해 유의한 결과가 나온 경우, 어느 종속변수에서 집단 간 차이가 있는지 알아보기 위해 대부분의 연구자들은 관례적으로 각 종속변수별로 보통의 ANOVA를 시행하고 있다. 이 경우 제1종 오류의 증가에 대비하여 Bonferroni 형태의 유의수준 조정을 권고하는 전문가들이 많다. SPSS의 경우, MANOVA를 수행하면 자동적으로 종속변수별 ANOVA 결과를 출력해 준다. 추가분석의 ANOVA는 일반적인 ANOVA와 동일하게 시행되며, 필요에 따라 사전대비나 사후검증을 시행한다. 유의한 *F*값을 갖는 종속변수는 중요하다고 판단하고, 효과의 크기에 따라 중요도의 순서를 정하기도 한다.

그러나 ANOVA의 경우, 해당 종속변수의 분산만 분석의 대상이 될 뿐, 종속변수 간의 공분산은 분석에서 제외되어 종속변수 간의 상관문제는 해결이 안 된다. 따라서 일부 연구자들은 추가분석으로서의 ANOVA는 MANOVA의 취지를 훼손하기 때문에 사용하지 말아야 한다고 주장하기도 한다. 따라서 단변량 ANOVA의 결과를 보고할 때는 독자들이 적절하게 조정하여 판단할 수 있도록 종속변수 간의 집단내 통합 상관계수(pooled within-group correlations among DVs)를 제공해 주는 것이 바람직하다.

Roy-Bargman의 단계적 분석(stepdown analysis)

서로 상관관계가 있는 종속변수에 대한 단변량 *F*검증의 문제는 단계적 분석방법으로 해결할 가능성이 있다. 단계적 분석은 MR에서 각 독립변수의 중요성을 순차적(sequential) MR로 평가하는 것과 유사하다. 먼저 연구자는 이론적 근거 등에 의해 각 종속변수의 우선순위를 결정한 후 순위가 가장 높은 종속변수로 단변량 ANOVA를 시행하여 유의성을 검증한다. 그 이후부터는 순위대로 종속변수별로 일련의 공분산분석(ANCOVA)을 시행하는데, 앞 단계 상위수준 종속변수들을 모두 공변수(covariate)로 모형에 포함시킨다. 이 분석방법은 우선순위가 높은 종속변수 차이를 공변수로 교정한 후에도 낮은 순위의 종속변수가 집단 간에 차이가 있는지를 검증하는 것이다. 즉 이미 사용한 종속변수 효과를 제거한 후에도 낮은 순위의 종속변수가 집단 차이에 기여하는가를 보는 것이다. 이 경우에도 각 ANCOVA의 검증 시 Bonferroni 형태의 유의수준 조정을 권고하는 전문가들이 많다.

그런데 이 분석방법의 문제점은 순차적 MR의 경우와 동일하다. 즉 각 종속변수의 중요성이 연구자가 결정한 우선순위에 크게 좌우된다는 점이다. 종속변수 사이에 이론적인 근거로 인과관계 순서 등을 정할 수 있는 경우는 그대로 따르지만 그렇지 않은 경우에는 대개 중요한 변수 순으로 우선순위를 결정하는 데 상당히 임의적이라고 할 수 있다.

만약 연구자가 우선순위를 명확히 결정할 수 있는 경우라면, 단계적 분석을 위주로 분석하여 유의한 종속변수의 조정평균(adjusted meam)을 제시하여 해석하고, 단변량 ANOVA 결과와 집단내 통합 상관계수(pooled within−group correlations among DVs)를 보충자료로 제공해 주는 것이 무난할 것이다. 그런데 우선순위가 임의적인 경우는 단계적 분석 결과를 먼저 고려하여, 단변량 ANOVA의 결과에 비추어 판단해 본다. 만약 단계적 분석의 결과가 단변량 결과에 비추어 타당한 해석이 가능한 경우라면 단계적 분석에서 유의한 종속변수를 위주로 양쪽 분석결과를 고려하여 해석한다. 예를 들어, 단변량 ANOVA에서 유의했던 종속변수가 단계적 분석에서 유의하지 않으면, 해당 종속변수와 독립변수 간에 공유했던 분산이 앞에 공변수로 들어간 상위순위의 종속변수와의 공유분산으로 조정되었다는 의미로 해석할 수 있다. 그런데 단변량 ANOVA에서는 유의하지 않았던 종속변수가 단계적 분석에서 유의한 경우는 해석이 매우 어려워진다. 이런 경우처럼 두 분석의 결과를 함께 해석하기 어려울 때는 각 종속변수의 중요성 평가 없이 단순히 단변량 ANOVA의 결과만 서술해 주는 것이 좋을 것이다.

판별분석(discriminant analysis)

앞에서도 언급한 바와 같이 판별분석은 MANOVA와 수학적으로 동일한 분석방법이므로 판별분석에서 제공하는 정보들은 MANOVA의 결과를 이해하는 데 많은 도움을 준다. 판별분석에서는 집단 간 차이를 최대로 구별해 주도록 종속변수를 선형결합으로 조합한 잠재차원(판별함수: 앞에서의 U_1과 U_2)으로 분석하기 때문에 종속변수 간의 공분산(상관관계)를 분석에 포함시킬 수 있고, 종속변수와 이들 차원 간의 관계를 탐구하여 결과적으로 종속변수와 집단 간의 관계를 이해하는 데 도움을 줄 수 있다.

SPSS의 경우, 메뉴방법에서의 MANOVA에서는 판별분석 결과를 제공하지 않으므로 별도의 판별분석을 선택하여야 한다. 주요 출력결과로는 먼저 각 판별함수(canonical discriminant function)별로 고유값, 집단 간 분산의 설명 비율, 그리고 정준상관계수가 있다. 이들 값들은 각 판별함수(U)가 집단을 구별하는 능력을 말해 준다. 정준상관계수는 식 (4)의 R로 이를 제곱하면, 각 판별함수의 효과의 크기인 $R^2(\eta^2)$이 된다. Wilks' Lambda table은 전 판별함수를 모두 사용한 경우, 첫 번째를 제외한 나머지 판별함수를 사용한 경우, 첫 번째와 두 번째를 제외한 나머지를 사용한 경우 등과 같이 순차적으로 집단 구별의 능력을 검증해 주어 각 판별함수의 유의성을 검증한다.

표준화 정준판별함수 계수(Standardized Canonical Discriminant Function Coefficients)는 식 (1)과 (2)에서 표준점수에 대한 *b*값들로 각 종속변수가 판별함수에 어느 정도 기여하는지 서로 비교할 수 있는 정보를 제공해 준다. 그리고 각 종속변수와 판별함수 간의 상관계수를 보여 주는 구조행렬(Structure Matrix) 표도 동일한 목적으로 사용할 수 있다. 집단별 종속변수들의 평균(Group Centroid)에서 각 판별함수의 값도 출력되는데 이 값이 서로 차이가 많이 나는 집단 간을 해당 판별함수가 잘 변별해 준다고 할 수 있다. 특히 해당 판별함수별로 이 값의 부호가 양수인 집단과 음수인 집단이 잘 변별되는 것으로 판단할 수 있다.

8. SPSS 분석방법

예시자료

〈표 25-1〉 예시자료

집단	id	정보	설득	정서	친교	id	정보	설득	정서	친교
전체음독	101	10	7	9	10	116	6	2	8	10
	102	6	4	9	4	117	6	2	6	4
	103	8	6	8	10	118	8	6	8	10
	104	2	4	8	8	119	6	5	6	8
	105	10	7	8	10	120	4	6	10	8
	106	8	6	7	7	121	3	4	9	6
	107	8	4	8	8	122	4	7	8	8
	108	6	5	8	10	123	10	9	8	8
	109	4	3	9	8	124	4	4	6	10
	110	6	6	9	8	125	6	5	4	6
	111	6	3	6	4	126	8	2	8	10
	112	7	7	10	9	127	6	3	6	8
	113	4	2	7	10	128	7	10	10	10
	114	6	5	8	10	129	7	6	10	8
	115	6	8	7	8	130	10	6	10	10

〈표 25-1〉 예시자료 (계속)

집단	id	정보	설득	정서	친교	id	정보	설득	정서	친교
전체묵독	201	5	2	6	2	216	2	2	2	4
	202	5	8	8	8	217	8	6	9	8
	203	6	7	8	6	218	6	4	8	7
	204	6	3	6	8	219	4	3	10	8
	205	10	6	6	8	220	4	3	9	6
	206	3	3	6	6	221	8	3	10	8
	207	4	5	8	4	222	4	4	8	8
	208	9	7	8	8	223	10	8	9	7
	209	7	4	10	6	224	10	5	9	8
	210	8	8	9	10	225	8	8	10	4
	211	8	6	8	7	226	8	7	8	8
	212	3	2	7	6	227	8	4	9	8
	213	4	4	7	8	228	4	5	6	8
	214	4	8	6	8	229	10	5	2	4
	215	8	5	8	8	230	5	4	9	8
대표읽기	301	3	7	10	7	316	4	4	10	5
	302	2	0	6	8	317	6	5	7	4
	303	0	4	0	4	318	10	3	8	10
	304	4	6	5	9	319	6	5	10	7
	305	6	8	10	8	320	4	3	8	10
	306	6	7	4	8	321	2	2	4	6
	307	6	2	6	8	322	1	1	8	7
	308	1	4	6	10	323	4	6	8	7
	309	4	3	6	8	324	3	8	7	7
	310	0	3	4	10	325	0	4	10	5
	311	7	2	10	7	326	2	3	7	8
	312	4	2	8	8	327	2	0	6	6
	313	0	2	8	8	328	2	2	6	4
	314	6	2	9	7	329	2	5	7	8
	315	3	6	10	4	330	3	2	4	4

〈표 25-1〉 예시자료 (계속)

집단	id	정보	설득	정서	친교	id	정보	설득	정서	친교
나눠읽기	401	4	3	4	8	416	7	5	7	10
	402	6	4	10	8	417	5	0	2	8
	403	3	5	9	10	418	4	3	6	8
	404	3	3	8	8	419	3	2	8	2
	405	1	5	5	9	420	2	5	7	8
	406	6	9	10	8	421	4	4	8	6
	407	6	6	8	8	422	0	4	8	6
	408	4	3	1	8	423	5	6	8	6
	409	2	3	9	7	424	3	4	9	10
	410	5	4	9	6	425	8	8	7	8
	411	0	2	4	2	426	2	5	9	10
	412	2	3	9	8	427	4	4	7	10
	413	3	5	6	9	428	6	4	9	9
	414	2	7	4	8	429	1	3	6	10
	415	3	5	9	10	430	2	3	10	6

4가지 읽기방법(전체음독, 전체묵독, 대표읽기, 나눠읽기)에 따라 읽는 내용의 이해에 차이가 나는지 알아보기 위해 각 30명으로 이루어진 4집단에 각각의 방법으로 주어진 내용을 읽게 하고 내용의 이해도를 10점 척도로 검사하였다. 그런데 읽는 내용은 정보전달, 설득, 정서표현, 친교 등의 4가지로 구성하여, 내용별 이해도를 측정하여 〈표 25-1〉과 같은 결과를 얻었다. 다음의 〈그림 25-1〉은 〈표 25-1〉의 자료가 입력된 **SPSS Data Editor** 화면의 일부이다.

SPSS의 수행

MANOVA는 메뉴에서 **Analyze → General Linear Model → Multivariate**를 선택하여 〈그림 25-2〉와 같은 **Multivariate** 대화상자에서 시작한다. 먼저 **Dependent Variable** 상자에 **정보전달, 설득, 정서표현, 친교** 등 종속변수들을 모두 이동시키고, **Fixed Factor(s)** 상자에는 질적 독립변수인 **집단**을 이동시킨다. 〈그림 25-2〉에서는 해당 종속변수와 독립변수가 모두 이동 완료된 상태를 보여 준다. **Options**를 선택하여 〈그림 25-3〉의 대화상자에서 필요한 사항을 선택한다. 현재의 〈그림 25-3〉에서는 기술통계와 효과의 크기, 그리고 분산-공

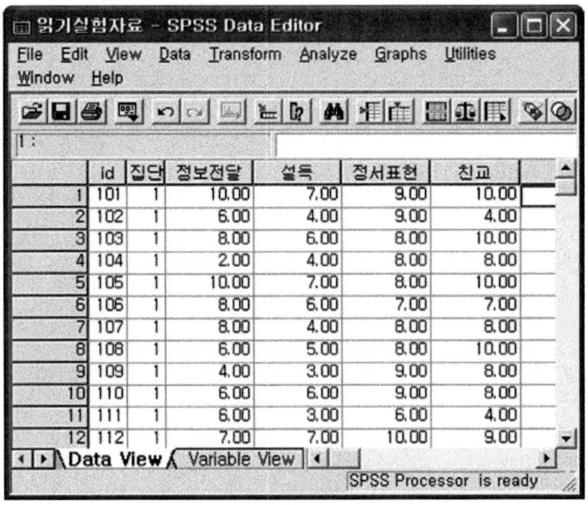

〈그림 25-1〉

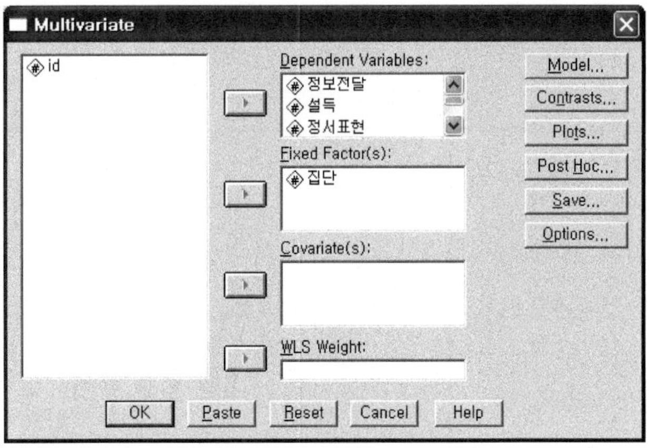

〈그림 25-2〉

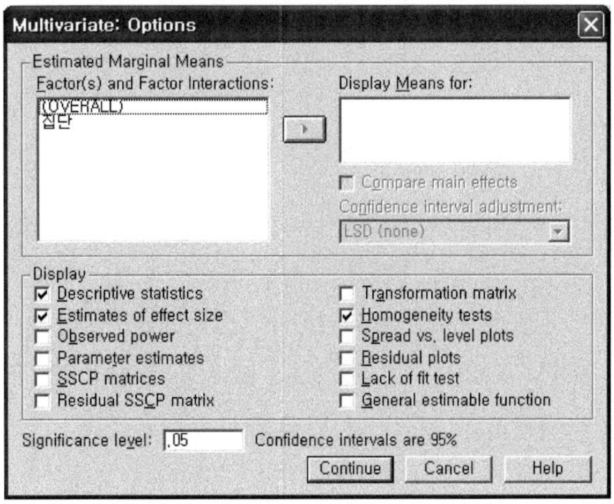

〈그림 25-3〉

분산 동등성 가정을 점검하기 위한 사항들이 선택되어 있다. 현재 그림이 제시되고 있지는 않지만 추가분석을 위한 단변량분산분석에서 사후검증을 하려는 경우에는 〈그림 25-2〉의 **Post Hoc**에서 **Tukey** 등을 선택할 수 있다.

중다공선성 및 분산-공분산 동등성의 점검

먼저 종속변수 간의 상관계수를 점검하여, 복수의 종속변수를 동시에 고려할 정도의 상관관계가 있는지 그리고 중다공선성의 염려는 없는지 알아보기 위해 별도로 종속변수 간의 상관계수를 산출해 보았다. 〈표 25-2〉는 종속변수 간 상관행렬이다.

종속변수 간 상관계수는 .184에서 .438 사이의 값을 가지고 있어 별 문제점이 없는 것으로 판단된다.

〈표 25-2〉 종속변수 간 상관계수

Correlations

		정보전달	설득	정서표현	친교
정보전달	Pearson Correlation	1	.438**	.270**	.203*
	Sig. (2-tailed)	.	.000	.003	.026
	N	120	120	120	120
설득	Pearson Correlation	.438**	1	.292**	.225*
	Sig. (2-tailed)	.000	.	.001	.014
	N	120	120	120	120
정서표현	Pearson Correlation	.270**	.292**	1	.184*
	Sig. (2-tailed)	.003	.001	.	.044
	N	120	120	120	120
친교	Pearson Correlation	.203*	.225*	.184*	1
	Sig. (2-tailed)	.026	.014	.044	.
	N	120	120	120	120

**. Correlation is significant at the 0.01 level (2-tailed).

*. Correlation is significant at the 0.05 level (2-tailed).

다음은 분산-공분산의 동등성 가정을 점검해 보자. 〈표 25-3〉은 각 종속변수별로 분산의 동등성을 검증하는 Levene's test 결과를 보여 주는 출력물이다. 유의한 결과를 보여 주는 종속변수가 없으므로 적어도 각 종속변수 분산들의 집단 간 동등성 가정에는 큰 문제가 없는 것으로 보인다. 그러나 이 검증은 종속변수 간의 공분산은 제외된 것이므로 Box's M test 결과를 검토해 보자. 〈표 25-4〉의 Box's test 결과도 유의하지 않으므로 분산-공분산 동등성 가정에는 큰 문제가 없는 것으로 판단된다.

〈표 25-3〉 Levene's Test of Equality of Error Variances

	F	df1	df2	Sig.
정보전달	1.166	3	116	.326
설득	.855	3	116	.467
정서표현	2.321	3	116	.079
친교	.017	3	116	.997

〈표 25-4〉 Box's Test

Box's M	23.598
F	.737
df1	30
df2	36995.971
Sig.	.850

전반적 유의성 검증

다음의 〈표 25-5〉는 MANOVA의 전반적 유의성을 검증하는 4가지 검증방법의 결과를 보여 주고 있다. 종속변수를 모두 고려했을 때, 4가지 결과 모두 집단 간에 유의한 차이가 있다는 결론을 내리고 있다. 크기가 가장 큰 첫 번째 고유값만 고려하는 Roy's만 차이가 있고 모든 고유값을 고려하는 나머지 3가지 검증은 *F*값이 거의 유사하다. 예시자료의 경우 각 집단의 표본 수가 동일하고 가정에도 큰 문제가 없으므로 가장 널리 사용되는 Wilks' Lambda를 선택하는 것이 무난할 것이라고 생각된다.

〈표 25-5〉

Multivariate Tests

Effect		Value	F	Hypothesis df	Error df	Sig.	Partial Eta Squared
Intercept	Pillai's Trace	.963	732.778	4.000	113.000	.000	.963
	Wilks' Lambda	.037	732.778	4.000	113.000	.000	.963
	Hotelling's Trace	25.939	732.778	4.000	113.000	.000	.963
	Roy's Largest Root	25.939	732.778	4.000	113.000	.000	.963
집단	Pillai's Trace	.391	4.309	12.000	345.000	.000	.130
	Wilks' Lambda	.636	4.660	12.000	299.261	.000	.140
	Hotelling's Trace	.532	4.949	12.000	335.000	.000	.151
	Roy's Largest Root	.439	12.609	4.000	115.000	.000	.305

추가분석

단변량 ANOVA

SPSS의 MANOVA에서는 다음의 〈표 25-6〉과 같이 자동적으로 각 종속변수별 ANOVA의 결과를 출력해 준다. 유의수준의 Bonferroni 조정을 하는 경우, α = .05로 설정하면 α' = .05/4 = .0125가 된다. 이 수준의 제1종 오류를 적용하면, 정보전달의 경우만 p < .001로 유의하고, 나머지 종속변수들은 유의한 차이를 보여 주지 못하고 있다. 조정을 하지 않는 경우는 정서표현만 제외하고 나머지 세 종속변수들은 집단 간에 유의한 차이를 보여 주고 있다. 이 경우, 정보전달이 η_p^2 = .298로 가장 큰 차이가 있고, 친교가 .080, 설득이 .078로 비슷한 정도의 차이를 보여 주고 있다.

〈표 25-6〉 종속변수별 단변량 ANOVA 출력물

Tests of Between-Subjects Effects

Source	Dependent Variable	Type III Sum of Squares	df	Mean Square	F	Sig.	Partial Eta Squared
Corrected Model	정보전달	246.833[a]	3	82.278	16.390	.000	.298
	설득	39.892[b]	3	13.297	3.253	.024	.078
	정서표현	14.292[c]	3	4.764	1.089	.357	.027
	친교	36.758[d]	3	12.253	3.374	.021	.080
Intercept	정보전달	2900.833	1	2900.833	577.842	.000	.833
	설득	2439.008	1	2439.008	596.762	.000	.837
	정서표현	6675.208	1	6675.208	1525.762	.000	.929
	친교	6765.008	1	6765.008	1862.960	.000	.941
집단	정보전달	246.833	3	82.278	16.390	.000	.298
	설득	39.892	3	13.297	3.253	.024	.078
	정서표현	14.292	3	4.764	1.089	.357	.027
	친교	36.758	3	12.253	3.374	.021	.080
Error	정보전달	582.333	116	5.020			
	설득	474.100	116	4.087			
	정서표현	507.500	116	4.375			
	친교	421.233	116	3.631			
Total	정보전달	3730.000	120				
	설득	2953.000	120				
	정서표현	7197.000	120				
	친교	7223.000	120				
Corrected Total	정보전달	829.167	119				
	설득	513.992	119				
	정서표현	521.792	119				
	친교	457.992	119				

a. R Squared = .298 (Adjusted R Squared = .280)

b. R Squared = .078 (Adjusted R Squared = .054)

c. R Squared = .027 (Adjusted R Squared = .002)

d. R Squared = .080 (Adjusted R Squared = .056)

필요한 경우, 일반적인 ANOVA의 경우처럼 사후검증 등을 시행하여 보다 상세한 분석을 할 수 있다. 〈표 25-7〉은 **Tukey**에 의한 사후검증 결과이다. 정보전달의 경우, 전체음독과 전체묵독 집단이 한 묶음으로 대표읽기와 나눠읽기 집단 묶음보다 유의하게 평균이 높았다. 설득의 경우는 전체음독 집단과 대표읽기 집단 사이에서만 유의한 차이를, 친교에서는 전체음독 집단과 전체묵독 집단 사이에서만 유의한 차이를 보여 주었으며 모두 전체음독 집단의 평균이 높았다.

Roy-Bargman의 단계적 분석(stepdown analysis)

중다회귀모형(MR)에서 순차적(sequential) MR에 의해 독립변수의 중요성/기여도를 평가하는 경우와 마찬가지로 단계적 분석에서도 연구자는 이론적 근거에 의해 종속변수를 모형에 투입할 순서를 결정하여야 한다. 예시자료의 경우, 주어진 종속변수의 인과관계나 시간적인 전후관계를 설정할 수 있는 성격의 자료가 아니므로 단계적 분석의 대상으로는 적절하지 않다. 그런데 일부에서는 뚜렷한 이론적인 근거가 없는 경우, 종속변수의 중요성에 따라 순서를 정할 수 있다고 주장한다. 필자는 그 주장에 동조하지 않지만 여기서는 분석방법을 설명하기 위해 효과의 크기(η_p^2)에 따라 순서를 정해 **정보전달**, **친교**, **설득**, **정서표현**의 순으로 분석을 해 보기로 한다.

그런데 SPSS MANOVA의 메뉴선택에 의한 분석에서는 단계적 분석을 제공하지 않고 있으므로 메뉴방법에 의한 단계적 분석을 위해서는 여러 번의 ANCOVA를 시행하여야 한다. 따라서 메뉴에서 **Analyze → General Linear Model → Univariate**를 클릭하여 본 교재 제16장 공분산분석(ANCOVA) 〈그림 16-3〉과 같은 대화상자를 부른다. 제일 먼저 들어갈 종속변수인 **정보전달**을 **Dependent Variable** 상자로, **집단**을 **Fixed Factor(s)** 상자로 옮기고 첫 번째 분석을 시행한다. 다음으로는 두 번째 들어갈 종속변수인 **친교**를 **Dependent Variable** 상자로, 앞 단계의 종속변수인 **정보전달**은 공변수로 **Covariate** 상자로 옮겨 ANCOVA를 시행한다. 세 번째 분석은 다음 순위인 **설득**을 종속변수로, 앞 단계의 **정보전달**과 **친교**를 공변수로 ANCOVA를 시행하고 같은 방법으로 마지막 종속변수인 **정서표현**에 대한 ANCOVA를 시행한다.

〈표 25-7〉 단변량 ANOVA의 사후검증 결과

Multiple Comparisons

Tukey HSD

Dependent Variable	(I) 집단	(J) 집단	Mean Difference (I-J)	Std. Error	Sig.	95% Confidence Interval	
						Lower Bound	Upper Bound
정보전달	전체음독	전체묵독	.1000	.57851	.998	-1.4080	1.6080
		대표읽기	2.9667*	.57851	.000	1.4587	4.4746
		나눠읽기	2.8667*	.57851	.000	1.3587	4.3746
	전체묵독	전체음독	-.1000	.57851	.998	-1.6080	1.4080
		대표읽기	2.8667*	.57851	.000	1.3587	4.3746
		나눠읽기	2.7667*	.57851	.000	1.2587	4.2746
	대표읽기	전체음독	-2.9667*	.57851	.000	-4.4746	-1.4587
		전체묵독	-2.8667*	.57851	.000	-4.3746	-1.3587
		나눠읽기	-.1000	.57851	.998	-1.6080	1.4080
	나눠읽기	전체음독	-2.8667*	.57851	.000	-4.3746	-1.3587
		전체묵독	-2.7667*	.57851	.000	-4.2746	-1.2587
		대표읽기	.1000	.57851	.998	-1.4080	1.6080
설득	전체음독	전체묵독	.1667	.52199	.989	-1.1940	1.5273
		대표읽기	1.4333*	.52199	.035	.0727	2.7940
		나눠읽기	.9000	.52199	.316	-.4606	2.2606
	전체묵독	전체음독	-.1667	.52199	.989	-1.5273	1.1940
		대표읽기	1.2667	.52199	.078	-.0940	2.6273
		나눠읽기	.7333	.52199	.499	-.6273	2.0940
	대표읽기	전체음독	-1.4333*	.52199	.035	-2.7940	-.0727
		전체묵독	-1.2667	.52199	.078	-2.6273	.0940
		나눠읽기	-.5333	.52199	.737	-1.8940	.8273
	나눠읽기	전체음독	-.9000	.52199	.316	-2.2606	.4606
		전체묵독	-.7333	.52199	.499	-2.0940	.6273
		대표읽기	.5333	.52199	.737	-.8273	1.8940
정서표현	전체음독	전체묵독	.3000	.54006	.945	-1.1078	1.7078
		대표읽기	.8667	.54006	.380	-.5411	2.2744
		나눠읽기	.7333	.54006	.528	-.6744	2.1411
	전체묵독	전체음독	-.3000	.54006	.945	-1.7078	1.1078
		대표읽기	.5667	.54006	.721	-.8411	1.9744
		나눠읽기	.4333	.54006	.853	-.9744	1.8411
	대표읽기	전체음독	-.8667	.54006	.380	-2.2744	.5411
		전체묵독	-.5667	.54006	.721	-1.9744	.8411
		나눠읽기	-.1333	.54006	.995	-1.5411	1.2744
	나눠읽기	전체음독	-.7333	.54006	.528	-2.1411	.6744
		전체묵독	-.4333	.54006	.853	-1.8411	.9744
		대표읽기	.1333	.54006	.995	-1.2744	1.5411
친교	전체음독	전체묵독	1.3667*	.49202	.032	.0841	2.6492
		대표읽기	1.2000	.49202	.075	-.0825	2.4825
		나눠읽기	.4667	.49202	.779	-.8159	1.7492
	전체묵독	전체음독	-1.3667*	.49202	.032	-2.6492	-.0841
		대표읽기	-.1667	.49202	.987	-1.4492	1.1159
		나눠읽기	-.9000	.49202	.265	-2.1825	.3825
	대표읽기	전체음독	-1.2000	.49202	.075	-2.4825	.0825
		전체묵독	.1667	.49202	.987	-1.1159	1.4492
		나눠읽기	-.7333	.49202	.447	-2.0159	.5492
	나눠읽기	전체음독	-.4667	.49202	.779	-1.7492	.8159
		전체묵독	.9000	.49202	.265	-.3825	2.1825
		대표읽기	.7333	.49202	.447	-.5492	2.0159

Based on observed means.

*. The mean difference is significant at the .05 level.

다음의 〈표 25-8〉은 4개의 종속변수별로 단계적 분석을 시행한 결과이다. 이 결과에 의하면 정보전달의 경우, $F(3, 116) = 16.39$, $p < .001$로 집단 간 유의한 차이가 있었고, 정보전달을 통제했을 때, 친교의 경우는 $F(3, 115) = 3.663$, $p = .014$로 유의한 결과를 보였으나, Bonferroni 조정한 $\alpha' = .0125$를 사용한 경우에는 유의하지 않았다. 설득과 정서표현의 경우는 모두 앞 순위의 종속변수를 통제했을 때 집단 간에 유의한 차이를 보여 주지 않았다.

〈표 25-8〉 단계별 분석의 결과

Dependent Variable: 정보전달

Source	Type III Sum of Squares	df	Mean Square	F	Sig.
Corrected Model	246.833[a]	3	82.278	16.390	.000
Intercept	2900.833	1	2900.833	577.842	.000
집단	246.833	3	82.278	16.390	.000
Error	582.333	116	5.020		
Total	3730.000	120			
Corrected Total	829.167	119			

a. R Squared = .298 (Adjusted R Squared = .280)

Dependent Variable: 친교

Source	Type III Sum of Squares	df	Mean Square	F	Sig.
Corrected Model	57.173[a]	4	14.293	4.101	.004
Intercept	870.671	1	870.671	249.807	.000
정보전달	20.415	1	20.415	5.857	.017
집단	38.304	3	12.768	3.663	.014
Error	400.818	115	3.485		
Total	7223.000	120			
Corrected Total	457.992	119			

a. R Squared = .125 (Adjusted R Squared = .094)

Dependent Variable: 설득

Source	Type III Sum of Squares	df	Mean Square	F	Sig.
Corrected Model	111.766[a]	5	22.353	6.335	.000
Intercept	23.318	1	23.318	6.609	.011
정보전달	50.524	1	50.524	14.320	.000
친교	8.658	1	8.658	2.454	.120
집단	3.190	3	1.063	.301	.824
Error	402.226	114	3.528		
Total	2953.000	120			
Corrected Total	513.992	119			

a. R Squared = .217 (Adjusted R Squared = .183)

〈표 25-8〉 단계별 분석의 결과 (계속)

Dependent Variable: 정서표현

Source	Type III Sum of Squares	df	Mean Square	F	Sig.
Corrected Model	63.367[a]	6	10.561	2.603	.021
Intercept	156.764	1	156.764	38.642	.000
정보전달	7.247	1	7.247	1.786	.184
친교	4.977	1	4.977	1.227	.270
설득	15.859	1	15.859	3.909	.050
집단	.322	3	.107	.026	.994
Error	458.425	113	4.057		
Total	7197.000	120			
Corrected Total	521.792	119			

a. R Squared = .121 (Adjusted R Squared = .075)

판별분석(discriminant analysis)

판별분석을 위해서는 메뉴에서 **Analyze → Classify → Discriminant**를 선택하여 〈그림 25-4〉와 같은 판별분석 대화상자를 불러온다. 집단을 나누는 변수를 **Grouping Variable** 상자로 옮기고 그 하단의 **Define Range** 버튼을 클릭하여 〈그림 25-5〉와 같은 대화상자를 불러 집단을 나타내는 변수의 변수 값 범위를 입력한다. 현재 〈그림 25-4〉는 집단을 나누는 변수인 **집단**과 MANOVA에서 종속변수에 해당되는 4개의 변수들이 여기서는 독립변수 상자에 옮겨진 상태를, 〈그림 25-5〉는 변수 집단의 최댓값 4와 최솟값 1이 입력된 것을 보여 주고 있다. 단변량 ANOVA의 결과를 보완하기 위한 집단내 통합 상관계수를 구하기 위해서는 〈그림 25-4〉에서 **Statistics** 버튼을 클릭해 **Within-groups correlation**을 선택한다.

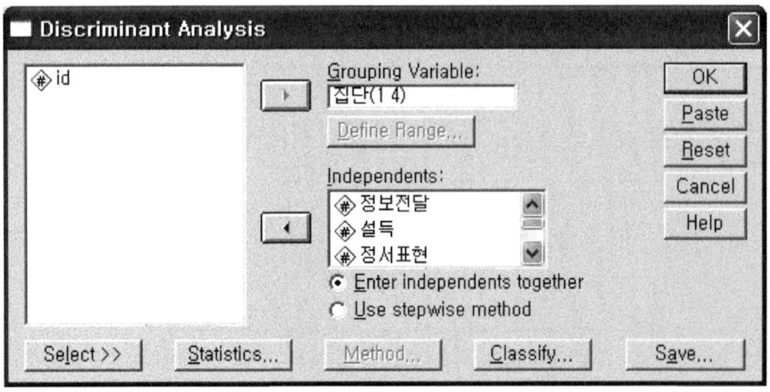

〈그림 25-4〉

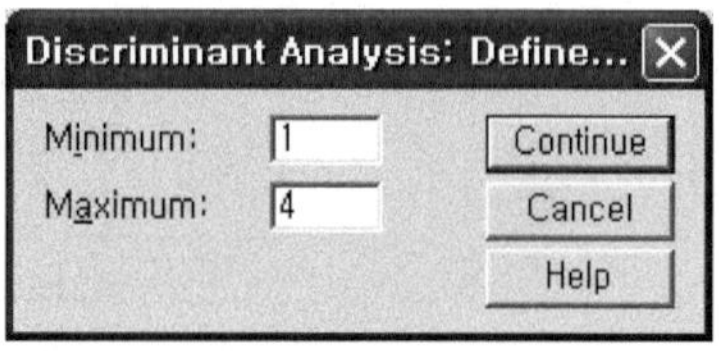

〈그림 25-5〉

다음의 〈표 25-9〉는 각 판별함수의 고유치(eigenvalue)와 집단 간 차이의 설명비율, 그리고 정준상관계수를 보여 주고 있다. 먼저 첫 번째 판별함수(U_1)가 전체 집단 간 차이의 82.5%를, 두 번째 판별함수(U_2)는 16.5%, U_3는 1.1%를 설명하고 있어 U_1이 대부분의 집단 간 차이를 설명하고 있음을 보여 준다. 정준상관계수의 제곱은 각 판별함수별 $R^2(\eta^2)$ 값으로 효과의 크기로 해석할 수 있다. U_1의 경우 이 값을 제곱하면 .305이므로 읽기 방법의 차이가 U_1변량의 30.5%를 설명한다고 할 수 있다.

〈표 25-10〉에서는 세 개의 판별함수 모두 사용한 경우 집단 변별이 유의하지만($p < .001$), 첫 번째 함수를 제외하고 두 번째와 세 번째만으로는 유의하지 않음($p = .112$)을 보여 준다.

〈표 25-9〉

Eigenvalues

Function	Eigenvalue	% of Variance	Cumulative %	Canonical Correlation
1	.439[a]	82.5	82.5	.552
2	.088[a]	16.5	98.9	.284
3	.006[a]	1.1	100.0	.075

a. First 3 canonical discriminant functions were used in the analysis.

〈표 25-10〉

Wilks' Lambda

Test of Function(s)	Wilks' Lambda	Chi-square	df	Sig.
1 through 3	.636	52.124	12	.000
2 through 3	.914	10.304	6	.112
3	.994	.641	2	.726

다음의 〈표 25-11〉과 〈표 25-12〉는 각 종속변수(판별분석에서는 독립변수)와 판별함수의 관계를 보여 준다. 〈표 25-11〉의 표준화 정준판별함수 계수를 보면 U_1에 가장 큰 영향을 주는 변수는 정보전달로 잠재변인 U_1은 **정보전달**과 관계가 깊은 어떤 차원이라고 할 수 있다. U_2의 경우는 **친교**와, 그리고 U_3는 **설득**이 가장 큰 영향을 그리고 나머지가 비슷한 기여를 하는 차원으로 보인다.

〈표 25-12〉는 종속변수와 판별함수 사이의 상관계수를 보여 준다. 〈표 25-11〉과 비슷하게 U_1은 **정보전달**과 가장 상관이 높고 다음이 **설득**이며, U_2는 **친교**와 가장 높고 다음이 **설득**, 그리고 U_3는 **설득**과 가장 관계가 깊다.

〈표 25-11〉

Standardized Canonical Discriminant Function Coefficients

	Function		
	1	2	3
정보전달	.988	-.091	-.381
설득	.083	.099	1.093
정서표현	.027	.038	-.280
친교	-.199	.986	-.188

〈표 25-12〉

Structure Matrix

	Function		
	1	2	3
정보전달	.980	.170	-.085
정서표현	.234	.213	-.111
친교	.041	.993	-.088
설득	.408	.285	.841

〈표 25-13〉은 집단별 종속변수들의 평균(Group Centroid)에서 각 판별함수의 값을 보여 주며 이는 각 함수가 어느 집단을 잘 변별해 주는지를 나타내 주는데 이 값이 서로 차이가 많이 나는 집단 간을 해당 판별함수가 잘 변별해 준다고 할 수 있다. U_1의 경우 전체음독과 전체묵독 집단의 Centroid는 거의 동일하게 양의 값을, 대표읽기와 나눠읽기 집단은 거의 동일한 음의 값을 가지므로 U_1은 전체음독과 전체묵독의 집단군과 대표읽기와 나눠읽기 집단군을 잘 구별해 주는 또는 이 집단군 사이에서 차이가 많은 어떤 읽기 내용 관련 차원을 의미한다고 볼 수 있다. 동일한 논리를 적용하면 U_2는 전체음독과 나눠읽기 집단군과 전체묵독과 대표읽기 집단군을, U_3는 전체묵독과 나눠읽기 집단군과 전체음독과 대표읽기 집단군을 구별해 주는 읽기 내용의 관련 차원을 의미한다고 할 수 있다.

〈표 25-13〉

Functions at Group Centroids

	Function		
집단	1	2	3
전체음독	.606	.371	-5.24E-02
전체묵독	.694	-.346	4.955E-02
대표읽기	-.646	-.215	-8.92E-02
나눠읽기	-.655	.189	9.201E-02

Unstandardized canonical discriminant functions evaluated at group means

9. 분석결과의 기술

각 집단별 정보전달, 설득, 정서표현, 그리고 친교에 관한 내용에 대한 이해점수의 평균과 표준편차는 다음과 같았다.

	집단	평균	표준편차	N
정보전달	전체음독	6.4000	2.09433	30
	전체묵독	6.3000	2.40903	30
	대표읽기	3.4333	2.41666	30
	나눠읽기	3.5333	2.01260	30
	전체	4.9167	2.63966	120
설득	전체음독	5.1333	2.08001	30
	전체묵독	4.9667	1.97368	30
	대표읽기	3.7000	2.19953	30
	나눠읽기	4.2333	1.81342	30
	전체	4.5083	2.07828	120
정서표현	전체음독	7.9333	1.48401	30
	전체묵독	7.6333	2.00832	30
	대표읽기	7.0667	2.40593	30
	나눠읽기	7.2000	2.34006	30
	전체	7.4583	2.09399	120
친교	전체음독	8.2667	1.89251	30
	전체묵독	6.9000	1.76850	30
	대표읽기	7.0667	1.89251	30
	나눠읽기	7.8000	2.05779	30
	전체	7.5083	1.96180	120

Wilks' Λ를 사용한 MANOVA 검증의 결과, 읽기 방법에 따라 정보전달, 설득, 정서표현, 친교 내용에 대한 이해도에 유의한 차이가 있었다: $\Lambda = .636$, $F(12, 299) = 4.660$, $p < .001$, $\eta_p^2 = .14$.

다변량 검증

처치	검증통계	값	F	df1	df2	p	η_p^2
읽기 방법	Pillai's Trace	.391	4.31	12	345.00	.000	.13
	Wilk's Lambda	.636	4.66	12	299.26	.000	.14
	Hotelling's Trace	.532	4.95	12	335.00	.000	.15
	Roy's Largest root	.439	12.61	4	115.00	.000	.31

각 종속변수별 단변량 분산분석 결과에서는 정보전달($F(3, 116) = 16.39$, $p < .001$, $\eta_p^2 = .298$), 설득($F(3, 116) = 3.25$, $p = .024$, $\eta_p^2 = .078$), 친교($F(3, 116) = 3.374$, $p = .021$, η_p^2

= .08)에서는 처치 간 유의한 차이가 나타났으나, 정서표현의 경우는($F(3, 116) = 1.089$, $p = .357$) 유의한 차이가 없었다. 그러나 Bonferroni 조정한 $\alpha' = .0125$을 적용한 경우에는 정보전달만 유의한 차이를 보여 주었다.

종속변수별 단변량 분산분석 결과

분산원	종속변수	제곱합(SS)	자유도(df)	평균제곱(MS)	F	p	η_p^2
집단 간	정보전달	246.833	3	82.28	16.39	.000	.298
(읽기방법)	설득	39.892	3	13.30	3.25	.024	.078
	정서표현	14.292	3	4.76	1.09	.357	.027
	친교	36.758	3	12.25	3.37	.021	.080
집단 내	정보전달	582.333	116	5.02			
	설득	474.100	116	4.09			
	정서표현	507.500	116	4.38			
	친교	421.233	116	3.63			
전체	정보전달	829.167	119				
	설득	513.992	119				
	정서표현	521.792	119				
	친교	457.992	119				

집단내 통합 상관계수

		정보전달	설득	정서표현	친교
상관계수	정보전달	1.000	.365	.223	.220
	설득	.365	1.000	.261	.212
	정서표현	.223	.261	1.000	.172
	친교	.220	.212	.172	1.000

효과의 크기(η_p^2)에 따라 순서를 정해 정보전달, 친교, 설득, 정서표현의 순으로 Roy-Bargman의 단계적 분석을 시행해 본 결과, 먼저 정보전달 단독의 경우, 집단 간 유의한 차이가 있었다 ($F(3, 116) = 16.39$, $p < .001$). 정보전달을 통제했을 때, 친교의 경우에는 유의한 결과($F(3, 115) = 3.663$, $p = .014$)를 보였으나 Bonferroni 조정한 $\alpha' = .0125$를 사용한 경우에는 유의하지 않았다. 설득과 정서표현의 경우는 모두 앞 순위의 종속변수를 통제했

을 때 집단 간에 유의한 차이를 보여 주지 않았다.

MANOVA의 추가분석으로 판별분석을 시행해 본 결과, 3개의 판별함수가 추정되었다. 첫 번째 함수가 집단 간 변량의 82.5%를 설명하였고, $\eta_p^2 = .305$이었으며, 두 번째 함수는 16.5%, $\eta_p^2 = .081$, 세 번째 함수는 1.1%, $\eta_p^2 = .006$이었다. 이들 함수 전체로 집단을 유의하게 변별하였으나($\Lambda = .636, \chi^2 = 52.12$, df = 12, $p < .001$), 첫 번째 함수를 제외하면 유의한 변별을 보여 주지 못하였다($\Lambda = .914, \chi^2 = 10.30$, df = 6, $p = .112$).

고유값(Eigenvalues)

판별함수	고유값	분산설명비율 (%)	누적 비율(%)	정준상관계수
1	.439	82.5	82.5	.552
2	.088	16.5	98.9	.284
3	.006	1.1	100.0	.075

Wilks' Lambda

Test of Function(s)	Wilks' Lambda	Chi-square	df	Sig.
1 through 3	.636	52.124	12	.000
2 through 3	.914	10.304	6	.112
3	.994	.641	2	.726

종속변수와 판별함수 간의 상관계수를 보면, 정보전달은 첫 번째 함수($r = .980$)에, 친교는 두 번째 함수($r = .993$)에 높은 부하를 보였으며, 정서표현은 첫 번째($r = .234$)와 두 번째($r = .213$)에서 비슷하게 낮은 정도의 부하를, 설득은 세 번째에 가장 높은 부하($r = .841$), 첫 번째에 중간 정도의 부하($r = .408$), 그리고 두 번째에는 낮은 정도의 부하($r = .285$)를 보여 주었다.

Structure Matrix

	Function		
	1	2	3
정보전달	.980*	.170	-.085
정서표현	.234*	.213	-.111
친교	.041	.993*	-.088
설득	.408	.285	.841*

*. Largest absolute correlation between each variable and any discriminant function

Functions at Group Centroids

집단	Function		
	1	2	3
전체음독	.606	.371	-5.24E-02
전체묵독	.694	-.346	4.955E-02
대표읽기	-.646	-.215	-8.92E-02
나눠읽기	-.655	.189	9.201E-02

집단별 종속변수들의 평균(Group Centroid)에서 각 판별함수의 값으로 판단해 본 결과, 첫 번째 판별함수는 전체음독과 전체묵독의 집단군과 대표읽기와 나눠읽기 집단군을, 두 번째 함수는 전체음독과 나눠읽기 집단군과 전체묵독과 대표읽기 집단군을, 그리고 세 번째 함수는 전체묵독과 나눠읽기 집단군과 전체음독과 대표읽기 집단군을 차별화하는 읽기 내용의 차원과 관련이 있는 것으로 나타났다.

부록

표준정규분포표(z 분포표)

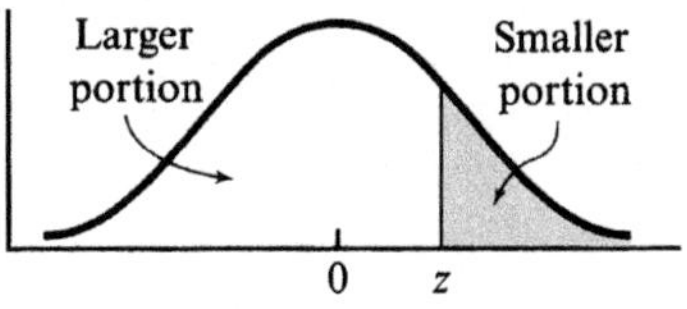

z	Mean to z	Larger Portion	Smaller Portion	y	z	Mean to z	Larger Portion	Smaller Portion	y
0.00	0.0000	0.5000	0.5000	0.3989	0.36	0.1406	0.6406	0.3594	0.3739
0.01	0.0040	0.5040	0.4960	0.3989	0.37	0.1443	0.6443	0.3557	0.3725
0.02	0.0080	0.5080	0.4920	0.3989	0.38	0.1480	0.6480	0.3520	0.3712
0.03	0.0120	0.5120	0.4880	0.3988	0.39	0.1517	0.6517	0.3483	0.3697
0.04	0.0160	0.5160	0.4840	0.3986	0.40	0.1554	0.6554	0.3446	0.3683
0.05	0.0199	0.5199	0.4801	0.3984	0.41	0.1591	0.6591	0.3409	0.3668
0.06	0.0239	0.5239	0.4761	0.3982	0.42	0.1628	0.6628	0.3372	0.3653
0.07	0.0279	0.5279	0.4721	0.3980	0.43	0.1664	0.6664	0.3336	0.3637
0.08	0.0319	0.5319	0.4681	0.3977	0.44	0.1700	0.6700	0.3300	0.3621
0.09	0.0359	0.5359	0.4641	0.3973	0.45	0.1736	0.6736	0.3264	0.3605
0.10	0.0398	0.5398	0.4602	0.3970	0.46	0.1772	0.6772	0.3228	0.3589
0.11	0.0438	0.5438	0.4562	0.3965	0.47	0.1808	0.6808	0.3192	0.3572
0.12	0.0478	0.5478	0.4522	0.3961	0.48	0.1844	0.6844	0.3156	0.3555
0.13	0.0517	0.5517	0.4483	0.3956	0.49	0.1879	0.6879	0.3121	0.3538
0.14	0.0557	0.5557	0.4443	0.3951	0.50	0.1915	0.6915	0.3085	0.3521
0.15	0.0596	0.5596	0.4404	0.3945	0.51	0.1950	0.6950	0.3050	0.3503
0.16	0.0636	0.5636	0.4364	0.3939	0.52	0.1985	0.6985	0.3015	0.3485
0.17	0.0675	0.5675	0.4325	0.3932	0.53	0.2019	0.7019	0.2981	0.3467
0.18	0.0714	0.5714	0.4286	0.3925	0.54	0.2054	0.7054	0.2946	0.3448
0.19	0.0753	0.5753	0.4247	0.3918	0.55	0.2088	0.7088	0.2912	0.3429
0.20	0.0793	0.5793	0.4207	0.3910	0.56	0.2123	0.7123	0.2877	0.3410
0.21	0.0832	0.5832	0.4168	0.3902	0.57	0.2157	0.7157	0.2843	0.3391
0.22	0.0871	0.5871	0.4129	0.3894	0.58	0.2190	0.7190	0.2810	0.3372
0.23	0.0910	0.5910	0.4090	0.3885	0.59	0.2224	0.7224	0.2776	0.3352
0.24	0.0948	0.5948	0.4052	0.3876	0.60	0.2257	0.7257	0.2743	0.3332
0.25	0.0987	0.5987	0.4013	0.3867	0.61	0.2291	0.7291	0.2709	0.3312
0.26	0.1026	0.6026	0.3974	0.3857	0.62	0.2324	0.7324	0.2676	0.3292
0.27	0.1064	0.6064	0.3936	0.3847	0.63	0.2357	0.7357	0.2643	0.3271
0.28	0.1103	0.6103	0.3897	0.3836	0.64	0.2389	0.7389	0.2611	0.3251
0.29	0.1141	0.6141	0.3859	0.3825	0.65	0.2422	0.7422	0.2578	0.3230
0.30	0.1179	0.6179	0.3821	0.3814	0.66	0.2454	0.7454	0.2546	0.3209
0.31	0.1217	0.6217	0.3783	0.3802	0.67	0.2486	0.7486	0.2514	0.3187
0.32	0.1255	0.6255	0.3745	0.3790	0.68	0.2517	0.7517	0.2483	0.3166
0.33	0.1293	0.6293	0.3707	0.3778	0.69	0.2549	0.7549	0.2451	0.3144
0.34	0.1331	0.6331	0.3669	0.3765	0.70	0.2580	0.7580	0.2420	0.3123
0.35	0.1368	0.6368	0.3632	0.3752	0.71	0.2611	0.7611	0.2389	0.3101

표준정규분포표(z 분포표) (계속)

z	Mean to z	Larger Portion	Smaller Portion	y	z	Mean to z	Larger Portion	Smaller Portion	y
0.72	0.2642	0.7642	0.2358	0.3079	1.14	0.3729	0.8729	0.1271	0.2083
0.73	0.2673	0.7673	0.2327	0.3056	1.15	0.3749	0.8749	0.1251	0.2059
0.74	0.2704	0.7704	0.2296	0.3034	1.16	0.3770	0.8770	0.1230	0.2036
0.75	0.2734	0.7734	0.2266	0.3011	1.17	0.3790	0.8790	0.1210	0.2012
0.76	0.2764	0.7764	0.2236	0.2989	1.18	0.3810	0.8810	0.1190	0.1989
0.77	0.2794	0.7794	0.2206	0.2966	1.19	0.3830	0.8830	0.1170	0.1965
0.78	0.2823	0.7823	0.2177	0.2943	1.20	0.3849	0.8849	0.1151	0.1942
0.79	0.2852	0.7852	0.2148	0.2920	1.21	0.3869	0.8869	0.1131	0.1919
0.80	0.2881	0.7881	0.2119	0.2897	1.22	0.3888	0.8888	0.1112	0.1895
0.81	0.2910	0.7910	0.2090	0.2874	1.23	0.3907	0.8907	0.1093	0.1872
0.82	0.2939	0.7939	0.2061	0.2850	1.24	0.3925	0.8925	0.1075	0.1849
0.83	0.2967	0.7967	0.2033	0.2827	1.25	0.3944	0.8944	0.1056	0.1826
0.84	0.2995	0.7995	0.2005	0.2803	1.26	0.3962	0.8962	0.1038	0.1804
0.85	0.3023	0.8023	0.1977	0.2780	1.27	0.3980	0.8980	0.1020	0.1781
0.86	0.3051	0.8051	0.1949	0.2756	1.28	0.3997	0.8997	0.1003	0.1758
0.87	0.3078	0.8078	0.1922	0.2732	1.29	0.4015	0.9015	0.0985	0.1736
0.88	0.3106	0.8106	0.1894	0.2709	1.30	0.4032	0.9032	0.0968	0.1714
0.89	0.3133	0.8133	0.1867	0.2685	1.31	0.4049	0.9049	0.0951	0.1691
0.90	0.3159	0.8159	0.1841	0.2661	1.32	0.4066	0.9066	0.0934	0.1669
0.91	0.3186	0.8186	0.1814	0.2637	1.33	0.4082	0.9082	0.0918	0.1647
0.92	0.3212	0.8212	0.1788	0.2613	1.34	0.4099	0.9099	0.0901	0.1626
0.93	0.3238	0.8238	0.1762	0.2589	1.35	0.4115	0.9115	0.0885	0.1604
0.94	0.3264	0.8264	0.1736	0.2565	1.36	0.4131	0.9131	0.0869	0.1582
0.95	0.3289	0.8289	0.1711	0.2541	1.37	0.4147	0.9147	0.0853	0.1561
0.96	0.3315	0.8315	0.1685	0.2516	1.38	0.4162	0.9162	0.0838	0.1539
0.97	0.3340	0.8340	0.1660	0.2492	1.39	0.4177	0.9177	0.0823	0.1518
0.98	0.3365	0.8365	0.1635	0.2468	1.40	0.4192	0.9192	0.0808	0.1497
0.99	0.3389	0.8389	0.1611	0.2444	1.41	0.4207	0.9207	0.0793	0.1476
1.00	0.3413	0.8413	0.1587	0.2420	1.42	0.4222	0.9222	0.0778	0.1456
1.01	0.3438	0.8438	0.1562	0.2396	1.43	0.4236	0.9236	0.0764	0.1435
1.02	0.3461	0.8461	0.1539	0.2371	1.44	0.4251	0.9251	0.0749	0.1415
1.03	0.3485	0.8485	0.1515	0.2347	1.45	0.4265	0.9265	0.0735	0.1394
1.04	0.3508	0.8508	0.1492	0.2323	1.46	0.4279	0.9279	0.0721	0.1374
1.05	0.3531	0.8531	0.1469	0.2299	1.47	0.4292	0.9292	0.0708	0.1354
1.06	0.3554	0.8554	0.1446	0.2275	1.48	0.4306	0.9306	0.0694	0.1334
1.07	0.3577	0.8577	0.1423	0.2251	1.49	0.4319	0.9319	0.0681	0.1315
1.08	0.3599	0.8599	0.1401	0.2227	1.50	0.4332	0.9332	0.0668	0.1295
1.09	0.3621	0.8621	0.1379	0.2203	1.51	0.4345	0.9345	0.0655	0.1276
1.10	0.3643	0.8643	0.1357	0.2179	1.52	0.4357	0.9357	0.0643	0.1257
1.11	0.3665	0.8665	0.1335	0.2155	1.53	0.4370	0.9370	0.0630	0.1238
1.12	0.3686	0.8686	0.1314	0.2131	1.54	0.4382	0.9382	0.0618	0.1219
1.13	0.3708	0.8708	0.1292	0.2107	1.55	0.4394	0.9394	0.0606	0.1200

표준정규분포표(z 분포표) (계속)

z	Mean to z	Larger Portion	Smaller Portion	y	z	Mean to z	Larger Portion	Smaller Portion	y
1.56	0.4406	0.9406	0.0594	0.1182	1.98	0.4761	0.9761	0.0239	0.0562
1.57	0.4418	0.9418	0.0582	0.1163	1.99	0.4767	0.9767	0.0233	0.0551
1.58	0.4429	0.9429	0.0571	0.1145	2.00	0.4772	0.9772	0.0228	0.0540
1.59	0.4441	0.9441	0.0559	0.1127	2.01	0.4778	0.9778	0.0222	0.0529
1.60	0.4452	0.9452	0.0548	0.1109	2.02	0.4783	0.9783	0.0217	0.0519
1.61	0.4463	0.9463	0.0537	0.1092	2.03	0.4788	0.9788	0.0212	0.0508
1.62	0.4474	0.9474	0.0526	0.1074	2.04	0.4793	0.9793	0.0207	0.0498
1.63	0.4484	0.9484	0.0516	0.1057	2.05	0.4798	0.9798	0.0202	0.0488
1.64	0.4495	0.9495	0.0505	0.1040	2.06	0.4803	0.9803	0.0197	0.0478
1.65	0.4505	0.9505	0.0495	0.1023	2.07	0.4808	0.9808	0.0192	0.0468
1.66	0.4515	0.9515	0.0485	0.1006	2.08	0.4812	0.9812	0.0188	0.0459
1.67	0.4525	0.9525	0.0475	0.0989	2.09	0.4817	0.9817	0.0183	0.0449
1.68	0.4535	0.9535	0.0465	0.0973	2.10	0.4821	0.9821	0.0179	0.0440
1.69	0.4545	0.9545	0.0455	0.0957	2.11	0.4826	0.9826	0.0174	0.0431
1.70	0.4554	0.9554	0.0446	0.0940	2.12	0.4830	0.9830	0.0170	0.0422
1.71	0.4564	0.9564	0.0436	0.0925	2.13	0.4834	0.9834	0.0166	0.0413
1.72	0.4573	0.9573	0.0427	0.0909	2.14	0.4838	0.9838	0.0162	0.0404
1.73	0.4582	0.9582	0.0418	0.0893	2.15	0.4842	0.9842	0.0158	0.0396
1.74	0.4591	0.9591	0.0409	0.0878	2.16	0.4846	0.9846	0.0154	0.0387
1.75	0.4599	0.9599	0.0401	0.0863	2.17	0.4850	0.9850	0.0150	0.0379
1.76	0.4608	0.9608	0.0392	0.0848	2.18	0.4854	0.9854	0.0146	0.0371
1.77	0.4616	0.9616	0.0384	0.0833	2.19	0.4857	0.9857	0.0143	0.0363
1.78	0.4625	0.9625	0.0375	0.0818	2.20	0.4861	0.9861	0.0139	0.0355
1.79	0.4633	0.9633	0.0367	0.0804	2.21	0.4864	0.9864	0.0136	0.0347
1.80	0.4641	0.9641	0.0359	0.0790	2.22	0.4868	0.9868	0.0132	0.0339
1.81	0.4649	0.9649	0.0351	0.0775	2.23	0.4871	0.9871	0.0129	0.0332
1.82	0.4656	0.9656	0.0344	0.0761	2.24	0.4875	0.9875	0.0125	0.0325
1.83	0.4664	0.9664	0.0336	0.0748	2.25	0.4878	0.9878	0.0122	0.0317
1.84	0.4671	0.9671	0.0329	0.0734	2.26	0.4881	0.9881	0.0119	0.0310
1.85	0.4678	0.9678	0.0322	0.0721	2.27	0.4884	0.9884	0.0116	0.0303
1.86	0.4686	0.9686	0.0314	0.0707	2.28	0.4887	0.9887	0.0113	0.0297
1.87	0.4693	0.9693	0.0307	0.0694	2.29	0.4890	0.9890	0.0110	0.0290
1.88	0.4699	0.9699	0.0301	0.0681	2.30	0.4893	0.9893	0.0107	0.0283
1.89	0.4706	0.9706	0.0294	0.0669	2.31	0.4896	0.9896	0.0104	0.0277
1.90	0.4713	0.9713	0.0287	0.0656	2.32	0.4898	0.9898	0.0102	0.0270
1.91	0.4719	0.9719	0.0281	0.0644	2.33	0.4901	0.9901	0.0099	0.0264
1.92	0.4726	0.9726	0.0274	0.0632	2.34	0.4904	0.9904	0.0096	0.0258
1.93	0.4732	0.9732	0.0268	0.0620	2.35	0.4906	0.9906	0.0094	0.0252
1.94	0.4738	0.9738	0.0262	0.0608	2.36	0.4909	0.9909	0.0091	0.0246
1.95	0.4744	0.9744	0.0256	0.0596	2.37	0.4911	0.9911	0.0089	0.0241
1.96	0.4750	0.9750	0.0250	0.0584	2.38	0.4913	0.9913	0.0087	0.0235
1.97	0.4756	0.9756	0.0244	0.0573	2.39	0.4916	0.9916	0.0084	0.0229

표준정규분포표(z 분포표) (계속)

z	Mean to z	Larger Portion	Smaller Portion	y	z	Mean to z	Larger Portion	Smaller Portion	y
2.40	0.4918	0.9918	0.0082	0.0224	2.75	0.4970	0.9970	0.0030	0.0091
2.41	0.4920	0.9920	0.0080	0.0219	2.76	0.4971	0.9971	0.0029	0.0088
2.42	0.4922	0.9922	0.0078	0.0213	2.77	0.4972	0.9972	0.0028	0.0086
2.43	0.4925	0.9925	0.0075	0.0208	2.78	0.4973	0.9973	0.0027	0.0084
2.44	0.4927	0.9927	0.0073	0.0203	2.79	0.4974	0.9974	0.0026	0.0081
2.45	0.4929	0.9929	0.0071	0.0198	2.80	0.4974	0.9974	0.0026	0.0079
2.46	0.4931	0.9931	0.0069	0.0194	2.81	0.4975	0.9975	0.0025	0.0077
2.47	0.4932	0.9932	0.0068	0.0189	2.82	0.4976	0.9976	0.0024	0.0075
2.48	0.4934	0.9934	0.0066	0.0184	2.83	0.4977	0.9977	0.0023	0.0073
2.49	0.4936	0.9936	0.0064	0.0180	2.84	0.4977	0.9977	0.0023	0.0071
2.50	0.4938	0.9938	0.0062	0.0175	2.85	0.4978	0.9978	0.0022	0.0069
2.51	0.4940	0.9940	0.0060	0.0171	2.86	0.4979	0.9979	0.0021	0.0067
2.52	0.4941	0.9941	0.0059	0.0167	2.87	0.4979	0.9979	0.0021	0.0065
2.53	0.4943	0.9943	0.0057	0.0163	2.88	0.4980	0.9980	0.0020	0.0063
2.54	0.4945	0.9945	0.0055	0.0158	2.89	0.4981	0.9981	0.0019	0.0061
2.55	0.4946	0.9946	0.0054	0.0154	2.90	0.4981	0.9981	0.0019	0.0060
2.56	0.4948	0.9948	0.0052	0.0151	2.91	0.4982	0.9982	0.0018	0.0058
2.57	0.4949	0.9949	0.0051	0.0147	2.92	0.4982	0.9982	0.0018	0.0056
2.58	0.4951	0.9951	0.0049	0.0143	2.93	0.4983	0.9983	0.0017	0.0055
2.59	0.4952	0.9952	0.0048	0.0139	2.94	0.4984	0.9984	0.0016	0.0053
2.60	0.4953	0.9953	0.0047	0.0136	2.95	0.4984	0.9984	0.0016	0.0051
2.61	0.4955	0.9955	0.0045	0.0132	2.96	0.4985	0.9985	0.0015	0.0050
2.62	0.4956	0.9956	0.0044	0.0129	2.97	0.4985	0.9985	0.0015	0.0048
2.63	0.4957	0.9957	0.0043	0.0126	2.98	0.4986	0.9986	0.0014	0.0047
2.64	0.4959	0.9959	0.0041	0.0122	2.99	0.4986	0.9986	0.0014	0.0046
2.65	0.4960	0.9960	0.0040	0.0119	3.00	0.4987	0.9987	0.0013	0.0044
2.66	0.4961	0.9961	0.0039	0.0116	...	...	...	...	...
2.67	0.4962	0.9962	0.0038	0.0113	3.25	0.4994	0.9994	0.0006	0.0020
2.68	0.4963	0.9963	0.0037	0.0110	...	...	...	...	...
2.69	0.4964	0.9964	0.0036	0.0107	3.50	0.4998	0.9998	0.0002	0.0009
2.70	0.4965	0.9965	0.0035	0.0104	...	...	...	...	...
2.71	0.4966	0.9966	0.0034	0.0101	3.75	0.4999	0.9999	0.0001	0.0004
2.72	0.4967	0.9967	0.0033	0.0099	...	...	...	...	...
2.73	0.4968	0.9968	0.0032	0.0096	4.00	0.5000	1.0000	0.0000	0.0001
2.74	0.4969	0.9969	0.0031	0.0093	...	...	...	...	...

출처: The entries in this table were computed by the author.

t 분포표

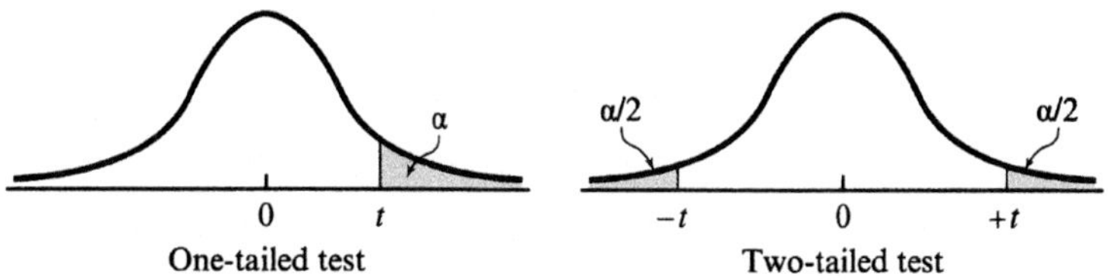

	Level of Significance for One-Tailed Test								
	0.25	*0.20*	*0.15*	*0.10*	*0.05*	*0.025*	*0.01*	*0.005*	*0.0005*
	Level of Significance for Two-Tailed Test								
df	*0.50*	*0.40*	*0.30*	*0.20*	*0.10*	*0.05*	*0.02*	*0.01*	*0.001*
1	1.000	1.376	1.963	3.078	6.314	12.706	31.821	63.657	636.620
2	0.816	1.061	1.386	1.886	2.920	4.303	6.965	9.925	31.599
3	0.765	0.978	1.250	1.638	2.353	3.182	4.541	5.841	12.924
4	0.741	0.941	1.190	1.533	2.132	2.776	3.747	4.604	8.610
5	0.727	0.920	1.156	1.476	2.015	2.571	3.365	4.032	6.869
6	0.718	0.906	1.134	1.440	1.943	2.447	3.143	3.707	5.959
7	0.711	0.896	1.119	1.415	1.895	2.365	2.998	3.499	5.408
8	0.706	0.889	1.108	1.397	1.860	2.306	2.896	3.355	5.041
9	0.703	0.883	1.100	1.383	1.833	2.262	2.821	3.250	4.781
10	0.700	0.879	1.093	1.372	1.812	2.228	2.764	3.169	4.587
11	0.697	0.876	1.088	1.363	1.796	2.201	2.718	3.106	4.437
12	0.695	0.873	1.083	1.356	1.782	2.179	2.681	3.055	4.318
13	0.694	0.870	1.079	1.350	1.771	2.160	2.650	3.012	4.221
14	0.692	0.868	1.076	1.345	1.761	2.145	2.624	2.977	4.140
15	0.691	0.866	1.074	1.341	1.753	2.131	2.602	2.947	4.073
16	0.690	0.865	1.071	1.337	1.746	2.120	2.583	2.921	4.015
17	0.689	0.863	1.069	1.333	1.740	2.110	2.567	2.898	3.965
18	0.688	0.862	1.067	1.330	1.734	2.101	2.552	2.878	3.922
19	0.688	0.861	1.066	1.328	1.729	2.093	2.539	2.861	3.883
20	0.687	0.860	1.064	1.325	1.725	2.086	2.528	2.845	3.850
21	0.686	0.859	1.063	1.323	1.721	2.080	2.518	2.831	3.819
22	0.686	0.858	1.061	1.321	1.717	2.074	2.508	2.819	3.792
23	0.685	0.858	1.060	1.319	1.714	2.069	2.500	2.807	3.768
24	0.685	0.857	1.059	1.318	1.711	2.064	2.492	2.797	3.745
25	0.684	0.856	1.058	1.316	1.708	2.060	2.485	2.787	3.725
26	0.684	0.856	1.058	1.315	1.706	2.056	2.479	2.779	3.707
27	0.684	0.855	1.057	1.314	1.703	2.052	2.473	2.771	3.690
28	0.683	0.855	1.056	1.313	1.701	2.048	2.467	2.763	3.674
29	0.683	0.854	1.055	1.311	1.699	2.045	2.462	2.756	3.659
30	0.683	0.854	1.055	1.310	1.697	2.042	2.457	2.750	3.646
40	0.681	0.851	1.050	1.303	1.684	2.021	2.423	2.704	3.551
50	0.679	0.849	1.047	1.299	1.676	2.009	2.403	2.678	3.496
100	0.677	0.845	1.042	1.290	1.660	1.984	2.364	2.626	3.390
∞	0.674	0.842	1.036	1.282	1.645	1.960	2.326	2.576	3.291

출처: The entries in this table were computed by the author.

F 분포표

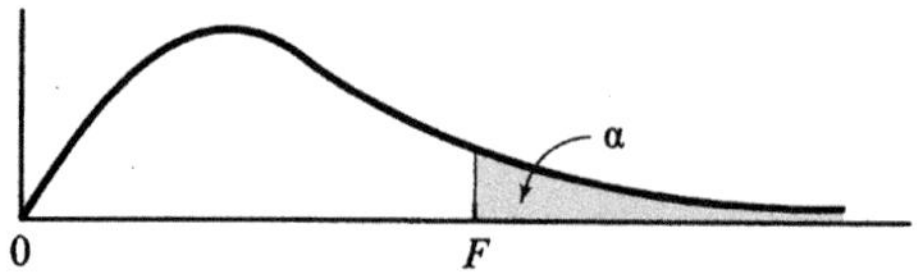

$\alpha = 0.05$

Degrees of Freedom for Denominator	Degrees of Freedom for Numerator															
	1	2	3	4	5	6	7	8	9	10	15	20	25	30	40	50
1	161.4	199.5	215.8	224.8	230.0	233.8	236.5	238.6	240.1	242.1	245.2	248.4	248.9	250.5	250.8	252.6
2	18.51	19.00	19.16	19.25	19.30	19.33	19.35	19.37	19.38	19.40	19.43	19.44	19.46	19.47	19.48	19.48
3	10.13	9.55	9.28	9.12	9.01	8.94	8.89	8.85	8.81	8.79	8.70	8.66	8.63	8.62	8.59	8.58
4	7.71	6.94	6.59	6.39	6.26	6.16	6.09	6.04	6.00	5.96	5.86	5.80	5.77	5.75	5.72	5.70
5	6.61	5.79	5.41	5.19	5.05	4.95	4.88	4.82	4.77	4.74	4.62	4.56	4.52	4.50	4.46	4.44
6	5.99	5.14	4.76	4.53	4.39	4.28	4.21	4.15	4.10	4.06	3.94	3.87	3.83	3.81	3.77	3.75
7	5.59	4.74	4.35	4.12	3.97	3.87	3.79	3.73	3.68	3.64	3.51	3.44	3.40	3.38	3.34	3.32
8	5.32	4.46	4.07	3.84	3.69	3.58	3.50	3.44	3.39	3.35	3.22	3.15	3.11	3.08	3.04	3.02
9	5.12	4.26	3.86	3.63	3.48	3.37	3.29	3.23	3.18	3.14	3.01	2.94	2.89	2.86	2.83	2.80
10	4.96	4.10	3.71	3.48	3.33	3.22	3.14	3.07	3.02	2.98	2.85	2.77	2.73	2.70	2.66	2.64
11	4.84	3.98	3.59	3.36	3.20	3.09	3.01	2.95	2.90	2.85	2.72	2.65	2.60	2.57	2.53	2.51
12	4.75	3.89	3.49	3.26	3.11	3.00	2.91	2.85	2.80	2.75	2.62	2.54	2.50	2.47	2.43	2.40
13	4.67	3.81	3.41	3.18	3.03	2.92	2.83	2.77	2.71	2.67	2.53	2.46	2.41	2.38	2.34	2.31
14	4.60	3.74	3.34	3.11	2.96	2.85	2.76	2.70	2.65	2.60	2.46	2.39	2.34	2.31	2.27	2.24
15	4.54	3.68	3.29	3.06	2.90	2.79	2.71	2.64	2.59	2.54	2.40	2.33	2.28	2.25	2.20	2.18
16	4.49	3.63	3.24	3.01	2.85	2.74	2.66	2.59	2.54	2.49	2.35	2.28	2.23	2.19	2.15	2.12
17	4.45	3.59	3.20	2.96	2.81	2.70	2.61	2.55	2.49	2.45	2.31	2.23	2.18	2.15	2.10	2.08
18	4.41	3.55	3.16	2.93	2.77	2.66	2.58	2.51	2.46	2.41	2.27	2.19	2.14	2.11	2.06	2.04
19	4.38	3.52	3.13	2.90	2.74	2.63	2.54	2.48	2.42	2.38	2.23	2.16	2.11	2.07	2.03	2.00
20	4.35	3.49	3.10	2.87	2.71	2.60	2.51	2.45	2.39	2.35	2.20	2.12	2.07	2.04	1.99	1.97
22	4.30	3.44	3.05	2.82	2.66	2.55	2.46	2.40	2.34	2.30	2.15	2.07	2.02	1.98	1.94	1.91
24	4.26	3.40	3.01	2.78	2.62	2.51	2.42	2.36	2.30	2.25	2.11	2.03	1.97	1.94	1.89	1.86
26	4.23	3.37	2.98	2.74	2.59	2.47	2.39	2.32	2.27	2.22	2.07	1.99	1.94	1.90	1.85	1.82
28	4.20	3.34	2.95	2.71	2.56	2.45	2.36	2.29	2.24	2.19	2.04	1.96	1.91	1.87	1.82	1.79
30	4.17	3.32	2.92	2.69	2.53	2.42	2.33	2.27	2.21	2.16	2.01	1.93	1.88	1.84	1.79	1.76
40	4.08	3.23	2.84	2.61	2.45	2.34	2.25	2.18	2.12	2.08	1.92	1.84	1.78	1.74	1.69	1.66
50	4.03	3.18	2.79	2.56	2.40	2.29	2.20	2.13	2.07	2.03	1.87	1.78	1.73	1.69	1.63	1.60
60	4.00	3.15	2.76	2.53	2.37	2.25	2.17	2.10	2.04	1.99	1.84	1.75	1.69	1.65	1.59	1.56
120	3.92	3.07	2.68	2.45	2.29	2.18	2.09	2.02	1.96	1.91	1.75	1.66	1.60	1.55	1.50	1.46
200	3.89	3.04	2.65	2.42	2.26	2.14	2.06	1.98	1.93	1.88	1.72	1.62	1.56	1.52	1.46	1.41
500	3.86	3.01	2.62	2.39	2.23	2.12	2.03	1.96	1.90	1.85	1.69	1.59	1.53	1.48	1.42	1.38
1000	3.85	3.01	2.61	2.38	2.22	2.11	2.02	1.95	1.89	1.84	1.68	1.58	1.52	1.47	1.41	1.36

출처: The entries in this table were computed by the author.

F 분포표 (계속)

$\alpha = 0.025$

Degrees of Freedom for Denominator	Degrees of Freedom for Numerator 1	2	3	4	5	6	7	8	9	10	15	20	25	30	40	50
1	647.8	799.5	864.2	899.6	921.8	937.1	948.2	956.7	963.3	968.6	984.9	993.1	998.1	1001	1006	1008
2	38.51	39.00	39.17	39.25	39.30	39.33	39.36	39.37	39.39	39.40	39.43	39.45	39.46	39.46	39.47	39.48
3	17.44	16.04	15.44	15.10	14.89	14.73	14.62	14.54	14.47	14.42	14.25	14.17	14.12	14.08	14.04	14.01
4	12.22	10.65	9.98	9.60	9.36	9.20	9.07	8.98	8.90	8.84	8.66	8.56	8.50	8.46	8.41	8.38
5	10.01	8.43	7.76	7.39	7.15	6.98	6.85	6.76	6.68	6.62	6.43	6.33	6.27	6.23	6.18	6.14
6	8.81	7.26	6.60	6.23	5.99	5.82	5.70	5.60	5.52	5.46	5.27	5.17	5.11	5.07	5.01	4.98
7	8.07	6.54	5.89	5.52	5.29	5.12	4.99	4.90	4.82	4.76	4.57	4.47	4.40	4.36	4.31	4.28
8	7.57	6.06	5.42	5.05	4.82	4.65	4.53	4.43	4.36	4.30	4.10	4.00	3.94	3.89	3.84	3.81
9	7.21	5.71	5.08	4.72	4.48	4.32	4.20	4.10	4.03	3.96	3.77	3.67	3.60	3.56	3.51	3.47
10	6.94	5.46	4.83	4.47	4.24	4.07	3.95	3.85	3.78	3.72	3.52	3.42	3.35	3.31	3.26	3.22
11	6.72	5.26	4.63	4.28	4.04	3.88	3.76	3.66	3.59	3.53	3.33	3.23	3.16	3.12	3.06	3.03
12	6.55	5.10	4.47	4.12	3.89	3.73	3.61	3.51	3.44	3.37	3.18	3.07	3.01	2.96	2.91	2.87
13	6.41	4.97	4.35	4.00	3.77	3.60	3.48	3.39	3.31	3.25	3.05	2.95	2.88	2.84	2.78	2.74
14	6.30	4.86	4.24	3.89	3.66	3.50	3.38	3.29	3.21	3.15	2.95	2.84	2.78	2.73	2.67	2.64
15	6.20	4.77	4.15	3.80	3.58	3.41	3.29	3.20	3.12	3.06	2.86	2.76	2.69	2.64	2.59	2.55
16	6.12	4.69	4.08	3.73	3.50	3.34	3.22	3.12	3.05	2.99	2.79	2.68	2.61	2.57	2.51	2.47
17	6.04	4.62	4.01	3.66	3.44	3.28	3.16	3.06	2.98	2.92	2.72	2.62	2.55	2.50	2.44	2.41
18	5.98	4.56	3.95	3.61	3.38	3.22	3.10	3.01	2.93	2.87	2.67	2.56	2.49	2.44	2.38	2.35
19	5.92	4.51	3.90	3.56	3.33	3.17	3.05	2.96	2.88	2.82	2.62	2.51	2.44	2.39	2.33	2.30
20	5.87	4.46	3.86	3.51	3.29	3.13	3.01	2.91	2.84	2.77	2.57	2.46	2.40	2.35	2.29	2.25
22	5.79	4.38	3.78	3.44	3.22	3.05	2.93	2.84	2.76	2.70	2.50	2.39	2.32	2.27	2.21	2.17
24	5.72	4.32	3.72	3.38	3.15	2.99	2.87	2.78	2.70	2.64	2.44	2.33	2.26	2.21	2.15	2.11
26	5.66	4.27	3.67	3.33	3.10	2.94	2.82	2.73	2.65	2.59	2.39	2.28	2.21	2.16	2.09	2.05
28	5.61	4.22	3.63	3.29	3.06	2.90	2.78	2.69	2.61	2.55	2.34	2.23	2.16	2.11	2.05	2.01
30	5.57	4.18	3.59	3.25	3.03	2.87	2.75	2.65	2.57	2.51	2.31	2.20	2.12	2.07	2.01	1.97
40	5.42	4.05	3.46	3.13	2.90	2.74	2.62	2.53	2.45	2.39	2.18	2.07	1.99	1.94	1.88	1.83
50	5.34	3.97	3.39	3.05	2.83	2.67	2.55	2.46	2.38	2.32	2.11	1.99	1.92	1.87	1.80	1.75
60	5.29	3.93	3.34	3.01	2.79	2.63	2.51	2.41	2.33	2.27	2.06	1.94	1.87	1.82	1.74	1.70
120	5.15	3.80	3.23	2.89	2.67	2.52	2.39	2.30	2.22	2.16	1.94	1.82	1.75	1.69	1.61	1.56
200	5.10	3.76	3.18	2.85	2.63	2.47	2.35	2.26	2.18	2.11	1.90	1.78	1.70	1.64	1.56	1.51
500	5.05	3.72	3.14	2.81	2.59	2.43	2.31	2.22	2.14	2.07	1.86	1.74	1.65	1.60	1.52	1.46
1000	5.04	3.70	3.13	2.80	2.58	2.42	2.30	2.20	2.13	2.06	1.85	1.72	1.64	1.58	1.50	1.45

출처: The entries in this table were computed by the author.

F 분포표 (계속)

$\alpha = 0.01$

Degrees of Freedom for Numerator (columns); Degrees of Freedom for Denominator (rows)

	1	2	3	4	5	6	7	8	9	10	15	20	25	30	40	50
1	4048	4993	5377	5577	5668	5924	5992	6096	6132	6168	6079	6168	6214	6355	6168	6213
2	98.50	99.01	99.15	99.23	99.30	99.33	99.35	99.39	99.40	99.43	99.38	99.48	99.43	99.37	99.44	99.59
3	34.12	30.82	29.46	28.71	28.24	27.91	27.67	27.49	27.34	27.23	26.87	26.69	26.58	26.51	26.41	26.36
4	21.20	18.00	16.69	15.98	15.52	15.21	14.98	14.80	14.66	14.55	14.20	14.02	13.91	13.84	13.75	13.69
5	16.26	13.27	12.06	11.39	10.97	10.67	10.46	10.29	10.16	10.05	9.72	9.55	9.45	9.38	9.29	9.24
6	13.75	10.92	9.78	9.15	8.75	8.47	8.26	8.10	7.98	7.87	7.56	7.40	7.30	7.23	7.14	7.09
7	12.25	9.55	8.45	7.85	7.46	7.19	6.99	6.84	6.72	6.62	6.31	6.16	6.06	5.99	5.91	5.86
8	11.26	8.65	7.59	7.01	6.63	6.37	6.18	6.03	5.91	5.81	5.52	5.36	5.26	5.20	5.12	5.07
9	10.56	8.02	6.99	6.42	6.06	5.80	5.61	5.47	5.35	5.26	4.96	4.81	4.71	4.65	4.57	4.52
10	10.04	7.56	6.55	5.99	5.64	5.39	5.20	5.06	4.94	4.85	4.56	4.41	4.31	4.25	4.17	4.12
11	9.65	7.21	6.22	5.67	5.32	5.07	4.89	4.74	4.63	4.54	4.25	4.10	4.01	3.94	3.86	3.81
12	9.33	6.93	5.95	5.41	5.06	4.82	4.64	4.50	4.39	4.30	4.01	3.86	3.76	3.70	3.62	3.57
13	9.07	6.70	5.74	5.21	4.86	4.62	4.44	4.30	4.19	4.10	3.82	3.66	3.57	3.51	3.43	3.38
14	8.86	6.51	5.56	5.04	4.69	4.46	4.28	4.14	4.03	3.94	3.66	3.51	3.41	3.35	3.27	3.22
15	8.68	6.36	5.42	4.89	4.56	4.32	4.14	4.00	3.89	3.80	3.52	3.37	3.28	3.21	3.13	3.08
16	8.53	6.23	5.29	4.77	4.44	4.20	4.03	3.89	3.78	3.69	3.41	3.26	3.16	3.10	3.02	2.97
17	8.40	6.11	5.18	4.67	4.34	4.10	3.93	3.79	3.68	3.59	3.31	3.16	3.07	3.00	2.92	2.87
18	8.29	6.01	5.09	4.58	4.25	4.01	3.84	3.71	3.60	3.51	3.23	3.08	2.98	2.92	2.84	2.78
19	8.18	5.93	5.01	4.50	4.17	3.94	3.77	3.63	3.52	3.43	3.15	3.00	2.91	2.84	2.76	2.71
20	8.10	5.85	4.94	4.43	4.10	3.87	3.70	3.56	3.46	3.37	3.09	2.94	2.84	2.78	2.69	2.64
22	7.95	5.72	4.82	4.31	3.99	3.76	3.59	3.45	3.35	3.26	2.98	2.83	2.73	2.67	2.58	2.53
24	7.82	5.61	4.72	4.22	3.90	3.67	3.50	3.36	3.26	3.17	2.89	2.74	2.64	2.58	2.49	2.44
26	7.72	5.53	4.64	4.14	3.82	3.59	3.42	3.29	3.18	3.09	2.81	2.66	2.57	2.50	2.42	2.36
28	7.64	5.45	4.57	4.07	3.75	3.53	3.36	3.23	3.12	3.03	2.75	2.60	2.51	2.44	2.35	2.30
30	7.56	5.39	4.51	4.02	3.70	3.47	3.30	3.17	3.07	2.98	2.70	2.55	2.45	2.39	2.30	2.25
40	7.31	5.18	4.31	3.83	3.51	3.29	3.12	2.99	2.89	2.80	2.52	2.37	2.27	2.20	2.11	2.06
50	7.17	5.06	4.20	3.72	3.41	3.19	3.02	2.89	2.78	2.70	2.42	2.27	2.17	2.10	2.01	1.95
60	7.08	4.98	4.13	3.65	3.34	3.12	2.95	2.82	2.72	2.63	2.35	2.20	2.10	2.03	1.94	1.88
120	6.85	4.79	3.95	3.48	3.17	2.96	2.79	2.66	2.56	2.47	2.19	2.03	1.93	1.86	1.76	1.70
200	6.76	4.71	3.88	3.41	3.11	2.89	2.73	2.60	2.50	2.41	2.13	1.97	1.87	1.79	1.69	1.63
500	6.69	4.65	3.82	3.36	3.05	2.84	2.68	2.55	2.44	2.36	2.07	1.92	1.81	1.74	1.63	1.57
1000	6.67	4.63	3.80	3.34	3.04	2.82	2.66	2.53	2.43	2.34	2.06	1.90	1.79	1.72	1.61	1.54

출처: The entries in this table were computed by the author.

χ^2 분포표

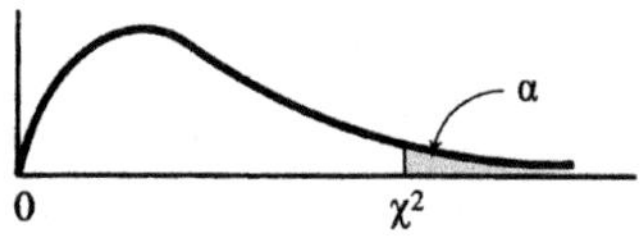

df	0.995	0.990	0.975	0.950	0.900	0.750	0.500	0.250	0.100	0.050	0.025	0.010	0.005
1	0.00	0.00	0.00	0.00	0.02	0.10	0.45	1.32	2.71	3.84	5.02	6.63	7.88
2	0.01	0.02	0.05	0.10	0.21	0.58	1.39	2.77	4.61	5.99	7.38	9.21	10.60
3	0.07	0.11	0.22	0.35	0.58	1.21	2.37	4.11	6.25	7.82	9.35	11.35	12.84
4	0.21	0.30	0.48	0.71	1.06	1.92	3.36	5.39	7.78	9.49	11.14	13.28	14.86
5	0.41	0.55	0.83	1.15	1.61	2.67	4.35	6.63	9.24	11.07	12.83	15.09	16.75
6	0.68	0.87	1.24	1.64	2.20	3.45	5.35	7.84	10.64	12.59	14.45	16.81	18.55
7	0.99	1.24	1.69	2.17	2.83	4.25	6.35	9.04	12.02	14.07	16.01	18.48	20.28
8	1.34	1.65	2.18	2.73	3.49	5.07	7.34	10.22	13.36	15.51	17.54	20.09	21.96
9	1.73	2.09	2.70	3.33	4.17	5.90	8.34	11.39	14.68	16.92	19.02	21.66	23.59
10	2.15	2.56	3.25	3.94	4.87	6.74	9.34	12.55	15.99	18.31	20.48	23.21	25.19
11	2.60	3.05	3.82	4.57	5.58	7.58	10.34	13.70	17.28	19.68	21.92	24.72	26.75
12	3.07	3.57	4.40	5.23	6.30	8.44	11.34	14.85	18.55	21.03	23.34	26.21	28.30
13	3.56	4.11	5.01	5.89	7.04	9.30	12.34	15.98	19.81	22.36	24.74	27.69	29.82
14	4.07	4.66	5.63	6.57	7.79	10.17	13.34	17.12	21.06	23.69	26.12	29.14	31.31
15	4.60	5.23	6.26	7.26	8.55	11.04	14.34	18.25	22.31	25.00	27.49	30.58	32.80
16	5.14	5.81	6.91	7.96	9.31	11.91	15.34	19.37	23.54	26.30	28.85	32.00	34.27
17	5.70	6.41	7.56	8.67	10.09	12.79	16.34	20.49	24.77	27.59	30.19	33.41	35.72
18	6.26	7.01	8.23	9.39	10.86	13.68	17.34	21.60	25.99	28.87	31.53	34.81	37.15
19	6.84	7.63	8.91	10.12	11.65	14.56	18.34	22.72	27.20	30.14	32.85	36.19	38.58
20	7.43	8.26	9.59	10.85	12.44	15.45	19.34	23.83	28.41	31.41	34.17	37.56	40.00
21	8.03	8.90	10.28	11.59	13.24	16.34	20.34	24.93	29.62	32.67	35.48	38.93	41.40
22	8.64	9.54	10.98	12.34	14.04	17.24	21.34	26.04	30.81	33.93	36.78	40.29	42.80
23	9.26	10.19	11.69	13.09	14.85	18.14	22.34	27.14	32.01	35.17	38.08	41.64	44.18
24	9.88	10.86	12.40	13.85	15.66	19.04	23.34	28.24	33.20	36.42	39.37	42.98	45.56
25	10.52	11.52	13.12	14.61	16.47	19.94	24.34	29.34	34.38	37.65	40.65	44.32	46.93
26	11.16	12.20	13.84	15.38	17.29	20.84	25.34	30.43	35.56	38.89	41.92	45.64	48.29
27	11.80	12.88	14.57	16.15	18.11	21.75	26.34	31.53	36.74	40.11	43.20	46.96	49.64
28	12.46	13.56	15.31	16.93	18.94	22.66	27.34	32.62	37.92	41.34	44.46	48.28	50.99
29	13.12	14.26	16.05	17.71	19.77	23.57	28.34	33.71	39.09	42.56	45.72	49.59	52.34
30	13.78	14.95	16.79	18.49	20.60	24.48	29.34	34.80	40.26	43.77	46.98	50.89	53.67
40	20.67	22.14	24.42	26.51	29.06	33.67	39.34	45.61	51.80	55.75	59.34	63.71	66.80
50	27.96	29.68	32.35	34.76	37.69	42.95	49.34	56.33	63.16	67.50	71.42	76.17	79.52
60	35.50	37.46	40.47	43.19	46.46	52.30	59.34	66.98	74.39	79.08	83.30	88.40	91.98
70	43.25	45.42	48.75	51.74	55.33	61.70	69.34	77.57	85.52	90.53	95.03	100.44	104.24
80	51.14	53.52	57.15	60.39	64.28	71.15	79.34	88.13	96.57	101.88	106.63	112.34	116.35
90	59.17	61.74	65.64	69.13	73.29	80.63	89.33	98.65	107.56	113.14	118.14	124.13	128.32
100	67.30	70.05	74.22	77.93	82.36	90.14	99.33	109.14	118.49	124.34	129.56	135.82	140.19

출처: The entries in this table were computed by the author.

Wilcoxon T 분포표

Nominal α(One-Tailed)

N	0.05 T	0.05 α	0.025 T	0.025 α	0.01 T	0.01 α	0.005 T	0.005 α
5	0	0.0313						
	1	0.0625						
6	2	0.0469	0	0.0156				
	3	0.0781	1	0.0313				
7	3	0.0391	2	0.0234	0	0.0078		
	4	0.0547	3	0.0391	1	0.0156		
8	5	0.0391	3	0.0195	1	0.0078	0	0.0039
	6	0.0547	4	0.0273	2	0.0117	1	0.0078
9	8	0.0488	5	0.0195	3	0.0098	1	0.0039
	9	0.0645	6	0.0273	4	0.0137	2	0.0059
10	10	0.0420	8	0.0244	5	0.0098	3	0.0049
	11	0.0527	9	0.0322	6	0.0137	4	0.0068
11	13	0.0415	10	0.0210	7	0.0093	5	0.0049
	14	0.0508	11	0.0269	8	0.0122	6	0.0068
12	17	0.0461	13	0.0212	9	0.0081	7	0.0046
	18	0.0549	14	0.0261	10	0.0105	8	0.0061
13	21	0.0471	17	0.0239	12	0.0085	9	0.0040
	22	0.0549	18	0.0287	13	0.0107	10	0.0052
14	25	0.0453	21	0.0247	15	0.0083	12	0.0043
	26	0.0520	22	0.0290	16	0.0101	13	0.0054
15	30	0.0473	25	0.0240	19	0.0090	15	0.0042
	31	0.0535	26	0.0277	20	0.0108	16	0.0051
16	35	0.0467	29	0.0222	23	0.0091	19	0.0046
	36	0.0523	30	0.0253	24	0.0107	20	0.0055
17	41	0.0492	34	0.0224	27	0.0087	23	0.0047
	42	0.0544	35	0.0253	28	0.0101	24	0.0055
18	47	0.0494	40	0.0241	32	0.0091	27	0.0045
	48	0.0542	41	0.0269	33	0.0104	28	0.0052
19	53	0.0478	46	0.0247	37	0.0090	32	0.0047
	54	0.0521	47	0.0273	38	0.0102	33	0.0054

Wilcoxon T 분포표 (계속)

Nominal α(One-Tailed)

	0.05		0.025		0.01		0.005	
N	T	α	T	α	T	α	T	α
20	60	0.0487	52	0.0242	43	0.0096	37	0.0047
	61	0.0527	53	0.0266	44	0.0107	38	0.0053
21	67	0.0479	58	0.0230	49	0.0097	42	0.0045
	68	0.0516	59	0.0251	50	0.0108	43	0.0051
22	75	0.0492	65	0.0231	55	0.0095	48	0.0046
	76	0.0527	66	0.0250	56	0.0104	49	0.0052
23	83	0.0490	73	0.0242	62	0.0098	54	0.0046
	84	0.0523	74	0.0261	63	0.0107	55	0.0051
24	91	0.0475	81	0.0245	69	0.0097	61	0.0048
	92	0.0505	82	0.0263	70	0.0106	62	0.0053
25	100	0.0479	89	0.0241	76	0.0094	68	0.0048
	101	0.0507	90	0.0258	77	0.0101	69	0.0053
26	110	0.0497	98	0.0247	84	0.0095	75	0.0047
	111	0.0524	99	0.0263	85	0.0102	76	0.0051
27	119	0.0477	107	0.0246	92	0.0093	83	0.0048
	120	0.0502	108	0.0260	93	0.0100	84	0.0052
28	130	0.0496	116	0.0239	101	0.0096	91	0.0048
	131	0.0521	117	0.0252	102	0.0102	92	0.0051
29	140	0.0482	126	0.0240	110	0.0095	100	0.0049
	141	0.0504	127	0.0253	111	0.0101	101	0.0053
30	151	0.0481	137	0.0249	120	0.0098	109	0.0050
	152	0.0502	138	0.0261	121	0.0104	110	0.0053
31	163	0.0491	147	0.0239	130	0.0099	118	0.0049
	164	0.0512	148	0.0251	131	0.0105	119	0.0052
32	175	0.0492	159	0.0249	140	0.0097	128	0.0050
	176	0.0512	160	0.0260	141	0.0103	129	0.0053
33	187	0.0485	170	0.0242	151	0.0099	138	0.0049
	188	0.0503	171	0.0253	152	0.0104	139	0.0052
34	200	0.0488	182	0.0242	162	0.0098	148	0.0048
	201	0.0506	183	0.0252	163	0.0103	149	0.0051
35	213	0.0484	195	0.0247	173	0.0096	159	0.0048
	214	0.0501	196	0.0257	174	0.0100	160	0.0051
36	227	0.0489	208	0.0248	185	0.0096	171	0.0050
	228	0.0505	209	0.0258	186	0.0100	172	0.0052
37	241	0.0487	221	0.0245	198	0.0099	182	0.0048
	242	0.0503	222	0.0254	199	0.0103	183	0.0050

출처: The entries in this table were computed by the author.

Wilcoxon T 분포표 (계속)

Nominal α(One–Tailed)

	0.05		0.025		0.01		0.005	
N	T	α	T	α	T	α	T	α
38	256	0.0493	235	0.0247	211	0.0099	194	0.0048
	257	0.0509	236	0.0256	212	0.0104	195	0.0050
39	271	0.0492	249	0.0246	224	0.0099	207	0.0049
	272	0.0507	250	0.0254	225	0.0103	208	0.0051
40	286	0.0486	264	0.0249	238	0.0100	220	0.0049
	287	0.0500	265	0.0257	239	0.0104	221	0.0051
41	302	0.0488	279	0.0248	252	0.0100	233	0.0048
	303	0.0501	280	0.0256	253	0.0103	234	0.0050
42	319	0.0496	294	0.0245	266	0.0098	247	0.0049
	320	0.0509	295	0.0252	267	0.0102	248	0.0051
43	336	0.0498	310	0.0245	281	0.0098	261	0.0048
	337	0.0511	311	0.0252	282	0.0102	262	0.0050
44	353	0.0495	327	0.0250	296	0.0097	276	0.0049
	354	0.0507	328	0.0257	297	0.0101	277	0.0051
45	371	0.0498	343	0.0244	312	0.0098	291	0.0049
	372	0.0510	344	0.0251	313	0.0101	292	0.0051
46	389	0.0497	361	0.0249	328	0.0098	307	0.0050
	390	0.0508	362	0.0256	329	0.0101	308	0.0052
47	407	0.0490	378	0.0245	345	0.0099	322	0.0048
	408	0.0501	379	0.0251	346	0.0102	323	0.0050
48	426	0.0490	396	0.0244	362	0.0099	339	0.0050
	427	0.0500	397	0.0251	363	0.0102	340	0.0051
49	446	0.0495	415	0.0247	379	0.0098	355	0.0049
	447	0.0505	416	0.0253	380	0.0100	356	0.0050
50	466	0.0495	434	0.0247	397	0.0098	373	0.0050
	467	0.0506	435	0.0253	398	0.0101	374	0.0051

출처: The entries in this table were computed by the author.

Wilcoxon 등위합(Ws) 분포표

	$N_1 = 1$							$N_1 = 2$							
N_2	0.001	0.005	0.010	0.025	0.05	0.10	$2\overline{W}$	0.001	0.005	0.010	0.025	0.05	0.10	$2\overline{W}$	N_2
2							4						—	10	2
3							5						3	12	3
4							6					—	3	14	4
5							7					3	4	16	5
6							8					3	4	18	6
7							9				—	3	4	20	7
8						—	10				3	4	5	22	8
9						1	11				3	4	5	24	9
10						1	12				3	4	6	26	10
11						1	13				3	4	6	28	11
12						1	14			—	4	5	7	30	12
13						1	15			3	4	5	7	32	13
14						1	16			3	4	6	8	34	14
15						1	17			3	4	6	8	36	15
16						1	18			3	4	6	8	38	16
17						1	19			3	5	6	9	40	17
18					—	1	20		—	3	5	7	9	42	18
19					1	2	21		3	4	5	7	10	44	19
20					1	2	22		3	4	5	7	10	46	20
21					1	2	23		3	4	6	8	11	48	21
22					1	2	24		3	4	6	8	11	50	22
23					1	2	25		3	4	6	8	12	52	23
24					1	2	26		3	4	6	9	12	54	24
25	—	—	—	—	1	2	27	—	3	4	6	9	12	56	25

	$N_1 = 3$							$N_1 = 4$							
N_2	0.001	0.005	0.010	0.025	0.05	0.10	$2\overline{W}$	0.001	0.005	0.010	0.025	0.05	0.10	$2\overline{W}$	N_2
3					6	7	21								
4				—	6	7	24			—	10	11	13	36	4
5				6	7	8	27		—	10	11	12	14	40	5
6			—	7	8	9	30		10	11	12	13	15	44	6
7			6	7	8	10	33		10	11	13	14	16	48	7
8		—	6	8	9	11	36		11	12	14	15	17	52	8
9		6	7	8	10	11	39	—	11	13	14	16	19	56	9
10		6	7	9	10	12	42	10	12	13	15	17	20	60	10
11		6	7	9	11	13	45	10	12	14	16	18	21	64	11
12		7	8	10	11	14	48	10	13	15	17	19	22	68	12
13		7	8	10	12	15	51	11	13	15	18	20	23	72	13
14		7	8	11	13	16	54	11	14	16	19	21	25	76	14
15		8	9	11	13	16	57	11	15	17	20	22	26	80	15

Wilcoxon 등위합(Ws) 분포표 (계속)

	$N_1 = 3$							$N_1 = 4$							
N_2	0.001	0.005	0.010	0.025	0.05	0.10	$2\overline{W}$	0.001	0.005	0.010	0.025	0.05	0.10	$2\overline{W}$	N_2
16	—	8	9	12	14	17	60	12	15	17	21	24	27	84	16
17	6	8	10	12	15	18	63	12	16	18	21	25	28	88	17
18	6	8	10	13	15	19	66	13	16	19	22	26	30	92	18
19	6	9	10	13	16	20	69	13	17	19	23	27	31	96	19
20	6	9	11	14	17	21	72	13	18	20	24	28	32	100	20
21	7	9	11	14	17	21	75	14	18	21	25	29	33	104	21
22	7	10	12	15	18	22	78	14	19	21	26	30	35	108	22
23	7	10	12	15	19	23	81	14	19	22	27	31	36	112	23
24	7	10	12	16	19	24	84	15	20	23	27	32	38	116	24
25	7	11	13	16	20	25	87	15	20	23	28	33	38	120	25

	$N_1 = 5$							$N_1 = 6$							
N_2	0.001	0.005	0.010	0.025	0.05	0.10	$2\overline{W}$	0.001	0.005	0.010	0.025	0.05	0.10	$2\overline{W}$	N_2
5		15	16	17	19	20	55								
6		16	17	18	20	22	60	—	23	24	26	28	30	78	6
7	—	16	18	20	21	23	65	21	24	25	27	29	32	84	7
8	15	17	19	21	23	25	70	22	25	27	29	31	34	90	8
9	16	18	20	22	24	27	75	23	26	28	31	33	36	96	9
10	16	19	21	23	26	28	80	24	27	29	32	35	38	102	10
11	17	20	22	24	27	30	85	25	28	30	34	37	40	108	11
12	17	21	23	26	28	32	90	25	30	32	35	38	42	114	12
13	18	22	24	27	30	33	95	26	31	33	37	40	44	120	13
14	18	22	25	28	31	35	100	27	32	34	38	42	46	126	14
15	19	23	26	29	33	37	105	28	33	36	40	44	48	132	15
16	20	24	27	30	34	38	110	29	34	37	42	46	50	138	16
17	20	25	28	32	35	40	115	30	36	39	43	47	52	144	17
18	21	26	29	33	37	42	120	31	37	40	45	49	55	150	18
19	22	27	30	34	38	43	125	32	38	41	46	51	57	156	19
20	22	28	31	35	40	45	130	33	39	43	48	53	59	162	20
21	23	29	32	37	41	47	135	33	40	44	50	55	61	168	21
22	23	29	33	38	43	48	140	34	42	45	51	57	63	174	22
23	24	30	34	39	44	50	145	35	43	47	53	58	65	180	23
24	25	31	35	40	45	51	150	36	44	48	54	60	67	186	24
25	25	32	36	42	47	53	155	37	45	50	56	62	69	192	25

Wilcoxon 등위합(Ws) 분포표 (계속)

	$N_1 = 7$							$N_1 = 8$							
N_2	0.001	0.005	0.010	0.025	0.05	0.10	$2\overline{W}$	0.001	0.005	0.010	0.025	0.05	0.10	$2\overline{W}$	N_2
7	29	32	34	36	39	41	105								
8	30	34	35	38	41	44	112	40	43	45	49	51	55	136	8
9	31	35	37	40	43	46	119	41	45	47	51	54	58	144	9
10	33	37	39	42	45	49	126	42	47	49	53	56	60	152	10
11	34	38	40	44	47	51	133	44	49	51	55	59	63	160	11
12	35	40	42	46	49	54	140	45	51	53	58	62	66	168	12
13	36	41	44	48	52	56	147	47	53	56	60	64	69	176	13
14	37	43	45	50	54	59	154	48	54	58	62	67	72	184	14
15	38	44	47	52	56	61	161	50	56	60	65	69	75	192	15
16	39	46	49	54	58	64	168	51	58	62	67	72	78	200	16
17	41	47	51	56	61	66	175	53	60	64	70	75	81	208	17
18	42	49	52	58	63	69	182	54	62	66	72	77	84	216	18
19	43	50	54	60	65	71	189	56	64	68	74	80	87	224	19
20	44	52	56	62	67	74	196	57	66	70	77	83	90	232	20
21	46	53	58	64	69	76	203	59	68	72	79	85	92	240	21
22	47	55	59	66	72	79	210	60	70	74	81	88	95	248	22
23	48	57	61	68	74	81	217	62	71	76	84	90	98	256	23
24	49	58	63	70	76	84	224	64	73	78	86	93	101	264	24
25	50	60	64	72	78	86	231	65	75	81	89	96	104	272	25

	$N_1 = 9$							$N_1 = 10$							
N_2	0.001	0.005	0.010	0.025	0.05	0.10	$2\overline{W}$	0.001	0.005	0.010	0.025	0.05	0.10	$2\overline{W}$	N_2
9	52	56	59	62	66	70	171								
10	53	58	61	65	69	73	180	65	71	74	78	82	87	210	10
11	55	61	63	68	72	76	189	67	73	77	81	86	91	220	11
12	57	63	66	71	75	80	198	69	76	79	84	89	94	230	12
13	59	65	68	73	78	83	207	72	79	82	88	92	98	240	13
14	60	67	71	76	81	86	216	74	81	85	91	96	102	250	14
15	62	69	73	79	84	90	225	76	84	88	94	99	106	260	15
16	64	72	76	82	87	93	234	78	86	91	97	103	109	270	16
17	66	74	78	84	90	97	243	80	89	93	100	106	113	280	17
18	68	76	81	87	93	100	252	82	92	96	103	110	117	290	18
19	70	78	83	90	96	103	261	84	94	99	107	113	121	300	19
20	71	81	85	93	99	107	270	87	97	102	110	117	125	310	20
21	73	83	88	95	102	110	279	89	99	105	113	120	128	320	21
22	75	85	90	98	105	113	288	91	102	108	116	123	132	330	22
23	77	88	93	101	108	117	297	93	105	110	119	127	136	340	23
24	79	90	95	104	111	120	306	95	107	113	122	130	140	350	24
25	81	92	98	107	114	123	315	98	110	116	126	134	144	360	25

Wilcoxon 등위합(Ws) 분포표 (계속)

	$N_1 = 11$							$N_1 = 12$							
N_2	0.001	0.005	0.010	0.025	0.05	0.10	$2\overline{W}$	0.001	0.005	0.010	0.025	0.05	0.10	$2\overline{W}$	N_2
11	81	87	91	96	100	106	253								
12	83	90	94	99	104	110	264	98	105	109	115	120	127	300	12
13	86	93	97	103	108	114	275	101	109	113	119	125	131	312	13
14	88	96	100	106	112	118	286	103	112	116	123	129	136	324	14
15	90	99	103	110	116	123	297	106	115	120	127	133	141	336	15
16	93	102	107	113	120	127	308	109	119	124	131	138	145	348	16
17	95	105	110	117	123	131	319	112	122	127	135	142	150	360	17
18	98	108	113	121	127	135	330	115	125	131	139	146	155	372	18
19	100	111	116	124	131	139	341	118	129	134	143	150	159	384	19
20	103	114	119	128	135	144	352	120	132	138	147	155	164	396	20
21	106	117	123	131	139	148	363	123	136	142	151	159	169	408	21
22	108	120	126	135	143	152	374	126	139	145	155	163	173	420	22
23	111	123	129	139	147	156	385	129	142	149	159	168	178	432	23
24	113	126	132	142	151	161	396	132	146	153	163	172	183	444	24
25	116	129	136	146	155	165	407	135	149	156	167	176	187	456	25

	$N_1 = 13$							$N_1 = 14$							
N_2	0.001	0.005	0.010	0.025	0.05	0.10	$2\overline{W}$	0.001	0.005	0.010	0.025	0.05	0.10	$2\overline{W}$	N_2
13	117	125	130	136	142	149	351								
14	120	129	134	141	147	154	364	137	147	152	160	166	174	406	14
15	123	133	138	145	152	159	377	141	151	156	164	171	179	420	15
16	126	136	142	150	156	165	390	144	155	161	169	176	185	434	16
17	129	140	146	154	161	170	403	148	159	165	174	182	190	448	17
18	133	144	150	158	166	175	416	151	163	170	179	187	196	462	18
19	136	148	154	163	171	180	429	155	168	174	183	192	202	476	19
20	139	151	158	167	175	185	442	159	172	178	188	197	207	490	20
21	142	155	162	171	180	190	455	162	176	183	193	202	213	504	21
22	145	159	166	176	185	195	468	166	180	187	198	207	218	518	22
23	149	163	170	180	189	200	481	169	184	192	203	212	224	532	23
24	152	166	174	185	194	205	494	173	188	196	207	218	229	546	24
25	155	170	178	189	199	211	507	177	192	200	212	223	235	560	25

	$N_1 = 15$							$N_1 = 16$							
N_2	0.001	0.005	0.010	0.025	0.05	0.10	$2\overline{W}$	0.001	0.005	0.010	0.025	0.05	0.10	$2\overline{W}$	N_2
15	160	171	176	184	192	200	465								
16	163	175	181	190	197	206	480	184	196	202	211	219	229	528	16
17	167	180	186	195	203	212	495	188	201	207	217	225	235	544	17
18	171	184	190	200	208	218	510	192	206	212	222	231	242	560	18
19	175	189	195	205	214	224	525	196	210	218	228	237	248	576	19
20	179	193	200	210	220	230	540	201	215	223	234	243	255	592	20
21	183	198	205	216	225	236	555	205	220	228	239	249	261	608	21
22	187	202	210	221	231	242	570	209	225	233	245	255	267	624	22
23	191	207	214	226	236	248	585	214	230	238	251	261	274	640	23
24	195	211	219	231	242	254	600	218	235	244	256	267	280	656	24
25	199	216	224	237	248	260	615	222	240	249	262	273	287	672	25

Wilcoxon 등위합(Ws) 분포표 (계속)

	$N_1 = 17$						
N_2	0.001	0.005	0.010	0.025	0.05	0.10	$2\overline{W}$
17	210	223	230	240	249	259	595
18	214	228	235	246	255	266	612
19	219	234	241	252	262	273	629
20	223	239	246	258	268	280	646
21	228	244	252	264	274	287	663
22	233	249	258	270	281	294	680
23	238	255	263	276	287	300	697
24	242	260	269	282	294	307	714
25	247	265	275	288	300	314	731

$N_1 = 18$							
0.001	0.005	0.010	0.025	0.05	0.10	$2\overline{W}$	N_2
237	252	259	270	280	291	666	18
242	258	265	277	287	299	684	19
247	263	271	283	294	306	702	20
252	269	277	290	301	313	720	21
257	275	283	296	307	321	738	22
262	280	289	303	314	328	756	23
267	286	295	309	321	335	774	24
273	292	301	316	328	343	792	25

	$N_1 = 19$						
N_2	0.001	0.005	0.010	0.025	0.05	0.10	$2\overline{W}$
19	267	283	291	303	313	325	741
20	272	289	297	309	320	333	760
21	277	295	303	316	328	341	779
22	283	301	310	323	335	349	798
23	288	307	316	330	342	357	817
24	294	313	323	337	350	364	836
25	299	319	329	344	357	372	855

$N_1 = 20$							
0.001	0.005	0.010	0.025	0.05	0.10	$2\overline{W}$	N_2
298	315	324	337	348	361	820	20
304	322	331	344	356	370	840	21
309	328	337	351	364	378	860	22
315	335	344	359	371	386	880	23
321	341	351	366	379	394	900	24
327	348	358	373	387	403	920	25

	$N_1 = 21$						
N_2	0.001	0.005	0.010	0.025	0.05	0.10	$2\overline{W}$
21	331	349	359	373	385	399	903
22	337	356	366	381	393	408	924
23	343	363	373	388	401	417	945
24	349	370	381	396	410	425	966
25	356	377	388	404	418	434	987

$N_1 = 22$							
0.001	0.005	0.010	0.025	0.05	0.10	$2\overline{W}$	N_2
365	386	396	411	424	439	990	22
372	393	403	419	432	448	1012	23
379	400	411	427	441	457	1034	24
385	408	419	435	450	467	1056	25

	$N_1 = 23$						
N_2	0.001	0.005	0.010	0.025	0.05	0.10	$2\overline{W}$
23	402	424	434	451	465	481	1081
24	409	431	443	459	474	491	1104
25	416	439	451	468	483	500	1127

$N_1 = 24$							
0.001	0.005	0.010	0.025	0.05	0.10	$2\overline{W}$	N_2
440	464	475	492	507	525	1176	24
448	472	484	501	517	535	1200	25

	$N_1 = 25$						
N_2	0.001	0.005	0.010	0.025	0.05	0.10	$2\overline{W}$
25	480	505	517	536	552	570	1275

출처: Table 1 in L. R. Verdooren (1963), Extended tables of critical values for Wilcoxon's test statistic, *Bimertrika*, 50, 177−176, with permission of the author and the editor.

참고문헌

임시혁(1991) 다층모형에 의한 종단적 학교효과 연구. *교육평가연구, 4(1).*

임시혁(1998) 위계선형모형. *교육학 대백과사전.* 서울대학교 교육연구소 편, 하우동설.

임시혁(2002) 다층모형을 이용한 발달연구의 횡단적 접근. *교육평가연구, 15(1).*

임시혁(2002) *공분산분석의 이해와 적용*. 교육과학사.

임시혁(2006) 발달연구의 횡단적 접근법에서 평균성장형태의 탐색, *교육평가연구, 19(1).*

Agresti, A., & Finlay, B. (2009). *Statistical methods for the social sciences (4th ed.).* Upper Saddle River, NJ: Prentice Hall

Barnett, V., Lewis, T. (1978). *Outliers in statistical data.* New York: Wiley.

Belsley, D. A., Kuh, E., & Welsch, R. E. (1980). *Regression diagnostics: Identifying influential data and sources of collinearity*. New York: Willy.

Boik, R. J. (1981). A priori tests in repeated measures design: Effects of nonsphericity. *Psychometrika, 46.*

Box, G. E. P., Hunter, W. G., & Hunter, J. S. (1978). *Statistics for experimenters.* New York: John Wiley & Son.

Cohen, B. H. (2013). *Explaining psychological statistics (4th ed.).* Hoboken, NJ: Wiley.

Cohen, J. (1988). *Statistical power analysis for the behavioral sciences (2nd ed.).* Hillsdale, NJ: LEA.

Cumming, G. (2012). *Understanding the new statistics: effect sizes, confidence interval, and meta-analysis.* New York: Routledge.

Darlington, R. B. (1990). *Regression and linear models*. New York: McGraw−Hill.

Edwards, A. L. (1985). *Multiple regression and the analysis of variance and covariance (2nd ed.).* New York: Freeman.

Faul, F., Erdfelder, E., Lang, A.−G., & Buchner, A. (2007). G*Power 3: A flexible statistical power analysis program for the social, behavioral, and biomedical sciences. *Behavior Research Methods, 39.*

Faul, F., Erdfelder, E., Buchner, A., & Lang, A.−G. (2009). Statistical power analyses using G*Power 3.1: Tests for correlation and regression analyses. *Behavior Research Methods, 41.*

Field, A (2009). *Discovering statistics using SPSS (3rd ed.).* LA.. CA: Sage.

Freedman, D., Pisani, R., & Purves, R. (2007). *Statistics (4th ed.).* New York: Norton.

Glass, G., V., & Hopkins, K. D. (1996). *Statistical methods in education and psychology (3rd ed.).* Needham Heights, MA: Allyn & Bacon.

Gravetter, F. J., & Wallnau, L. (2004). *Statistics for the behavioral sciences (6th ed.).* Belmont, CA: Wadsworth.

Hair, J. F., Black, W. C., Babin, B. J., & Anderson, R. E. (2016). *Multivariate data analysis (7th ed.).* Boston: Pearson.

Hays, W. L. (1988). *Statistics (4th ed.).* Orlando, FL: Harcourt Brace.

Hinkle, D. E., Wiersma, W., & Jurs, S. G. (2003). *Applied statistics for the behavioral sciences (5th ed.).* Boston: Houghton Mifflin.

Hoaglin, D., & Welsch, R. (1978). The hat matrix in regression and ANOVA. *American Statistician 33.*

Howell, D. C. (2013). *Statistical methods for psychology (8th ed.).* Belmont, CA: Wadsworth.

Huck, S. (2012). *Reading statistics and research (6th ed.).* Boston: Pearson.

Huitema, B. E. (1980). *The analysis of covariance and alternatives.* New York: John Wiley & Son.

Keith, T. (2015). *Multiple regression and beyond (2nd ed.).* New York: Routledge.

Keppel, G. &mnZedeck, S. (1989). *Data analysis for research design: analysis of variance and multiple regression/correlation approaches.* New York: Freeman.

Kirk, R. E. (1995). *Experimental design (3rd ed.).* Belmont, CA: Brooks/Cole.

Marascuilo, L. A. & Serlin, R. C. (1988). *Statistical methods for the social and behavioral sciences.* New York: Freeman.

Minium, E. W., king, B. M., & Bear, G. (1993). *Statistical reasoning in psychology and education (3rd ed.).* New York: John Wiley & Son.

Montgomery, D. C., & Peck, E. A. (1982). *Linear regression analysis.* New York: John Wiley & Son.

Myers, J. L., & Well, A. D. (2003). *Research design and statistical analysis (2nd ed.)* Mahwah, NJ: LEA.

Neter, J., Wasserman, W., & Kutner, M. (1989). *Applied linear regression models.* Boston: Irwin

Pedhazur, E. J. (1997). *Multiple regression in behavioral research (3rd ed.).* Orlando, FL: Harcourt Brace.

Rosenthal, R., & Rosnow, R. L. (1991). *Essentials of Behavioral research: methods and data analysis.* New York: McGraw−Hill.

Rutherford, A. (2001). *Introducing ANOVA and ANCOVA: a GLM approach.* LA, CA: Sage.

Satterthwaite, F. E. (1946). An approximate distribution of estimates of variance components. *Biometrics Bulletin, 2.*

Siegel, S., & Castellan, N. J. (1988). *Nonparametric statistics for the behavioral sciences (2nd ed.).* New York: McGraw−Hill.

Stevens, J. P. (2007). *Intermediate statistics (3rd ed).* New York: LEA.

Stevens, J. P. (2009). *Applied multivariate statistics for the social sciences (5th ed).* New York: Routledge.

Tabachnick, B. G., & Fidell, L. S. (2013). *Using multivariate statistics (6th ed.)* Boston: Pearson.

Warner, R. M. (2008). *Applied statistics.* LA, CA: Sage.

Welkowitz, J, Cohen B. H., & Lea R. B. (2012). I*ntroductory statistics for the behavioral sciences (7th ed.).* Hoboken, NJ: Wiley.

Welch, B. L. (1938). The significance of the difference between two means when the population variances are unequal. *Biometrica, 29.*

Wuensch, K. (unknown). Karl Wuensch's statistics lessons. Retrieved from *http://core.ecu.edu/psyc/wuenschk/StatsLessons.htm.*

Yarenko, R. W., Harari, H., Harrison, R. C., & Lynn, E. (1986). *Handbook of research nand quantitative methods in psychology for students and professionals.* Hillsdale, NJ: LEA.

찾아보기

ㅎ

A

B

C

임시혁

- 서울대학교 자연과학대학 B.S.
- Florida State University 대학원 M.S. 통계학 전공
- Florida State University 대학원 PhD 교육통계 · 연구방법 · 교육평가 전공
- 한국과학기술연구원(KIST)
  통계분석/OR/시뮬레이션팀
- 한국과학기술연구원 부설 시스템공학연구소(SERI)
  정보기술교육부 교육개발실장
  학습자동화실장
  정보기술교육부장
- 현재 공주교육대학교 교수

SPSS와 G*Power를 활용한

통계자료분석의 이해와 적용

발행일 2017년 2월 15일 초판 발행
저자 임시혁
발행인 홍진기 | **발행처** 아카데미프레스 | **주소** 413-756 경기도 파주시 문발동 출판정보산업단지 507-9
전화 031-947-7389 | **팩스** 031-947-7698 | **이메일** info@academypress.co.kr
웹사이트 www.academypress.co.kr | **출판등록** 2003. 6. 18. 제406-2011-000131호
ISBN 978-89-97544-97-4 93310

값 35,000원